世界史

现代史编（修订版）

上卷

主编　齐世荣　徐蓝　晏绍祥

本卷主编　齐世荣　徐蓝

中国教育出版传媒集团

高等教育出版社·北京

内容简介

　　本书是我国经典的世界史教材六卷本《世界史》修订版的第五卷,以马克思主义唯物史观为指导,以世界全局的眼光,通过对人类历史的纵向发展与横向发展以及其相辅相成的互动等多重视角,展示了 20 世纪初至第二次世界大战结束的世界历史进程。这次修订,补充了 30 年来的重大史事,同时在具体内容的编排上也作了适当调整;展示了基本得到公认的学界研究的一些新成果,深化或更新了一些重要认识。经过修订,本书更加清晰地展现了 20 世纪上半期世界历史的发展进程,既适合历史学、世界史等专业师生教学使用,也适合社会读者阅读学习。

图书在版编目（CIP）数据

　　世界史. 现代史编. 上卷 / 齐世荣, 徐蓝, 晏绍祥主编; 齐世荣, 徐蓝本卷主编. -- 修订版. -- 北京: 高等教育出版社, 2025.2.　--ISBN 978-7-04-064235-3

　　Ⅰ. K1

　　中国国家版本馆 CIP 数据核字第 2025GF0005 号

世界史　现代史编(修订版)上卷

Shijieshi　Xiandaishi Bian

策划编辑　张 林	责任编辑　张 林	封面设计　赵 阳	版式设计　童 丹
责任校对　王 雨	责任印制　赵 佳		

出版发行　高等教育出版社		网　　址	http://www.hep.edu.cn
社　　址　北京市西城区德外大街 4 号			http://www.hep.com.cn
邮政编码　100120		网上订购	http://www.hepmall.com.cn
印　　刷　北京中科印刷有限公司			http://www.hepmall.com
开　　本　787mm×1092mm　1/16			http://www.hepmall.cn
印　　张　24.25		版　　次	1994 年 11 月第 1 版
字　　数　450 千字			2025 年 2 月第 2 版
购书热线　010-58581118		印　　次	2025 年 2 月第 1 次印刷
咨询电话　400-810-0598		定　　价	48.80 元

本书如有缺页、倒页、脱页等质量问题,请到所购图书销售部门联系调换

物 料 号　64235-00

目　录

中国世界史学科发展概览——代修订版总序 ……………………………… I

修订版前言 ……………………………………………………………… I

前　言 ………………………………………………………………… I

第一章　20 世纪初的世界 ……………………………………………… 1
　第一节　垄断组织的产生和帝国主义的形成 ………………………… 1
　　一、垄断组织的产生 ………………………………………………… 1
　　二、帝国主义的形成 ………………………………………………… 2
　第二节　欧洲的世界优势地位 ……………………………………… 3
　　一、欧洲列强瓜分世界 ……………………………………………… 3
　　二、欧洲的优势 ……………………………………………………… 4
　第三节　美国和日本作为世界大国的兴起 ………………………… 5
　　一、成为世界头号工业大国的美国 ……………………………… 5
　　二、登上世界强国地位的日本 …………………………………… 9
　第四节　列宁主义的诞生和俄国 1905 年革命 ………………… 13
　　一、列宁主义的诞生 ……………………………………………… 13
　　二、1905 年革命 …………………………………………………… 15
　第五节　亚洲的觉醒 ………………………………………………… 17
　　一、伊朗的立宪革命 ……………………………………………… 17
　　二、印度的自主自产运动 ………………………………………… 19
　　三、青年土耳其革命 ……………………………………………… 20
　　四、中国的辛亥革命 ……………………………………………… 22

第二章　第一次世界大战 …………………………………………… 25
　第一节　大战的起源 ………………………………………………… 25
　　一、帝国主义是第一次世界大战的深厚根源 ………………… 25
　　二、两大帝国主义军事集团的形成 …………………………… 27
　　三、军备竞赛、局部冲突和要求和平的呼声 ………………… 28

  第二节 大战的爆发和战争的性质 ………………………………… 32

   一、战争的爆发 ………………………………………………… 32

   二、战争的帝国主义性质 ……………………………………… 35

  第三节 大战的进程 ……………………………………………… 37

   一、战争的第一阶段：1914 年 ……………………………… 37

   二、战争的第二阶段：1915—1916 年 ……………………… 39

   三、战争的第三阶段：1917 年 ……………………………… 42

   四、战争的结束 ………………………………………………… 45

  第四节 大战的结果和影响 ………………………………………… 47

   一、各国实力对比发生变化 …………………………………… 47

   二、殖民体系开始解体 ………………………………………… 50

   三、大战对各国经济和社会的影响 …………………………… 51

   四、反战与和平运动的发展 …………………………………… 52

第三章 俄国十月社会主义革命及其影响下的欧洲革命风暴 ……… 54

  第一节 俄国十月武装起义的胜利 ………………………………… 54

   一、二月革命及两个政权并存局面的出现 ………………… 54

   二、列宁的《四月提纲》和群众斗争的兴起 ……………… 56

   三、两个政权并存局面的结束和党的武装起义方针的确定 … 57

   四、十月革命的胜利 …………………………………………… 58

   五、苏维埃政权在全国的建立 ……………………………… 62

   六、十月革命的世界历史意义 ……………………………… 63

  第二节 俄国苏维埃政权的巩固 …………………………………… 64

   一、苏维埃政权初期的政治经济措施 ……………………… 64

   二、《布列斯特和约》的签订 ……………………………… 65

   三、粉碎国内外敌人的进攻 …………………………………… 66

  第三节 德国十一月革命 ………………………………………… 70

   一、十一月革命的发生 ………………………………………… 70

   二、德国共产党的成立和柏林一月起义 …………………… 73

  第四节 东欧民族国家的建立和匈牙利苏维埃共和国的兴亡 …… 75

   一、奥匈帝国的解体和东欧民族国家的诞生 ……………… 75

   二、匈牙利苏维埃共和国 …………………………………… 78

  第五节 共产国际的建立及其初期活动 ………………………… 81

   一、共产国际的建立 …………………………………………… 81

二、世界各国共产党的建立 ……………………………………… 84

第四章　凡尔赛—华盛顿体系的建立 …………………………… 87
　第一节　巴黎和会 ………………………………………………… 87
　　一、主要战胜国对战后世界的考虑 …………………………… 87
　　二、巴黎和会的召开与《凡尔赛条约》的签订 ……………… 91
　　三、凡尔赛体系的建立 ………………………………………… 94
　第二节　华盛顿会议 ……………………………………………… 98
　　一、战后亚洲、太平洋地区的形势 …………………………… 98
　　二、华盛顿会议和华盛顿体系的形成 ……………………… 101
　第三节　国际联盟 ……………………………………………… 106
　　一、国际联盟的起源与成立 ………………………………… 106
　　二、《国际联盟盟约》与对国际联盟的评价 ……………… 108

第五章　资本主义世界的经济恢复与政治调整 ……………… 111
　第一节　英国的相对衰落与法国的重建 ……………………… 111
　　一、英国的经济萧条与政治变化 …………………………… 111
　　二、法国的经济政治状况 …………………………………… 116
　第二节　魏玛共和国 …………………………………………… 120
　　一、魏玛共和国的建立与经济复兴 ………………………… 120
　　二、社会的动荡与纳粹党的出现 …………………………… 123
　第三节　意大利法西斯专政的建立 …………………………… 125
　　一、意大利法西斯党的建立 ………………………………… 125
　　二、法西斯专政的建立 ……………………………………… 127
　第四节　美国的繁荣 …………………………………………… 130
　　一、经济繁荣与社会状况 …………………………………… 130
　　二、繁荣下的矛盾与隐患 …………………………………… 132
　第五节　日本的政党政治与外交 ……………………………… 135
　　一、战后日本的经济与政治变化 …………………………… 135
　　二、"协调外交"与"东方会议" ………………………… 138
　第六节　国际关系的调整 ……………………………………… 140
　　一、热那亚会议与《拉巴洛条约》 ………………………… 140
　　二、德国赔款问题的解决 …………………………………… 142
　　三、欧洲安全问题与《洛迦诺公约》 ……………………… 146

　　四、亚太地区国际关系调整 ·· 149

　　五、集体安全与《非战公约》 ··· 149

第六章　建设社会主义新社会的第一次试验：20 世纪二三十年代的苏联 ······ 152

　第一节　新经济政策的实施和国民经济的恢复 ························ 152

　　一、新经济政策的制定和实施 ·· 152

　　二、苏联的建立和国民经济的恢复 ···································· 157

　第二节　社会主义改造与建设 ·· 161

　　一、社会主义工业化的开展 ·· 161

　　二、农业全盘集体化运动的开展 ······································ 165

　　三、社会主义建设的五年计划 ·· 170

　第三节　斯大林模式的形成和苏联的对外政策 ····················· 172

　　一、1936 年宪法的制定和高度集中体制的确立 ················· 172

　　二、对斯大林的个人崇拜和大清洗运动 ····························· 174

　　三、国际地位的提高和外交政策的变化 ····························· 177

第七章　两次世界大战之间亚洲、非洲和拉丁美洲的民族民主运动 ········· 179

　第一节　民族民主运动的不同类型 ······································ 179

　　一、各具特色的政治运动 ·· 179

　　二、地域特征鲜明的改革运动 ·· 181

　　三、形态各异的民族主义思潮 ·· 182

　第二节　中国的新民主主义革命 ··· 185

　　一、五四运动和第一次国内革命战争 ································· 185

　　二、第二次国内革命战争和抗日战争 ································· 187

　第三节　印度的非暴力抵抗运动 ··· 189

　　一、非暴力不合作运动 ·· 189

　　二、群众性的文明不服从运动 ·· 191

　　三、个人文明不服从运动 ·· 193

　第四节　土耳其凯末尔革命和世俗化改革 ···························· 194

　　一、凯末尔革命 ·· 194

　　二、世俗化改革 ·· 196

　第五节　埃及的华夫脱运动 ·· 199

　　一、1919 年 3 月爱国运动 ··· 199

　　二、1924—1937 年的护宪运动 ·· 202

第六节　桑地诺抗美游击战争 ························ 205

一、战争的序幕 ································· 205

二、战争的进程 ································· 206

三、战争的性质和意义 ························· 208

第七节　墨西哥的护宪运动和卡德纳斯改革 ············ 209

一、护宪运动 ··································· 209

二、卡德纳斯改革 ······························· 211

第八章　世界经济危机及其影响下的主要资本主义国家 ········ 215

第一节　1929—1933 年世界资本主义经济危机 ········ 215

一、危机的爆发及其主要表现 ··················· 215

二、危机的根源 ································· 216

三、危机的后果 ································· 217

第二节　罗斯福"新政" ···························· 219

一、"新政"的提出 ····························· 219

二、"新政"的两个阶段及其主要内容 ············ 220

三、"新政"的影响 ····························· 223

第三节　大危机年代的英国和法国 ···················· 224

一、英国政府应对危机的措施 ··················· 224

二、重整军备与绥靖外交 ······················· 226

三、法国的经济危机与政局动荡 ················· 228

四、人民阵线运动 ······························· 229

第四节　德国与欧洲战争策源地的形成 ················ 231

一、经济危机与纳粹运动的迅速发展 ············· 231

二、共和国的危机与希特勒的上台 ··············· 233

三、法西斯专政的建立与扩军备战 ··············· 236

第五节　日本与亚洲战争策源地的形成 ················ 239

一、世界经济危机下日本的内外矛盾 ············· 239

二、日本帝国主义的法西斯化 ··················· 241

三、亚洲战争策源地的形成 ····················· 244

第九章　走向全球战争 ······························· 247

第一节　意大利侵略埃塞俄比亚的战争 ················ 247

一、意大利的战前准备和英法对意大利的纵容 ······ 247

二、意大利吞并埃塞俄比亚……………………………………………249

第二节 日本侵华战争的全面爆发…………………………………………252

一、卢沟桥事变和中国全民族抗日战争的开始………………………252

二、英美对日绥靖政策与苏联援华……………………………………253

三、中国30年代抗日战争的国际贡献 ………………………………255

第三节 西班牙内战…………………………………………………………256

一、从西班牙共和国的建立到内战的开始……………………………256

二、保卫共和国的斗争…………………………………………………259

三、共和国的灭亡………………………………………………………263

第四节 德国吞并奥地利和《慕尼黑协定》……………………………264

一、德国吞并奥地利……………………………………………………264

二、绥靖政策与《慕尼黑协定》 ……………………………………267

第五节 大战在欧洲的迫近…………………………………………………271

一、波兰危机与英国对波兰的保证……………………………………271

二、苏联对外政策的调整………………………………………………273

第十章　第二次世界大战……………………………………………………278

第一节 第二次世界大战的全面开始………………………………………278

一、大战全面展开………………………………………………………278

二、英美联防与德意日建立军事同盟…………………………………283

三、德意对巴尔干和北非的侵略………………………………………284

第二节 大战的新阶段：苏德战争和太平洋战争…………………………286

一、德国入侵苏联与苏联进行卫国战争………………………………286

二、欧战爆发后的中国战场……………………………………………288

三、日本南进与太平洋战争的爆发……………………………………289

四、世界反法西斯同盟的建立…………………………………………290

第三节 战争的根本转折……………………………………………………293

一、斯大林格勒战役和库尔斯克战役…………………………………293

二、盟军在北非的胜利与意大利的投降………………………………295

三、太平洋与大西洋的战略转折………………………………………296

四、中国战场的持久抗战………………………………………………299

五、盟国对战后的初步安排……………………………………………300

第四节 世界反法西斯战争的胜利…………………………………………302

一、美英开辟第二战场和苏军连续反击………………………………302

二、欧亚人民的抵抗…………………………………………… 304

三、雅尔塔会议与德国投降…………………………………… 307

四、中国战场反攻与波茨坦会议……………………………… 309

五、战争的最后阶段…………………………………………… 311

六、第二次世界大战对世界历史的划时代影响……………… 314

第十一章　20世纪前半期的科学技术与文化 ………………… 317

第一节　科学技术的巨大成就………………………………… 317

一、19、20世纪之交的物理学革命 ………………………… 317

二、原子能的开发和利用……………………………………… 318

三、电子技术的发展和第一台电子计算机的诞生…………… 319

四、汽车、飞机与V-2火箭 ………………………………… 321

五、高分子化学的建立和三大合成材料的问世……………… 323

六、生物学与医学的新成就…………………………………… 324

七、科学技术对人类历史进程的影响………………………… 326

第二节　哲学社会科学与文学艺术…………………………… 332

一、哲学、史学和心理学……………………………………… 332

二、社会科学…………………………………………………… 338

三、文学艺术…………………………………………………… 341

后　记…………………………………………………………… 345

中国世界史学科发展概览——代修订版总序

中国世界史学科发端于 19 世纪中叶，而其真正的创立与大发展，则是在中华人民共和国成立至今的 70 多年。在近两个世纪中，这一发展可以大致分为发端、准备，创立和大发展三个时期。

一、中国世界史学科的发端、准备期（19 世纪中叶—20 世纪中叶）

从 19 世纪中叶到 20 世纪中叶中华人民共和国成立之前的大约 100 年，是中国世界史学科的发端、准备期。

1. "开眼看世界"

鸦片战争后，在 60 多年的时间里，从林则徐、魏源、徐继畬等仁人志士"开眼看世界"，到康有为、梁启超变法图强，他们编撰的一些重要著作，可视为中国世界史学科的发端。

1839 年，林则徐在广州主持禁烟。在此期间，他为了了解西方国家的历史与现状，让幕僚把英国人休·慕瑞（即休·默里，Hugh Murray）所著《世界地理大全》（*An Encyclopedia of Geography*）翻译出来，亲自加以润色，编辑成《四洲志》一书。[①] 该书简述世界 4 大洲 30 多国的地理、历史、政情，是当时中国第一部较为系统的世界地理百科全书，开风气之先。林则徐也被后人称为近代中国"开眼看世界的第一人"。在林则徐的影响下，一批研究外国史地的著作相继出现。

《海国图志》是魏源受林则徐嘱托，以《四洲志》为蓝本，继续搜集整理大量资料，几经增补，于 1843 年编成的。全书共 100 卷，约 80 万字。在该书的原叙中，作者清楚说明编撰目的："是书何以作？曰：为以夷攻夷而作，为以夷款夷而作，为师夷长技以制夷而作。"全书详细叙述了世界各地和各国历史政治、风土人情、地理知识和科学技术，主张学习西方国家的科学技术，提出"师夷长技以制夷"的中心思想，被誉为国人谈世界史地的"开山"之作。《瀛寰志略》系徐继畬编纂，于 1848 年初刻。该书中有清朝疆土的皇清一统舆地全图以及朝鲜、日本的地图，还临摹了欧洲人的地图。作者首先说明了东西半球的概况，接着按亚洲、欧洲、非洲、美洲的顺序介绍了世界各国各地区的风土人情，并首次介绍了西方的制度，如英国议会制度等。不过，两书作者仍坚持中国传统的史学观念，魏源认为"万里一朝，莫如中华"，徐继畬以为"坤舆大地，以中国为主"，而万方对

---

① 据考证，《四洲志》是依据《世界地理大全》1837 年或 1838 年美国费城版译出的。

中国则"仰之如辰极"。

《俄彼得变政记》系康有为在戊戌变法前夕于 1898 年进呈给光绪皇帝的第一册书,书前有康氏《为译纂〈俄彼得变政记〉成书可考由弱致强之故呈请代奏折》。书中记述俄国沙皇彼得一世锐意改革,遂使国家转弱为强、化衰为盛之事,并揭露了彼得企图向中国黑龙江、乌苏里江地区扩张的野心。梁启超一生写过多种有关世界史的著作。在国别史方面,他写过俄国、日本、匈牙利、意大利、波兰、斯巴达、雅典、朝鲜、越南等;在游历方面,他游历过新大陆、欧陆;在外国人物方面,他写过俾斯麦和格兰斯顿、罗兰夫人、克伦威尔等;在国际会议和国际组织方面,他写过巴黎和会和国际联盟;还写过第一次世界大战的欧洲战役;等等;其涉猎之广,令人感叹。这里仅举两例。一是梁启超 1902 年撰成的《斯巴达小志》。该书简述斯巴达兴衰过程,对其贵族政体、军国主义大加称赞,认为其衰亡在于不注重文化建设、不向外国学习、不随形势发展而变法,冀以此为中国人借鉴。二是梁启超 1905 年发表的《世界史上广东之位置》一文,以广州为出发点,从交通、文化、移民、海外事业等方面论述了中国的一个地方与世界的关系,如"东西交通海陆二孔道""广东与世界文化之关系""广东人之海外事业"等,着重论证了 17—19 世纪广州的海运交通网络在东西方文明交汇中的世界性作用。这种基于全球因素分析广州地方社会日常生活的视角,显示了作者将中国历史与世界历史发展联系起来的世界眼光和学术视野。

2. 翻译、编著中国的第一批世界史书籍

从 19 世纪末到 20 世纪上半期,西方古典史学、兰克学派及其"西欧中心论"、马克思主义唯物史观、比较文化形态学、法国的年鉴学派和美国的"新史学",都传入中国。而兰克学派所代表的"西欧中心论"已经发生动摇。当时以梁启超、严复、陈衡哲、何炳松、周谷城等为代表的学者,在革命与战争的动荡年代,尽其最大努力,翻译和介绍了一些西方世界史学著作,编写了一些世界史的教材或入门读物。

戊戌变法失败后,严复先后翻译了《天演论》《原富》等 8 种西方资产阶级思想家的著作,涉及社会学、政治学、政治经济学、哲学等领域,以此表达自己的政治主张和社会思想。他的译著是中国 20 世纪初最重要的启蒙读物,当时影响巨大,他也被称为中国精通西学第一人。

国内学人十分关注国外世界史著作。1920 年,英国作家赫伯特·乔治·韦尔斯(H. G. Wells)撰写的《世界史纲:生物和人类的简明史》出版。该书以进化论为依据,叙述了从地球形成、生物进化、人类出现到第一次世界大战的历史,在空间上横跨世界五大洲,是写给所有历史爱好者的简明读本。该书出版后,梁启超就嘱其子梁思成等人翻译成中文,梁启超本人作了校订。梁启超还亲加按语，请商务印书馆出版，即《汉译世界史纲》。由于原著在短时间内一再增订再版，商务印书馆又转请向达等人根据 1923 年、1926 年的版本重加译订，1927 年分上、下册出版。该书的十几位译者均为当时的一流专家学者，译工精致、文词清顺，颇具原著神韵。尽管雷海宗在 1928 年就明确批评《世界史纲》具有"欧洲中心论"的重大理论缺陷，但该书作为国内最早的中文世界史译本，仍是民国时期最为通行的世界史教材。① 另外，1938 年由商务印书馆出版的李玄伯翻译的法国人古郎士（F. de. Coulanges）的《希腊罗马古代社会研究》，也为中国人了解古代希腊、罗马的制度和信仰提供了一个窗口。

另外，蒋百里于 1921 年出版的《欧洲文艺复兴史》，是中国首部关于文艺复兴的经典著作，融历史、文化和艺术于一体，思想深刻，富有启发性。高一涵于 1923—1925 年出版的《欧洲政治思想史》（上中卷），以比较科学、系统的方法，研究了古希腊、古罗马、欧洲中古和近代的政治思想史。该书为初学者理出一点头绪，曾被北京大学列为教学丛书。戴鑫修于 1926 年出版的《最近世界外交史》，周鲠生于 1927 年出版的《近代欧洲外交史》，可能是中国知识界撰写的最早的关于外交史的书籍。曹未风于 1948 年出版的《现代国际关系史纲》大概是中国出版的以国际关系史命名的首部著作。

随着马克思主义传入中国，唯物史观对中国的世界史教学与世界通史编写也产生了影响。陈衡哲于 1925—1926 年出版了高中教科书《西洋史》，她在给胡适的信中说："你说我反对唯物史观，这是不然的；你但看我的那本《西洋史》，便可以明白，我也是深受这个史观的影响的一个人。"另一方面，作者虽然"叙次西洋史迹，又时与中国有关内容加以联系"。② 杨人梗编写的《高中外国史》（上下册）于 1931—1934 出版，当时广受欢迎，它具备了优秀历史教科书必备的若干要素，对今天历史教科书的编写，仍有借鉴和启示作用。何炳松于 1934 年出版了复兴高级中学教科书《外国史》（上下册），反对"西欧中心论"，将亚洲各民族的历史包括其中；他深受美国"新史学"的影响，一定程度上打破了偏重政治史的现象，以较多篇幅叙述文化与社会生活。

特别要指出的是周谷城于 1949 年出版的三卷本《世界通史》，这是我国第一部以一人之力撰写的世界史。作者强调世界史是有规律的发展过程，应根据马克思的社会形态更迭理论来划分世界历史的时代，使该书格局为之一新；他明确反对"西欧中心论"，将各大洲和各民族均视为世界历史的一部分，强调中华民族对世界文明作出的贡献；他还认为"世界通史并非国别史之总和，而

---

① 以后还有吴文藻、谢冰心、费孝通的译本。
② 引自傅杰为 1998 年辽宁教育出版社再版的陈衡哲的《西洋史》所写的"本书说明"。

是一个有机的统一体，故叙述时，力求避免分国叙述的倾向，而特别着重世界各地相互的关系"①。这些看法，对中国世界史学科的建设与发展，尤其具有启发意义。

但是总的来说，这些前辈学者的工作还是较为有限的，主要集中在西欧、北美等所谓"西洋史"领域，而对其他各大洲、各国的历史仍然涉及甚少。② 即使对西欧、北美的研究，也是很初步的。

二、中国世界史学科的创立期（1949—1978 年）

1949 年中华人民共和国成立，中国历史进入新纪元。但是，新中国成立初期所面临的国内外形势相当复杂。在国内是百废待兴，在国际上是美苏冷战的大格局，并由此形成了中国和苏联之间的特殊友好关系，也因此决定了中国世界史学科建设首先是向苏联学习的基本方向。③ 中国世界史学科由此创立。

从 1949 年至 1978 年，中国世界史学科建设取得了一些显著的成就。

1. 世界史教学与科研机构的初步建立

从高等院校历史系来说，随着 1952 年全国高等学校院系调整，历史学研究人才布局和学科布局发生变化，历史学研究力量经过调整，世界史的教学与研究逐渐开展起来。

1955 年，东北师范大学在全国率先举办了有苏联专家参与的世界古代史、中国近代史和亚洲史研究班；1963 年，北京大学设立了世界史专业。1964 年，南开大学设立了美国史、日本史、拉丁美洲史 3 个研究室。同年，中国科学院设立了世界历史研究所。④ 这些教学与研究机构成为中国世界史学科发展的重要基地。在这里，集聚了一批致力于世界史研究的学者，培养并形成了共和国第一批世界史专

---

① 周谷城：《世界通史》，商务印书馆 1949 年版，弁言；周谷城：《〈世界通史〉影印本新序》，《周谷城学术论著自选集》，北京师范学院出版社 1992 年版，第 130 页。

② 1899 年，东文学社出版日本学者桑原陟藏著《东洋史要》的中译本，1906 年商务印书馆出版《东洋史要地图》。

③ 例如：1949—1951 年，五十年代出版社就出版了苏联鲍爵姆金主编的《世界外交史》（1—5 分册），1957 年世界知识出版社出版了《近代国际关系史参考资料》（苏联外交辞典选译）。另外，1953 年，中国科学院代表团访问苏联，任务之一就是考察苏联科学院的计划工作。

④ 世界历史研究所的前身是 1959 年设在中国科学院哲学社会科学学部历史研究所的世界史研究组，1962 年扩建为世界史研究室。根据 1963 年毛泽东关于加强外国研究的重要批示，1964 年 5 月经国务院批准正式成立世界历史研究所。1977 年，中国社会科学院成立，世界历史研究所成为中国社会科学院的下属研究机构之一。2019 年 1 月 3 日，中国社会科学院中国历史研究院成立，世界历史研究所亦成为其下属的研究机构之一。

业队伍。与此同时，由于国家规定在中小学都要学习一些世界史的知识①，高等师范院校的世界史学科也获得了发展。另外，20 世纪 60 年代在中国科学院哲学社会科学学部内成立了拉丁美洲研究所、亚非研究所（今西亚非洲研究所）、苏联研究所（今俄罗斯东欧中亚研究所）。与此同时，北京大学亚非研究所（现北京大学国际关系学院亚非研究所）、西北大学中东研究所（初为伊斯兰研究所）、云南大学西南亚研究所（现云南大学国际关系研究院西南亚研究所）等专门研究机构也纷纷成立。尽管当时这主要是出于外交工作的需要，但也为相关区域历史的研究打下了最初的基础。

2. 初步建立了中国自己的世界史学术体系

由于历史学既有"贯通""综合"的内在要求，又有学科细分、分科治学的现代学术特点，因此新中国成立后中国的世界史学术体系建设，也循着这两条路径发展。

其一是构建世界通史体系，即建构世界历史发展的整体框架，并具体描述其发展轨迹，其代表作便是周一良和吴于廑主持的、举全国世界史研究力量通力合作编写的新中国第一部综合性四卷本《世界通史》，全书分为上古（齐思和主编）、中古（朱寰主编）、近代（上下册，杨生茂、张芝联、程秋原主编）四卷，还包括配套的四卷本资料集（上古部分林志纯主编、中古部分郭守田主编、近代部分上下册蒋相泽主编）。人们简称其为"周吴本"世界通史教材。全套教材于 1962 年出版。这套教材以苏联学术界对马克思主义唯物史观的解读作为划分历史阶段的标准，以原始社会、奴隶社会、封建社会、资本主义社会和社会主义社会五种社会形态把世界各国、各民族、各地区的历史排列起来，以阶级斗争为纲，以人民群众为主角，通过时间和空间的经纬度，比较系统地叙述了整个世界从人类的起源到第一次世界大战结束的历史。这部教材不仅体现了中国学者当时对世界史的认识和研究水平，也体现了他们力图在马克思主义唯物史观的指导下进行教学与研究、建立中国的马克思主义世界史学术体系的真诚努力。因此，尽管它较明显

---

① 1950 年《小学历史课程暂行标准（草案）》就规定从小学四年级开始学习历史，从五年级开始讲授世界历史的内容，如地理大发现（这是当时的说法，带有"西欧中心论"的痕迹，现在我国称之为"新航路开辟"）、工业革命、马克思和恩格斯、列宁和十月革命等。1956年《小学历史教学大纲（草案）》规定历史作为一门独立的学科在五年级开设，包括讲授一些必要的世界史知识。1956 年国家专门制定了《初级中学世界历史教学大纲（草案）》和《高级中学世界近代现代史教学大纲（草案）》。直至今天，初中和高中都要讲授世界历史。

地受到苏联 13 卷本《世界通史》① 的影响，在世界通史的体系方面未能有更多的创造和突破，但是它是中国世界通史的奠基之作，成为通行的高校世界史教材，至今仍然是不可缺少的参考书。

其二是在断代史、地区史、国别史、专题史、史学理论与方法等方面，也都有建树。

在断代史方面，20 世纪 50 年代，世界史学界主要开拓了世界上古史、世界中古史②、世界近代史、世界现代史和西方史学史的教学与研究。闫宗临自 20 世纪 40 年代开始讲授世界古代史、世界中世纪史，其课程讲稿和相关专题研究成果由其后代结集成《世界古代中世纪史》，于 2007 年出版；雷海宗编写了《世界上古史讲义》，于 20 世纪 50 年代铅印出版，2012 年由其弟子整理后正式出版，他还编写了《西洋文化史纲要》，后于 2001 年出版；郭圣铭的《世界古代史简编》于 1955 年出版；齐思和编有《西洋现代史：提纲与文件》（*Contemporay Western History：Outlines and Documents*）于 1940 年出版，他编写的《世界中世纪讲义》于 1957 年出版；童书业的《古代东方史纲要》《古巴比伦社会制度试探》分别于 1955 年、1957 年出版；吴于廑的《古代的希腊和罗马》初版于 1957 年；林志纯与史亚民合写《古代世界史》于 1958 年出版；刘启戈的《西欧封建庄园》于 1962 年出版；还有耿淡如、孙秉莹、戚国淦等也主要讲授上古、中古史。胡钟达于 1957 年发表论文《雅典的民主政治及其阶级基础》，他运用马克思主义分析历史问题，思辨清晰，功力颇深。

蒋相泽、王荣堂、丁则民、罗荣渠、齐世荣等主要讲授世界近代史、世界近现代史、国际关系史、中美关系史以及拉丁美洲史、美国史等课程，编写世界近代史、世界现代史讲义；丁则民编写的《世界现代史》教材（上册）于 1958 年出版，又编写《世界现代史》（上下册，合著），于 1961—1962 年出版。西方史学史、欧洲近代史学史的教学与研究工作也同时开展起来。

在地区史、国别史和国际关系史方面，蒋孟引、蒉燮高专攻英国史、欧洲史。蒋孟引的《英国史丛论》（与蒉燮高、王觉非等合著）于 1964 年出版，是中国学者研究英国历史的第一本专集。沈炼之、张芝联专攻法国史、欧洲史。吴廷璆专攻日本史、亚洲史。黄绍湘、杨生茂、刘绪怡、邓蜀生、刘祚昌等专攻美国史。黄绍湘是中国第一位以马克思主义观点撰写和研究美国史的学者，于 1953 年和 1957 年分别出版《美国简明史》《美国早期发展史》，其中后者系统论述了 1492

① 该书原计划出 10 卷，从人类起源写到第二次世界大战，后来增加为 13 卷，写到 1970 年。该书俄文版从 20 世纪 50 年代起陆续出版，中文版已由生活·读书·新知三联书店和东方出版社于 1958—1990 年出版。
② 受西方史学影响，我国曾长期将"世界中古史"称为"世界中世纪史"。

年以来美洲的早期殖民和 1823 年以前的美国历史，是新中国学者撰写的第一部美国断代史；丁则民于 1952 年出版《美国排华史》，深刻揭露美国排华政策的由来以及华人对美国西部开发的贡献；陈翰笙在美国史方面也有建树，1955 年出版了《美国垄断资本》。纳忠专攻埃及史，于 1963 年以中阿文两种文本出版了《埃及近现代简史》。王绳祖专攻欧洲近代史和国际关系史，是中国国际关系史研究的奠基人，1936 年和 1945 年他分别出版了在金陵大学的讲义《欧洲近代史》和《近代欧洲外交史》，1957 年他和王铁崖编译的《1898—1914 年的欧洲国际关系》出版。这些学者开设相关课程，撰写了多篇相关领域的学术论文。

在亚洲史、中外关系史、非洲史、近代亚洲民族解放运动史方面，王辑五的《亚洲各国史纲要》于 1957 年出版，是新中国第一部篇幅较大的关于亚洲各国的历史著作。朱杰勤的《亚洲各国史》和何肇发的《亚洲各国现代史讲义》均于 1958 年出版。陈翰笙于 1950 年即完成了《印度和巴基斯坦经济区域》一书的撰写，于 1959 年正式出版。季羡林着重研究印度史、佛教史和中印文化关系史，1957 年出版《中印文化关系史论丛》《印度简史》。周一良对日本史、亚洲史、中国与亚洲各国关系史颇有研究，1951 年出版《中朝人民的友谊关系与文化交流》，1955 年出版《中国与亚洲各国和平友好的历史》，1958 年出版《亚洲各国古代史》。杨人楩原来主要研究世界近代史、法国史，多有著述，从 1959 年开始主要从事非洲史的教学与研究，1962 年首次开设非洲通史课程，其遗作《非洲通史简编——从远古至 1918 年》是我国第一部非洲通史著作，到 1984 年才得以出版。丁则良对近代亚洲民族解放运动史多有研究，他撰写的《孙中山与亚洲民族解放斗争》等多篇论文，收录在 2009 年出版的《丁则良文集》中。

为了使学生易于接触一些基本史料，以提高高等学校的世界史教学水平，同时为一般学习世界史的人提供必要的参考资料，世界史学界成立了"世界史资料丛刊初集编辑委员会"，根据专题编选多册资料。《世界史资料丛刊初集》（简称《丛刊初集》）计划出版 34 个分册，包括上古史、中世纪史和近代史三个时期的史料。1957 年《丛刊初集》由生活·读书·新知三联书店出版，1962 年改由商务印书馆出版。到 1966 年只出版了 12 种（13 个分册）。① 《丛刊初集》各册的字数不超过 10 万，每册集中于几个重点问题，选材以原始文献或具有原始文献价值的著作为限；每篇文献或一组文献前都有简要说明，介绍文献的来源、历史背景和意义；对资料中涉及的某些人名、地名、事件、典故等均有简略注释。这是一套

① 关于《世界史资料丛刊初集》计划的编写分册书目，丛书各册的记载并不完全一致。如齐思和、耿淡如、寿纪瑜选译的《中世纪初期的西欧》（商务印书馆 1962 年出版）中提及该丛刊初集计划有 34 个分册；而辜燮高等选译的《一六八九——八一五年的英国》（上下册）中提及丛刊选题原为 32 种。

非常实用的教学与研究资料。

另外，国际关系学院编辑的《现代国际关系史参考资料》（多卷本），也于1958—1960年由高等教育出版社、人民教育出版社出版。

还需提及的是1961年启动、由吴晗主编、陆续出版的历史通俗读物《外国历史小丛书》[①]，这套丛书1962年由商务印书馆出版，至1966年上半年共出版了59种。其编委会成员也都是当时史学界的一时之选，有陈翰笙、周谷城、齐思和、杨人楩、吴于廑、程秋原、刘宗绪、罗荣渠等。改革开放后这套丛书恢复出版，至20世纪90年代初已出版近五百种，为普及世界史知识作出了重要贡献。

总之，上述诸位先生筚路蓝缕，砥砺前行，奠定了中国世界史研究的基石，亦培养了一代年轻学人。

其三是进行了有益的学术争论。在这段时期，中国学者在"亚细亚生产方式""奴隶制向封建制社会过渡问题""封建社会向资本主义社会过渡问题"以及"世界资产阶级革命分期"等问题所进行的学术争论和理论探讨，也进一步加深了他们对马克思主义唯物史观的理解。

诚然，由于这一时期的国际国内大环境，中国的世界史研究不仅基本拒绝和排斥西方史学，与外界的学术交流比较有限；同时亦由于原始资料严重匮乏、研究条件简陋和外国语言文字基础薄弱，存在大量研究领域的空白。

三、中国世界史学科的大发展时期（1978年至今）

从1978年至今，在40多年坚定执行改革开放政策的大好形势下，中国世界史学科获得了前所未有的大发展。从发展情况来看，以20世纪80年代末90年代初为界，又可以大致分为两个阶段。

（一）第一阶段：从改革开放到冷战终结（1978年—20世纪90年代初）

在这十几年时间里，我国全面恢复、重建和新建了世界史的教学、科研机构和学术团体，形成了完整的世界史学科发展架构。主要表现在：

1. 世界史教学全面展开

全国几乎所有高等院校包括综合性大学、师范大学和理工科大学的人文社会科学部，以及一些师范专科学校，都设有历史系或文史系，其中都有世界史教研室，几十所院校设有世界历史系，或世界历史研究院，不仅开设世界史课程，包括世界通史、断代史、国别史、区域史、专门史、西方史学理论等，也开展了相

[①] 长期以来，我国将中国史和外国史分列。新中国成立后，在吴晗的倡议下，中华书局出版了一套通俗的历史读物《中国历史小丛书》。这套书从1959年1月开始出版，到1962年12月出版了100种，至1966年"文化大革命"开始前共出版了147种。这套丛书和《外国历史小丛书》，为普及历史知识作出了贡献。

关领域的学术研究。为解世界史教学之急，1981 年，人民教育出版社出版了李纯武、寿纪瑜编著的《简明世界通史》（上下册），是当时很有价值的参考书。为适应教学需要，部分高校组织编写了新的世界史教材，影响较大者包括人民出版社的崔连仲、刘祚昌、徐天新等编写的世界史教材（6 卷，1983—1989 年出版），吉林人民出版社和吉林文史出版社的刘家和、朱寰、王荣堂等编写的世界史教材（5 卷，1980—1985 年出版），湖南人民出版社的李植枬等主编的《从分散到整体的世界史》（5 卷，该教材在吴于廑指导下编写，1989—1991 年出版），以及北京大学出版社的朱龙华、马克垚编写的世界上古、中古史教材（1991 年、1989 年出版）等。在其他断代史、区域史领域，也都有教材问世，如李春辉等主编的《拉丁美洲史稿》（3 卷，1983—1993 年出版）。各高校世界史的教师还编写了不少教学讲义，供师生使用。

为了进一步弥补教学科研资料的不足，商务印书馆决定恢复《世界史资料丛刊》的出版工作。在有关大专院校、专家和学者的关怀和支持下，《丛刊》重新组织了编委会：林志纯、戚国淦、张芝联、齐世荣分别为上古史、中世纪史、近代史、现代史各部分的主编。恢复后的《丛刊》在选题和内容方面比过去有了较大的增加和补充，拟出版 60 种，且已有多种资料集出版。1980 年和 1982 年，齐世荣主编的《世界通史资料选辑现代部分》第一、第二分册由商务印书馆出版，第一分册于 1998 年再版，第三分册于 2007 年出版；1983 年，王绳祖主编的《国际关系史资料选编》（二卷三册）由武汉大学出版社出版；1985 年，李巨廉、王斯德主编的《第二次世界大战起源历史文件资料集（1937.7—1939.8）》由华东师范大学出版社出版；1987 年，方连庆等编的《现代国际关系史资料选辑》（上下册）由北京大学出版社出版；1989 年，王斯德、钱洪主编的《世界当代史参考资料》由高等教育出版社出版；1990 年，齐世荣主编的《当代世界史资料选辑》（第一分册）由北京师范学院出版社出版，第二、第三分册于 1996 年由首都师范大学出版社出版；1991 年北京师范大学历史系世界古代史教研室编的《世界古代及中古史资料选集》由北京师范大学出版社出版；等等。

2. 创办世界史刊物

除了 20 世纪 60 年代成立的一些专门的区域研究机构之外，中国社会科学院又成立了美国、欧洲、日本等国别区域研究所，并都拥有自己的学术刊物。包括《世界历史》《世界史研究动态》（1978 年在党的十一届三中全会的大背景下正式创刊，后者于 1995 年改为《世界史研究年刊》）；《拉丁美洲研究》（1979 年创刊，原名《拉丁美洲丛刊》）；《西亚非洲》（1980 年创刊）；《苏联东欧问题》（1981 年创刊，1993 年更名为《东欧中亚研究》，2003 年再次更名为《俄罗斯中亚东欧研究》，2013 年又更名为《俄罗斯东欧中亚研究》）；《欧洲研究》（1983

年创刊）；《日本学刊》（1985 年创刊，前身是《日本问题》）；《美国研究》（1987 年创刊）。此外，不少高校也创办了相关刊物，华东师范大学主办《俄罗斯研究》（该杂志原名《今日苏联东欧》，由华东师范大学和上海社科院合办的上海市苏联东欧研究所于 1981 年开始出版，2000 年更为此名）；四川大学南亚研究所于 1985 年创办《南亚研究季刊》；东北师范大学于 1986 年创办 Journal of Ancient Civilizations；上海外国语大学于 1993 年主办《苏联研究》，后更名为《国际观察》；等等。这些机构和期刊，为世界史研究搭建了必要的平台，成为展示、交流世界史研究成果的重要学术园地。大量综合性期刊和大学学报的哲学社会科学版，也发表了一大批世界史方面的论文。

3. 形成不同的世界史研究特色

许多高校在断代史、国别史、国际关系史等方面逐渐形成了自己的研究特长或特色。如：北京大学的世界上古史、中古史、法国史、苏联史、东欧史、美国史、印度史、日本史、东南亚史、非洲史以及欧洲研究、世界现代化进程研究，东北师范大学的世界上古史、古典文明史、中古史、美国史、日本史、东北亚史研究，北京师范大学的世界上古史和比较史学、美国史、日本史研究，南京大学的英国史、国际关系史、美国史研究，首都师范大学的英国都铎王朝史、世界现代史和近现代国际关系史研究，南开大学的世界上古史、美国史、日本史、拉丁美洲史研究，武汉大学的世界近代早期史、第二次世界大战史研究，华东师范大学的第二次世界大战史、西方史学史研究，复旦大学的美国与欧洲史、西方史学史研究，中山大学的国际关系史研究，浙江大学的法国史研究，山东大学的德国史研究，西北大学的中东史研究，中国人民大学的世界近代史研究，等等。后来，这些高校的世界史研究领域都有不同程度的拓展。

4. 成立世界史各领域的研究学会

20 世纪 80 年代，有关世界史研究的学会纷纷成立，目前至少有 15 个。主要包括中国世界古代中世纪史研究会（原为世界古代史、世界中世纪史两个学会，后合并为一个学会），中国世界近代现代史研究会（原为世界近代史、世界现代史两个学会，后合并为一个学会），中国第二次世界大战史研究会，中国非洲史研究会，中国拉丁美洲史研究会，中国日本史学会，中国中日关系史学会，中国朝鲜史研究会，中国英国史研究会，中国法国史研究会，中国德国史研究会，中国苏联东欧史研究会（后更名为俄罗斯东欧中亚学会），中国美国史研究会，中国国际文化书院，中国国际关系学会，等等。这些学术团体在推动和促进国内外世界史的学术研究与交流中发挥了积极而重要的作用。

5. 世界史学科人才培养正规化

1977 年国家恢复了高考招生制度，1978 年恢复了研究生招生制度。1980 年 2

月，全国人大常委会公布了《中华人民共和国学位条例》，按照国际上一般通行的学士、硕士、博士三级制授予学位。1981 年学位制度正式实施。1982 年"七七级""七八级"① 大学生毕业并被授予学士学位，1982 年开始授予世界史硕士、博士学位，中国已经形成了世界史本科、硕士、博士的完整的培养和学位授予机制。1985 年 7 月，国务院正式下发试办博士后科研流动站的文件（国发〔1985〕88 号），该文件构筑了中国博士后制度的基本框架，标志着在中国正式确立了博士后制度。

6. 开展国际交流，"派出去、请进来"

从 20 世纪 80 年代开始，国家逐步派出学习世界史的学生到国外学习，同时邀请一些国际知名世界史专家来华访问。国家级的学术交流也逐渐展开。1980 年，中国派出历史学家代表团参加了在罗马尼亚布加勒斯特召开的第 15 届国际历史科学大会②，1985 年中国正式成为国际历史科学大会成员，并受邀于当年出席了在德国斯图加特召开的第 16 届国际历史科学大会。以后每隔五年召开一次的大会，都有中国史学家代表团出席并主持分会场会议。在"请进来"方面，最值得提及的是 1982 年北京师范学院（今首都师范大学）邀请德裔美国历史学家格奥尔格·伊格尔斯（G. G. Iggers）来华讲学，在北京各高校引起轰动，一时盛况空前。东北师范大学世界古典文明史研究所常年聘请外国专家教授古代语言文字和历史，培养能够直接阅读古代文献和研究古代历史的人才。

7. 将国外的世界史著作译介到国内

为促进世界史的教学与研究，国内翻译了不少国外的世界史著作，如 1979 年世界知识出版社就出版了《第三帝国的兴亡——纳粹德国史》（3 册）。1982 年由生活·读书·新知三联书店出版的《泰晤士世界历史地图集》，1983 年该社选译出版的该地图集的文字部分《世界史便览：公元前 9000 年—公元 1975 年的世界》，以及 1987 年中国社会科学出版社出版的《新编剑桥世界近代史》第 11、12 卷③，就为急需了解国外世界史教学与研究的国内学人解了燃眉之急。

但是，由于原始资料仍然缺乏，因此就整体的学术研究而言，这一阶段还是处于积累时期。

（二）第二个阶段：从冷战终结到今天（1992 年至今）

在这 30 多年的时间里，中国世界史学科发展突飞猛进，成果不胜枚举。

---

① 恢复高考后的第一届大学生即"七七级"于 1978 年 2 月入学，第二届大学生即"七八级"于 1978 年 9 月入学，故这两届大学生都于 1982 年获得学士学位。

② 国际历史科学大会始办于 1900 年，每 5 年举办一届，是世界历史学家的盛会，被誉为"史学奥林匹克"，除了世界大战期间未能举行之外，到 2022 年已举办 23 届。

③ 该书共 12 卷，陆续出版，2024 年已经出齐。

1. 进一步拓展人才培养平台

在本科生培养方面，目前全国已经有 24 所院校单独设立了世界史专业，其中一些院校的世界史专业的本科生还同时接受世界历史和多种外国语言的专业训练，开创了跨学科的世界史人才培养新模式。如首都师范大学 2001 年开设的世界史专业，其学生同时在历史学院和外语学院学习；北京大学 2015 年开设的"外国语言与外国历史"专业，是北京大学元培学院、外国语学院、历史学系联合创立的，形成了"1+1>2"的新型跨学科专业，目标是培养跨学科的综合素质高、基础扎实、学识宽阔、适应力强的高质量教学研究人才和国际文化交流人才。

在研究生培养方面，1978 年中国恢复了研究生招生制度，1981 年正式实施学位制度。但当时能够授予世界史研究生的学位点很少。经过 40 多年的发展，到 2024 年，中国已经拥有一批世界史一级学科博士点、世界史一级学科硕士点和世界史博士后流动站，形成了世界史人才培养的完整建制。这些在读的世界史硕士生和博士生，在国家、学校的资助下，几乎都有长短不等的出国出境学习的机会，部分本科生也有这样的机会，这在改革开放前是不可想象的。尤其要指出的是，2011 年世界史升级为一级学科，是世界史学界的一件大事，它说明国家对发展世界史学科的迫切需要和殷切希望，为世界史学科的建设提供了新的机遇。

随着 21 世纪中国的发展以及面对越来越复杂多变的国际形势，为了加强中国的区域和国别研究，从而更好地为国家的发展战略、外交决策提供智力支持，从 2015 年起，教育部又在多所高校陆续成立了国别与区域研究中心，它们实际是新的研究机构，成为交叉学科的增长点。2021 年，国务院学位委员会、教育部落实习近平"厚实学科基础，培育新兴交叉学科生长点"的要求，将区域国别研究设置为新的一级学科，形成了又一个"1+1>2"的跨学科的学术领域，为学科融合开新局，不仅进一步扩大了我国的世界史研究领域，还能够更好地服务于国家战略。到 2024 年，已有 30 多个区域国别研究一级学科成为博士学位授权点。

2. 学术梯队建设

中国已经形成了阵容比较完整的世界史教学科研队伍。在这支队伍里，大部分成员都接受过正规的高学历与学位教育，既有到国外境外留学并学成回国的优秀学子，更有国内培养的大量世界史博士、硕士。他们知识结构新、创新意识强，对外交流频繁，对国内外新的研究成果和学术前沿反应敏锐。这支队伍是当前我国世界史学科建设的骨干和主力军，正在前辈学者成就的基础上继往开来，开拓进取。他们中的一些人已经在国际学术界具有一定的知名度。经过共和国 70 多年尤其是最近 40 多年来的培养和几代世界史学人的努力，这支队伍已经基本形成老中青相结合、人才梯队有序更替的发展态势，保证了中国世界史学科的发展。

3. 对外学术交流

对外交流方面变化巨大，已经形成个人、学术机构和国家的多层次的交流机制。

在个人层面，随着 1996 年直属于教育部的国家留学基金管理委员会的成立，越来越多的世界史学者通过国家资助走出国门；随着国家经济的大发展，各高校也设有专门的机构负责在校教师和学生的对外访学，还有越来越多的学子自费留学。他们到世界各国的高等学府、学术中心和档案馆等机构，或攻读硕士、博士学位，或深度进修查找资料，或讲学，或出席学术会议，在不断充实自己的同时，也加强了与境外同行的交流。与此同时，越来越多的各国及中国港、澳、台地区的学者来到内地（大陆）讲学、研究、参加学术会议。中国学者还与国外学者进行了一些合作研究项目，例如：李安山作为联合国教科文组织《非洲通史》国际科学委员会副主席和该项目中的亚洲方面专家代表，参加了联合国教科文组织主持的《非洲通史》的编纂工作，该书的第 1—8 卷成书于 20 世纪 90 年代中期，中文版于 2013 年由中国对外翻译出版公司全部出版；第 9—11 卷已于 2019 年完成。又如，中、日、韩三国学者共同编写的《东亚三国的近现代史》，于 2005 年由社会科学文献出版社出版。

在学术机构层面，几乎每个大学和研究机构都有相对固定的对外交流的对口大学或研究机构。学术团体的交流相当活跃，一些断代史、国别史、专门史的学会，也与国外同行开展了卓有成效的甚至是定期的学术交流活动。如在世界古代史、英国史、国际关系史、全球史等领域，都召开了多次国际学术研讨会。一些中国学会或学者也参加了相关的国际学术组织。如在国际法国大革命史研究会、国际第二次世界大战史研究会等国际学术团体，都有中国学者作为执行局委员参与其中。

在国家层面的交流也有重要发展。自 1985 年中国史学代表团第一次正式参加第 16 届国际历史科学大会后，以后每隔五年中国的史学工作者都会组团或个人出席大会，或作大会主题发言、或主持专题讨论、或参与圆桌座谈会，使中国学者的一些研究成果为国际学术界所知晓。2015 年第 22 届国际历史科学大会在中国山东济南召开，这是该大会自 1900 年举办以来首次在亚洲国家举行，进一步推动了中国世界史学科的发展。

4. 科学研究

在此时期，中国的世界历史学科体系和学术体系得到了健康发展，其研究成果已呈现全方位的满天星斗式的繁荣景象。

第一，在历史观方面，更为重视唯物史观的立场、观点和方法；同时对文明史、现代化史、全球史等新的范式和视角也都有借鉴。

世界史学界对马克思主义历史观的认识有了进一步深化。随着"文化大革命"的结束和改革开放政策的实行，中国的世界史学界也迎来了思想的大解放。面对纷至沓来的各种史学理论和史学方法，人们重读经典作家对人类历史发展规律的论述，发现他们不仅注意到社会形态的变化，也注意到世界形成一个整体即世界历史的形成过程，从而对作为唯物史观组成部分的马克思主义世界历史观有了新的认识。这种新认识首先体现在 1990 年吴于廑在《中国大百科全书·外国历史》一书导言"世界历史"中提出的什么是"世界历史"的概念之中。吴于廑开宗明义，强调："世界历史是历史学的一门重要分支学科，内容为对人类历史自原始、孤立、分散的人群发展为全世界成一密切联系整体的过程进行系统探讨和阐述。世界历史学科的主要任务是以世界全局的观点，综合考察各地区、各国、各民族的历史，运用相关学科如文化人类学、考古学的成果，研究和阐明人类历史的演变，揭示演变的规律和趋向。"他认为，人类历史发展为世界历史，经历了纵向发展和横向发展的漫长过程。纵向发展，"是指人类物质生产史上不同生产方式的演变和由此引起的不同社会形态的更迭"；横向发展，"是指历史由各地区间的相互闭塞到逐步开放，由彼此分散到逐步联系密切，终于发展成为整体的世界历史这一客观过程而言的"；历史正是在不断的纵向、横向发展中，"已经在越来越大的程度上成为世界历史"；因此，"研究世界历史就必须以世界为一全局，考察它怎样由相互闭塞发展为密切联系，由分散演变为整体的全部历程，这个全部历程就是世界历史"。① 这是对中国世界历史研究的学科体系和学术体系的清晰界定。

关于这一点，齐世荣说得更为透彻："马克思主义根据人类社会内部生产力与生产关系基本矛盾的不同性质，把人类历史发展的诸阶段区分为原始公社制、奴隶制、封建制、资本主义制和共产主义制几种生产方式和与之相应的几种社会形态。它们构成一个由低级到高级发展的纵向序列，但不是所有民族、国家的历史都一无例外地按照这个序列向前发展。有的没有经历过某一阶段，有的长期停顿在某一阶段。总的说来，人类历史由低级社会形态向高级社会形态的更迭发展，尽管先后不一，形式各异，但这个纵向发展的总过程仍然具有普遍的、规律性的意义。横向发展是指历史由各地区间的相互闭塞到逐步开放，由彼此分散到逐步联系密切，终于发展为整体的世界历史这一客观过程。推动历史横向发展的决定力量，同样是物质生产的发展。在物质生产不断发展的基础上，人们对新地区的开拓，与相邻地区的交换和交往，必然不断扩大。因此，历史的横向发展过程也

---

① 吴于廑：《世界历史》，中国大百科全书总编辑委员会《外国历史》编辑委员会、中国大百科全书出版社编辑部编：《中国大百科全书·外国历史》，中国大百科全书出版社 1990 年版，第 1、5、15 页。

具有普遍的、规律性的意义。"① 这段话以马克思主义为理论指导，从人类历史矛盾运动的客观事实出发，深入浅出地揭示了人类社会发展的客观规律和大趋势，因此有很强的说服力。它表明，进入 21 世纪以来，我国世界史学者的理论素养，特别是马克思主义理论素养，在整体上已经有了显著提高，并在许多基本理论问题上达成共识，从而为今后世界史学科的发展奠定了坚实的理论和方法论基础。40 多年来，中国的世界史研究成果，无论从何种撰写范式或视角出发，都受到这些世界历史理论体系的影响。

这种变化首先体现在重新建构了中国的世界通史学术体系和话语体系。

基于对马克思主义唯物史观的新认识，吴于廑和齐世荣受国家教委委托，于 1986 年开始主编六卷本《世界史》，被简称为"六卷本"。全书分为古代史编（上下卷，分别由刘家和、王敦书，朱寰、马克垚主编），近代史编（上下卷，由刘祚昌、王觉非主编），现代史编（上下卷，分别由齐世荣、彭树智主编）。全套教材由高等教育出版社于 1994 年出齐。它突破了以往苏联学者所编世界通史的模式，以包括世界历史理论的马克思主义唯物史观为指导，吸收了全球史的一些有益成分，抓住世界历史的纵向发展与横向发展密不可分这个关键历史现象，并将中国历史纳入其中，否定"西欧中心论"，通过对中外重大历史事件、人物和现象的叙述，展现人类发展进程中丰富的历史文化遗产，以及人类社会从古至今、从分散到整体、社会形态从低级到高级的发展历程，从而重构了世界史的宏观体系。

特别要说明的是这部教材的世界历史分期问题。它改变了坚持多年的苏联世界通史的分期，即以 1640 年英国资产阶级革命和 1917 年俄国十月革命分别作为世界近代史和世界现代史的开端，而是以 15 世纪末 16 世纪初的新航路开辟作为世界近代史的开端，以 19 世纪末 20 世纪初的帝国主义形成作为世界现代史的开端，从而解决了以往没有解释清楚的诸多问题，更符合世界历史的纵向与横向发展的基本脉络，及其从低级向高级发展的历史大趋势。这部教材一经出版，就成为最受欢迎的高校世界通史教材。1995 年获得国家教委第三届高等学校优秀教材一等奖。

该教材从 2000 年开始修订，成为齐世荣总主编的四卷本《世界史》，被简称为"齐本"，分为古代卷（杨共乐、彭小瑜主编），近代卷（刘新成、刘北成主编），现代卷（齐世荣主编），当代卷（彭树智主编）。全套教材于 2007 年出齐。它进一步注入了全球史的新因素，补充了"六卷本"囿于时间的限制而缺少的1993—2003 年的内容，对第一次世界大战的后果、冷战起源、战后的两极格局向多极化的发展、和平与发展的时代主题等有了新的看法，同样是一出版即受到欢迎。2021 年，这套教材获得教育部首届全国优秀教材（高等教育类）一等奖。另

---

① 齐世荣主编：《世界史·当代卷》前言，高等教育出版社 2006 年版，第 1 页。

外，崔连仲、徐天新等主编的《世界通史》（6 卷）在 20 世纪 80 年代版本的基础上修订，于 1997 年出版，2007 年出版修订第二版。进入 21 世纪，王斯德主编的《世界通史》（3 卷）于 2001 年初版、2009 年二版、2020 年三版，武寅主编的《简明世界历史读本》于 2014 年出版。钱乘旦主编的《新世界史纲要》于 2023 年出版。可以说，21 世纪全国各高校和研究机构出版的世界通史教材，都或多或少地受到"六卷本"的影响。从 2021 年开始，"六卷本"教材再次开始全面修订。本套教材就是这次修订的成果。

与此同时，包括政治、经济、思想，文化、社会生活等人类文明演进与变化的文明史写作范式，也重新进入中国学者的视野。北京大学出版社出版了马克垚主编的《世界文明史》，该书于 2004 年 1 月出版三卷本，2004 年 9 月修改为两卷本，2016 年修订再版。该书从文明演进的视角出发，以全球史的视野鸟瞰人类历史的发展进程。该书时间上贯通古今，从古代农业文明论及现代工业文明在世界范围内的扩展，空间上跨越各文明界限，兼顾各文明的独立演进与彼此交融，囊括文明的政治、经济、社会、文化等各个维度，展示了中国人视角下的人类文明史。

从现代化的视角撰写世界近现代史的发展历程，也成为世界史研究的一种重要范式。罗荣渠的《现代化新论——世界与中国的现代化进程》和《现代化新论续篇——东亚与中国的现代化进程》，分别于 1993 年和 1997 年出版。两书以第三世界特别是东亚为研究重点，后多次再版。罗荣渠运用跨学科的社会科学研究方法，把现代化作为全球性大转变的过程，从宏观史学的视角进行整体性研究。首次提出以生产力为社会发展中轴的一元多线的历史发展观，以此论述世界的现代化发展总趋势和近世中国的社会巨变，并对中国的现代化道路作了专题考察，在当时令人耳目一新。进入 21 世纪，现代化研究成为世界史研究的热点之一。钱乘旦主编的分区域撰写的《世界现代化历程》（包括总论、东亚、南亚、中东、西欧、非洲、北美、拉美、大洋洲等 10 卷），于 2012—2015 年出版，其基本观点是，世界近现代史的主线是现代化。

此外，从国际关系历史发展的角度撰写的由王绳祖主编的《国际关系史》（10 卷，1990—1996 年出版；中国国际关系学会主编了该套书第 11、12 卷，分别于 2004 年、2006 年出版），以专题和时序相结合的由武寅主编的通史性著作《世界历史》（8 卷 39 册，2012 年出版），由陈翰笙主编、数百位世界史学者参与编撰的《中国大百科全书·外国历史》卷（2 册）的出版，以及它的第二版，也是中国世界史学发展的标志性成果。

全球史是 20 世纪下半叶兴起于美国的新的历史编纂范式，其后逐渐传入中国。2004 年，首都师范大学在全国率先成立了全球史研究中心，中国的全球史研究也伴随着"全球史观"的讨论而得到发展。尽管国内学术界对"什么是全球史"这一问题颇有争论，但近十余年来，全球史在中国仍然得到了初步发展，以首都师范大学为代表的部分高校和研究所开始了全球史学科建设。相关学者力图从整体、关联、互动、共生的视角，考察跨国家、跨文化或跨地区的历史现象，突破民族国家史学的局限，打破世界史与中国史的学科界限，从而弥补外国国别史和中国史研究中的不足。2021 年刘文明主著的《全球史概论》出版，这是我国学术界第一部全面系统阐述全球史的理论和方法的研究成果，为国内全球史研究和教学及学科建设提供了一个全球史知识的基本框架。

第二，在学术研究方面，这一时期大大拓宽、拓深了研究领域，出版了大量教材、学术专著和论文，可谓成果丰硕、多有创新。具体地说：

在断代史方面，上古史、中古史、近代史、现代史、当代史等领域基本覆盖，出版了马克思主义理论研究和建设工程重点教材《世界现代史》（第二版）（上下册，包括现代史和当代史，2020 年出版；第一版为 2012 年），马克思主义理论研究和建设工程重点教材《世界古代史》（第二版）（上下册，包括上古史和中古史，2018 年出版；第一版为 2014 年），论述 20 世纪历史的金重远主编的《20 世纪的世界》（上下卷，2000 年出版），齐世荣、廖学盛主编的《20 世纪的历史巨变》（2005 年出版，此前出版了同名的论文集），将世界近代、现代史整体论述的由徐蓝主编的《世界近现代史 1500—2007》（2012 年出版）等各种不同版本的断代通史著作。

在古典学、埃及学、亚述学、赫梯学、拜占庭学、中古史、一战史、二战史和冷战史等西方学者长期居于领先地位的领域，都已经有了中国学者的著述，其研究活动和成果也具有了一定的国际性。

在区域研究方面，原有的东亚史、南亚史、东南亚史、中亚史、西亚史、拉丁美洲史、非洲史、中东史研究等都有新的进展，将欧洲地区、亚太地区、地中海地区、西亚北非地区、印度洋地区、巴尔干地区、太平洋岛国地区、大洋洲地区等分别作为一个整体的研究也已经开展起来。

国别史一向是中国世界史学者研究较为集中的领域，特别是在美国史、英国史、法国史、德国史、苏联/俄罗斯史、日本史的研究方面，成果比较丰硕，不仅出版了中国学者自己著述的有关这些国家的多种版本的通史类著作，而且对这些国家不同发展时期的内政、外交、军事、社会、宗教、文化等都有探讨，对意大利、西班牙、荷兰、加拿大、澳大利亚、土耳其、印度、以色列、泰国、缅甸、南非等国家的历史也有一定研究。

在专门史方面，进入 21 世纪，除了政治史、经济史、军事史、外交史、国际关系史、革命史、殖民主义史等传统研究领域之外，世界史学界还不断将研究扩展到劳工史、农民史、社会史、宗教史、法律史、文化史、教育史、艺术史、城市史、乡村史、日常生活史、华侨华人史等领域，特别是对全球史、环境史、妇女史、人口史、性别史、家庭史、疾病史、医疗卫生史、灾荒史、能源史、知识史、书籍史、心态史、概念史、图像史、记忆史、帝国史、学科史、史学史、历史编纂学史等，都有涉及，已有大量相关论文和少量专著问世。但是，由于这些领域多为近年来发展起来的前沿领域，比较成熟的有影响的成果还不多见。

除此之外，世界史学者对西方史学理论和史学方法的研究兴趣也不断增长，使之成为世界史学科建设的重要领域。他们不仅介绍了计量史学、心理史学、口述史学等研究理论，而且引入了社会科学如经济学、社会学、人口学、统计学等的研究方法。近些年来，原属于自然学科的遗传学、古生物学、生物化学、地质学等的理论与方法在世界史学中有了初步运用，也使我们对人类演化、迁徙的历史进程有了更深入的认识，使历史学呈现出越来越多的科学性色彩。随着信息化时代的到来，信息史学也成为近年来学者关注的领域。此外，相对传统的世界史、文明史、现代化史等方面的理论与写作范式，以及全球史、国际史、跨国史、跨文化互动等方面的研究也受到学界的关注并出现了一些新的探讨。

另外，从已经公布的国家社科基金资助的世界史的重点、一般和青年项目，以及后期资助、冷门绝学项目数量来看，1994 年仅为 10 项，2022 年达 105 项；2021 年国家社科基金中国历史研究院重大历史问题研究专项的世界史项目为 7 项，2023 年，该专项的世界史项目为 8 项。在这些所立项目中，还有两点值得注意：一是这些项目的研究有不少属于上述专题史领域，假以时日，必有发展；二是不少项目涉及该项目所要利用的原始档案的收集、整理与研究，也进一步推动了世界史研究的深化。

随着研究成果的增加，世界史的刊物也获得发展。除了原有的能够发表世界史著述的《中国社会科学》《历史研究》《世界历史》《史学理论研究》以及一些史学刊物如《史学月刊》《史学集刊》和大学学报等几十种期刊之外，一些具有研究特色的定期或不定期的世界史学术期刊、辑刊不断涌现，如《西学研究》《古代文明》《现代化研究》《世界近现代史研究》《冷战国际史研究》《全球史评论》《近现代国际关系史研究》《经济社会史评论》《世界历史评论》《外国问题研究》《医疗社会史研究》《海洋史研究》《新史学》，等等，甚至创办了少量世界史英文刊物，如 2014 年中国社会科学院世界历史研究所与社会科学文献出版社合作创办了 World History Studies。

第三，资料的建设与利用。改革开放以来，中国学者继续编纂急需的各种资料集供学生和学者使用。除了如前文已经提到的继续出版《世界史资料丛刊》的工作（目前已出版上百种）之外，一些高校也陆续出版了世界史资料选辑。但是这些资料仍然非常有限。

随着国家的发展和学者出国考察、研究机会的明显增多，网络和数字化技术的飞速发展，国家对购买图书资料、各种数据库的资金投入大大增加，中国的世界史资料建设突飞猛进。尽管我们的资料仍然无法与欧美部分国家相比，但是大量已经解密的原始档案资料，数不胜数的各种研究文献，已经大大缓解了资料匮乏的问题，大体上可以满足研究者的需要。例如，在世界上古史的资料建设方面，一些高校和科研单位购置了包括《洛布古典丛书》（至 2022 年已达 546 部）、《牛津古典文献》（百余册）、《托伊布纳尔希腊罗马文献丛书》（几百种）等古典学研究必备的资料。从国际关系史研究所需要的档案资料来看，北京大学、外交学院、中国历史研究院近代史研究所等收藏的美国外交史料，首都师范大学收藏的欧洲国家外交史料，华东师范大学收藏的中国与周边国家关系档案文献都非常丰富。研究者可以直接使用这些档案资料，并利用多国档案对史料进行甄别与考证，从而使叙事更为准确，解释更为丰富，评价更为客观，研究更加专深。以苏联史为例，根据原始档案文献编译的 34 卷本《苏联历史档案选编》于 2002 年出版，使苏联史研究可以建立在更为坚实的史料基础之上，过往研究的简单化现已转变为明显的多样化。再以冷战史研究为例，正是对多国档案的使用，才使中国的冷战史研究从早期专注于美苏关系和冷战起源的传统冷战史，逐渐发展为冷战国际史，从而进入了国际学术前沿，加强了与国际学术界的对话能力。

第四，国内出版界对世界史研究的助力。中国世界史研究的进步，离不开中国出版界对出版世界史书籍的鼎力相助。仅举出三例。

其一，1971—1978 年，在党中央和国务院的直接指示和支持下，由十几家出版社陆续翻译出版的 200 多册国别史或地区史，以及一些世界名著、名人传记和回忆录等[1]，为后来的世界史研究打下了最初的资料基础。

其二，"汉译学术世界名著丛书"的出版。自 1905 年商务印书馆出版了严复翻译的《天演论》之后，该社一直致力于外国学术名著的出版。自 1981 年起，商务印书馆陆续推出了"汉译学术世界名著丛书"1000 种，其中许多是世界史研究的珍贵资料和研究性论著。这是中国现代出版史上规模宏大的极为重要的学术翻译工程，对中国世界史学科的发展起到重要作用。

其三，改革开放以来，图书市场非常关注世界史，各出版机构以极大的热情出版了大量世界史著作。据不完全统计，从 2017 年到 2022 年 8 月，国内的出版社（出版集团）出版了中国学者撰写的世界史著作 200 多种，出版了国内学者翻译的

---

[1]　参见张稚枫：《"文革"期间出版工作忆实》，《新文化史料》1999 年第 3 期。当时不仅内部出版了马列主义经典著作《共产党宣言》等六本书，赫胥黎的《天演论》，摩尔根的《古代社会》，海思、穆恩、韦兰的《世界史》等，还有《赫鲁晓夫回忆录》《在白宫的岁月》《阿登纳回忆录》《戴高乐回忆录》等多种回忆录，都是以大字排版。

世界史著作 500 余种。这些世界史的出版物，除了传统的通史、断代史、地区国别史以及主流史学领域如政治史、经济史、外交史、国际关系史等的新研究之外，特别涉及了许多新领域，如全球史、环境史、海洋史、概念史、史学史等。既有生活·读书·新知三联书店于 2017 年出版的、可归于全球史的李伯重撰写的《火枪与账簿：早期经济全球化时代的中国与东亚世界》，以及该社于 2021 年出版的译著《海洋全球史》，还有北京理工大学出版社于 2020 年出版的通俗读物、译著《历史：地图上的世界简史》以及中国画报出版社于 2021 年出版的以普及世界历史为主的译著《世界大历史：62 个大事件塑造 700 年世界文明》。① 图书市场的这种世界历史热，无疑从一个重要方面推动了世界史学科的发展。

四、不足与展望

70 年多来，特别是近 40 多年来，中国世界史学科建设成就斐然，但仍然存在一些不足与问题。

一是偏重实证研究，对理论修养和研究方法的改进重视不够。一方面，改革开放后，世界史学者得益于研究条件的大大改善，在较充分地占有史料特别是原始档案资料进行实证研究方面，已经有了很大进步，一些著述所利用的档案资料和专著文献，甚至达到几百种乃至上千种的程度。但是，一些学者的理论素养特别是马克思主义理论素养比较欠缺，对与自己的研究领域相关的理论与方法论也缺乏必要的了解。因此，一些成果变成史料堆砌，缺少分析的深度，不能准确地总结历史的经验、教训和智慧，从而降低了世界史研究应有的学术价值和理论意义。另一方面，一些学者观念相对陈旧，方法相对单一，缺少对日益发展的跨学科、跨领域、跨国家的研究方法的敏锐了解和积极运用，对问题的解释框架仍然囿于国外学者的语言体系，无法提出新的问题，开拓新的研究领域，也导致研究成果的创新不足。

二是偏重微观研究，对宏观思辨着力不够。与上述问题相联系，一些学者满足于微观研究和个案探讨，对构建历史叙事体系和梳理历史发展脉络关注不够，更不愿探讨历史发展规律；一些研究生的论文则存在研究问题碎片化的现象和倾向。这样的研究，即使在某一个问题上可能达到了"求真"的要求，但仍然无法在整体上达到"求通"的高度，从而导致研究缺乏后劲，间接制约了世界史学科的发展。

三是偏重发达国家研究，对发展中国家和地区的研究严重不足。长期以来，

---

① 《海洋全球史》为［德］米夏埃尔·诺尔特所著，夏嫱、魏子扬译；《历史：地图上的世界简史》为［澳］杰弗里·瓦夫罗著，谢志瞳译；《世界大历史：62 个大事件塑造 700 年世界文明》为［美］弗兰克·萨克雷、约翰·芬德林主编，由 54 位资深历史学家分章撰写，严匡正等译。

中国一直存在世界史学科分布不均衡、研究领域不平衡的问题。由于国家现代化建设的需要，重视对欧美大国的研究，包括从古代到当代的各种问题研究，反映了世界史学者强烈的现实关怀，无可厚非。但对其他国家和地区的研究，则存在许多空白，直至今天，这种状况也没有多大改观。甚至在一些原来已有一定积累的分支学科如苏俄史、印度史还出现了萎缩情况。这种状态也与世界史研究队伍较小、质量参差不齐、掌握各种小语种的研究人才严重缺乏有很大关系。但无论如何，它与当今中国在世界的地位极不相称，有碍于我们对世界的正确认知。不过，我们也可喜地看到，随着中国正在积极推动共建"一带一路"倡议，国家迫切需要了解中国周边国家和位于"一带一路"上的各个国家的历史与现状，正在推动世界史学者必须在对这些国家和地区的研究上发力；国家社科基金也正在资助不少这方面的研究。相信长期坚持下去，必将取得重要成果，也会改变世界史学科发展不平衡的问题。今天，中国特色社会主义已经进入新时代，中国的世界史学科建设也进入了新阶段。从理论和方法上逐步建立中国的世界史话语体系，当是中国世界史学科建设的大方向和基本任务。

为了实现这个目标，中国学者已经奋斗了 70 多年。今后，他们将继续如习近平所说的，"要学习和实践马克思主义关于世界历史的思想"[①]，在理论上坚持马克思主义唯物史观，深入学习、理解、运用马克思主义的世界历史理论，以审慎的批判性思维借鉴域外的学术理论与研究范式，以中国化时代化的马克思主义历史理论指导世界史研究；在学术上，要从开放的、世界的视角观察、研究世界，从世界各国包括中国在内的优秀文化传统中吸收有益营养，在微观专题探讨与宏观叙事体系的多重层面，通过提出新问题、挖掘新材料、运用新方法、作出新解释，以中国学术语言阐释世界史研究成果，逐步构建起世界史的中国话语体系；在资政育人上，世界史学者将充分发挥世界史学科回望历史、关照现实的智力支持功能，服务于国家和社会的发展大局和人才培养，为构建人类命运共同体作出应有贡献。我们相信，再经过几代学者的不断努力，中国的世界史学科必将在世界学术之林中占有一席重要地位。

欲速则不达，任重而道远。

徐蓝　晏绍祥

2024 年 10 月

---

① 习近平：《在纪念马克思诞辰 200 周年大会上的讲话》，人民出版社 2018 年版，第 22 页。

修订版前言

  《世界史　现代史编》上下卷，是由我国著名世界史学家吴于廑先生和齐世荣先生担任总主编的六卷本《世界史》（学界简称为"六卷本"或"吴齐本"）的最后两卷，上卷由齐世荣先生主编，下卷由彭树智先生主编。这两卷教材以马克思主义唯物史观为指导，以世界全局的眼光，通过对人类历史的纵向发展与横向发展以及其相辅相成的互动关系等多重视角，基本展示了 20 世纪完整意义的世界历史发展过程。

  这套教材出版至今，历史已经又走过了 30 年。在此期间，人类社会发生了巨大变化。在历史不断延续、演化的同时，新的研究成果也多有问世，这些都需要在世界现代史教材中予以体现。这是修订这套教材的基本动因。

  修订版教材具有几个显著特点。

  第一，坚持原教材的以唯物史观作为编写的指导思想，以及其纵横交错的基本编写框架。马克思在 1859 年为《政治经济学批判》所写的序言中认为："大体说来，亚细亚的、古希腊罗马的、封建的和现代资产阶级的生产方式可以看做是经济的社会形态演进的几个时代。资产阶级的生产关系是社会生产过程的最后一个对抗形式，这里所说的对抗，不是指个人的对抗，而是指从个人的社会生活条件中生长出来的对抗；但是，在资产阶级社会的胎胞里发展的生产力，同时又创造着解决这种对抗的物质条件。"[1] 早于上述关于社会形态演进的论述，马克思和恩格斯在他们于 1845—1846 年撰写的《德意志意识形态》中就已经指出，近代资本主义大工业创造了世界市场，从而"首次开创了世界历史，因为它使每个文明国家以及这些国家中的每一个人的需要的满足都依赖于整个世界，因为它消灭了各国以往自然形成的闭关自守的状态"；"各个相互影响的活动范围在这个发展进程中越是扩大，各民族的原始封闭状态由于日益完善的生产方式、交往以及因交往而自然形成的不同民族之间的分工消灭得越是彻底，历史也就越是成为世界历史。"[2] 人类历史的纵向发展与横向发展互为条件，相辅相成。就世界现代史来说，这种纵向发展与横向发展更为密不可分，而且正是由于这样的发展，才形成了今日的世界。世界现代历史的演进，恰恰证明了马克思主义经典作家对人类社会形态演进的阐述及其对世界历史发展的阐述的准确性，这是希望读者能够理解的。

  第二，补充了近 30 年来的重大史事，同时在具体内容的编排上也作了适当调

---

[1] 《马克思恩格斯文集》第二卷，人民出版社 2009 年版，第 592 页。

[2] 《马克思恩格斯文集》第一卷，人民出版社 2009 年版，第 566、540—541 页。

整。主要体现在两个方面。

一方面，在一些相应的章节中，补充了延续到 21 世纪的重要内容。主要包括：将原第九章"社会主义国家的政治经济改革和发展变化"分成两章，即第八章"苏联东欧社会主义国家的改革与变化"和第九章"中国和其他社会主义国家的改革与社会主义的发展"。在第八章"苏联东欧社会主义国家的改革与变化"主题下，补充了"20 世纪 90 年代的独联体和中东欧国家"，包括叶利钦时期的俄罗斯，其他独联体国家的政治、经济与社会，中东欧国家的政治发展与经济转轨等专题。在第九章"中国和其他社会主义国家的改革与社会主义的发展"主题下，一是补充了"中国特色社会主义进入新时代"，包括走进新时代，全面建成小康社会和新的历史决议，中共二十大等专题；二是补充了"世界社会主义运动的新发展"专题；在第十章"发展中的民族独立国家在曲折的道路上前进"主题下，在亚洲国家区域经济合作的发展，南非的民主化进程和非洲的联合自强与经济合作，拉丁美洲的经济改革与政治民主化趋势等方面，都补充了 20 世纪末到 21 世纪的相关内容。

另一方面，根据时空发展顺序，增加了 21 世纪的内容，主要体现在新撰写的第十二章"21 世纪初的世界"中。在这一章中，对冷战结束后至今的历史发展，重点从世界多极化、经济全球化、社会信息化、文化多样化等方面，论述世界历史的发展过程、趋势和特点，揭示和平与发展的时代主题，以及和平、发展、合作、共赢是不可阻挡的历史潮流；同时指出已经出现的各种全球性问题和人类面对的前所未有的共同挑战，需要各国在和平与发展中携手解决。

第三，展示了基本得到公认的学界研究的一些新成果，深化或更新了一些重要认识。仅举几例。其一，第一次在教材中叙述了中国参加第一次世界大战的史实，指出：中国参战的意图在于战后收回被日本攫取的山东主权；中国参战的形式主要是"以工代兵""以工代战"；正是中国的参战，才使中国成为一战中的战胜国并得以参加巴黎和会提出山东问题，并通过华盛顿会议最终收回了山东主权。其二，关于第二次世界大战，改变了学界长期持有的二战起点是 1939 年德国进攻波兰的认识，而是从世界反法西斯战争的全局出发，将中国的抗日战争有机融入二战之中，提出并论述了第二次世界大战是由德、意、日三个法西斯国家发动的，二战经历了从局部战争逐渐发展到全球战争的过程。1931 年 9 月 18 日，日本发动侵略中国东北的战争，中国人民开始局部抗战，拉开了二战的序幕。1937 年 7 月 7 日，日本发动全面侵华战争，中国开始全民族抗战，这成为二战在亚洲爆发的标志；中华民族在中国共产党的领导下结成抗日民族统一战线，团结抗日，开辟了对日本法西斯持久作战的东方主战场。1939 年 9 月 1 日，德军以"闪击战"突袭波兰，英法对德宣战，战争在欧洲再次爆发。1941 年 6 月 22 日，德国入侵苏联，战争扩大，苏联战场成为抵抗纳粹德国的主战场。同年 12 月 7 日，日本挑起太平洋战争，美国对日宣战，二战发展到全球阶段，成为一场真正的世界性战争。中华民族的抗日斗争为赢得世界反法西斯战争的胜利作出了重大贡献，取得了完全的胜利。其三，对冷战，非殖民化，国际格局、国际秩序、国际治理的演变等史事，都有新的论述。

回看世界现代史这一正在继续发展的伟大历史阶段，可以得到一些重要的历史启迪。

资本主义经历了危机与战争、协调与发展，取得了巨大成就。科学技术是资本主义发展的推动力量，而社会主义的存在则成为资本主义的一面镜子，"刺激资本主义对自己进行了重大改革"①。一方面，就整体来说，资本主义的生产力和生产关系之间的固有矛盾并没有得到根本解决。另一方面，也应该看到现在主要资本主义国家，在资本、科技等方面还具有较大优势，资本主义仍具有较强活力。马克思说："无论哪一个社会形态，在它所能容纳的全部生产力发挥出来以前，是决不会灭亡的。"② 社会主义国家和资本主义国家如何正确相处，是双方都要认真对待的重要课题。

社会主义作为一种崭新的比资本主义更为优越的社会制度，一旦从世界历史的发展中产生出来，就一定会成长壮大。苏联的建立和解体，是世界现代史中的重大事件，影响极为深远。苏联和东欧国家发生的剧变，只是社会主义的一种已经僵化的模式的失败，并非社会主义制度的失败。邓小平深刻指出："一些国家出现严重曲折，社会主义好像被削弱了，但人民经受锻炼，从中吸收教训，将促使社会主义向着更加健康的方向发展。"③ 中国特色社会主义道路的开创及其取得的举世瞩目的成就，深化了对人类社会发展规律的认识，以中国式现代化不断丰富和发展人类文明新形态，为人类实现现代化提供了新的选择。

帝国主义世界殖民体系的崩溃，是世界历史上最伟大的革命性事件之一。社会主义取向的革命运动是引导和推动民族解放运动的强大政治力量。今天，193 面庄严绚丽的国旗在联合国的广场上飘扬，这是人类历史的巨大进步，具有重要的世界历史意义。独立后的发展中国家为维护国家主权、促进社会发展、改变以资本主义为主导的不合理的国际政治经济秩序，进行着不懈的努力。与此同时，它们作为一支重要的国际力量，也推动着国际关系民主化的发展方向。

经过两次世界大战和一次冷战，世界格局经历了从欧洲中心向美苏两极格局

---

① ［英］艾瑞克·霍布斯鲍姆：《极端的年代 1914—1991》上册，郑明萱译，江苏人民出版社 1998 年版，第 121 页。
② 《马克思恩格斯文集》第二卷，人民出版社 2009 年版，第 592 页。
③ 《邓小平文选》第三卷，人民出版社 1993 年版，第 383 页。

再向多极化的演变，与此同时，经济全球化曲折发展，社会信息化和文化多样化持续推进，各国之间的相互联系日益复杂、相互依存日益加深，国际力量对比显现出更趋平衡的发展态势。尽管现行的国际秩序基本原则仍然主要是西方国家所确立，霸权主义和强权政治依然存在，但是和平、发展、公平、正义、民主、自由越来越成为全人类共同价值。面对世界百年未有之大变局，中国坚持经济全球化正确方向，坚持真正的多边主义，提出构建人类命运共同体的重要思想并身体力行。构建人类命运共同体，是根植于中华优秀传统文化的"以和为贵""世界大同"的中国智慧，是基于中国对和平、发展、合作、共赢历史潮流不可阻挡的准确判断，是中国致力于为人类谋进步的崇高事业，对全球治理体系改革与建设提出的中国方案，是中国为推动世界和平、促进共同发展注入的中国力量。

期望这样修订的世界现代史教材，能够更加清晰地展现世界史的发展进程，并预示未来人类社会的发展方向。

徐蓝

2023 年 11 月 27 日

前　言

　　《现代史编》上下两卷是六卷本《世界史》的最后两卷。世界现代史大体上相当于 20 世纪的历史。完整意义的世界史，在 20 世纪终于形成。世界史不是过去一直存在的。近代资本主义大工业创造了世界市场，从而"首次开创了世界历史，因为它使每个文明国家以及这些国家中的每一个人的需要的满足都依赖于整个世界，因为它消灭了各国以往自然形成的闭关自守的状态"①。世界历史虽然从近代已经开始，但到了 20 世纪世界才在经济、政治、文化各个方面联系成为一个息息相关的整体。因此，在一定意义上可以说世界史就是现代史。反过来看，现代史又只有用世界一体化的眼光才能认清它的实质和各种问题，因此在这个意义上又可以说现代史就是世界史。

　　本书以 20 世纪初作为世界现代史的开端。20 世纪初，资本主义发展到帝国主义阶段。两大帝国主义军事集团为重新瓜分殖民地、势力范围和争夺世界霸权而展开激烈的斗争，最后导致了第一次世界大战的爆发。在大战的过程中，俄国无产阶级进行社会主义革命，建立了人类历史上第一个社会主义国家。由于帝国主义力量在战争中的削弱，由于十月社会主义革命的影响，战后出现了殖民地半殖民地民族解放运动的空前高涨。大战也使国际格局发生了重大变化。19 世纪欧洲资本主义列强支配世界的局面告终。美、日两个新兴的帝国主义国家崛起于北美和东亚。社会主义国家苏联在地跨欧、亚两大洲的俄罗斯帝国废墟上巍然屹立。这一系列的重大事件和历史剧变都发生在 20 世纪初期，故把 20 世纪初作为世界现代史的上限，是比较合适的。世界现代史的进程尚在演变之中，它的下限暂时定在 20 世纪之末。

　　20 世纪是人类历史上变化最大、最快的世纪，人类在这一百年中所取得的成就要比以往任何一个世纪都大，甚至可以说超过以往各个世纪的总和。在大约一个世纪的时期里，以 1945 年为分界线，1945 年以后的半个世纪变化尤大，尤快，成就尤为突出。

　　第一阶段是从 20 世纪初到 1945 年第二次世界大战结束。就全球范围看，这是世界经济发展缓慢（个别国家如苏联除外）、充满暴力（革命的和反革命的）的阶段。世界工业的年平均增长率，1900—1913 年为 4.2%，1913—1929 年降为 2.7%，1929—1938 年再降为 2.0%；世界贸易的年平均增长率，1910—1913 年为 3.7%，

---

① 《马克思恩格斯文集》第一卷，人民出版社 2009 年版，第 566 页。本前言写于 1994 年，这次修订根据马克思、恩格斯、列宁著作的最新中文译本，对引文文字进行了调整。

1913—1929 年降为 0.7%，1929—1938 年则竟为 -1.15%。1929—1933 年爆发了世界经济危机，其波及范围之广，破坏程度之大，前所未有，后亦无继。在政治方面，革命与战争是这一阶段的主要内容。1917 年爆发的俄国十月社会主义革命是一次震撼世界、影响极其深远的大革命，它的历史意义在于证明了以私有制为基础的资本主义经济制度存在着严重的内部危机，因而是可以打破的；在于证明了以公有制为基础的，以充分发展生产力、消灭剥削、消除两极分化、达到共同富裕为根本目的的社会主义经济制度是可以而且必然会建立起来的。继十月革命之后，国际无产阶级和殖民地半殖民地的人民多次向资本主义世界发动冲击，其中有些是帝国主义国家内部无产阶级夺取政权的斗争或政治罢工与经济罢工；有些是殖民地半殖民地人民争取民族独立的解放战争，它们有大有小，有强有弱，但总合起来沉重地打击了垄断资产阶级的统治，并为下一阶段的斗争打下了基础。在一些帝国主义国家中，统治阶级鉴于资产阶级议会民主这种旧的统治形式已不适用，便建立了法西斯专政，对内残酷镇压劳动人民，对外发动侵略战争。国际垄断资产阶级为重新瓜分殖民地、势力范围和争夺世界霸权，引发了两次世界大战，它们给人类造成了空前未有的大破坏。

第二阶段是从第二次世界大战结束到 20 世纪末。从全球范围看，这是世界经济发展迅速、相对和平的阶段。1953—1973 年 20 年间，世界工业总产量相当于 1800 年以来一个半世纪的工业产量的总和。造成这一阶段经济迅速发展的原因很多，其中最重要的一条是科学技术的飞速进步。科学技术日益渗透于经济发展和社会生活各个领域，成为推动现代生产力发展的最活跃的因素。在资本主义的心脏地区美国、西欧和日本，经济增长很快。现代资本主义由于形成了一定的自我调节机制，还有较强的生命力，没有再出现 1929—1933 年那样严重的经济危机，虽然较小规模的危机也曾多次发生。社会主义国家在战后一度也发展很快，但后来出现了不同程度的停滞，近年来一些国家（特别是中国）探索改革的道路，又迅速发展起来。第三世界发展中国家特别是新兴工业国家的经济增长速度最快，1970—1977 年南亚、东亚、拉丁美洲地区的工业增长率最高，如韩国高达 17%，多米尼加高达 14%。包括亿万人口在内的一大批新兴独立国家从农业社会走向工业社会，毫无疑问是人类生产力的一次大解放，具有深远的历史意义。

由于经济的繁荣发展，资本主义国家的统治比前一阶段稳固，没有受到大的革命冲击。侵略战争虽然仍有，但日益减少，而且发动侵略的大国在被侵略国的抵抗和世界人民的压力下，被迫撤兵，接受政治解决，这在之前侵略战争的历史上是罕见的。自 1945 年到现在已经半个世纪尚未爆发新的世界大战，而第一次世界大战与第二次世界大战之间仅仅相隔了 20 年。

1991 年 12 月，苏联停止存在。苏联的解体和资本主义世界经济 20 年的繁荣，使资本主义的辩护士断言资本主义制度已经战胜了社会主义制度。但这是一种完全错误的估计。今天苏联的解体并不能说明苏联在历史上毫无成就。恰恰相反，苏联在它存在的 69 年中（从 1922 年苏联成立算起为 69 年，从十月革命算起则为 74 年），在社会主义革命和社会主义建设两方面都有了不起的建树，而打败法西斯德国也是它对全人类做出的一大贡献。苏联的解体只能说明在社会经济落后的国家里建设社会主义，特别困难，必须找到正确的道路并不断进行改革，才能最后成功。列宁敏锐地注意到俄国经济文化的落后性，强调指出："与各先进国家相比，俄国人开始伟大的无产阶级革命是比较容易的，但是把它继续到获得最终胜利，即完全组织起社会主义社会，就比较困难了。"① 在特殊的历史条件下，苏联采取了高度集中的、优先发展重工业的社会主义经济体制，并在这种体制下取得了重大成就，但这种体制后来被神圣化了，当作唯一正确的、不可更易的社会主义建设模式，以致日益僵化，弊端百出，待发觉准备改革之际，为时已晚，再加上举措失当，苏联终于解体。

苏联的解体，更不等于整个社会主义制度的失败。列宁说："如果从实质上来观察问题，难道历史上有一种新生产方式是不经过许许多多的失败、错误和反复而一下子就确立起来的吗?"② 今天，中华人民共和国正在采取一系列社会主义制度自我完善的重大措施，在建设有中国特色社会主义的道路上已经取得并正在取得举世瞩目的成就，这充分说明社会主义这种新生制度是富有生命力的。

世界资本主义体系是否就强大无比呢? 绝非如此。如果从历史的长过程来看，今天的资本主义世界不仅远远不如 19 世纪强大，那时是欧洲资本主义列强支配世界的时期，在某种意义上甚至也不如 20 世纪前半期那样强大，因为那时只有一个社会主义国家，而殖民体系只是受到严重冲击，尚未瓦解。今天，社会主义已经越出一国范围，更重要的是中国已经冲破苏联模式，走上了改革的道路，这场改革的伟大历史意义和世界影响在今后的岁月里将看得越来越清楚。战后，在世界范围内消灭了持续数百年之久的殖民主义体系，这极大地削弱了帝国主义的力量。法国不得不撤出越南，英国不得不撤出苏伊士运河，说明了老牌帝国主义的衰弱。即使像美国这样的新兴超级大国也不可能任意摆布第三世界的国家。美国侵略朝鲜、越南的失败，就是最有力的证明。第三世界越发展，帝国主义的力量就越削弱，美国企图奴役全世界的"新秩序"就越建立不起来。所以，从资本主义世界范围来看，资产阶级的统治力量是比以前强大了，资本主义秩序是比以前稳固了，但从全世界范围来看，从国际上各种力量的对比来看，帝国主义所能控制的范围

---

① 《列宁全集》第三十六卷，人民出版社 2017 年版，第 293—294 页。
② 《列宁全集》第三十七卷，人民出版社 2017 年版，第 19 页。

和控制的力量都比以前缩小和减弱了。

总之，20 世纪是一个伟大的世纪，人类在 100 年间取得了一系列重大成就，最主要的是三项：社会主义制度的建立、殖民体系的瓦解、科学技术的飞速进步和经济的巨大增长。但 20 世纪也是一个战乱频仍的世纪，并且遗留下若干如果处理不好就将给人类带来无穷灾难甚至毁灭人类自身的大难题，诸如热核战争、"人口爆炸"、环境污染、自然资源破坏和浪费、生态失去平衡，等等。在 55 亿人口中，许多发展中国家的人民仍然生活在贫困线下。

当前，世界经济继续发展，国际格局走向多极。和平与发展是当代世界的两大潮流，也将是下一个世纪人类所要解决的最大课题。经济优先已成为各国有识之士的共识。美、苏两个超级大国竞相扩充军备，使德、日两个战败国家迅速赶上并在某些方面超过的教训，给各国执政者敲响了警钟。人们越来越认识到：科学技术和经济实力的强弱，在综合国力中起着决定性的作用，而现代国际的竞争归根到底是综合国力的竞争。帝国主义已经从老殖民主义转向新殖民主义，即放弃武力兼并的办法而采取直接、间接地进行经济渗透和经济控制的办法。国际格局的多极化，各种力量互相制约，终归也有利于世界和平的维持。

发展经济是世界各国人民的共同愿望。在全球经济一体化的当代，国际合作是绝对必需的。当然，在合作的同时国际经济竞争也日趋激烈。在社会主义与资本主义两大体系之间，将有一个互相依存、互相影响、互相竞争的漫长时期。主要的社会主义国家如果在将来能够使自己的劳动生产率超过资本主义发达国家，那时社会主义制度的优越性将会吸引全世界的人民，使他们扬弃资本主义而选择社会主义。

今天，科学技术的进步已经达到了可以大大造福于人类但也可以毁灭人类的地步。如果下几代的子孙能够把科学技术进步的成果全部致力于和平与发展，如果下几代的各国执政者能够吸取 20 世纪的教训而变得更加聪明和富有理智，那么 21 世纪将是一个持久和平与共同繁荣的世纪。研究世界通史，研究世界现代史，可以增进人类的智慧，使他们懂得如何掌握自己的命运，走向美好的未来。

齐世荣

1994 年 10 月 20 日

第一章　20世纪初的世界

19世纪，资本主义国家的社会生产力在工业革命的推动下飞速发展，社会生活发生巨大变化。但是，资本主义制度的各种基本矛盾，导致无产阶级与资产阶级的矛盾日益尖锐，马克思主义指导的工人运动和社会主义运动蓬勃发展。19世纪末20世纪初，随着资本主义进入帝国主义阶段，西方列强已基本把世界瓜分完毕，建立起资本主义世界殖民体系。在此期间，欧洲的世界优势地位依然明显，美国和日本正在兴起。在俄国诞生的列宁主义作为马克思主义的新发展，在帝国主义和无产阶级革命时代指导了俄国1905年革命的实践，进一步促进了亚洲的觉醒。亚洲和拉丁美洲各国开展了广泛的民族民主革命。20世纪初，人类进入了现代史时期。

第一节　垄断组织的产生和帝国主义的形成

一、垄断组织的产生

工业生产形成垄断　第二次工业革命促进了生产力的大发展，欧美主要资本主义国家的社会生活发生了极大变化。与此同时，资本主义自由竞争时代的生产规模和较为分散的资本，越来越不适应资本主义经济扩张的要求，资本主义生产的组织方式发生重大变革，出现了垄断组织。

所谓垄断组织，一般是指企业为了最大限度地控制原料、生产、市场和投资场所，规定垄断价格，以攫取高额利润而联合组成的经济同盟或大型企业集团。垄断组织的形式依据各国发展条件的不同而存在较大差异，主要有以下几种："卡特尔"是生产同类商品的大企业之间通过签订协定而垄断销售市场的联盟；"辛迪加"是生产同一商品的少数大企业通过签订协定而建立统一采购原料并垄断销售的联盟；"托拉斯"是生产同类商品的大企业或其产品之间有密切关系的大企业合并起来的组织；"康采恩"是不同经济部门的大企业、大公司和银行联合组成的财阀集团；等等。

垄断组织的出现，不仅是第二次工业革命的产物，也是资本主义自由竞争的产物。以自由竞争为特征的资本主义又被称为"自由"资本主义。在自由资本主义阶段，少数资本雄厚的大企业竞争力较强，因此，自由竞争的结果就使生产和资本越来越集中到少数大企业手中。列宁指出："集中发展到一定阶段，可以说就自然而然地走到垄断。因为几十个大型企业彼此之间容易达成协议；另一方面，正是企业的规模巨大造成了竞争的困难，产生了垄断的趋势。"① 与此同时，资本主义的基本矛盾——生产社会化和生产资料私人占有之间的矛盾，也随着资本主义的发展而日益尖锐，并导致周期性经济危机的爆发。少数大企业通过继续扩展企业规模度过危机，进一步促进了生产的集中和垄断。

金融垄断和资本输出 在工业生产形成垄断的同时，银行资本的垄断也在发展，并与工业资本不断融合而形成金融垄断资本集团。为攫取高额利润，垄断资本把大量"过剩资本"输出到国外。19世纪末20世纪初，英、法、德是资本输出最多的国家，它们输出的资本总额超过世界资本输出总额的3/4。资本输出的增加和对国外市场的掠夺，扩大了垄断组织的国外联系，也加剧了它们的国际竞争。为了减少竞争的损失，各大垄断组织便签订协定，成立国际垄断组织，瓜分世界市场。如1907年，美国通用电气公司和德国电气总公司签订了瓜分世界市场的协定，前者获得美洲市场，后者得到欧洲市场的垄断权，并就其附属公司订立了秘密协定。到第一次世界大战前，全世界出现过100多个国际垄断组织。

垄断组织的出现是生产力发展的结果，也是资本主义为了适应生产力发展的要求，对其生产关系做出的局部调整，适应了资本主义社会化大生产的需要，进一步推动了生产力的发展和经济的增长，但资本主义的基本矛盾并没有解决。当19、20世纪之交垄断组织成为资本主义各国全部经济生活的基础时，资本主义便进入了它的垄断阶段。

二、帝国主义的形成

帝国主义的基本特点 帝国主义是资本主义的垄断阶段。列宁指出，帝国主义"是发展到垄断组织和金融资本的统治已经确立、资本输出具有突出意义、国际托拉斯开始瓜分世界、一些最大的资本主义国家已把世界全部领土瓜分完毕这一阶段的资本主义"②。19世纪末20世纪初，资本主义进入帝国主义阶段。

在帝国主义时代，资本主义的发展具有停滞和腐朽趋势。例如：在垄断资本的控制下，垄断组织利用独占的优势操纵市场，规定垄断价格，不仅损害了消费者的利益，而且有可能人为地阻碍技术进步；大量资本输出的结果造成食利阶层甚至少量食利国、高利贷国的出现，给资本主义打上了寄生性和腐朽性的烙印。但是，垄断组织所引起的停滞和腐朽趋势，并不排除资本主义的迅速发展。由于垄断并不能消灭竞争，反而使竞争具有更大的规模，垄断组织为了获得更大的竞争力和更高的垄断利润，也谋求降低产品成本和采用最新技术组织生产，从而促

① 《列宁专题文集　论资本主义》，人民出版社2009年版，第108页。
② 《列宁专题文集　论资本主义》，人民出版社2009年版，第176页。

进资本主义发展，特别是在某些国家、某些部门仍然会有迅速的发展，如军火工业就是如此。正如列宁所说："如果以为这一腐朽趋势排除了资本主义的迅速发展，那就错了。不，在帝国主义时代，某些工业部门，某些资产阶级阶层，某些国家，不同程度地时而表现出这种趋势，时而又表现出那种趋势。整个说来，资本主义的发展比从前要快得多，但是这种发展不仅一般地更不平衡了，而且这种不平衡还特别表现在某些资本最雄厚的国家（英国）的腐朽上面。"[①]

帝国主义的各种矛盾　伴随着帝国主义时代的到来，资本主义社会的各种矛盾，特别是无产阶级和资产阶级的矛盾，宗主国和殖民地的矛盾，帝国主义国家之间的矛盾都空前激化。

在帝国主义时代，经济危机频繁发生。1873年、1882年、1890年、1900年、1907年的五次经济危机，均导致资本主义国家的生产急剧下降、企业大批破产、资本贬值、工资削减、失业人数增加，工人运动高涨。

在帝国主义时代，随着世界殖民体系的形成，整个世界也形成了少数帝国主义国家控制和奴役世界上绝大部分土地和人口的最不合理的状态。例如：英、法、德、比、葡、荷、意七国的本土面积不过181万平方千米，总人口不过2亿人，但它们拥有的殖民地面积却高达5495万平方千米，奴役的殖民地人口高达5亿多人。帝国主义列强对殖民地半殖民地人民的掠夺和压迫，使殖民地半殖民地人民争取民族解放的斗争不断高涨。

在帝国主义时代，各资本主义大国的经济政治发展具有不平衡性。美国和德国的跳跃式发展使它们在实力上赶上并超过了已经拥有庞大殖民地的英国和法国。在实力对比发生变化的情况下，按照旧的实力对比瓜分世界的格局会很快过时，按照新的实力对比重新瓜分世界的问题也会日益尖锐。实际上，正是重新瓜分世界的三次帝国主义战争，即1898年的美西战争、1899—1902年的英布战争和1904—1905年的日俄战争，标志着帝国主义的形成，并揭开了更大规模的帝国主义争霸战争的序幕。

第二节　欧洲的世界优势地位

一、欧洲列强瓜分世界

列强瓜分世界概况　资本主义进入垄断阶段以后，帝国主义国家开始了夺取殖民地的高潮，到19世纪和20世纪之交，世界已基本瓜分完毕。1884—1900年，

[①] 《列宁专题文集　论资本主义》，人民出版社2009年版，第210页。

是欧洲主要国家加紧扩张的时期。在此时期，英国夺得 958 万平方千米的领土连同 5700 万人口；法国夺得 932 万平方千米的领土连同 3650 万人口；德国夺得 259 万平方千米的领土连同 1470 万人口；比利时夺得 233 万平方千米的领土连同 3000 万人口；葡萄牙夺得 207 万平方千米的领土连同 900 万人口。

英、俄、法、德四大国，它们在 1876 年的殖民地领土面积为 4040 万平方千米，人口 2.738 亿人；到 1914 年，它们的殖民地领土面积增为 6280 万平方千米，人口增为 4.945 亿人。

非洲与亚洲被瓜分　整个非洲大陆，除利比里亚和埃塞俄比亚外，都已变成欧洲列强的殖民地。法国占领的非洲领土面积最大，达到 1097 万多平方千米，约占非洲总面积的 36.3%，相当于法国本土面积的 20 倍。英国次之，占有 866 万多平方千米，约占非洲面积的 28.7%，为英国本土面积的 36 倍。德国占 234 万多平方千米，约占非洲面积的 7.7%，是德国本土面积的 6.6 倍。比利时占有 234 万多平方千米，约为非洲面积的 7.7%，是比利时本土面积的 77 倍。意大利占有面积 233 万多平方千米，约为非洲面积的 7.7%，为意大利本土面积的 7.8 倍。葡萄牙和西班牙在非洲也拥有殖民地。

在面积达 4400 万平方千米的亚洲地区，至少有 2444 万平方千米的土地由欧洲列强统治。中国、土耳其、波斯（伊朗）、阿富汗、尼泊尔等国，虽然名义上是独立的，实际上是半殖民地。此外，世界上还有大片地区，如拉丁美洲、澳大利亚等，都已欧化。欧洲人向这些地区移民，不同程度地代替了原住民成为主要居民。

总之，到 1914 年第一次世界大战爆发前，欧洲已称霸全球，是世界政治的中心。日本直到 1905 年战胜沙俄后，才跻身世界强国之列，在此以前仍被欧洲看作东方的一个落后国家。1892 年，欧洲诸大国把它们驻华盛顿外交代表的级别从公使升至大使，终于承认美国是一等国家，但直到 1919 年巴黎和会举行时，美国才在世界性的国际会议上占有重要地位。

二、欧洲的优势

欧洲的经济优势　20 世纪初，欧洲是世界的银行家。英、法、德是向国外投资的三个主要国家，其次是瑞士、荷兰、比利时等小国。英国的资本输出在 1913 年达到 35 亿英镑，相当于其国民收入的 8.5%，大部分输向帝国内部、美国和拉丁美洲。法国的对外投资主要投在欧洲，首先是在俄国（1914 年约合 113 亿法郎），并且多半是借贷资本，而不是对工业的投资。1906—1910 年，法国对外贷款达于顶峰，平均相当于国民收入的 4.5%。1914 年，法国对外投资总额约 600 亿法郎。德国的国外投资额在 1911 年约 200 亿马克，1914 年增至 300 亿马克，分布于奥匈帝国、俄国和土耳其等国以及加拿大、美国和拉丁美洲。1914 年，瑞士的长期对外投资额不少于 15 亿美元，荷兰约 10 亿美元，比利时约 5 亿美元。20 世纪初，伦敦仍然是世界金融中心。"伦敦城"的金融机构拥有世界范围的联系，英镑起着共同的贸易货币的作用。

欧洲不仅是世界的银行家，而且是世界的工厂。1870 年，欧洲的工业产量占世界工业总产量的 64.7%，而美国仅占 23.3%。到 1913 年时，虽然美国的比重已达到 38%，但该年欧洲工业的产量仍占世界总产量的 47.7%。欧洲的煤产量，1880 年为 2.38 亿吨，1913 年迅速增长到 5.63 亿吨。欧洲的钢产量，1880 年仅有 950 万吨，1913 年增长到 4200 万吨。英、德、法三国是欧洲最主要的工业国家，它们生产的煤占全欧的 93%，钢占全欧的 78%。在国际贸易方面，欧洲也占有优势。1913 年，英、法、德三国出口的制成品占世界出口的 60%。

欧洲的军事优势 在军事上，俄、法、德、英是世界上的头等军事大国。1900 年，俄国的陆海军人数为 116 万人，法国为 71 万人，德国为 52 万人，英国为 62 万人。到 1914 年，俄、法、德、英的陆海军人数分别为 135 万人、91 万人、89 万人和 53 万人。而新兴的日本和美国，它们在 1900 年的陆海军人数分别为 23.4 万人和 9.6 万人，到 1914 年分别增至 30.6 万人和 16.4 万人。欧洲列强凭借其强大的军事力量不仅瓜分了世界，占有了广大的殖民地，而且在许多国家划分了势力范围，操纵着它们的内政。沙俄将军德拉哥米洛夫傲慢地说：远东的事务是在欧洲决定的。

第三节 美国和日本作为世界大国的兴起

一、成为世界头号工业大国的美国

美国工业跃居世界首位 南北战争后，美国扫除了资本主义发展的障碍，工农业进入迅猛发展的新时期。1894 年，美国工业总产值跃居世界首位。1900 年美国工业产值约占世界工业产值的 30%。1859 年，美国制造业产值为 18.8 亿多美元，到 1900 年则达到 130 亿美元，居世界第一位。它的煤、钢产量是英国和德国的总和。在此期间，美国的农业也大幅度增长，1870 年总产值为 24.5 亿美元，1900 年上升为 47.17 亿美元。农业劳动生产率则增长了 4—5 倍。美国生产的小麦占世界产量的 1/4。进入 20 世纪以后，美国继续保持这种发展的强劲势头。从 20 世纪初到第一次世界大战期间，美国工业又增长了 1 倍以上。钢产量在 1900 年突破 1000 万吨大关，到 1913 年达 3100 多万吨，占世界总产量的 41%。这一年，美国工业生产占整个世界工业生产的 38%，比英（占 14%）、德（占 16%）、法（占 6%）、日（占 1%）四国工业生产量的总和还多。

随着经济的长足发展，生产的集中和垄断的程度也越来越高，银行资本与工业资本逐渐融为一体。到 20 世纪初，美国已发展成由极少数垄断资本家统治的托拉斯国家，也造成严重的贫富鸿沟。1900 年，仅占人口 2% 的最富裕的美国人拥有60% 的国民财富。

美西战争　19 世纪末，美国垄断资本强烈需求海外市场，对外贸易的增长表明了这一点。从 19 世纪 60 年代到 20 世纪初，美国出口量增加了 7 倍。由于美国国内市场较大，出口贸易在国内生产总值中所占份额一般不超过 10%。然而，美国经济的主要部门都在不同程度上依赖于海外市场。19 世纪末 20 世纪初，石油的50%，钢铁的 15%，铜的 50%，农业工具的 16% 均依赖出口。至于农业方面，棉花收成的 1/2 和小麦总产量的 1/3 均供出口。此外，食品、纺织品、燃料、建筑材料和各种消费品生产均超过国内购买力。1893 年美国爆发的经济危机更使这一形势变得异常严峻，造成 450 万人失业，民众严重不满。面对国内经济状况和社会的不稳定，美国政界和企业界一致相信，唯有扩大出口才能保持国内的繁荣稳定。1897 年初，全国最有影响的工商界喉舌《商业日报》称，美国工业产品的产量已大大超过国内消费的需要，许多产品为国内市场所需的 4 倍，"这就注定美国要争夺世界工业霸权"。

当美国踏上海外扩张，争夺殖民地舞台时，世界领土已基本被欧洲列强瓜分完毕。美国垄断资本便首先向力量已经衰落的老朽殖民帝国西班牙开刀，把侵略矛头指向西班牙在拉丁美洲和亚洲最后两块较大的殖民地——古巴和菲律宾。

早在内战后，美国已在美洲特别是在古巴实行经济扩张。至 1898 年，美国在古巴的投资达 5000 万美元以上。虽然古巴是西班牙的殖民地，但美国已在经济上控制了古巴。

古巴人民因不堪西班牙的残暴统治，从 1868 年起，进行了长达 10 年的民族革命战争。1895 年，独立战争再起。西班牙竭尽全力以极残暴的手段镇压了古巴革命，美国在古巴的投资和商业利益也受到损害。1898 年 2 月 9 日，西班牙驻美大使迪皮伊·德洛梅给朋友的私人信件被《纽约》杂志披露，其中德洛梅称美国麦金莱总统是"一个自命不凡的政客"，并透露西班牙决心在古巴顽抗下去。信件的公布使美国的舆论哗然。美国借口"保护侨民"而炫耀武力，派战列舰"缅因"号前往哈瓦那。2 月 15 日，该舰发生爆炸，266 名官兵丧命。美国方面断言该舰是因"触水雷"而爆炸沉没。4 月 25 日，美国对西班牙宣战。

美西战争实际仅进行了 3 个多月。1898 年 5 月和 7 月，美国海军先后在菲律宾和古巴歼灭了西班牙舰队。12 月，美国和西班牙在巴黎签订和约，规定：西班牙放弃对古巴的主权，西班牙撤军后，古巴由美军占领；将菲律宾、波多黎各、关岛让与美国，美国付给西班牙 2000 万美元作为获得新领土的代价。《巴黎和约》是对古巴和菲律宾主权的粗暴践踏，是一个重新分割世界的条约。

美西战争是美国由自由资本主义转变为垄断资本主义后进行的一次重新瓜分世界的帝国主义战争。美国通过美西战争，将帝国扩大到亚洲。1898 年 7 月，美国吞并夏威夷。1899 年美国占领威克岛，与德国瓜分萨摩亚群岛，得到具有重要军事价值的东萨摩亚的图图伊拉岛及位于该岛的帕果帕果港。夏威夷、萨摩亚、菲律宾等就像一块一块踏脚石一样，把美国引向在亚太地区扩张的新时代。

美西战争后，美国政府进一步策划如何在古巴推行新殖民主义，给予古巴形式上的"独立"，事实上把古巴变成美国的殖民地。它炮制了一个规定美古关系原则的文件，即"普拉特修正案"，规定古巴不得同外国缔结任何损害古巴"独立"的条约；限制古巴举借外债；美国有权干涉古巴事务；美国有权在古巴取得和保持海军基地。1903 年，美国与古巴签订永久条约，美国向古巴租借关塔那摩港作为永久性的海军基地。由此，古巴沦为美国"统而不并"的殖民地。

美西战争给老朽的西班牙以致命打击。西班牙丧失了它最后残存的殖民地，从此退出争夺世界殖民地的舞台，美国却由此而大大膨胀了扩张的野心。正如《华盛顿邮报》1898 年的一篇社论所说："无论如何，我们为一种新的感觉所激励。……就像尝到在屠场上的鲜血的味道，人们尝到了帝国的味道。"

"门户开放"政策的提出 美西战争后，美国立即加入了列强瓜分中国的活动。19 世纪末，俄、德、英、法、日在中国各有自己的势力范围。美国驻华公使田贝担心地写道：如果容忍列强瓜分中国的势头蔓延下去，"我们就会失去……世界上最大的市场"。但是，当时在中国参加角逐的主要列强的军事力量都远比美国强大。美国无力用军事手段从中国获得势力范围，却可凭借其强大的经济力量，以竞争方式来实现其扩张利益。

1899 年 9 月 6 日，美国国务卿海约翰向英、德、俄、日、意、法诸国发出照会：承认列强在华势力范围，并要求其他列强"不得以任何方式进行干涉"；列强应承认他国在本国势力范围内享有同等的关税特权和通商、航运等利益。1900 年 7 月 3 日，海约翰向各国发出第二个"门户开放"照会，声明美国政府的政策是"保全中国领土及行政的完整……世界各国可以获得同等和公正的条件，在清帝国从事贸易"，等等。"门户开放"政策是美国海外扩张的产物，其目的在于在列强激烈竞争的条件下，为迟到者美国向中国扩展其政治、经济势力打开方便之门，并非真正是为了保持中国领土和行政的完整。

"门户开放"政策的发表标志着美国对华政策进入新阶段，即由长期以来跟在英国炮舰后面"分取杯羹"的传统政策，转变为奉行独立的帝国主义大国政策。美国成为列强在亚太地区竞技场上角逐的主角之一。

大棒政策和金元外交 进入 20 世纪，美国垄断资本势力迅速膨胀。进一步向海外扩张。美国进行侵略扩张的手段，或使用暴力，挥舞大棒，或以"金元外交"

为诱饵，进行经济渗透。西奥多·罗斯福提出有名的"大棒政策"，即"说话温和，但带根大棒，就定能成功"。其第一个露骨表现便是从哥伦比亚手里夺取巴拿马运河区。

美西战争后，美国急于在巴拿马地峡开凿运河。因为运河凿通后可沟通两洋，大大减少美国商船和军舰的航行时间，使两岸美国海军能够方便快速地调动，无异于使海军力量倍增。1903 年 1 月，美国采取威胁利诱等方式迫使哥伦比亚签订巴拿马运河条约。据此，美国从哥伦比亚手里获得 15 千米宽的运河地带，租期 99 年，美国答应付给哥伦比亚 1000 万美元以及 25 万美元的年金。但哥伦比亚议会拒绝批准这一条约。美国便一手策划了隶属哥伦比亚的巴拿马发动"革命"，宣布"独立"。美国立即同巴拿马签订条约，控制了巴拿马运河区。1914 年 8 月，巴拿马运河竣工。美国长期以来追求的将加勒比海变成"美国湖"的计划实现了。巴拿马运河的修建意味着美国在加勒比海霸权的确立。

事实上，罗斯福的大棒政策被运用于整个拉丁美洲。为了适应扩张的需要，罗斯福于 1909 年对门罗主义作了新的解释，即所谓"罗斯福推论"，进一步把不准干涉美洲延伸为美国管理美洲。他警告拉丁美洲人民："在西半球，美国坚持门罗主义，因此在发生作恶多端或软弱无能的严重情况时，对美国而言，尽管勉强，也不得不发挥一个国际警察的作用。"

罗斯福还积极插手欧洲事务。1906 年 1 月，美国派代表参加在西班牙的阿尔赫西拉斯召开的关于摩洛哥问题的国际会议，调解德国与法、英之间的矛盾，第一次违背了美国建国以来不介入欧洲事务的传统外交政策。

1909 年接替罗斯福担任总统的威廉·霍华德·塔夫脱提出主要应用于拉丁美洲的金元外交。1912 年 12 月，塔夫脱在最后一次国情咨文中总结他四年期间的外交政策时称，"现政府的外交一直是以金元代替枪弹为其特征的"。其实，这不过是大棒政策的变种，目的在于利用经济手段控制拉丁美洲国家，进一步杜绝欧洲国家对拉丁美洲事务的干涉。但美国并没有忘记随时携带大棒，交替使用金元、大棒。

1909 年秋，尼加拉瓜爆发了反对塞拉雅专制统治的革命。在美国的大力支持下，起义者取得胜利，塞拉雅被迫辞职。阿多尔福·迪亚斯成为总统。新政府成立后，塔夫脱以拒绝承认相威胁，迫使它接受美国银行家的巨额贷款，以尼加拉瓜关税作抵押，并允许美国在尼加拉瓜建立银行和修筑铁路。为了镇压尼加拉瓜人民的反抗，美国自 1912 年到 1933 年（期间除短时间外）一直在尼加拉瓜驻军。尼加拉瓜事实上成为美国的第二个古巴。金元外交还在洪都拉斯、哥斯达黎加、危地马拉和海地等国家频繁推行。塔夫脱的金元外交甚至延伸至遥远的非洲。1912 年美国政府支持国内银行同英法合伙向利比里亚提供贷款，由此控制了利比里亚海关，进而粗暴干涉利比里亚内政。

塔夫脱还把金元外交作为实现对华"门户开放"的手段。日俄战争后，日美关系恶化，日本控制中国东北的经济，美国势力难以渗入。塔夫脱上台后表示，"我特别急于想做的事，就是促进美国资本对中国的投资"。1911 年 4 月，美国和英、法、德组成四国银行团，并与中国签订币制实业贷款合同。5 月，四国银行团又与中国正式签订湖广铁路借款合同。在币制实业贷款合同签字的当天，美国代表得意地说："币制借款完成了，金元外交终于被证明是正确的。"

综观 19 世纪末至第一次世界大战爆发前的美国经济和外交，不难看出，美国已经成为世界大国，并在门户开放、大棒政策、金元外交等一套海外扩张原则和策略的指导下，力求控制加勒比海、中南美洲，向亚太地区扩张，并且第一次介入欧洲事务。这些都为第一次世界大战期间威尔逊总统提出"十四点"计划，以实现"世界领导地位"的图谋，准备了条件。

二、登上世界强国地位的日本

日俄战争　甲午战争后的十年，是日俄矛盾日益尖锐并最终发展为战争的十年。

沙俄迫使日本退还辽东半岛，被日本统治阶级认为是"千古未有之大辱"。在"卧薪尝胆"的口号下，日本统治者制定了十年扩军计划，该计划到 1903 年就提前完成了：日本陆军拥有 13 个师团，另增加骑兵、炮兵各两个旅团，平时兵力达 20 万人；海军共拥有 76 艘军舰（总计 25.8 吨）和 76 艘鱼雷艇。日本下决心对俄一战而称霸东亚。

沙俄方面也在不断增强它在远东的陆海军力。到 1903 年，远东部队增加到二三十万人。沙俄海军有太平洋舰队、波罗的海舰队等，军舰总计 80 余万吨。沙俄海军的远东舰队与日本海军相比，吨位之比大体上为 7∶10。如果波罗的海舰队开到远东，则沙俄海军与日本海军的吨位比例将为 18∶10。

日、俄为了争夺朝鲜和中国东北，矛盾日益尖锐，无法调和。1895 年 7 月，朝鲜闵妃集团在俄国驻朝公使的支持下，把亲日派逐出政府。10 月，日本驻朝公使指使日军冲入王宫，杀死闵妃，重建亲日政权。1896 年 2 月，朝鲜国王再次组成亲俄内阁。1898 年，俄国强租了中国的旅顺口、大连湾及其附近海面。为了巩固这些既得权益，俄国在朝鲜问题上暂时对日缓和。[①] 1898 年 4 月，俄日两国在东京签订协定：俄国承认日本在朝鲜有优越的经济利益，但在政治、军事方面仍然坚持双方权益对等。

---

① 1897 年朝鲜改国名为"大韩帝国"，简称韩国。本书为叙述方便，一般称其为朝鲜。

三国干涉还辽后，俄国势力在中国东北迅速扩张。1896 年 6 月，俄国诱迫清政府签订《中俄密约》，规定俄国军舰可驶入中国港口，在中国境内筑路运兵，等等。9 月，中俄签订《合办东省铁路公司合同章程》，俄国可在黑龙江、吉林两省修筑直达符拉迪沃斯托克（海参崴）的铁路。随后俄国又于 1898 年 3 月，强租旅顺口、大连湾及其附近海面，1898 年 7 月复迫使中国签订《东省铁路公司续订合同》，允俄修筑自哈尔滨至大连的中东路支线。中国东北全境沦为俄国的势力范围。对于俄国的扩张，日本极为恼怒，只因战备尚未完成，暂时予以容忍，而把侵华重点放在中国南部，企图攫取福建等地。

1900 年，八国联军出兵中国，俄国以"保护"侨民和中东铁路为借口一举占领东北三省。俄国占领中国东北时曾经宣布："仅为保护铁路，事毕即撤"，但后来却拒不撤兵。这引起日本和英国的强烈不满。1902 年 1 月，英日两国缔结针对俄国的《英日同盟条约》。有了英国的撑腰，日本更敢于发动对俄战争了。

1904 年 2 月 8 日，日本不宣而战，偷袭驻旅顺的俄国舰队，同时在朝鲜仁川登陆。10 日，日俄两国正式宣战。4 月下旬，日军渡过鸭绿江。5 月，另一支在辽东半岛登陆的日军占领金州，围困旅顺口。8 月下旬，在辽阳会战中，俄军战败，9 月 4 日，日军攻占辽阳。8 月 9 日，日军开始总攻旅顺，1905 年 1 月 1 日，旅顺俄军投降。日军参加攻城的兵力累计 13 万人，伤亡 5.9 万余人。俄军死伤 2.3 万人。3 月，日、俄军队在奉天（今沈阳）附近决战，日军再次获胜。

在海战方面，1904 年 8 月 10 日，日俄双方舰队在旅顺东南海面交战，俄方大败。1905 年 5 月 27 日，俄国从欧洲增派的第二太平洋舰队（波罗的海舰队）驶抵对马海峡，与设伏已久、以逸待劳的日本海军展开决战，28 日，俄国舰队被全部歼灭。

旅顺口失陷和波罗的海舰队被歼灭以后，俄军败局已定，加以国内革命爆发，更难继续作战。日本方面也已精疲力竭。从奉天会战起，日本的作战力量就开始枯竭，预备役、后备役的兵员已征召殆尽，再无动员的余地。大本营参谋总长山县有朋说："敌在其本国尚有强大兵力，与此相反，我已用尽一切兵力。"在财政方面，日本实际支出战费达 17 亿日元以上，超过战前 1903 年岁入总额的六倍半。在整个战争期间，日本四次募集外债，总计 8.56 亿日元，相当于全部战费开支的一半左右。如果战争继续下去，连一年也维持不了。1905 年 8 月 9 日，在美国的调停下，日、俄在美国的朴次茅斯开始谈判。9 月 5 日，签订《朴次茅斯和约》，主要条款有：（1）俄国承认日本在朝鲜的独占利益；（2）俄国将辽东半岛（包括旅顺、大连）的租借权、南满铁路及有关特权均无偿转让给日本；（3）以北纬 50 度为界，将库页岛南部及其附近岛屿让给日本；（4）俄国自中国东北撤兵，除辽东半岛外，东北的一切地方均交还中国。

日俄战争是日本和俄国为争夺在朝鲜和中国东北的统治权所进行的帝国主义战争。日俄战争不仅对日、俄两国，而且对世界历史都具有相当大的影响。俄国战败，加速了 1905 年革命的到来，而 1905 年革命又为具有世界影响的十月社会主义革命准备了条件。日本战胜了欧洲陆军强国俄国，从此跻身于世界列强，更加增强了称霸的野心。亚洲的新兴小国日本打败了欧洲的庞然大物俄国，黄种人打败了白种人，这在当时确实起到鼓舞亚洲民族主义的作用。孙中山曾经写道："从日本战胜俄国之日起，亚洲全部民族便想打破欧洲，便发生独立的运动。"越南独立运动的先驱者潘佩珠也写道："旅顺和辽东的炮声，乘着大海的波涛，迅速传到我们的耳畔。……日俄战争确实在我们的头脑里开辟了一个新的世界。"总之，俄国 1905 年革命和日本战胜俄国，给了整个亚洲以极大的影响。但是，日本不久便加紧吞并朝鲜的活动，加紧对中国东北的侵略扩张，这引起了亚洲民族主义者的警惕，促使各国的民族解放运动加强了反对帝国主义斗争的性质，提高了斗争的水平。

吞并朝鲜　日俄战争开始后刚刚两周，日本便于 1904 年 2 月 23 日强迫朝鲜签订《日韩议定书》，取得了"相机征用军事上视为必要之地点"的权利。8 月 22 日又缔结《日韩协约》，朝鲜外交和财政的"一切要务"都置于日本的指挥之下。

日俄战争结束后，1905 年 11 月 17 日，日本以武力威逼朝鲜签署第二次《日韩协约》，规定由日本掌握朝鲜的外交权；在朝鲜设置统监等。伊藤博文为第一任统监。1907 年 7 月 24 日，伊藤博文强迫朝鲜签订第三次《日韩协约》，规定朝鲜一切法令、内政重大措施及高等官员之任免均须经日本统监批准；解散朝鲜军队，各部次官、警保局长及法院、监狱之重要官员均须由日本人担任。朝鲜彻底沦为日本的保护国。

朝鲜人民不甘忍受日本的统治，反日运动不断高涨，1908 年是义兵进行游击活动最盛的时期。面对这种形势，日本外相小村寿太郎向首相桂太郎提出吞并朝鲜的方案，1909 年 7 月日本内阁会议予以通过。1910 年 8 月 22 日，寺内正毅统监与朝鲜首相李完用在极端秘密中签署《日韩合并条约》，规定"韩国皇帝，将有关韩国的一切统治权完全而且永久地让给日本天皇。……韩国完全并入日本帝国。"日本吞并朝鲜后，于 10 月 1 日成立朝鲜总督府，总督由陆海军大、中将担任，直属于天皇，拥有陆海军统率权，并有制定"总督府令"的立法权。从此，日本帝国主义在朝鲜实行赤裸裸的殖民统治。寺内正毅为第一任朝鲜总督。

产业革命的完成和垄断资本主义的形成　日本的产业革命，大体上从 19 世纪 80 年代开始，到 1910 年前后完成，大约用了 30 年时间。甲午战争前后，日本实现了以轻工业为中心的蒸汽动力产业革命，或称"第一次产业革命"；日俄战争后至第一次世界大战期间，完成了以重工业为中心的电力产业革命，或称"第二次产业革命"。

经过甲午战争后，日本的纺织、缫丝、制糖和造纸等轻工业部门有了很大发展，纺织部门尤为突出。1889年日本纺织业有21.5万个纱锭，1899年增为118.9万个纱锭，机器纺纱占绝对优势。手工操作一向占压倒地位的缫丝业，机械化程度也有很大提高。

日俄战争为日本资产阶级提供了巨额利润和大片殖民地，战后迅速出现企业投资热潮。从1905年下半年到1907年，新建扩建企业投资额达到6.7477亿日元，相当于过去十年投资总额的两倍。工业的主流仍然是轻工业，但重工业也急剧发展。制铁业以扩充八幡制铁所为中心，并新建了日本制钢所（1907年）、神户制钢所（1911年）等民营企业。1914年与1904年相比，生铁产量从6.8万吨增至30.2万吨；钢材产量从6万吨增至28.3万吨。1906年煤产量为1298万吨，1914年增至2229万吨。日俄战争后，日本还突出发展电力工业，特别是发展水电。1905年，日本发电能力只有7.4万多千瓦，其中水电约占25%。1914年发电能力增至71万多千瓦，其中水电约占58%。十年之间，发电能力增长近9倍，其中水电增长20多倍，速度之快令世人注目。机械工业，特别是母机制造工业的状况，是判断产业革命进展的基本指标。1886年，日本全国仅有10个机械制造厂，工人615名。1905年，政府制定《母机制造事业法》予以奖励，开始兴建一批独立的民间机械厂。到1914年，全国已有机械厂1401个，职工87625人，原动力约8.9万马力[①]。

日本的产业革命和资本主义工业化是在明治维新后靠国家资本大力扶植、自上而下地实现的，因此几乎没有经过自由资本主义发展阶段，很快就过渡到垄断资本主义阶段。甲午战争后，在产业革命和日本资本主义工业化加速实现的过程中，大约从1900年起，资本急剧集中。到日俄战争前夕，在金融和主要工业部门形成了少数寡头垄断资本集团，即三井、三菱、住友和安田四大财阀，还出现了一批二流财阀。大财阀不断实行资本集中，支配着工业和金融业。以轻工业中的纺织业为例，1899年纺织公司有78家，1904年减为43家，日俄战争后的1912年更减为32家。但资本和纱锭却大大增加，1899年纺织公司资本为3300万日元，1904年资本增为3470万日元，纱锭增至130万个，1912年更增为资本6600万日元，纱锭221万个。再以重工业中的机械制造业为例，由于这个部门的建立需要巨额资本，所以它的发展始终在三井、三菱、住友等大财阀的垄断之下。

资本的积聚和集中，又是由财阀的银行来推进的。财阀开办的银行在金融界占统治地位。1901年末，全日本银行大约有5亿日元存款，其中一大半或2/3集

---

① 1马力=0.735千瓦。

中于十几家大银行。在日俄战争前后兴办企业的热潮中，出现了一大批中小企业，经过 1907—1909 年的经济危机，大多数破产了。大资本企业乘机在各部门进行合并、吸收，如在棉纺织业方面，1913 年钟纺、大阪等 7 家公司占参加棉纺业联合会的 44 家公司的缴纳资本的 57.5% 和设备的 58.7%。以往，银行主要是经办商业金融业务，但这一时期银行对农业和工业企业的放款大大增加，金融资本加强了对产业资本的支配，这对财政金融垄断资本的形成和向帝国主义转变起了重大作用。

第四节　列宁主义的诞生和俄国 1905 年革命

一、列宁主义的诞生

俄国是帝国主义一切矛盾的焦点　20 世纪初，俄国大体同西方资本主义国家同时进入帝国主义时期。但是，俄国帝国主义是在资产阶级民主革命没有完成的情况下形成的，具有明显的军事封建性。俄国资本主义工业是在沙皇政权的庇护和支持下发展起来的，需要国家的订货特别是军事订货来攫取高额利润。它依靠警察的棍棒和政府的监狱来维持企业的内部秩序，还要借助沙皇军队来维持对少数民族的掠夺和占领国外的殖民地。俄国的资本主义同君主专制制度、地主土地所有制和农民份地占有制共存，被前资本主义关系的层层密网缠绕着。

俄国作为军事封建帝国主义国家，在世界资本主义体系中不属于领先部分，但占据着特殊的重要地位。它是帝国主义各种矛盾的焦点。在俄国，不仅有垄断资本的无情剥削，而且有专制制度和封建地主的残酷压迫。沙俄是个侵略成性的国家。它向中国、波斯、土耳其和巴尔干地区输出资本，掠夺资源，镇压当地民族解放运动。为了扩大殖民势力范围，俄国同日、德等国的矛盾日趋尖锐，积极筹划战争。此外，俄国对外国资本有某种依赖性，备受西方帝国主义的剥削和制约。俄国内部存在着各种各样的矛盾：无产阶级同沙皇专制制度和垄断资本的矛盾，农民大众同贵族地主和资产阶级、富农的矛盾，国内少数民族同沙皇政府的矛盾，俄国人民同西方帝国主义的矛盾，沙俄帝国主义同东方殖民地半殖民地国家的矛盾，沙俄帝国主义同西方帝国主义的矛盾。所有这些矛盾错综复杂地交织在一起，各种矛盾中的丑恶因素也相互勾结，狼狈为奸。结果，俄国虽不是劳资矛盾表现得最充分的国家，却是世界上各种矛盾最集中最尖锐的地方。它也是各种压迫——封建专制的、资本主义的、殖民地的、军事的——表现得最野蛮最残酷的地方。广大工农群众不断掀起革命斗争，冲击这个欧亚反动势力堡垒。在这种情况下，俄国无产阶级面临的革命任务比任何其他国家无产阶级的革命任务都更为重大。俄国无产阶级迫切希望有自己的革命政党和革命理论。正因为此，俄国便成为布尔什维克党和列宁主义的故乡。

布尔什维克党的成立和列宁主义的形成   俄国第一个马克思主义团体——劳动解放社,是普列汉诺夫(1856—1918)于 1883 年在日内瓦创建的。他把《共产党宣言》等经典著作翻译成俄文,介绍给民众。他还发表了许多文章,批判民粹派关于资本主义在俄国不会发展的错误言论,捍卫了无产阶级的革命学说。普列汉诺夫的著述教育和培养了俄国第一批马克思主义者。

劳动解放社成立后,彼得堡、莫斯科等地也成立了马克思主义团体和小组。它们从事革命理论的学习和宣传活动,但很少同工人运动发生联系。19 世纪末,罢工斗争日渐兴起,革命形势的发展要求把马克思主义同工人运动结合起来。完成这项任务的是列宁。

列宁(1870—1924)原名弗拉基米尔·伊里奇·乌里扬诺夫,1870 年 4 月 22 日生于伏尔加河畔的辛比尔斯克,父亲是省国民教育视察员。1887 年,列宁进入喀山大学法律系学习。因参加学生小组的反政府活动,他于年底遭逮捕。1891 年,列宁以校外生资格通过彼得堡大学法律系的国家考试,获得大学毕业文凭。1893 年,列宁移居彼得堡,参加首都的秘密马克思主义小组的活动。1895 年秋,列宁把彼得堡的 20 多个马克思主义小组统一为工人阶级解放斗争协会,并通过斗争协会领导首都工人进行罢工斗争。12 月,列宁遭逮捕,被流放到西伯利亚。

1898 年 3 月,彼得堡、莫斯科、基辅等地的斗争协会代表在明斯克召开俄国社会民主工党第一次代表大会。列宁因被流放没能出席这次大会。会议宣告俄国社会民主工党成立。但是,大会没有制定出党纲党章,也没有建立统一的中央领导机构。大会之后,地方的马克思主义小组仍各自分散活动。统一集中的无产阶级政党实际没有建立起来。

1900 年,列宁离开流放地后不久就侨居国外。年底,他创办《火星报》。通过这份报纸的秘密发行工作,培养了党的骨干,促进了地方小组间的联系,为建党作了重要准备。

列宁还发表了众多文章,宣传马克思主义,批判各种错误思潮。1894 年他写了《什么是"人民之友"以及他们如何攻击社会民主党人?》一书,批判民粹派否认俄国资本主义发展,否认无产阶级领导地位的错误观点。同年,他又写了《民粹主义的经济内容及在其司徒卢威先生的书中受到的批评》,揭露合法马克思主义者美化资本主义的自由派本质。1902 年,列宁出版《怎么办?》一书,批判经济派只要经济斗争,不要政治斗争的谬论。他指出,经济派的基本错误是崇拜工人运动的自发性,而自发的工人运动只能产生工联主义,无力推翻资本主义制度。只有把科学社会主义思想灌输到工人运动中去,只有成立无产阶级政党,才能把革命引向胜利。列宁的这些著述为在俄国建立新型工人政党奠定了思想基础。

1903 年 7 月 30 日，俄国社会民主工党第二次代表大会在布鲁塞尔召开，不久移到伦敦继续举行。代表大会通过了党纲，在国际共运史上第一次把争取建立无产阶级专政列为党的基本任务。大会讨论党章时出现尖锐分歧。列宁主张建立一个集中统一、组织严密的党，要求每个党员必须承认党纲，在物质上帮助党并参加党的一个组织。马尔托夫反对把参加党的一个组织当作党员的条件。经过激烈争论，大会通过马尔托夫的主张。最后在选举中央委员会时，拥护列宁的人占多数，称布尔什维克（多数派的俄文译音），反对者占少数，称孟什维克（少数派的俄文译音）。

1903 年俄国社会民主工党第二次代表大会宣告了布尔什维克党的建立。这是一个新型的、与西欧的社会民主党根本不同的马克思主义政党。它标志着列宁主义的诞生。

二、1905 年革命

革命进程　1900—1903 年，俄国爆发经济危机。国内矛盾空前尖锐，工农斗争此伏彼起。沙皇政府为了转移人民的斗争视线，乞灵于一场胜利的对外战争。但是，结果适得其反。1904 年开始的日俄战争破坏了国家的经济，加深了人民的苦难，暴露了专制制度的腐朽，从而加速了革命的到来。

1905 年初，彼得堡最大的普梯洛夫工厂的工人举行罢工，抗议厂方无理开除工人。罢工很快发展成为全城总罢工。1 月 22 日（俄历 1 月 9 日）星期日，14 万工人举着圣幡、圣像和沙皇的肖像，前往冬宫向沙皇呈递请愿书，结果遭到沙皇军警的野蛮枪杀。据内务部长报告，这一天有 96 人被打死，333 人受伤。这一天从此被称为"流血的星期日"。

彼得堡街头的鲜血擦亮了千百万人的眼睛。当天晚上，彼得堡工人筑起街垒，同军警展开英勇搏斗。各地工人也掀起抗议罢工浪潮。1 月份，全国罢工人数多达 44 万人，超过过去 10 年的罢工总人数。

无产阶级是这次革命的领导力量。布尔什维克党于 1905 年 4 月在伦敦召开第三次代表大会，主张无产阶级应积极领导当前的资产阶级民主革命，用武装起义推翻沙皇统治，实现工农民主专政，然后不失时机地把它转变为社会主义革命。孟什维克党则在日内瓦召开自己的代表会议，认为革命应当由资产阶级领导，反对武装起义，主张用和平方式改善国家制度。

1905 年五一节，全俄有近 200 个城市爆发工人罢工。5 月末，纺织工业中心伊万诺沃-沃兹涅先斯克的 7 万名工人举行罢工，并选出自己的代表，建立了俄国最早的工人代表苏维埃。6 月中，沙皇的重要支柱——军队发生动摇，黑海舰队"波将金"号装甲舰爆发起义。在革命蓬勃开展的情况下，沙皇尼古拉二世（1868—

1918）慌忙于 8 月 19 日发布诏书，召集咨询性质的国家杜马（议会），9 月，又与日本签订和约，企图用反革命两手扑灭革命。

10 月，全国主要铁路线的职工宣布总罢工，随即扩展到各大城市，形成全俄政治总罢工，有 100 多万人参加。总罢工使工厂停工、学校停课、商店停业、车船停驶、邮电不通、许多政府机构陷于瘫痪。在总罢工过程中，各地纷纷建立苏维埃，领导革命斗争。

十月总罢工迫使沙皇作出重大让步。10 月 30 日（俄历 10 月 17 日），尼古拉二世签署宣言，答应召集立法杜马和给人民言论、出版、集会的自由。资产阶级欢天喜地接受这个宣言，说"开始了民主宪制"，并组成了十月十七日同盟（十月党）和立宪民主党。他们主张建立议会君主政体，实行言论、信仰自由，承认罢工和组织工会的权利，赎买地主的部分土地分给缺地的农民。

激进派继续同沙皇政府展开激烈斗争。20 世纪初成立的社会革命党提出土地社会化纲领，主张废除土地私有制，将土地交给农村公社支配管理，根据平均的劳动权原则分给农民使用。为实现目标，社会革命党人在反专制斗争中常常使用恐怖手段。

社会民主工党的两派都大力开展工农斗争。但孟什维克主张发挥资产阶级的领导作用，而布尔什维克认为宣言只是斗争的第一个胜利，必须进一步开展革命，建立工农革命民主专政。11 月，列宁从瑞士回国，直接领导起义的准备工作。12 月 20 日，15 万莫斯科工人举行总罢工。23 日，罢工发展为武装起义。政府调来炮兵镇压。由于敌我力量对比悬殊，莫斯科苏维埃被迫决定从 1 月 1 日起停止战斗。莫斯科起义的同时，格鲁吉亚、乌克兰、拉脱维亚、西伯利亚等地也先后爆发起义。由于各自分散进行，各地起义都被镇压下去。

12 月武装起义是 1905 年革命的顶点，以后革命转入退却时期。1905 年，有280 多万人参加罢工，1906 年降为 110 万人，1907 年只有 70 万人。农民运动在1906 年上半年达到高潮，席卷欧俄一半左右的县份，不久就走向低落。

国家杜马的召开   面对工农运动，沙皇政府一面加强对革命者的迫害，一面不得不做出一定妥协。在 1906 年 5 月颁布的新的《国家根本法》中规定"皇帝陛下与国务会议和国家杜马共同行使立法权"，开始限制沙皇权力，实际上否定了绝对君主权。随后召开第一届国家杜马，遭到布尔什维克的抵制。这届杜马的多数代表强烈要求征用地主土地作为国家土地储备转交农民使用，沙皇对此十分不满，遂宣布解散杜马。1907 年 3 月，第二届杜马开幕。布尔什维克党认识到抵制第一届杜马的错误，加上革命已转入低潮，就参加了第二届国家杜马，并有 16 名布尔什维克当选为代表。这届杜马继续对土地问题展开讨论，并拒绝接受大臣会议主席斯托雷平（1862—1911）提出的土地法令。6 月 15 日，沙皇政府以"策划叛国政变"的罪名逮捕了杜马中的社会民主工党代表，6月16日（俄历6月3日），又进一步宣布解散第二届杜马。这在历史上称为"六三政变"，它标志着俄国第一次人民革命的结束。

1907年11月，由选举产生，与沙皇政府合作的第三届杜马开幕。这届杜马批准了斯托雷平的土地改革方案，主要包括允许农民退出村社，可以把地块集中到一起成立独家农场，或搬出村庄之外建立独立田庄。但实施结果并不理想，只有10%的农户退出村社。斯托雷平还鼓励缺地和无地的农民迁往东部地区，移民人数计划在10年内超过300万人。斯托雷平改革促进了俄国资本主义农业经济的发展。到1913年，俄国成为世界第二大粮食生产国和最大的粮食出口国。但改革没有触动地主土地所有制，也没有公正解决土地问题，农村的各种矛盾仍然十分尖锐。

革命意义　1905年革命是帝国主义时代俄国的第一次人民革命。尽管它未能推翻沙皇专制制度，但是沙皇专制制度受到沉重打击，它使资产阶级政党和工会组织得以合法存在，国家杜马也保留下来。这次革命锻炼和教育了劳动大众和布尔什维克党，为十月革命的胜利作了良好准备。它不仅推动了欧洲工人运动的发展，而且促进了亚洲的民族解放运动，揭开了帝国主义时代革命风暴的序幕。

第五节　亚洲的觉醒

一、伊朗的立宪革命

伊朗的民族觉醒　亚洲觉醒是民族忧患意识和民主改革意识的觉醒，它在伊朗表现为立宪革命。[①]

20世纪初，以伊斯兰教为精神纽带的伊朗，随着帝国主义重新瓜分世界浪潮的冲击，已经深深陷入半殖民地的处境。腐败的卡扎尔王朝的统治者，把电报线敷设权、货币发行权和南部石油开采权卖给英国，把里海渔业租让权、保险与运输业租让权卖给俄国。比利时掌管了伊朗的海关事务。

改革之风曾几度吹过伊朗。19世纪末，改革思想家马尔科姆汗（1833—1908）为宫廷起草《改革书》，但不为封建势力所容而被贬，出走欧洲。1890年他在伦敦办波斯文《法言报》，在法治和君主立宪制的宣传方面，影响了伊朗知识界。哲马鲁丁·阿富汗尼（1838—1897）因劝告国王改革而被驱逐后到奥斯曼帝国。但是立宪改革是大势所趋，民主主义者继续要求制定宪法，召开国会，进行改革和反

[①]　伊朗是文明古国，古称"波斯"，1935年改国名为伊朗王国。本书为叙述方便，一般称其为"伊朗"。

对外来侵略。伊斯兰教徒中的爱国者，也鼓动穆斯林民众同国王的卖国行为作斗争。这两股反抗潮流冲击着伊朗专制政府。

第一届国会和宪法的颁布　1903—1905年，伊朗粮食歉收，外贸锐减。国王穆扎法尔丁却挥霍无度，为巡游欧洲，1900年向俄国借款240万英镑，1902年再向俄国借款100万英镑，1903年向英国借款30万英镑，1905年又试图再次向俄国借款。国王借外债出国巡游的行为，激起各阶层的不满。

1905年12月，伊朗首相的卫士杀害一位民族主义者的偶发事件，成为伊朗革命的导火线。群众运动采取到清真寺避难（"别斯特"）的传统反抗形式，塔巴塔里和比哈比哈尼两位著名的阿訇成为他们的领导人。抗议活动持续了8个月，先后有几万人参加。1906年夏季的抗议群众，提出立宪和罢免首相等要求。

迫于压力，国王下诏召开立宪议会。10月，第一届议会开幕。12月，颁布宪法。宪法给国王的权力是指定30名参议员；议会是"全体人民的代表"，有权决定法律、预算、借款、租税问题；政府对议会负责；人民有受教育、出版、集会和结社自由；在法律面前人人平等；公民生命、财产不受侵犯；宗教法院和世俗法院并存；伊斯兰教什叶派被宣布为国教；内阁大臣必须由穆斯林担任；5名高级僧侣组成的法律草案审查委员会负责用伊斯兰教精神审查议会通过的法案。

政变和第二届国会　在1906年以后的制宪过程中，伊朗民主政治空气活跃。首都和各省会纷纷成立由僧侣、商人和工商业者组成的自治委员会，监督政府和执行司法机能。自由思想刊物由革命前的6种猛增至100多种。普通民众可以列席议会。小资产阶级革命组织"穆扎希德"，建立了一支由农民、工人和城市贫民组成的武装力量——"费达伊"。

1907年8月31日俄英达成的划分伊朗势力范围的协定，鼓舞了反革命势力，新国王穆罕默德·阿里拒绝批准宪法的组成部分——《基本法补充条款》。人民群众的回应是在许多城市举行示威抗议和罢工。8月31日，一位革命者刺杀首相阿塔别克·阿扎姆后，在国会大厦外自杀。10万群众集会悼念这位英雄的行动，迫使国王派他的儿子到国会宣布愿意遵守宪法。

但初步的胜利把隐藏在底层的分歧公开化。要求革命止步的保守派和要求继续改革的民主派的对立，为反动派的卷土重来提供了机会。1907年12月和1908年6月，国王利用人民对税收不满和依靠俄国军官训练的哥萨克旅，发动了两次反革命政变。第二次政变得逞。国王宣布废止宪法，解散国会，颁布军管法令，大批革命者被杀被捕。

首都的革命中心丧失了，被迫转移到了地方。其中主要的中心在大不里士、腊什特（吉朗）和伊斯法罕。大不里士的领导者为萨达尔汗和巴盖尔汗，这里的革命者坚守省城，为全国护宪部队赢得了时间。1909年7月，叶夫列穆和谢别赫达尔领导的吉朗护宪军和撒姆撒姆·萨尔塔纳、萨尔达尔·阿萨特兄弟领导的伊斯法罕护宪军一起，解放了德黑兰，国王逃入俄国使馆。7 月 16 日，非常会议另立艾哈迈德为新国王，并组成新内阁。

1909 年 11 月开幕的第二届国会，是民主派和保守派激烈冲突的议会。两派在首相人选及武装问题上存在着尖锐的矛盾。此时，支持王党的叛乱屡有发生。1911 年 5 月，面临经济崩溃的新国会，邀请美国人摩根·舒斯特整顿财政，结果触怒封建势力及英俄当局。12 月 24 日，内阁被迫关闭议会，流放议员，并接受英俄奴役伊朗的要求。卡扎尔王朝重新统治伊朗，革命失败。

英俄是绞杀伊朗革命的元凶。1907 年英俄协定后，两国对伊朗采取一致行动。1909 年间，俄军占领大不里士和腊什特等地，而英军则在波斯湾沿岸登陆。1911 年，俄军占领伊朗北部，英军则从南部进犯。英俄两国又联合向伊朗政府提出最后通牒，压迫伊朗就范。革命失败后，英俄成为伊朗的太上皇。

1905—1911 年伊朗革命是反帝反封建的资产阶级民族民主革命。它打击了封建主义和帝国主义势力，并在俄国和中国引起巨大反响，成为亚洲觉醒时期东方民族民主革命潮流的先声。

二、印度的自主自产运动

寇松的孟加拉分治法令　印度总督寇松统治期间（1899—1905），扩大了驻军和警察部队。寇松根据他的"舆论是叛乱之母，大学是动乱之源"的观点，严格检查民族报刊，强化对学校的控制，剥夺和践踏起码的民主权利。

为了巩固英国对印度的统治，他承袭了传统的"分而治之"的殖民统治原则。1905 年，他公布了把孟加拉省划分为两个行政管理区的法令。

孟加拉是印度重要的政治经济文化中心之一，在这里生活的孟加拉人已经形成一个统一的民族，具有较强的民族意识。孟加拉是印度民族民主运动的一个重要策源地，这里的民族资产阶级和无产阶级力量都比较强。

导致孟加拉民族内部不和的主要是阶级和宗教因素。在东孟加拉，上层统治阶级多信奉印度教，而占人口大多数的被奴役的农民则信奉伊斯兰教。西孟加拉的情况则完全相反。寇松把孟加拉分为东西两个行政实体，正是利用了复杂的阶级和民族矛盾，煽动印度教徒和伊斯兰教徒之间的矛盾，破坏和分裂孟加拉民族的团结。用他的话说，就是用分治的办法把"极端派和蛊惑者的政治计划打成两半"。

提拉克与自主自产运动　巴尔·甘加达尔·提拉克（1856—1920）是印度国大党激进派领袖、宣传民族主义思想的报刊《马拉特人》和《狮报》的创办者。在孟加拉分治事件之前，他就进行了 10 年的印度自主宣传。当孟加拉和全印度人民展开反对孟加拉分治运动时，他在 1906 年国大党年会上提出自主、自产、抵制英货和民族教育等四大纲领，并获得通过。自主是政治目标，即建立美国或法国式的民主共和国；自产是经济独立要求；抵制英货是新的斗争手段；民族教育重在启迪民族意识的复苏。这四大纲领成为印度民族斗争的旗帜。

但是在国大党内，温和派领袖把自主仅理解为有限自治，而以提拉克为代表的激进派则认为自主意味着完全独立。激进派是自主自产运动中的主要领导力量，他们在孟加拉、孟买和旁遮普等地进行了广泛的宣传和组织工作，许多人到工厂、农村去发动产业工人和农民参加运动，推动 1906—1907 年全国性的自主自产运动达到高潮。

国大党的分裂和孟买大罢工 激进派把自产作为争取自主的途径，在他们的组织下，印度各地成立国货协会，开设国货商店。抵制英货的运动遍及全国。在旁遮普，激进派在农村中组织多次群众大会。城市的青年学生反帝积极性特别高涨，他们举行示威和罢课，抗议寇松分裂孟加拉省。

1907 年 5 月，印度人民举行 1857 年民族大起义 50 周年的纪念活动。这是自主自产运动进入新阶段的标志。旁遮普农民展开不纳税运动。民族主义领导者被捕，引起浦那、加尔各答等地的抗议集会和游行。

孟加拉是运动的中心地区。1907 年 3 月，比哈尔农民起义，杀死英国种植园主。5 月，孟加拉农村商业停顿，正常生活中断，农民处于骚动状态。9 月，加尔各答警察局传讯激进派领袖贝平·钱德拉·帕尔时，抗议群众同警察发生严重冲突。接任寇松的总督明托在给伦敦的报告中说："整个孟加拉都像一座火药库。"

1907 年 12 月，在印度西部小城苏拉特举行的国大党年会上，两派公开冲突。后来争论发展到斗殴，警察帮助温和派将激进派驱逐出会场。年会决定终止自主自产运动。

印度无产阶级在自主自产运动中多次罢工，如 1906 年 7 月孟加拉铁路工人的罢工、8 月和 12 月加尔各答黄麻厂、棉织厂工人的罢工。在 1906 年 7 月的罢工中，东印度铁路工人工会成立，该工会于 1907 年再次领导罢工。1908 年 6 月，英国殖民当局逮捕了提拉克，7 月判他 6 年苦役。孟买 10 万余名工人宣布政治总罢工，组织示威游行，修筑街垒，抗击殖民军警的镇压。这次政治总罢工一共坚持了 6 天。它表明印度无产阶级作为一支新兴的阶级力量已经成长起来，能进行自觉的群众性的政治斗争了。

三、青年土耳其革命

暴政时期 奥斯曼帝国素丹阿不杜勒·哈米德二世的统治年代，被称为暴政时期（1876—1909）。其特征为：强化君权与神权相结合的极权专制；扩大地主土地所有制；加深对非土耳其人的民族压迫；创建一套专事政治迫害的特务制度。他拥有一张年耗资120万英镑的由4万多人组成的特务网，特务把被告密的人装进麻袋扔进博斯普鲁斯海峡中。

暴政时期的特点之一是钳制舆论，实行愚民政策。在学校课程中不再见到历史学和文学，连"民主""自由"等词也从字典中删去。哈米德二世晚年疑心严重，禁止出版有关精神病的著作，甚至化学课本中的水的分子式（H_2O），也被疑为"哈米德二世（Hamid Ⅱ）完蛋"的缩写而遭到追查。

哈米德二世虽然反对自由和宪政，但并不完全反对改革和西化。他认为，经过审慎选择，某种程度的改革和西化可以成为加强奥斯曼帝国统治和他个人地位的工具。他兴办许多学校，希望学生毕业后能效忠于他们的恩主。虽然戒律重重，但学生从学习法语、德语中接受了西方的进步思潮。铁路交通线的增加，密切了土耳其与西方的交往。在帝国债台高筑的情况下，英、法、意、德、奥匈等国组成的"奥斯曼国债管理处"控制了国家经济命脉。内忧外患的社会危机和民族危机，使得在学校和国外的爱国知识分子，举起了抗争的旗帜。

奥斯曼统一与进步协会　1894年各秘密组织联合成立了"奥斯曼统一与进步协会"。该协会通称为"青年土耳其党"。它的纲领是：反对素丹专制制度，维护奥斯曼帝国领土完整，恢复1876年宪法，建立君主立宪制。

青年土耳其党几经迫害与分裂，于1906年决定在军队中发展组织，并把总部由巴黎迁到帝国各种矛盾焦点的马其顿的萨洛尼卡（今希腊塞萨洛尼基）。青年土耳其党在1907年第二次代表大会上取得显著成果，马其顿、阿尔巴尼亚、亚美尼亚、阿拉伯等地的民族主义组织接受该党纲领；同时准备武装起义夺取政权。

武装起义的方针推动了青年土耳其党在军队中进一步发展组织。1908年，驻马其顿的第二、第三陆军兵团的部分军官加入革命组织，而被称为哈米德二世第二卫队的阿尔巴尼亚军团也同情青年土耳其党。该党同保加利亚、希腊游击队也建立了联系。7月3日，马其顿地区雷士那城的土耳其军官、青年土耳其党人尼亚齐首揭义旗，于7月23日占领萨洛尼卡。在起义军强大攻势下，哈米德二世被迫在当日夜晚发布诏书，宣布立即恢复宪法，并在短期内举行全国大选。

革命取得初步胜利后，在长期暴政压抑下的奥斯曼帝国像解冻的冰河，迎来政治生活中的早春季节。曾经势不两立的派别、民族互相握手言欢，阿訇和牧师并肩而行，各种社团应运而生。诗人特费克·费克雷在1900年曾悲叹"迷雾笼罩的黑暗"，此时却在歌颂"灿烂的早晨"。

粉碎封建复辟势力　12月17日，新议会开幕。青年土耳其党人在230个议席中占150席。该党领袖阿赫梅特·里扎当选为议长。

1909年4月13日，效忠于哈米德二世的阿尔巴尼亚军团、特务队、被裁的机关冗员等反革命势力在首都发动政变，新政府成员纷纷出走。哈米德二世宣布废除宪法、解散议会、改换内阁。青年土耳其党人在萨洛尼卡、莫纳斯特尔建立行动军，在司令马赫穆德·谢夫凯特和参谋长凯末尔率领下，于 4 月 27 日平息叛乱。随后，议会举行两院联席会议，通过废黜"血腥素丹"哈米德二世的决议，另立其弟穆罕默德五世（1909—1918 年在位）为素丹。在希尔米内阁中，青年土耳其党人掌握实权，如塔拉特为内务大臣，谢夫凯特为国防大臣。

1909—1911 年，青年土耳其党人一直掌握着大权。1911 年底、1913 年初，由于实行专制、违反宪法而被反对派两次倒阁。1913 年 6 月，总理大臣马赫穆德·谢夫凯特被暗杀后，土耳其建立了以陆军大臣恩维尔、内务大臣塔拉特和海军大臣杰马尔"三雄"组成的军事独裁政府。该政府的专制横暴程度不亚于哈米德二世。

该政府于 1913 年颁布《奖励工业法》《实施地籍法》，允许个人向银行抵押土地。政府在民族问题上积极推行泛奥斯曼主义、泛伊斯兰主义和泛突厥主义，但实质上土耳其民族主义才是青年土耳其党人的政策。政府的政策激起阿拉伯人的反抗。

四、中国的辛亥革命

义和团运动失败后的中国社会　1900 年义和团运动的失败，标志着在宗教形式下神秘旧式抗争的结束。签订于 1901 年的《辛丑条约》，表明了中国的 20 世纪是以空前严重的民族危机为开端的。

民族危机是社会危机最尖锐的表现形式。为了自救，顽固的慈禧太后也不得不高唱"取外国之长，乃可补中国之短"，进行 1901—1905 年的"新政改革"。此举虽姗姗来迟，且零敲碎打，但客观上却加强了新型知识阶层的力量。1909 年全国各类学校达 59177 所，留学日本者有 5000 多人。辛亥革命前具有世界意识的新型知识分子群体已达 20 万人左右。这个群体爱国心强，思想早熟，组织能力强。1901—1905 年，他们组织了光复会、华兴会。1905 年，中国同盟会在日本成立，其纲领是以建立民族民主国家为核心的"驱除鞑虏，恢复中华，建立民国，平均地权"。11 月，孙中山在《民报》发刊词上把它理论化为"民族""民权""民生"的三民主义。

在传统中国社会，政治中心对社会的变革具有决定意义。因此，中国人选择以革命手段改变政治中心的途径来推进现代化。1907—1910 年清朝政府预备立宪丑剧失败后，进步的知识界对这个腐败政府完全失去信心。如同孙中山所说："由满洲人来将国家加以改革，那是绝对不可能的，因为改革意味着给他们以损害。"

辛亥革命的胜利和失败　辛亥革命前夕，有三股革命力量在中国大地上涌动。

一是以农民为主体的群众自发斗争，1909 年为 130 余次，1910 年增加到 290 余次，其中以 1909 年长沙抢米风潮、1910 年山东莱阳的抗捐斗争和 1906—1908 年陕西的"交农抗捐"声势最大。二是同盟会有组织的武装起义，它以 1910 年 2 月和 1911 年 4 月的广州起义最为突出。尤其是后者表现了革命党人的高度自我牺牲精神，"黄花岗七十二烈士"的英雄气概，震动全国。三是山西、陕西、奉天（今辽宁）、山东、安徽等先后爆发收回矿权、路权运动。1907—1911 年，经过各地人民斗争，中国已从帝国主义手中收回矿权、路权十多处。在收回利权运动中，湘、鄂、川、粤保路运动声势最大，成为武昌起义的导火线。

武汉号称"九省通衢"。"文学社"和"共进会"两个革命团体在新军中拥有众多会员。这两个革命团体合并后，于 1911 年 9 月 24 日在武昌成立起义领导机关。10 月 10 日，起义者占领武昌，11 和 12 日，先后占领汉阳和汉口。22 日，湖南和陕西响应起义。到 11 月下旬，全国已有一半以上的省份宣布独立，支持革命。清朝政府只能控制河南、直隶、山东和东北三省。

12 月，孙中山被选为临时大总统，具有资产阶级共和国性质的南京临时政府成立。该政府通过一系列有利于民主政治和发展资本主义的政策和法令。但它只存在了三个月。1912 年 2 月 12 日，溥仪退位。3 月 10 日，兵权在握并受到帝国主义支持的袁世凯在北京就任临时大总统。3 月 11 日，孙中山在南京颁布《中华民国临时约法》，用法律形式把资产阶级民主共和制肯定下来。13 日，由袁世凯提名，并经参议院通过，成立了以唐绍仪为总理的新内阁。4 月 1 日，孙中山正式解除大总统职务。5 日，临时参议院、内阁北迁，袁世凯命黄兴为南京留守。至此，大地主大买办阶级掌握了政权，中国近代史进入北洋政府、亦称"北京政府"的统治时期。

辛亥革命——世界性的革命　辛亥革命推翻了清朝政府，结束了在中国延续几千年的君主专制制度，近代以来中国发生的深刻社会变革由此拉开序幕。这是中国人民和中国先进分子为实现民族独立、人民解放进行的一次伟大而艰辛的探索。

辛亥革命拉开了中国完全意义上的近代民族民主革命的序幕，极大促进了中华民族的思想解放，传播了民主共和的理念，打开了中国进步潮流的闸门，撼动了反动统治秩序的根基，在中华大地上建立起亚洲第一个共和制国家，以巨大的震撼力和深刻的影响力推动了中国社会变革，为实现中华民族伟大复兴探索了道路。

辛亥革命是以孙中山为代表的先进人物，借世界潮流推动中国走向世界的社会进步运动。在世界市场经济扩展的自由资本主义时期，工业资本用工业革命推出的廉价商品"重炮"，轰动了中国社会，当时中国的反应是，民间有在宗教形式下的反殖民主义或反封建主义的起义，而上层则有"富国强兵"为目的的浅层次现代化改革运动。但是，到了垄断资本主义时期，金融资本集团重新瓜分世界并输出资本。中国对这一世界大变动的反应则是资产阶级民族民主革命。清王朝王冠落地后，中国共和政体仍在传统文化气氛中按帝制的轨迹运行。这个现象说明中国现代化改革在民族心理、意识形态和价值观念等文化层面，比政治经济层面的改革更为艰难。

辛亥革命是亚洲觉醒的发展顶点。它同整个亚洲革命运动有密切联系。中国同盟会机关刊物《民报》发表过伊朗、土耳其革命的评论文章，从中吸取经验。《民报》还大量转载印度自主自产运动中的许多报刊的文章，主编章太炎还同印度革命者钵逻罕和保什有交往。该报还提出"亚洲和亲"的联合命题。辛亥革命直接影响了 1912 年越南独立党的成立和印度尼西亚民主运动的发展。亚洲觉醒标志着亚洲国家向现代化迈出了第一步，标志着 20 世纪东方民族民主革命时代的到来，"标志着 20 世纪初所开创的全世界历史的一个新阶段"[1]。

---

① 《列宁选集》第二卷，人民出版社 2012 年版，第 316 页。

第二章 第一次世界大战

1914—1918 年的第一次世界大战，是资本主义列强为了重新瓜分世界而进行的帝国主义战争。这场大战的发生有着深刻的经济、政治根源和深远的历史渊源。战争的进程和结果都与交战双方的愿望相反。它们抱着短期取胜的侥幸心理，却陷入一场残酷的长期阵地战的僵局；它们本以为是单纯的军事较量，却变成倾注全部国力的长期的总体战，从而使欧洲参战各国的整个社会基础受到空前动摇与破坏。大战导致欧洲整体实力下降，欧亚封建帝国瓦解，俄国爆发了十月革命，建立了世界上第一个社会主义国家，打破了资本主义的一统天下。美国和日本成为世界大国，世界殖民体系受到冲击，各国经济社会生活发生变化，反战与和平运动进一步发展。

第一节 大战的起源

一、帝国主义是第一次世界大战的深厚根源

资本主义发展到垄断阶段 人类进入 20 世纪时，各资本主义大国发展到垄断阶段，各国在垄断基础上的竞争以及政治经济发展的极不平衡，社会生产和资本的规模越出民族国家的狭隘范围，整个世界经济融为一个经济机体而整个世界又被瓜分完毕，几个最富有的大国对全世界的统治、控制与争夺等，正是列宁 1916 年在其名著《帝国主义是资本主义的最高阶段》中所高度概括的帝国主义时代的特征，为大国争霸提供了前所未有的动力和内容。它们不仅要争夺市场和原料产地，还要独占这些地区。1880—1914 年，英国、法国、德国、意大利和比利时疯狂地卷入对非洲的迅速瓜分之中，并导致 90% 的非洲领土落入欧洲列强的统治之下；与此同时，这些国家和日本、美国一道，也同样狂热地在亚洲进行领土的争夺。正如当时的一位法国政治家所说："要保持一个大国的地位，或成为一个大国，你就必须开拓殖民地。"列强把这种对小国、弱国和前工业化国家的残酷进攻和争夺殖民地的帝国主义的争斗，看成为本国谋福利、生存和提升国际权力的活动。而且当这些活动不能用谈判来解决时，列强就会兵戎相见。

资本主义国家经济政治发展的不平衡 19 世纪 70 年代以后，随着垄断组织和帝国主义的产生，各资本主义国家经济政治发展更不平衡，德国和美国等后起国家的经济超速发展，列强的实力对比发生重大变化。表 2-1、2-2 中的数据可以说

明第一次世界大战前主要资本主义国家的经济发展状况。

表 2-1　英、法、德、美工业生产在资本主义世界所占比重的变化

年份	英国	法国	德国	美国
1870 年	31.8%	10%	13.2%	23%
1913 年	14%	6%	16%	38%

从上表可以看出，美国和德国的工业已经超过英国和法国而分居世界第一位和第二位。

表 2-2　英、美、德、法工业的年平均增长速度

年份	英国	美国	德国	法国
1891—1900 年	1.6%	3.5%	4.8%	2.6%
1901—1914 年	1.4%	4.8%	1.8%	3.3%

从上表可以看出，美、德、法的工业年平均增长速度都比英国要快。

再从对外贸易来看：1887—1912 年，德国增长 214.7%，美国增长 173.3%，英国增长 113.1%，法国增长 98.1%。到第一次世界大战前，尽管英国在外贸总量方面仍保持第一位，但已经被德国赶上。两国对海外市场的争夺相当激烈，英国虽然在其殖民地仍能保持优势，但逐渐在拉丁美洲、中东和亚太地区输给德国。特别是德国为向东方发展而修筑的巴格达铁路①，直接威胁英国通往印度的海上通道和陆上桥梁。

20 世纪初，世界已基本被瓜分完毕。英国占有的殖民地最多，面积约是俄国的 2 倍、法国的 3 倍，德国的 11 倍。德国经济迅速增长，它要求按照新的实力对比重新瓜分世界。例如，德国把英国列入"日趋衰落的国家"行列，它不但开始寻求在欧洲的领导地位，而且要求拥有一个与自己的经济发展潜力相称的殖民帝国。为此，德国在 19 世纪 90 年代便调整对外政策，抛弃实行多年的"大陆政策"，开始推行"世界政策"。德皇威廉二世（1859—1941）宣布：德国在"古老欧洲的狭窄边界以外有很多任务要完成"。极力鼓吹对外扩张的外交大臣伯恩哈特·冯·比洛（1849—1929）在一次演说中声称："德国过去曾有那样的时期，把土地让给一个邻国，把海上让给另一个邻国，而自己只剩下纯粹在理论上主宰着天空，可是这种时期已经一去不复返了。……我们也要为自己要求在日光下的地盘。"海军大臣阿尔弗雷德·冯·蒂尔匹茨（1894—1930）坚持认为，德国的工业

---

① 巴格达铁路从柏林经拜占庭（又称君士坦丁堡，今伊斯坦布尔）到巴格达。由于这三个城市的英文单词的第一个字母都是"B"，因此又称为"三 B 铁路"。

化和海外征服"就像自然法则那样不可抗拒"。再看英国，直到第一次世界大战爆发前，英国在世界贸易中仍占首位，伦敦仍是世界金融的中心，但英国作为"世界工厂"的地位已经丧失。对于德国经济的强烈竞争和要求重新瓜分殖民地的咄咄逼人的姿态，英国深感恐惧，不能容忍。英、德矛盾遂成为帝国主义国家之间的主要矛盾。

与此同时，其他欧洲列强在经济、领土和殖民地方面的争夺同样激烈。为了壮大自己的力量并压倒对方，各国都在寻求同盟者。于是在欧洲逐渐形成两大对立的帝国主义军事集团："三国同盟"与"三国协约"。

二、两大帝国主义军事集团的形成

三国同盟　德国统一后，国力迅速发展，扩张之势强劲。在此过程中，德国与周边国家存在诸多矛盾。德国与法国的积怨尤深，它不仅要提防法国要求收复在 1871 年普法战争中失去的阿尔萨斯和洛林，还要防备法国再次称霸欧洲。德国和俄国的关系也由于双方对奥斯曼帝国的野心和长期的贸易摩擦而恶化。与此同时，奥匈帝国在与俄国争夺巴尔干的过程中也是冲突不断。在这种情况下，为了防范法俄结成反德集团，德国决定加强与奥匈帝国的关系。1879 年 10 月，德奥首先缔结针对俄国的秘密军事同盟条约《德奥同盟条约》。条约规定：如果缔约国一方遭到俄国进攻，两缔约国有义务以其帝国的全部军事力量实行互助；如果缔约国一方遭到另一国家进攻，缔约国另一方应对其盟国采取善意中立，但是如果该进攻的国家得到俄国的支持，缔约国双方应共同作战直至共同议和。不久德国又利用法国和意大利争夺突尼斯的矛盾，拉拢意大利，以共同对付法国。1882 年 5 月，德、奥、意签订《德奥意三国同盟条约》。条约规定：如果法国进攻意大利，德奥给予意大利军事援助；如果法国进攻德国，意大利负有同样义务；如果三个盟国中任何一方受到两个或两个以上的强国攻击时，其他两国保证给以援助。这个军事同盟集团以德国为主，奥匈帝国是依附于德国的伙伴，意大利则是一个随时待价而沽的动摇的盟友。1883 年，罗马尼亚与奥匈帝国签订秘密条约，成为这个军事集团的附庸。

三国协约　三国同盟的矛头直接针对法国和俄国。为了与三国同盟对抗，法、俄进一步接近。1891—1894 年，两国签订一系列政治和军事协定，逐步建立起军事同盟关系。在 1894 年批准的军事协定中规定：两国中如有任何一方受到德国的单独进攻或德国与意大利或奥匈帝国的联合进攻时，将相互提供军事援助；如果三国同盟或其中一国动员了它的军队，法俄一旦得此消息，不须任何事先协议，应立即同时动员其全部军队，并将这些军队调到尽可能靠近边界的地方。可以看出，法俄同盟同样是为了准备战争，而不是单纯的防御，这就形成了另一个军事集团的基础。

在欧洲大陆国家初步形成两个相互对峙的军事集团时，英国尚置身于集团之外，坚持自己的"光辉孤立"地位和对欧洲的均势政策。但是，英国对来自德国经济的强烈竞争和要求重新瓜分殖民地的咄咄逼人的进攻态势深感恐惧。当德国为了贯彻其世界政策而着手建立一支强大海军时，两国就开始了真正的直接对抗。英国认定德国故意奉行反对英国的政策，英、德矛盾逐渐上升为列强之间的主要矛盾。为了战胜德国，英国调整外交战略，采取积极的结盟政策。1902年，英国与日本结成同盟，以遏制俄国和德国在亚太地区的扩张。1904年英法缔结协约，协调了两国在殖民地方面的矛盾：英国承认法国在摩洛哥的利益，法国不妨碍英国在埃及的行动。1907年英俄缔结协约，划分了两国在伊朗的势力范围：北部归俄国，东南一带归英国，中部为中间地带；俄国还承认英国在阿富汗的势力；双方均承认中国对西藏的"宗主权"，约定不干涉西藏内政，不破坏其领土完整，不得与西藏地方缔结任何条约。[①] 法俄同盟与英法协约、英俄协约一起，构成三国协约。

至此，"三国同盟"和"三国协约"这两大军事集团在欧洲形成对峙局面。第一次世界大战爆发前，国际政治舞台上发生的所有重大事件几乎都是这两大集团对抗与冲突的体现。

三、军备竞赛、局部冲突和要求和平的呼声

军备竞赛 列强在建立军事同盟的同时，不断扩军备战，创新军事技术，竞相增加国防预算，各国的军备开支都十分庞大（表2-3、2-4）。

表2-3 欧洲主要国家国防预算的增加情况   单位：千万英镑

年份	德国	奥匈帝国	意大利	英国	法国	俄国
1890年	2.88	1.28	1.48	3.14	3.74	2.9
1914年	11.08	3.66	2.82	7.68	5.74	8.82

表2-4 1913年各国军备开支情况   单位：马克

德国		法国		俄国		英国		奥匈帝国	
总支出	人均支出	总支出	人均支出	总支出	人均支出	总支出	人均支出	总支出	人均支出
21亿	31.27	13亿	33.5	20亿	11.5	15亿	32.9	7.2亿	14

---

① 该协定把中国对西藏的主权称为"宗主权"，是完全错误的。这是由于英、俄两国都对中国西藏怀有领土野心，因此不承认中国对西藏拥有主权。只是由于当时双方都无力压倒对方却又都想牵制对方在西藏的行动，才达成了这样的妥协。

双方都大力扩建陆军。到战争开始时，德国陆军野战部队的人数为 230 万人，奥匈帝国为 140 万人，共计 370 万人。法国 180 万人，俄国 340 万人，包括英国、塞尔维亚、门的内哥罗和比利时在内的协约国总兵力为 580 万人。

在这场军备竞赛中，德国把"世界政策"的贯彻具体落实到建立一支强大的海军之上，而英国则将维持海上霸权视为其维持殖民帝国和海外贸易的有力保障，亦是其对外政策的核心。于是英德两国的海军竞赛尤为激烈。1905 年初，英国有 44 艘战列舰，法国有 12 艘，德国有 16 艘，英国的海上霸权是毫无疑问的。但德国在 1898 年、1900 年接连两次通过扩充海军的法案，使英国深感不安。英国决定建造吨位比已有战列舰更大、装有最大重型炮的新型战列舰，1906 年第一艘新型战列舰"无畏"号下水，这种新型战列舰因此也被称为"无畏舰"，无畏舰使现存的包括英国自己所拥有的其他军舰相比而言都落后了。德国不甘示弱，就在这一年通过第三个海军法案，决定开始建造德国的无畏舰。新一轮海军竞赛重新开始。1907 年，德国海军大臣蒂尔匹茨又提出一项补充的海军法案，要求大规模建造无畏舰，第二年获得批准。接着英国也在 1908 年增加了海军预算，以对付德国。到 1908 年，英、德无畏舰的比例是 4 : 3，英国只略占优势。1914 年大战爆发时，英国有大小军舰 688 艘，德国有 391 艘，德国已成为世界第二海军强国，其商船队也仅次于英国居世界第二位。英、德之间不断升级的海军军备竞赛，进一步恶化了国际关系。

与此同时，各国都在制订战争计划。德国制订了先迅速击败法国、再转攻俄国的"施里芬计划"；奥匈帝国制订了配合德国、主要针对俄国和塞尔维亚的战争计划；法国针对德国制订了进攻性的"第 17 号计划"；俄国制订了配合法国、同时对付德国和奥匈帝国的"第 19 号计划"；英国针对德国制订了海上作战计划。这些相继出台的战争计划无不强调以短期的激烈交战一决胜负，但是战争的实际进程却没有遵循军事家的设想。

不断发生的局部冲突　伴随军备竞赛的是不断出现的政治危机与军事冲突。1905 年法国和德国在争夺摩洛哥的过程中几乎爆发战争，德国在英国支持法国的情况下暂时退让。1911 年又爆发第二次摩洛哥危机，这一次德国将炮舰"豹"号开进摩洛哥港口阿加迪尔，直接进行战争挑衅。"豹的跳跃"震惊了世界，英国再次支持法国，并以自己的海军进入战备状态迫使德国再次妥协。经过这次危机，德国决心进一步加强军事力量以对付英法，英法协约关系也发展到军事上的协调，以应付对德国的战争。

在法德为控制摩洛哥而争斗不休的时候，意大利决定趁火打劫，对自己早已选中的扩张目标——奥斯曼帝国的北非属地的黎波里和昔兰尼加下手。1911 年 10 月，得到法俄支持的意大利对奥斯曼帝国开战，意军飞机在奥斯曼军阵地上空侦察，飞机第一次用于战争。1912 年 10 月，奥斯曼帝国被迫将的黎波里和昔兰尼加割让给意大利，这两个地区就变成意大利的一个新的殖民地——利比亚。

列强除了在北非争夺外，在被称为"欧洲的火药桶"的巴尔干地区的明争暗斗同样激烈，这些争斗与巴尔干人民的民族独立运动交织在一起，使形势更加复杂多变。

20 世纪初，巴尔干地区的民族主义空前高涨，但受到奥斯曼、奥匈和俄罗斯三个王朝帝国的干涉。东欧地区居住着捷克人、斯洛伐克人、波兰人和罗马尼亚人，巴尔干地区主要居住着南方斯拉夫人。从 15 世纪起这两个地区曾被并入奥斯曼帝国或依附其统治，正是在反对奥斯曼帝国的斗争中民族主义开始兴起。在 17、18 世纪，统治奥地利的哈布斯堡王朝的历代皇帝带头反对奥斯曼帝国的统治，同时却占领了捷克、斯洛伐克、匈牙利、罗马尼亚的一部分，并参与瓜分波兰。1867 年成立的奥匈二元帝国是一个由多民族组成的帝国，在其疆域内除上述各族外，还有南方斯拉夫民族的斯洛文尼亚人和一部分克罗地亚人。在巴尔干，奥匈帝国开始取代奥斯曼帝国的地位。但民族问题是奥匈帝国最尖锐的问题，奥匈统治者极其害怕和仇视民族主义的发展，害怕境内其他民族起义，更害怕境内外的异己民族联合一致。从 19 世纪初开始，沙皇俄国对巴尔干地区的野心越来越大，企图利用巴尔干的民族主义，特别是利用"泛斯拉夫主义"支持塞尔维亚人希望统一南方斯拉夫民族的"大塞尔维亚主义"，以扩大自己的势力和影响，而奥匈帝国则坚决反对塞尔维亚独立。俄国与奥匈帝国争斗不断。

当巴尔干问题日益变得尖锐突出时，欧洲其他几个大国也纷纷介入，最初是德国和英国，随后是意大利和法国，开始是以第三者身份间接介入，后来变成直接参加者。这致使巴尔干地区的紧张局势不断升级。

1908 年，波斯尼亚危机爆发。波斯尼亚和黑塞哥维那的大部分居民是塞尔维亚人和克罗地亚人，危机爆发前，波、黑名义上是奥斯曼帝国的行省，但奥匈帝国取得了对这两省的管理权。奥匈统治者对塞尔维亚所推行的大塞尔维亚主义极为恐惧与仇视，决心正式吞并波、黑两省。为了换取俄国对吞并的支持，奥匈外交大臣向俄国外交大臣表示同意黑海海峡向俄国军舰开放。但正当俄国外交大臣在欧洲各国进行游说以寻求支持时，奥匈政府于 1908 年 10 月 7 日单方面宣布正式吞并波斯尼亚和黑塞哥维那，并声明这样做已经完全得到俄国政府的同意。这使俄国在外交上陷于极端狼狈的境地。

奥匈帝国的行径，不仅引起俄国的抗议，也激起塞尔维亚的愤怒，因为塞尔维亚一直把波、黑两省视为未来以塞尔维亚为主体建立的大南斯拉夫国家的一部分。塞尔维亚政府认为战争不可避免，便进行战争动员，并向俄国求援。但奥匈帝国在德国的支持下向塞尔维亚发出最后通牒，要求后者无条件承认"吞并"，并解除动员；同时要求俄国政府发表声明，同意这种兼并。① 而德国则要求俄国敦促塞尔维亚承认奥匈吞并波、黑的既成事实，并以战争相威胁。俄国由于财政拮据，尚未做好战争准备，英法等盟国也不愿为波、黑问题卷入战争，只好在德奥的战争恫吓下让步。塞尔维亚也在俄国劝告下屈服。这场波斯尼亚危机导致了多重后果：它使塞、俄与奥、德之间的关系恶化到无可挽回的地步，俄国开始大规模重建军事力量；奥匈帝国在巴尔干势力的扩张招致了一直对巴尔干西部怀有野心的意大利的不满；奥斯曼帝国更加虚弱。

1912 年 10 月，奥斯曼帝国控制的巴尔干地区爆发了第一次巴尔干战争。保加利亚、塞尔维亚、希腊和门的内哥罗组成巴尔干同盟，对奥斯曼帝国作战。后者很快战败，被迫求和，并请列强调解，而列强也趁机谋求自己的利益。1912 年 12 月 25 日和 26 日在伦敦分别召开巴尔干同盟与奥斯曼帝国的和谈会议与英、法、德、俄、奥匈和意大利六国大使会议。在大使会议上，协约国支持巴尔干同盟，同盟国支持奥斯曼帝国。1913 年 5 月 30 日，奥斯曼帝国与巴尔干同盟签订《伦敦和约》，后者获得大片领土，奥斯曼帝国在欧洲的领土仅保存了伊斯坦布尔和海峡北面的狭小地区。这场战争使巴尔干各族人民摆脱了奥斯曼帝国的统治。从这个意义上说，第一次巴尔干战争是一场具有民族解放意义的战争。

1913 年 6 月，第二次巴尔干战争爆发。第一次巴尔干战争后，巴尔干同盟内部因争夺领土发生冲突。保加利亚得到马其顿的大部分。塞尔维亚因未获得亚得里亚海的出海口，要求从保加利亚所占领的马其顿领土中分得一部分作为补偿。希腊支持塞尔维亚，两国缔结反保同盟，罗马尼亚随后参加。列强再次借机干涉。奥匈帝国支持保加利亚，协约国支持塞尔维亚、希腊、门的内哥罗和奥斯曼帝国。在奥匈的支持下，保加利亚于 6 月 29 日向塞、希两国发起进攻，挑起第二次巴尔干战争。保加利亚在战况不利于自己的情况下要求停火。同年 8 月，交战双方在布加勒斯特签订和约，塞尔维亚和希腊瓜分了马其顿的绝大部分，仅将其一小部分留给保加利亚，南多布罗加割让给罗马尼亚。在随后签订的保奥条约中，奥斯曼帝国得到亚德里亚堡。这场战争造成了更严重的后果。原来反奥斯曼帝国的联盟已不存在，巴尔干诸国事实上分为两个集团：一方是塞尔维亚、希腊和罗马尼亚，它们处于俄国和法国的影响之下；另一方是保加利亚和奥斯曼帝国，它们获得奥匈帝国及其背后的德国的支持。

两次巴尔干战争，使塞尔维亚的领土几乎扩大了 1 倍，人口由 300 万人增加到将近 450 万人，其势力和威信大增，波斯尼亚和黑塞哥维那两地的人民要求摆脱奥

---

① 这种兼并涉及修改 1878 年英、德、法、意、俄、奥匈、奥斯曼等国签订的《柏林条约》，该条约授权奥匈帝国管理波斯尼亚和黑塞哥维那，但这两省在名义上还是奥斯曼帝国的行省。

匈的统治而与塞尔维亚合并，这就使奥匈对塞尔维亚更加恐惧和敌视，决心吞并塞尔维亚。奥匈与塞尔维亚的冲突势必会引起奥匈与俄国的冲突，并最终引起同盟国与协约国的冲突。两次巴尔干战争虽然都是局部性战争，但集中反映了两大帝国主义军事集团的对立。

要求和平的呼声　在国际形势日益紧张的同时，世界和平运动也进入历史上的第一个高潮。1889 年在巴黎召开第一届国际议员大会和世界和平大会。世界和平大会以后每年举行一次，到第一次世界大战前只有五次中断，成为大战前最重要的国际和平运动。国际议员大会后来改名为国际议员联盟，吸收各国议会中支持和平运动的议员，总部设在瑞士伯尔尼，大战前也每年举行一次会议；它与两年后成立的总部也设在伯尔尼的国际和平署，成为这一时期最重要的国际和平组织。从 1901 年开始颁授的诺贝尔和平奖则成为对那些为和平作出突出贡献的人们的最高奖励。①

还应该注意的是 1899 年和 1907 年在海牙召开的两次和平会议。这两次会议分别有 26 国和 44 国参加。尽管列强各自怀着帝国主义目的，使会议在裁军这一主题方面一无所获，但是它们讨论和通过的有关战争法的《海牙公约》，在国际法上构成了若干限制战争的手段；它们所签署的《和平解决国际争端公约》和常设仲裁法院（后来的国际法院的先声）的设立，则是国际社会和平解决国际争端的理念上升为具体行动的开始。但是，在越来越狂热的民族利己主义、帝国主义、沙文主义和军国主义的宣传面前，要求和平的呼声十分微弱，远不足以对现实政治产生重大影响，而一个具体的国家之间的争端，却很快就导致了第一次世界大战的爆发。

第二节　大战的爆发和战争的性质

一、战争的爆发

萨拉热窝事件与列强的战争动向　1914 年 6 月 28 日，在波斯尼亚首府萨拉热窝，奥匈帝国皇储弗兰茨·斐迪南（1863—1914）夫妇在检阅军事演习后被出生于波斯尼亚的塞尔维亚青年加弗利尔·普林西普（1894—1918）枪杀。萨拉热窝谋杀事件立即成为两大军事集团以战争手段重新瓜分世界的导火索。

奥匈帝国决心充分利用这一事件粉碎大塞尔维亚主义，甚至全部吞并塞尔维亚，排除其控制巴尔干的主要障碍。为此，奥匈总参谋长和外交大臣要求立即进

---

① 不可否认，该奖项也曾授予过本不该获得的人。

行军事动员对塞尔维亚宣战。奥匈得到渴求战争的德国的支持。因为德国认为，它对战争的准备已经就绪，而俄国基本没有做好战争准备，英法此时也不愿意打仗，如果等到俄、法新的扩军计划完成之后，俄国将能够利用它巨大的人力和丰富的自然资源，双方的实力对比就会发生不利于德奥集团的变化。因此，当奥匈皇帝弗兰茨·约瑟夫一世（1830—1916）恳求德皇威廉二世支持他的战争行动时，后者立即表示全力支持奥匈对塞尔维亚采取军事行动，并认为如果放过这次如此有利的机会，将是可惜的。7月5日和6日，威廉二世连续召开高级将领和政府大臣会议并作出进行战争的决策，他对奥匈大使说："对塞尔维亚的军事行动不应再延迟了。"奥匈得到德国坚决支持的保证后，也投入了战争的准备。

实际上，支持塞尔维亚的俄国和法国也在积极备战。7月20日，法国总统和总理访问俄国，两国相互保证：一旦对德开战，两国一定履行自己作为盟国的义务。法国总统雷德·普恩加莱（1860—1934）还在俄国沙皇举行的宴会上向奥匈大使强调法俄的同盟关系，并让他转告奥匈政府，应当特别慎重地处理对塞尔维亚的关系。英国也希望在目前仍然保持海军优势的情况下通过战争击败自己危险的竞争对手，但鉴于内部意见暂时分歧，英国一度摆出中立姿态，并曾表示要"尽一切可能来防止大国间的战争"。这种姿态给德国造成错觉。

最后通牒与大战全面爆发　经过与德国的策划并做了一系列准备之后，7月23日下午6时，奥匈政府向塞尔维亚发出条件苛刻的最后通牒：塞尔维亚必须在政府公报中发布宣言和对军队的文告，表示反对有碍奥匈领土完整的一切宣传和行动，违者将被严惩；严厉取缔一切反奥组织，禁止一切反奥宣传；按照奥匈政府提供的名单从军队和政府中清洗反奥的军官和官员；由奥方派代表到塞尔维亚境内会同追捕萨拉热窝暗杀事件的参与者，并将其引渡到奥匈审判。最后限令48小时内，即在25日下午6时前必须给以满意的答复。

在尚无证据表明这一事件与塞尔维亚政府有关的情况下，塞尔维亚首相还是在7月25日下午5时50分，即在最后通牒的限期内到奥匈大使馆面交复照，接受了最后通牒中的大部分要求，仅对奥方派代表到塞尔维亚参与追捕和审判暗杀事件的参与者一项表示拒绝。但是奥匈已决心要发动战争，德国又鼓励它采取行动，于是奥匈拒绝所有进行调停或实现和平解决的尝试，于7月28日向塞尔维亚宣战，当天午夜炮击贝尔格莱德。

奥匈对塞尔维亚宣战对俄国产生了重大影响。尽管在奥匈对塞尔维亚的最后通牒发出后俄国曾劝告塞国不要抵抗，而要信任列强，但俄国一向以斯拉夫东正教小国的保护者自居，并对巴尔干怀有扩张野心，因此它不能听任塞尔维亚被搞垮。于是7月30日俄国开始总动员。法国担心有朝一日会单独同德国作战，并企图重新获得阿尔萨斯和洛林，决定支持俄国。法国再次强调它将信守盟约，在奥匈向塞尔维亚宣战当天，法国大使就遵照政府的指示向俄国外交大臣声明："在必要的时候，法国完全准备履行它作为一个盟邦的义务。"7月30日法国也开始军事准备。但是法国不想承担首先发动进攻的责任，也不想给德国发动进攻的借口，便规定了10千米宽的边境线区，禁止军队进入。

德国决心一战。7月31日威廉二世宣称"德国已处于战争威胁状态"，并于当晚向俄国发出最后通牒，要求俄国在12小时内取消总动员令。这一要求遭到拒绝后，德国便于8月1日中午对俄国宣战。德国在向俄国发出最后通牒的同时也向法国送交了一份照会，要求法国承诺在德俄战争中保持中立，但法国表示"将根据本国利益采取行动"。7月31日下午，法国也宣布实行总动员，随后德国也实行总动员。但德国不具备向法国发动战争的充足理由，便编造了关于法国侵扰德国领土的谣言，并利用这些谣言于8月3日下午向法国宣战。

奥匈帝国向塞尔维亚宣战后，英国的中立姿态发生变化。英国外交大臣爱德华·格雷（1862—1933）于7月29日邀见德国大使并表示，只要冲突仅限于俄国和奥匈之间，英国可以站在一旁，但是如果德国和法国也要牵涉进去，情势就会立刻改变，英国政府在一定条件下会迫不得已采取紧急决定。英国态度的变化使德国感到震惊。8月2日，格雷向法国保证，英国海军一定按照1912年两国海军协定，保护英吉利海峡和大西洋的法国海岸。当天下午，德国向比利时提出最后通牒，要求准许德军假道比利时对法国作战。比利时予以拒绝并向英国求援。8月3日夜，德军越过比利时国界。德国入侵比利时挑战了英国关于绝对不容许任何国家控制低地国家的原则，因此在该消息于8月4日传来后，格雷当天下午就向德国发出最后通牒，要求德国保证尊重比利时的中立，并限于当晚11时前答复。但德国予以拒绝，声称"军事上的需要高于其他一切理由"。于是英国政府立即声明，从8月4日晚11时起，英德之间处于战争状态。由于英国的宣战，英帝国所属的各自治领，包括南非联邦、澳大利亚、新西兰等也都加入了战争。8月2日德国和奥斯曼帝国订立密约，10月29日奥斯曼帝国军舰炮击俄国黑海港口，俄国于11月2日，英法于11月5日分别对奥斯曼帝国宣战。日本则趁机在东亚扩张势力，以"英日同盟"为由，于8月23日对德国宣战，11月初即占领了中国的青岛和胶州湾。

总之，从萨拉热窝事件到英国对德宣战，在不到40天的时间里，尽管列强之间进行了相当频繁紧张而复杂的外交活动，但是在各国的决策者当中，几乎没有人对避免战争作过系统的坚持不懈的努力。相反，双方在各自的极大野心的驱使下，都企图以支持盟国来加强自己在竞争中的力量，都没有真正打算用妥协的方式解决问题，于是战争的机器迅速发动，局势很快发展成没有任何回旋的余地。终于在8月4日以英国对德国宣战为标志，把一个在欧洲历史上屡见不鲜的暗杀皇族的事件演变成一场以德奥同盟国为一方，以英法俄协约国为另一方相互厮杀的大战。

二、战争的帝国主义性质

战争目标与战争性质　大战爆发后，交战各国政府纷纷发表官方文书，甚至删改外交文件，把发动战争的责任推给对方，并掩盖战争的帝国主义性质。奥匈帝国宣称"皇家政府为维护其权利，不得不采用武力"。俄国宣称它是由于"斯拉夫兄弟的尊严受到奥匈帝国的侮辱"和为了"保卫俄罗斯的荣誉、主权"而战，沙皇尼古拉二世在战争宣言中甚至虚伪地说他"做了一切努力来促进和平谈判"，只是由于德国突然向俄国宣战，俄国才被迫卷入战争。立宪民主党人米留可夫在杜马配合沙皇的宣言，声称："我们必须集中一切力量保护我们的国家免受外国仇敌的侵略……为欧洲和斯拉夫民族不受日耳曼人统治而斗争。"德国声称是为了"保卫祖国，反对沙皇制度，捍卫文化发展和民族发展的自由"而战，威廉二世甚至说德国"并未受征服欲的驱使"，德国所进行的是一场"防御战争"。宰相贝特曼-霍尔维格（1856—1921）公然为德国破坏比利时的中立进行辩护，而这种辩护又得到了93名德国著名知识分子的呼应。他们在宣言中强词夺理地说："如果我们没有在比利时先下手，那就等于自杀。"法国总统普恩加莱在宣战后发表的声明中声称"这个时刻，除了祖国之外，没有任何东西可言"，号召要为"保卫法兰西而战斗"和"保卫欧洲的自由而战斗"。英国则借口为维护比利时的中立而战，首相赫伯特·阿斯奎斯（1852—1928）冠冕堂皇地说，英国是为了两个目的而战，其一是"履行一项庄严的国际义务"，其二是维护"不能听任强国不顾国际信义蹂躏弱小国家"的原则。

但是，战争的性质是由战争的目标决定的。就第一次世界大战来说，它不同于以往的任何战争，因为之前那些战争的目标都是有限的，而一战的交战双方都把整个世界作为其争夺的自然边界。仅以德国和英国这两个主要对手为例来说，德国要成为一个帝国的野心和英国对帝国不断衰落的担心之间的矛盾不可调和，最终使它们用战争解决问题。积极推行"世界政策"的德国一心要取代英国的全球霸权和世界制海权的地位，企图建立一个从北海、波罗的海到亚得里亚海，从柏林到巴格达的"大德意志帝国"，还要在非洲、太平洋和南美洲从英国、法国、葡萄牙、比利时等国手中夺取殖民地。当时的一本极具煽动性的小册子《德国需要殖民地吗？》指出，德意志殖民帝国应当包括萨摩亚、新几内亚、马达加斯加、北婆罗洲、中国台湾，还应对中东和近东进行商业渗透。在具体贯彻"世界政策"而"向东方推进"的过程中，修建从欧洲到波斯湾的巴格达铁路是其中心环节。1903年贝特曼·霍尔维格任普鲁士邦的内政大臣时曾经说："皇上（指德皇威廉二世）首要的和基本的思想就是粉碎英国的霸权，以有利于德国。"但是如果德国的愿望得逞，老牌殖民帝国英国通往印度的海上通道和陆上桥梁则不再有安全可言，国势日衰的英国的地位将更趋低落。曾任印度总督的寇松勋爵（1859—1925）对这一点看得十分清楚："如果我们失去（印度），我们就会一直下跌成一个三等国。"于是，英国首相在上院宣称："我们必须把任何国家在波斯湾建立海军基地或设防港口的行为看作对英国利益的一种十分严重的威胁，而且我们必须毫无疑问地使用我们所掌握的一切手段去抵抗它。"当德国提出并着手建立一支强大海军舰队的时候，英德两国就开始了直接的对抗。德国海军大臣蒂尔匹茨把建立一支强大海军的计划放在用这支舰队反对英国的基础之上，而英国外交大臣格雷在1911年5月的帝国会议上有一句重要的秘密发言："真正决定我国外交政策的，是海上霸权的问题。"因此，第一次世界大战是列强之间的一场世界霸权争夺战，是一场帝国主义之战。

战争中的秘密外交 战争开始之后，交战双方都从自己将会夺取最后胜利的设想出发，制定了战后瓜分世界的计划。德国要建立以德国本土为中心、向西扩张到比利时和法国部分领土、向东扩张到波兰全境的"中欧帝国"，以及以德国在非洲的殖民地坦噶尼喀、喀麦隆、多哥等为中心向外扩张的"中非殖民帝国"，奥匈帝国则打算将大部分巴尔干地区据为己有。在协约国方面，以1915—1917年英法俄达成的一系列瓜分"奥斯曼帝国遗产"的秘密协定和备忘录为例。1915年3月，英法俄三国以相互交换备忘录的形式，秘密达成瓜分奥斯曼帝国的协定，规定战争结束后英法获得奥斯曼帝国所属的阿拉伯地区领土，俄国则拥有君士坦丁堡、黑海海峡和马尔马拉海诸岛屿的所有权，但君士坦丁堡应开辟为自由港，并保证商船在海峡的自由通行。1916年，在经过英法谈判和英法俄谈判之后，三国进一步把美索不达米亚和巴勒斯坦划入英国的势力范围，把叙利亚和南部小亚细亚划入法国的势力范围，把亚美尼亚和库尔德斯坦划入俄国的势力范围。1917年英法又将整个小亚细亚半岛的地中海沿岸划归意大利，这样奥斯曼帝国就只剩下小亚细亚半岛的中部和东北部地区了。

除此之外，帝国主义列强还签订了诸多以牺牲敌国和弱国的领土和利益来争取盟友的秘密协定。如1915年协约国以意大利在战后将获得奥匈帝国所属的特兰提诺、蒂罗尔、达尔马提亚、的里亚斯特为交换条件而使其参加协约国一方作战的《伦敦密约》；1916年协约国以罗马尼亚占领匈牙利领土为交换条件而使之参战的《布加勒斯特条约》，俄国同意日本占领山东和太平洋赤道以北德属岛屿的《日俄秘密协定》；1917年2月和3月法俄签订的密约，规定法国除阿尔萨斯、洛林外，还要把边界扩展到包括萨尔煤矿区在内的"昔日洛林公国的疆界"，俄国则获得完全自由地确定其西部边界的全权；1917年英国和日本瓜分太平洋赤道以南德属岛屿并承认日本有权继承德国战前在中国山东特权的《英日密约》；以及美日协调两国在中国行动的《兰辛—石井协定》；等等。这些协定和密约，不仅再次证明了这场战争的非正义的帝国主义性质，而且在战争结束后战胜国列强围绕是否兑现这些分赃密约而展开的新一轮争斗，决定了战后国际政治的某些极为重要的内容。

第三节　大战的进程

一、战争的第一阶段：1914 年

战局概况　第一次世界大战的战火首先在欧洲大陆燃烧起来，并很快蔓延到中近东、亚太地区和非洲等地，但战争主要在欧洲的四条战线上进行。西线：英、法、比军队与德军对抗；东线：俄国军队与奥匈、德军作战；巴尔干战线：主要是塞尔维亚、门的内哥罗、罗马尼亚、希腊的军队与奥匈、保加利亚的军队作战；意大利战线：意大利军队在英法的支持下对抗奥匈军队。另外，还有英军与奥斯曼帝国军队对抗的近东战线和俄军对抗奥军的高加索战线，以及海上战役和空中战斗。各个战场之间既相互联系又互相制约，其中西线和东线是主要战场，西线具有决定性作用。

德国的西线进攻与速决战的破产　德军首先在西线发动进攻，其战略战术依据的是"施里芬计划"。该计划源于阿尔弗雷德·冯·施里芬（1833—1913）在任德国总参谋长期间于 1905 年完成的《对法战争备忘录》。其要点是：德国在不可避免的东西两线作战中，首先集中优势兵力在西线对付法国，在东线取守势，只用少数兵力监视和牵制俄国部队。西线分为左右两翼：左翼的少数兵力守住洛林一带防线，强大的右翼部队越过比利时和卢森堡，直冲法国北部，然后自巴黎西部和南部迂回包抄法军，歼灭被压逼到巴黎以东一带的法军。对法作战将在 4—6 周内取得决定性胜利，然后再调主力去东线打败俄军。整个战争将在 3—4 个月内结束。因此，"施里芬计划"是一个速决战计划。但是战争爆发时德国面临的形势已经发生了很大变化，于是后任总参谋长小毛奇（1848—1916）对这个计划作了一些修改，在一定程度上加强了西线左翼兵力和对付俄国的力量，这样便削弱了西线特别是西线右翼的力量。即便如此，修改后的计划还是低估了俄军和法军的动员与作战能力，也没有估计到比利时军队的顽强抵抗和英国远征军能很快参战。该计划的实施未获成功。

8 月 2 日，德军不等动员结束就占领了卢森堡及其境内的铁路。4 日德军大部队侵入中立国比利时，立即遭到比利时军民的顽强抵抗，5 日德军受阻于马斯河上的列日炮台，至 16 日列日之战结束。到 20 日德军才前进到法比边界，其进攻计划

开始受挫并付出了 4 万余人伤亡的代价。

从 8 月 14 日到 25 日，法英联军与德军在法德、法比边界的洛林、阿登森林、桑布尔河、蒙斯等地展开了一系列激战，史称边境之战，法英联军均遭失败。从 8 月 20 日起，近百万德军分五路挺进法国北部，法军与 23 日新到的英国远征军组成的联军，被迫撤退。9 月 2 日法国政府撤出巴黎迁往波尔多。9 月 3 日德军占领兰斯，前锋距巴黎仅 24 千米，联军撤至马恩河一线，与德军相对。

马恩河战役 9 月 5 日法、德军队在马恩河遭遇，德军在进攻中，其右翼第 1、2 集团军之间出现 50 千米宽的暴露地带，给法英联军造成机会。8 日联军及时楔入德军战线，对德军的整个右翼构成威胁。9 日至 11 日，由于第 1、2 集团军被迫撤退引起的连锁反应，各路德军相继撤退，联军则展开大反攻。15 日德军退至埃纳河一带，遂设防固守，联军进攻未果。

持续 8 天的马恩河战役是第一次世界大战中的第一次大规模战略决战，双方参战人数达 150 多万人，以德军第一次撤退和失败、法英联军取得胜利而结束。联军向前推进 60 千米。这次战役也是大战的第一个转折点，它标志着德军所追求的在 6 周内打败法军的速决战的破产。战役刚一结束，小毛奇便向德皇承认："陛下，我们输掉了战争。"为此他也被解除了总参谋长的职务。

马恩河战役之后，双方开始在北部沿海一带机动，但没有任何战略意义，只是把战线延长到海边。11 月，双方的统帅部分别下令转入防御，挖掘堑壕，建立筑垒阵地，西线的机动战结束，转入旷日持久的阵地战。西线变成 4600 多千米长的连续堑壕系统，在这条战线上曾发生多次重大战役，但战线进退不大，直到大战后期，该战线基本处于僵持状态。

坦能堡战役和加里西亚战役 战争开始后，德奥与俄国之间从波罗的海沿岸到罗马尼亚边境形成欧洲的东线战场，包括东普鲁士战线和加里西亚战线。8 月 17 日，俄军以第 1、2 两个集团军首先攻入东普鲁士，一度进展顺利。但是从 8 月底到 9 月中旬，德军第 8 集团军司令兴登堡（1847—1934）和参谋长鲁登道夫（1865—1937）利用两路俄军没有密切配合作战的弱点，采取各个击破战术，先是在坦能堡战役中歼灭俄军第 2 集团军，然后进攻第 1 集团军，迫使其全线败退。9 月 13 日，俄军退出东普鲁士。东普鲁士战线俄军先胜后败，但德军也为这一局部胜利付出了削弱西线，甚至是牺牲全盘作战计划的代价。

在波兰与奥匈帝国接壤的加里西亚战线，从 8 月中旬到 9 月下旬，俄军西南方面军与奥匈军队进行了几次大的战役，俄军以优势兵力击败奥匈军队，迫使后者退守喀尔巴阡山一线。奥匈的失败使德军不得不分兵增援，这就打乱了德国战前指望奥匈牵制俄军的计划；与此同时，俄军占领德国西里西亚地区的打算也未能实现。加里西亚战役之后，东线的战局也呈现胶着状态。

在巴尔干战线,奥匈军队虽一度取胜,甚至于12月2日占领了塞尔维亚的首都贝尔格莱德,但塞军顽强抵抗,于12月15日收复贝尔格莱德,19日奥匈军队撤出塞尔维亚。

8月23日,日本以"英日同盟"为由对德国宣战,于11月初占领了德国在中国的租借地青岛和所谓的保护领地胶州湾,以及德国在太平洋的马绍尔群岛和加洛林群岛,使这场战争进一步向全球范围扩大。但日本参战的目的主要是为了满足自己的扩张野心,无意分担对德国的战争义务。11月12日,奥斯曼帝国站在德奥集团一边对协约国宣战,随之出现了南高加索战场。但到1915年初,俄军在该战线处于比较有利的地位。

可以看出,经过1914年的战斗,战争的进程已经完全走向战争发动者的愿望和主观意志的反面。德国过高估计了自己的力量,又过低估计了敌方的力量,其速决战的破产使之必须面对它最不愿面对的东西两线作战的现实,而协约国希望早日取胜的打算也已落空。正如战时英国首相劳合-乔治(1863—1945)在其回忆录中所写的:"1914年的大规模战斗打消了一切幻想,使交战双方军阀们的一切希望化为泡影。"双方不得不修订自己的作战计划,但是从战略上看,德奥集团已经处于不利地位。

二、战争的第二阶段:1915—1916年

德军在东线的胜利 鉴于西线已进入僵持阶段,战局难有大的进展,且俄国军力较英法薄弱又战线漫长,因此1915年德军将作战重心东移,企图首先打败俄国,迫其媾和,以摆脱两线作战的困境。于是,德奥军队从波罗的海到喀尔巴阡山展开全面进攻,特别是在西部加里西亚的戈尔利采镇进行的52天(5月2日至6月22日)的战役中,德奥军队以优势兵力迫使俄西南方面军全线溃败,放弃加里西亚,后退130千米,退回本国领土,死伤约110万人。戈尔利采战役是第一次世界大战中规模最大的防御战役之一,也是俄军在一战中损失最惨重的一次败仗。

意大利和保加利亚的参战 战前意大利曾与德奥结盟,但在战争爆发后它立即宣布中立,并以中立和参战为手段,同时与两个交战集团谈判,待价而沽。最后协约国方面满足了它的欲望,在双方签订《伦敦密约》之后,意大利于1915年5月23日向奥匈帝国宣战,开辟了意奥战线。从6月底到12月上旬,意大利在伊松佐河沿岸发动4次进攻,损失兵力28万人,但只把战线向前推进了16—19千米,无任何重大成就。意大利的参战,拖住了奥匈军队的四五十万兵力,但没有使东、西战线发生重大变化。

大战开始后,交战双方都力图将巴尔干的几个中立国保加利亚、罗马尼亚和希腊拉到自己一边。鉴于保加利亚处于巴尔干的中部并拥有一支强大的军队,双

方更为重视保加利亚。在德国满足了保加利亚在战后取得塞尔维亚部分土地的要求后，保加利亚站在同盟国一方，于 10 月 14 日向塞尔维亚大举进攻。20 多万塞尔维亚军队难以战胜 60 多万保、德、奥匈联军的左右夹击，很快被击溃，零星退至亚得里亚海滨，塞尔维亚全境被保、奥匈军队占领。1916 年初，塞尔维亚王室、政府官员、残余军队和部分难民被英法运送到希腊的科孚岛（克拉基岛），在这里组织了流亡政府，改编军队。门的内哥罗也于 1916 年初被同盟国占领。

加里波利战役   1914 年的马恩河战役之后，协约国和同盟国在法国北方和比利时的战局陷入僵持状态。法国推荐采取"外围战略"的办法打破僵局。1914 年 11 月英国海军大臣温斯顿·丘吉尔（1874—1965）主张：凭借英国海军的实力打通达达尼尔海峡，在加里波利半岛登陆，直取奥斯曼帝国首都伊斯坦布尔，把奥斯曼帝国逐出战争，以减轻俄军压力，同时借此开辟南线战场，攻打奥匈帝国。该战役于 1915 年 2 月 19 日开始，到 1916 年 1 月 9 日结束。双方各有 14 个师参战，还有大量战舰参加作战。在陆战中，协约国方面先后有 50 万士兵远渡重洋来到加里波利半岛登陆作战，包括澳大利亚、新西兰的澳新军团和其他英帝国的军队。经过近 11 个月的战斗后，协约国军队 44072 人战死，97037 人负伤；奥斯曼帝国 15052 人战死，14617 人负伤。但协约国未获胜利。

到 1915 年底，德奥集团在东线和巴尔干战线取得胜利，但是俄国没有退出战争就意味着德奥军队的胜利不是重大的战略性成果，对战争没有决定性意义。德国仍然未能摆脱在两条战线上作战的根本困境。

在各参战国更大规模地动员它们的人力、物力为战争服务的同时，交战双方都把 1916 年看成决战的一年，故再次进行新的作战部署。同盟国重新将主战场移回西线，指望在打败英法之后再击败俄国。协约国则在 1915 年 12 月召开的联军会议上就已决定要在西线、东线和意大利战线同时举行大规模进攻。于是 1916 年爆发了三次著名的大型战役。

凡尔登战役和索姆河战役   1916 年 2 月 21 日，德军在德皇太子的指挥下，以空前猛烈的炮击进攻凡尔登，使整个法军防线笼罩在浓烟烈火之中。仅三天时间，德军就先后攻下法军的第一阵地和第二阵地，夺取了重要的都蒙炮台。但是凡尔登的防御体系以战壕、掩护体、土木障碍和铁丝网等野战工事组成，攻破不易，法军总司令霞飞（1852—1931）又下达了严厉的命令要不惜任何代价死守阵地，再加上法军及时而大量的增援，于是双方进行了反复的拉锯战和消耗战。6 月初，俄军在加里西亚的进攻一定程度上减轻了凡尔登法军的压力，双方在马斯河西岸形成僵局。尽管德军在这一战役中首次使用了窒息性和催泪性毒气弹，给法军造成恐慌，但法军的防线基本稳定。法军从 8 月开始局部反攻，到 12 月 18 日收复了自战役开始以来失去的阵地，停止进攻，战役结束，战线在原地重新稳定下来。

历时 10 个月之久的凡尔登战役是第一次世界大战中规模巨大、时间最长的战役，双方都投入了庞大的兵力，法军全部 70 个师中有 66 个师先后在这里参加战斗，德军则投入 46 个师，双方的伤亡人数约百万人，因此这次战役又被称为"绞肉机""屠场"和"地狱"。这次战役是第一次世界大战的又一个转折点。在这场消耗战中，德国没有实现其一举迫使法国投降的战略计划，反而因遭到人力物力的巨大损失而士气低落。同时，法英联军在凡尔登战事进行期间发动的索姆河战役也没有取得预期的成果。

在凡尔登战役之前，法英联军就已商定要在索姆河两岸发起大规模战略进攻，德军在凡尔登的先发制人进攻打乱了法英联军的部署。为了减轻凡尔登方面的压力，法英联军从 6 月 24 日起发动了强大的索姆河攻势。在一个星期的猛烈炮轰之后，联军在空中轰炸和地面炮火的掩护下发起地面进攻，英军还把刚刚试制成功的新式武器坦克第一次用于实战。但是在持续 4 个月的战斗中，联军只在一段宽 35 千米，纵深近 10 千米的战线上攻入德国的防御阵地，未能攻破工事坚固的德军正面防线。到 11 月中旬，索姆河战役结束。

索姆河战役是第一次世界大战中规模最大的一次战役，也是最大的一次消耗战，双方先后投入兵力超过 150 个师，损失的人数大约为：英军 42 万人，法军 34 万人，德军 53 万人。该战役牵制了德军在凡尔登的攻势，但未能达到突破德军防线的战略目标。

东线勃鲁西洛夫的进攻战役　在东线，从 6 月 4 日到 9 月中旬，俄军西南方面军在勃鲁西洛夫的指挥下发起夏季攻势，以缓解凡尔登联军的压力。这场攻势将 400 多千米的战线大大向前推进，使俄军重新占领了加里西亚的大部分地区，成为俄军在这场大战中赢得的最大胜利。在这一攻势作战中，奥匈军队损失 60 万人，俄军损失 100 万人。俄军的胜利把奥匈帝国推到了灭亡的边缘，也埋下了俄国最终覆灭的种子。

在俄军胜利的刺激下，罗马尼亚在与协约国签订了战后获得匈牙利的部分领土的条约之后，终于结束了大战以来的中立立场，于 1916 年 8 月 27 日对德奥宣战，形成了罗马尼亚战线。尽管罗马尼亚的参战吸引了同盟国军队的东调，在一定程度上削弱了凡尔登的攻势，但是它连战皆败。12 月同盟国军队占领了布加勒斯特和瓦拉几亚①，并从这里获得了将战争继续进行下去的粮食和石油资源。

日德兰海战　海洋霸权是交战国争夺世界霸权的重要组成部分，因此在欧洲大陆进行战争的同时，在海上的交锋也同样激烈，而且主要在英、德之间进行。

战争爆发时，英国拥有无畏舰 30 艘，战列巡洋舰 11 艘，战列舰 38 艘，巡洋

---

①　瓦拉几亚为罗马尼亚的旧称，包括今罗马尼亚的大部分。

舰 113 艘，驱逐舰 229 艘，炮艇、鱼雷艇 68 艘，潜艇 84 艘，总吨位 200 多万吨。德国拥有无畏舰 20 艘，战列巡洋舰 7 艘，战列舰 19 艘，巡洋舰 53 艘，驱逐舰 140 艘，炮艇、鱼雷艇 55 艘，潜艇 31 艘，总吨位约 107 万吨。英国的舰队主力主要集中在英国北部的斯卡珀湾，以保护本土安全。德国的舰队主要集中在赫尔果兰岛、基尔和威廉港，在波罗的海上德国有一支"公海舰队"威胁着协约国的海上交通。

战争爆发后，英国凭借自己的海上优势，一方面对德国进行海上封锁，一方面企图在有利的条件下与德国海军进行决战，一举消灭德国的海军主力，从而保持英国的制海权。面对英国的海军优势，德国的方针是：尽量保存自己的舰队力量，避免与英国的舰队直接交战造成重大损失，同时要不断制造机会突破英国的海上封锁，削弱英国的舰队力量。其办法是引诱敌方部分兵力出海，以自己的优势兵力将其歼灭或给予严重打击。因此，在 1914—1915 年，英、德也有几次较大的海战，如 1914 年 8 月在北海赫尔果兰岛水域、12 月在南大西洋福克兰岛海域、1915 年 1 月在北海多格浅滩水域进行的海战，以及在达达尼尔海峡进行的海战等，但都不具有决定性的意义。

1916 年初，德国海军中要求与英国决战以突破封锁、扭转被动局面的主张日益强烈，英国也希望通过打击德国在波罗的海上的"公海舰队"以解除德国对协约国的威胁。5 月 31 日，英、德两国舰队在日德兰半岛附近遭遇，遂发生了第一次世界大战中最大的一次海上交战——日德兰海战（亦称斯卡格拉克海战）。英国出动各种舰只约 150 艘，德国出动约 110 艘，战斗于 6 月 1 日结束，英国损失 3 艘战列巡洋舰和 11 艘小舰，死亡 6000 余人，德国损失 1 艘战列巡洋舰和 10 艘小舰，死亡 2500 余人。英国损失的吨位数几乎是德国的 2 倍。尽管如此，德国还是未能打破英国的海上封锁，英国舰队继续控制北海水面，德国"公海舰队"仍被封锁在港内。此后，双方的活动更加小心，北海水域内的战斗基本停止，双方开始把注意力集中转向潜艇战和反潜艇战。

1916 年的整个战局再次有利于协约国，特别是德军在凡尔登进攻的失败，标志着战略主动权已开始转移到协约国一方，从此同盟国在西线转入战略防御。

三、战争的第三阶段：1917 年

战争的僵持状态 1917 年德军在各条战线上基本采取守势，进一步加强和完善西线的防御阵地，并把希望主要寄托在无限制的潜艇战上，而协约国在西线的兵力则大大增加，并协调了联军的军事部署。2 月，在努瓦荣地区，德军不等英法联军准备就绪便自动将驻守在该地区突出部的军队撤退到筑有良好防御工事的"兴登堡防线"（也称"齐格菲防线"），从而打乱了联军的部署。4 月协约国在苏瓦松和兰斯之间 40 千米宽的战线上展开进攻，但未获任何战果。6 月英军在敦刻

尔克和里尔之间的伊普尔地区对德军实施打击，德军使用芥子毒气，给英军造成巨大伤亡，三个多月的血战并没有突破德军防线。11月20日—12月3日英军又发起康布雷战役，在这次战役中第一次大批使用坦克，是步兵、炮兵、飞机、坦克协同作战的初步尝试，具有重大的战术效果，因此在军事技术史上具有重要意义。但是英军在战术上的成功未能进一步取得具有战略意义的战果，当德军反攻后，战局重新陷入僵持状态。

在东线，俄国爆发二月革命后，资产阶级临时政府继续实行战争政策，7月1日俄军向奥匈阵地发起进攻，但被德奥军队反击，到8月初德奥军队几乎占领了整个加里西亚和布科维纳。9月德军发动里加战役，这是第一次世界大战中俄国的最后一次战役，以俄军的溃退失败而结束。

在意大利战线，面对意军的不断进攻，德奥军队于10月发动卡波雷托战役，很快突破意军阵地并及时追击，取得大胜，意军的再次惨败使该战线西移100千米。但是这一胜利也只是局部的战术上的胜利。

总之，1917年的战争仍然处于僵持状态，尚未出现重大转机。

另外，从1916年开始的参战各国不断发出的和平攻势也没有任何结果。相反，在战争爆发后即采取中立政策的美国终于决定站在协约国一方参加这场战争。美国和中国的参战以及俄国十月革命的爆发是这一阶段的重大事件。

无限制潜艇战和美国的参战 大战爆发后，北海海域成为英德海军的作战区域。面对英国的海上封锁，德国于1915年2月开始实行无限制潜艇战，其潜艇的攻击目标不仅针对敌国的军舰，也针对敌国的商船，因此对协约国的打击很大，也使中立国遭到损失。1915年5月7日，英国巨轮"卢西塔尼亚"号被德国潜艇击沉，近1200名遇难者中有128名美国人。此事引起美国反德情绪高涨。在美国的强烈抗议下，德国决定让步，向美国道歉并赔偿死难者的损失。1916年，德国的无限制潜艇战一度停止。

但是，凡尔登战役使德国感到它正在输掉这场战争，而英国继续进行的海上封锁不仅使德国的军舰不敢驶出军港，也使德奥的处境更为困难。于是海军大臣蒂尔匹茨写信给总参谋长兴登堡，建议"用强有力的尽可能残酷的潜艇战"去剥夺"英国岛国的便利形势"。德国的最高统帅部也认为，德国唯一的出路就是在英国的海运线上进行潜艇战，迫使英国在"6个月以后投降"。德国一些经济学家也乐观地认为，如果每月击沉60万吨商船，连续5个月就会把中立国的船队从英国赶走，英国就会闹粮荒。于是1917年1月9日，威廉二世召开御前会议，作出恢复无限制潜艇战的决定。为了尽量避免美德矛盾激化而导致美国参加协约国一方作战，德国于1月31日发表声明：从1917年2月1日起，凡是在德国政府指定的英法以及地中海东部一定范围之内，德国潜艇如遇协约国和中立国的船只一律攻击，不再加以警告；但是允许美国的船只每周通过一次，以到达英国的法尔茅斯港为止。

无限制潜艇战重新开始之后，英国和其他协约国的海上运输遭受严重损失。从 1917 年 2 月到 4 月，在北海和大西洋有 844 艘英国、其他盟国和中立国的船只被击沉，总排水量 145 万余吨，仅 4 月份就被击沉 423 艘，约 85 万吨。如果与上年较低月份相比，其损失更显得惊人。以英国为例，1916 年 10 月，英国只损失了船只吨位 1.4 万多吨。1917 年 4 月英国损失了 51 万多吨，后者是前者的 36 倍多。以致英国第一海务大臣杰利科认为，如果协约国不尽快阻止这种不断增加的损失，德国就能打赢这场战争。

英国和协约国方面采取各种措施进行反潜斗争，如使用猎潜舰、深水炸弹、在英吉利海峡主要航道周围密布电网并敷设水雷防御线等，特别是对商船实行护航，效果显著。随着美国的参战和大批美国的驱逐舰投入海上战斗，英国海军部于 1917 年 4 月 30 日决定在所有交通线上实行护航制，并成立指挥护航的运输船队的专门机构。从 8 月到 10 月，英国在大西洋和地中海实行了全面护航。

第一次世界大战爆发后，美国即宣布中立，并同交战双方大做生意，以此提升经济实力。但美国与协约国集团的贸易额远远大于与德奥集团的贸易额。从 1914 年到 1916 年，美国同协约国的贸易额从 8.2486 亿美元增加到 32.1448 亿美元，增长近 3 倍，而与同盟国的贸易额则从 1.6929 亿美元下跌为 116 万美元，几近于无。从投资来看，到 1917 年 4 月美国参战以前，协约国已从美国获得 20 亿美元贷款，而德国仅获得 2000 万美元。另外，自 19 世纪末以来在美国视为自己的"后院"的拉丁美洲，德国也逐渐成为美国的强劲对手，到 1914 年，美国在该地的投资为 17 亿美元，德国为 9 亿美元，到处都有德国人控制的贸易公司在活动。因此，"中立"的美国在参战前即已同协约国在经济上密切联系在一起了。

德国恢复无限制潜艇战之后，2 月 3 日，美国利用德国潜艇击沉美国船只"豪桑图尼克"号事件同德国断绝了外交关系。不久以后发生的"齐默尔曼密电事件"最终给了美国参战的理由。1917 年 1 月 16 日德国外交大臣阿图尔·齐默尔曼用密码致电德国驻墨西哥公使说，如果德、美发生战争，公使应向墨西哥政府提议墨西哥与德国结成同盟，加入对美作战，作为报酬，德国将帮助墨西哥收复在"得克萨斯、新墨西哥和亚利桑那的失地"。密电还要求墨西哥总统出面邀请日本加入反美同盟。该电文被英国情报部门截获并破译，随即转交美国。美国总统伍德罗·威尔逊（1856—1924）将这份电报公诸报界，3 月 1 日美国各大报纸都刊登了这份密电，于是舆论哗然，反德浪潮席卷全国，并引起战争狂热。在又有一些美国船只被德国潜艇击沉后，4 月 6 日美国正式向德国宣战，次日向奥匈宣战。

美国参战后，立即显示出巨大的战争潜力和战略灵活性。在反对德国的无限制潜艇战中，美国海军发挥了重要作用。为了适应反潜斗争的需要，美国暂时停止了建造战列舰的计划，开始大量建造猎潜舰和驱逐舰，到大战结束时，美国造出 440 多艘猎潜舰，并先后派出 85 艘驱逐舰参加反潜作战。美国海军的护航编队把美国远征军和大量物资安全运到法国。

由于护航制和其他反潜措施以及美国的参战，德国的无限制潜艇战逐渐走向失败。协约国、美国和其他中立国的商船损失不断减少。1917 年 4 月损失吨位为 86 万吨，到 1918 年最后 6 个月平均每月损失减至 14 万吨，10 月仅为 9 万吨。德国新建造的潜艇赶不上需要，1917 年初德国有 138 艘潜艇，这一年便损失 72 艘，当年虽新建 103 艘，但所增加的 31 艘与所需之数相差甚远。德国无限制潜艇战的失败使德奥集团在战略上进一步处于劣势。

中国的参战与俄国十月革命 1917 年 8 月 14 日，中国段祺瑞政府宣布对德奥集团作战。中国参战的意图在于战后收回被日本攫取的山东主权，其形式主要是"以工代兵""以工代战"。真正代表中国参战的是以农民为主组成的中国劳工，协约国称为"中国劳工旅"，他们为协约国西线战场提供了重要的劳动力。无论是在后方还是在最前线，凡战争所需，华工几乎无处不往、无所不为，而且从事的都是最艰苦、最繁重的工作。他们挖掘战壕、修筑工事、筑路架桥、解运给养、装卸物资、清扫地雷、野战救护、掩埋尸体……据不完全统计，仅派往英、法的华工就有约 14 万人，有近万名华工因为疾病、敌人的攻击或恶劣的医疗条件而长眠在异国的土地上。

1917 年俄历 10 月，俄国爆发列宁领导的十月社会主义革命。十月革命胜利后的第二天，列宁即提出《和平法令》，要求立即缔结"不割地（即不侵占别国领土，不强迫合并别的民族）不赔款的和平"，向所有交战国提出休战建议，宣布俄国退出战争。1918 年 3 月 3 日，苏俄与德奥集团签订《布列斯特-里托夫斯克和约》，俄国正式退出战争。

美国与中国的参战和苏俄退出战争，加快了战争的结束。

四、战争的结束

战争造成政治危机 战争给交战各国带来空前的灾难和破坏。仅在 1915 年至 1917 年的 3 年中，德军伤亡和失踪的数目就达 300 万以上，法军损失 270 万，英军损失 170 万。战争所造成的破坏更难以估计。前线的战士和后方的居民在心理上受到极大震动，战争开始时的那种盲目热情和短期战争的幻觉消失了，人们开始普遍怀疑战争的神圣性，从 1916 年起各交战国出现了不同形式、不同程度的政治危机。

到 1917 年，各交战国都已精疲力竭，经济极端困难，工人罢工，农民夺地，民族起义连续不断，特别在中欧集团各国和落后专制的俄国形势更为严峻。列宁提出的变帝国主义战争为国内战争的口号和俄国革命在各国产生了强烈反响，各国普遍爆发了大规模的工人罢工，德国已处于革命前夕，奥匈帝国即将土崩瓦解。

面对严峻的经济和政治形势，各国统治者决心加速结束战争。

西线的攻势 俄国退出战争使大战原来意义上的东线实际不复存在，德国统帅部认为形势对自己有利，便制订了 1918 年春季在西线展开决定性进攻的计划，以期在美军真正投入战斗之前给英法联军以致命打击，从而取得战争的胜利，为此同盟国集中了 190 多个师的兵力。与此同时，协约国也根据新的情况制订了作战计划，但首先是以防御为主，要等到美军能够投入战斗时才转入进攻，为此协约国集中了 186 个师的兵力。

从 3 月到 7 月，同盟国在亚眠、利斯河、埃纳河、马恩河、兰斯等地对协约国发动了 5 次进攻，虽然几次突破了协约国军队的防线，但并未实现预期的战略目的。而且德军损失惨重，死伤、被俘及失踪者约 100 万人，兵源已近枯竭，到 1918 年夏天，德军每月需要补充兵员 16 万人，但实际只能补充 6 万人。德军已经失去了继续进攻的力量。在协约国方面，虽然经年累月的战争也使其疲惫不堪，但由于美国的参战和大量军备物资的补充，协约国的力量大大加强。从 1917 年 6 月到 1918 年 8 月底，陆续开到法国的美军已达 100 万人。另外，在反击同盟国的进攻中协约国联军形成了统一的指挥，法国元帅福煦（1851—1929）被正式任命为西线联军的总司令，进一步协调了军事行动，使协约国联军能够对德军发动战略反攻。

协约国联军的反攻首先针对德军进攻所形成的三个突出地带，即马恩河突出部、亚眠突出部和圣米耶勒突出地带。7 月 18 日联军首先对马恩河突出部发起反攻，占领了苏瓦松，8 月 4 日即削平了对巴黎威胁最大的马恩河突出部。8 月 8 日联军在亚眠一带发起反攻，英军重演康布雷战役的坦克大战一幕，以几百辆坦克席卷德军前沿阵地并迅速突破防线。德军军需总监鲁登道夫后来承认"8 月 8 日乃是这次大战史上德军最黑暗的日子"。到 9 月 3 日，德军被迫撤退到"兴登堡防线"，对亚眠一带的威胁被解除。9 月 12 日，以美军为主力对圣米耶勒突出地带发起进攻，但已经开始后撤的德军几乎没有进行什么像样的抵抗，第二天该突出部即被消除。

此时，协约国联军决心对军心不稳、士气低落的德军展开总反攻。从 9 月 26 日开始，联军从马斯河和阿登森林地区、康布雷和圣康坦一线、伊普雷以北等地先后发起进攻，美军则从凡尔登向北突击。德军已无法抵御这种巨大的钳形攻势，终于在 10 月 2 日放弃"兴登堡防线"，败局已定。协约国军队继续推进，比利时和法国开始收复失地。

同盟国的瓦解 随着德军在西线节节败退，其他战线的同盟各国也纷纷投降。在巴尔干战场，保加利亚于 9 月 29 日投降，次日与协约国签订停战协定退出战争，协约国占领了保加利亚。10 月 30 日，奥斯曼帝国与协约国签订停战协定，把全部舰艇交给协约国。奥匈帝国也濒于崩溃：1918 年 10 月，捷克斯洛伐克在巴黎宣布独立，南方斯拉夫人也决定成立斯洛文尼亚—克罗地亚—塞尔维亚人的独立国家，波兰人居住的土地也脱离了帝国，匈牙利则爆发起义要求成立独立的共和国。因此，在 10 月下旬意大利发动的攻势面前，奥匈帝国境内的非德意志民族都不愿再为奥地利打仗。在国内民族解放运动高涨、帝国政府分崩离析的情况下，奥地利表示愿意在任何条件下同协约国签订和约。11 月 3 日双方签订停战协定，奥地利无条件投降。

《贡比涅停战协定》的签订　军事上的失利以及盟国纷纷退出战争加速了德意志帝国的政治危机。9 月底，兴登堡和鲁登道夫已经承认无力继续进行战争。10 月 3 日，德国组成以巴登亲王马克斯为首相的新内阁。10 月 4 日，新内阁就向威尔逊总统发出照会，请求在威尔逊于 1918 年 1 月 8 日发表的"世界和平纲领"即"十四点"原则的基础上与协约国签订停战协定；同时德国也向英法发出停战照会。但是协约国集团在对德媾和条件方面尚有分歧，便不理睬德国的提议，继续进攻。11 月 3 日德国基尔港的水兵起义，拒绝出海作战，要求和平，随后革命席卷全国。为了避免德国的彻底崩溃，协约国集团协调了立场，同意在威尔逊"十四点"的基础上与德国谈判。此外，从 1918 年春天开始流行的"西班牙大流感"① 也使交战双方都减员严重，一定程度上制约了战争的继续进行。

1918 年 11 月 4 日，协约国方面向德国提出 35 条停战条款。11 月 11 日清晨 5 时，两名德国代表在巴黎东北贡比涅森林的福熙元帅的专列上签订了停战协定。1918 年 11 月 11 日上午 11 时，西线全线停火生效。车厢外鸣放礼炮 101 响，宣告第一次世界大战结束。

第四节　大战的结果和影响

一、各国实力对比发生变化

欧洲开始衰落　早在 1887 年，恩格斯就曾预言了这场大战的结局及其影响。

---

① "西班牙大流感"是 1918—1919 年暴发的全球性流行性感冒传染事件。事后的研究表明，这场大流感并不源于西班牙，其"零号病人"来自美国堪萨斯州的芬斯顿军营。由于一战期间主要参战国都实行严格的新闻管制，整个欧洲只有中立国西班牙的媒体不受管制，每天报道本国的流感情况，故得此名。这场大流感的特点是在 20—50 岁的成年人中发病率和死亡率最高，在全球造成了 5000 万—1 亿人死亡（而当时的世界总人口不过 17 亿人左右），比第一次世界大战造成的死亡人数还多，成为一战结束的原因之一，因为各国都已经没有额外的兵员继续作战。

他指出："这会是一场具有空前规模和空前剧烈的世界战争。那时会有 800 万到 1000 万的士兵彼此残杀，同时把整个欧洲都吃的干干净净……其结局是普遍的破产；旧的国家及其传统的治国才略一齐被摧毁，以致王冠成打地滚落在街上而无人拾取；绝对无法预料，这一切将怎样了结，谁会成为这场斗争的胜利者；只有一个结果是绝对没有疑问的，那就是普遍的衰竭和为工人阶级的最后胜利创造条件。"①

当我们从世界历史发展的角度仔细审视这场人类历史上空前的全球战争所带来的后果时可以发现，历史的发展证明了恩格斯预言的准确性。第一次世界大战作为一个历史转折点相当引人注目，它给世界造成了一些极为重大的变化，并深深影响到 20 世纪的历史进程。

第一次世界大战加速了自 19 世纪末以来欧洲的实际衰落进程，这一进程是如此不可逆转，最终导致欧洲的世界中心地位在第二次世界大战后不复存在。

1914 年秋，当一个又一个欧洲国家卷入大战的厮杀之时，英国外交大臣格雷就曾沮丧地说道："整个欧洲的灯光正在熄灭；此生不会看到它们重放光明了。"他的话的确很有道理。

第一次世界大战使欧洲的政治版图发生了很大变化，罗曼诺夫王朝统治的俄罗斯帝国、霍亨索伦王朝统治的德意志帝国、哈布斯堡王朝统治的奥匈帝国以及奥斯曼帝国均被消灭，在它们的地域上代之而起的是人类历史上第一个社会主义国家苏俄/苏联和德意志、奥地利、波兰、捷克斯洛伐克、匈牙利等资产阶级共和国。但是这个世界似乎仍然是一个以欧洲为中心的世界。以英法为首的战胜国是战后和平方案的主要制定者和监督执行者；它们因获得了更多的殖民地和对所谓落后地区的委任统治权而使其殖民帝国甚至比战前更大；另外，由于它们实际操纵了第一个全球性的常设政治组织国际联盟，欧洲对世界的控制力似乎比战前更加强大。

不过，在这些表象之下的形势却完全不同。这场持续了 4 年零 3 个多月的战争将 30 个国家卷入进去②，涉及人口约 15 亿人，占当时世界人口总数的 67%。战争中双方动员了约 7351 万人走上前线，其中协约国方面达 4835 万人，同盟国方面为 2516 万人。主要交战国中被动员入伍者在有劳动能力的男性公民中所占比例高达 50%，在某些国家，例如法国，甚至超过半数。在整个战争中，在长达几千千米的战线上，大规模会战不下几十次，每次会战几乎都是一场大屠杀。交战各国不仅

---

① 《马克思恩格斯文集》第四卷，人民出版社 2009 年版，第 331 页。

② 参加协约国方面的有 26 个国家，参加中欧同盟国方面的有 4 个国家。大战结束后在《凡尔赛条约》上签字的还有新成立的波兰、捷克斯洛伐克和南斯拉夫，所以参战国可以再加上 3 个共 33 个，也可以除去南斯拉夫共为 32 个。

动用了全部新型武器，而且动员了所有的政治、经济和舆论宣传力量。

这场大战给欧洲带来极其深刻的危机，没有一个发动战争的国家是真正的胜利者。大战造成参战各国的直接经济损失约1805亿美元，间接经济损失约1516亿美元；大量房屋、铁路、桥梁、工厂、农田被破坏，生产遭到沉重打击；协约国和中立国的商船损失高达1285万吨，其中被潜艇击沉的达1115万吨。纯粹从经济角度估计，欧洲的工业发展至少倒退了8年。欧洲还失去了大量海外投资，其海外市场也由于在战争中发展起来的美洲和亚洲的工业竞争而不断萎缩。与此同时，欧洲的财政金融地位也发生了极大变化，1919年仅协约国各国对美国欠下的债务就高达100亿美元，使美国从战前负有30亿美元外债的债务国一举变成了战后的债权国，并掌握了世界黄金储备的40%以上。大战还造成极其惨重的生命损失。直接死于大战的军人达900万人，受伤者2000多万人，终身残疾者350万人，而德、俄、法、奥匈的伤亡人数就占全部伤亡的66.6%。欧洲几乎失去了一代最有才华和最具创造力的青年。这一切，从根本上损害了欧洲经济的长远发展，并使美国与欧洲的经济关系完全改变。欧洲已不再是世界工厂和世界银行家，这两方面的领导权都在向美国转移，欧洲对世界经济的控制力不断减弱。

第一次世界大战对欧洲的政治打击更为沉重。在大战中俄国爆发的十月革命，第一次把社会主义理想变成现实。这极大地激励了各国人民，并引发了战后欧洲的革命高潮：德国十一月革命、柏林起义、巴伐利亚苏维埃共和国和匈牙利苏维埃共和国的建立……这些无产阶级对垄断资产阶级夺权的革命行动，不仅是对旧制度的狠狠一击，也使倍受战争浩劫之苦的欧洲各国人民对生活在其中的社会产生了极度的怀疑与不满。英国首相劳合-乔治不得不承认"从欧洲的一端到另一端，民众对整个现存秩序在政治、社会和经济各方面都感到怀疑"；美国总统威尔逊的密友和顾问豪斯上校（1858—1938）甚至认为"我们正坐在一座露天的火药库上，总有一天一颗火星就能把它点燃"。当列宁领导的苏维埃俄国在进行了极其艰苦卓绝的斗争之后巩固了社会主义政权的时候，欧洲在地缘政治和意识形态方面便被一分为二了。19世纪以来欧洲一直保持的世界中心地位受到了根本的动摇。

第一次世界大战还给欧洲造成了极大的心理和精神创伤。它深刻地影响了欧洲人关于他们自己和西方文明的观念，使他们深深怀疑西方文明的基本走向，从而引发了空前的精神危机，以致德国历史学家奥斯瓦尔德·斯宾格勒（1880—1936）写出《西方的没落》一书，而英国历史学家阿诺德·J. 汤因比（1889—1975）则在其巨著《历史研究》中发动了对欧洲中心论的猛烈批判。

美国和苏联的崛起 美国和苏联的崛起与欧洲开始衰落形成鲜明对照。1914年以前，欧洲是近代主要政治思想和政治制度的发源地，这些思想和制度曾唤醒了美国人，激励过俄国人。然而第一次世界大战的浩劫使欧洲人精神沮丧，失去信心。特别是由于大战的结局在很大程度上是由美国的参战而最后决定的，这更使美国的国际地位大大提高。第一次世界大战后，美国挟其世界第一经济强国的优势和政治上的威望，走出美洲，参与国际事务，威尔逊提出的被他称为"世界和平纲领"的"十四点"计划，就是美国企图领导世界的第一份"宣言"。与此同时，在欧洲另一侧的俄国，则通过十月革命的胜利使马克思恩格斯创立的科学社会主义学说变成了活生生的现实，一种崭新的社会制度登上了历史舞台。于是，当一些欧洲人对威尔逊翘首以待之时，生活在世界东方的一些民族则以马列主义为武器，以十月革命为榜样，以建立社会主义制度为目标，进行着自己的革命斗争。于是，美国与苏联这两个几乎同时崛起但又主张不同制度的力量不断发展，并不断将追随它们的力量集合在它们各自的旗帜之下。

日本的发展　第一次世界大战也使日本获得了异乎寻常的畸形发展。它利用大战的"天赐良机"，不仅强占了德国在中国山东的势力范围和在太平洋的岛屿，而且几乎独占了中国东北的市场。它还趁英、荷、法等国忙于战争之际，加紧向它们在亚太地区的殖民地进行经济渗透，而俄、英等协约国的大量军需订货也大大刺激了日本的经济。大战期间，日本的对外贸易增加 4 倍，从长期入超变为出超；银行资产增加 2 倍，从债务国变为债权国，不仅偿清了战前所欠外债 17 亿日元，而且购买了英法俄等国战时公债和对外国贷款 27.7 亿日元。特别是德国实施无限制潜艇战，使协约国的船只遭受打击，却使日本的海运业发展起来。1914 年至 1919 年日本的工业总产量实增 1.8 倍，其中尤以造船和海运最为突出。经过大战，日本从一个农业国变成工业国。

尤其需要指出的是，日本企图趁欧洲各国相互厮杀无暇东顾之际，进一步独占整个中国，1915 年 1 月 18 日，日本向中国提出的灭亡中国的"二十一条"要求，就是这种野心的证明。尽管在战争期间列强暂时容忍了日本的扩张，但是日本的野心遭到中国人民的坚决抵抗和列强的共同遏制。

二、殖民体系开始解体

民族独立斗争的高涨　一战期间，"民族自决"原则在欧亚大陆传播。随着大战的结束，俄罗斯帝国、德意志帝国、奥匈帝国和奥斯曼帝国均被瓦解，在它们的地域上代之而起的是人类历史上第一个社会主义国家苏俄/苏联，以及芬兰、爱沙尼亚、拉脱维亚、立陶宛、波兰、德意志、奥地利、匈牙利、捷克斯洛伐克等资产阶级共和国。

这场帝国主义战争进一步冲击了帝国主义殖民体系，实际开启了世界殖民体系的解体过程。在欧洲宗主国将其殖民地的人民投入战争的同时，起源于欧洲的民族主义也在殖民地得以传播，并唤起了殖民地人民的民族自决和民族独立意识。

这是那些殖民主义者始料不及的。法国驻印度支那总督对此深有感触，他在 1926 年写道："这场用鲜血覆盖整个欧洲的战争……在距我们遥远的国度里唤起了一种独立的意识。""民族自决"原则不仅在欧洲，而且在殖民地半殖民地也成为流行的革命术语并产生了深刻的政治结果。正如列宁所说："帝国主义战争也唤醒了东方，把东方各族人民卷入了国际政治生活""在当代革命中，东方各民族为了不再仅仅充当别人发财的对象而参与决定世界命运的时期到来了。"[①]

大战期间，各殖民地和半殖民地的民族工业得以乘隙发展，民族资产阶级和无产阶级的队伍也随之壮大，成为反对帝国主义的重要政治力量和社会力量。在十月革命的感召下，作为对西方殖民统治和侵略的一种回应，亚洲大地出现了战后第一次民族解放运动的高潮。即使对英帝国来说，在它的疆域扩大的同时，各自治领的离心倾向也日益加强，终于使英帝国演变为英联邦。因此，对殖民地和半殖民地来说，这场战争既是一个结局，也是一个开端。欧洲的殖民体系在扩大到极限的同时也开始了它不可逆转的解体进程。

中国革命的新曙光　一战期间，中国的民族民主革命也孕育着重大变化与发展。忙于厮杀的欧洲列强暂时放松了对中国的压迫，甚至在一定程度上依赖中国的军需生活用品的支持，使中国的民族资本主义，特别是纺织、面粉、钢铁、运输等行业出现了短暂的快速发展。中国的无产阶级队伍也随之不断壮大。在思想文化领域，新文化运动的开展使中国民众的思想空前解放，人们通过各种形式探索反帝救国的道路。十月革命一声炮响，给中国送来了马克思列宁主义，促使一批具有激进革命民主主义思想的先进知识分子完成了世界观的转变。1919 年，中国作为战胜国在巴黎和会上交涉山东问题的失败所引发的声势浩大的五四运动，推动旧民主主义革命向新民主主义革命转变。中国的无产阶级开始作为一支新兴的政治力量登上历史舞台。这一切都为马克思列宁主义与中国革命相结合、为 1921 年中国共产党的成立创造了条件。中国历史将迎来新的曙光。

三、大战对各国经济和社会的影响

对经济生活的干预加强　大战使各国政府加强了对经济生活的干预，政府机构的职能有所改变。战争初期，由于没有一个国家预料到这会是一场长期战争，因此也没有哪一个国家对国内的经济活动进行调节。随着战争的延长，到 1916 年，各国都不得不建立起一整套政府的专门机构，包括各种局、署机关和专门委员会等，以便有效地利用全国的人力物力。这些机构干预私人企业投资方向，负责分配政府订单，控制原材料的供应，调整各种经济关系，垄断对外贸易，从总体上

① 《列宁全集》第三十七卷，人民出版社 2017 年版，第 327 页。

控制经济生活。另外，为了掩盖长期的无效战斗和骇人听闻的人员伤亡，使民众支持战争，各国政府也都极力控制社会舆论，从而控制人们思想。他们还禁止罢工，提倡节衣缩食，将民用品特别是奢侈品的生产降到最低限度，力图将整个社会的财富、资源甚至道德取向都引向赢得战争胜利这一唯一目标。

妇女地位有所提高   大战使交战国社会发生的另一个重要变化是妇女生活的变化。旷日持久的战争使男人长期服役，大量的伤亡又需要不断补充兵员，因此就连原来可以免服兵役或身体素质不符合征兵标准的男子也要应征入伍，这就使大量妇女进入工厂和管理部门，接替了许多过去被认为只有男性才能承担的工作。在英国，妇女甚至组成了军队妇女团队。尽管妇女得到的工资相对较低，但是千百万妇女的个人生活与眼界从家庭转向国家的经济和政治方面，成为社会劳动大军的重要组成部分，妇女的社会地位得到提高。1918 年，30 岁以上的英国妇女获得了选举权。

四、反战与和平运动的发展

战争中的反战诉求   第一次世界大战的爆发是对战前和平运动的沉重打击。但是战争的长期化和极端残酷性使人们越来越怀疑究竟为什么要打这场战争。随着交战各国经济危机的加深，人民的反战与和平运动日益高涨。战争期间，拒服兵役是反战的重要表现。1916 年英国宣布征兵后，有 16500 人拒服兵役，其中6000 人受到军事法庭的审判；1917 年美国在参战后征兵 300 万人，约有 4000 人拒服兵役。前线士兵中也有高昂的反战情绪。1917 年五六月间，法国士兵发生兵变，有 3 万至 4 万士兵拒绝执行作战命令，他们说再也不愿为每天的 5 个苏（相当于0.25 法郎）去送命。到战争后期，反对战争、要求和平成为一些国家发生革命的重要动力。战争引起革命，革命制止战争。1917 年法国的罢工人数为 29 万人，罢工的口号之一便是"打倒战争"；同年德国的罢工人数达到 30 万人，工人强烈要求的是实现不兼并别国领土的和平。"和平、面包、自由"也是 1917 年的俄国革命（包括二月革命和十月革命）、1918 年的德国革命和奥匈帝国境内革命的普遍口号。

战后的和平诉求   这种反对战争、要求和平的情绪，在战后形成了更为广泛而普遍的厌战、反战和恐战的社会潮流。它的突出表现是：第一，反战文艺作品大量涌现，最具代表性的是德国作家埃里希·雷马克的《西线无战事》和美国作家海明威的《永别了，武器》；在学术界，战争与和平问题也成为许多学者关注和研究的对象，他们出版大量论著，研究第一次世界大战的起源，探讨避免新的世界大战和保障和平的方法。第二，出现了一些比较重要的国际和平团体。在英国：1918 年成立的致力于宣传国际仲裁和全面裁军的"国际联盟协会"，到 1922 年已经拥有会员 20 万人，1932 年发展到 100 万人；1921 年成立的坚持绝对和平主义的"不再战运动"，出版《不再战》刊物，发行量达 1.5 万份。在美国：1919 年成立的基督教和平团体"国际和解联谊会"，在盛行新教的欧美国家都有分支组织；同年成立的"国际妇女争取和平与自由联盟"，总部设在日内瓦，会员则遍及 48 个国家，在 16 个国家设有分支组织，而最大的分支组织在美国；1921 年成立的颇具影响的和平组织"防止战争全国理事会"，到 1935 年有 21 个成员组织和 10 个协作组织，它通过对国会的游说活动，对华盛顿当局施加影响。

在国际政治领域，在列宁发布《和平法令》之后，威尔逊提出十四点"世界和平纲领"，倡导成立企图用国际法约束战争的国际联盟，受到英国"国际联盟协会"的支持，英国工党也把"国际和平、国内繁荣"当作自己 1923 年的竞选口号。因此，第一次世界大战后形成的远较战前更为广泛的反对战争、要求和平的运动，对两次世界大战之间的国际关系产生了深刻的影响。

除此之外，第一次世界大战导致的最大也是最为深远的后果之一，是战胜国对战后的世界作出的和平安排，即凡尔赛—华盛顿体系（详见第四章）。但是该体系包含着无法克服的矛盾，它的最终崩溃之时，也就是第二次世界大战的爆发之日。

总之，当我们从世界历史发展的角度仔细审视这场人类历史上空前的全球战争所带来的后果时就会发现，第一次世界大战作为一个历史的转折点相当引人注目，因为它给世界造成了一些极为重大的变化，并深深影响了 20 世纪的历史进程。

第三章 俄国十月社会主义革命及其影响下的欧洲革命风暴

1917 年，以列宁为首的布尔什维克党在俄国发动十月革命，建立了人类历史上第一个社会主义国家，使社会主义从理想和运动变为活生生的社会制度。十月革命后，新生的苏维埃政权退出大战，战胜了国内反革命势力的进攻和帝国主义的武装干涉，捍卫和巩固了革命成果，开展了建设新政权和新制度的伟大探索。十月革命的胜利开创了世界历史的新纪元，鼓舞了世界各国无产阶级革命和殖民地半殖民地的民族解放斗争，极大地推动了人类社会的进步。

第一节 俄国十月武装起义的胜利

一、二月革命及两个政权并存局面的出现

二月革命 19 世纪末 20 世纪初，世界进入帝国主义时代。1914 年爆发的第一次世界大战，使资本主义国家陷入严重危机之中，为无产阶级夺取政权打开了大门。

沙皇俄国是一个军事封建帝国主义国家。它参加世界大战，企图以此来巩固自己的统治，结果适得其反。它强征 1500 多万壮丁入伍，几乎占全国男劳力的一半。前线作战接连失利，丧失了波兰、立陶宛的大片土地，伤亡数百万人。后方农田荒芜，企业倒闭，经济濒于崩溃。国家债务从 1913 年的 88 亿卢布增到 1917 年的 500 亿卢布。战争还造成政府统治危机，在战争的头两年就换了四个内阁首相。杜马和参议院的资产阶级地主党团在建立"信任内阁"口号下形成一支政府反对派。这一切引起劳动大众的强烈不满。战争初期激起的"爱国主义激情"很快荡然无存，从 1915 年起，俄国各地就不断出现革命斗争。一场反对沙皇专制统治的革命大风暴日渐酝酿成熟。

1917 年初，彼得格勒、莫斯科等地工人不堪忍受战争带来的苦难，不断举行抗议集会和罢工。3 月 8 日（俄历 2 月 23 日），首都普梯洛夫工厂工人从郊区走进城市中心，举行示威游行。途中，其他工厂的工人以及许多排队等待购买面包的妇女也加入示威行列。游行队伍的主要口号是"面包！"在一些队伍中出现了红旗和"打倒战争""打倒专制制度"的标语牌。政府慌忙派军警去镇压，驱散了这里的示威群众，但别处又出现游行队伍。这一天，参加抗议示威的人数超过 12 万人。3 月 8 日成为二月革命的开始。

　　3月10日，彼得格勒爆发全城政治总罢工，参加人数超过30万人。布尔什维克党散发传单，号召工人进行决定性战斗。第二天，游行队伍遭到军警开枪射击，近200人被打死打伤。工人奋起抵抗。原本自发的工人罢工和示威游行转变为以彼得格勒士兵为主体的武装起义。3月12日，起义工人得到6万名士兵的支持，他们攻占兵工厂，缴获4万多支步枪；捣毁警察所，攻进监狱，释放政治犯。3月13日（俄历2月28日），又有6万多名士兵转到工人一边。他们并肩战斗，占领了彼得-保罗要塞和冬宫。俄罗斯帝国的双头鹰国徽被摘了下来。革命的红旗代替沙俄的白蓝红三色旗在首都上空飘扬。二月革命在彼得格勒取得胜利并迅速扩及全国。正在前线的沙皇尼古拉二世被迫于3月15日宣布退位。统治俄国300余年的罗曼诺夫王朝覆灭了。

　　彼得格勒苏维埃的成立　当武装起义取得决定性胜利的时候，彼得格勒苏维埃代表大会于3月12日晚上在塔夫利达宫正式开幕。出席大会的代表最初约50人，后来增加到200人左右。大会选举产生了执行委员会，主席是孟什维克的齐赫泽（1864—1926），副主席是社会革命党人克伦斯基（1881—1970）和孟什维克的斯科别列夫（1885—1938）。在执委会中，孟什维克和社会革命党人占据多数，布尔什维克党最初只有两名委员。彼得格勒苏维埃成立后，俄国大多数城市也相继建立了苏维埃。1917年3月，全国共有555个苏维埃。在全俄苏维埃成立之前，彼得格勒苏维埃起着全国领导中心的作用。

　　苏维埃从产生之日起就以革命权力机关的身份发布命令，管理国家事务。它建立了军事委员会，负责维护革命成果；建立了粮食委员会，负责首都的粮食供应。3月14日，苏维埃发布第一号命令，规定所有部队都要选举产生士兵委员会，领导本单位的政治活动，监督管辖本单位的武器。苏维埃的活动表明，它已是新生政权萌芽。

　　但是，孟什维克和社会革命党领袖认为，俄国无产阶级没有能力管理国家。他们以苏维埃代表名义同资产阶级分子谈判，让他们出面组织政权。3月15日，即沙皇宣布退位当天，临时政府宣告成立。原全俄地方自治机关联合会主席李沃夫公爵（1861—1925）任政府总理兼内务部长。立宪民主党（二月革命后改名为人民自由党）领袖米留可夫（1859—1943）任外交部长，十月党（二月革命后改名为民族民主共和党）人古契柯夫（1862—1936）任陆海军部长。克伦斯基以"民主派"身份任司法部长。随后，英国、法国、美国等承认了临时政府。

　　这样，俄国在二月革命后出现了历史上罕见的两个政权并存的局面。一个是资产阶级临时政府，它是主要政权，掌握着各级权力机构。另一个是工兵代表苏维埃。它得到武装工农的支持，拥有实权，但它自愿把政权让给资产阶级，甘居次要地位，成为辅助性政权。这种两个政权并存的局面是不能长久保持下去的，其中必有一个要化为乌有。

二、列宁的《四月提纲》和群众斗争的兴起

《四月提纲》　在两个政权并存的复杂情况下，布尔什维克党急需确定自己的斗争方针。全党都期待列宁的归来。1917 年 4 月 16 日夜晚，列宁从国外回到彼得格勒。几千名工人、士兵汇集在首都的芬兰车站，热烈欢迎自己的领袖。列宁登上装甲车，发表了激动人心的演说，最后高呼："世界无产阶级革命万岁！"

第二天，列宁在党的会议上作了报告。4 月 20 日，《真理报》发表了列宁的报告提纲，题为《论无产阶级在这次革命中的任务》，这就是著名的《四月提纲》。

列宁指出，革命的根本问题是政权问题。现在政权已由沙皇贵族阶级转到资产阶级手里，因此，资产阶级民主革命已基本完成。"俄国当前形势的特点是从革命的第一阶段向革命的第二阶段过渡"，布尔什维克党的任务是"使政权转到无产阶级和贫苦农民手中"。[1] 新建的国家应是苏维埃共和国，而不是议会制共和国。要做到这点，必须推翻资产阶级临时政府。列宁认为，不能采取一般的暴力方式推翻，因为这样做会同支持临时政府的苏维埃发生对立，会脱离群众。列宁提出的口号是："不给临时政府任何支持"和"全部国家政权归工人代表苏维埃"。[2] 只要苏维埃把全部政权收回到自己手中，就可以和平地剥夺临时政府的权力。然后再在苏维埃内部开展斗争，把小资产阶级政党排除出苏维埃，建立无产阶级专政。列宁认为，革命之所以能够和平发展，是因为武器掌握在人民手中，没有外力压制人民。

列宁指出，革命向前发展的主要阻碍在当时是革命护国主义。很多人认为，为了保卫俄国革命必须护国，必须继续战争。而资产阶级也正是利用这一点来转移群众斗争视线，同时以进行战争为名组织反动武装力量，伺机镇压人民。列宁要求全党耐心地向群众解释，说明当前的战争仍是帝国主义性质的，只有政权转归苏维埃才能以民主的和平结束战争。

列宁的讲话遭到孟什维克的强烈反对。布尔什维克党内也有很多人不理解。他们认为当前的任务应该是巩固工农革命民主专政，而不是争取建立无产阶级专政。4 月 21 日，党的彼得格勒委员会以 13 票对 2 票否决了列宁的提纲。经过列宁的宣传解释，情况很快发生变化。5 月 7—12 日，布尔什维克党召开第七次（四月）全俄代表会议。出席会议的正式代表有 133 人，代表着 8 万名党员。大会经过热烈讨论，通过了列宁提出的革命路线和政策。

---

[1] 《列宁专题文集　论社会主义》，人民出版社 2009 年版，第 19 页。
[2] 《列宁专题文集　论社会主义》，人民出版社 2009 年版，第 20 页。

"四月危机"与革命斗争的高涨 在《四月提纲》精神的指引下，布尔什维克党抓住人民最关心的问题，反复向工农大众说明：临时政府为了保护资本家、地主的利益，不会给人民带来和平、土地、面包；应该抛弃这个政府，把政权全部转归苏维埃。

5月1日，俄国人民第一次公开庆祝国际劳动节。但就在这一天，外交部长米留可夫向协约国发出照会，声称俄国政府"决意完全遵守我们对盟国承担的义务"，将世界战争进行到彻底胜利。5月3日，该照会公布于众。士兵和工人看到后大为愤怒，原来政府继续战争不是它所宣传的"为了保护革命"，而是要履行沙皇政府承担下来的"义务"，实现它的侵略目标。当天下午和第二天，10万群众自发走上彼得格勒街头，高呼"打倒米留可夫！""打倒古契柯夫！""公布密约！""全部政权归苏维埃！"等口号。首都的示威游行得到莫斯科、哈尔科夫等城市的响应。各地的抗议示威表明，群众对临时政府的信任发生动摇，临时政府的统治陷于危机。由于这一事件发生在俄历4月，它在历史上被称为"四月危机"。

临时政府迫于群众的压力，解除了古契柯夫和米留可夫的职务。同时要求小资产阶级政党领袖参加内阁。5月18日，第一届联合临时政府成立。李沃夫继续担任总理。克伦斯基改任陆海军部长。孟什维克领袖策烈铁里和斯科别列夫担任邮电部和劳动部长，社会革命党领袖切尔诺夫担任农业部长。

6月16日，全俄工兵代表苏维埃第一次代表大会在彼得格勒召开。在800多名有表决权的代表中，布尔什维克代表只有105名。大会讨论的主要问题是对待临时政府的态度。策烈铁里说，俄国没有一个政党愿意夺取政权，为国家的今后命运负责。列宁即席反驳道："有的！任何一个政党都不会放弃这样做，我们的党也一样，它随时都准备夺取全部政权。"但是，大会被孟什维克和社会革命党所控制，通过了支持临时政府的决议。大会选举了全俄苏维埃中央执行委员会，由256人组成，其中布尔什维克35名。主席是孟什维克的齐赫泽。

在苏维埃代表大会召开期间，第一届联合临时政府继续实行帝国主义战争政策，引起人民革命运动的高涨。7月1日（俄历6月18日），彼得格勒50万群众走上街头。在示威群众队伍的上空，飘扬着数千面红旗和横幅标语："全部政权归苏维埃！""打倒十个资本家部长！"临时政府的统治再次陷于危机。

三、两个政权并存局面的结束和党的武装起义方针的确定

七月事件与两个政权并存局面的结束 临时政府企图用前线的战斗来转移人民的斗争视线。7月1日，临时政府下令俄军在西南战线发起进攻，北方战线、西方战线和罗马尼亚战线实施助攻。但是，这次冒险失败了，十几天的进攻就损失

了 6 万多人。消息传到首都后，工人、士兵群情激昂，要求武装起义推翻临时政府。布尔什维克党考虑到夺取政权的时机尚不成熟，决定引导群众进行和平示威。7 月 17 日，50 万士兵工人高举"全部政权归苏维埃"的标语牌游行示威。政府从前线调回军队，向示威群众开枪射击，打死 56 人，打伤 600 多人（亦有伤亡 400 多人和 700 多人之说）。接着，资产阶级展开全面进攻，强行解散工人武装，捣毁党的刊物《真理报》，诬蔑列宁、季诺维也夫（1883—1936）等人是"德国间谍"并下令通缉，还逮捕了加米涅夫（1883—1936）、托洛茨基（1879—1940）等革命领导人。

资产阶级公开使用暴力对付人民的七月事件，表明革命的和平发展已不可能。两个政权并存的局面也不复存在，政权完全落到临时政府手中。

武装起义方针的制定　七月事件后，布尔什维克党有序转入地下。为了防备临时政府的搜捕，列宁和季诺维也夫秘密转移到彼得格勒郊外的拉兹里夫。8 月下旬，列宁迁到芬兰居住。在外地隐匿期间，列宁写了《国家与革命》一书，阐明用暴力打碎旧的国家机器、建立无产阶级专政的必要性。同时，列宁一直同彼得格勒保持着密切联系，指导着党的工作。

8 月 8—16 日，布尔什维克党在彼得格勒召开第六次代表大会。出席大会的代表共 171 人，代表着 162 个地方组织和 24 万党员。会上，斯维尔德洛夫（1885—1919）作了组织工作总结报告，斯大林（1879—1953）作了政治工作总结报告。大会讨论了七月事件后的形势，制定了武装起义的方针。由于苏维埃已被小资产阶级政党所败坏，无法通过苏维埃夺取政权，因此大会决定暂时收回"全部政权归苏维埃"的口号，用"政权转归无产阶级和贫苦农民"的口号代替。代表大会选出由列宁、布哈林（1888—1938）、捷尔任斯基（1877—1926）、季诺维也夫、加米涅夫、李可夫（1881—1938）、斯维尔德洛夫、斯大林、托洛茨基等 21 人组成的中央委员会。

四、十月革命的胜利

粉碎科尔尼洛夫叛乱和革命形势的形成　七月事件后，李沃夫宣布辞职。8 月 6 日，第二届联合政府成立。克伦斯基任总理兼陆海军部长。

新政府成立后，资产阶级积极活动，公开叫嚣建立反革命军事专政。米留可夫在人民自由党中央会议上呼吁进行一次"外科手术"，以便永远消除布尔什维主义危险。克伦斯基政府则宣称要"实现国家政权同国内各派组织力量的团结一致"。8 月 25—28 日，政府在莫斯科召开国务会议。军队的将军，资产阶级政党领袖，前国家杜马议员，社会革命党人和孟什维克都出席了会议。布尔什维克拒绝参加，认为莫斯科国务会议是为反革命阴谋制造舆论的大会，并在会议开幕的当天组织莫斯科 40 万工人举行抗议罢工。

在国务会议上，俄军最高总司令科尔尼洛夫（1870—1918）公然要求给军官以全权来恢复军队的纪律，企图通过整肃部队建立军事专政。会后，科尔尼洛夫回到设在莫吉廖夫的大本营，加紧反革命叛乱的准备。9 月 3 日，俄国军队放弃里加，德军威逼彼得格勒。9 月 7 日，科尔尼洛夫以"拯救祖国"为名，命令克雷莫夫率领第三骑兵军团和高加索山民师向彼得格勒推进，企图武力镇压首都的革命力量，建立军事独裁政权。首都的几万名工人和波罗的海舰队的水兵奋起抗击叛乱。他们在布尔什维克党的领导下，迅速组织起来，在彼得格勒城周围构筑工事，决心武装保卫首都。与此同时，布尔什维克党和苏维埃派出大批宣传员向受骗的哥萨克和士兵说明，科尔尼洛夫在利用他们反对革命。哥萨克和士兵了解事情真相后，拒绝向彼得格勒进军，并掉转枪口逮捕了军官。克雷莫夫看到败局已定，于 9 月 12 日开枪自杀。不久，科尔尼洛夫也成了阶下囚。

科尔尼洛夫叛乱被粉碎后，国内阶级力量对比发生巨大变化。临时政府的支柱——军队陷于瓦解。广大士兵不再相信政府和军官的谎言，相继转向布尔什维克一边。9 月，列宁提出平分土地的纲领，并号召农民立即行动起来夺取地主的土地，受到广大农民的欢迎。布尔什维克党的威信空前提高。彼得格勒和莫斯科苏维埃先后通过决议，谴责妥协政策，支持革命方针。10 月 8 日，刚出狱的托洛茨基当选为彼得格勒苏维埃主席。这时，党又重新提出"全部政权归苏维埃"的口号，并赋予它新的含义，即通过武装起义把政权交给无产阶级政党领导的苏维埃掌握。

1917 年秋，俄国经济濒于全面崩溃。工业产量比上一年下降了 2/3。财政混乱，债台高筑。债务总数达到 490 亿卢布，国家每年应付的债务利息几乎等同于战前的国家预算。最严重的问题是饥荒。首都居民的面包分配量从每天 1.5 磅减为 0.25 磅①，有时连这点面包也没有。列宁指出，全国已处于"大难临头"的困境。

劳动人民对临时政府的统治再也无法忍受下去。莫斯科、乌拉尔、顿巴斯等地工人掀起强大的罢工浪潮。90%以上的欧俄县份都爆发了农民反地主的斗争。靠近彼得格勒和莫斯科的北方战线、西方战线、波罗的海舰队以及后方的卫戍部队共约 600 万人，于 10 月先后表示站在布尔什维克领导的苏维埃一边。俄国境内的各少数民族也掀起了争取民族解放的斗争。

资产阶级已经不能照原样统治下去了。临时政府于 10 月 8 日再次改组。克伦斯基仍然担任政府总理。但孟什维克和社会革命党的知名领袖都退出了第三届联合政府。为了欺骗群众，阻止革命的发展，临时政府匆忙制定条例，召开预备国

---

①　1 磅＝0.4536 千克。

会。布尔什维克党揭破这一骗局，宣布抵制这个会议。

列宁分析这些情况后，于9月向党中央写了《布尔什维克应当夺取政权》与《马克思主义和起义》两封信，明确提出革命形势已经成熟，党必须通过武装起义夺取政权。

彼得格勒武装起义的胜利　为了便于领导革命，列宁于10月20日秘密回到彼得格勒。23日，党中央举行了具有历史意义的会议，讨论武装起义问题。列宁出席会议并作了报告。会议经过讨论，以10票对2票（季诺维也夫和加米涅夫投了反对票）通过列宁起草的决议，指出："武装起义是不可避免的，并且业已完全成熟。中央委员会建议各级党组织以此为指针，并从这一观点出发讨论和解决一切实际问题。"①

季诺维也夫和加米涅夫坚持自己的观点，并公然在孟什维克左翼的《新生活报》上发表声明，反对武装起义。列宁对这种泄露党的机密的行为非常气愤，写信给党中央，要求把他们开除出党。党中央向季诺维也夫和加米涅夫提出警告，禁止他们再公开发表反对中央路线的声明。

为了顺利开展武装起义的准备工作，10月25日，根据布尔什维克党中央倡议，彼得格勒苏维埃成立了军事革命委员会。这一机构名义上是为了监督彼得格勒军区的活动和首都城防工作，实际是准备武装起义的指挥部。它的主席最初是左派社会革命党人拉济米尔，后来是布尔什维克的波德沃伊斯基。苏维埃主席托洛茨基在其中起了重要领导作用。

11月2日，军事革命委员会向卫戍部队派出近60名政治委员。4日，彼得格勒卫戍部队各团代表会议决定，凡向卫戍部队发出的命令必须有政治委员的签字，否则一律无效。这就使驻扎在首都的15万士兵完全处在苏维埃指挥之下。4日，彼得格勒2万多名工人赤卫队员建立中央司令部，直接受苏维埃军事革命委员会领导。中央司令部主席是布尔什维克的尤列涅夫。11月5日，拥有8万多名水兵的波罗的海舰队发表声明："准备在彼得格勒苏维埃的第一声召唤下，就手执武器支援革命。"所有的革命力量都有条不紊地进入战斗准备状态。

临时政府企图阻止起义的爆发。11月6日清晨，临时政府派遣士官生和警察封闭了布尔什维克党机关报《工人之路报》的印刷厂。军事革命委员会根据党中央的决定，派革命士兵夺回了印刷厂。中午，《工人之路报》出版，号召人民起来实现全部政权归苏维埃。

为了保证起义的顺利进行，11月6日上午托洛茨基、斯维尔德洛夫、加米涅夫等11名布尔什维克党中央委员举行会议，决定各中央委员不得离开起义指挥中

---

① 《列宁全集》第三十二卷，人民出版社1985年版，第385页。

心——斯莫尔尼宫，并在彼得-保罗要塞建立后备司令部。会议还委派斯维尔德洛夫等人负责起义的相关工作。

反动阵营也在准备搏斗。6 日上午，克伦斯基到玛丽亚宫向预备国会发表演说，要求预备国会支持政府采取坚决行动对付布尔什维克暴动。克伦斯基不等预备国会对他的要求作出决定便匆忙回到冬宫。他打电话给前线司令部，要求紧急抽调可靠部队到首都集结。彼得格勒军区司令波尔科夫尼科夫要求各团驱逐军事革命委员会派去的政治委员，并命令士官生和哥萨克队伍开赴冬宫，保卫临时政府。

面对兴起的革命，小资产阶级阵营陷于恐慌和分化状态。孟什维克和社会革命党反对布尔什维克掌权，也害怕国内战争。11 月 6 日，孟什维克领袖唐恩在预备国会慌忙提出议案，要临时政府向交战国发出立即开始和谈的建议，宣布没收地主土地并把它交给土地委员会管理，尽快召开立宪会议并确定具体日期。但临时政府拒绝接受这三项建议。孟什维克和社会革命党陷于束手无策的软弱地位。社会革命党的左派则站到布尔什维克一边参加起义。

起义开始后，军事革命委员会中的一些成员认为以第二次苏维埃代表大会的名义夺权更为有利，主张把最终推翻临时政府放在大会开幕之后。托洛茨基提出，政权问题应由苏维埃代表大会决定。列宁对起义的拖延十分忧虑。6 日晚，他从匿居地写信给党中央，要求立即发起进攻。半夜，列宁来到斯莫尔尼宫直接指挥武装起义。

起义的步伐明显加快。凌晨 2 时，起义者占领了车站和中央发电站，7 日清晨，夺取了国家银行和电话总局。克伦斯基见形势不妙，乘坐美国使馆的汽车逃出彼得格勒。

7 日上午，整个首都几乎全部被起义者夺取。10 时，彼得格勒苏维埃军事革命委员会发布了列宁起草的《告俄国公民书》，宣告："临时政府已被推翻。国家政权业已转到彼得格勒工兵代表苏维埃的机关，即领导彼得格勒无产阶级和卫戍部队的军事革命委员会手中。"[①]

7 日下午 1 时，玛丽亚宫被起义者占领，预备国会被驱散。临时政府成员龟缩在冬宫之中，妄图负隅顽抗。为了消灭敌人的这个最后巢穴，军事革命委员会成立战地指挥部，由波德沃伊斯基、布勃诺夫、安东诺夫-奥弗申柯等人负责。下午 6 时，大约 2 万革命士兵、水兵和赤卫队员包围了只有 3000 人守卫的冬宫。为了避免流血，战地指挥部向临时政府提出最后通牒，命令它在 20 分钟内投降，但遭到拒绝。

---

① 《列宁全集》第三十二卷，人民出版社 2017 年版，第 1 页。

11月7日晚9时40分，彼得-保罗要塞的大炮开始向冬宫开火，停泊在涅瓦河畔的"阿芙乐尔"号巡洋舰也响起大炮的轰鸣。接着，革命士兵、水兵和赤卫队员从四面八方向冬宫发起冲锋。在波德沃伊斯基等人率领下，起义者很快就突破冬宫的外围防线，冲进了大门。他们涌上楼梯，扫荡着士官生，搜索着冬宫的1050个大小房间。深夜1时50分，部长们隐匿的房间大门被打开。安东诺夫-奥弗申柯拿着手枪站在部长们面前，以彼得格勒苏维埃军事革命委员会的名义宣布临时政府被推翻了，并下令逮捕了他们。

彼得格勒武装起义取得辉煌胜利。由于11月7日这一天是俄历10月25日，所以人们称这次革命为十月革命。

五、苏维埃政权在全国的建立

全俄苏维埃第二次代表大会 当起义者攻打冬宫之际，全俄工兵代表苏维埃第二次代表大会于11月7日晚在彼得格勒的斯莫尔尼宫正式开幕。出席大会的代表共625名，其中布尔什维克390名，左派社会革命党人179名。

代表大会开幕后，孟什维克和社会革命党人恶意攻击彼得格勒的武装起义，他们在遭到驳斥后，发表声明退出大会。他们原以为这样做会带走大部分代表，可以宣布这次大会没有代表性、不合法。但是，他们的希望落空了。退出大会的只有51名代表。

8日清晨，攻下冬宫的消息传来后，大会通过了列宁起草的《告工人、士兵和农民书》，宣告"全部地方政权一律转归当地的工兵农代表苏维埃"。

8日晚，列宁向大会作了关于和平问题的报告，指出和平问题是现时最紧急、最迫切的问题。根据列宁的报告，大会一致通过了《和平法令》，谴责帝国主义战争罪行，建议各交战国立即开始和谈，实现不割地（即不侵占别国领土，不强迫合并别的民族）、不赔款的和约；废除秘密外交，无条件废除沙皇政府和资产阶级临时政府缔结的一切秘密条约，坚决主张公开进行一切谈判。该法令呼吁英法德三国工人，以多方面的行动帮助把和平事业以及使被剥削的劳动群众摆脱一切奴役的事业进行到底。

《和平法令》通过后，列宁又就土地问题作了报告。大会经过热烈讨论，通过了《土地法令》，规定：立刻无偿地没收地主土地，永远废除土地私有权，一切土地都是全民的财产；宣布土地按劳动定额或消费定额分给劳动者使用。该法令彻底否认生产资料私有制，消灭了农奴制残余，满足了农民平分土地的要求，被广大农民称为"神圣的法令"。

大会批准了苏维埃政府的组成。在酝酿时，布尔什维克曾邀请左派社会革命党领袖参加政府，但遭到拒绝。新政府遂由清一色的布尔什维克组成。人民委员会主席是列宁，内务人民委员是李可夫，外交人民委员是托洛茨基，民族事务人民委员是斯大林。

代表大会最后选举了自己的领导机构——全俄苏维埃中央执行委员会。101名成员中，布尔什维克62名，左派社会革命党人29名。全俄苏维埃中央执行委员会主席是加米涅夫。

苏维埃政权在全国的胜利 彼得格勒起义的胜利是俄国十月革命胜利的开端。彼得格勒起义的消息传到莫斯科后，莫斯科苏维埃于7日傍晚成立军事革命委员会，领导工人士兵发动起义。莫斯科军区司令搜罗到一批武装力量，对起义者进行反扑，重新占领了克里姆林宫。起义一度受挫。这时，莫斯科近郊的贫苦农民以及彼得格勒的赤卫队和水兵都赶来支援起义。11月11日，莫斯科布尔什维克党组织率领起义大军发起全面进攻。经过几天激战，于11月16日清晨攻进克里姆林宫，取得革命胜利。与此同时，革命烈火遍地燃起。广大人民特别是士兵和农民热烈拥护决心立即结束战争和实行平分土地的苏维埃。在他们的支持下，全国各地到1918年春相继建立了苏维埃政权。列宁把这个阶段的胜利称作苏维埃政权的"胜利进军"。

六、十月革命的世界历史意义

十月革命的爆发和胜利都不是偶然的。俄国沙皇制度十分反动、腐朽，临时政府也拒绝满足人民关于"和平、土地、面包"的迫切要求。俄国人民忍无可忍，只有起义，才能求生。这绝不是少数人阴谋、煽动的结果，俄国人民表现了前所未有的历史主动性。十月革命之所以能够胜利，主要有以下几个重要原因。第一，俄国经济虽然比较落后，无产阶级不占全国人口的大多数，但它相对比较集中，而且俄国的落后使无产阶级反对资产阶级的革命与农民反对地主的革命独特地结合起来。第二，帝国主义世界大战使沙皇政府的黑暗腐朽和野蛮压榨暴露得淋漓尽致，各族人民必须"立即作出选择：是死亡，还是马上采取走向社会主义的坚决步骤"①。第三，两大帝国主义集团正在进行你死我活的厮杀，以致它们无暇也不可能镇压势不可挡的俄国革命。第四，俄国工农大众经历过1905年革命的"总演习"，又有布尔什维克党和列宁的坚定、正确的领导，完全掌握了革命的主动权。

十月革命的胜利具有伟大的历史意义。它冲破了世界帝国主义阵线，在世界六分之一的土地上创建了第一个无产阶级专政国家。它不仅激励着各国无产阶级的斗争，而且鼓舞着被压迫人民、被压迫民族的民族解放斗争。十月革命的胜利

---

① 《列宁全集》第三十二卷，人民出版社2017年版，第108页。

是马克思主义基本原理同俄国革命实践相结合的产物。它推动了马列主义在世界的传播，并向各国人民展示了一条崭新的寻求解放的道路。

从更为广阔的世界历史发展的大视野来看，十月革命"不只是开创了俄国历史的新纪元，而且开创了世界历史的新纪元"①。毛泽东还从时代的高度指出："第一次帝国主义世界大战和第一次胜利的社会主义十月革命，改变了整个世界历史的方向，划分了整个世界历史的时代。"②

第二节　俄国苏维埃政权的巩固

一、苏维埃政权初期的政治经济措施

巩固苏维埃政权的政治努力　新生的无产阶级政权遭到孟什维克和社会革命党的强烈反对。它们把持的全俄铁路总工会执委会于 11 月 11 日通过决议，要求成立所有社会主义政党都参加的政府，企图用小资产阶级政党控制的新政府代替布尔什维克党领导的人民委员会。布尔什维克党中央坚决反对这一阴谋，但同意在苏维埃领导机构中增加它们的代表。双方进行了谈判，没有取得成果。布尔什维克党中央于 15 日决定退出谈判。加米涅夫等人不同意这一决定，声明退出中央委员会，辞去行政职务。11 月 21 日，党中央推荐斯维尔德洛夫代替加米涅夫担任全俄苏维埃中央执行委员会主席的职务。

布尔什维克党在维护新政权的斗争中特别注意加强同左派社会革命党人的合作。1917 年 12 月 9 日，全俄农民苏维埃举行第二次代表大会。出席大会的有 790 名代表，其中布尔什维克 91 名，左派社会革命党人 350 名，社会革命党人 305 名。在布尔什维克和左派社会革命党的共同努力下，大会战胜了社会革命党的反对，决定同工兵苏维埃合并。22 日，布尔什维克党又同左派社会革命党达成联合组阁的协议。7 名左派社会革命党人进入人民委员会，担任农业、邮电、司法等部门的人民委员。两党的合作取得积极成果。它削弱了社会革命党的影响，促进了无产阶级政权同广大劳动农民的联系和团结。

1918 年初，布尔什维克党为捍卫苏维埃政权，再次同社会革命党展开殊死搏斗。1 月 18 日，立宪会议开幕。出席会议的代表共有 715 名，其中布尔什维克 175 名，左派社会革命党 40 名，社会革命党 370 名，孟什维克 15 名，人民自由党 17 名。小资产阶级政党控制了立宪会议。他们拒不讨论全俄苏维埃中央执行委员会提出的《被

---

① 《毛泽东选集》第一卷，人民出版社 1991 年版，第 303 页。
② 《毛泽东选集》第二卷，人民出版社 1991 年版，第 667 页。

剥削劳动人民权利宣言》，企图假手立宪会议否定苏维埃政府。全俄苏维埃中央执行委员会不能容忍这种无视苏维埃的行为，于 19 日通过法令解散立宪会议。1918 年 1 月 23 日，全俄工兵代表苏维埃第三次代表大会开幕。大会通过苏俄第一个宪法性文献——《被剥削劳动人民权利宣言》，进一步巩固了十月革命的成果。

布尔什维克党在回击社会革命党和孟什维克进攻的同时，开展了打碎旧的国家机器，创建新的政权机关的工作。苏维埃首先废除了临时政府的各个部门，进而取缔了地方上的自治局、市杜马等机关。它创建了人民法院和工人民警以代替旧法院和旧警察。1917 年 12 月 20 日，成立了全俄肃清反革命和怠工非常委员会，简称"契卡"①。第一任主席是捷尔任斯基。它在党中央直接领导下揭露和摧毁了大量反革命阴谋案件，但也不时发生滥用职权之事。军队是国家机器的重要组成部分。十月革命后，政府宣布废除常备军，建立全民武装。但很快发现赤卫队无力承担保卫国家的任务，乃于 1918 年初宣布组建红军。为了彻底铲除封建残余，苏维埃政府颁布一系列法令，废除等级制度，取消爵位，实行国家与教会分离、学校与教会分离，宣布男女平等，国内各族人民的权利一律平等。

巩固苏维埃政权的经济努力　在经济方面，全俄苏维埃中央执行委员会于 1917 年 11 月 27 日审议通过了《工人监督条例》，对一切企业实行工人监督。不久，将银行、铁路、大工业收归国有，实行对外贸易垄断，并宣布废除沙皇和临时政府所借的 160 亿金卢布外债。为了统一管理和调节国民经济，苏维埃政权于 1917 年 12 月 15 日在人民委员会下设立最高国民经济委员会，主席是奥新斯基，1918 年 3 月，李可夫接替他担任主席。

在农村，农民根据土地法令，没收了地主、皇室和教会的全部土地。在分配土地过程中，贫苦农民同富农展开了激烈斗争。富农凭借其经济实力，要求多分土地。他们还囤积粮食，哄抬粮价，企图用饥荒来扼杀革命。苏维埃于 1918 年 5 月 9 日宣布实行粮食专卖，规定全体农民必须把剩余的粮食按规定的价格卖给国家，违者将被逮捕判刑。6 月 11 日，苏维埃决定在各村乡建立贫农委员会，开展农村社会主义革命；同时，组织征粮队下乡征粮。经过这场斗争，农民得到数千万公顷的地主富农土地和大量农具牲畜。贫农委员会的活动严重打击了富农的力量，但也在一定程度上损害了中农的利益，特别是损害了有余粮的农民利益，引起农村局势的动荡。因此，全俄苏维埃第六次代表大会于 1918 年 11 月 9 日决定改造农村苏维埃，将贫农委员会并入地方苏维埃。

二、《布列斯特和约》的签订

三年帝国主义世界大战使俄国人民陷于饥寒交迫的困境。他们痛恨战争，迫

---

① "契卡"是"非常委员会"俄文缩写的译音。

切要求和平。苏维埃政权充分理解和支持人民的这一心愿，在彼得格勒起义胜利的第二天就通过《和平法令》，向一切交战国建议立即开始和平谈判。协约国拒绝了这一建议。而德奥集团希望减轻东西两线作战的压力，同意进行和谈。

1917 年 12 月 15 日，苏俄同德奥集团签署停战协定。22 日，和平谈判在布列斯特－里托夫斯克（今白俄罗斯布列斯特）正式举行。苏俄建议缔结不割地不赔款的民主和约。而德国代表团长、外交部长屈尔曼却提出掠夺性条件，要求占有被德军占领的大片俄国西部领土。

列宁考虑到旧军队已经瓦解，新军队刚开始建立，无力抗击德军的进攻，因此主张忍辱签订和约。以布哈林为首的"左派共产主义者"认为签订和约会加强敌人，葬送国际起义的机会。他们主张以革命战争推动世界革命。托洛茨基提出第三种意见。他认为苏俄没有革命军队，进行革命战争是不可能的；而在屈辱的和约上签字也是不可能的。他提出不战不和的策略，认为这样做可以保持道义上的纯洁性，也不会威胁苏俄的安全，因为德国慑于本国工人革命是不敢进攻苏俄的。

1918 年 2 月 9 日，德方宣称他们的条件是绝对必须接受的。第二天，苏俄代表团长托洛茨基发表声明，拒绝在割地条约上签字，同时宣布结束对德奥的战争，并准备复员俄国的军队。德国遂中止谈判，并于 2 月 18 日向苏俄发动进攻。几天之内，德军占领了大片土地，逼近首都彼得格勒。2 月 21 日，列宁宣布"社会主义祖国在危急中！"号召工农大众加入红军保卫苏维埃。

2 月 23 日，党中央开会。列宁提出立即签订和约，否则他将退出政府和党中央。"左派共产主义者"反对列宁的意见。托洛茨基认为全党团结一致是可以组织防卫的；但如果列宁辞职，党将发生分裂，也就无法领导这场战争。因此，他表示将在表决中弃权。经过激烈争论，党中央最后以 7 票赞成、4 票反对、4 票弃权通过列宁的建议。1918 年 3 月 3 日，苏俄同德奥集团签订了《布列斯特和约》。

3 月 6 日，布尔什维克党召开第七次代表大会。经过辩论，大会批准了列宁的路线。会后，政府把首都从彼得格勒迁至莫斯科。3 月 14 日，全俄苏维埃第四次代表大会在新首都召开，正式批准了和约。左派社会革命党坚决反对签订和约，宣布退出苏维埃政府。

《布列斯特和约》使苏俄失去大片土地。它把波兰、立陶宛、白俄罗斯和拉脱维亚的部分地区划归德国；规定红军应撤离芬兰、乌克兰和爱沙尼亚。另外，把卡尔斯、巴统和阿尔达汉地区割给奥斯曼帝国。但《布列斯特和约》使苏俄退出了帝国主义战争，赢得了巩固政权的时间。

三、粉碎国内外敌人的进攻

国内战争的开始　《布列斯特和约》签订后，协约国打起防止德国入侵和保护侨民利益的旗号，对苏俄进行武装干涉，妄图把刚刚诞生的苏维埃共和国扼杀在摇篮之中。

1918 年 3 月，英军在俄国北方港口摩尔曼斯克登陆，揭开帝国主义武装干涉苏俄的序幕。4 月，日军在符拉迪沃斯托克（海参崴）登陆；8 月，英、美军队也相继侵入符拉迪沃斯托克（海参崴）。武装干涉者还从南方侵入苏俄。8 月，英军进入巴库。德国军队则利用《布列斯特和约》践踏着乌克兰、白俄罗斯和波罗的海沿岸的广大地区。由于这时世界大战还在进行，外国干涉军的人数不多，作用有限。

1918 年春，捷克军团叛乱爆发。这个军团是在革命前组建的，包括近 5 万名在俄国的捷克战俘。苏俄退出世界大战后，允许他们经过西伯利亚到法国去，但必须交出武器。协约国极力挑动捷克士兵武装叛乱，说只有用武力打到出海口才能离开俄国。5 月底，当装载着捷克军团的 60 列军车停在奔萨、车里雅宾斯克、符拉迪沃斯托克（海参崴）时，捷克军团发起叛乱。战火在伏尔加河流域、乌拉尔和西伯利亚广大地区弥漫。

捷克军团叛乱是在苏维埃处于困难时刻爆发的。年初，苏维埃解散立宪会议和签订《布列斯特和约》，许多人对此不理解、困惑甚至反对。粮食专卖的实施和贫农委员会的建立使许多农民对苏维埃的信任发生动摇。左派社会革命党由盟友转到敌人一边，武装反对布尔什维克党。社会革命党和孟什维克趁机带头反对苏维埃政权，在各地建立起形形色色的政府。"西伯利亚临时政府"在托木斯克成立，"立宪会议成员委员会"在萨马拉建立，"格鲁吉亚民族委员会"在第比利斯成立。在北方的阿尔汉格尔斯克，在中亚的阿什哈巴德也出现社会革命党人领导的政府。1918 年 9 月，社会革命党和孟什维克邀集各地反苏维埃集团的代表在乌法开会，成立以社会革命党人阿夫克森齐也夫为主席的五人执政内阁。他们自称执政内阁为全俄临时政府，企图协调统一全国的反布尔什维克政权活动。

社会革命党和孟什维克打出"立宪会议"和"买卖自由"的旗号，煽动农民和中小工商业者同他们一起叛乱。无产阶级政权陷于危急之中。它所控制的地区只占全国面积的 1/4，主要是莫斯科周围的地方，失去了粮食和煤炭的主要产地。由于原料缺乏，铁路瘫痪，40% 的工厂停了工。劳动大众生活困苦，长期忍受着饥饿的折磨。莫斯科和彼得格勒的工人每人每天只能领到 50 克面包，有时连这一点食品也得不到。

暗藏的敌人不断制造颠覆破坏事件。1918 年 7 月 6 日，左派社会革命党人布柳姆金进入德国驻俄使馆，刺死德国大使米尔巴赫。当天，左派社会革命党在莫斯科发动叛乱，组织 1800 名武装分子攻占中央电报局，并宣称恢复对德作战。苏维埃政府迅速平息了这场叛乱，接着又粉碎了雅罗斯拉夫尔等地的暴乱。1918 年 8

月 30 日，列宁到莫斯科米歇尔逊工厂讲演。当他准备离开工厂的时候，遭到社会革命党人开枪行刺，身中两颗带毒子弹，伤势十分严重。

战时共产主义政策的实施   面对国内外反动势力的猖獗，苏维埃政府宣布实行"红色恐怖"，无情镇压一切反叛活动。1918 年 9 月 2 日，全俄苏维埃中央执行委员会宣布苏维埃共和国为统一的军营，要求在"一切为了前线，一切为了战胜敌人"的口号下，把各项工作都转入战时轨道。全体公民，不分职业和年龄，都必须无条件履行苏维埃政府所赋予的保卫祖国的任务。

为了把所有的人力物力都集中起来用于战争，苏维埃政权陆续采取了一系列非常措施。政府颁布余粮收集制①法令，要求农民按国家规定的数量交售粮食和其他农产品。政府组织工人征粮队下乡，以确保征粮任务的完成。在城市，除大工业外，国家把中等工业也收归国有，对小工业则实行监督。国家通过最高国民经济委员会及其下属的各总管理局，对工业的管理、产品的生产和分配实行严格的集中领导。排斥自由贸易，实行粮食和日用工业品的配给制。对全国成年人实行劳动义务制。所有这些应急措施，后来被统称为"战时共产主义"政策。这一政策是在战争和经济被破坏的条件下被迫采取的。它对捍卫苏维埃政权、保卫国内战争胜利起了积极作用。但是，"战时共产主义"政策中的许多措施超出了战时需要的限度，而且在 1920 年底国内战争基本结束的情况下，非常措施不仅没有收缩，反而进一步加强。这说明制定这一政策的指导思想中也有重大失误，即"决定直接过渡到共产主义的生产和分配"②。

苏维埃政权十分重视工农武装的建设。1918 年初才组建的红军到 10 月就达到 80 多万人。9 月，革命军事委员会成立，负责具体领导各条战线的战斗。委员会主席是托洛茨基。总司令是参加红军的旧军官瓦采齐斯。11 月 30 日，以列宁为主席的工农国防委员会成立，统一领导全国的防务工作。

1918 年夏，捷克军团和萨马拉政府的军队占领了辛比尔斯克和喀山以后，继续向莫斯科推进。党中央分析这一形势后，确认东方战线是具有决定意义的战线，并动员 1/5 的党员奔赴前线。在短短的两个月里，东线成立了 5 个军。10 月初，东线司令加米涅夫③率领红军解放了喀山和萨马拉，把敌人赶到乌拉尔地区。乌法的五人执政内阁见形势不妙，逃往西伯利亚。在南方，斯大林领导红军于 8 月和 10 月两次打退克拉斯诺夫对察里津（1925 年改名为斯大林格勒，1961 年后称伏尔加格勒）的进攻。

---

① 从原文和内容看都应译为"粮食征集制"。但"余粮收集制"的译法沿用已久，今不再改动。

② 《列宁专题文集 论社会主义》，人民出版社 2009 年版，第 251 页。

③ 此加米涅夫是参加红军的旧军官，不是担任党中央政治局委员的列·波·加米涅夫。

1918 年 11 月，德国战败，第一次世界大战结束。苏俄政府于 11 月 13 日宣布废除《布列斯特和约》，命令红军收复德军占领的土地。

粉碎白卫军叛乱和外国武装干涉的胜利　德国投降后，协约国利用世界大战结束之机向苏俄增派大量干涉军，很快就在俄国南部集结了 13 万军队，并同俄国的白卫军一起向北推进。但是，干涉军在布尔什维克的宣传影响下发生分化，很多士兵拒绝作战。1919 年 4 月，停泊在塞瓦斯托波尔的法国舰队水兵举行起义，反对武装干涉苏俄。协约国看到自己军队内部不稳，被迫撤走大部分干涉军。

1918 年 11 月，前沙皇海军上将高尔察克（1873—1920）在鄂木斯克发动军事政变，解散五人执政内阁，逮捕社会革命党领导人阿夫克森齐也夫。此后，小资产阶级政党的影响急剧下降。广大农民日益离开社会革命党，转而在苏维埃领导下，同地主和资产阶级复辟势力展开殊死搏斗。

高尔察克自称"俄国的最高执政者"。他得到协约国的大力支持，用外国枪炮装备自己的 25 万军队。1919 年 3 月 4 日，他指挥白卫军从乌拉尔山一带向西进攻。红军在敌人优势兵力压迫下，被迫后撤 100 多千米，退到伏尔加河流域。这时，高加索的邓尼金（1872—1947）和波罗的海沿岸的尤登尼奇（1862—1933）也配合高尔察克发起进攻。在这紧急时刻，列宁和布尔什维克党发出"一切为了东线！"的号召。大批党团员和工人加入红军，后方工人决心以加倍的劳动支援前线。1919 年 4 月 12 日星期六下班后，莫斯科—喀山铁路机车编组站车库的党支部发起组织星期六义务劳动。大家放弃休息，不要报酬，自觉为支援前线而忘我劳动。列宁高度评价这一运动，称它为"伟大的创举"。

1919 年春，红军人数增加到 150 万人。4 月，东线南路军在伏龙芝（1885—1925）指挥下发起反攻，解放了乌法。7 月，加米涅夫改任红军总司令，伏龙芝负责指挥东线。红军乘胜追击，越过乌拉尔山区，解放了西伯利亚大部地区。1919 年底，高尔察克全军溃败。高尔察克被活捉，1920 年 2 月 7 日在伊尔库茨克被枪毙。

高尔察克溃败后，1919 年 8 月英国陆军大臣丘吉尔夸口说，要组织 14 国进攻苏俄。这一计划未能实现。协约国仍把颠覆苏维埃的希望寄托在白卫军上。英、美、法给邓尼金运去几百门大炮和几十万支步枪，派去几百名军事顾问。

1919 年夏，邓尼金的 15 万军队发起总进攻。他依仗优良的武器和剽悍的骑兵占领了乌克兰的大部分地区。10 月 13 日，又攻占了奥廖尔，逼近图拉，直接威胁莫斯科的安全。俄国资本家宣布，将给第一个冲进莫斯科的团以百万卢布巨奖。苏维埃政权处境万分危急。列宁发出"大家去同邓尼金作斗争！"的号召。几万名党团员奔赴前线。南方战线司令员叶戈罗夫（1983—1939）和军事委员斯大林指挥红军于 10 月中旬转入反攻，解放了奥廖尔、哈尔科夫、基辅。1920 年初，进而攻占察里津、罗斯托夫。邓尼金主力被击溃。邓尼金逃亡国外，其残部由弗兰格尔率领逃到克里米亚半岛。

当高尔察克和邓尼金发动进攻的时候，盘踞在波罗的海沿岸的尤登尼奇于1919 年 5 月发动进攻，占领杨堡，威胁到彼得格勒的安全。党中央从其他战线调来军队，加强防务。8 月底，红军把尤登尼奇赶到爱沙尼亚边境。但是，当邓尼金进攻莫斯科时，尤登尼奇重新发起进攻，在英国坦克的掩护下，10 月中旬攻抵彼得格勒城下。10 月 21 日，红军开始反攻。11 月，被击溃的尤登尼奇部队退到爱沙尼亚境内，当即被爱沙尼亚当局解除了武装。1920 年 2—3 月，红军解放了北方重镇阿尔汉格尔斯克和摩尔曼斯克。

1920 年 4 月，波兰军队入侵苏俄。5 月初占领了基辅和乌克兰、白俄罗斯的大片土地。6 月，西南战线红军在叶戈罗夫和斯大林指挥下发起反击。7 月，图哈切夫斯基（1893—1937）指挥西方战线的红军反攻，解放了白俄罗斯领土，进而越过国界，月底逼近华沙。由于红军进展过速，先头部队远离后方，两条战线配合得也不够好，以致当波兰军队在协约国的帮助和爱国主义情绪的鼓舞下于 8 月发起反攻时，红军不得不后撤。10 月，苏、波签署停战协定。1921 年 3 月 18 日，两国签订《里加和约》。在南方战线，伏龙芝指挥红军突破弗兰格尔防线，于 1920 年 11 月攻克刻赤，解放了整个克里米亚半岛。

1920 年底，国内战争基本结束，但是，远东地区仍被日本干涉军和白卫军占领。苏俄为了避免同日本发生直接武装冲突，决定在贝加尔湖以东地区建一缓冲国家。1920 年 4 月，远东共和国正式宣告成立。它不是工农苏维埃国家，而是劳动人民的民主共和国。它接受俄共（布）① 中央远东局的领导。远东共和国成立后，把红军和游击队改组为人民革命军。1922 年 2 月，布留赫尔（1890—1938）② 率军攻克哈巴罗夫斯克（伯力），肃清滨海省的白卫军。10 月 25 日，人民革命军开进符拉迪沃斯托克（海参崴），把最后一支外国干涉军赶出国境。1922 年 11 月，远东共和国并入俄罗斯苏维埃联邦社会主义共和国。

红军在国内战争中粉碎了国内外敌人的进攻，胜利保卫了新生的苏维埃共和国。

第三节 德国十一月革命

一、十一月革命的发生

革命形势的形成 德意志帝国是一个容克贵族与垄断资产阶级联合的帝国主

---

① 1918 年 3 月，俄国社会民主工党（布尔什维克）改名为俄国共产党（布尔什维克），简称"俄共（布）"。

② 20 世纪 20 年代他在中国时，称加仑将军。

义国家。它的资本主义工业十分发达，工业产量在 20 世纪初占世界第二位。无产阶级人数达到 2000 万人，占全国人口半数以上。但是，德国的资产阶级比较软弱。国家的政治生活基本控制在容克贵族手里。德皇威廉二世有权召集和解散国会、批准和否决国会通过的法案、任命和罢免帝国宰相、统帅武装力量、对外宣战媾和等。最重要的文官、军官大多由贵族担任。容克贵族和垄断资产阶级勾结在一起，对广大人民实行残酷的统治。

第一次世界大战使德国内部的矛盾迅速激化。容克地主和垄断资本家在战争中大发横财。克虏伯公司 1913—1914 年获利 7500 万马克，1916—1917 年增至 1.75 亿马克。劳动人民承担了战争重担，将近 200 万人在战场上丧生，100 万人死于饥饿和瘟疫，还有 400 多万人受伤。大战使德国经济濒于崩溃。战争末期，德国的工业产量和农业收成只及战前的 1/2。居民的口粮供应减少了一半。

俄国十月革命的胜利极大地鼓舞了德国无产阶级的斗争。1917 年，德国的罢工人数达到 146 万人，比上一年增加了 2 倍多。1918 年 1 月底，柏林 50 万工人举行罢工，要求按照苏俄的建议缔结不割地不赔款的和约。罢工迅速扩展到汉堡、基尔、莱比锡、慕尼黑等城市。全国参加斗争的人数超过 100 万人。一月罢工显示了德国无产阶级的力量，成为十一月革命的前奏。

但是，德国无产阶级这时还没有自己的革命政党。社会民主党在第一次世界大战期间，由于对待战争和暴力革命问题的态度不同而分裂为三派。右派掌握了社会民主党的领导权。党的主席是艾伯特（1871—1925），国会党团领导人是谢德曼（1865—1939）。右派反对暴力革命和无产阶级专政，大战爆发后公开支持本国政府进行帝国主义战争，堕落成社会沙文主义者。社会民主党右翼领导的叛卖政策日益为广大党员所识破，党员人数急剧下降，从 1914 年的 108 万减少为 1917 年的 24 万。以哈阿兹（1863—1919）和考茨基（1854—1938）为首的中派，反对世界大战，主张和平，但并不准备用革命手段结束战争，更反对建立无产阶级专政。1917 年 4 月，他们退出社会民主党，另建独立社会民主党，该党有 10 万名成员。左派是斯巴达克团，它创建于 1916 年 1 月，领导人是卡尔·李卜克内西（1871—1919）和罗莎·卢森堡（1871—1919）。斯巴达克团的力量十分薄弱，成员不足 200 人。它没有形成一个独立政党，最初是社会民主党的左翼，1917 年成为独立社会民主党的成员。

1918 年秋，德军在前线不断溃败，国内政局动荡。威廉二世慌忙于 9 月 30 日下诏改革。10 月 3 日，具有自由主义色彩的巴登亲王马克斯担任首相，组成了包括中央党、进步党和社会民主党的国会制政府。社会民主党人谢德曼任不管部长，鲍尔任劳工部长。随后，新政府向美国表示愿意结束战争。但是，统治集团的这种让步已经无法阻止革命的爆发了。

十一月革命的爆发和艾伯特政府的建立   在政府向协约国求和的时候，坚持战争政策的海军司令部于 1918 年 10 月下令远洋舰队出海与英国海军决战，如果不能取胜就"光荣地沉没"。这种让 8 万水兵送死的冒险行径引起水兵的极大愤慨。威廉港水兵拒绝起锚出海，军舰上出现反战传单。海军司令部下令逮捕闹事的水兵，并把第三分舰队从威廉港调往基尔港。11 月 1 日夜，到达基尔港的水兵举行集会，讨论如何阻止舰队再次出海，并要求释放被捕的同伴。11 月 3 日下午，5000 多名水兵在练兵场集合，要求结束战争，要求和平、自由和面包。会后，水兵举行游行，基尔港的工人也参加了示威行列。当游行队伍到达卡尔大街时遭到政府军警开枪镇压，死伤 30 余人。示威者也开枪回击，打响了反对帝国政权的第一枪。

11 月 4 日，起义的水兵和工人解除了反动军官的武装，占领了火车站等重要据点。奉命前来镇压的士兵也转到了起义者一边。到 4 日晚，整个基尔已经掌握在新成立的苏维埃手中。

基尔起义震动了统治当局。马克斯、谢德曼等人签署呼吁书，要求水兵不要开始内战。同时，派遣国会议员、社会民主党人诺斯克（1868—1946）去基尔恢复秩序。后来诺斯克承认，他去基尔是想利用他与海军的关系平息事件。但是，他"遇到的已不是罢工者，而是 3 万名叛乱者"。诺斯克见阻止起义已不可能，就转而答应水兵提出的一部分要求，许诺改善供应，从而取得水兵信任，被选为基尔水兵苏维埃主席。

基尔起义成为德国革命的开始。起义浪潮从北向南迅速扩展。汉堡、莱比锡、慕尼黑等城市相继取得革命胜利。各个邦的君主诸侯都被赶下宝座。到 11 月 8 日，大城市中只剩下柏林仍在反动政府手中。

斯巴达克团多次要求立即开始柏林起义，但遭到拒绝。在革命形势蓬勃发展的情况下，11 月 8 日，独立社会民主党中央理事会决定第二天举行武装起义。9 日早晨，起义的号召书散发到各个工厂。几十万工人打着红旗涌向柏林市中心。李卜克内西率领人们夺取皇宫。威廉·皮克（1876—1960）带人攻打市政大楼。独立社会民主党人艾希霍恩带人占领警察局。起义者几乎没有遇到什么抵抗，到中午就控制了整个柏林。

右翼社会民主党领袖极力把革命斗争引向和平转移政权的轨道。艾伯特先是主张威廉二世让位于皇太子，实行君主立宪制。11 月 7 日，他看到革命已无法阻止，才向马克斯首相发出最后通牒，要求德皇退位，太子放弃继承权，建立新政府。威廉二世拒绝退位。9 日当柏林起义开始后，在斯巴大本营的威廉二世召见军队将领，询问能否从前线调回军队镇压起义，得到的回答是无能为力。德皇走投无路，于 9 日宣布退位，逃往荷兰。霍亨索伦王朝的反动统治彻底垮台。

德皇退位后一小时，马克斯把首相职务交给艾伯特。谢德曼听到斯巴达克派正在酝酿成立社会主义共和国的消息后，没有同别人商量，就在 9 日下午 2 时宣布"德意志共和国万岁"，力图把革命限制在资产阶级民主的范围之内。下午 4 时，李卜克内西宣布德国为自由的社会主义共和国，号召建立工人和士兵政府。

艾伯特接任首相职务后，邀请独立社会民主党共议组建政府之事，还特别邀请李卜克内西参加政府。斯巴达克团领导人要求全部政权归苏维埃，遭到否定后，拒绝进入政府。社会民主党和独立社会民主党达成协议，各出 3 名代表，组成联合政府——人民全权代表委员会，艾伯特和哈阿兹并列为主席。

11 月 10 日，柏林工兵苏维埃代表大会在柏林召开。出席大会的代表约有 3000人，成分十分复杂。李卜克内西在会上发表演说，指出"只有把革命转变为社会主义革命，才能取得胜利"。但是，这一观点未被大会接受。大会批准了艾伯特政府。新选出的柏林苏维埃执行委员会由 7 名社会民主党人、7 名独立社会民主党人和 14 名士兵代表组成。

二、德国共产党的成立和柏林一月起义

德国共产党的成立　艾伯特政府成立后，实行了一些民主改革。它宣布取消戒严状态，保证言论集会结社的自由，大赦政治犯，恢复劳动保护法令，实行八小时工作制等。但政府没有触动旧的国家机器，也没有消除容克贵族、军阀势力和垄断资本家的经济政治特权。原有的容克资产阶级政党经过改头换面又重新活动起来。保守党改称为民族人民党，民族自由党改称为人民党，进步自由党与民族自由党左翼组成民主党，中央党仍保留原有名称。

艾伯特政府十分敌视苏维埃制度。一方面，它大肆宣扬民主、国民会议，说"不是全部政权归苏维埃，而是全部政权归于人民"，宣称要经过全民选举召开国民会议来决定国家的前途；另一方面，它纵容反动军官组织"志愿部队"，作为镇压革命的力量。它还同德军参谋部秘密谈判，计划调集 10 个师到柏林，来消灭首都工兵苏维埃。只是由于缺少可靠的部队，这个阴谋才未能得逞。

协约国对上台的艾伯特政府深表同情。当德国战败，被迫在 1918 年 11 月 11日签订《贡比涅停战协定》时，协约国竟然允许德军手执武器回国，期待他们去镇压革命。

1918 年 12 月 16—21 日，全德苏维埃第一次代表大会在柏林召开。到会的 485名代表中，社会民主党 288 名，独立社会民主党 87 名，其中斯巴达克派只有 10名。李卜克内西和卢森堡都没有当选为代表。大会召开的第一天，斯巴达克派组织 25 万工人举行游行示威，要求全部政权归苏维埃，建立社会主义共和国。但是，代表大会在社会民主党的操纵下，拒绝了斯巴达克派的要求，决定于 1919 年 1 月

举行国民会议选举。在国民会议作出决定之前，全部立法和行政权力由艾伯特政府掌管。

代表大会闭幕后，艾伯特政府下令把具有革命倾向的人民海军师调离柏林。水兵拒绝服从命令，政府便停发军饷。12 月 23—24 日，政府军队袭击水兵，酿成流血事件。柏林工人闻讯支持水兵，艾希霍恩掌管的警察部队也站到水兵一边。政府被迫让步，同意海军师继续留在柏林，但不得参加任何反政府活动。

政府的行为引起人民的不满。斯巴达克团要求独立社会民主党召开代表大会，并断绝同社会民主党的同盟关系。迫于形势，独立社会民主党领导人于 12 月 27 日决定把自己的代表撤出政府，但拒绝召开党代表大会。斯巴达克派未能实现通过代表大会贯彻自己革命政策的希望，决定脱离独立社会民主党，建立独立政党。

斯巴达克团早在 11 月 9 日就创办了自己的机关刊物《红旗报》，独立宣传自己的观点。11 月 11 日，斯巴达克团又改组成斯巴达克联盟，制定了联盟纲领，并选举了自己的中央委员会。这一切为建立独立政党奠定了基础。1918 年 12 月 30日—1919 年 1 月 1 日，德国共产党成立大会在柏林举行。出席大会的有来自全国46 个地方组织的 83 名代表。威廉·皮克主持这次大会。李卜克内西作了《关于独立社会民主党的危机和建立德国共产党的必要性》的报告。卢森堡作了关于党章和政治形势的报告。大会通过的党纲指出，必须"用无产阶级的革命暴力反对资产阶级的反革命暴力"，"革命的任务就是无产阶级专政"。大会确定由斯巴达克联盟中央委员会行使德共中央委员会职权。

柏林一月起义　共产党的建立引起社会民主党领导人的不安。他们蓄意挑起事端，以扑灭革命的力量。1919 年 1 月 4 日，艾伯特政府宣布解除颇有威望的独立社会民主党人艾希霍恩的柏林警察总监的职务。这一挑衅决定引起群众的极大愤慨。1 月 5 日，柏林工人举行示威游行。当晚，共产党人和独立社会民主党人组成革命委员会，号召工人起来推翻艾伯特政府。1 月 6 日，柏林 50 万工人走上街头，占领了火车站、警察局、电报局等据点。艾伯特等人被困于总理府。

但是，推翻艾伯特政府的时机并不成熟。士兵处于动摇状态，就连人民海军师也宣布保持中立。城市小资产阶级对刚刚开始的"民主时代"心满意足。农村基本没有卷入战斗。德国共产党才成立不久，还没有能力领导这场斗争。独立社会民主党虽拥有较大影响，但其领导人不去积极领导武装起义，反而同政府谈判，使政府得到喘息时间。政府任命诺斯克为柏林总司令，搜集武装力量，准备进行反扑。1 月 8 日，政府中断谈判，宣称"总清算的时刻到来了"。11 日，军队向起义工人发起进攻，用机枪、大炮屠杀革命战士，100 多名起义者被杀害，无数群众受伤。德共总部和红旗报社被占。李卜克内西和卢森堡于 1 月 15 日遭绑架后被杀害。一月起义被血腥镇压下去。2 月，政府在魏玛召开国民会议，艾伯特当选德意志共和国第一任总统。

柏林一月起义失败后，革命斗争仍在继续。4 月 13 日，慕尼黑的工人在共产党领导下建立巴伐利亚苏维埃共和国。新生的苏维埃政权遭到资产阶级反动政府的残酷镇压。5 月 1 日，6 万余人的政府军攻入慕尼黑，苏维埃政权被颠覆。至此，十一月革命结束。

德国十一月革命推翻了君主制，建立了共和国，部分完成了资产阶级民主革命的任务，同时支援了苏俄，推动了欧洲各国人民的革命斗争。

第四节　东欧民族国家的建立和匈牙利苏维埃共和国的兴亡

一、奥匈帝国的解体和东欧民族国家的诞生

奥匈帝国的瓦解　1867 年成立的奥匈帝国是奥地利哈布斯堡王朝统治下的多民族国家。它的领土包括今天的奥地利、匈牙利、捷克、斯洛伐克、克罗地亚、斯洛文尼亚、波斯尼亚和黑塞哥维那以及波兰、罗马尼亚的一部分。境内的少数民族占帝国人口的 78%。奥匈帝国是一个二元制国家。奥地利和匈牙利分别设有自己的议会和政府，管理自己的事务。但是，匈牙利在帝国中居于次要地位。它要尊奉奥地利的皇帝为自己的国王，接受他派遣的总督，还要把外交、财政和国防大权交给帝国政府统一管理。帝国内部的其他少数民族则处于无权地位。

第一次世界大战爆发后，奥匈帝国与盟国德国共同反对俄英法。大战暴露了奥匈帝国的腐朽反动，其内部矛盾空前尖锐起来。在俄国十月革命的影响下，各族人民纷纷起来斗争。1918 年 1 月，维也纳、布达佩斯、布拉格等城市的广大工人举行政治大罢工，要求立即同苏俄签订民主和约。2 月 1 日，科托尔（今属黑山）水兵起义，有 40 艘战舰和 6000 多名水兵参加。起义者建立了水兵苏维埃。6 月 18 日，奥地利再次爆发总罢工。20 日，布达佩斯五金工人响应奥地利工人，也举行了罢工，并建立了工人代表苏维埃。

1918 年秋，奥匈帝国的军事失败已成定局，军队迅速瓦解，士兵纷纷逃跑，到 10 月共有 25 万士兵逃亡。10 月 16 日，皇帝查理一世（1916—1918 在位）宣布把匈牙利以外的帝国改组为联邦国家，各少数民族拥有完全的自治权。但此举已为时过晚，奥匈帝国的瓦解已是大势所趋。

东欧民族国家的相继建立　反对哈布斯堡王朝的革命首先在捷克斯洛伐克爆发。这是奥匈帝国中经济最发达的地区。它的工业产值占全帝国的 3/4。资产阶级在政治生活中有很大势力。查理大学哲学教授托马什·马萨里克（1850—1937）早在 1900 年就组建了人民党，把争取民族独立定为斗争的首要目标。1905 年人民

党改名为进步党。第一次世界大战爆发后，马萨里克流亡国外，在巴黎建立捷克斯洛伐克民族委员会并任主席，领导侨民进行反对奥匈帝国的斗争；同时在俄、法、意等国组织捷克斯洛伐克兵团，支持协约国的反德奥战争。1918 年 10 月，马萨里克代表捷克斯洛伐克民族委员会在华盛顿发表《独立宣言》，宣布成立捷克斯洛伐克临时政府。

1918 年 10 月 14 日，捷克工人举行总罢工，抗议帝国政府把捷克的存煤和存粮运往奥地利的决定。罢工过程中，各地群众纷纷集会，要求脱离奥匈帝国。10 月 28 日，布拉格的民族委员会宣布建立独立的捷克斯洛伐克国家，最高政权由民族委员会接管。两天后，斯洛伐克民族会议宣布加入统一的捷克斯洛伐克国家。接着，民族委员会吸收其他政党代表参加，并宣布自己为临时国民议会。1918 年 11 月 14 日，捷克斯洛伐克共和国正式宣告成立。马萨里克当选为共和国总统。爱德华·贝奈斯（1884—1948）出任外交部长。

匈牙利民族独立运动于 1918 年秋掀起高潮。10 月 25 日，匈牙利独立党、激进党和社会民主党联合组成国民会议。独立党领袖卡罗利·米哈伊伯爵（1875—1955）在其中起主要作用。国民会议成立后发表宣言，提出要保证各少数民族的自决权利，但没有提及召开立宪会议建立共和政体的问题。

匈牙利人民对国民会议的宣言不满。10 月 29 日，布达佩斯工人举行大罢工，提出立即停止战争、宣布独立和建立人民共和国等口号。第二天，10 万工人上街游行。在革命士兵支持下，罢工游行变成武装起义。10 月 30 日夜至 31 日晨，起义者占领了布达佩斯的全部重要战略据点，推翻了哈布斯堡王朝的统治。

起义过程中，布达佩斯工人建立了工人苏维埃。但是，它尚弱小，没能掌握政权。卡罗利出面，组建了独立党、激进党和社会民主党联合政府。社会民主党领袖加拉米担任贸易部长，另一名社会民主党人昆菲担任不管部长。新政府成立后，第一项工作就是恢复秩序，要求工人回工厂，士兵回营房。11 月 1 日，国民会议宣布革命已经结束，命令工人交出武器。11 月 13 日，卡罗利政府同协约国签订停战协定。根据协定，协约国不仅对匈牙利南部的一些土地实行军事占领，而且把匈牙利的铁路、邮政、新闻报道置于自己的管制之下。

1918 年 11 月 16 日，匈牙利正式宣布为共和国。卡罗利当选为总统。旧议会被解散，议会的职权在立宪会议选举之前由国民会议代行。

南斯拉夫境内的各族人民对奥匈帝国的统治强烈不满，不断掀起反抗斗争。第一次世界大战爆发后，流亡伦敦的南斯拉夫政治家于 1915 年成立南斯拉夫委员会。1917 年 7 月，塞尔维亚政府和南斯拉夫委员会发表《科孚岛宣言》，宣布塞尔维亚和南斯拉夫其他地区将在塞尔维亚王朝统治下组成统一的国家。1918 年秋，奥匈战败。军队中的南斯拉夫族士兵纷纷从前线逃回家乡，仅克罗地亚地区在 9—

10 月就有近 5 万名武装逃兵。他们自称"绿军"，手持武器同奥匈帝国的军队对抗。10 月底，驻扎在阜姆和普拉两地的军队举行起义，成立了革命委员会。在伏伊伏丁那和斯洛文尼亚的一些地区还成立了几个面积不大的苏维埃共和国。在群众运动蓬勃兴起的情况下，斯洛文尼亚、克罗地亚和塞尔维亚代表于 10 月在萨格勒布召开国民议会，宣布脱离奥匈帝国。11 月，黑山和伏伊伏丁那同塞尔维亚联合。1918 年 12 月 1 日，国王亚历山大一世在贝尔格莱德宣告成立塞尔维亚—克罗地亚—斯洛文尼亚王国。1929 年改名为南斯拉夫王国。

1918 年 11 月，罗马尼亚军队开进奥匈帝国的特兰西瓦尼亚地区。12 月 1 日，该地区被并入罗马尼亚。

波兰在 18 世纪被普鲁士、俄罗斯和奥地利三国瓜分而灭亡。第一次世界大战爆发后，德奥占领了俄国统治的波兰土地，并于 1916 年 11 月联合宣布波兰王国独立。但波兰王国的领土不包括被德奥瓜分的部分，王国的事务也需听命于德奥占领当局。这种独立不过是欺骗波兰人民的幌子。1918 年 11 月，德奥战败。波兰人民纷纷起来解除德奥占领军的武装。在华沙，德奥扶植的摄政委员会从占领者手里接管了政权。10 月 23 日，华沙政府成立。11 月 7 日，左翼政党的联合政府在卢布林成立。在奥匈占领的波兰土地上，地主资产阶级代表在克拉科夫成立临时政府。11 月 10 日，毕苏斯基（1867—1935）被从德国监狱中释放出来回到华沙。他多年领导争取波兰独立的武装斗争，是一个强有力的铁腕人物。他回国后的第二天，摄政委员会宣布把全部权力交给毕苏斯基并自行解散。卢布林和克拉科夫政府也宣布接受毕苏斯基的领导。在巴黎的波兰流亡政府也同毕苏斯基达成了合作协议。1919 年 1 月，波兰成立联合政府，毕苏斯基任临时总统。1919 年 6 月的《凡尔赛条约》和 1921 年 3 月的波苏（俄）《里加和约》规定了波兰西部和东部的边界。1921 年 3 月 17 日，议会通过宪法，波兰成为议会制资产阶级共和国。

帝国内部各民族的斗争推动了奥地利本土的革命运动。1918 年 10 月初，奥地利社会民主工党同资产阶级政党达成协议，成立议会同盟，以便组成临时政权机关。10 月 21 日，奥地利议会宣布自己为临时国民议会，但是没敢提出推翻哈布斯堡王朝的问题。人民大众对这种软弱深感不满。10 月 30 日，维也纳发生工人总罢工，成千上万群众上街示威游行，要求建立共和国。统治集团为了缓和人民的不满情绪，决定成立社会民主工党和基督教社会党的联合政府。社会民主工党领袖卡尔·伦纳（1870—1950）任首相，维克多·阿德勒任外交大臣。两个月后，阿德勒逝世，奥托·鲍威尔接任。11 月 3 日，伦纳政府同协约国签订停战协定。11 月 12 日，国民议会宣布成立奥地利共和国。1919 年 2 月 16 日，立宪会议选举举行，社会民主工党获 72 席，成为议会中的第一大党。伦纳出任新政府的总理。

各族人民的英勇斗争，终于使奥匈帝国彻底瓦解。在帝国的土地上，建立了捷克斯洛伐克、匈牙利、塞尔维亚-克罗地亚-斯洛文尼亚（南斯拉夫）、波兰、奥地利等民族独立国家。

二、匈牙利苏维埃共和国

匈牙利苏维埃共和国的建立　匈牙利资产阶级共和国建立后，卡罗利政府宣布实行普选制，保证言论、出版、集会自由，实行八小时工作制和有限的土地改革。但是它拒绝废除封建土地所有制，也不愿采取果断措施来解决日益严重的经济问题。市场上粮食奇缺，物价成倍上涨，1918—1919 年，面包、食用油等食品价格与 1914 年相比，平均上涨了 400%—600%，劳动人民陷于饥寒交迫的困境。群众斗争在新政府成立后继续不断发展。

在斗争高潮中，匈牙利共产党于 1918 年 11 月 20 日宣告成立。共产党由三部分人组成：一部分是革命社会党人，他们一直在国内进行反对帝国主义战争的斗争，同群众联系较为密切；另一部分是左翼社会民主党人；第三部分是共产主义者，他们多是从苏俄回来的战俘，对布尔什维主义有所了解。

匈牙利共产党中央委员会书记是库恩·贝拉（1886—1939）。第一次世界大战前，他是特兰西瓦尼亚地区的工人运动领袖。1914 年应征入伍，1916 年被俘，到了俄国。十月革命期间，他组织了匈牙利战俘支队，站在布尔什维克党一边。随后，在莫斯科建立了俄共（布）匈牙利小组，领导匈牙利人积极参加保卫苏维埃的斗争。1918 年 11 月，库恩返回祖国，参加匈牙利共产党的创建工作。

共产党成立后，不断揭露卡罗利政府的资产阶级本质，号召工人把苏维埃改造为革命政权机构，使全部政权归苏维埃。当政府命令人民交出武器的时候，共产党向复员士兵发出呼吁："保存自己的武器，用它来为夺取无产阶级政权而战斗"。党还组织工人士兵从撤退的德国军队手中夺到 3.5 万支枪。

在积极准备夺取政权的过程中，革命者经常同政府机关和军队发生武装冲突。1918 年 12 月 25 日在凯奇凯梅特，同情革命的骑兵占领兵营，解除军官的武装。12 月 31 日，在布达佩斯几个大兵营中，受共产党影响的部队同效忠政府的军队发生流血冲突。1919 年 1 月，由于资产阶级报刊造谣中伤工人和共产党，布达佩斯工人群众上街示威游行，捣毁了资产阶级报刊的编辑部。同月，煤炭工人也发动了武装起义。

面对群众运动的兴起，资产阶级妄图用镇压的办法扑灭革命。1919 年 2 月 21 日凌晨，卡罗利政府逮捕了库恩等 40 名共产党领导人，捣毁并查封了党的中央机关和中央机关报《红色报》编辑部。共产党被迫转入地下。未遭逮捕的中央委员萨姆埃里（1890—1919）等人继续领导革命斗争。

3 月 20 日，协约国通过其驻匈军事代表、法国人威克斯向匈牙利政府递交了一份照会，要求匈牙利东界驻军在 10 天内后撤大约 100 千米。空出的地方一部分由罗马尼亚军队占领，另外 40—50 千米宽的地带划为中立区，由协约国军队驻守。

协约国的照会引起群众的无比愤怒。卡罗利政府既不敢接受又不能拒绝这一通牒，只得自行辞职下台。3 月 20 日，卡罗利把政权交给社会民主党领袖。后者感到一党难以支持局面渡过危机，同时党内要求同共产党合作的呼声也不断增高。在这种情况下，社会民主党领导人加尔巴依·山多尔（1879—1947）于 3 月 21 日到狱中同共产党领导人库恩·贝拉进行谈判。库恩提出共产党参加政府的条件：宣布成立苏维埃共和国，建立红军和人民警察，没收地主土地，实行工业国有化，同苏俄建立联盟。

共产党的建议很快传出狱外。人民不等谈判结束就涌上街头，解除了宪兵、警察的武装。军队这时已陷于瓦解，大多控制在士兵苏维埃手中。协约国驻扎在布达佩斯的两个团的法国军队也被包围在兵营之中。匈牙利国内已经没有任何力量能够阻止革命向前发展。

3 月 21 日下午，匈牙利社会民主党和共产党达成协议，决定两党合并为匈牙利社会主义党。协议宣布："实行合并的基础是：两党共同参加对党和国家政权的领导。党以无产阶级的名义立即接管全部政权。工兵农苏维埃实行无产阶级专政。"3 月 21 日晚，匈牙利苏维埃共和国正式宣告成立。新建立的政府——人民委员会由 29 名正副人民委员组成。主席是哈尔巴依·山多尔，外交人民委员是库恩·贝拉，其他人民委员绝大多数是原社会民主党人。原共产党人一般只担任副职。

匈牙利苏维埃共和国的诞生有着自己的特点。列宁指出："匈牙利过渡到无产阶级专政的形式与俄国截然不同：资产阶级政府自动辞职，工人阶级的统一、社会主义的统一立刻在共产主义纲领上恢复起来。"①

外国武装干涉和匈牙利苏维埃共和国被颠覆 匈牙利苏维埃政府成立后，立即解除了资产阶级武装，建立了红军；解散了宪兵、警察，建立了红色警卫队。4 月 7 日，全国进行城乡苏维埃选举。根据新选举法，年满 18 岁，从事有益于社会的劳动的匈牙利男女公民都有选举权和被选举权。苏维埃提名的候选人获得绝大多数选票。6 月 14 日，全国苏维埃代表大会开幕。大会讨论通过了匈牙利宪法，确认"苏维埃共和国是工人、士兵和农民苏维埃组成的共和国"。

在经济方面，苏维埃政府宣布把金融机构，雇佣 20 人以上的企业，所有批发商店和雇佣 10 人以上的零售商店收归国有。由于缺乏管理人才，一些原有的厂长经理被任命为生产委员，负责领导生产。同时，各企业选举产生工人监督委员会。

---

① 《列宁专题文集 论社会主义》，人民出版社 2009 年版，第 139 页。

4 月 3 日，通过土地国有化法令，把面积超过 100 霍尔特①的土地全部收归国有。根据这个法令，全国约有 53% 的土地成为国家财产。但国家没有把没收来的土地分给农民，而是用它来组织生产合作社和国营农场。这种做法虽然也改善了贫苦农民的处境，但未满足广大农民对土地的渴望。这对工农联盟的巩固产生了消极影响。政府还采取措施改善人民生活。实行八小时工作制，把工人的工资平均提高 25%，使首都 3 万无房居民获得新居。

在外交方面，匈牙利苏维埃共和国和苏俄克服重重困难，终于建立了联系。两国政府经常就重大问题交换意见和情报。同时，政府向协约国发出照会，希望解除封锁，实现和平，但是西方国家未予理睬。

1919 年 4 月 4 日，以史末资（1870—1950）为首的协约国代表团到达布达佩斯，要求匈牙利履行威克斯通牒的要求。遭到拒绝后，罗马尼亚军队于 4 月 16 日从东面攻入匈牙利境内。随后，捷克斯洛伐克和法国军队也相继从北面和南面发起进攻。双方兵力相距悬殊。协约国军队多达 15 万人，而匈牙利红军不足 5 万人。5 月初，外国干涉军侵占了匈牙利大片领土。罗马尼亚的军队越过蒂萨河，进抵离布达佩斯 100 千米的地区。共和国危在旦夕。匈牙利政府于 5 月 4 日发布动员令，宣布布达佩斯为战区，凡受过军事训练的无产者立即编入队伍，未受过军事训练的工人或是到军营受训，或是去构筑工事。几天内，红军扩建了 10 万队伍，库恩被任命为红军总司令的副手。5 月中旬，匈牙利军队开始反攻，把干涉军赶过蒂萨河。6 月，进入斯洛伐克。16 日，成立了斯洛伐克苏维埃共和国。

红军的胜利引起协约国的惊恐。巴黎和会主席、法国总理克里孟梭（1841—1929）以和会名义于 6 月 8 日和 13 日两次向匈牙利政府发出照会，要求红军立即停止进攻，并撤退到 1918 年 11 月 3 日停战协定规定的军事分界线内。作为交换条件，协约国保证撤退罗马尼亚军队，并邀请匈牙利苏维埃政府代表参加巴黎和会。照会还威胁说，如果匈牙利拒绝这一要求，协约国将展开新的进攻。

协约国的照会引起匈牙利党内的激烈争论。原社会民主党人、红军总司令贝姆主张接受协约国的要求。萨姆埃里等人坚决反对，但居于少数。库恩不愿在这个时候出现分裂，决定同原社会民主党人妥协。6 月 14 日，苏维埃代表大会通过决议接受协约国的照会。6 月下旬，红军开始后撤，斯洛伐克苏维埃共和国立即被颠覆。但是，协约国却不履行诺言，罗马尼亚军队仍然留在匈牙利境内。红军士兵看到战斗得来的成果白白丧失，士气受挫。国内反革命分子趁机在各地发动叛乱，使苏维埃后方受到威胁。

匈牙利政府发现受骗后，不顾形势险恶，于 7 月 20 日发起进攻。最初两天进

---

①   1 霍尔特＝8.55 亩。

展顺利。后来，红军总参谋长儒利耶把作战计划出卖给敌人，红军败退下来。1919年8月1日，当罗马尼亚军队逼近布达佩斯的时候，苏维埃政府宣布辞职。右翼社会民主党人佩德尔组建工会政府。新政府上台后，立即取消革命法庭，解散红色警卫队，释放被关押的反革命分子，下令逮捕共产党人。8月4日，罗马尼亚军队开进布达佩斯。6日，佩德尔政府被解散。新成立的反动政府大肆迫害革命者。萨姆埃里等5000多人被杀害，4万多人被逮捕入狱。库恩等人被迫逃亡国外。1920年3月，原奥匈帝国的海军上将霍尔第·米克洛什（1868—1957）就任摄政王，在匈牙利建立了独裁政权。

匈牙利苏维埃共和国只存在133天，就被帝国主义扼杀了。这场斗争是战后世界革命高潮的重要组成部分。它牵制了协约国的力量，支援了苏俄反对外国武装干涉的斗争。

第五节　共产国际的建立及其初期活动

一、共产国际的建立

共产国际的酝酿与成立　第一次世界大战爆发后，第二国际的各国社会民主党领袖公然在国会中投票赞成战争拨款，支持本国资产阶级政府进行帝国主义战争。这表明，社会民主党已堕落成为社会沙文主义政党，第二国际也已瓦解破产。与此同时，帝国主义世界大战使资本主义内部的各种矛盾急剧尖锐起来。推翻资产阶级统治，实现无产阶级专政已经提到日程上来了。为了迎接世界革命的到来，国际工人运动迫切需要建立新的国际革命组织。

1914年11月，列宁在俄国社会民主工党（布）中央委员会的反战宣言中，首次提出要建立新的没有无产阶级叛徒参加的第三国际。他为创建这样一个组织，做了大量工作。

第一次世界大战期间，在一些国家的社会民主党内存在反对帝国主义战争的左派力量，如德国的斯巴达克派、保加利亚的紧密派、波兰社会民主党的左派分子等。但是，这些左派力量都不够成熟。他们在思想上没有同右派彻底划清界限，在组织上还同中派或右派同在一党之内。为了帮助各国左派，列宁发表了《第二国际的破产》《帝国主义是资本主义的最高阶段》《国家与革命》《无产阶级革命和叛徒考茨基》等一系列著作。列宁在自己的著作中，批判第二国际的修正主义言论，提出无产阶级革命和无产阶级专政的学说。列宁还十分注意帮助各国左派分子同机会主义领导决裂。社会主义者第一次和第二次代表会议分别于1915年9月在瑞士齐美尔瓦尔得、1916年4月在瑞士昆塔尔召开。在会上，列宁同各国左派分子建立了直接联系，并同他们一起组成齐美尔瓦尔得左派。

俄国十月革命的胜利推动了第三国际的建立。1918 年，阿根廷、芬兰、奥地利、匈牙利、荷兰、希腊、波兰、德国都成立了共产党。侨居苏俄的各国左派社会党人也在布尔什维克党的帮助、支持下建立了共产主义组织。

1919 年 1 月，俄共（布）以及波、奥、匈、芬等 8 个共产党和共产主义组织的代表在莫斯科开会，通过《告世界共产主义组织和左派社会党人书》，要求他们派代表来苏俄，商议成立共产国际的问题。许多工人政党对这一号召作了肯定答复。但由于帝国主义对苏俄的封锁和武装干涉，能够从国外到达莫斯科的只有德国、奥地利等少数几个国家的共产党代表，多数与会代表是侨居苏俄的外国共产党人。

1919 年 3 月 1 日，预备会议举行。会上就是否确定这次会议为共产国际成立大会问题进行了讨论。德国共产党代表认为，出席会议的代表人数不多，许多国家还没有成立共产党，因而持否定意见。最后，预备会议决定，只举行代表会议，制定行动纲领。

3 月 2 日，世界各国共产党和左派社会民主主义组织的第一次代表会议在莫斯科克里姆林宫开幕。列宁致开幕词。接着，会议听取了德国、瑞士、芬兰、匈牙利、法国、英国、荷兰等国代表的报告。他们讲述了各国工人运动的开展情况和苏俄革命对他们国家的巨大影响。

3 月 4 日，列宁作了关于资产阶级民主和无产阶级专政的报告。当时在许多国家的工人运动中，对赞成还是反对无产阶级专政问题存在激烈争论。考茨基等人竭力用斥责专政和维护民主的手法反对正在兴起的无产阶级革命。列宁指出，社会民主主义者颂扬一般民主，实际是维护资产阶级民主，即资产阶级专政。他们斥责一般专政，实际是反对无产阶级专政。列宁指出，新国际的根本任务就是实现无产阶级专政。当天，奥地利代表团、瑞典代表团先后到达莫斯科出席会议。晚间，代表们再次讨论成立共产国际问题。最后决定将代表会议改为共产国际成立（第一次）代表大会。出席成立大会的有 35 个组织的 34 名有表决权的代表和 18 名有发言权的代表。旅俄华工联合会负责人刘绍周（又名刘泽荣）和张永奎作为中国代表列席了这次会议。

大会通过了布哈林起草的《共产国际行动纲领》和托洛茨基起草的《共产国际致全世界无产者宣言》，号召"全世界的无产者，在工人苏维埃的旗帜下，在夺取政权和实现无产阶级专政的革命斗争的旗帜下，在第三国际的旗帜下联合起来"。大会选出了设在莫斯科的领导机构。执行委员会由苏俄、德国、奥地利等国共产党各派一名代表组成。执行局由执委会选举产生，其成员是列宁、季诺维也夫、普拉廷、托洛茨基和拉科夫斯基。3 月 6 日，共产国际成立大会在列宁致闭幕词后胜利结束。

共产国际的成立开辟了国际共产主义运动的新阶段。列宁指出："第一国际为国际无产阶级争取社会主义的斗争奠定了基础。第二国际是为这个运动在许多国家广泛的大规模的开展准备基础的时代。第三国际接受了第二国际的工作成果，清除了它的机会主义的、社会沙文主义的、资产阶级和小资产阶级的脏东西，并已开始实现无产阶级专政。"[1]

在共产国际创建的同时，社会民主党右派领袖于1919年2月3—10日在瑞士伯尔尼召开社会民主党代表国际会议。出席会议的有26个国家的102名代表。会议决定恢复第二国际（伯尔尼国际），并选举瑞典的布兰亭、英国的韩德逊、比利时的胡斯曼组成执行委员会。

共产国际第二次代表大会　共产国际成立后，各国革命运动有了新的发展。苏俄取得粉碎白卫军叛乱和外国武装干涉的胜利。1919年春，匈牙利和德国的巴伐利亚地区一度建立了苏维埃政权。欧美以及亚洲许多国家爆发了大规模群众运动。1919年，南斯拉夫、保加利亚、美国、墨西哥、丹麦建立了共产党。1920年春夏，西班牙、印度尼西亚、伊朗也建立了共产党。

在共产主义运动不断高涨的情况下，意大利、法国和美国的社会党，德国独立社会民主党和英国独立工党纷纷声称要退出第二国际，申请加入第三国际。另外，许多国家的共产党人不久前才在组织上脱离社会民主党，尚未完全摆脱机会主义的影响。因此，国际共产主义运动中出现了右倾改良主义危险。

与此同时，也出现了另一种危险——"左"倾宗派主义倾向。在德国、英国、意大利等国内，不少共产党人痛恨右倾机会主义，却走向"左"的极端。他们不仅反对第二国际的投降主义，反对参加议会斗争，反对在改良主义的工会中进行工作，甚至反对任何妥协。他们不仅反对机会主义的领袖和纪律，而且反对革命的领袖和纪律。这种"左"倾宗派主义倾向使党有脱离群众而陷于孤立的危险。

为了帮助年轻的共产党人克服错误，列宁在1920年春天写了《共产主义运动中的"左派"幼稚病》一书。列宁在这部著作中总结了俄国的革命斗争经验，指出布尔什维主义是在反对右倾机会主义和"左"倾教条主义的斗争中成长壮大的，不克服"左"倾错误就不能夺取革命的胜利。

列宁系统批判了"左派"共产主义者的错误言论。他指出，把领袖、政党、阶级、群众完全对立起来是十分荒唐可笑的。针对"左"倾分子反对在工会里进行工作和不参加议会斗争的说法，列宁指出，共产党人只是无产阶级的一小部分，还有相当多的非党工人在反动工会里。因此，共产党人必须加入这些工会，争取团结这部分工人。至于议会斗争，列宁反对把它捧得高于一切。但是，议会在群众中有一定影响。无产阶级应当利用议会讲坛揭露敌人，宣传共产党的路线政策。

---

[1]　《列宁全集》第三十六卷，人民出版社2017年版，第291页。

列宁强调指出，共产党人不应臆想出一些极端革命的口号把自己同群众隔离开来，而是要"哪里有群众，就一定到哪里去工作"①。列宁坚决反对"不作任何妥协"的口号，指出没有任何妥协的革命是不存在的，革命者要学会在必要时实行革命的妥协。列宁的这部著作帮助了各国共产党的健康成长。

1920 年 7 月 19 日，共产国际第二次代表大会在彼得格勒开幕。从 7 月 23 日到 8 月 7 日，大会移到莫斯科继续举行。出席大会的有 37 个国家的 217 名代表。这次大会同上次不同，大多数代表来自国外，是一次名副其实的世界性大会。

列宁在会上作了《关于国际形势和共产国际基本任务的报告》。他认为"全世界的资本主义制度正在经历巨大的革命危机"②，各国共产党人应把反对机会主义的斗争进行到底，同时要注意纠正"左"倾思想。大会通过了《共产国际的基本任务》等决议，强调"共产党的当前任务在于加速革命"，应抓紧准备发动国内战争，带领工人夺取政权，建立无产阶级专政。

大会通过列宁拟定的《民族和殖民地问题提纲》，提出要区分压迫民族和被压迫民族，要支持被压迫民族的解放斗争，努力使各民族同各国共产者接近，以便为打倒地主资产阶级共同进行革命斗争。大会还通过列宁起草的《土地问题》决议。决议指出，劳动农民只有同无产阶级结成同盟，才能摆脱地主资产阶级的压迫。决议规定各国共产党要有区别地对待不同阶层的农民。

第二次代表大会通过列宁制定的加入共产国际的"二十一个条件"，规定：凡是参加共产国际的党必须宣传无产阶级专政学说，与改良主义和中派分子决裂，支持殖民地半殖民地人民的民族解放斗争，保卫苏维埃俄国。各国党还必须按照民主集中制原则建立，必须承认共产国际的纲领，并定名为共产党。

大会还通过《共产国际章程》。规定共产国际是世界性的共产党，各国共产党是它的支部。它的最高机关是每年召开的世界代表大会；大会闭会期间的管理机构是执委会；俄共（布）在执委会内有 5 名有表决权的代表，10—13 个最大的支部各有 1 名有表决权的代表。大会选举产生了执委会和执委会执行局，主席是季诺维也夫。

第二次代表大会完成了建立共产国际的工作。列宁说："在第一次代表大会上，只是竖起了共产主义的旗帜"，而第二次代表大会则"形成了自己的组织，获得了明确而详尽的行动纲领"。③

二、世界各国共产党的建立

共产国际第三次代表大会   共产国际第二次代表大会后，一批新的共产党建

---

① 《列宁全集》第三十九卷，人民出版社 2017 年版，第 33 页。
② 《列宁专题文集 论资本主义》，人民出版社 2009 年版，第 270 页。
③ 《列宁全集》第三十九卷，人民出版社 2017 年版，第 269—270 页。

立起来。1920 年，英国、法国等国的共产党成立。10 月，德国独立社会民主党发生分裂，大多数左派同共产党合并，使德共党员人数由 10 多万人增加到 30 多万人。1921 年，意大利、罗马尼亚、捷克斯洛伐克、中国等国相继建立了共产党。

中派分子在共产国际通过"二十一个条件"后，无法进入共产国际，遂于 1921 年 2 月在维也纳开会，成立社会党国际工人联合会。参加这个国际的有英国独立工党、法国社会党、德国独立社会民主党、奥地利社会民主党、俄国孟什维克党等。奥地利的弗·阿德勒当选为执行局书记。社会党国际工人联盟自称站在第二国际和第三国际之间，被称为第二半国际。

1921 年 6 月 22 日—7 月 12 日，共产国际在莫斯科举行第三次代表大会。参加大会的有 52 个国家的 605 名代表。中国代表是张太雷（1898—1927）和杨和德（音）。正在莫斯科的瞿秋白（1899—1935）以记者身份参加了大会。

大会是在欧洲无产阶级革命高潮已过，各国斗争受到挫折的情况下召开的。托洛茨基在会上作了关于世界经济危机和共产国际的任务的报告，指出所有国家的资产阶级正在加强对无产阶级的进攻，共产党的任务是指导当前的防御性斗争。大会着重讨论了斗争策略问题。列宁就此作了重要发言，提出要争取工人阶级的大多数。但大会有相当数量的代表鼓吹"进攻理论"，认为无产阶级应不断进攻，即使失败也是有益的。他们要求把反对中派分子当作各国党的主要任务。经过两天讨论，大会通过了《论策略（提纲）》，明确规定共产国际当前的首要任务是争取使工人阶级的大多数完全处于共产国际的影响之下，吸引工人阶级中最积极的部分参加直接斗争。大会十分重视各种群众组织的工作，讨论了红色工会国际（1921 年 7 月在莫斯科成立）、青年共产国际（1919 年 11 月在柏林成立）的工作和妇女工作。

1921 年 12 月，共产国际执委会根据第三次代表大会决议精神，通过了关于建立工人统一战线提纲。提纲指出，一切愿意参加反对资本主义斗争的工人，不管属于哪个工会和党派，都应团结一致，统一行动。共产党在同第二国际和第二半国际达成某种协议时，应该保持自己在思想上、政治上和组织上的独立性。

1922 年 1 月，第二半国际执行局呼吁召开世界工人代表大会，商讨工人阶级共同行动反对反动势力进攻的问题。执行局还分别写信给第二和第三国际执行局，建议三个国际先举行代表会议。4 月 2—5 日，联席会议在柏林举行。参加会议的有共产国际的布哈林、拉狄克、蔡特金等 12 人，第二国际的王德威尔得、麦克唐纳等 17 人，第二半国际的阿德勒、龙格等 17 人。会议最后达成协议，成立三方派代表组成的委员会筹备召开世界工人代表大会。5 月，筹备委员会举行第一次会议，后因意见分歧而终止。三个国际建立统一战线的尝试最终失败。1923 年 5 月 21—25 日，第二国际和第二半国际联合在汉堡召开大会，成立统一的社会主义工人国际。韩德逊当选为主席，阿德勒任书记。

共产国际第四次代表大会   1922 年 11 月 5 日—12 月 5 日，共产国际先在彼得格勒，后在莫斯科召开了第四次代表大会。出席大会的有 58 个国家的 408 名代表。中国共产党的代表是陈独秀（1879—1942）、刘仁静（1902—1987）和王俊。

列宁在会上作了题为《俄国革命的五年和世界革命的前途》的报告。他要求各国党总结前段工作经验，创造性地而不是教条地掌握布尔什维克的经验，学习革命工作的组织、方法和内容，以迎接革命高潮的到来。大会讨论了统一战线问题，提出"工人政府"的口号，认为可以建立各种类型的工人政府，包括同社会民主党联合的政府，以作为争取建立无产阶级专政的出发点。大会要求东方各国共产党在争取民族解放的斗争中建立反对帝国主义的统一战线。

1919 年至 1923 年是共产国际活动的初期阶段。它帮助各国革命分子组建共产党，推动了国际共产主义运动的发展。这是它的历史功绩。但是，共产国际表面上是独立的各国共产党的国际组织，实际上各国共产党在思想上、政治上、组织上和财政上都处于俄共（布）中央政治局的严密控制之下。另外，由一个中心来决定世界各国共产党的事情，是无论如何也行不通的，而且必然带来一些副作用。正如邓小平所说："任何国家的革命道路问题，都要由本国的共产党人自己去思考和解决，别国的人对情况不熟悉，指手画脚，是要犯错误的。……任何大党和老党都不能以最高发言人自居。"[①] 列宁逝世后，共产国际对各国共产党的领导，往往根据苏联共产党的经验来判断，甚至根据苏联的国家利益来决定，这就难以避免错误了。

---

① 《邓小平文选》第三卷，人民出版社 1993 年版，第 27 页。

第四章　凡尔赛—华盛顿体系的建立

第一次世界大战和俄国十月革命的胜利，使国际格局发生重大变化。帝国主义列强的争霸斗争从战场转移到谈判桌前。但是战胜国与战败国的对立，资本主义和社会主义两种体系的对立，以及战胜国之间实力对比发生的种种变化，使新一轮的争夺同样复杂而激烈。大战结束后，战胜国列强先后召开巴黎和会与华盛顿会议，通过一系列条约和第一个由主权国家组成的常设国际组织——国际联盟的成立，在全球范围内建立了帝国主义重新瓜分世界、维护战胜国利益和维持战后和平的新秩序，即"凡尔赛—华盛顿体系"。在两次世界大战之间的年代，国际事务中发生的每一个重大事件无不直接或间接地与"凡尔赛—华盛顿体系"相关联。随着国际形势的发展，该体系自身存在的各种矛盾不断激化，最终导致它的崩溃。

第一节　巴黎和会

一、主要战胜国对战后世界的考虑

主要战胜国对战后世界安排的共识　在经历了一场空前浩劫的战争之后，通过战胜国对战败国缔结和约的方法安排战后的世界，便成为当务之急。第一次世界大战对战前世界格局造成的一系列冲击，不同程度地影响着主要战胜国的政治家们，使他们对战后世界的安排形成了一些共识。

第一，英、法、美等主要战胜国都要求战败国承担发动战争的责任，并对它们在战争中对协约国造成的全部损失进行赔偿，从而使战胜国可以堂而皇之地掠夺战败国，使自己获得最大利益。这是它们进行这场帝国主义战争的根本目的。

第二，苏俄是帝国主义战胜国处理战后国际问题时一个无法摆脱的重要因素。它们都认为社会主义的苏俄是对资本主义制度的致命威胁，这就迫使它们在严惩战败国的同时手下留情，从而使战败国尤其是德国成为日后反苏反共的桥头堡。

第三，无论是出于抵消苏俄的《和平法令》中关于民族自决权思想的影响，还是出于对战败国的惩罚和实现在战争期间对盟国所作的秘密许诺，主要战胜国都不得不顺应时代发展潮流，在符合它们自己根本利益的基础上，在处理战败国的领土问题方面有限承认民族自决权，重建和建立一批民族国家。

第四，建立具有约束力的国际法准则和超国家的常设国际组织，以保护战胜国的既得利益，主要维护根据战胜国的意志而建立的战后国际政治新秩序。这个组织便是国际联盟。

这些共识是它们缔结和约的基础。但是由于各国在大战中所处的战略地位不同，所获得的利益和遭受的损失也彼此相异，因此在列强的实力形成新对比的形势下，美、英、法、意、日这五个主要战胜国又各自有着不同的掠夺要求和争霸计划。

美国争霸世界的计划   第一次世界大战给美国留下了丰厚的遗产。它不仅因参战较晚、战场远离本土而损失轻微，并且利用战争机会使自己一跃而成为世界第一经济强国。作为协约国及交战各国军需物资的主要供应者，美国的商品输出额从 1914 年到 1917 年净增近 2 倍，到 1919 年其商船规模已超出战前的 60%。靠战争年代的资本输出，美国由战前负有 30 亿美元外债的债务国变成战后的债权国，到 1919 年仅各协约国欠它的债务就达 100 亿美元。与此同时，美国掌握了世界黄金储备的 40% 以上，使世界金融中心开始从伦敦向纽约转移。

与经济实力的增长同时膨胀起来的是美国攫取战后世界领导权的政治野心。正如威尔逊总统在战后所说："金融领导地位将属于我们，工业首要地位将属于我们，贸易优势将属于我们，世界上其他国家期待我们给予领导和指引。"

1918 年 1 月 8 日，威尔逊在国会讲演中针对苏俄的各项和平建议，提出被称为"世界和平纲领"的"十四点"原则。这个文件以及同年 10 月威尔逊的顾问豪斯上校委托李普曼和科布草拟的对"十四点"原则的注释，集中体现了美国对战后国际秩序的设想。它的主要内容是：第一，战后的世界应当是一个"开放的"世界。包括：公开的和平条约必须公开缔结；保持公海航行的绝对自由；消除一切经济壁垒；各国军备必须裁减；调整殖民地，对当地进行开发应该根据"门户开放"原则。第二，抵制并消除苏俄的布尔什维主义影响。办法是由世界各国协助解决俄国问题，通过承认并援助俄国境内各少数民族建立的临时政府，使之自由发展来肢解俄国。第三，要求在给欧洲及近东各民族以自决权的基础上恢复和建立民族国家，或建立受到列强保护、实行"门户开放"原则的保护国。第四，成立一个具有特定盟约的普遍性的国际联盟，使大小国家都能相互保证政治独立和领土完整，这是达到永久和平的全部外交结构的基础。

可以看出，这个文件涉及有关列强瓜分世界的原则、战争与和平、建立国际组织等一系列重大的国际政治问题。美国企图以其经济优势，以商业、航海自由和国际性"门户开放"为旗号，在全世界扩张自己的势力；在"民族自决""裁减军备"的要求下抵消苏俄《和平法令》的影响，换取世界舆论的支持，削弱英、法等竞争对手；进而通过国际联盟使美国取得对各种重大国际问题和国际纠纷的干预权与仲裁权，控制战后国际局势。因此，这个文件是美国企图冲出美洲、对长期以来欧洲列强主宰世界的国际格局和国际秩序发出的公开挑战和冲击，是美国争夺世界霸权的总纲领。

为了实现这个纲领，美国力图在西半球巩固并发展对拉丁美洲的控制；在欧洲保持德国在政治军事上较强大的地位，使它成为抗衡英法的力量和反对苏俄的阵地；在经济上反对过分削弱德国，以避免产生使美国经济受到巨大损失的连锁反应；它还希望在东南欧建立一个由它控制的巴尔干联盟。在东半球，美国打算拆散英日同盟，要求列强承认对华"门户开放"原则，并夺取德国在太平洋上的一些岛屿，以削弱在亚太地区的争霸对手。但是美国的勃勃野心必然会遭到竭力保持并扩大既得利益的英、法、日等国的顽强抵抗。由于在争霸斗争中最具关键作用的军事实力方面尚不能与英、法相抗衡，而威尔逊在美国国会中又未能得到多数人的支持，因此面对具有丰富外交斗争经验的英、法政治家，美国必将受到很大挫折。

企图维护世界霸权并主宰欧洲的英国　英国作为当年协约国中最有实力的国家，在大战中受到削弱。为了最后的胜利，它在资源动员方面已成强弩之末。在战争期间，整个英帝国死亡官兵 94.7 万人，军费开支达 124.54 亿英镑，相当于国家收入的 44%，商船损失了 70%。为了平衡国际收支，英国失去了海外投资的 1/4，并向美国举债，1919 年英国欠美国的债务已达 8.42 亿英镑，开始失去国际金融垄断地位。在海外，美国和日本趁大战之机不仅在拉丁美洲和亚太地区排挤英国的势力，甚至把英国的自治领也视为它们扩张的对象。与此同时，各自治领和殖民地的离心倾向也迅速增长。这一切都减弱了英国的力量和影响。

但是战后的英国仍然拥有相当的实力。在经济上，它的国际金融地位尚未显露出永久衰落的迹象。在国际市场上，它仍然保持着较牢固的传统财政金融联系，继续支配着殖民帝国的巨大资源，并保持着对欧洲盟国的债权国地位（不包括俄国，各欧洲盟国在战后共欠英国 17.4 亿英镑）。在军事上，随着德国这个主要海上竞争对手的战败，英国仍然是世界上最大的海军强国。大战使它的殖民帝国进一步扩大，它不仅夺得大部分德国殖民地，而且占领着对英国经济和战略具有重要地位的原奥斯曼帝国的巴勒斯坦、美索不达米亚和阿拉伯地区。因此，与欧洲其他盟国相比，英国更拥有左右欧洲事务、争夺世界霸权的资格。

战后英国的计划是：要求战败国支付战争赔款以恢复被战争破坏的经济，消灭具有威胁性的德国海军，努力保持英国的海上霸主地位，巩固已经取得的殖民地利益。在欧洲，它继续实行传统的"大陆均衡"政策，反对过分削弱和肢解德国，力图使德国成为制止法国势力过度膨胀和遏制苏俄影响的较强国家。英国还企图利用美法矛盾，既与法国联合抵制美国称霸世界的野心，又与美国共同限制法国称霸欧洲大陆，以达到由英国主宰欧洲事务的目的。在亚洲太平洋地区，英国既希望维持英日同盟以换取日本在欧洲事务上对自己的支持和对抗美国在亚太地区的日益扩张，又希望利用美日矛盾，与美国联手反对日本独霸中国的野心，以保护英国在亚太地区的利益。

争夺欧洲大陆霸权的法国　法国作为大战的主要战场，其经济受到严重破坏。战争使法国丧失了 1/10 的人口，131.5 万官兵阵亡，终身残疾者约 110 万人，约 7% 的国土和大部分工业及富庶地区遭到德军占领与蹂躏，商船沉没了一半以上，物质损失高达 1340 亿金法郎。战争使一向以高利贷著称的法国负债累累，战后它欠美国 160 亿法郎，欠英国 130 亿法郎。法国为胜利付出了惨重的代价。

但是，同盟国的失败使法国在欧洲大陆占有军事战略优势。它不仅拥有世界上最强大的陆军，而且占领着便于控制中欧的莱茵兰地区和一些易于向东欧、巴尔干和近东扩张的重要基地。因此，法国成为战后争夺欧洲大陆霸权的另一个国家。

法国的战略总计划是：以永久保证法国的安全为借口，用一系列最大限度地削弱德国的方法一劳永逸地消灭这个凶敌和对手，重建法国在欧陆的霸权。其具体要求是：收回在普法战争中失去的阿尔萨斯和洛林，占领萨尔矿区；以莱茵河为法德边界，在莱茵河左岸建立一个脱离德国而受法国保护的莱茵共和国，在德国南部建立独立的巴伐利亚国家，在德国东部割出一部分土地分给波兰、捷克斯洛伐克和罗马尼亚，从而肢解德国；索取高达 2090 亿金法郎的战争赔款，从经济上摧毁德国；彻底裁减德国军备，防止德国东山再起。法国还力图把德国以东的国家组成以它为盟主的同盟体系，并尽量夺取德国在非洲的殖民地和奥斯曼帝国在小亚细亚的一些属地，通过实现控制中、东欧，插足巴尔干，巩固非洲和西亚阵地的方法确保称霸欧洲大陆。显然，法国要彻底严厉制裁德国的打算必然会遭到美、英的反对，而经济上的困境又削弱了它在外交斗争中的地位，因此法国的计划不可能全部实现。

意大利与日本的目标　意大利于 1915 年 4 月 26 日与英、法签订《伦敦密约》，在获得后者允诺战后满足其领土要求的条件下于同年 5 月加入协约国一边作战。作为一个没有打过多少胜仗的战胜国，它的经济和军事实力已相当薄弱，但扩张野心却很大。它不但要求英法履行《伦敦密约》，索取南斯拉夫和土耳其的大块领土，还要获得有争议的阜姆港（今克罗地亚里耶卡），从而使自己在亚得里亚海和东地中海处于支配地位。意大利的争霸野心必定要与美、英、法的计划发生矛盾与冲突，不可能全部获得满足。

日本是大战的另一个获利者。它在同英、俄订有密约的情况下，以对德宣战为名，趁列强忙于厮杀无暇东顾之"天祐"良机，出兵中国，夺取了德国在山东的全部非法利权，并占领了德国在太平洋上的岛屿属地。战后日本的战略目标是：

力图使它在战时侵吞的利益合法化，并妄图独占中国，称霸亚太地区。日本的野心与美国的打算发生了尖锐的冲突，也威胁到在亚太地区有较大利益的英国，更为中国所不容。为了对付主要劲敌美国，日本希望利用英日同盟，以在欧洲问题上支持英国换取后者对它在亚太地区的支持。

主要战胜国各自不同的争霸目标和战略意图，必然导致在缔结和约前的激烈争斗。

二、巴黎和会的召开与《凡尔赛条约》的签订

巴黎和会的召开 1919 年 1 月 18 日，和会在巴黎的凡尔赛宫正式开幕。在此之前，美、英、法、意、日五大战胜国已经举行了非正式会谈，为控制会议做了安排。实际出席和会的共 32 个国家①，美国总统威尔逊，英国首相劳合-乔治，法国总理克里孟梭，意大利首相奥兰多（1860—1952），日本前首相、元老西园寺公望（1849—1940）都亲率代表团出席和会，可谓盛况空前。中国作为战胜国，派出包括五位专使的 63 人代表团。这五位专使是外交部长陆徵祥（1871—1949）、驻美公使顾维钧（1888—1985）、驻英公使施肇基（1877—1958）、驻比公使魏宸组（1885—1942）和南方军政府代表王正廷（1882—1961）。但苏俄和战败国德国、奥匈帝国、奥斯曼帝国和保加利亚却被排斥在和会之外。

与会国的代表权很不平等。美、英、法、意、日五国各有 5 名全权代表，可以出席一切会议，其他国家只有 1 至 3 名全权代表，只能出席与他们有关的会议。和会的组织机构更是强权政治的产物。其决策机构为最高委员会，最初由五大国的政府首脑和外长组成，因而也叫"十人会议"，后来又缩小为由美、英、法、意四国首脑组成的"四人会议"，而实际起操纵作用的是由威尔逊、劳合-乔治和克里孟梭组成的"三巨头"会议，他们有权决定和会的一切重大问题。五大国外长则另组"五人会议"以协助决策，解决次要问题。和会还设有若干专门委员会，它们虽由有关国家的代表组成，讨论和审议某些专门问题，但同样要受到大国的支配。至于由所有代表参加的全体会议，其作用不过是举手通过最高委员会已作出的决定。正如和会主席克里孟梭所说："只有五大强国先行决定了一切重大问题，然后举行会议。"在长达 5 个多月的会期中，全体会议只开过七次，实际成为和会的一种点缀。

列强争论的主要问题 和会一开始，主要战胜国便陷入激烈的争吵之中，有时甚至达到互以退会相威胁的程度。它们争论的主要问题包括以下内容。

（1）会议程序问题。美国坚持要求先解决国际联盟问题，再言其他。而英、

---

① 包括 27 个战胜国，还有英国的自治领澳大利亚、新西兰、加拿大和南非联邦，以及印度。

法却担心一旦建立了由美国控制的国际联盟，美国就将支配对所有其他问题的解决，使自己的要求得不到满足。英、法认为国际联盟的重要性在于它是巩固战胜国通过和约所获得的成果的工具。因此，英国提出先解决对德国的殖民地和奥斯曼帝国领地的瓜分问题，法国则要求先制裁战争的罪魁祸首，肢解德国。面对英法的反对，美国只好退让，"十人会议"决定将国际联盟问题交由一个以威尔逊为主席的专门委员会去研究。

（2）对德和约问题。这是和会讨论的中心问题，但几乎在每一个决定作出之前，大国之间都有一番较量。在对德国的领土处理上，英国在美国支持下坚决反对法国肢解德国和兼并萨尔矿区的计划，迫使法国妥协。在战争赔款方面，英、美又联合反对法国的巨额赔款方案，双方最终因无法确定具体赔款数额而把该问题交由一个由克里孟梭主持的专门委员会去讨论。在裁减和限制德国军备方面，法国要彻底摧毁德国军备，英国则仅要求摧毁德国海军，美国却几乎不想削减德国的军事实力，最后各方不得不作出让步，问题才算解决。在对待德国殖民地问题上，英、日主张直接兼并，美国则坚持以托管或"委任统治"的方式解决，最后美国的意见占了上风。

（3）波兰问题。由于英、美坚决反对法国要求把上西里西亚和但泽（今波兰格但斯克）全部划归波兰的建议，法国建立"大波兰"的意图最终未能实现。

（4）阜姆问题。意大利想得到阜姆的要求遭到英、美、法的一致反对，在和会上未能如愿。

（5）中国山东问题。中国作为战胜国，当然有权收回德国在山东侵占的一切非法权益。但是英、法、意始终支持日本关于接管德国在山东非法权益的无理要求，而美国最后也向日本让步，结果和会满足了日本的欲望。

虽然帝国主义列强在上述问题上争吵不休，但在反对苏维埃俄国方面却态度一致。早在 1917 年 12 月 22 日，协约国代表就在巴黎研究武装干涉苏俄的计划。会议备忘录规定了英、法、美向乌克兰、哥萨克、高加索、西伯利亚等地区的反动势力提供经费等具体内容。12 月 23 日，英法还签订了《关于英法军队未来在俄国领土上作战区域》的秘密协定。因此，"从一开始，俄国革命的巨大阴影就隐隐地笼罩着和会"，尽管会议中没有苏俄代表，"俄国问题"也未见诸和会议程，但"列宁是一个占据了无形一席的无形成员"，成为影响和会的强有力因素，以致列强在整个和会过程中多次讨论如何扼杀或遏制俄国革命的影响问题。和会决定对苏俄实行经济封锁，保留德国东线部队，建立由波兰、波罗的海三国和芬兰组成的所谓"防疫地带"，还批准了反苏俄武装干涉计划。这一切使巴黎和会实际成为帝国主义武装干涉苏俄的大本营，但是列强遭到了失败。

《凡尔赛条约》   主要战胜国在经过几个月的讨价还价之后，在需要共同对付日益高涨的革命形势下终于达成协议，最后拟定了对德和约。4 月 30 日德国代表团被召来巴黎，5 月 7 日才被允许进入和会，从克里孟梭手中接过和约文本。德国代表团试图对和约的条件作有利于德国的修改，但遭拒绝，最终被迫无条件接受和约。6 月 28 日，战胜国迫使德国在凡尔赛宫镜厅签订了《协约及参战各国对德和约》，即《凡尔赛条约》。

《凡尔赛条约》共 15 部分，包括 440 个条款和一项议定书，第一部分为国际联盟盟约，第二部分是对德和约。对德和约主要包括以下内容。

第一，规定德国及其各盟国应当承担战争罪责。

第二，重划德国疆界。西部：莫雷斯内、奥伊彭-马尔梅迪划归比利时。阿尔萨斯和洛林重归法国；萨尔煤矿由法国开采，其行政权由国际联盟代管 15 年，期满后通过公民投票决定其归属（1935 年公民投票以压倒性多数决定归属德国）；莱茵河西岸的德国领土由协约国占领 15 年，东岸 50 千米内德国不得设防。南部：德国承认奥地利独立，德奥永远不得合并。德国承认捷克斯洛伐克在协约国规定的疆界内完全独立，并将西里西亚南部的什切青地区划归该国。东部：德国承认波兰独立。波兰从德国得到西普鲁士和波兹南的绝大部分，东普鲁士的索尔道县和中西里西亚的若干小块领土，以及穿过西普鲁士的以波兰居民为主的波莫热，即所谓"波兰走廊"的狭窄出海口（该"走廊"把东普鲁士和德国其余部分完全隔开了）。但泽市（一个主要是德国人居住的城市）被宣布为国际联盟保护下的自由市，其港口由波兰海关管理，波兰有权处理该市对外关系和保护其侨居公民，并保证波兰人自由进入该市。德国放弃默麦尔（今立陶宛克莱佩达）地区，该地区暂由协约国占领，1923 年与立陶宛合并。北部：在德国与丹麦之间的石勒苏益格地区实行公民投票以决定其归属（1920 年 2—3 月的投票结果为，该地区北部重归丹麦，南部仍属德国）。《凡尔赛条约》对德国疆界的这种划定，使德国在欧陆丧失了 13.5% 的领土和 10% 的人口。

第三，瓜分德国殖民地。条约规定剥夺德国全部海外殖民地，由主要战胜国以"委任统治"形式予以瓜分。根据国际联盟盟约第 22 条的委任统治文件，太平洋的德属新几内亚和赤道以南除德属萨摩亚和那卢以外的群岛归属澳大利亚；赤道以北原德属马绍尔群岛、加罗林群岛和马里亚纳群岛为日本所得；那卢岛名义上委托于英国，实由澳大利亚统治；萨摩亚分给新西兰。德属西南非洲交给南非联邦；多哥和喀麦隆由英、法共同瓜分；德属东非（坦噶尼喀）归属英国；乌干达—布隆迪地区划归比利时。

此外，和会还不顾中国的反对与抗议，公然把德国在山东的一切非法权益和胶州湾租借地全部移交给日本，这激起了中国人民的极大义愤并引发了伟大的五四运动。在全国人民的反帝爱国高潮推动下，中国代表拒绝在条约上签字。

第四，限制德国军备。条约规定陆军不得超过 10 万人，其中军官不得超过 4000 人，仅用于维持国内秩序和边境巡逻；解散总参谋部并不得重新成立；禁止生产和输入坦克、装甲车等重型武器；废除普遍义务兵役制；德国应拆除莱茵河以东 50 千米内的工事，但南部和东部边界要塞工程应照现状予以保存；德军从所占领的各国撤回，但秘密附件规定在东线的德国占领军听候协约国特别部署再行调动。条约限定德国海军规模为战斗舰和轻巡洋舰各 6 艘，驱逐舰和鱼雷艇各 12 艘，不得拥有主力舰和潜艇；海军兵员不得超过 1.5 万人，其中军官不得超过 1500 人；在德国港口以外的德国军舰一律交协约国销毁。德国不得拥有陆海军航空兵力。协约国设立专门委员会监督上述军事条款的实行。

第五，赔款与经济条款。和会未能对赔款总额达成一致协议，仅规定由主要协约国及参战国美、英、法、意、比等国组成的赔款委员会①于 1921 年 5 月 1 日前确定总额；在此之前德国应偿付与 200 亿金马克②价值相等之物，并承担占领军的一切费用。赔款委员会有权审查德国征税制度。经济条款规定德国关税不得高于他国，战胜国对德国输出入货物不受限制；德境内几条主要河流为国际河流，基尔运河对外国军舰与商船开放。

从《凡尔赛条约》的内容可以看出，英、法、比、日等国的要求基本得到满足。但对美国来说，尽管"十四点"原则中的某些具体内容在条约中得到了一定体现，但它攫取世界领导权的计划却遭到了失败。因此，美国参议院以国联盟约使美国承担了太多义务而损害了它的主权利益为由，拒绝批准威尔逊总统已经签了字的《凡尔赛条约》，也不参加国联。1921 年 8 月 24 日、25 日和 29 日，美国单独与奥地利、德国和匈牙利签订了和约。

《凡尔赛条约》签订后，协约国与其他各战败国相继签订了一系列和约，形成了凡尔赛体系。

三、凡尔赛体系的建立

《圣日尔曼条约》   1919 年 9 月 10 日，协约国与奥地利签订《圣日尔曼条约》。条约确认奥匈帝国解体，匈牙利与奥地利分立；奥地利承认捷克斯洛伐克和南斯拉夫独立，并接受协约国规定的奥地利与上述国家及其与保加利亚、希腊、波兰、罗马尼亚的疆界；条约禁止德奥合并；奥地利割让南蒂罗尔、特兰提诺、的里雅斯特、伊斯特里亚和达尔马提亚海外的一些岛屿给意大利；前波希米亚王国（包括 300 万讲德语的人居住的苏台德区）、摩拉维亚和奥属西里西亚（包括以

---

① 美国因未批准《凡尔赛条约》而未正式加入赔款委员会。
② 这里的金马克指的是德意志第二帝国时期以黄金为本位币的马克。由于德国马克在大战及其后贬值严重，故战胜国要求以金马克作为德国赔款的计算单位。

波兰人为主的什切青地区）划归新成立的捷克斯洛伐克；波斯尼亚和黑塞哥维那、达尔马提亚沿岸等地划归南斯拉夫，布科维纳和切尔诺夫策割让给罗马尼亚；加里西亚暂由协约国管理，后合并于波兰；条约宣布阜姆为自由港。此外条约还规定奥地利废除强迫普及征兵制，陆军不得超过 3 万人；除保留 3 艘巡逻舰外，其余舰只全部交给协约国；禁止奥地利拥有潜艇和空军。奥地利赔款总额由主要协约国及参战国组成的赔款委员会研究决定；该委员会有权监督奥地利的财政。

《纳伊条约》 1919 年 11 月 27 日，协约国与保加利亚签订《纳伊条约》。规定保加利亚承认南斯拉夫独立，将西部马其顿和白蒂莫克河下游地区划给南斯拉夫；北部的南多布罗加划归罗马尼亚；西色雷斯由战胜国代管，后划归希腊。保加利亚必须废除义务兵役制；陆军限额为 2 万人，不得拥有海、空军。赔款 22.5 亿金法郎，37 年内偿清。

《特里亚农条约》 1920 年 6 月 4 日，在镇压了匈牙利无产阶级革命后，协约国与匈牙利订立《特里亚农条约》。条约重申对奥条约的主要条款，并将克罗地亚—斯洛文尼亚和巴纳特西部划归南斯拉夫；巴纳特东部和特兰西瓦尼亚划归罗马尼业；斯洛伐克和喀尔巴阡乌克兰划归捷克斯洛伐克。匈牙利必须废除强迫普及兵役制；仅保留陆军 3.5 万人和巡逻艇 3 艘。赔款 22 亿金法郎。

《色佛尔条约》和《洛桑条约》 1920 年 8 月 10 日，战胜国与奥斯曼素丹政府签订《色佛尔条约》。条约规定：奥斯曼的欧洲领土除伊斯坦布尔及附近地区，东色雷斯和伊兹密尔地区割让给希腊，海峡地区为非军事区由国际共管，无论平时或战时均对一切国家的军舰商船及军、民用飞机开放；奥斯曼承认汉志和亚美尼亚独立；根据国际联盟的委任统治文件，叙利亚和黎巴嫩为法国的委任统治地，美索不达米亚和巴勒斯坦则委托给英国；奥斯曼领土仅剩下安纳托利亚高原地区。条约还规定恢复帝国主义列强在奥斯曼帝国的领事裁判权，战胜国有权监督其财政经济和关税。其军队不得超过 5 万人，不得拥有空军和炮兵，海军仅能保留 13 艘轻型舰只。该条约使奥斯曼帝国丧失了独立地位。因此，由资产阶级革命领袖凯末尔领导的大国民议会坚决拒绝承认这个条约，致使《色佛尔条约》从未生效。

资产阶级革命胜利后，协约国与凯末尔政府于 1923 年 7 月 24 日另订《洛桑条约》以代替《色佛尔条约》。《洛桑条约》规定将小亚细亚全部领土和东色雷斯归还土耳其；承认土耳其领土完整和国家独立；废除领事裁判权；取消赔款，土耳其财政不受外国监督和关税自主等。但维持海峡地区非军事化和国际共管，对其他地区的委任统治安排也未改变。会后协约国军队从伊斯坦布尔撤出。《洛桑条约》是凡尔赛体系中唯一的较平等条约，它使土耳其获得了民族独立，成为战后近东最稳定的国家。

　　对凡尔赛体系的评价　　凡尔赛体系标志着第一次世界大战结束后，列强经过近 5 年的时间，终于在欧洲、近东和非洲建立了战后资本主义世界的新秩序。但是正如列宁所说："靠凡尔赛和约来维系的整个国际体系、国际秩序是建立在火山上的。"[①] 丘吉尔也曾尖锐地把凡尔赛体系称为"胜利者所做的蠢事"。凡尔赛体系内部包含的各种矛盾，使它不可避免地走向崩溃。

　　第一，凡尔赛体系是帝国主义重新瓜分世界的体系。英、法、日、意等战胜国通过获得战败国的殖民地、势力范围和对一些地区实行委任统治，扩大了自己的殖民帝国，实现了它们在战前追求的主要扩张目标。这本来就是它们进行这场帝国主义战争的根本目的，但也制造了诸多矛盾。

　　第二，凡尔赛体系加深了帝国主义国家之间的矛盾。从战胜国和战败国的关系来看，第一次世界大战是两大帝国主义集团共同挑起的，如果说到战争的罪责，那么双方都难逃干系。但是战胜国却根据帝国主义强权政治的原则，以维护战胜国的利益为根本宗旨，在《凡尔赛条约》第 231 条中明确规定德国及其盟国应当承担发动战争的责任，这自然就给它们堂而皇之地掠夺战败国提供了所谓的法律依据。根据这一条款，战胜国对战败国施加的一系列条约极为苛刻，不仅包括政治、军事、领土方面的严惩措施，而且经济上的掠夺更是骇人听闻。英国著名经济学家凯恩斯（1883—1946）[②] 曾经深刻指出，协约国的赔款政策"是一项令人深恶痛绝的政策"，"这种政策如果真被采纳并蓄意实行，人们的判断就会宣告它是一个残忍的胜利者在文明史上所干出的最凶暴的行为之一"。因此，该体系必然导致战败国与战胜国之间矛盾的加剧，并激起整个德意志民族的强烈复仇心理。德国虽然被迫在条约上签字，但从未承认自己失败。随着国力的恢复和增长，德国必然会从要求修改条约到不履行条约，直至撕毁条约。在巴黎和会期间，和约的拟定者之一劳合-乔治就预感到这种危险。他在 1919 年 3 月 25 日的《枫丹白露备忘录》中写道："你们可以夺走德国的殖民地，将它的军队裁减到只够建立一支警察部队的数量，将它的海军降到五等国家的水平。这一切终归毫无意义，如果德国认为 1919 年的和约不公平，那么它就会找到对战胜国进行报复的手段。"和会刚一结束，德国的复仇主义者便喊出了"打倒凡尔赛条约"的口号。与此同时，新生的魏玛共和国也由于被迫接受了《凡尔赛条约》而成为仇恨的对象，从而造成了共和国的脆弱。人们怀念帝国，希望出现一个强有力的铁腕人物"重振国威"。实际上，正是在整个德国社会各阶层中不断蔓延的极端民族主义和持续高涨的复仇主义，成为纳粹党发展的土壤，并成为 30 年代希特勒得以上台执政的重要

---

① 《列宁全集》第三十九卷，人民出版社 2017 年版，第 394 页。

② J. M. 凯恩斯是当时参加巴黎和会的英国代表团成员，因为坚决反对和约对德国和欧洲的经济政策而辞职。

原因之一。

从战胜国之间的关系来看，美国作为 20 世纪迅速崛起的重要大国，在帮助协约国取得战争胜利和建立凡尔赛体系的过程中都发挥了重要作用，但是它问鼎世界领导权的努力却遭受极大挫折，使之与英、法等国家的矛盾加剧，这是美国国会不批准《凡尔赛条约》也不参加国联的根本原因。从此，美国置身于凡尔赛体系之外，对欧洲实行只谋求经济利益但不承担政治义务的所谓孤立主义外交政策。不仅如此，面对 30 年代法西斯国家的挑战，美国仍然坚持其孤立态度，是世界反法西斯统一战线未能及时建立的重要原因之一。直至日本偷袭珍珠港，美国蒙受巨大耻辱之后，才放弃孤立主义。

第三，凡尔赛体系的领土安排，在引发新的民族矛盾的同时，却实际加强了德国地缘政治的潜在战略优势。尽管战胜国一再标榜以民族自决原则处理领土问题，但实际上主要是根据掠夺战败国和它们自己的需要，包括满足战时签订的各项密约来实行这一原则的。因此，虽然在旧帝国的废墟上恢复或建立的新国家的领土基本上以民族自决原则重新加以划定，但与此同时，在捷克斯洛伐克、奥地利、波兰、匈牙利、南斯拉夫等国又产生了许多新的民族矛盾，从而造成了中欧的巴尔干化。这种情况，显然将成为东山再起的德国为打破凡尔赛体系而挑起新的国际争端的温床。对此，著名外交家基辛格（1923—2023）深刻指出："研拟凡尔赛和平方案的各国代表最后得到的是反效果。他们想削减德国的实力，却反而增强了德国的地缘政治地位。"实际上纳粹德国正是倚仗自己的这一优势，利用民族问题、领土问题，不断挑起事端，使新的大战步步迫近。

第四，凡尔赛体系是帝国主义反苏反共的工具。苏俄作为一战后不断成长的社会主义国家，是影响凡尔赛体系建立的重要因素。列强最初以消灭苏俄为目的，继而以孤立苏俄/苏联为目标，从一开始就把凡尔赛体系变成反苏反共的工具。这种排斥与敌对苏联、防止共产主义意识形态扩大影响的根本宗旨，在以后的 20 年中并未改变，却使苏、德接近。两国通过签订《拉巴洛条约》而形成了 20 年代的"拉巴洛时代"。当 30 年代法西斯的侵略扩张日益猖獗之时，英法仍然敌视苏联，从而使它们失去了苏联这一在东方钳制德国的最为重要的国际力量，不仅使世界范围内的反法西斯统一战线未能及时建立，而且成为苏、德两国在德国发动战争前接近的重要原因之一，结果对二战的进程产生了极为不利的影响。

第五，凡尔赛体系加深了帝国主义和殖民地半殖民地的矛盾。该体系对中国权益的不公正处理，使中国人民彻底觉醒。1919 年 5 月 4 日，中国爆发了彻底反帝反封建的伟大爱国革命运动。20 世纪 20 年代的中国发生了深刻变化，中国共产党的成立和孙中山改组后的国民党实行"联俄、联共、扶助农工"三大政策，为中国革命注入了新因素。中国民族解放运动的高涨不断冲击着列强的在华利益，迫使它们作出一定让步。需要指出的是，尽管列强慑于民族解放斗争的压力，在瓜分殖民地方面采取了"委任统治"形式，但没有根本改变殖民统治的实质。战后无产阶级革命和殖民地半殖民地人民的民族民主运动有力地冲击着凡尔赛体系的基础。

第六，凡尔赛体系是战胜国妥协分赃的产物，没有也不可能消除它们之间的种种矛盾。列强继续争夺霸权的斗争是削弱凡尔赛体系的一个重要因素。美国虽然置身该体系之外，但仍然在国际事务中发挥作用。与此同时，日本在中国和亚太地区势力的恶性膨胀使美英极度不安。于是美、英、日等国在凡尔赛体系未能完全解决的东亚和太平洋地区展开了新的争夺，并对华盛顿会议的召开产生了直接影响。

第二节   华盛顿会议

一、战后亚洲、太平洋地区的形势

列强在亚太地区争霸的新格局   巴黎和会之后，由于美国参议院拒绝批准《凡尔赛条约》，也拒绝加入国际联盟，战胜国企图通过对战败国缔结和约的方式建立战后全球新秩序的努力并未获得完全的成功。列强在亚太地区的矛盾不但没有解决，反而愈显尖锐。

第一次世界大战后，帝国主义在亚太地区的争霸形势与战前相比有了新的变化。战前主要是英、法、俄、德、日、美六国相互角逐，争斗的中心是宰割衰弱的中国。战后，德国败北，沙俄消亡，法国则忙于医治战争创伤和处理欧洲事务，于是在亚太地区的国际政治斗争舞台上便形成了英、美、日三国继续争夺中国和太平洋海上霸权的新局面。这种新的争霸格局有三条主线：第一，日本在该地区实力的明显增强以及它独占中国势头的迅速发展，引起英、美两国的极度不安。因此，尽管它们之间存在着种种矛盾，但都力图遏制日本的扩张野心。第二，为争夺亚太地区的霸权，英、美、日三国展开了激烈的海军军备竞赛，使亚太地区形势格外紧张。第三，中华民族的觉醒以及巴黎和会期间中国人民对帝国主义任意宰割中国所表现出来的强硬态度，使列强极为惊恐。如何保持中国的贫弱状况，如何保护列强的在华既得权益，是它们必须处理的另一个问题，而且除非它们相互妥协，这个问题就得不到解决。

英、美、日之间相互关系的发展变化   战后，英、美、日三国之间的相互关系发生了某些与战前不同的重要变化。

英日关系逐渐从盟友走向某种程度的对抗。第一次世界大战前，英国虽然在华拥有最大权益，但它的优势地位已受到其他列强的挑战。英国感到无法单靠自己的力量保卫其远东帝国和在华权益，遂放弃"光辉孤立"的外交政策，于 1902 年与日本结成英日同盟，并在 1905 年和 1911 年两度续订，企图依靠日本替自己照看"远东财产"。然而日本却利用这一同盟，在战前和大战期间极大地扩展了自己的在华利益。到大战结束时，日本对华出口已居各国之首，而英国则落后于美国屈居第三；在对华投资方面，双方已不相上下。这一切对英国造成了严重威胁。巴黎和会上日本对大战中获得的权益寸步不让，更加强了它在亚太地区的经济及战略优势。当英国在欧洲的对手德国一败涂地之时，它昔日的盟友日本却准备把它赶出亚太地区，英国再次面临如何保住远东帝国和在华权益问题。因此，无论英国如何考虑将于 1921 年 7 月到期的英日同盟是否续订问题，最重要的是它必须在亚太地区寻找新的盟友。

对日本来说，由于持续了近 20 年的英日同盟给日本带来了巨大好处，它自然希望维持该同盟，使其继续作为日本对外扩张的国际支柱。但是战后的形势表明，英日同盟是否续订，不仅取决于英国，更要看美国的态度如何，而美日关系的恶化最终将使日本的打算落空。

美、日两国在对华政策方面尖锐对立，战后矛盾日益突出。自 1899 年美国国务卿海约翰正式向各国提出对华实行"门户开放"原则以来，这一原则就成为美国对华政策的基石。但是当时正凭借军事力量积极向外扩张的日本并不打算遵循此项原则。20 世纪初，日本在英日同盟的支持下，通过对俄战争的胜利，不仅最终吞并了朝鲜，而且把中国东北变成了它的势力范围。以后它又利用大战爆发，强迫袁世凯政府接受旨在灭亡中国的"二十一条"要求。尽管美国深知日本的行动与"门户开放"政策完全相背，也曾对此提出过强烈谴责，但在欧战正酣之际，它无意与日本交恶，只得在 1917 年 11 月与日本签订的《蓝辛—石井协定》中，以承认"日本在中国有特殊利益"为代价，换取日本对"门户开放"原则的表面认可。

大战结束后，围绕对华关系，美国的"门户开放"原则与日本独霸中国政策之间的对立日益尖锐。巴黎和会期间日本在中国山东问题上取得的胜利是美国国会未能批准《凡尔赛条约》的重要原因之一，因为它与日本在大战中获得的其他战利品一起，彻底破坏了亚太地区的战前均势。另外，美国打算组织美、英、法、日四国银行团，利用美元的力量摧毁日本独占中国政策的努力也由于日本的实际抵制而受挫。于是美、日两国相互视对方为自己争夺亚太地区霸权的主要障碍，都把对方看作自己的假想敌国。日本军部在 1907 年上奏天皇的《帝国国防方针》中，便把美国列为仅次于俄国的第二号假想敌国。大战结束后，美国实际取代了俄国的位置。①美国则早在 1904 年就开始考虑制订针对日本的作战计划；1913 年军

———————————

① 日本军部在 1923 年第二次修改《帝国国防方针》时，正式将头号假想敌国由俄国改为美国。

方正式提出以日本为敌人的"橙色作战计划";1919 年巴黎和会之后,美国更对该计划给以最多的注意,并进一步考虑加强在夏威夷、关岛和菲律宾的设防。此外,为了消除在未来的对日战争中英、日联合对抗美国的潜在危险,美国力图拆散英日同盟,而美、英两国在遏制日本方面的日趋一致最终使美国达到了目的。

在战后争夺亚太地区霸权的斗争中,美英两国既是对手,又是反对日本扩张的伙伴。尽管战后美国凭借经济实力,在全球范围内与英国激烈地争夺市场、原料和投资场所,并向英国自治领和南美洲渗透自己的势力,但美国深知,在亚太地区,在与其主要敌人日本的争斗中需要英国的支持。英国作为最早侵华的国家,把中国最富庶的长江流域和华南地区划为自己的势力范围。一战前它凭借政治经济优势,消极对待美国的"门户开放"。但战后英国既无力阻止日本对中国的经济进攻和对英国势力范围的"侵犯",也无法抵挡美国对中国的经济渗透,加上它在财政上对美国的部分依赖,便调整了亚太地区外交战略,逐渐转向支持"门户开放"政策,希望借助美国遏制日本,以保住自己的既得利益。这不仅表现在 1919年英国积极支持美国关于组织新的国际银行团的建议方面,更表现在英国被迫在战后的海军军备竞赛方面寻求与美国妥协。

大国之间的海军军备竞赛   海军是帝国主义争夺世界霸权的主要工具,海军实力的强弱直接影响到列强争霸的结局。第一次世界大战前,激烈的海军军备竞赛主要围绕对欧洲、北海和大西洋的控制权,在英、德两国之间进行。大战结束后,随着德国海军的败亡和美、日两国的崛起,围绕争夺亚洲和太平洋地区的霸权,新一轮海军军备竞赛的阴云又笼罩在美、日、英三国之上。

1919 年美国国会正式批准了早在 1916 年海军部就制订的扩充海军计划。按照该计划,美国到 1924 年将拥有 38 艘主力舰,规模大大超过当时英国的 32 艘,再加上其他船只的加速建造,美国将在 20 年代中期成为超过英国的世界第一海军强国。在大规模扩建海军的同时,美国还把其海军主力从大西洋调到太平洋,发展珍珠港基地,以抗衡日本在该地区的力量。

对于美国的挑战,日本不甘示弱。1920 年它不顾经费短缺的巨大压力,开始实行早在 1907 年就提出的建立"八·八舰队"① 的计划,并要求日本海军保持对美国海军 70%的比例。1921 年日本的海军预算竟占到国家岁出的 32%。

作为世界第一海上强国,英国感到自己的地位岌岌可危,也不顾财政紧张而决心与美国较量。1919—1920 年其海军开支比 1913—1914 年增加了 3 倍,1921 年议会又通过决议,决定增建 4 艘超级战列舰和几十艘其他舰只,以维持其海上

---

①   所谓"八·八舰队",系指建立一支以舰龄不满八年的战列舰八艘、装甲巡洋舰八艘为最低限度的主力部队,并以巡洋舰和大小驱逐舰若干艘为辅助部队的第一线舰队。

优势。

列强之间的海军军备竞赛愈演愈烈，但各国对这种竞赛带来的螺旋上升的财政支出都感到力不从心。尤其是英国，战后的财政拮据和美国催还战债的压力，使它无法与实力雄厚的美国展开长期军备竞赛。尽管首相劳合-乔治曾宣称"英国将花掉最后一个金币以使其海军优于美国或任何其他国家"，但他也不得不沮丧地承认"海军竞赛将会使英国崩溃"，并寻求与美国妥协。1920年3月，英国海军大臣朗格发表声明，表示英国将满足于本国舰队在实力上不亚于另一个大国的最强大的舰队，实际放弃了传统的"两强标准"。日本虽野心不小，但经济繁荣为时短暂，在战后经济世界性不景气的打击下，也感到难以承担造舰竞赛的重负。美国虽然拥有比英、日更多的资金，但要获得真正的海上优势，无论是在船只建造方面还是在基地建设方面，都还需要相当长的时间。

大国为争夺亚太地区的霸权而展开的海军军备竞赛加剧了亚太地区国际关系的紧张。但是战后的资本主义世界百孔千疮，尚待复苏；各国人民的反战情绪空前高涨；东方兴起的巨大的民族解放斗争的风暴有力地冲击着帝国主义的殖民体系；再加上资本主义世界发生的战后第一次经济危机，这一切使各国资产阶级十分需要一个和平的国际环境来巩固统治。因此，它们之间暂时并不想兵戎相见，而是希望召开新的国际会议，通过外交途径缓和彼此的矛盾。

二、华盛顿会议和华盛顿体系的形成

华盛顿会议的召开　早在1920年12月，美国参议员威廉·E.博拉（1865—1940）就提出召开各国限制海军军备的国际会议的建议。1921年5月和6月，美国参、众两院以压倒性多数通过了博拉的上述议案，要求政府开始与英、日举行促进裁军的谈判。英国也在1921年4月正式通知美国政府，它准备放弃传统的"两强标准"，并希望与美国讨论两国的舰队均势问题。这个政策得到当年英帝国会议的批准。同年7月5日，英国外交大臣寇松首先向美国建议，希望美国总统首倡以解决远东与太平洋问题和裁军问题为目的的国际会议，美国欣然同意。7月10日，美国国务卿休斯（1862—1948）发表公开声明，向英、日、中、法、意五国建议在华盛顿召开会议。8月11日，美国正式向在亚太地区有利害关系的八个国家英、日、中、法、意、比、荷、葡发出邀请，准备于当年11月在华盛顿召开会议，但把苏俄排除在会议之外。

1921年11月12日，上述九国出席的华盛顿会议开幕，美国国务卿休斯被选为大会主席。会议的正式议程有两项：一是限制海军军备问题；二是太平洋及远东问题。为此会议组成两个委员会：由美、英、法、意、日五国组成的"缩减军备委员会"和由与会九国组成的"太平洋远东问题委员会"，分别进行讨论。会议

的主持者竭力标榜会议的公开性，不搞秘密外交，甚至把代表们的讲话和发言登载在报刊上，并出版会议的速记报告书，但所有重大政治问题实际上都是在幕后谈判时由美国国务卿休斯、英国枢密院院长贝尔福（1848—1930）和日本海相加藤友三郎（1861—1923）决定的。会议历时近 3 个月，于 1922 年 2 月 6 日闭幕。会议期间共缔结条约 8 项（其中 1 项未生效，1 项为会议期间由中、日两国订立），议决案 13 项。其主要内容是：关于废除英日同盟的《四国条约》，关于限制海军军备的《五国条约》，中日解决山东问题的条约和关于在中国实行"门户开放"原则的《九国公约》。

《四国条约》   英日同盟问题虽未被列入华盛顿会议的正式议程，却是会议讨论的重要问题之一。早在会议开幕前，美国便以催还战债为武器，向英国施加压力，并利用爱尔兰问题要挟英国，声称如果英日继续结盟，美国将支持爱尔兰独立。最主要的是，美国以解散该同盟作为同意与英国达成限制海军军备协定的先决条件，迫使英国就范。对英国来说，尽管英日矛盾的发展，帝国内部反对续订英日同盟的声音以及美国的财政压力，已经使英国感到解散英日同盟只是个时间问题，但使英国下决心采取这一行动的最重要因素是英国把限制海军军备放在第一位，因此它必须接受对此有重大发言权的美国的条件。在美、英、日三国代表的秘密会议上，英国曾提出美、英、日三国缔结一个涉及亚太地区的包括防御性军事条款的协定代替英日同盟的方案，以达到既不开罪日本，又可让美国保卫英国亚太地区利益的双重目的。但美国认为这不仅是改头换面地保持英日同盟，而且有悖于美国在和平时期对外不承担军事义务的传统外交原则，故坚决予以反对。美国坚持要求邀请法国参加，还要求协定仅限于以和平协商原则解决太平洋区域的问题。

经过美、英、日代表私下的再三磋商和法国的同意，四国终于在 1921 年 12 月 13 日签订《关于太平洋区域岛屿属地和领地的条约》，简称《四国条约》。条约规定：缔约各国同意相互尊重它们在太平洋区域内岛屿属地和岛屿领地的权利；如上述权利遭受任何国家侵略行为的威胁时，缔约各国彼此之间应全面地和坦白地进行协商，就应该采取的最有效措施达成协议；条约有效期十年；条约生效后，英日同盟协定应予终止。

《四国条约》的签订是美国外交的胜利。它不仅借此埋葬了英日同盟，消除了在亚太地区争霸的一个障碍，而且成功地使该条约只具有外交协商性质而不具有军事同盟性质，使美国无需用武力保卫英法在亚太地区的利益。对英国来说，从表面看来，《四国条约》既维持了英日友谊，又促进了英美关系，使英帝国在太平洋上的巨大权益暂时得到了保障。但是随着英日矛盾的不断激化，英国在自己的亚太地区兵力极其虚弱而又无美国军事援助的情况下，对日妥协成为英国亚太外交政策的一种选择。《四国条约》对日本的影响是双重的。一方面，日本的扩张野心受到了美、英、法三国的遏制，使它在 20 年代不得不稍稍收敛一下武力扩张行动，而改为以经济侵略为主要方式；另一方面，该条约又使日本在国际上第一次处于与欧美列强平起平坐的地位，它在太平洋上的权益得到了大国的正式承认，这无疑又是日本外交的成功。

另外，在《四国条约》签订的前一天，美日签订了《耶普岛条约》①，条约规定：美国在使用该岛的海底电线、岛上的无线电通信，美国公民在该岛的居住权和财产权等方面，与日本享有同等地位；美国同意日本对太平洋赤道以北的原德国岛屿属地的委任统治，日本也必须维持和尊重美国公民在这些岛屿的财产权，并不得在岛上设立军事基地。

《五国海军条约》 限制海军军备问题是华盛顿会议的主要议题之一，在这个问题上各国矛盾尖锐。会议一开始，美国便提出一个限制主力舰吨位的方案，主要内容是：今后十年内停止建造主力舰（包括目前正在建造的），十年后也只能建造用以替换退役舰的主力舰；销毁某些旧舰；参照与会国现有海军力量确定各主要国家的主力舰吨位限额，美、英各 50 万吨，日本 30 万吨，即 5∶5∶3 的比例。美国的意图十分明显：消除英国在主力舰方面对美国的优势并确保自己对日本的优势。

英国不难接受上述比例。由于战后英国已把自己的海军力量的理想标准定为"一强标准"，自然能较顺利地接受与美国的 5∶5 的比例，而对与日本的 5∶3 的标准也没有太大异议，它认为这个差额足以对付日本并满足国内水域的需要。

但是这一比例遭到日本的激烈反对。长期以来日本把其主力舰吨位要达到美国的 70% 作为追求的目标，在日本代表团赴会前，日本政府又向他们下达了"对美绝对需要保持七比十的比例"的训令。因此，日本最初坚决反对 5∶3 的比例，要求会议注意它的"特殊需要"，坚持获得 10∶7 的标准。然而美国在英国的支持下不肯让步，并扬言如果日本坚持己见，那么日本每造 1 艘军舰，美国将造 4 艘与之抗衡。日本自知财力不足，又需要与英美保持协调关系，只好妥协，但以英美放弃在西太平洋建设和加强海军基地为条件，后者表示同意。法、意两国在发了一通牢骚之后，最终也接受了对它们主力舰吨位的规定。

但是在辅助舰方面，除航空母舰外均未达成协议。英国借口帝国防务而拒绝限制巡洋舰和其他水面舰只的数目；法国则借口自己的主力舰少，坚决反对削弱

---

① 耶普岛是加罗林群岛中的一个小岛，其海底电线连通美国及其海军基地关岛，也是美国与中国上海及荷属东印度群岛之间的联络站，因此该岛的战略地位对美国十分重要。美国对《凡尔赛条约》决定该岛由日本委任统治十分不满并对该决定持保留意见。以后美、日多次争论这个问题，最终在华盛顿会议上达成妥协。

和限制潜水艇，并得到日、意的支持。在裁减陆军方面，会议也因为法、日、比、意等国的坚决反对而无结果。

经过近 3 个月的激烈争论，《美英法意日五国关于限制海军军备条约》即《五国海军条约》终于在 1922 年 2 月 6 日签字。条约规定：五国主力舰总吨位的限额分别为：美、英各 52.5 万吨，日本 31.5 万吨，法、意各 17.5 万吨（即 5∶5∶3∶1.75∶1.75 的比例）；主力舰的排水量不得超过 3.5 万吨，舰炮口径不得超过 406 毫米。另规定各国航空母舰总吨位限额为美、英各 13.5 万吨，日本 8.1 万吨，法、意各 6 万吨。其他船只未作限制。条约还规定：美、英、日三国在太平洋岛屿和领地的要塞维持现状；美国不得在菲律宾、关岛、萨摩亚和阿留申群岛，英国不得在香港及太平洋东经 110° 以东的岛屿修建海军基地和新的要塞，日本则主要承诺不在台湾设防。条约有效期至 1936 年 12 月 31 日。

《五国海军条约》使英国正式承认了美英海军力量的对等原则，标志着英国海上优势从此终结，并使日本的扩军计划受到限制，从这个意义上说，它是美国外交的又一胜利。然而美英在战舰基地方面对日本作出的让步，却潜伏着巨大危险。因为尽管日本在主力舰方面劣于美英，但由于后者丧失了在靠近日本水域拥有有效作战基地的可能性，这就使日本海军在新加坡以北的水域实际占有绝对优势。一旦发生战争，中国香港和菲律宾便会成为日本的囊中之物。因此，这一规定是日本在战略上的胜利。

《五国海军条约》是世界现代史上大国之间签订的第一个裁军协议。但条约本身并没有真正消除竞争，竞争将在以后重新激化。

中国山东问题的解决与《九国公约》　华盛顿会议的另一个重要议题是亚洲和太平洋问题，而其核心是中国问题。但是 20 世纪 20 年代的中国已不再是听任列强宰割的中国。在中国人民强大的反帝爱国运动压力下，出席会议的北洋政府代表团希望趁此机会要求国际社会解决山东问题，承认中国与世界其他国家的平等地位。美国为达到打击日本独占中国的野心，消除各国在华势力范围，迫使列强接受“门户开放”和机会均等原则等多重目的，便利用中国的要求，授意中国代表在会上提出解决中国问题的“十项原则”提案。其主要内容是：要求各国尊重并遵守中国领土完整和政治与行政上的独立；中国不再割让或租借领土或沿海的任何部分给其他国家；中国赞同并愿意在全国境内实行“门户开放”和工商业机会均等原则；废除各国在华特权；取消对中国的各种政治、司法及行政限制；等等。

美国对中国的提案立即表示支持。美国代表鲁特（1845—1937）借机提出以尊重中国的主权与独立及领土与行政完整以及坚持中国“门户开放”为主要内容的“四项原则”，要求各国予以接受。对本已打算放弃势力范围政策的英国来说，承认这些原则并不困难。但日本对美国的意图颇为怀疑。日本代表加藤特意在会上说明，所谓"行政完整"并不涉及过去已经许诺给各国的利益或特权。鲁特对此表示同意，日本才放下心来，认为可以接受这些原则。于是鲁特的"四项原则"便成为会议处理中国问题的基础。

中国对收回主权充满期待。根据上述原则，中国代表在会上具体提出收回山东主权和废除"二十一条"的要求。美国为捍卫"门户开放"，原则上支持中国。中国还认为，山东问题不是单纯的中日之间的问题，因此反对与日本直接谈判，而主张在会议上解决。但日本却坚持中日双方在会外"直接谈判"。美、英担心如果它们在这个问题上支持中国，将会激怒日本，从而影响与日本在限制海军军备问题上达成协议，也将影响日本对"门户开放"原则的最终认可，便迁就日本，迫使中国接受了在会议之外进行的有美、英观察员列席的中日双边会谈。

1922年2月4日，中日签订《解决山东悬案条约》及《附约》。规定：日本应将德国旧租借地胶州交还中国，中国将该地全部开为商埠；日本撤退驻青岛、胶济铁路沿线及支线的军队；青岛海关归还中国；日本将胶济铁路及其支线及一切附属产业归还中国，中国补偿日本铁路资产价值53406141金马克，在未偿清之前，车务长与会计长应由日本人担任；之前德国享有开采权的煤、铁矿山由中日合资经营。《附约》中规定了对日本人和外国侨民的许多特殊权利，从而使日本在山东仍保留了不少权益。尽管如此，中国收回山东主权和胶济铁路利权，是对《凡尔赛条约》有关山东问题的不公正条款的重要修正，是中国人民坚持斗争所取得的重大外交成果；美英的压力也是日本被迫让步的一个因素。

但是对中国提出的废除"二十一条"的要求，日本最初予以拒绝，理由是一旦废除中日两国间正式批准的条约，将酿成非常危险的先例，破坏现存的国际关系。在中国代表的坚决要求和各方压力下，日本才被迫声明放弃"二十一条"中的部分次要条款。中国代表不满意日本的声明，但美英却满足于日本的让步，无意作进一步的讨论。

山东问题的解决，为贯彻美国的意图扫除了障碍。1922年2月6日，与会九国签订《九国关于中国事件应适用各原则及政策之条约》，即《九国公约》。公约全文共九条，鲁特的"四项原则"列为第一条，是为中心内容。它规定："（一）尊重中国之主权与独立、及领土与行政之完整；（二）给予中国完全无碍之机会，以发展并维持一有力巩固之政府；（三）施用各种之权势，以期切实设立并维持各国在中国全境之商务实业机会均等之原则；（四）不得因中国状况，乘机营谋特别权利，而减少友邦人民之权利，并不得奖许有害友邦安全之举动。"然而，公约标榜的尊重中国主权、独立，不过是表面文章。列强对中国代表在会上提出的收回关税自主权、取消治外法权、归还外国在华租借地和取消势力范围与特殊利益、撤退外国在华军警和无线电台、撤销外国邮局等收回主权的要求，除了同意撤销部分外国电台及英、法同意交还威海卫与广州湾之外，其他问题实际均未得到解决。《九国公约》的核心是列强确认并同意把"门户开放""机会均等"作为它们共同侵略中国的基本原则。因此，它们强加给中国的一切不平等条约仍然有效，它们的在华特权继续存在。

　　《九国公约》的签订，是美国外交取得的重要成果。它使美国长期追求的"门户开放"在中国终于成为现实；它打破了日本对中国的独占，"又使中国回复到几个帝国主义国家共同支配的局面"①。

　　华盛顿体系及其实质　华盛顿会议是巴黎和会的继续与发展，它在承认美国在亚太地区占有相对优势的基础上，在中国民族解放运动蓬勃发展的形势下，通过上述一系列条约，修改和补充了《凡尔赛条约》中的一些条款，解决了巴黎和会上没有解决的一些问题，建立了第一次世界大战后帝国主义列强在亚太地区新的国际关系结构，被称为华盛顿体系。

　　华盛顿体系的建立，削弱了英国在亚太地区的势力，拉开了英国从亚太地区撤退的序幕。在以后的年代中，英国力图保持该体系所确立的现状并维持、发展在华利益，因此必然同日本的继续扩张发生冲突，英、日矛盾将不断激化。日本的扩张野心遭到美英的遏制和中国人民的坚决抵制，但其独霸东亚的既定国策不会改变，在以后的年代中日本不断寻找机会准备最终冲破华盛顿体系的束缚。美国作为该体系的主要规划者和潜在的保证者，力求保持亚太地区的新均势，也必然会与日本产生不可调和的矛盾。

　　华盛顿体系的建立，标志着战胜国在全球范围内基本完成了对战后列强关系的调整和对世界秩序的重新安排。由凡尔赛体系和华盛顿体系构成的第一次世界大战后的国际新格局，史称"凡尔赛—华盛顿体系"，国际联盟是这个体系的重要组成部分。

第三节　国际联盟

一、国际联盟的起源与成立

　　国际联盟的起源　早在19世纪，随着社会生产和物质文明的巨大发展，各国之间交往范围的日益扩大，以及人类社会互相依存程度的不断加深，一些国际机构便根据行业需要而建立起来，并拥有监督国家个别行政部门的权力，如国际电

---

① 《毛泽东选集》第一卷，人民出版社1991年版，第143页。

信联盟、万国邮政联盟等。这样的组织到 1914 年已有 30 多个。此外还有一些非官方的国际团体，如各国议会联盟、国际工会联合会以及许多有关宗教、科学、文学、体育的团体。但是这些国际组织的工作仅限于行政事务方面，并不具有政治上的任何约束力。

然而，第一次世界大战的爆发和战争的长期化，使饱受战乱之苦的各国人民强烈反对帝国主义战争，渴望和平。与此同时，几乎所有交战国和中立国的政治家也都认为有必要建立一个新的国际体系来防止如此巨大的灾难再度发生。于是建立具有政治约束力的国际常设机构的想法应运而生，1918 年英国成立的"国际联盟协会"和美国成立的"美国实现和平联盟"都主张建立这种组织。不仅如此，到战争后期，英国和美国政府还把建立国际联盟作为它们进行这场战争的目的加以阐述。英国首相劳合-乔治在 1918 年 1 月 5 日会见工会代表时，表示英国的作战目的之一就是"我们必须通过建立某种国际组织来设法限制军备的负担和减少战争的危险"。美国总统威尔逊则在 3 天后阐明美国作战目的的"十四点"原则中特别强调最后一点——"为了大小国家都能相互保证政治独立和领土完整，必须成立一个具有特定盟约的普遍性的国际联盟"。到战争结束时，不仅所有交战国都把"十四点"作为媾和的基础（除英国对航海自由予以保留外），而且英、美、法等国都已研究并制定了组织国际联盟的方案。

国际联盟的建立 1919 年 1 月 25 日，巴黎和会全体会议通过了最高委员会提出的关于建立国际联盟的建议，并决定它应该作为总的和平条约的不可分割的一部分。随后和会成立了以威尔逊为主席的专门委员会起草国联盟约。各主要战胜国都力图使自己的方案体现在盟约之中。美国主张允许德国和小国加入国联，指望它们由于在经济上依赖美国而采取追随美国的政策，并要求由国联管理德国的前殖民地和前奥斯曼帝国的领地，以对抗英、法独占殖民地的政策，达到美国利用这一国际组织谋求世界领导权的目的。英国希望国联成为几个大国之间仲裁纠纷的组织，用以维护其殖民帝国的利益。法国则主张德国不得加入国联，并要求在国联建立一支国际部队，设立国际总参谋部指挥这支部队，监督各国兵力并在必要时采取军事行动，企图通过由法国控制这支部队争霸欧洲。日本要求把种族平等列入盟约，以使日本能无阻碍地向西方移民。然而，由于起草盟约委员会主要由英美代表组成，又以英美的联合草案作为讨论的基础，因此法、日等国的要求并未全部得到满足。

1919 年 4 月 28 日，巴黎和会通过了《国联盟约》，并把它列为《凡尔赛条约》和对奥地利、保加利亚、匈牙利各国和约的第一部分内容。1920 年 1 月 20 日《凡尔赛条约》生效，国际联盟宣布成立。当时的会员国是 44 个，不包括战败国和苏俄。以后国联会员国发展到 63 个。

在创建国际联盟的整个过程中，美国总统威尔逊起了很大作用。但国联的成立未实现美国谋取战后世界领导权的计划，这就引起了美国统治集团内部的争吵。威尔逊的政敌共和党人操纵参议院，以国联盟约没有体现美国的战略目标，却使美国承担了许多义务，从而损害了美国的利益为借口，拒绝批准威尔逊已签了字的《凡尔赛条约》，也拒绝加入国际联盟。

二、《国际联盟盟约》与对国际联盟的评价

《国际联盟盟约》的主要内容　《国际联盟盟约》共 26 条，主要包括四个方面的内容。

第一，国联的组织机构和职能。盟约规定：国联的主要机构是会员国全体代表大会、行政院和常设秘书处，这是一个三级体制。代表大会每年 9 月在日内瓦召开常会一次，必要时可召开特别会议。每个会员国所派代表不得超过 3 人，但只有 1 票表决权。行政院由美、英、法、意、日五个常任理事国①和经由大会选出的四个非常任理事国（后来增加到 9 个）组成，每年至少开会一次，后改为每年开会四次。代表大会和行政院有权处理"属于联盟行动范围以内或关系世界和平之任何事件"，它们的所有决议必须全体一致表决通过。常设秘书处由行政院指定的一位秘书长领导，负责准备大会和行政院的文件、报告和新闻发布工作。

除了这三个主要机构外，国联还设立了常设国际法院、国际劳工组织、常设委任统治委员会、财政经济组织、交通运输组织、卫生组织、难民组织等常设机构，还成立了知识委员会等专门委员会以及许多辅助机构，以处理各种国际问题。

第二，建立国联的目的和达到目的的手段。《国联盟约》宣称，国联成立的宗旨在于"为增进国际合作并保持其和平与安全起见，特允承受不从事战争之义务"，为此盟约规定了会员国为实现这一宗旨而应尽的主要义务与职责。

1. 裁减军备。盟约规定会员国"承认为维持和平起见，必须减缩各本国军备至适足保卫国家安全及共同履行国际义务的最少限度"；行政院则"应在估计每一国家之地理形势及其特别状况下，准备此项减缩军备之计划，以便由各国政府予以考虑及施行"。

2. 会员国有相互尊重并保持领土完整和现有之政治独立，以防御外来侵略的义务。为此盟约规定会员国应当共同保证反对侵略和战争威胁；如果发生争端，应将争端提交仲裁，或依司法解决，或交行政院审查，并对破坏盟约而进行战争的国家采取经济、军事、政治上的制裁。

---

① 由于美国最终未加入国联，所以国联行政院实际上只有四个常任理事国。后来德国于 1926 年加入国联，并成为常任理事国。

3. 代表大会和行政院的决议需全体与会会员国一致通过才能成立。

4. 会员国要"维护各国间公开、公正、荣誉之邦交"，凡是各国之间订立的与国联盟约不符合的条约均应废止。

第三，管理殖民地的委任统治制度。盟约规定了"委任统治"制度，把德国的前殖民地和前奥斯曼帝国的领地交给国联，由国联把它们委任给英（包括其部分自治领）、法、比、日等主要战胜国进行统治。委任统治地分为三类：第一类包括原属奥斯曼帝国的阿拉伯领土，虽然"其发展已达可以暂认为独立国之程度"，但还不能自立，故暂交委任国给予"行政之指导及援助"。第二类包括德国在中非的前殖民地，由委任国"负地方行政之责"，并保证其他会员国在该地区"在交易上、商业上之机会均等"。对第一、二类地区何时才能独立，盟约未作明确规定。第三类包括德国过去在西南非洲的殖民地和在太平洋上的岛屿属地，受委托国可将它们作为本国领土的一部分，根据本国法律进行管理。盟约还规定，无论是哪一种委任统治，"受委任国须将委任统治地之情形向行政院提出年度报告"。

第四，国联成员国应赋予国联的其他权力。如：有权监督有关贩卖妇女、儿童，贩卖鸦片及危害药品等各种协定的实行；有权监督出于对某些国家公共利益之考虑的军械军火的贸易；应采取必要的办法，"对联盟所有会员国确保并维持交通及过境之自由，暨商务上之公平待遇"；应"努力采取措施，以便在国际范围内预防及扑灭各种疾病"；等等。

对国联的评价　国际联盟作为世界上第一个由主权国家组成的常设国际组织，反映了20世纪世界已成为一个息息相关的整体的现实，是国际政治的重要发展。它是各国维护和平、努力用协商方式解决国际争端理念的继续实践，在促进国际社会有序化，伸张中小国家正当诉求，推进国际合作等方面，作出了一些有益的开创性尝试和努力。它在有关国际组织的运作方式和积累经验、促进人权与社会福利、改善劳工劳动条件和待遇等方面的主张，是人类社会在经历了空前浩劫的大战之后反思的结果，体现了文明进步，并成为人类社会的共同财富，对现代国际组织的发展具有重要的影响和深远的意义。

但是，国联在机制上存在重要缺陷：它对裁军的泛泛规定，对各国政府没有真正的约束力；它所规定的形成决议的"全体一致"原则（或称"普遍否决权"），实际使国联失去了对侵略行为采取任何有效行动的可能性，因此无法制止战争的发生；它所标榜的公开外交不过是对世界舆论的一种欺骗，因为对战败国的和约中的许多条款，恰恰是对战前或战争进行中列强订立的秘密条约的兑现；它的"委任统治"制度，尽管是对旧殖民体系的改造，但没有改变殖民统治的实质；它并不具有真正的普遍性和权威性，美国始终不是它的成员，苏俄/苏联长期被拒之门外，使集体安全有名无实。因此，国联的政治实践便否定了它所标榜的基本宗旨，在保卫世界和平方面没有作出应有的贡献。它作为凡尔赛—华盛顿体系的一部分，在帝国主义强权政治的支配下，实际成为英、法等欧洲国家所操纵的、并时时为美国所支持的维护它们在战后建立的国际秩序的外交工具，反而在客观上助长了侵略，最后也使自己遭遇失败。第二次世界大战爆发后，国联名存实亡。1946 年 4 月，国际联盟正式宣布解散，它的所有财产和档案被移交给联合国。

第五章　资本主义世界的经济恢复与政治调整

20 世纪 20 年代，资本主义世界的经济得到不同程度的恢复与发展，但也存在十分严重的社会经济问题，工人运动一度高涨。英国的殖民帝国进一步扩大，但内部离心倾向加剧，开始向英联邦过渡。法国虽经济恢复较快，但政府更迭频繁，对德国的东山再起忧心忡忡，不断寻求自身安全保障。德国在战败和革命风暴中废除了帝制，建立了魏玛共和国；但共和国基础薄弱，纳粹党的出现，成为共和国最大的潜在威胁。意大利经济衰退，失业严重，社会动荡，外交失败，内阁频繁更迭，最终导致国家法西斯党建立了极权政权。美国是大战中获利最多的国家，战后新兴产业发展，生产和管理水平提高，经济繁荣，社会生活变化，但繁荣背后也存在经济危机的隐患。日本在大战后，很快陷入经济危机，但政党政治发展，实行所谓"协调外交"，以暂时掩盖其武力侵华和称霸亚太地区的野心，与此同时，其军部法西斯势力的发展不容忽视。在战后经济重建与政治安全的前提下，欧洲的国际关系得到调整，战后的和平局面得以维持。

第一节　英国的相对衰落与法国的重建

一、英国的经济萧条与政治变化

战后英国的经济萧条　英国在大战中付出了沉重的代价。一般估计，大不列颠和爱尔兰的陆军和海军人员伤亡和损失情况为：死 74.7 万人，伤 169.3 万人；商船损失了 2479 艘，总吨位为 7759090 吨，商船队的水手也有 14661 人丧生。另外，战争期间的"大流感"也在英格兰和威尔士造成了至少 15 万人的死亡，仅伦敦一地即超过 1.5 万人。根据凯恩斯的估计，大战造成的物质损失为 5.7 亿英镑，国债成倍增长，从 1914 年 3 月的 6.5 亿英镑增加到 1920 年 3 月的 78.28 亿英镑，还使英国从美国的主要债权国变成了美国的债务国，伦敦不再是世界唯一的金融中心，英镑的稳定地位和英国的国际金融地位发生动摇。

战后英国的经济结构面临严重问题。由于缺乏大量资金去更新固定资产，英国传统的煤炭、钢铁冶金、纺织、机械制造等工业部门开始走向衰落。在战后第一次经济危机中，受到最严重打击的正是这些部门。

在经济不景气的情况下，在生产领域，英国一方面进行产业结构调整，采取保护措施发展汽车、电子、有色金属和化学等新兴工业。到 1929 年，其新兴工业产值在整个工业产值中的比重从 1917 年的 6.5% 上升到 13.6%；另一方面，英国加速生产和资本的集中过程，使垄断组织在化学、钢铁、煤炭、冶金、纺织、电力等部门迅速扩展，以减缓内部竞争。英国在财政金融领域进行改革，于 1925 年 4 月宣布恢复英镑金价，使 1 英镑等于 4.86 美元，即相当于战前英美货币的比价，试图阻止英镑下跌，增强其产品在世界市场上的竞争力。但这些做法并没有取得显著效果。英镑的金平价政策反而使英国的对外贸易和工业生产更加困难。财政改革使英国商品在世界市场上的价格大幅增长了 12%，并未达到提高产品竞争力的目的。

因此，直到 1929 年，英国的工业产量才勉强达到 1913 年的水平，传统工业部门的产量连战前的水平也没有达到。对外贸易所受影响最大，到 1929 年还远未达到战前水平，如果把 1913 年的对外贸易指数设定为 100，则 1929 年仅为 87；其出口量占世界总出口量的比重从 1913 年的 13.93%，降到 1929 年的 10.84%。整个 20 年代，英国在资本主义世界经济中的比重不断下降，工业生产由 1913 年的 14.5%下降到 1929 年的 9%。另外，由于政府实行粮食低关税进口政策，国内的农业产量也不断下降。

传统工业部门开工不足和对外贸易的萎缩，造成大量失业人口。整个 20 年代，英国的失业人口一直未降至百万大关以内，成为困扰每届政府的严重社会问题。

第一届工党政府　战后英国经济的持续萧条，导致国内政治的相应变化。随着英国在资本主义世界经济地位的削弱和垄断组织的发展，过去长期占统治地位的自由放任思想逐渐失去存在的基础，一直与保守党交互执政、信奉自由主义的自由党逐渐失势并发生严重分化，难以单独执掌政权。由于战后工人阶级力量的壮大和社会主义影响的扩大，标榜社会主义的英国工党势力大大加强。工党于 1900 年 1 月由职工大会发起创立，由隶属于职工大会的工会组织、费边社、独立工党、社会民主联盟等组织联合组成，最初称劳工代表委员会，1906 年改称工党。1918 年 6 月，工党通过其纲领《工党与社会新秩序》明确指出：党的目标"是在生产公有制和对每一个工业或行业所能做到的最佳的民众管理和监督的基础上，确保手工与脑力生产者获得其辛勤劳动的全部成果和可行的最公平的分配"。纲领规定了工人的最低工资和最高工时，提出进行财政改革，对高收入者课以重税，并将财政收入尽可能用于文化教育事业，等等。这些内容对基层工人很有吸引力。另外，该纲领还规定，所有承认党纲党纪的组织和个人都可以参加工党，从而把一些工会主义者（如中产阶级知识分子和妇女）也吸收入党，扩大了工党的基层组织并增加了工会会员。1920 年，属于工党的工会党员增加到 432 万人，占全国工会会员的 2/3。与此同时，工党抓住战后民众要求和平的心理，在 1923 年的大选中，以"国际和平、国内繁荣"作为竞选口号，也成为其获得成功的重要因素。这次大选，工党获 191 席，自由党获 158 席，保守党获 259 席。工党取代自由党成为第二大党。由于保守党和自由党相互倾轧，彼此不愿支持对方组织政府，因此工党在自由党的支持下第一次上台执政。1924 年 1 月，工党领袖拉姆齐·麦克唐纳（1866—1937）组成英国历史上第一届工党政府。尽管该政府是弱势政府，但它标志着工党走上了执政党的地位。

作为以工人为主要成分的资产阶级左翼政党，工党执政后，在资产阶级允许的范围内，进行了一系列社会福利改革，如通过"惠特利住宅计划"，由国家增拨补助金兴建低收入者居住的住宅；改善失业保险制度，增加失业工人补贴金，规定从 1924 年 8 月起，男子失业补助金从每周 15 先令增加到 18 先令，妇女失业补助金从每周 12 先令增加到 15 先令，父母失业的子女补助金从每周 1 先令增加到 2 先令，还增加了养老金、抚恤金和残疾人退休金；规定农业工人的最低工资；降低食品、烟草的消费税等，以此缓和社会矛盾，减轻资本主义制度所承受的反抗压力。在对外政策方面，工党政府与苏联建立了正式的外交和贸易关系；在帝国事务上，缓和与自治领、殖民地的矛盾。但是在一些实质问题上，工党与保守党或自由党的区别不大。例如，在战后严重的劳资纠纷中，工党站在资方一边，不支持工人的罢工斗争，在国外继续推行殖民政策。

广大工人群众对第一届工党政府的内外政策感到失望和不满，特别是不满它未能解决持续不断的失业问题，而保守党和自由党则对工党的一些激进措施感到不安，因此麦克唐纳执政不到一年就被迫辞职。导致麦克唐纳辞职的事件主要有两个。一个是"坎贝尔事件"。坎贝尔是英国共产党报纸《工人周报》的代理主编，1924 年 8 月 5 日，政府以"煽动叛乱"的罪名将坎贝尔逮捕，一周后又迫于舆论的压力将坎贝尔释放。该事件导致民众对政府不满，保守党则指责政府纵容损害英国利益的宣传。另一个是"季诺维也夫信件事件"。季诺维也夫是共产国际的主要领导人之一。10 月 25 日，即英国大选前 4 天，支持保守党的《每日邮报》公布了一封季诺维也夫给英国共产党中央的信，主要内容是共产国际指示英国共产党"策划武装暴动"推翻英国政府，甚至还提到要在英国海军和陆军中宣传马克思主义，发展共产党势力。尽管共产国际、英国共产党和工党都声明这封信是伪造的（以后也确实证明这封信是伪造的），但该事件还是严重损害了工党政府的威信，直接导致工党在大选中失败。1925 年，保守党重新上台执政。

1926 年大罢工　第一届工党政府进行的社会改革未能缓解战后以来一直相对紧张的阶级矛盾。从 1919 年开始，英国罢工运动持续不断，其中以煤矿工人的斗争最为激烈持久。煤炭工业是英国的传统工业部门，其出口占英国出口总值的 10%，在经济中占有重要地位。但它设备陈旧，技术落后，产品因成本高而缺乏竞争力。煤矿主企图通过降低工资、增加工时的办法来摆脱困境，加重了工人的负担，从而导致了 1926 年震动全国的总罢工。这次总罢工成为保守党执政四年间英国政治生活中的一个重大事件。

由于英国煤炭业出现衰退，1925年6月，煤矿主宣布降低工资13%—48%，取消最低工资限额，延长工时，还要求在全国范围内签订集体合同认可他们的要求；矿工方面则提出"工资不能减一便士，工时不能加一秒"的要求。但是煤矿主发出通知，强行宣布了他们的要求，并以同盟歇业相威胁。英国矿工联合会得到铁路、运输、机械三大工会组织的支持，决定于7月31日（星期五）举行同盟总罢工以示抗议。当天午夜全国开始禁止煤炭运输，这天被称作"红色星期五"。在这种形势下，斯坦利·鲍尔温（1867—1947）领导的保守党政府宣布给矿主提供9个月的补助金，保持工资和工时不变，使采煤业继续开工，同时政府对此事进行调查，这才暂缓了一触即发的阶级冲突。

1926年3月，政府公布了"皇家煤业调查委员会"的报告，同意削减工资10%，延长工作日一小时，这明显说明政府是以牺牲工人的利益来满足煤矿主的需要。矿工代表大会拒绝接受政府的报告。在矿主宣布自5月1日起封矿停工、同盟歇业的情况下，5月4日工人开始大罢工。最初参加罢工的工人有250万人，以后迅速波及全国各个主要工业部门——运输、钢铁、建筑、印刷等，参加人员发展到600万人。总罢工使英国的各大工业区工厂关门、交通停顿、城市瘫痪。英国共产党积极参加了罢工斗争并在总罢工的第二天发表宣言，指出这场斗争的政治意义就在于"给资本主义以最沉重的打击"，并要求将矿井无偿收回国有，确立工人对矿井的监督。总罢工得到国际无产阶级的广泛支持，给统治阶级造成严重威胁。但是，正当罢工规模日益扩大并顺利发展之时，领导罢工的工会右翼领袖把持的职工大会总理事会担心罢工发展为革命，力图把斗争限制在经济领域，并与政府谈判。5月12日，总理事会不顾矿工的抵制，强令全国工人停止罢工。当天，铁路工人被迫复工。只有煤炭工人在极端困难的情况下仍坚持斗争到12月中旬。

1926年英国工人总罢工，表明战后英国的阶级矛盾已经相当尖锐。总罢工失败后，保守党政府于1927年7月颁布了一项《劳资争议和工会法》，该法案谴责并禁止举行总罢工和同盟罢工，宣称除了有利于解决劳资纠纷外，凡有其他目的的罢工均属非法；凡参加新法令认为非法的罢工或歇业者，"应通过即席判决，处以10镑以内的罚款或3个月以下的监禁，或通过起诉判决，处以2年以下的监禁"；禁止政府人员参加工联；严格限制工会会员为政治目的的募捐；等等。因此，这项新法令被工人称为"工贼宪章"。随后，矿工的法定工时从每日7小时增加到8小时。与此同时，政府也对工人采取了一些安抚措施，如实行对65岁的退休工人发放老年金的法案和发放孤寡补助金的法案，制定新的失业保险条例等。在这种情况下，工会总理事会便号召工人放弃罢工斗争，公开鼓吹劳资合作。1928年7月4日，以化学及电力工业巨头阿尔弗雷德·蒙德为首的20名企业家响应工会右翼领袖的呼吁，与工会签署协定，建议由劳资双方的代表组成全国工业委员会，以"调解制度"取代罢工活动，并开展所谓生产合理化运动，通过提高劳动生产率，"改进"资本主义。[1] 该协定暂时缓和了英国的劳资矛盾，使经济趋于好转。但工人的劳动强度有所增加。

鉴于妇女在一战中的贡献，1918 年，英国规定，30 岁以上的女子和 21 岁以上的男子拥有选举权。1928 年，保守党政府颁布新的选举法，规定 21 岁以上的妇女拥有选举权，从而实现了男女平权。1929 年，工党在议会选举中获得下院的最多席位，组建了第二届工党政府。但是 1929 年 10 月发生于美国的经济大危机于 1930 年初蔓延到英国，英国经济再次受到沉重打击。

社会的和平反战情绪 由于第一次世界大战的主要战场在欧洲，而且以极其残酷的杀戮为主要特点，因此参战双方的兵员死亡人数巨大，接近 1000 万人，仅英国及英帝国就接近 100 万人。一代青年被战争夺去生命，使战后的英国社会充满了反战、厌战情绪，和平主义成为一种社会潮流。正如英国史学家 W. N. 梅德利科特所说："广大民众当然要求和平，他们希望自由自在，不受外国人和外国危机的干扰；在这个意义上，可以说在许多年间总的潮流是和平主义，甚至是孤立主义。"1919 年，英国在伦敦修建了著名的塞诺塔夫纪念碑，从此，每到第一次世界大战的停战日，纪念碑前就堆满鲜花和由红色的小花做成的花环，用以缅怀在一战中牺牲的人。这些行为表达了缅怀者的反战与和平诉求。另外，据说在第一次世界大战期间，在欧洲的很多主要战场上出现了大片的罂粟花，后来在英国佩戴罂粟花就成了一个标志，以纪念战争当中的死难者，同时也记住战争，祈祷为和平作出更多努力。[2] 在反战潮流中，英国还出现了一些比较重要的国际和平团体。如 1918 年成立的致力于宣传国际仲裁和全面裁军的国际联盟协会，1921 年成立的坚持绝对和平主义的"不再战运动"，宣传"一切战争都是错误的"，号召其成员不以任何方式参加或支持任何性质的战争，等等。这种和平反战情绪的发展，对以后英国的国内政治和外交政策都产生了深刻影响。

从英帝国到英联邦的过渡 历经几个世纪建立起来的英帝国，由自治领、殖民地、领地、保护国和根据凡尔赛体系获得的委任统治地组成。一战结束后，英国的殖民地和附属国的民族解放运动高涨，其自治领与英国本土之间的矛盾日益激化，英帝国内部的离心倾向加剧，英国的殖民政策从帝国向联邦转化。

英国的自治领是英帝国范围内的一种政治形式，是实行自治或半自治的以白

---

[1] 这种工会领袖同工业巨头为巩固英国资本主义而实行的合作政策，被称为"蒙德主义"。

[2] 这种罂粟花也称"虞美人"，属罂粟科，不能制作鸦片。2014 年英国烧制了 888246 朵陶瓷罂粟花插在伦敦塔前的广场上，纪念一战中阵亡的士兵，并以此纪念第一次世界大战 100 周年。

人为主的殖民地，是所谓英国本土"过剩人口"的移民区，在某种程度上可以说是英国本土的延伸，在种族和文化上与本土有着密切的联系。从 1867 年至 1910 年，帝国内陆续建立的这些白人殖民地加拿大（1867 年）、澳大利亚（1901 年）、新西兰（1907 年）、纽芬兰（1907 年）和由少数白人统治的南非联邦（1910 年）已经相继取得自治领地位。爱尔兰自由邦也在 1921 年获得了自治领地位。

最初，自治领的宪法由英国国会制定，但其拥有自身的宪政体制，内政自治，有自己的贸易政策，其外交主要由英国负责，其防务纳入英帝国的单一军事框架中。从 1887 年开始，英国定期召开各自治领、殖民地和附属国的首脑会议，讨论防务、贸易等问题。1907 年英国在殖民部内设立自治领司，主管自治领事务。第一次世界大战后，由于各自治领民族工业的发展、资产阶级力量的增强以及在大战中的贡献，使它们与英国本土的矛盾也日益加剧，各自治领要求脱离英帝国完全独立的呼声越来越强烈。面对自治领的分离和分立倾向，1925 年英国将自治领司从殖民部中分离出来，成立了独立的自治领部，以示自治领与殖民地的区别。接着，英国继续采取措施调整与自治领的关系。

1926 年 10 月，英国召开各自治领总理和爱尔兰自由邦及印度代表出席的帝国会议，正式推出对自治领让渡一定权利并组成英联邦的政策，以维系英国对自治领的影响力。会议通过《贝尔福宣言》，其中规定了英国与自治领的关系准则：英国承认自治领在内政和外交方面拥有独立地位，在法律上与英国平等；各自治领皆为自由结合的英联邦成员。但是由于各自治领在防务上需要英国军队特别是英国海军的保护，以及英国和自治领在经济上的密切联系，它们仍然承认自己是英帝国的成员，并宣布效忠于英王。

1931 年 12 月 11 日，英国议会通过《威斯敏斯特法案》，从法律上对《贝尔福宣言》的精神予以确认。该法案进一步规范了英国议会和各自治领议会的关系，规定英国议会和政府不再干涉自治领事务，各自治领议会与英国议会地位平等；自治领议会可自行修改过去的法案，颁布法律不再需要英国议会的批准；同时规定英国国王是各自治领的国家元首。该法案成为英联邦的奠基石，被称为英联邦的大宪章，标志英联邦正式成立。

英联邦建立之初，仅包括英国及其白人自治领，不包括其他殖民地和附属国，因此在很长一段时间里，英帝国与英联邦并存。英帝国向英联邦的转变，具有平缓渐进过渡的特征。

二、法国的经济政治状况

经济的恢复   法国在大战中的损失较英国严重得多。由于战争主要在法国本土进行，其北部的十个行政区受到的破坏最大。80 多万幢房屋被毁，325.96 万公顷的土地变为废墟或荒地，成千上万千米的铁路、公路和运河不能通行，经济亟待恢复和重建。"回到战前去"成为法国民众的普遍愿望。与此同时，由于大战造成的数百万人员伤亡和严重的经济破坏，以及战争中与战后的人口出生率都很低，兵源严重不足，以致战后和平主义情绪蔓延，人心厌战。

但是作为战胜国，法国也获利很多：它收回阿尔萨斯和洛林，得到萨尔煤矿15年的开采权，这就使法国拥有了欧洲最大的铁矿和煤矿；法国得到德国赔款的大部分；还从德国手中获取了一些非洲殖民地，并从原奥斯曼帝国获得了一些领地作为委任统治地，其殖民帝国进一步扩大。此外，由于大战期间法国失去其东北部地区，所以就在南部建设了一些新的工业部门，这也使法国战后的重建具有一定基础。

战后法国重建的一个突出困难是财政紧张，整个20年代法国一直面临这个问题。因政府支出庞大，财政入不敷出，国债不断增加，到1923年已高达305兆法郎。法国政府为追求法郎的国际地位，在战后初期实行紧缩通货政策，可法郎汇率仍不断下跌。1919年6月，1英镑可兑换26法郎，到20年代初，1英镑竟可兑换60多法郎，整个1923年法郎贬值30.94%，1924年初又爆发了金融危机。通货膨胀，物价上扬，国际市场上针对法郎的投机活动始终不断。国内大资产阶级也同样进行投机活动。1924年3月，1美元可兑换28.47法郎，1英镑可兑换122.06法郎。到1926年法郎贬值达到顶峰，7月20日，1美元可兑换49.22法郎，1英镑则可兑换240.25法郎。这一年的通货膨胀也达到最高点，如将1913年物价指数设定为100，则1926年7月已高达806。

1926年普恩加莱再次出任总理后，把整理财政、稳定法郎作为治理内政的主要任务。他紧缩开支，裁员简政甚至限制消费，同时调整税率、增开新税、发行公债以增加国家收入。政府还改革货币制度。1928年6月25日，众参两院通过改革货币制度的法令，内容包括确定法郎的汇价，1美元等于25.52法郎，或1英镑等于124.41法郎；发行一种新的金法郎，其含金量为65.5毫克纯金，实际上恢复了金本位。新货币法令保证了法郎的稳定，从而稳定了国家财政，国库的现金储存也超过国债达20亿法郎，使国家有能力偿还内债和外债，整个经济生活趋于稳定。

在工业方面，法国在北部重建了新的现代化工业中心，同时继续发展南部的工业部门，创办了汽车、航空、橡胶等新的生产部门，大力采用新的技术装备，使其经济得到较快恢复。到20年代后期，法国基本完成了战争破坏地区的重建。尽管举债重建造成严重通货膨胀，但确实取得了建设成就：固定资产得到大规模更新；工业技术实现了现代化和标准化，改变了法国工业的陈旧、落后状态，促进了生产的发展。1924年，法国工业生产总量第一次超过战前水平，从1924年到

1929 年，工业发展速度每年达到 5%，超过战前的最高速度 3.4%，也超过英、德两国，仅低于美国。国内贸易异常活跃，对外贸易总额不断增加。然而，法国仍然是小型工业企业占优势的国家，大企业为数不多，轻工业发展相对缓慢。

农业在法国经济中一直占有重要地位。尽管战后随着城市化的发展，人口向城市流动，务农人数减少，但是生产的机械化、电气化和化肥的使用，使其农业生产到 1929 年恢复到战前水平。不过，法国仍然是一个小农业主的国家，在小农业主中，约有 25% 拥有不到 2.5 英亩①的土地，土地面积超过 125 英亩的农场只占农场总数的 2%。

战后初期，法国一度实行保护关税政策，这使其战后的税收大大超过 1913 年的水平。到 1927 年，政府才取消了出口食品的禁令。

随着社会经济的迅速发展，政府为缓解社会和阶级矛盾，还实施了一些社会福利措施，如 1926 年第一次实行失业补助金法，1928 年对低工资职工实行养老金制，对疾病、残疾的工人、孕妇实行津贴，等等，人民的生活水平在一定程度上有所改善。另外，公民的权利也进一步扩大，如公务员得到组织工会的权利，妇女获得参加市政和县政的权利。

政府的频繁更替　第一次世界大战后，法国政府更换频繁。如果从 1920 年 1 月米勒兰（1859—1943）组阁算起，到 1940 年 3 月达拉第（1884—1970）下台，法国共有 40 届政府。如果算到 1929 年 11 月白里安下台，共有 17 届政府，每届政府寿命只有半年左右。从 1925 年 11 月到 1926 年 7 月，白里安一共组织了三届政府，但第三届（1926 年 6—7 月）只维持了 3 个星期。1926 年 7 月复出组阁的赫里欧（1872—1957）仅维持 3 天，就匆匆下野了。

1919 年 11 月，法国举行战后第一次议会选举。选举前，民主联盟、共和同盟等右翼政党联合起来，组成"国民联盟"，竞选口号是反对布尔什维主义和社会动乱。大选后，克里孟梭辞去总理职务。米勒兰组阁后，残酷镇压了 1920 年的铁路员工大罢工。从 1922 年 1 月起，素以强硬著称的普恩加莱出任总理。1923 年他推行的占领鲁尔的冒险政策遭遇失败。

1924 年 5 月，法国举行战后第二次选举。由于出兵占领鲁尔失败，"国民联盟"威信扫地。社会党、激进社会党等组成的"左翼联盟"获胜。以赫里欧为首的激进社会党人组织内阁，社会党人没有入阁，但表示支持政府的内外政策。赫里欧上台后，在内政上实行大赦，释放了 1920 年被监禁的铁路员工，并准予被解雇的铁路工人复职；实行世俗化法令，使政教分离，教会与学校分离。在外交上，"左翼联盟"采取与德国和解的政策，接受"道威斯计划"和《洛迦诺公约》，与

---

①　1 英亩 = 4046.86 平方米。

苏联正式建立了外交关系。但在"左翼联盟"执政期间，一直没有解决国债不断增加、财政异常困难的问题，最终垮台。

"左翼联盟"政府垮台后，议会内政治力量进行了新的组合。右翼政党不是多数，不能组阁。左翼政党虽占议会多数，但出现了社会党和激进社会党的分裂。于是总统任命普恩加莱组成"国民联合"政府，它其实是右派和中派的联合，社会党人拒绝参加。普恩加莱执政两届政府，从1926年7月到1929年7月，但1928年11月，激进社会党退出联合政府，此后普恩加莱领导的便是清一色的保守派内阁了。

与英国和美国两党轮流执政的情况不同，法国政党较多，实行多党制。在议会选举中，往往政见相近的政党组成联盟参加竞选，组成的内阁也多采取联合内阁形式。由于政府在议会中缺乏稳定的多数，易为议会操纵，常被议会推翻，或因联合政府的内部分裂而自行瓦解。政府频繁更换，造成政局不稳，从而削弱了国家的力量。

对安全的追求　《凡尔赛条约》为法国提供了相当的安全保证，但是由于法国在巴黎和会上没有达到彻底肢解德国的目的，会后又没有得到英、美两国对法国安全的军事保证[①]，因此法国对德国仍心怀恐惧，继续为寻求安全而努力。

法国对付德国的传统办法是与其他国家结盟。但是，第一次世界大战后，英国不愿承担大陆义务，拒绝与法国结盟。俄国发生十月革命后，法国也不愿与社会主义国家苏俄/苏联结盟。于是，法国向德国周围的中小国家寻求盟友。1920年9月，法国与比利时签订军事协定；1921年2月和1924年1月又先后同波兰和捷克斯洛伐克缔结同盟条约，从而在欧洲大陆建立了一个以法国为首的主要针对德国的同盟体系。1923年，法国以德国未能及时履行赔款义务为借口，与比利时联合出兵占领了德国的鲁尔工业区，酿成鲁尔危机。由于没有得到英、美等国的支持，法国的强硬政策以失败结束。于是法国转而寻求欧洲其他大国的帮助和直接来自德国的保证以确保法德边界的安全。1925年10月，法、德、比、英、意、波、捷七国签订《洛迦诺公约》，进一步保证了法德边界的安全。[②] 为了防止匈牙利修改《特里亚农条约》和保加利亚修改《纳伊条约》，捷克斯洛伐克、罗马尼亚和南斯拉夫也分别缔结了三项双边军事同盟条约，在中欧和东南欧形成一个同盟

[①] 在巴黎和会上，法国曾要求英美两国以条约的形式保障《凡尔赛条约》所规定的法德边界的现状。英美为了使法国放弃肢解德国的打算，便在会议期间分别向法国保证：如果德国未受挑衅而侵略法国，英美将立即援助法国，包括军事上的援助；同时规定这两个保证将一起生效。然而，由于美国国会拒绝批准《凡尔赛条约》，也不履行对法国的保证，英国对法国的保证也就随之化为乌有。

[②] 关于赔款、鲁尔危机和《洛迦诺公约》的详细介绍，请见本章第六节。

体系，通称"小协约国"。法国为了利用小协约国扩大自己的影响，抑制德国，反对苏联，继《洛迦诺公约》后，又于 1926 年 6 月和 1927 年 11 月先后同罗马尼亚和南斯拉夫缔结了友好条约。

　　除了与一些国家结盟和签订安全保障条约外，法国战后实行以防御为主的军事战略。之所以如此，有以下几个原因。第一，第一次世界大战后，年迈的法国高级将领仍然身居高位，他们墨守成规。根据一战的经验，法军坚守连亘战线，德军虽曾几度突破法军防线，但突破口总能被修补堵上，如凡尔登战役时的经验，因此战后法国坚持打防御战的战略思想，认为连亘战线是不可攻破的。贝当（1856—1951）元帅说："连亘战线是上次大战的一个伟大的启示。它被证明是坚不可摧的。"第二，轻视坦克、飞机这类新式武器的作用，不承认装甲部队是独立的兵种，不承认一支大规模的独立装甲部队能够突破敌人步兵和炮兵的防线，也不承认空军是独立的兵种，在 1921 年贝当制定的《最高统帅部手册》中只简单地说"飞机白天侦察，夜间轰炸"而已。第三，法国已经取得胜利，只要能保住胜利的果实，平安无事地过日子，就可以心满意足了。再加上战后和平厌战情绪蔓延，主动进攻的军事理论缺乏社会基础。

　　根据上述的战略、战术思想，1928 年，法国开始在其东北边境地区修筑马其诺防线，该防线长达 200 多千米，至 1936 年初期规划工程基本完成，历时 8 年，耗资 500 亿法郎。建造这个著名阵地工事的目的是使法国在防御上固若金汤，在德军再次来犯时得以通过防御而自保，但到第二次世界大战开始后，马其诺防线并未起到原先设想的作用。相反却助长了法国人的苟安情绪，腐蚀了军队的战斗精神，给 1940 年的军事崩溃埋下伏笔。

第二节　魏玛共和国

一、魏玛共和国的建立与经济复兴

魏玛共和国的建立　1918 年 11 月 9 日，威廉二世退位，德意志帝国崩溃。德国无产阶级一月战斗失败后，德国于 1919 年 1 月 19 日举行国民会议选举，德国共产党拒绝参加选举。社会民主党得到的选票最多，获 421 个议席中的 163 席。独立社会民主党仅获 22 席。

　　2 月 6 日，国民会议在德国历史文化名城魏玛开幕。同一天，工兵苏维埃中央执行委员会和人民全权代表委员会宣布把权力移交给国民会议。

　　2 月 11 日，国民会议选举社会民主党领袖弗里德里希·艾伯特为德意志共和国总统。由于在国民会议中社会民主党没有取得多数席位，不能单独组织政府，便同民主党和人民党联合组阁，由社会民主党人菲利普·谢德曼（1865—1939）担任总理。1919 年 6 月，谢德曼因不愿在《凡尔赛条约》上签字，辞去政府职务。社会民主党人古斯塔夫·鲍威尔接任总理，派遣外交部长米勒到巴黎签署和约。7 月 9 日，国民会议批准了《凡尔赛条约》。

1919 年 7 月 31 日，国民会议通过新宪法。8 月 11 日，艾伯特总统签署生效，史称魏玛宪法。魏玛宪法规定德国为共和国。① 在中央政府和各州②的关系上，实行联邦制，但各州的权力较帝国时代大为减少；外交、国防、财政、关税、邮电等事务归中央政府掌管，各州设置自己的议会和政府，有权管理本地的行政、教育、警察等事务。德国立法机关由联邦参政会和联邦国会组成，联邦参政会由各州选派的代表组成，主要起咨询作用，但对各项法案拥有否决权，被否决的法案应重新提交联邦国会表决，国会只要 2/3 的多数即可通过；如果联邦参政会和联邦国会就某项法案意见不一，则由联邦总统将该法案提交国民表决；德国国会由年满 20 岁的男女公民选举产生，负责立法和决定预算，有权宣战和媾和。政府总理对国会负责，如果得不到国会信任，内阁必须辞职。总统由全体公民直接选举产生，任期七年，可连选连任。总统有权任免总理，解散国会；宪法第 48 条授予总统实施紧急命令权的特别权力："如德国境内之公共安宁和秩序受到严重扰乱或危害时"，总统可以采取各种必要的行政措施直至采用武力来恢复公共安宁和秩序，将公民的基本民主权利"全部或部分停止"。宪法还规定，"所有德国人在法律面前平等"，废除等级特权及贵族称号，公民有人身、言论、结社、集会、通信、居住、信仰等自由。

魏玛宪法在很多方面比原有的帝国宪法前进了一步，资产阶级在德国政治生活中起着愈来愈大的作用，但是地主贵族的势力和影响仍然很大。特别是宪法第 48 条授予总统的特权存在严重问题，尽管宪法规定这一条款的实行受到国会监督权的限制，但是当国会和政府都处于弱势时，政治权力就会由于实施紧急命令而完全落入总统手中，并导致议会制度的垮台和共和国体制的名存实亡。

十一月革命的失败　魏玛国民会议召开前后，德国无产阶级继续为争取建立苏维埃政权而战斗。1919 年 1 月 10 日，社会主义共和国在不来梅宣布成立，建立了由共产党人、独立社会民主党人和士兵代表组成的人民全权代表委员会。1 月底，政府派军队去镇压，孤立的不来梅共和国于 2 月 4 日被颠覆。2 月下旬，鲁尔地区和中部的爱尔福特、哥达等城市先后爆发总罢工，要求立即实行社会化政策。政府采用软硬兼施的手段，一方面要求国民会议通过关于社会化的法令，另一方

---

① 因国会设在魏玛，新成立的共和国也称魏玛共和国。
② 各州基本上是原来的邦，有少数小邦进行了合并。

面派遣军队平息各地的工人抗议。

3月3日，柏林工人在柏林工农苏维埃的号召下举行罢工。这一天，《红旗报》发表文章，要求取消国民会议，一切权力归苏维埃。当天晚上，工人攻占了许多警察所，并筑起街垒同反动武装对抗。由于力量对比悬殊，柏林工人被迫于3月16日停止战斗。起义失败，1000多人被杀害。

4月13日，慕尼黑工人在共产党领导下发动武装起义，夺取了政权。共产党人和独立社会民主党左翼分子共同组织政府，建立了巴伐利亚苏维埃共和国。共产党人列威纳担任政府首脑。新成立的苏维埃政权在极为困难的条件下采取了一系列革命措施：武装了3万名工农子弟，组建了红军和赤卫队，成立了肃反委员会；制定了工人监督企业的制度，并着手把银行、铁路收归国有。4月中旬，政府集结10多万军队进攻巴伐利亚。在这紧急时刻，社会民主党人宣布拒绝同共产党合作，分裂了革命力量。5月1日，政府军队攻进慕尼黑。列威纳等数百名共产党人和群众遭杀害，6000多人被逮捕监禁。巴伐利亚苏维埃共和国的失败，标志德国十一月革命的结束。

德国十一月革命是一次以无产阶级为主体的群众革命运动。它推翻了霍亨索伦王朝，使欧洲的一个反动君主大帝国崩溃。它打击了容克地主和军国主义势力，建立了资产阶级共和国。但这场革命没有使无产阶级政权建立起来。

经济的复兴   1923年8月13日，德意志人民党领袖斯特莱斯曼（1878—1929）继任总理。为了防止德国经济崩溃和革命形势的进一步发展，斯特莱斯曼政府于9月26日正式停止针对法比占领鲁尔实施的“消极抵抗”。他在致前皇太子的信中说：“我们必须放弃消极抵抗……因为它给我们带来了布尔什维克化。”德国政府停止消极抵抗后，首先整顿货币。1923年11月15日，政府发行新货币“地产抵押马克”，1个“地产抵押马克”兑换1万亿纸币马克，这种新货币由总值32亿金马克的全国土地和工业作担保，取得了公众的信任，收到了稳定货币的效果。1924年8月29日，德国国会通过接受道威斯计划。此后，外国贷款大量流入德国公私企业。

德国工业水平在1923年降到只有战前1913年的一半左右，从1924年起开始回升，到1927年已略略超过战前。工业指数如以1913年为100，则1927年为109，1928年和1929年均为115。经济结构发生了重心从农业向工业的转化。农业、林业和渔业在国内生产总值中所占的比重从1910年到1913年的23%，降低到1925年到1929年的16%，而工业和手工业生产则从45%增长到48%，商业、交通业、服务行业以及公用设施从32%增加到36%。国民收入也有所增加。1928年，德国国民收入估计接近180亿美元，而1913年是120亿美元。按人口计算，人均收入由178美元上升到279美元。

德国的经济复兴，主要靠两个因素。一是外国资本的大量输入。从 1924 年 9 月 1 日到 1931 年 6 月 30 日，德国支付的赔款总数为 110 亿金马克，相当于 26 亿美元。但是，在 1924—1930 年，德国共获得 250 亿金马克的外国（主要是美国）贷款，远远超过它的赔款数额。二是实行产业"合理化"。德国不仅从美国吸收了大量资本，而且引进了先进的科学技术和高效率的科学管理方法。装配线的使用就是革新措施的一种。产业"合理化"提高了效率，但也加强了对工人的剥削程度。例如，在莱茵褐煤工业中，每个矿工的采煤量从 1924 年第一季度的约为 336 吨，提高到 1925 年最后一个季度的 700 吨。

在经济复兴的过程中，垄断资本的势力大大加强。1925 年 12 月建立的法本化学工业公司和 1926 年 1 月建立的联合钢铁公司，是两个最突出的例子。前者几乎完全控制了德国的合成炸药和人造纤维及颜料的生产，后者则集中了德国石煤和生铁生产的大约 50%，以及钢生产的 40%。垄断资本不仅控制德国的经济命脉，而且对政治生活产生越来越大的影响。

二、社会的动荡与纳粹党的出现

卡普暴动　魏玛共和国成立后，旧帝国的官僚、司法、警察机构都保留下来，军队的数量虽然被裁减，但军官团还是由原来的人员组成。共和国时时受到反动和保守势力的威胁。

根据《凡尔赛条约》，德国陆军应减至 10 万人。1920 年初，驻扎在波罗的海沿岸的 5 万德军正奉调回国，军官们得知裁军的消息后，极为不满，进行抵制。国内的军官同样要求维持军队的现状。3 月 13 日，埃尔哈特海军旅和其他几支部队在冯·吕特维茨将军率领下占领了柏林政府区，并拥立东普鲁士的地方长官沃尔夫冈·卡普（1858—1922）为总理。

当暴动者向柏林进军时，政府要求国防军出兵镇压，但遭到国防军军务局长塞克特少将的拒绝，理由是"国防军不打国防军"。总统艾伯特、总理鲍威尔等政府人员仓皇逃至斯图加特。但柏林工人举行罢工，切断了柏林和外界的通信与交通联系，经济生活陷于瘫痪。3 月 15 日总罢工席卷全国。叛乱头子得不到支持，纷纷出逃，3 月 17 日卡普暴动彻底失败。卡普暴动证明：国防军成了"国中之国"，它表面上不介入政治，但实际上总是站在反动与保守势力一边；是德国的无产阶级拯救了共和国。但社会民主党和工会的右翼领导人并未借此机会进一步发展无产阶级的力量，政府对叛乱分子也未严厉惩处。

纳粹党与啤酒馆暴动　大战结束后，德国社会动荡不安，特别是没有解决的赔款问题，最终引发了 1923 年法国和比利时军队占领鲁尔的政治经济危机。鲁尔危机期间，各种右派势力蠢蠢欲动，11 月民族社会主义德意志工人党党魁阿道夫·希特勒（1889—1945）在慕尼黑发动了一次未遂政变。

民族社会主义德意志工人党，原名德意志工人党，创建于 1919 年，是一个以工人群众为基础的、富有民族主义色彩的反犹主义的小党。同年 9 月，希特勒加入，很快成为该党的领导人之一。1920 年，德意志工人党改名为民族社会主义德意志工人党（简称纳粹党，"纳粹"是德语民族社会主义一词的缩写 Nazi 的汉语音译），并公布了希特勒参与制定的党纲。党纲共 25 条，史称"25 点纲领"。该纲领主要包括两方面的内容。一方面包括一些极端民族主义的条款，如建立大德意志帝国、要求奥地利并入德国、只有德意志血统的人才能成为德国公民；废除《凡尔赛条约》并要求得到领土和土地（殖民地）来养活德国人和迁移德国的过剩人口，在国际上争取德国的平等权利；排斥所有国内外的犹太人；等等。另一方面包括一些反对资本主义和主张社会改革的条款，如砸碎利息奴役制、没收一切战争利润；企业（托拉斯）实行国有化、工人参加大企业的分红；实现土地改革、废除地租；把大百货公司充公并廉价租赁给小工商业者；等等，这些反映了党内最初一些成员的小资产阶级的社会主义思想和诉求。对希特勒来说，前者是他主要追求的目标。1921 年，希特勒当选为纳粹党主席，从此在党内实行"领袖原则"、独裁统治。同年，他建立了纳粹党的准军事组织——身穿褐色制服的冲锋队。

1923 年法比军队占领鲁尔后，德国政府宣布"消极抵抗"，停工停产、停止支付赔偿。鲁尔危机导致德国发生如脱缰野马般的通货膨胀。希特勒认为夺权的时刻已经到来，便于 11 月 8 日策划了"啤酒馆暴动"。当晚，他趁巴伐利亚州军政长官在慕尼黑一家啤酒馆集会的时机，带领一批冲锋队员闯进会场，宣布巴伐利亚政府和德国政府已被推翻，全国临时政府已经成立。翌日上午，希特勒率领纳粹党徒 3000 余人向慕尼黑市中心进发，但很快被镇压，"啤酒馆暴动"失败。随后希特勒被判刑五年，但一年后便被假释出狱。这次失败的暴动却扩大了希特勒和纳粹党在全国的影响。

希特勒在狱中口授了《我的奋斗》一书，这是一部集种族主义、反犹主义、极权主义和帝国主义种种反动思想于一体的大杂烩。他宣扬雅利安种族优秀论，妄说雅利安人是"神人"，"我们今天所看到的一切人类文化、一切艺术、科学和技术的成果几乎完全是雅利安人的创造性产物"；他诬蔑犹太人是"寄生物"，"不具备任何构成文化的力量"，犹太人既是德国外部的敌人，因为"世界上对德国的攻击，其炮制者都是犹太人"，又是德国内部的敌人，因为犹太人利用马克思主义学说"毒害德意志民族的灵魂"；他攻击资产阶级议会民主制度，说"今日西方的民主主义，乃是马克思主义的前驱"。唯有根本肃清德国现行之全部制度，始有"挽救之道"；他鼓吹"领袖原则"和极权独裁统治，认为"必须要由一个人单独来作出决定","只有他才有权威,才有指挥权力","决不能实行多数决定的制度";他露骨地宣扬扩张有理、侵略有理的"生存空间"论,他说,"只有在这个地球上有足够大的空间,才能保证一个民族的生存自由","民族社会主义运动必须努力消灭我国人口与我国面积之间的不平衡状态",德国的领土扩张,主要应在欧洲大陆的范围之内实现,"首先只能想到俄国以及臣服于它的边缘国家",并且要和法国算账,等等。这本书成了纳粹党的"圣经"。纳粹党成为魏玛共和国的潜在威胁。

兴登堡当选总统　1925 年 2 月 28 日,艾伯特去世。3—4 月,举行新的总统选举。在第一轮选举中,7 名候选人中没有一人得票超过半数。得票最多的是杜伊斯堡市长、民族人民党的雅雷斯。得票次多的是普鲁士州总理、社会民主党的布劳恩。根据宪法规定,举行了第二轮选举,得票最多者即可当选。社会民主党、民主党支持中央党领袖威廉·马克斯,各右翼政党则支持兴登堡元帅。共产党的候选人是台尔曼。4 月 26 日,兴登堡以 1465 万票当选。马克斯获 1375 万票,台尔曼获 193 万票。

兴登堡是一个老牌军国主义分子,第一次世界大战时任东线德军总司令,最高统帅部建立后实际负责指挥全军。德国战败后,他退隐乡居,待机而动。兴登堡当选总统,是德国军国主义和帝国主义复活的表现。

第三节　意大利法西斯专政的建立

一、意大利法西斯党的建立

战后初期意大利的经济政治形势　与欧洲其他大国相比,意大利素来贫弱。第一次世界大战加剧了意大利的国内危机。大战期间,意大利的军费开支高达 1459.36 亿里拉,其中外债 200 亿,内债 350 亿。但战后初期,意大利的国民总收入年仅 200 亿里拉。战争造成的巨额债务不仅使意大利战后通货膨胀,物价上涨,还造成严重的金融混乱和财政崩溃。由于缺少资金,意大利工业生产很难顺利完成由战时经济向和平经济的转轨。设备陈旧,技术落后,商品生产成本高,缺乏市场竞争力,使意大利进出口贸易难以保持平衡,入超严重。随着战争工业的转产,大批中小企业破产倒闭,失业人数日益增长,200 万复员军人难以找到工作。工人阶级的生活水平普遍下降,失业人员更陷于贫困之中,意大利社会孕育着尖锐激烈的阶级矛盾和冲突。

经济危机引起革命危机。1919 年,意大利全国各地举行的罢工达 1871 次,参加者 55.4 万人;1920 年工人运动的声势更加浩大,全国举行罢工 2070 次,参加者猛增到 231.4 万人。罢工工人要求提高工资，实行 8 小时工作制，还要求劳动者管理工厂，至少有 60 万工人参加了占领工厂、建立工厂委员会的斗争。农村也出现了革命行动，从自发的抗租、抗税斗争到以退伍军人为主的占地运动蓬勃兴起。到 1920 年 4 月，全国有上百万农民和退伍军人参加了占地斗争，占领了 191 户贵族和大地主的 217 万公顷的土地，有的地区的农民，甚至夺取了村镇政权，建立了农民自己的组织。工人占厂、农民占地，在意大利统治阶级眼中大有政权难保之势。

正当国内阶级矛盾异常尖锐之时，意大利作为战胜国的外交也相当失败。它本指望战后英法能够履行《伦敦密约》中许诺给它的许多领土，还能够同意它获得阜姆港。但是在巴黎和会上，英法连前者也未完全兑现。消息传来，引起意大利社会各阶层的极大不满，民族主义情绪空前高涨，人们指责政府无能，才使国家遭此羞辱，期望有一个强有力的政府和铁腕人物来扭转意大利的局面。于是打倒政府、武力夺取领土的呼声响遍全国。但是，频繁更迭的短命内阁无法应付社会动乱。正是在这样的历史背景下，意大利的法西斯势力迅速崛起。

法西斯运动的发展   本尼托·墨索里尼（1883—1945）出身于铁匠家庭，早年倾向社会主义，加入意大利社会党。1912 年担任社会党机关报《前进报》的主编，并成为社会党的领导人之一。第一次世界大战爆发后，墨索里尼因公开表示支持政府参战而被赶出《前进报》，并被开除出社会党。1914 年 10 月他参加了意大利第一个法西斯组织——"国际行动革命法西斯"，并在三个星期后创办了一份新报纸《意大利人民报》。1915 年 1 月，"国际行动革命法西斯"更名为"革命干涉行动法西斯"，并在米兰建立了全国性组织，墨索里尼很快成了这个组织的核心人物。1915 年 5 月 23 日意大利政府正式对奥匈宣战，墨索里尼与其他领导人立即应征入伍，革命干涉行动法西斯虽未正式宣布解散，但已名存实亡。

战争结束后，墨索里尼等人决定重建法西斯组织。1919 年 3 月，他们在米兰召开"战斗的意大利法西斯"成立大会，发表政治声明和纲领。纲领提出"实行 8 小时工作制""确定最低工资标准""把工厂或公共事业机构的管理权交给无产阶级的组织""对资本课以累进性特别重税""没收宗教团体的全部财产""实行普选"等激进的社会改革措施。这表明此时"战斗的意大利法西斯"代表的是意大利中小资产阶级的利益，希望建立一个能够维护他们利益的政权。但是，"战斗的意大利法西斯"作为一支新兴的政治力量，还难以同在工农中间有广泛影响的社会党和人民党相抗衡；它的纲领中的反资本、反教会的措施也使垄断资本、封建残余势力和权势集团存有戒心。因此，在 1919 年 11 月的意大利大选中，法西斯运动的候选人无一人当选。竞选失败，使法西斯分子失去信心，许多人相继抛弃了这个运动。到 1919 年底，"战斗的意大利法西斯"成员从 9000 多人减少到 870 人。

墨索里尼决心改变法西斯运动的政治方向，投靠统治阶级，以求东山再起。

1920 年 5 月是意大利法西斯运动的重要转折点。24 日，"战斗的意大利法西斯"在米兰举行第二次全国代表大会，重新选出党的领导机构，通过新的《法西斯纲领的基本要点》。这个新纲领无论在政治上、经济上以及社会、军事各方面的主张都表现出明显的右转趋向。新纲领去掉一些有利于工农的条文；公开宣布，"战斗的意大利法西斯"不反对现政权，它"对目前的制度不抱任何成见"；还增加了美化资产阶级的条文，称之为"劳动的资产阶级"，向垄断资产阶级和地主阶级表明其新的政治态度。从此，法西斯运动转向反动。墨索里尼还建立了以反对社会党为首要目标的法西斯行动队。这些队员身穿黑衫，手拿武器，高举手臂行"罗马式"敬礼，以维持现政权的打手出现，采用残酷的手段疯狂破坏工农革命组织，殴打和杀害社会党和工会领导人，公开参与军警对群众运动的镇压，与之合谋制造白色恐怖。法西斯运动的新动态使垄断资产阶级和以封建王室为主体的统治阶级消除了对它的疑虑，开始转而大力支持它的发展。在统治阶级的扶持与资助下，法西斯运动在一两年里获得了大发展。到 1920 年底，"战斗的意大利法西斯"成员已达 20615 人；到 1921 年 5 月底猛增至 187098 人，墨索里尼终于进了议会。到 1922 年 5 月，已更名为"国家法西斯党"的党员人数为 322310 人。意大利法西斯已从一个微不足道的运动一跃而成为拥有武装的全国第一大党。面对法西斯运动的迅猛发展，墨索里尼等领导人不再安于仅仅充当统治阶级营垒中的一个次要角色，开始跃跃欲试谋求夺取全国政权了。

二、法西斯专政的建立

国家法西斯党夺取政权 1921 年 11 月 7 日在罗马举行的法西斯党第三次代表大会，是意大利法西斯运动发展的一个里程碑。它标志着法西斯运动从依靠统治阶级转向夺取全国政权、建立法西斯独裁统治的开始。这次代表大会将"战斗的意大利法西斯"更名为"国家法西斯党"，确定以古罗马的"束棒"为标志的党徽，选举墨索里尼为党的领袖。大会通过的纲领强调，"国家是至高无上的"，"目前赋予议会的权力和职能应予减少"，"公民的自由要受到……限制"；纲领还提出"要重视地中海和意大利的海外殖民地"，恢复罗马帝国的版图，使意大利"实现自己历史和地理上的完全统一"，"行使地中海拉丁文明之堡垒的职能"。这表明，国家法西斯党要摒弃传统的资产阶级议会制国家，恢复罗马帝国的霸业，建立一个对内实行极权统治，对外进行侵略扩张的法西斯政权。

罗马代表大会之后，墨索里尼开始夺取全国政权的准备活动。他将法西斯党各级组织全部军事化，实行全党皆兵；以帮助政府恢复秩序为名，加紧恐怖活动，广泛夺取地方政权。经过这番准备之后，他们决定向罗马进军，取中央政府而代之。1922 年 10 月 27 日，由 3 万名法西斯行动队员组成的"进军队伍"在墨索里尼的指挥下，分三路向首都罗马进军，法克特首相要求国会颁布全国戒严令，国王维托里奥·埃马努埃莱三世（又译为维托里奥·伊曼纽尔三世，1869—1947）最初同意，后来又予以拒绝。这是因为，保皇派中支持法西斯分子的党、政、军要员力劝国王不要动用军队；王室中一些具有影响力的人拥护墨索里尼组阁；另外，墨索里尼已经得到大垄断集团控制的意大利工业家联合会的支持，他们认为"组成墨索里尼政府是解决国家处于瘫痪状态的唯一办法"。法克特政府在遭到国王拒绝后被迫辞职。29 日墨索里尼到达罗马，国王授权墨索里尼担任首相组阁。31 日墨索里尼组成第一届法西斯政府，法西斯党终于上台执政。

法西斯专政的建立和巩固 墨索里尼执政初期，法西斯党在议会中仅有 35 个席位，社会党和得到农民支持的人民党在议会中占据着 43.2% 的席位。在 14 名内阁成员中，法西斯分子仅占 4 人。这表明墨索里尼虽攫取了政权，但它还立足未稳，尚处在议会制躯壳下孕育法西斯极权统治的过渡时期。为了保证法西斯党对国家政权的绝对控制，墨索里尼采取了以下措施：一是进一步改善与垄断资本的关系，废除"累进税法"，以各种名目和方式向大资本家提供资金，帮助他们摆脱战后面临的经济危机，以争取他们的全面支持；二是加强对党政权力和法西斯武装的控制，解散所有党派武装和 4 万人组成的皇家卫队，建立由墨索里尼直接掌握的国家安全志愿民兵，并设立一个"超越和凌驾于原有政治机构之上"的党的最高领导机构——"法西斯大委员会"；三是为了使法西斯党成为议会多数，1923 年11 月，墨索里尼强迫议会通过新选举法，以兼并其他党派，新选举法规定，凡某一党派所得选票占总票数的 1/4 以上，便可在议会中占有 2/3 的议席，组织内阁，这个法案预先保证了法西斯党对议会的全面控制；四是在青少年中建立法西斯组织，巩固法西斯党的统治。

1924 年 4 月，墨索里尼的国家法西斯党在全国大选中通过恐怖手段和舞弊行为，获得占投票总数 65% 的选票。法西斯党的倒行逆施引起广大群众和其他政党的强烈不满。统一社会党总书记、众议员马泰奥蒂在议会揭露和谴责法西斯党在选举中的种种暴行之后，于 6 月 10 日被法西斯分子暗杀。这一罪恶行径在意大利全国引起了强烈反响。意大利民主派的 150 名议员组成"亚文丁联盟"，集体退出议会，要求墨索里尼政府辞职，并呼吁国王解散议会。社会各阶层掀起的反法西斯热潮，使法西斯政权大有摇摇欲坠之势。但是形势突然发生变化。国王为墨索里尼开脱罪责，说他"不认为墨索里尼直接参与了杀害马泰奥蒂的活动"。罗马教廷也继续支持法西斯政权。6 月 26 日，参议院通过了对墨索里尼政府的信任投票。这使墨索里尼有了喘息之机。他一方面否认政府与此案有牵连，并缉拿涉嫌罪犯，以平息众怒；另一方面在得到王室和教廷的支持后，加紧反攻倒算。1925 年 1 月 3日，墨索里尼在议会公开宣布以武力镇压反法西斯的活动，之后在全国范围内展开大规模恐怖行动，逮捕所谓"危险分子"，查封和解散共产党、统一社会党等各种非法西斯团体，并连续几次改组内阁，把政府中的非法西斯大臣全部替换，从而在意大利彻底抛弃了议会民主制，建立了法西斯党的一党专政。随后，墨索里尼采取一系列措施，进一步攫取权力，加强和完善法西斯的极权体制。

从1925年5月起，法西斯政权颁布一系列法令，为墨索里尼独裁统治提供法律保证。包括：1925年颁布《反秘密团体法》，宣布取消集会和结社自由；《法西斯新闻检查法》，取消言论自由；《政府首脑及阁员职责与特权法》，授予墨索里尼独裁权，要内阁大臣和副大臣像士兵一样，一切行动听从"领袖"的命令；1926年颁布《国家防御措施》，宣布取缔国家法西斯党以外的所有政党；1928年颁布《法西斯大委员会权力法》，规定政府首脑和法西斯大委员会主席由墨索里尼一人担任。到1929年4月，作为政府首脑的墨索里尼一身兼任内阁13个部中的内政，外交、陆、海、空三军，职团，殖民和公共工程8个部的大臣，可谓集各种权力于一身。同时，墨索里尼开动所有宣传机器不遗余力地在全国和全党大树其领袖权威，开展对领袖绝对忠诚和绝对服从的教育。在法西斯党内进行大规模清党运动，排斥异己和极端分子，使法西斯党成为墨索里尼手中的驯服工具。

为了实现国家全面法西斯化，墨索里尼还积极推行法西斯主义的职团制，作为巩固极权统治的重要步骤。国家法西斯党领导人声称，职团是全体公民各尽所能、以协作手段达到共同目的的组织，在职团中，资方和工人都在从事"劳动"，是"平等"的，分配"平等"，利益也绝对平等；劳资双方以和平的方式维护生产的秩序和纪律，必然"使生产更加完善，更加富有成效和更加重要，因而也就能使国家走向富裕"。1925年10月2日，在墨索里尼指示下，召开了法西斯工会职团联合会与意大利工业家联合会的代表会议，会上双方签订了协议。在协议中，双方互相承认彼此是工人和企业主的唯一合法代表，工人与企业主的一切合同只能由它们及其所属组织签订。10月6日，法西斯大委员会批准了这个协议，并作出决定，宣布废除企业主与工会于1925年10月1日以前签订的各种劳动合同；承认法西斯工会职团联合会是工人利益的唯一合法代表；命令所有"厂内委员会"即行解散，使意大利工人阶级的组织遭到彻底破坏。1926年4月和7月，法西斯政权又先后公布《劳动职团法》和《劳动职团法实施准则》，取消工人的罢工权利，在内阁设立职团部，并确定职团部为国家的行政机构，以"国家最高利益"的名义掌管生产纪律和协调工人联合会与雇主协会之间的矛盾。法西斯政权在意大利的所有行业都建立了"职团"。这些"职团"分为纵、横两个系统：纵的系统是指劳动者与雇主按行业建立"劳动者职团联合会"和"雇主职团联合会"，在全国形成劳、资两个体系；横的系统是指劳动者和雇主按工业、农业、商业、运输业、金融业、艺术与自由职业和海洋与航空业，各自组成全国性劳资联合的"职团协会"。所有这些"职团"都在全国职团委员会的领导之下。这些各式各样的具有半官方性质的"职团"合在一起就构成了所谓"职团国家"。职团部成为国家对"职团"领导的最高部门。

1929 年 9 月，职团部的职能进一步扩大，墨索里尼撤销了内阁中的国民经济部，将国家经济和劳动人事大权并入职团部。1934 年 2 月 5 日，墨索里尼下令全国所有的行业及其雇员要无一遗漏地分别参加 22 个职团，在 22 个职团之上设立由 500 人组成的全国职团委员会，其上又设置职团中央委员会，而职团中央委员会则受墨索里尼亲自控制的内阁职团部直接领导。这样，法西斯政权就在"国家至上""劳资合作"的幌子下，通过职团制控制了整个国家和全体民众，其控制的严密程度是意大利历史上任何一位专制君主和独裁者都难以比拟的。

1929 年 2 月，意大利政府同教皇庇护十一世签订《拉特兰协议》，其中，意大利政府承认梵蒂冈为罗马教廷绝对所有，承认天主教为意大利国教，同意赔偿在意大利统一期间没收的教会财产，在中等学校推广宗教教育；教皇则宣布承认意大利王国，同意在意大利实行政教分离，允诺意大利主教在就任教职前须向意大利国家元首宣誓效忠。这是墨索里尼利用天主教在国内外的广泛影响进一步巩固极权统治的另一个重要措施。

到 1929 年世界性经济危机爆发前，墨索里尼已经集党、政、军和财政经济大权于一身，控制了意大利的一切方面，成了意大利最高主宰者，法西斯极权体制得到全面确立和巩固。随后，为摆脱世界经济大危机所造成的困境，墨索里尼不断发出战争叫嚣。

意大利之所以成为第一个建立法西斯专政的国家，有其特殊的历史条件。主要包括：到 1871 年意大利才最终完成国家统一，国家很不稳定，没有资产阶级议会制传统；意大利资本主义经济发展的底子薄，被列宁称为"穷汉帝国主义"，经不起第一次世界大战的重创；战后社会经济问题十分严重，出现革命形势，使统治阶级异常惊恐，而各资产阶级政党软弱无力、害怕革命，既无力制止工农运动的发展，也无力进一步发展资产阶级的议会民主政治。于是，法西斯运动趁机而起，自下而上地夺取政权，抛弃旧的资产阶级议会民主，建立起奴役工农大众的法西斯专政。此外也要看到，由于墨索里尼政权对国王、教廷存在一定依赖，其独揽大权的程度不像德国纳粹党那样彻底。

第四节　美国的繁荣

一、经济繁荣与社会状况

经济繁荣及其原因　第一次世界大战造成的破坏主要在欧洲，美国远离战火。

战争期间美国与交战双方大做军火生意，获得巨额利润，为战后固定资产的更新和扩大生产储备了大量资金。另外，技术革命与企业管理水平的改进，也刺激了劳动生产率的提高。因此，美国在经历了1920—1921年的短期经济萧条后，经济开始复苏并逐渐趋于繁荣。由于繁荣的景象主要出现在1923—1929年共和党的约翰·柯立芝（1872—1933）任总统期间，故人们称这一时期的繁荣为"柯立芝繁荣"。在此时期，美国的工业生产增长近一倍，年生产率增长达4%；国民总收入从1919年的650.9亿美元增至1929年的828.1亿美元，人均收入从1919年的620美元增加到1929年的681美元。

美国这次经济繁荣主要表现在工业生产发展迅速，特别是汽车、电气设备、建筑和钢铁等工业生产的巨大增长。以汽车工业为例，1919—1929年，其实际生产量增长了255%，汽车数量从1921年的1050万辆增至1929年的2600多万辆。小汽车逐渐进入千家万户。汽车工业直接或间接地为500万人提供了就业机会，并促进了石油、轮胎制造、公路和桥梁的修建以及钢铁业的快速发展，也促进了旅游业的增长。仅次于汽车工业的是电气工业的发展。不仅工业转向使用电力，而且在日常生活中电器也得到普及。20世纪二三十年代，电熨斗、洗衣机、吸尘器、电冰箱、收音机等逐渐进入寻常百姓家。有声电影也在此时问世。大规模工业生产的发展，促进了大城市的建设，建筑业获得发展机遇，一座座摩天大楼拔地而起。据统计，从1919年到1926年，用于120个城市的房屋建筑的费用，从12亿美元上升到128亿美元，其中大部分为非住宅建筑。汽车、电气和建筑业成为20年代美国经济繁荣的主要支柱。

经济的繁荣大大便利了美国经济向海外扩张。1919—1929年，美国的资本输出额从70亿美元增至172亿美元（二者都不包括第一次世界大战中的战债）。资本输出又推动了美国去夺取过去由英、德控制的贸易市场。美国的商品输出，从1922年的39.71亿美元年增至1929年的51.57亿美元。到1929年，资本主义世界到处充斥着美国的商品，仅使用的汽车中就有81%是美国货。

促使20年代美国经济发展的主要原因之一是技术革命刺激了劳动生产率的提高。新机器的使用和技术管理方面的进步，使美国制造业中的每个工人每个工时的产量，在1923—1929年提高了32%。1919—1929年，整个工业生产率提高40%，农业提高26%。许多工业进行了技术改造。装配线技术在汽车制造、造船、飞机引擎及军火等部门广泛采用。钢铁工业采用连续轧钢机，效率提高40—50倍。建筑业采用风动工具、水泥搅拌机和传送带等。为了推动技术改造，从20年代开始，许多公司建立起独立的工业研究实验室。到1927年，至少有1000家公司或独立或联合进行研究工作。20年代美国工业继续进行管理革命。19世纪末弗雷德里克·泰勒（1856—1915）提出的"生产合理化运动"，此时已被工商业的几乎所有部门不同程度地接受。到 1929 年，大多数工业企业由受过专业训练的经理来管理。而且，许多大公司进行了合并、兼并。在整个 20 年代，新老工业合并趋势均在加速。随着合并的发展，经理们在掌握成本、价格和产量方面的算计也越来越精明。

　　社会生活和价值观的变化　随着经济的繁荣，美国的社会生活和社会价值观也发生了变化。

　　经济的发展使城市人口增长。在 1920 年至 1929 年的 10 年中，有 1943.6 万人从农村流入城市。1900 年，人口在 100 万以上的城市只有纽约、芝加哥和费城三个；到 20 年代，同等人口规模的大城市增至 10 个，位于大城市周围的所谓卫星城获得迅速发展。这些郊区成为上层阶级和中产阶级的居住区，它们的发展以及其独立性，抑制了中心城市的扩大。

　　20 年代，美国实行限制性的移民政策。在"外国人和外来哲学"引起颠覆的群众恐慌高潮声中，1921 年国会通过《移民紧急限额法》，规定每年从任何一国进入美国的移民数限制为 1910 年该国已居住在美国的移民数的 3%。1924 年制定的《国别来源法》更把来自任何一国的移民数目，限制到 1890 年住在美国的该国后裔人口的估计数的 2%。由于到那一年为止大多数移民都来自北欧和西欧，这就进一步限制了南欧和东欧人移入美国。亚洲人则更在实际上被法律所排斥。

　　20 年代美国妇女地位发生较大变化。继 1920 年妇女根据宪法第 19 条修正案获得选举权后，更多的妇女参加工作，已婚妇女参加工作成为时尚。1920—1930 年，已婚妇女参加工作的人数由 190 万人增至 310 万人。妇女就业机会扩大的结果，是男子优势的某种衰退。妇女晚婚，生育意愿降低，并且比较愿意摆脱婚姻的束缚。同时，更多妇女开始吸烟，饮酒，穿短裙，剪短发，公开谈论性问题，经常参加男友社交约会等，这反映了 20 年代随着消费社会的发展，妇女价值观的变化。

　　事实上，20 年代美国整个社会价值观都在逐渐发生变化。传统的美国社会价值观是清教徒的观念，即努力工作，个人奋斗，节制物欲，崇尚理性，反对浪费，等等。这种传统社会价值观在当时美国的农村地区仍然流行，但在城市中却有很大变化。人们生活水平的提高以及分期付款和银行信贷消费方式的流行，进一步刺激了消费品的生产。工人运动逐渐减少。享乐之风有所发展，发财致富乃至投机活动受到青睐，以致一些美国史学家把当时美国的生活特点概括为精神上的"饥饿"时代或"疯狂的 20 年代"。

二、繁荣下的矛盾与隐患

　　繁荣掩盖的问题　美国 20 年代的繁荣并非完全是虚假的，有许多突出的成就。但是，繁荣的背后也存在着隐患与危机，主要表现在以下几个方面。

第一，各个生产部门的发展极不平衡。支撑 20 年代经济繁荣的主要是一些新兴工业部门。一些设备陈旧的工业部门如采煤、造船等都开工不足。至于旧的纺织业、制革业等还出现了减产危机。大批工人因此而失业。农业则长期处于不景气状态。1920 年至 1921 年的经济萧条严重打击了农场主。尽管农产品价格在 1923 年有所回升，但农业的不景气一直延续至 30 年代。1919—1929 年，农场主的收入从占国民收入的 16% 下降到 8.8%。1929 年农民的人均收入只有全国平均数的 1/3。1914—1927 年，农场主的抵押债务增长一倍以上，许多农场主破产。农民购买力大大下降。

第二，经济繁荣并没有带来共同富裕，而是加剧了贫富差距。从根本上说，20 年代的繁荣建立在狭窄的基础之上。这一时期，兼并之风盛行，财富越来越多地集中到少数人手中。1925 年，16 家最大财阀控制着全国国内生产总值的 53%。1929 年，15 家大公司集团控制了全美电力的 80%，20 个集团控制了 98.5% 的跨州输送电网，与此同时，成千上万家公司在竞争中消失；国民收入的 1/3 为占人口 5% 的最富有者所攫取，约 60% 的家庭总收入不到全国总收入的 24%，其家庭收入维持在一年 2000 美元甚至更低的水平上下，更为严重的是有 21% 的美国家庭年收入不到 1000 美元，他们的收入在国民总收入中不足 4%。这些都必然造成市场的相对狭小和社会购买力的相对低下。

第三，国内消费市场的扩大具有盲目性。当时商业界大力推广分期付款和赊购方法，虽然刺激了消费，有利于经济繁荣，但赊销本身就潜伏着危机，反映了生产能力和消费能力的不平衡。一旦还贷出现困难，就会引发过剩危机。

第四，股票投机盛行，非实体经济大大膨胀。1920—1929 年，市场上交易的股票从 2.23 亿股增加到 11.24 亿股。大资本家和金融寡头疯狂进行"买空卖空"的证券投机活动，普通民众在"一夜暴富"的心理下也参加进来，这就使股票的价格越来越脱离它的实际价格而暴涨。到 1929 年，有些股票以 50 倍甚至更高的价格出售，而评价股票价值的传统基数是 10 倍收益。这一切都增加了金融市场的不稳定性。

第五，国际经济中的潜在不稳定因素加深了国内经济问题的严重程度。一方面，战后的欧洲成为美国的债务国，到 1920 年，欧洲等地区国家共欠美国约 133 亿美元债款。欧洲的穷困和美国的高额关税，使欧洲国家不可能用黄金或商品来加以偿还。另一方面，美国出口始终大于进口，1928 年出超达 10 亿多美元，从而使世界黄金大部分流向美国。其结果是，欧洲各国难以恢复金本位制，也不可能无限地继续从美国买进多于它们卖给美国的商品。美国在海外的市场在日益缩小。另外，随着"道威斯计划"① 的实施，巨额美元向欧洲的投入支撑着欧洲经济的发

---

① 参见本章第六节。

展，使美元成为资本主义世界金融运行的主要支撑货币之一，实际形成了一个以美元为中心的金融体系。但是欧美贸易和投资的严重不平衡不可能长期维持。一旦某个环节出现问题，就会引发整个资本主义的经济危机。

"无为而治"的企业家政府　在民主党总统威尔逊于 1920 年卸任之后，20 年代是三任共和党总统，即哈定（1921 年 3 月至 1923 年 8 月）、柯立芝（1923 年 8 月至 1929 年 3 月）和胡佛（1929 年 3 月以后）连续执政。一些美国史学家认为"三个政府在美国史上构成了一个时代。……在这短短的十年当中，政治生活中道德水平的低下达到无以复加的地步，再要低落就连负责公众利益的影子也说不上了"。

哈定总统来自俄亥俄州，被《纽约时报》称为"碌碌无为的活动家"，上台后就实行"恢复常态"政策，也就是从战时国家暂时垄断恢复到战前私人垄断的"常态"。他一上台即恢复战前垄断资本家的自由经营，实行共和党传统的保护主义政策，提高关税税率，官方不过问企业合并、组合和发行股票等事项，放弃控制物价和调节生产的计划，一切放任资本家去干。哈定把许多大资本家及其代理人公开安置在内阁重要职位上。在其任内，贪污腐败成风。重大事件之一是内政部长福尔将供应海军使用的一些政府油田转给一批投机商人，从中收取巨额"酬金"，海军部长、司法部长、退伍军人局长都受到牵连。

1923 年 8 月哈定突然去世，副总统柯立芝继任总统。他被认为是"一个冷酷沉默，甚至比哈定更加亲密地和大企业合作"的人。当时美国正处在繁荣时期，柯立芝采取的仍然是自由放任和"无为而治"的政策，反对政府对经济进行干预，对金融市场更是缺少有力的政府监管。他强调美国政府要保护大资本家的利益，认为"美国的事业便是企业"。他说，"一个人建造一个工厂，便是建造一座教堂……在那里工作的人，便是在那里做礼拜"。他把政府的任务理解为在最少的监督下为企业发展创造最多最好的条件。他的价值观念使他坚信，"既然只有富人才是有价值的，因而政府应该谨防多数人的意见。由于贫穷是罪恶的报应，政府便不应该向高尚的富人征税，以援助卑贱的穷人。由于富人最了解他们利益之所在，政府便不应该干预他们经营的企业，而应该促进企业。"

柯立芝对充斥社会的投机活动听之任之，甚至加以鼓励。他的财政部长梅隆自己就大搞投机。结果在"这个时期，新证券几乎像肥皂块那样地被制造出来"，同时，数量更大的未兑现的老证券，继续以螺旋式上涨的价格进行交易。有专家评论，"证券市场已不仅是对将来的贴现，而且是对来世的贴现！"最后，投机发展到了令人难以置信的极端。

但是，当时许多人都沉浸在乐观主义情绪之中，连总统也不例外。柯立芝在 1928 年 12 月 4 日的国情咨文中断言："我国今日之成就，实足快慰。我国未来之前途，实很乐观。"1929 年上台的胡佛在他 1928 年 10 月的竞选演说中也宣称："今天我们在任何地方比以往都接近消除人民生活贫困和恐惧的理想"，"只要让我们继续执行过去 8 年的政策，我们借上帝之助，很快将看到贫穷从这个国家消失的日子。"可见，在充满投机与欺诈的美国社会中，人们冷静分析事物的能力丧失殆尽。

第五节　日本的政党政治与外交

一、战后日本的经济与政治变化

经济危机与持续萧条　第一次世界大战给日本提供了进一步侵略中国的机会，其资本主义经济也获得了发展的良机。趁欧洲国家忙于大战，暂时退出亚太市场之际，日本大力发展各种产业和对外贸易，形成空前的"战争景气"。1914—1919 年，日本工业产值增长了 3 倍多，对外贸易增长了 3 倍；各行业开办的公司数目增加了约 1.6 倍，这些公司的资本总额增长了约 2.9 倍。1914 年日本是负有 11 亿日元外债的债务国，到 1920 年则变为对外贷款 28 亿日元的债权国。但是，日本的工商业发展和农业相对落后的矛盾比较突出，大战后期就发生了粮食需求大增、米价暴涨的情况。1918 年的"米骚动"，就是从群众抢粮开始，发展到群众与地主、资本家和反动军警进行的全国性的政治斗争。

大战结束不久，战争期间畸形繁荣的日本经济便陷入危机。1920 年 3 月 15 日，东京股票市场的股票价格暴跌，接着发生了银行挤兑风潮。东京股票交易所的股票平均价格 3 月份是 549 日元，9 月份跌至 100.5 日元。

1920 年经济危机可以说是明治维新以来日本经济发展史上的转折点。整个 20 年代，日本经济基本呈现萧条状态。工业方面，1919 年生产指数为 484（以 1914 年为 100），此后逐年下降，1922 年降至 399.5。1923 年开始回升，但速度很慢，至 1928 年才回升到 500。农业方面，米麦产量十年徘徊，明治以来持续增长的局面至此结束。[①] 生丝出口曾是日本换取外汇的主要手段。20 年代以前，出口量大约每十年翻一番，至此快速下降，1921 年降至 1500 多万磅，1928 年才回升到 1919 年的水平，为 3800 万—3900 万磅。

正当经济危机期间，1923 年 9 月 1 日，日本发生 7.9 级的关东大地震，遭灾人口约 340 万，死者 9.9 万多人，伤者 10 万余人。日本政府以维持治安为借口，乘机大肆逮捕社会主义者和工人运动中的积极分子，6000 多名无辜的朝鲜人和一

---

① 1877—1917 年，除个别年份外，日本农业平均每五年增长约 10%。

些旅日中国人被杀。

政党内阁的出现 战后日本政治生活中的最大变化，是出现了政党政治。"米骚动"后上台的以政友会总裁原敬为首相的内阁（1918 年 9 月 29 日—1921 年 11 月 13 日），取代了以军阀寺内正毅为首的内阁。原敬是一位没有贵族爵位的众议员，本身出身平民，因此他也被称为"平民首相"，他领导的内阁也被视为日本第一个具有政党性质的内阁。

原敬内阁所面临的形势是：经济危机、工农群众运动高涨、中小资产阶级和知识分子要求普选、减税。1919 年春，在野党宪政会①和当时反对政友会的国民党②也作出决议，要求立刻修改选举法，以便把群众运动局限在资产阶级议会的范围之内。在这种形势下，原敬认为应由政府逐步推行普选，"倘若根据群众的强制要求而造成破坏现代组织的形势，必将危害国家基础"。1919 年 3 月，原敬内阁在第 41 次议会上提议修改众议院议员选举法并获得通过。新选举法再次降低财产资格限制，由 1900 年的 10 日元降到 3 日元，从而使选民人数从 150 万人增加到 330 万人左右。5 月 10 日，政友会在第 14 次大选中取得了压倒性胜利，共获议席 278 个。宪政会为 110 个，国民党为 29 个。原敬政府还采取振兴实业、改善教育等措施，使其获得了资产阶级和民众的支持，却被右翼势力所嫉恨。1921 年 11 月 4 日，原敬被刺身亡。

原敬死后三周，大正天皇因病引退，皇太子裕仁摄政。继原敬内阁之后组成的是高桥是清内阁（1921 年 11 月 13 日—1922 年 6 月 12 日）、加藤友三郎内阁（1922 年 6 月 12 日—1923 年 9 月 27 日）、第二次山本权兵卫内阁（1923 年 9 月 2 日—1924 年 1 月 7 日）和清浦奎吾内阁（1924 年 1 月 7 日—1924 年 6 月 11 日）。这几届内阁都不是政党内阁，而是由官僚、军阀巨头组成的所谓超然内阁。它们的任期都很短暂，反映了政治上的倒退所引起的政局动荡，民主运动和工农群众运动高涨。1921 年春夏之交，以关西地方的重工业工厂所在地为中心，连续发生大规模罢工。同年，友爱会正式改称日本劳动总同盟，成为日本工人运动的核心力量。在农村中，租佃纠纷也不断增加，1921 年共发生 1680 件，相当于上一年的 4 倍。1922 年，日本农业组合成立。劳动总同盟、农民组合以及学生团体还组织游行情愿、发表声明，要求打破藩阀专制，实行普选。在这种形势下，宪政会、政友会、革新俱乐部等政党组成联合阵线，提出"打倒特权内阁""实行普选""改革贵族院和枢密院"等要求。这些政党人士自称"护宪三派"，并把他们的活动称

---

① 宪政会，总裁加藤高明（三菱财阀岩崎弥太郎的女婿），后演变为民政党。

② 国民党，总裁犬养毅，后演变为革新俱乐部，后并入政友会。

作"第二次护宪运动"①。这一运动反映了日本资产阶级势力的增强和要求提高自己政治地位的强烈愿望。

1924 年 5 月，"护宪三派"在大选中获胜，组成联合内阁，以三派中得票最多的宪政会总裁加藤高明（1860—1926）组成内阁（1924 年 6 月 11 日—1925 年 8 月 11 日），被称为"护宪三派内阁"。这届内阁与此前元老推荐首相的办法不同，是由众议院中的多数党领袖担任首相，成为真正的"政党内阁"。从加藤内阁到 1932 年 5 月犬养毅首相被杀，日本一直由议会中的多数党组阁，被称作"政党内阁时期"。政党内阁虽未能改变天皇制专制政体，枢密院、军部仍然拥有决策大权，贵族院仍然与众议院权力相当，然而首相须经众议员选举，这对明治宪法体制来说，毕竟是一个重大突破，有利于日本资本主义的发展，同时对于企图建立军事独裁政权的军阀和正在出现的法西斯势力也是一道重要障碍。

1925 年 2 月，加藤内阁在第 50 次会议上提出"普选法案"并获得通过。新选举法取消了有关纳税额资格的限制，凡年满 25 岁以上之男子均有选举众议院议员权，年满 30 岁以上之男子均有被选举为众议院议员权。但妇女仍无政治权。选民人数扩大至 1200 万人，约占人口总数的 20.8%。从自由民权运动以来凡 40 余年，日本人民和民主势力反复斗争，才争取到这种不完全的普选权。

加藤内阁一面制定《普选法》，一面公布《维持治安法》，其中规定："凡以变更国体或否认私有财产为目的而组织结社或知情加入者处以十年以下之惩役或禁锢"。所谓"国体"，即是天皇制。这一条显然针对刚刚于 1922 年成立的日本共产党，而镇压范围则扩及工农群众和一般民主运动。

加藤内阁持续执政两届，其后由若槻礼次郎继任宪政会总裁并组阁（1926 年 1 月 30 日—1927 年 4 月 20 日）。1926 年 12 月 25 日，大正天皇去世，太子裕仁继位，改元昭和。

日本法西斯的出现　在战后日本政治生活中的一个重要现象，是出现了形形色色的法西斯组织。1919 年 8 月，日本出现第一个法西斯组织"犹存社"，它主张彻底改变日本现状，反对英美对亚洲的渗透，赢得在亚洲更大的话语权，等等，影响较大。到 1933 年，日本的各类法西斯社团数量已达 500 余个。

1921 年 10 月 27 日，在德国留学的三个日本军人永田铁山、冈村宁次、小畑敏次郎在莱茵河畔的巴登巴登温泉订立密约，约定回国后将致力于"消除派阀、刷新人事、改革军制、建立总动员态势"，第二天，东条英机加入这一密约。"巴

---

① 第一次护宪运动发生在 1912 年底至 1913 年初。日本人民和民主势力迫使军阀桂太郎辞职。当时提出的口号是"护宪"（维护宪法）。

登巴登密约"是日本军部法西斯运动的开始。

二、"协调外交"与"东方会议"

"协调外交" 在华盛顿会议上，日本受到挫折。20 年代资本主义世界进入相对稳定时期后，日本为了保持在中国的"特殊地位"，避免与英美发生直接武装冲突，最终实现独霸亚太地区的既定国策，在外交政策上也进行了一定调整，即推行所谓的"协调外交"。由于推行"协调外交"的代表人物是 20 年代曾三次出任日本外相的币原喜重郎（1872—1951），因此"协调外交"又称"币原外交"。

币原在任内（1924 年 6 月至 1927 年 4 月）力图在各国承认日本既得利益的前提下谋求与英美"协调"。1924 年 7 月，他在一次演说中阐明他的外交原则是：（1）"维持和增进正当的权益"；（2）尊重外交前后相承主义，以保持同外国的信任关系；（3）改善对美对苏关系；（4）在对华政策上贯彻不干涉内政。币原的所谓"正当权益"，无非是以条约为依据的权益，即凡以往日本帝国主义通过与中国签订的不平等条约所取得的权益，都是"正当的"。维护这种权益，正是币原外交的根本目的，同各国保持协调和"不干涉"中国内政，则是为了有效地达到这种目的的手段。

在"协调外交"指导下，1925 年 1 月，日本与苏联签订《关于规定两国关系基本原则的条约》，建立外交关系，随后日本从北库页岛撤兵。在对待中国问题上，币原外交较之过去的露骨武力干涉有所缓和，而是加紧对华经济侵略。到1930 年，日本已经通过"南满铁道株式会社"把中国东北的主要经济命脉掌握在自己手中，英美在中国东北的投资几乎被日本完全排斥。在对华贸易和投资方面，日本已经与在华具有最大利益的英国不相上下。1925 年，日本对华输出额增加到5.7 亿元，占中国进口额的 31.06%，居于第一位。在纺织业方面，日资在华纺织厂在中国纺织业中所占的比例连年上升，1922 年为 30.2%，1925 年为 37.0%，1927 年为 37.3%，1929 年为 39.3%，1931 年达到 40.8%。而英国资本在中国纺织业中所占比例却从 1922 年的 7.3%下降到 1931 年的 3.5%。20 年代中期，中国进口棉纱的一半以上来自日本。日本对华经济侵略严重阻碍了中国民族工业的发展，也打击了英美的在华利益。

但是，"协调外交"是日本在华盛顿体系下被迫采取的外交政策，并以"维护条约权益"为前提。因此，日本认为在必要时仍然会诉诸武力，并非真正的"不干涉"。例如，在 1925 年的"五卅惨案"中，日本曾派出两艘军舰到青岛示威；在 1925 年 11 月郭松龄倒戈反击张作霖时，日本又出兵南满铁路沿线，协助张军，击败郭军。事后，币原还强辩说，这次派兵是"补充兵源"，"贯彻了不干涉内战的方针"，而非阻止郭军的军事行动。

　　田中内阁与"东方会议"　　1927 年春，日本爆发金融危机。同时，在中国，国民革命军正在北伐，于 3 月占领了上海和南京。日本在野党和军部乘机攻击现内阁的内外政策，迫使若槻内阁辞职，由大军阀、政友会总裁田中义一（1864—1929）组阁。田中上台后，采用通货膨胀、政府给银行拨款等办法，帮助垄断资产阶级渡过了金融危机。

　　在对外政策方面，田中批判币原外交"软弱"，加紧对华武装干涉。为了阻止中国的北伐战争，1927 年 6 月至 1928 年 5 月，日本三次出兵山东。1928 年 6 月，又制造"皇姑屯事件"，炸死张作霖。田中内阁的侵华政策，在 1927 年 6 月 27 日至 7 月 7 日召开的"东方会议"中表现得最为露骨。会议通过《对华政策纲要》，明确指出：日本对"满蒙"，特别是对东三省，应与中国本土区别看待，实即要将东北和内蒙古从中国分割出去，由日本侵占；凡对日本在"满蒙"的"特殊地位权益有侵害之虞时，则不论来自何方"，都要决心为"防卫"而采取断然措施。正是这一纲要所确定的侵华方针，导致了几年后的九一八事变。"东方会议"的文件，日本官方公布者只此一个。1929 年，中国《时事月报》刊登了一份与"东方会议"有关的秘密文件，名为《田中内阁侵略满蒙之积极政策》，通称"田中奏折"。关于"奏折"的真伪，学术界历来有不同看法。但奏折中所说"欲征服中国，必先征服满蒙；欲征服世界，必先征服中国"的主张，则是和日本帝国主义以后的侵略进程相一致的。

　　"三一五"和"四一六"事件　　在国内，田中内阁实行恐怖统治。1928 年 2 月，普选法开始实施，政友会虽然取得了微弱的多数，但日共支持的劳农党也获得 19 万多张选票，各种"无产政党"共得票 48 万张。日本统治者极为震惊。3 月 15 日凌晨，日本警察倾巢出动，在全国各地逮捕了共产党人及其同情者 1000 多人，许多革命者惨遭毒刑。4 月 10 日，日本政府勒令劳动农民党、日本劳动组合评议会、无产青年同盟三个左翼组织解散。6 月，田中内阁修改《维持治安法》，把以变革国体为目的的结社者处以死刑或无期徒刑。10 月 6 日，日共中央委员渡边政之辅在被捕时英勇牺牲。1929 年 4 月 16 日，政府再次大逮捕，日共领导人市川正一等中央委员全部被捕，其他被捕者近千人。

　　田中内阁的内外政策激起日本人民和中国人民的无比愤慨。在中国，抵制日货的反日斗争遍及全国，日本对华贸易额锐减。1928 年 12 月，张学良毅然宣布"东北易帜"，粉碎了日本帝国主义侵吞中国东三省的阴谋。在日本国内，以日共为首，各民主阶层广泛开展反对武装干涉中国内政的斗争。1929 年 3 月，民政党①

---

　　①　民政党于 1927 年 6 月成立，全称是"立宪民政党"，与"立宪政友会"（1900 年成立）同为第二次世界大战前日本两大资产阶级政党。

也指责说：田中内阁在山东驻兵两年，耗资数千万，激起中国反感，陷日本侨民于绝境。7 月 2 日，田中内阁垮台，成立以滨口雄幸（1870—1931）为首的民政党内阁。1930 年，滨口内阁与英、美在伦敦签署了新的《限制海军军备条约》，对主力舰、航空母舰和巡洋舰等的吨位进行限制。该条约的签订，被认为是"协调外交"的最后一次行动。1929 年经济大危机的风暴与随之而来的九一八事变，彻底埋葬了"协调外交"。

第六节　国际关系的调整

一、热那亚会议与《拉巴洛条约》

欧洲经济会议的召开　十月革命的胜利与苏俄的建立，形成了两种社会制度并存的局面。面对协约国武装干涉苏俄的失败和战后的经济危机，英国对苏俄的政策进行调整。1921 年 3 月 16 日，英国首先与苏俄签订了贸易协定，规定双方互不进行敌对攻击和宣传、彼此不进行封锁、消除贸易发展障碍、互设贸易代办机构等。这标志着帝国主义对苏俄的武装干涉和经济封锁政策已经破产。此后，其他资本主义国家也纷纷转变对苏政策，到 1922 年底，相继有德、奥、意等 11 个国家与苏俄签订了贸易协定。

对苏俄来说，四年的帝国主义战争和三年的国内战争，对国家造成了严重破坏。为恢复经济，苏俄迫切需要扩大对外经济联系，更需要西方国家对苏俄的承认。1921 年 10 月 28 日，苏俄政府向英、法、美、意、日发出照会，表示愿意在各大国承认苏俄，与苏俄缔结全面和约并向苏俄提供贷款的情况下，承认沙皇政府所借的外债，并建议就此问题召开国际会议进行谈判。西方各大国对苏俄的建议反应强烈。1922 年 1 月 6 日，协约国最高委员会戛纳会议决定，在热那亚召开欧洲国家经济会议，邀请苏俄和德国参加。但会议还通过了针对苏俄的规定：任何国家不得将本国的经济制度和政治制度强加于别国；保障外国资本和利润不受侵犯；只有在承担本国历届政府的债务，归还并赔偿被接管的外国资产，保证财政货币流通的前提下，才能得到外国政府的贷款，并得到协约国的正式承认；等等。这表明，西方大国不得不正视苏俄这个与它们社会制度不同的国家存在的现实，作出承认苏俄并与之合作的初步准备，但合作条件极为苛刻。

苏俄接到热那亚会议的邀请后，决定派出以列宁为团长的代表团准备参加会议。虽然列宁最终未能出席会议，但他为代表团制定了参加会议的纲领和原则。他指出，代表团去热那亚的目的是为扩大、发展国际贸易创造条件；代表团应充分利用资本主义国家之间的各种矛盾，达到自己的目的；如果在会上达不到，"那就在会外达到这一点"。

1922 年 4 月 10 日，热那亚会议召开，有 34 个国家的 2000 人出席会议，美国和中国作为观察员参加会议。在第一次全体会议上，苏俄代表团团长契切林（1872—1936）阐明了苏维埃国家的对外政策，表示愿意"在互利、平等和充分的、无条件的相互承认的基础上"，与所有国家政府和贸易界建立务实的外交和商贸关系；并表示苏俄政府实行对外经济开放，准备把部分矿藏、森林和耕地租给外国资本经营。

但是协约国要求苏俄政府承认并偿还沙皇政府、临时政府和地方当局所欠的 184.96 亿金卢布的债务；归还革命中收归国有的一切外国企业和资产，并对苏维埃政府及过去历届政府或地方当局因行动疏忽而造成的一切损失承担责任；取消对外贸易垄断权；等等。协约国还宣称，只有满足这些要求，它们才会与苏俄建立正式外交关系。苏俄代表团反驳了协约国的这些要求，并提出反要求：如果协约国赔偿武装干涉苏俄造成的总计 390.4497 亿金卢布的经济损失，苏俄则同意偿还一切债务。双方针锋相对，会议陷入僵局。

《拉巴洛条约》　仍然受到《凡尔赛条约》严格束缚的德国在热那亚会议上遭到压制和冷落，希望有机会改变孤立的外交状态。苏俄也希望在外交上有所突破。根据列宁的指示，苏俄代表团主动向德国代表团建议，趁热那亚会议休会之机，两国在热那亚近郊拉巴洛进行谈判。

1922 年 4 月 16 日，契切林和德国外长拉特瑙（1867—1922）签订了《俄罗斯苏维埃联邦社会主义共和国和德国协定》，即《拉巴洛条约》。条约规定，双方相互放弃对战争费用和战时给双方造成的一切损失的赔偿要求；德国同意苏俄在革命时期把德国在俄国的国家和私人财产收为国有；立即恢复两国的外交和领事关系；在最惠国原则的基础上发展两国的经济和贸易关系。

《拉巴洛条约》的签订，是苏、德双方外交的一次胜利，它突破了协约国孤立苏俄、压制德国的局面，苏、德两国建立了正常的外交关系，从此开启了以后 10 年两国关系的"拉巴洛时代"。不仅如此，该条约所采取的相互取消一切赔偿要求，恢复正常关系，密切经济联系的原则，也为以后苏俄/苏联处理与其他资本主义国家的关系提供了先例。

尽管协约国指责《拉巴洛条约》，但历时 40 天的热那亚会议没有达成一项协议，其后又在海牙召开的联合专家会议也没有取得打开僵局的成果。相反，由于苏俄在这些会议上宣传了自己的对外政策原则，以及苏维埃国家的日益巩固和发展，西方国家不得不尊重苏俄的权利。1924 年 1 月，意大利和英国在没有坚持首先偿还债务的情况下与苏联建立外交关系。此后形成了与苏联的建交热。西方大国中，只有美国到 1933 年才与苏联建立外交关系。20 年代，苏联逐渐为国际社会所承认，基本实现了与资本主义国家关系的正常化。

二、德国赔款问题的解决

赔款问题与鲁尔危机　凡尔赛体系的建立奠定了 20 年代欧洲国际关系的基础，但是该体系中的不稳定因素继续影响着列强之间的关系。然而大战给各国人民造成的巨大创伤和战后恢复经济的当务之急，使各国政府倾向于通过谈判、召开国际会议和签订条约等和平手段去解决凡尔赛体系遗留的尚未解决的问题，以进一步调整国际关系，稳定战后的和平局面。

德国的赔款问题是《凡尔赛条约》中悬而未决的最复杂的国际问题之一。巴黎和会后，战胜国列强以争夺欧洲霸权为目的，继续围绕这一问题进行着激烈的争斗；德国政府虽然被迫接受了战胜国的赔款要求，但采取"履行它，就是要证明它无法履行"的策略，并利用战胜国之间的矛盾，消极对待赔款。于是战胜国之间、战胜国与德国之间在赔款问题上的矛盾，终于在 1923 年初引发了一场尖锐的军事政治危机。

《凡尔赛条约》规定，德国应在 1921 年 5 月 1 日前交付 200 亿金马克赔款，并成立赔款委员会解决赔款总额和分配比例问题。该委员会设在巴黎，由英、法、意、比各派一名代表组成（美国由于拒绝批准和约，仅派了半官方代表），法国代表任主席，他有权在表决各为两票的情况下作出最后裁决，这就使法国在德国赔款问题上处于实际领导地位。为防止德国不履行赔款，协约国于 1920 年 4 月达成协议：如果德国不支付赔款，协约国可以采取制裁措施。同年 7 月，赔款委员会在斯帕召开有德国人参加的会议，规定了各国应得的赔款数的比例：法国为 52%，英国为 22%，意大利为 10%，比利时为 8%，希腊、罗马尼亚、南斯拉夫共 6.5%，日本和葡萄牙各 0.75%。

但是德国拖延支付赔款，到 1921 年初，原来规定的支付 200 亿金马克大约还差 120 亿金马克。于是赔款委员会在 1921 年 3 月召开的伦敦会议上，强迫德国接受协约国规定的赔偿时间表，德国拒绝，协约国便决定对德国实行制裁，并于 3 月 8 日出兵占领了莱茵河东岸的杜塞尔多夫、杜伊斯堡和鲁尔奥尔特。同年 4 月，赔款委员会决定德国的赔款总额为 1320 亿金马克（其中包括德国于 1921 年 5 月 1 日前尚未支付的 120 亿金马克）。5 月 5 日该委员会向德国发出一份支付时间表和一份最后通牒，要求德国每年支付 20 亿金马克和它出口商品价值的 26%，并要求在 5 月底前必须交付 1921 年的赔款 10 亿金马克；如果德国到 5 月 12 日仍未作出令人满意的答复，协约国将占领鲁尔。德国费伦巴赫内阁因此倒台，代之而起的维尔特内阁于 5 月 11 日接受了赔款总额和支付时间表，8 月，德国偿付了 10 亿金马克的赔款。

德国在支付上述赔款之后，便打算拖延以后的支付。1922年7月和11月，德国以财政危机为由，要求延期支付其余款项。英国支持德国的要求，提出减少赔款总数和延期付款的方案，但遭到法国的坚决反对。于是不仅英、法在赔款问题上的分歧加剧，而且德法矛盾也迅速激化，法国遂决定对德国采取军事行动。

1923年1月11日，法国不顾英美的反对，联合比利时，以德国不履行赔款义务为借口，出动约10万法比军队占领了德国的鲁尔工业区，酿成了当时欧洲最严重的国际事件。

德国抗议法比的行动侵犯了德国主权，并实行不计后果的"消极抵抗"政策，宣布停付一切赔偿，要求鲁尔地区行政官员拒绝服从占领当局的命令，企业一律停工，企业主的损失由国家补偿，失业工人由国家救济。对于德国的"消极抵抗"，法国采取扩大占领区范围，加强军事管制，接管矿山、企业和铁路，解雇抵抗者，在占领区和非占领区之间广设关卡，征收关税等方法相对抗，使鲁尔危机更加深化。

鲁尔是德国冶金工业的中心，它生产的煤、生铁和钢产量占德国年生产量的80%以上。法比占领鲁尔和德国的"消极抵抗"使德国经济遭受严重打击，工业生产急剧下降，资金大量外流，失业工人激增，通货膨胀达到天文数字。1923年1月，1美元约合18000纸币马克；8月，1美元约合460万纸币马克；10月21日这一天，官方挂出的外汇牌价是400亿马克兑换1美元，而在非官方买卖中，实际上要用600亿马克才能换到1美元。300多家造纸厂和2000多架印刷机日夜不停地为国家银行印刷钞票。物价的飞涨远远超过工资的提高，中小资产阶级在银行的存款和战时公债一夜之间就化为乌有，致使民怨沸腾。人们憎恨占领者，仇恨魏玛共和国的无能政府，更让他们把遭遇如此不幸归咎于强迫德国进行战争赔偿的《凡尔赛条约》。同年8月，德国发生的大罢工几乎遍及全国，约有300万工人和职员参加，迫使执政不久的古诺政府下台，德国政局动荡不安。

然而，法国也没有从占领鲁尔中得到好处。占领期间法国的占领费高达10亿法郎，但它从鲁尔运出的煤、铁的价值却抵不上这笔费用。由于来自鲁尔的煤炭供应大减，使法国的生铁大幅度减产，经济受到严重损害。法国的行动还在道义上受到国际舆论的谴责。

英美两国感到，像法国这样用武力迫使德国偿付赔款，势将使德国的经济陷于崩溃，造成革命危机。因此，它们向法、德双方施加压力，要求尽快结束鲁尔危机。英国向法国发出措辞激烈的照会，声明英国认为法比的行动决不是条约所授权的制裁，要求恢复占领前的状况，否则英国就不会在赔款问题上再支持法国。美国支持英国的立场。为迫使法国就范，英美向金融市场大量抛售法郎和法国有价证券，迫使法郎贬值，使法国财政形势更加恶化。同时英国要求德国取消"消极抵抗",并正式同意美国在 1922 年就提出的建议,即召开国际专家委员会解决赔款问题。美国则表示美国专家可以接受邀请,但反对把赔款和欧洲各国欠美国的战争债务联系在一起。

鲁尔危机造成的严峻经济形势和政治危机,以及英美的压力,使德、法双方都难以坚持原来的政策。德国接替古诺上台的斯特莱斯曼政府于 9 月 26 日宣布停止"消极抵抗"政策,担心该政策会给德国带来"布尔什维克化"。法国则迫于财政困难,不得不向美国举债,并被迫同意召开国际专家委员会重审赔款问题。

道威斯计划   1923 年 11 月 30 日,赔款委员会决定设立由美、英、法、意、比五国代表参加的两个专家委员会,第一委员会最为重要,由美国银行家查尔斯·道威斯(1865—1951)主持,负责研究稳定德国金融和平衡德国预算问题;第二委员会由英国财政专家麦克纳任主席,负责确定德国外流资金的数目和追回的途径。从此赔款问题的领导权落入英美两国尤其是美国手中。

1924 年 4 月 9 日,道威斯委员会提出关于解决德国赔款问题的报告,即"道威斯计划"。4 月 16 日德国政府表示该计划是一个可以接受的谈判基础。7 月 16 日—8 月 16 日协约国在伦敦召开会议,批准了道威斯计划。其主要内容是:(1)为稳定通货和平衡预算,德国需开办新银行或改组帝国银行,使之既负起政府银行的职能,又不受政府监督,严格限制对政府的预付;(2)德国把税收、铁路和工业债券的收益作为支付赔款的来源;(3)暂不规定赔款总数和支付年限,只规定德国在计划生效的第一年(1924—1925 年度)赔偿 10 亿金马克,以后逐年增加,从第五年起每年支付 25 亿金马克;(4)由美英等国向德国提供 8 亿金马克贷款,以满足德国当前的急需;(5)德国的财政经济要受到以赔偿事务总管为核心的协约国代表的监督(该总管后来由美国代表担任)。该计划还规定保证德国的经济统一和经济活动的自由,这就要求法比从鲁尔撤军。德国接受了道威斯计划。在英国的调停下,德、法双方达成法比在一年内撤军的协议。1924 年 9 月 1 日道威斯计划开始实行,1925 年 7 月法比军队撤出鲁尔,以后协约国军队也撤出了杜塞尔多夫等三个城市。至此,鲁尔危机和德国赔款问题暂获解决。

鲁尔危机的解决和道威斯计划的通过与实施,是协约国在德国赔款问题上对凡尔赛体系所作的一次较大调整。它把原来作为战争罪责的赔款变成了一纸商业合同,把战胜国和战败国的关系调整为债权国和债务国之间的关系,并以向德国提供大量贷款的方式,把削弱德国的政策变为复兴德国的方针;它减轻了德国的赔款义务,实际放弃了对德国蓄意不履行赔款义务时实行制裁的权利。因此,道威斯计划就成为协约国对德政策的转折点。1924—1929 年德国从英美获得贷款 200 多亿金马克(其中美国约占 70%),但仅支付赔款 110 亿金马克。来自战胜国的资本为濒临绝境的德国经济输入了新的血液,使其得以迅速恢复和发展。到 1929 年德国重新成为欧洲首屈一指的经济大国，为它在政治上重新走进西方大国行列和进一步摆脱《凡尔赛条约》的束缚打下了基础。与此同时，英国的均势政策取得一定成功，美国在经济上迅速向欧洲渗透，而法国争霸欧洲的计划却遭到沉重打击，它对自己的安全也更为担忧。

杨格计划与胡佛"延债宣言" 1928 年，德国的赔款问题又成为有关各国关注的中心。德国借口经济困难，要求修改道威斯计划。在美国支持下，1929 年 2 月 11 日，由美、英、法、德、比、意、日等国专家组成的，以美国财政专家欧文·杨格（1874—1962）为主席的"审议道威斯计划"委员会在巴黎召开会议。6 月 7 日，该委员会提出打算"完全彻底解决赔款问题"的报告，即"杨格计划"。主要内容是：（1）规定德国赔款总额为 1139 亿金马克，59 年还清，前 37 年每年平均交付约 19.888 亿金马克，后 22 年每年赔款数目不等，平均约为 15 亿金马克；（2）德国每年支付的赔款分为无条件赔款和有条件赔款，前者在任何情况下都须支付，其数目约占每年支付款项的 1/3，其余为后者，在支付困难的情况下可在两年内延期支付；（3）规定以实物抵付赔款的年限为 10 年，其数目逐年递减；（4）取消对德国财政经济的国际监督，撤销赔款委员会，设立以美国为首的"国际清算银行"负责接收和分配赔款，款项改由外国货币支付。

1929 年 8 月 6 日，英、法、德、意、比、日等国在海牙召开会议讨论杨格计划。尽管该计划规定的赔款额比道威斯计划又有明显削减，更有利于德国军事经济力量的发展，但德国坚持以协约国占领军撤出莱茵兰占领区作为接受该计划的条件。经过激烈争论，协约国最终同意至迟于 1930 年 6 月 30 日前从莱茵兰撤军完毕，比《凡尔赛条约》规定的期限提前了 4 年 6 个月。8 月 31 日杨格计划被原则通过；1930 年 1 月 20 日有关各国再开海牙会议，正式通过杨格计划。同年 6 月底，协约国军队全部撤出德国领土。

但是 1929 年 10 月爆发的经济大危机打乱了杨格计划的实施。随着外国尤其是美国投放到德国的短期贷款被迅速抽回，德国经济再度濒临破产。1931 年 6 月 20 日兴登堡总统致电美国胡佛总统，陈述德国财政困境，声称无力还债。这时美国自身的经济危机还在扩大。美国意识到，德国经济的衰退关系到欧洲政治经济的稳定和美国的投资安全，因此对实际上与战债密切相关的赔款问题必须给以重新考虑。于是 6 月 20 日，胡佛根据兴登堡的要求发表"延债宣言"，提出：从当年 7 月起"在一年期内延付一切各政府间债务、赔款和救济借款的本利"；重申德国赔款问题完全是一个欧洲问题，与美国无关；其他国家欠美国的债务不能取消。7 月 23 日美、英、法、比、日、意、德等国在伦敦会议上通过了各国之间债务延期一年偿付的决定。

1932 年 1 月，德国宣布将无力也不会在任何条件下支付赔款，遂使赔款问题再度告急。6 月在洛桑召开有关各国的会议再议赔款，7 月 9 日签订《洛桑协定》，规定德国最后须缴付 30 亿金马克，作为免除其赔款义务的补偿，但批准这个协定的前提条件是必须妥善解决协约国之间的债务。然而由于美国坚决反对勾销或减少协约国欠美国的战债，《洛桑协定》始终未获批准。德国从此停止支付赔款，协约各国也无意继续偿还战债。

贯穿于整个 20 世纪 20 年代的德国赔款问题就此结束。围绕这一问题在列强之间进行的多次协商与冲突，最终在极有利于德国的情况下得到解决。它使德国从此摆脱了《凡尔赛条约》的经济束缚，为纳粹党上台后实行独裁统治、发展军事工业准备战争奠定了物质基础。

三、欧洲安全问题与《洛迦诺公约》

20 年代的欧洲安全保证问题　大战后的欧洲安全保障问题，是凡尔赛体系未能完全解决的另一个问题，与这一问题密切相关的法、德、英等国对欧洲安全有着各自的考虑。

战后法国的外交政策以保持《凡尔赛条约》所规定的现状和维护法国安全为核心。为了防止德国东山再起对法国构成新的军事威胁，法国在签订《凡尔赛条约》时，认为单方面解除德国武装和协约国军队有期限地占领莱茵兰，尚不足以保证法国的安全，便要求英美两国以条约形式保障法德边界现状，并得到了英美的保证。但是由于美国参议院拒绝批准《凡尔赛条约》，使该保证也随之化为乌有。这是法国在战后谋求自身安全所受到的第一次挫折。

20 年代初，法国与比利时、波兰分别结成同盟，并加强同"小协约国"的关系，作为遏制德国侵略的屏障。但这些中小国家的力量毕竟十分有限。鲁尔冒险的失败和道威斯计划的实施增加了法国的孤立与不安全感。随着《凡尔赛条约》规定的协约国军队应于 1925 年 1 月从莱茵兰第一占领区撤出日期的临近，法国要求的安全保证便显得更加急迫，于是法国积极在国联谋求集体安全。1924 年 10 月 2 日，国联第五届大会通过和平解决国际争端的《日内瓦议定书》，规定了旨在保证维护《凡尔赛条约》所划定的疆界，保护法国东欧盟国边界现状的仲裁、安全、裁军三原则。法国对此甚为满意，第一个在议定书上签了字。但英国保守党政府认为该议定书将使英国在欧洲大陆承担广泛的义务，因此拒绝签署。该议定书的夭折迫使法国寻找其他保证其安全的途径。法国外长白里安（1862—1932）便主张积极改善法、德关系，争取在英国的支持下通过与德国协商解决安全保证问题。

作为战败国，德国对安全问题有着自己的特殊考虑。战后德国外交的基本目标是摆脱《凡尔赛条约》的束缚，重新恢复大国地位。为此德国必须设法阻止协约国，尤其是法国对德国的任意制裁，逐步恢复被占领土莱茵兰，并调整东部边界。鲁尔危机的发生使德国深深感到，在自己军事力量尚未恢复之前，只有改善与法国的关系，适当满足法国关于安全保障的要求，才能保证自身的安全。斯特莱斯曼出任德国总理和留任外长后，抓住道威斯计划实施后国际关系发生的有利于德国的变化，积极主张调整对法关系，与协约国和解。为此德国在 1924 年 12 月正式向协约国提出加入国际联盟问题。斯特莱斯曼的政策得到英国支持。

20 年代的英国面临严重的政治经济问题。英国政府把恢复经济、稳定资本主义秩序、保持大英帝国作为头等大事，不愿对欧洲大陆承担广泛的义务，只希望以最小的代价获得欧洲的最大安全。为此，英国反对战后法国的过于强大和任意制裁德国，担心一个残破的德国不仅有利于法国称霸欧洲，而且会使德、苏接近并促使德国革命发展，从而在根本上破坏欧洲的均势。另外，英国也深知自身的安全与法国的安全密切相关，故反对德国起而复仇，破坏莱茵兰现状。基于上述考虑，英国认为最好的办法是支持法德和解，在英国的干预下缔结一项包括法、德在内的安全保证公约，解除法国对安全的担忧并促使法国逐步从莱茵兰撤军，同时把德国拉入西方集团。英国的立场得到希望欧洲稳定以利于投资的美国的支持。

在英国授意下，1925 年 1 月和 2 月，德国政府分别向英、法、比、意正式递交关于缔结莱茵公约的备忘录，建议在莱茵地区有利害关系的国家缔结一项维持现状、相互保证安全与和平解决争端的安全保证公约。法国认为德国保证莱茵兰现状符合自己的利益，并进一步要求德国对其东部边界同时给以保证。但德国对此表示坚决反对，英国外交大臣奥斯汀·张伯伦（1863—1937）也明确拒绝对德波、德捷边界提供保障。美国虽未直接参与其事，但支持德国的建议和英国的态度。在英、美的联合压力下，法国只得被迫同意在德国备忘录的基础上谈判。

洛迦诺会议与《洛迦诺公约》　　1925 年 10 月 5 日，德、比、法、英、意、波、捷七国的代表在瑞士小城洛迦诺举行国际会议，10 月 16 日与会各国草签了"最后议定书"和其他 7 个条约，以及《关于国际联盟盟约第十六条给德国的集体照会》。其中最主要的是《德国、比利时、法国、英国和意大利相互保证条约》，即《莱茵保安公约》。此外，德国分别与比、法、波、捷签订仲裁条约，法国分别与波、捷订立相互保证条约。这些文件总称为《洛迦诺公约》。其主要内容是：（1）根据《莱茵保安公约》，德法、德比间的边界领土维持现状；双方不得彼此攻击和侵犯，并且在任何情况下不得诉诸战争；彼此通过外交途径与和平方法解决它们之间的一切争端；《凡尔赛条约》关于莱茵非军事区的规定应得到遵守，1924 年伦敦会议通过的道威斯计划仍然有效；英、意作为该公约的保证国承担援助被侵略国的义务；德国将被允许加入国际联盟。（2）根据德国分别与比、法、波、捷订立的仲裁条约，规定缔约双方保证对今后发生的一切争端，如不能通过正常外交方式和平解决时，应提交仲裁法庭和国际常设法院解决。但在德波、德捷条约中未对它们之间的边界规定任何保证的办法。（3）根据法波、法捷相互保证条约，规定如缔约一方受到德国侵略，彼此立即给予支援与协助。

会议期间，与会各国对德国加入国联问题展开了激烈讨论。英法希望通过国联约束德国，防止德、苏接近，进而在今后可能发生的对苏战争中使德国参加对苏制裁，因此要求德国无条件加入国联，并以此作为签署《莱茵保安公约》的条件。但德国要求加入国联的目的在于根本修改《凡尔赛条约》，重新恢复大国地位，获得行动的完全自由，因此拒绝无条件承担《国联盟约》第十六条关于会员国应参加制裁侵略者的义务，以防止介入今后国联可能以苏联"侵略"为借口制造的反苏干涉，从而危及自身利益。鉴于英法把签订《莱茵保安公约》放在第一位和德国的拒不妥协态度，最终英法对德国的要求让步。英、法、比、意、波、捷六国草签的《关于国际联盟盟约第十六条给德国的集体照会》，同意每个会员国"应在符合本国军事情况和照顾本国地理形势的范围内"履行第十六条的义务，实际允许德国有保留有条件地加入国联。1925年12月1日《洛迦诺公约》的各项文件在伦敦正式签字。

《洛迦诺公约》的签订，是协约国在政治上正式承认德国作为一个平等国家的前提下，在欧洲安全问题上对凡尔赛体系所作的又一次较大调整。它暂时解决了安全问题，改善了协约国尤其是法国与德国的关系，使欧洲的国际关系进入相对稳定时期，并为道威斯计划的继续实行和20年代中后期资本主义经济的发展创造了条件。正由于此，"洛迦诺精神"一词一时成为和解与安全的代名词。

但是《洛迦诺公约》并不是"战争年代与和平年代的真正分界线"。它自身孕育着新的不稳定因素。该公约使法国在欧洲的地位遭到极大削弱。从此法国不仅在德国违约时不再能单独实行制裁，而且其自身边界还要依赖英、意的保证，但这种保证却没有什么切实可行的措施；由于公约对德国东部边界未予保证，这就严重打击了法国的同盟体系，一旦协约国从莱茵兰全部撤军，法国的安全将再次成为问题。

《洛迦诺公约》使德国实现了大部分外交目标，却未使它承担任何新的义务。德国摆脱了战败国地位，争得了与法国的平等，并为收复莱茵兰创造了条件；它成功地拒绝对波、捷边界给予保证，为今后向东侵略打开了方便之门；该公约作为道威斯计划在政治上的继续，成为德国恢复政治大国地位的第一步。1926年9月德国正式加入国联，并成为行政院常任理事国，终于重新跻身于西方大国的行列。不仅如此，就在洛迦诺会议的高潮之中，德国和苏联于1925年10月12日缔结了经济条约。1926年4月24日德、苏两国又签订了中立条约。德国获得了有利于自己发展的国际空间。

《洛迦诺公约》是英国实行均势外交的产物。英国终于以承担最小义务的办法获得了欧洲的安全，并成为德、法之间的仲裁者，从而处于欧洲政治的支配地位，在一定程度上达到了抑制法国、扶植并限制德国的目的。但是随着德国实力的增强和起而复仇，靠《洛迦诺公约》建立的欧洲均势终将被打破，德国将成为英国难以对付的强大敌手。1936 年 3 月 7 日，纳粹德国以重新武装莱茵非军事区的行动，彻底撕毁了《洛迦诺公约》。

四、亚太地区国际关系调整

在战后亚太地区的国际关系中，中国仍然是列强角逐的目标。但是 20 年代的中国社会发生了深刻变化，正在改变着 19 世纪以来中国任人宰割的屈辱地位。在这种形势下，亚太地区国际关系的调整主要体现在以下两个方面。一是日本被迫暂时改变战前所奉行的武力侵华方针，而以所谓"协调外交"作为 20 年代日本外交的主流。二是中国民族解放运动的高涨迫使列强不得不在对华关系上作出一定让步。

20 世纪前半期，列强的角逐与军阀的混战使中国的经济更加凋敝，也进一步激发了中国人民的民族觉悟。中国共产党的成立和国民党的革命化为中国革命注入了新的因素，1924 年的第一次国共合作成为中国革命高潮的起点，《中俄解决悬案大纲协定》①的正式签订直接推动了中国人民要求废除不平等条约的反帝运动。这场运动沉重打击了列强的在华权益，迫使它们不得不对中国作出一定让步。1926 年 12 月英国外交大臣奥斯汀·张伯伦发表的圣诞节备忘录，是这一让步政策的重要标志。在这份备忘中张伯伦承认"今日中国时局与各国缔结华会条约（即九国公约）时完全不同"，宣布英国愿意就修改不平等条约进行谈判。

列强对华让步政策的实行主要表现在两个方面：其一，英国把在汉口、九江、镇江、厦门、重庆、威海卫等地的租界和租借地陆续交还中国；其二，美、英、法、日、意等 13 个国家先后正式承认了中国的关税自主。但是在列强视为最重要的领事裁判权和上海国际租界问题上，它们则坚决拒绝让步。

五、集体安全与《非战公约》

集体安全与裁军 国际联盟从成立之日起，就把标榜维护和平与保证集体安全的裁军列为其活动的重要内容。但是列强在裁军立场上大相径庭，始终同床异梦。法国认为只有获得安全保障才能裁军，英国认为只有裁军才能获得安全，德国要求与英法军备对等。由于每个国家都要求限制别国的军事力量而原封不动地

---

① 应当指出的是，该协定关于中东铁路和外蒙古问题还谈不上真正解决。

保留自己的军事力量，导致裁军毫无进展，并为德国突破《凡尔赛条约》对其武装力量所规定的限制提供了借口。经过长达 14 年的吵吵嚷嚷，最终以 1933 年希特勒坚决退出裁军会议和国际联盟的行动，宣布了裁军活动的破产。

《非战公约》的签订 鲁尔冒险的失败，道威斯计划的实行和《洛迦诺公约》的签订，使法国在欧洲的地位大大削弱。与此同时，国际联盟的裁军活动也未获实质性进展。面对德国势力的日渐恢复，法国深感自己的安全保证问题仍未得到真正解决。在欧洲局面一时难于打开的情况下，法国政府决定利用各国人民对集体安全和持久和平的渴望，尤其是利用盛行于美国的和平主义思潮，争取美国在某种程度上对法国的安全承担义务，并巩固自己在欧洲日渐衰落的地位。

于是，白里安接受了美国和平主义运动的主要代言人、哥伦比亚大学教授、卡内基国际和平基金会董事肖特韦尔提出的"废弃以战争作为国家政策的工具"的呼吁，特意于 1927 年 4 月 6 日在巴黎举行的纪念美国参加第一次世界大战十周年的庆祝大会上，发表了一封致美国人民的公开信，歌颂法美友谊，建议两国缔结一项永不相互交战的条约。同年 6 月白里安照会美国国务卿凯洛格（1856—1937），正式提出了缔结法美双边友好条约的草案，建议两国庄严宣布谴责并摒弃战争，和平解决彼此间的一切争端。

但是凯洛格认为，白里安的建议可能成为美法防御条约的翻版，对美国没有什么实际价值，却会使美国卷入法国在欧洲的纠纷，这是美国要极力避免的；但若直接拒绝这一建议，又有损于美国的和平形象。因此，凯洛格拖延回答，并最终决定把这项双边友好条约变成多边非战公约。这样做既可有利于美国在欧洲的投资安全，又能削弱国联的影响，提高美国的国际地位。1927 年 12 月 28 日凯洛格复照白里安，表示希望先由美、法、英、德、意、日六国签署一个多边非战公约，然后对所有国家的参加敞开大门。

美国的复文有违法国初衷，法国甚为失望，但又不能食言。此后，两国进行了一系列磋商，未能取得一致意见。在这种情况下，美国于 1928 年 4 月 13 日单方面向英、德、意、日四国发出内容相同的有关美法双方就此问题的外交来往信件，征求它们对美法争论的意见。德国庆幸针对自己的法美协定破产，首先表示拥护美国的主张。英、意、日虽原则上表示同意，但提出有权对自己利益攸关的地区实行"自卫权"的保留条件。经过反复谈判，各国终于取得了一致意见。

1928 年 8 月 27 日，德、美、比、法、英、意、日、波、捷等 15 个国家的代表在巴黎作为创始国签订《关于废弃战争作为国家政策工具的一般条约》，即《非战公约》，又称《白里安—凯洛格公约》或《巴黎公约》。其主要内容是：缔结各方"斥责用战争来解决国际纠纷，并在它们的相互关系上，废弃战争作为实行国家政策的工具"；缔约各方之间"可能发生的一切争端或冲突，不论其性质或起因

如何，只能用和平方法加以处理或解决"；其他各国都可以加入本公约。该公约于
1929 年 7 月 25 日生效，截至 1933 年，加入者共计 63 个国家和地区（包括国联管
辖下的但泽自由市）。

公之于世的《非战公约》的条文是冠冕堂皇的，但它对废弃战争、维护和平
没能规定任何明确的责任，也不要求各国为此而作出任何实际的牺牲；它既未涉
及世人瞩目的裁军问题，也未制定实施公约的办法和制裁违约国的措施。因此，
在当时的国际政治现实中，《非战公约》只是一纸原则声明。不仅如此，列强对措
辞十分抽象的公约还提出各自的保留条件，这些条件集中到一点，就是各国都拥
有自己"决定情况是否需要诉诸战争以实行自卫"的权利。由此可见，《非战公
约》并不能限制帝国主义国家在借口保护自身利益的情况下对殖民地、附属国和
其他国家进行侵略战争和镇压活动。后来的历史证明，正是这种所谓"自卫权"，
成了帝国主义发动战争的借口。

但是作为当时世界上绝大多数国家签署的一项国际条约，《非战公约》仍然是
一个重要的国际文件。它第一次正式宣布在国家关系中放弃以战争作为实行国家
政策的工具，和平解决国际争端，反映了人类在经过无数次战争特别是第一次世
界大战所带来的极端痛苦和文明破坏之后，对通过外交谈判和平解决国际争端与
冲突的期待。不仅如此，它还在国际法上奠定了互不侵犯原则的法律基础，成为
确认侵略战争为非法行为的重要国际法之一，并且在第二次世界大战后成为国际
军事法庭审判德、日战犯的重要法律依据。

第一次世界大战后国际关系在东西方的有限调整，带来了 20 年代的经济恢复
与列强之间的短暂和解与和平。但是这些调整并没有也不可能从根本上解决凡尔
赛—华盛顿体系的弊端以及由此而引发的新的不满与冲突，其突出的表现便是在
意大利、德国和日本兴起的法西斯主义和法西斯运动，它们是威胁世界和平的最
大隐患。1929 年爆发的资本主义世界的经济大危机，最终把这一隐患变成了世界
政治中的残酷现实。

第六章　建设社会主义新社会的第一次试验：20 世纪二三十年代的苏联

第一次世界大战、帝国主义武装干涉和国内战争，使苏俄的经济遭到严重破坏。为发展经济、巩固苏维埃政权，在列宁的领导下，苏俄从 1921 年开始实施新经济政策，使国民经济逐步恢复，政权得到巩固。1922 年 12 月 30 日，苏维埃社会主义共和国联盟（苏联）成立，成为世界上第一个社会主义国家。苏联通过开展社会主义工业化和农业全盘集体化，以及实施五年计划，在社会主义改造与建设中取得巨大成就，也留下严重问题。1936 年苏联颁布新宪法，宣告了第一个社会主义国家的建成，也标志着斯大林创建的经济政治体制的形成。这种建设社会主义的模式，是在一个经济文化落后的国家里进行前所未有的社会主义建设的第一次试验的产物，也为以后整个苏联时期规定了治理模式。

第一节　新经济政策的实施和国民经济的恢复

一、新经济政策的制定和实施

内战结束后的形势　年轻的苏维埃政权在内战中夺得巨大胜利，在国际舞台上站住了脚跟。但是在转向和平建设后，又遇到新的困难和危机。四年帝国主义战争和三年国内战争使 2000 多万人丧失生命，400 多万人伤残，国家满目疮痍。农业生产直线下降。1920 年的粮食产量只及 1913 年的一半。更为严重的是，1920 年末战争逐渐平息，但农业生产形势不见好转，反而日益恶化。农民不堪忍受愈来愈严厉的无偿征购，有意缩减生产，抗拒粮食征集。1921 年的播种面积只有 9030 万公顷，比 1920 年减少 690 万公顷，只及 1913 年的 86%。粮食和原材料的短缺使多数工厂无法开工。1920 年的工业产值为 14 亿卢布，只及战前的 13.8%。同年的煤和铁的产量分别是 870 万吨和 12 万吨，为 1917 年的 28% 和 4%。棉织品的产量降到战前的 5%。人民生活困苦不堪，连面包、肥皂等最起码的生活必需品都十分缺乏。

由于经济破坏、工厂停工和饥荒流行，许多工人改行从事手工业，做小买卖，或流向农村。产业工人数量明显减少。1913 年，大工业中有 250 万工人，到 1921 年只剩下 140 万人。莫斯科在 1917 年 1 月有 204 万居民，到 1920 年 7 月只剩下 112 万人。彼得格勒居民则从 250 万人减为 72.8 万人。工人中出现悲观失望和不满情绪。1920 年秋到 1921 年春，彼得格勒、莫斯科等城市爆发了工人罢工和抗议游行。

农民是苏维埃社会中人数最多的阶级，约占全国人口的 80%。在经历革命风暴之后，农村发生了很大变化。地主阶级已被消灭。富农的力量大为削弱，户数减少了 2/3。革命前，贫农是大多数，现在占优势的是中农。广大农民为了保护分得的土地和维护国家的独立，曾接受余粮收集制。但是，随着战争的结束和外国干涉军入侵威胁的消失，农民不肯再接受战时共产主义政策。他们强烈反对征粮队的活动，要求经营自由和贸易自由，但遭到否定和拒绝。农民的不满与日俱增，反苏维埃暴动频繁发生。1921 年，坦波夫省、沃罗涅日省、萨拉托夫省以及乌克兰、顿河流域、西伯利亚地区都发生了骚乱，有不少中农参加。农民的不满影响到军队。1921 年 2 月底 3 月初，一直是布尔什维克党可靠基地的喀琅施塔得爆发水兵兵变。他们公开反对党的政策，提出"拥护苏维埃，但是不要共产党人参加"的口号。水兵叛乱以及各地的农民暴动被迅速平息下去。但是苏维埃政权的处境仍十分危急。列宁说："我们在 1921 年春天遭到严重的经济危机和政治危机。"①

布尔什维克党注意到危机的出现，提出各种克服危机的办法。多数人认为，问题的根源是小资产阶级在困难面前发生动摇，主张严格纪律，加强国家干预。1920 年冬，粮食人民委员部建议由国家直接组织农业生产。春天，按生产计划的规定向农民发放种子，让他们播种耕耘。秋天，按政府的指标征收农产品。对违背者予以严厉制裁，同时取消商业，打击农村集市贸易。少数人不赞成这一意见，主张放松控制，用物质利益刺激生产。这一主张被谴责为社会革命党思想。随着危机的不断加深，列宁亲自过问这一问题。他多次接见农民代表团，与各地农民交流，发现"广大农民群众不是自觉地而是本能地在情绪上反对我们"②。换句话说，农民并非受人蛊惑，"自觉地"进行反布尔什维克党活动，而是感到切身利益受到损害，"本能地"起来反对苏维埃。列宁逐渐认识到，在坚决镇压叛乱的同时，必须改变经济政策，特别是对农民的政策。只有这样，才能调动农民的积极性，恢复和发展经济；才能维护工农联盟和稳定政权。

新经济政策的实施和重要意义　1921 年 3 月，俄共（布）召开第十次代表大会。列宁在会上作了关于以实物税代替余粮收集制的报告。大会根据列宁的报告通过决议，决定废止余粮收集制，实行粮食税。从此，开始了从战时共产主义政策向新经济政策的过渡。

俄共（布）十大后，全俄苏维埃中央执行委员会于 1921 年 3 月 21 日颁布《关于以实物税代替余粮收集制》的法令。4 月，政府宣布，1921—1922 经济年度③的粮食税额为 2.4 亿普特④。这个数字比原定的 1921—1922 年余粮收集额 4.23

---

① 《列宁全集》第四十二卷，人民出版社 2017 年版，第 195 页。
② 《列宁全集》第四十三卷，人民出版社 2017 年版，第 281 页。
③ 1931 年以前，苏联的经济年度从每年 10 月开始，到次年 9 月底结束。
④ 1 普特＝16.38 千克。

亿普特低了很多。每一农户的粮食税额取决于它的土地数量、家庭人口、收成和财产状况。法令对贫苦农户给予优待。所有农户在缴纳粮食税以后可以自由处理剩余的粮食。粮食税政策受到农民的欢迎。他们看到，扩大耕种面积，多打粮食就能多得粮食，于是生产积极性大大提高。

实行粮食税后，农村中有不少农户因缺乏生产资料和劳动力而不能耕种自己的全部土地。为了尽快恢复农业，全俄苏维埃中央执行委员会于 1922 年 5 月 22 日颁布《土地劳动使用法》，允许出租土地，期限一般定为三年，特殊情况可为六年。法令允许使用雇佣劳动力，但主人必须同雇工一起劳动，另外在承租土地上不得使用雇佣劳动力。法令还允许农民自由选择使用土地的形式，采取村社的、个体经济的或集体经济的形式。1925 年 11 月，苏维埃政权发布新法令，放宽出租土地和雇佣劳动的条件，把租佃土地的期限延长到 12 年，并允许在承租土地上使用雇佣劳动力。

1926 年，土地和生产资料的租佃关系以及雇佣劳动关系都发展到顶峰。这一年，出租土地的数量达到 1090 万俄亩[①]。出租土地的农户占全国农户总数的17.4%，其中多数是生产资料不足的农户，贫农户占出租土地户的 82%，中农户占16%。而承租土地的则多是富裕农户，其中 67% 是中农，13.1% 是富农户，19.9% 是贫农户。出租的生产资料主要是耕畜和农具。1927 年，有 45.1% 富裕中农户和富农户进行这方面的活动。在雇佣劳动方面，1927 年有定期雇工 330 万人，零工 250 万人。出卖劳动力的农户占农户总数的 35.4%。使用雇佣劳动户占农户总数的 19.8%，其中富农户占全部使用雇佣劳动户的 3.2%，占雇佣劳动总量的20.9%，中农户占 70.7% 和 73.4%。

20 年代的农村租佃关系是在国家直接监督下进行的。具有富农剥削性质的租佃关系受到严格控制，只占很小的部分。参与租佃活动的绝大多数是中农及一部分贫农。这种关系的发展适应了当时农村发展的需要。一方面，它使有多余生产资料和生产能力的殷实农户得以充分发挥自己的力量，扩大耕地面积，增加农业产量。另一方面，也使贫苦农民能够在现有条件下改善处境，发展自己。《土地劳动使用法》的贯彻，极大地促进了农业的恢复发展。

实行粮食税后，国家又陆续调整了其他经济政策。在流通方面，内战后期多数产品或是凭证供应或是免费分配。商品买卖是在黑市秘密进行的。1921 年 3 月27 日，粮食人民委员部颁布了《关于在地方范围内以及国家与公民之间商品交换条例》，规定在地方范围内，农民完成农业税后的剩余产品可以在公民之间自由交换。但在全国范围内，实行产品交换。全俄成立中央消费总社，下设众多网点。

---

① 1 俄亩 = 1.09 公顷。

国家把工业品交给合作社，通过合作社进行工业品和农产品的交换。列宁当时认为，采用这种办法可以避开市场，避开私商中介人，把资本主义限制在最狭小的范围之内，从而有利于发展社会主义经济。但是实践证明，产品交换制不符合苏俄的实际情况。国家手里没有足够的工业品能够拿出来交换农产品，再加上交通瘫痪，仅有的一些工业品也常常不能及时运到各地。中央消费总社计划于 1921 年 8 月 15 日前拨出 8105 亿金卢布的工业品给地方合作社，而实际却只拨出 1133 亿金卢布，即不到规定的 14%。另外，地方合作社机构不健全，办事效率极低，经常有各种混乱和不合理现象发生，根本无力完成产品交换任务。最重要的是，农民习惯于市场贸易，不理解也不愿接受商品交换。结果，商品交换从一开始就遭到严重挫折。政府原计划在 1921 年 8 月 15 日以前用工业品交换 3200 万普特粮食，但到 10 月 1 日只得到 218 万普特粮食，仅占原计划的 6.8%。政府设计的商品交换很快被突破，变成使用货币的商品买卖，并且超出了地方经济周转范围。10 月底，列宁宣布商品交换失败。政府允许农民和小手工业者把自己的劳动产品拿到市场自由买卖，恢复国内的自由贸易。与此同时，国家重建银行系统，在各地成立国营百货公司等机构，以活跃商业往来。政府还从信贷税收等方面鼓励和促进私营商业的发展。到 1922 年，私商周转额在全国零售周转总额中占到了 3/4。另外国家在最高国民经济委员会下成立中央商业局和商业调节管理局，加强对私营商业活动的监督管理。商业的发展，活跃了经济，改善了供应，使一度十分紧张的城乡关系、工农关系重新获得稳定。

在工业方面，苏维埃政权内战时期宣布把中小企业都收归国有。实行新经济政策后，一切涉及国家经济命脉的重要厂矿企业仍然归国家所有，由国家经营。而那些中小企业和国家暂时无力兴办的企业则允许本国和外国的资本家经营。1920 年 11 月，人民委员会公布《租让法令》，允许外国资本家在苏俄开办租让企业或同苏维埃一起组织合营股份公司。列宁强调要通过租让制发展苏俄经济，改善工人生活，同时学习资本主义国家的先进技术和生产管理方法。1921 年 7 月，政府公布《租借条例》，决定把一批中小工厂和商店租借给本国公民、合作社和其他联合组织。租让和租借企业是国家资本主义经济。这些企业由私人经营，但所有权仍属于苏维埃国家。租借者必须接受国家监督指导，遵守国家法令，按时缴纳租金，到期把企业完好地交还苏维埃国家。1921 年 7 月，政府还通过《关于手工业和小企业》的条例，允许私营小企业雇工 20 名。1925 年 5 月，放宽限制，经特别批准可雇工 100 名。

租让制在苏联没有得到多大发展。到 1926 年，全国只有 65 个租让企业，主要是开采北方森林的木材厂和采掘东部矿藏的稀有金属公司。著名的有德国的莫洛加木材公司、英国的勒那金矿有限公司、瑞典的哥德堡滚珠轴承股份公司、美国的哈里曼锰矿公司等，租期一般为 20 年。租借企业比较多，仅 1924 年就由国家租出 6488 个。但是，它们多是磨粉厂、碾米厂、榨油厂、制革厂甚至是一些小作坊，产值只占全国工业总产值的 3%。承租人多是原业主，合作社大约占到 1/4。租借企业的发展使食品加工业迅速恢复，满足了人们日常生活的迫切需要。

实行新经济政策后，国有企业与合作社的管理制度也有很大改变。原来，国家设总管理局，统一管理各个企业。国家负责制定生产计划，提供资金，调拨原料，并把一切产品收到自己手里，统一进行分配。工厂无权决定任何重大问题，也不负责盈亏。内战结束后，政府解散了大多数总管理局，要求各企业按部门组成托拉斯，如南方钢铁托拉斯、顿河煤炭托拉斯等。托拉斯负责管理企业，独立进行经济核算。政府还废除平均主义的工资制度，实行按技术高低贡献大小付酬的办法。合作社的管理体制变动更大。在内战时期，它归粮食人民委员部领导，一切活动由国家规定，几乎成为国家的一个供应机构。实行新经济政策后，合作社成为独立机构。它可以按照自定的价格采购各种农产品，也可以凭自己的意愿在城乡居民中出售日用品，还可以承租中小企业和作坊。

实行新经济政策是苏维埃国家发展历程中的重大转折。它表明，列宁和布尔什维克党人不仅放弃了对私人交换、对外部世界的封闭，更重要的是放弃了用战时共产主义政策直接过渡到社会主义的设想和实践。他们从苏俄国情出发，认识到在一个小生产占优势的国家里必须调动农民的生产积极性，联合绝大多数居民共同建设社会主义。而要做到这点，就需要恢复和发展唯一能使农民经济同社会主义经济结合的环节——商品和货币关系。列宁指出，商业"是我国经济生活的试金石，是无产阶级先头部队同农民结合的唯一可能的环节，是促使经济开始全面高涨的唯一可能的纽带"①。从整个经济体系来看，过渡时期的苏维埃经济是商品经济。新经济政策规划出一条新的社会主义建设道路，即在无产阶级国家的领导监督下，利用市场和商品货币关系来扩大生产，巩固工农联盟，逐步过渡到社会主义。

新经济政策具有重大历史意义。它使 1921 年春天的危机迅速消失，生产稳步恢复。它满足了劳动者的经济要求，受到广大农民工人的欢迎，使苏维埃政权日益巩固。不仅如此，新经济政策为苏俄/苏联人民指明一条建设社会主义的道路。它是对马克思主义的重大发展，对各国社会主义建设事业具有指导意义，值得后人认真研究与借鉴。邓小平说："可能列宁的思路比较好，搞了个新经济政策，但

---

① 《列宁全集》第四十二卷，人民出版社 2017 年版，第 359 页。

是后来苏联的模式僵化了。"①

二、苏联的建立和国民经济的恢复

苏维埃社会主义共和国联盟的成立 沙皇俄国是有名的民族监狱,内部民族矛盾十分尖锐。十月革命后,苏维埃政权于 1917 年 11 月 15 日发表《俄国各族人民权利宣言》,宣布各族人民拥有平等权和自主权;享有完全自决乃至分离并建立独立国家的权利;废除任何民族的和民族宗教的一切特权和限制;居住在俄国境内的各少数民族与部族可以自由发展。1918 年 1 月,苏维埃第三次代表大会通过《被剥削劳动人民权利宣言》,明确肯定联邦制原则,指出"俄罗斯苏维埃共和国建立于各自由民族之自由联盟基础上,而成为各民族苏维埃共和国联邦"。

在民族自决思想的鼓舞下,各民族纷纷建立自己的独立国家和自治共和国。波兰、芬兰、爱沙尼亚、拉脱维亚、立陶宛先后宣布独立,并得到苏俄的承认。乌克兰政权最初被民族主义的拉达掌握。苏俄于 1917 年 12 月 16 日发表声明,承认乌克兰独立。与此同时,乌克兰劳动人民在布尔什维克党的领导下,在俄罗斯士兵工人的支持下,逐渐在乌克兰各地建立起苏维埃政权。1917 年 12 月 24—25日,全乌克兰苏维埃第一次代表大会在哈尔科夫召开,宣布成立乌克兰苏维埃共和国。在白俄罗斯,民族主义的拉达于 1918 年 3 月成立白俄罗斯人民共和国,宣布脱离苏俄。德国战败投降后,红军开进白俄罗斯,拉达逃跑。1919 年 1 月,白俄罗斯苏维埃共和国成立。在高加索,当地的民族主义分子和孟什维克于 1918 年4 月宣布成立外高加索民主联邦共和国,脱离苏俄。5 月,分裂成三个共和国。直到 1920 年至 1921 年春,才在苏俄的支援下先后建立了阿塞拜疆、亚美尼亚和格鲁吉亚苏维埃共和国。在中亚,1918 年 4 月建立了土耳其斯坦苏维埃自治共和国,成为第一个加入苏俄的自治共和国。在中亚南部,1920 年 4 月和 10 月先后成立了花剌子模和布哈拉两个人民苏维埃共和国。在俄罗斯内部,巴什基尔、鞑靼等少数民族也成立了自治共和国。

国内战争爆发后,俄共(布)中央提出要加强各苏维埃共和国间的军事政治同盟关系,以抗击共同的敌人。1919 年 6 月,全俄苏维埃中央执行委员会发布指令,规定俄罗斯、乌克兰、白俄罗斯等国成立统一的军事指挥部,合并各共和国的国民经济委员会、交通运输管理机构、财政和劳动人民委员部。1920 年秋到1921 年春,俄罗斯联邦又先后同其他苏维埃共和国签订条约,进一步将对外贸易、邮电等人民委员部合并。

国内战争结束后,俄共(布)中央认为,有必要将各苏维埃共和国合并为一

---

① 《邓小平文选》第三卷,人民出版社 1993 年版,第 139 页。

个整体，以利于恢复经济和进行社会主义建设。1921 年 3 月，俄共（布）十大通过决议，决定建立联邦国家。1922 年 8 月，俄共（布）中央组织局成立专门委员会，研究有关俄罗斯联邦与各独立苏维埃共和国相互关系问题。斯大林主持这个专门委员会的工作，并提出"自治化"方案，规定乌克兰、白俄罗斯、亚美尼亚、阿塞拜疆和格鲁吉亚以自治共和国的身份加入俄罗斯联邦；俄罗斯联邦的最高权力机构是全联盟的最高权力机构。这一方案得到某些共和国党中央的支持，但遭到格鲁吉亚党中央的反对。列宁因为生病没有直接参加这项工作。当他了解到双方争执的内容后，写信给党中央政治局，明确表示反对自治化计划，认为它缩小了各共和国的权利。根据列宁的建议，俄共（布）中央在 1922 年 10 月通过决议，规定各苏维埃共和国在平等的基础上成立联盟。

俄共（布）中央十月决议还规定，阿塞拜疆、格鲁吉亚和亚美尼亚三国通过外高加索联盟而不是直接参加即将成立的苏联。以姆季瓦尼为首的格鲁吉亚共产党中央委员会坚决反对这一规定。他们要求格鲁吉亚作为平等的独立共和国直接加入苏联。斯大林以及俄共（布）外高加索边疆委员会书记奥尔忠尼启则（1886—1937）不能容忍这一要求，斥责他们是"沙文主义败类"，并改组格鲁吉亚的党政领导机构。奥尔忠尼启则还发脾气打了姆季瓦尼的支持者卡巴希泽一耳光。列宁得知这些情况后，于 1922 年 12 月 30—31 日，口授《关于民族或"自治化"问题》的信件，批评斯大林等人的大俄罗斯主义错误。列宁指出，民族问题极为重要，"对无产者来说，不仅重要而且极其必要的是保证在无产阶级的阶级斗争中取得异族人的最大信任"，"为此不仅需要形式上的平等。为此无论如何需要用自己对待异族人的态度或让步来抵偿'大国'民族的政府在以往历史上给他们带来的那种不信任、那种猜疑、那种侮辱"。在反对民族主义问题上，列宁强调"必须把压迫民族的民族主义和被压迫民族的民族主义，大民族的民族主义和小民族的民族主义区别开来"，要着重反对大俄罗斯沙文主义。鉴于政府机关并未成为真正的无产阶级机关，列宁认为，有关"退出联盟的自由"的规定，"只是一纸空文"，并不足以保护少数民族不受大俄罗斯主义的侵害。他认为，必要时可以从现有的联盟形式后退，只保留军事外交的联盟，"而在其他方面恢复各个人民委员部的完全独立"。① 列宁口述这封信后不久，病情恶化，无法工作。列宁的上述指示没有得到贯彻落实。

1922 年 12 月 30 日，在莫斯科召开苏维埃社会主义共和国联盟第一次苏维埃代表大会。会上，斯大林作了关于成立苏联的报告。大会通过了苏联成立宣言和联盟条约。当时加入苏联的有俄罗斯、乌克兰、白俄罗斯和外高加索四个共和国。

---

① 《列宁全集》第四十三卷，人民出版社 2017 年版，第 356—357、354、359 页。

中亚的布哈拉和花剌子模人民共和国由于国家制度不同，没有加入苏联，但它们同俄罗斯共和国订有联盟条约。大会选出中央执行委员会。加里宁、彼得罗夫斯基、切尔维雅科夫和纳利马诺夫分别代表四个共和国出任中央执行委员会主席团主席。1924 年 1 月，苏联第二次苏维埃代表大会批准了苏联宪法，从法律上把苏维埃共和国联盟的形式固定下来。

1924 年，苏联在中亚进行民族区域划界工作。原来的土耳其斯坦、布哈拉和花剌子模共和国不复存在。新建两个加盟共和国——土库曼和乌兹别克，于 1925 年加入苏联。另外，苏联组建了塔吉克、哈萨克和吉尔吉斯三个自治共和国。1929 年，塔吉克自治共和国改为加盟共和国。苏联发展为由 7 个加盟共和国组成的联盟。

国民经济的恢复　实行新经济政策的第一年，苏俄遭遇了罕见的大旱灾，34 个省的 3000 万居民陷于饥荒。政府采取一系列紧急措施，在广大人民支持下，在国际社会的援助下，比较顺利地渡过了灾害，到第二年就消除了它的后果。

从 1922 年起，国民经济逐渐恢复。到 1923 年，大工业的产量达到战前的 35%，工人数量也有所增加。但 1923 年秋天，又发生销售危机。国营工业的产品卖不出去，大量积压在仓库里，致使企业不能按时发放工资。工人中产生不满情绪，一些地方还发生罢工事件。造成销售危机的主要原因是工业品和农产品价格上的剪刀差过大。工业品价格比战前上涨了一倍，而农产品价格仍停留在战前的水平。广大农民群众无力也不愿购买昂贵的工业品。另外，国家过急地采取行政措施限制、排挤私营工商业，而国营和合作社机构又软弱无力，致使商品流通不畅，市场萎缩，销售危机更加严重。

为了克服经济困难，苏维埃政府决定降低日用必需品的价格，提高农产品的价格，整顿工人工资的发放，改善商业工作。1924 年，进行币制改革，使卢布的价值逐渐稳定下来，为发展商品经济提供了条件。1925 年 4 月，俄共（布）召开中央全会，对经济政策作出重大调整。决定停止对私人资本的排挤，放宽对私人工商者的信贷条件，降低高额税率。在农村，减轻对新发展起来的农户的政治经济压力，取消对农民经商的限制，增加对农民的贷款。国民经济重新走上健康发展道路。

实行新经济政策后，苏维埃国家内部的资本主义成分活跃起来。在农村，富农力量有所增长。1925 年，富农占到全体农民的 3.3%，中农占 61.1%，贫雇农占 35.6%。在工业中，私营企业包括小工业和手工业在 1925 年占整个工业生产的 23.9%，其中资本主义成分的比重不超过 15%。在批发商业中，私人资本居于次要地位，只占全部交易额的 1/4。但在零售商业方面，则是私人店铺占统治地位。苏维埃政府对这些资本主义成分进行着各种监督和控制。

列宁晚年身患重病，三次中风。然而，即使在如此困难的情况下，列宁也没有停止过对党和国家的前途、对社会主义道路的关心与思考。他十分注意总结实施新经济政策的经验教训，探索建设社会主义的途径。1922 年底至 1923 年初，列宁在病中口述了《日记摘录》《论合作社》《论我国革命》《我们怎样改组工农检查院》《宁肯少些，但要好些》以及《给代表大会的信》等文章和信件，阐述了在苏联建设社会主义的计划。

列宁特别重视同农民的关系问题，认为坚持工农联盟，保证农民跟无产阶级走，不跟资产阶级走，是关系苏维埃政权命运的大事。为了做到这点，列宁提出合作化计划。他指出，在无产阶级专政国家里，合作社可以把私人利益、私人买卖的利益与国家对这种利益的检查监督结合起来。"文明的合作社工作者的制度就是社会主义的制度。"① 与此同时，合作化又是农民能够理解和容易接受的办法。因此，合作化计划是引导农民走社会主义道路的最好方法。为了发展合作社，党不仅要大力支持这个事业，而且更重要的是要在农民中进行文化工作。列宁认为，这是摆在党面前的划时代任务。现在党的工作重心应由"政治斗争、革命、夺取政权等等方面"，"转到和平的'文化'组织工作上去了"。列宁说，这种改变表明，"我们对社会主义的整个看法根本改变了"。②

列宁提出的另一项划时代任务是，"改造我们原封不动地从旧时代接受过来的简直毫无用处的国家机关"③。他提议改组工农检查院，把它同党中央监察委员会结合起来，建立一个有权威的模范机构，并依靠它改造国家机关，反对官僚主义。只有国家机关真正是新型的、精简的、有效率的，它才能赢得人民信任，才能节约资金，建立大机器工业，实现电气化。

列宁还提到防止党的分裂问题。他认为影响党的稳定的可能是工农"两个阶级不能协调一致"，也可能在于党的高层领导人的关系。"稳定性的问题基本在于像斯大林和托洛茨基这样的中央委员。依我看，分裂的危险，一大半是由他们之间的关系构成的。"列宁认为，斯大林和托洛茨基是"现时中央两位杰出领袖"。斯大林当了总书记，掌握了无限的权力，而性格却太粗暴。因此，对他"能不能永远十分谨慎地使用这一权力"，"没有把握"。至于托洛茨基，列宁说他"大概是现在的中央委员会中最有才能的人"，但"过分自信，过分热衷于事情的纯粹行政方面"。④列宁担心，这两人的不同特点会出人意料地导致党的分裂。为防止这一悲剧发生，列宁主张补选工人参加中央委员会以提高党中央的威望；改善党中央监

---

① 《列宁专题文集 论社会主义》，人民出版社 2009 年版，第 352 页。
② 《列宁专题文集 论社会主义》，人民出版社 2009 年版，第 354 页。
③ 《列宁专题文集 论社会主义》，人民出版社 2009 年版，第 354—355 页。
④ 《列宁全集》第四十三卷，人民出版社 2017 年版，第 342—343 页。

察委员会的工作以加强对领导人的监督。1923 年 1 月，列宁建议把斯大林从总书记这个职位上"调开"，"任命另一个人担任这个职位，这个人在各方面同斯大林同志一样，只是有一点强过他，这就是较为耐心、较为谦恭、较有礼貌、较能关心同志，而较少任性等等"。①

列宁的这些思想对苏联的社会主义建设具有重大指导意义。可惜，受条件限制，列宁对于建成社会主义的标准、社会主义制度下的商品市场、运用民主法制加强监督反对官僚主义、文化工作和阶级斗争的关系等一系列重大问题没能进行充分的阐述。1924 年 1 月 21 日，列宁因脑出血引起呼吸器官麻痹而与世长辞。

列宁逝世后，苏联人民艰苦奋斗，加快经济建设工作。1925 年，谷物的总产量接近战前水平，达到 7247 万吨，但畜牧业还低于革命前的水平。工业总产量为战前的 73%，铁路运输业的货物周转量为战前的 80%。国内商品流转总额大约是战前的 70%。劳动人民的物质生活逐步得到改善。1925—1926 年，工人的实际工资水平达到战前的 93.7%。国民经济恢复工作基本完成。

第二节　社会主义改造与建设

一、社会主义工业化的开展

国家工业化建设的提出　革命前的俄国是一个只有中等资本主义发展水平的国家。农业在国民生产中占据优势。工业的产量比先进的欧美国家落后很多。按人口平均计算，俄国的煤钢产量和机器制造业的产值都不及美国或德国的 1/10。俄国的人均工业产量同落后的西班牙不相上下。因此，苏联在恢复被战争破坏的国民经济之后，面临着十分艰巨的社会主义改造和建设的任务。另外，列宁逝世后谁将是党的最高领袖，成为全党最关心也是最敏感的问题。受这两个问题的影响，苏联二三十年代的改造建设工作经历了十分曲折复杂的历程。

列宁病重期间，党内民主问题成为全党共同议论的话题。1923 年，党中央九月全会专门研究了党内状况。12 月 5 日，政治局通过决议，提到"党的机关出现官僚化"的问题，要求发扬民主制。托洛茨基认为问题比决议所写的要严重得多，他写信给党中央并在报刊发表文章，指责党中央执行了错误方针，把工作"重心放在机关上"，用党的机关"代替党考虑和决定问题"。他要求执行新方针，主张党内制度民主化。托洛茨基还说，从历史上看，老近卫军大都发生蜕化，青年是"党的最可靠的晴雨表"。这番议论遭到大多数干部的反对。1924 年 1 月，俄共

---

① 《列宁全集》第四十三卷，人民出版社 2017 年版，第 344 页。

（布）召开第十三次代表会议，谴责托派"背离列宁主义"，"具有十分明显的小资产阶级倾向"。列宁逝世后，党政领导人纷纷写文章，缅怀列宁的功绩。托洛茨基发表《十月的教训》，直接点名批评季诺维也夫和加米涅夫在十月武装起义中的严重错误，说他们"采取了实质上是社会民主党的立场"。季诺维也夫和加米涅夫大为恼火。斯大林同他们联合一起，翻出旧账，历数从布尔什维克党建立到十月革命时期托洛茨基同列宁之间的分歧，指责托洛茨基企图用自己的主义代替列宁主义。1925 年 1 月，俄共（布）中央全会严厉谴责托洛茨基，并决定解除他的陆海军人民委员和革命军事委员会主席的职务。这样，列宁所担心的两位主要领导人之间的冲突不仅未能防止，而且很快就以行政手段决出胜负，一方受到组织处分，被解除主要职务。

1925 年 4 月，俄共（布）召开第十四次全国代表会议。斯大林提出苏联一国可以建成社会主义的理论。不过，他没有说明建成社会主义的标准，更没有讲清实现的途径。但是，这一提法鼓舞了人民的建设信心，得到人民的拥护。代表会议接受了斯大林的意见，指出"社会主义在一个国家内获得胜利（不是指最后胜利）是绝对可能的"。

1925 年 12 月 18—31 日，俄共（布）在莫斯科召开第十四次代表大会。① 斯大林代表党中央作政治报告，阐述实现国家工业化的必要性，提出要把俄国"从农业国变成能自力生产必需的装备的工业国"②。季诺维也夫和加米涅夫组成"新反对派"，反对斯大林的报告。在列宁格勒代表团和其他一些代表的支持下，季诺维也夫在大会上作了副报告。他泛泛地历数了党面临的困难：一是世界革命进程迟缓，二是在落后的、农民占多数的国家里建设社会主义，三是列宁逝世后党内未建立集体领导。他认为苏联在"走向一个特殊的无产阶级国家中的'国家资本主义'"，社会主义胜利不可能在苏联一国范围内，而是"要在国际舞台上得以解决"。加米涅夫提出对斯大林的信任问题，建议撤换斯大林的总书记职务。代表大会未就一国建成社会主义问题展开充分讨论，而对"新反对派"反对斯大林的意图给予了坚决回击。大会肯定了党中央的路线，通过了社会主义工业化方针。会后，加米涅夫的劳动国防委员会主席职务和季诺维也夫的列宁格勒省委书记的职务被撤销。

工业化建设的开展　党的十四大之后，苏联开始大规模进行工业化建设。斯大林多次发表文章和演说，强调苏联的工业化同资本主义国家的工业化不同，并阐述了苏联社会主义工业化纲领。

---

① 这次会议决定将党名改为全联盟共产党（布尔什维克），简称"联共（布）"。
② 《斯大林全集》第七卷，人民出版社 1958 年版，第 294 页。

斯大林认为，苏联处在资本主义包围之中，为了不致成为资本主义世界的经济附庸，必须建立自己独立完整的社会主义经济体系，即把苏联建设成一个不仅能生产一般消费品，而且能生产各种机器和设备的国家。但是，斯大林未提一国建设社会主义仍然需要同世界经济发生众多联系的问题。

斯大林认为，俄国经济落后，而落后者是要挨打的。因此，必须高速度发展国民经济。他认为，苏联已建立无产阶级专政政权，可以依靠政权的力量加快经济发展。他把许多客观经济发展规律视为资本主义范畴的东西予以否定，主张用行政命令、指令性计划的办法快速发展经济。具体讲，一是用计划保证优先发展重工业，一是用行政办法扩大内部的资金积累。

斯大林说，从轻工业开始的工业化道路是一条漫长的发展途径，是资本主义国家的做法。苏联不应走这条旧路。苏联可以从发展重工业开始自己的工业化。因为苏联的重要企业都是国家所有的，政府可以通过指令性计划，调动大部分人力物力资源去发展重工业、国防工业。斯大林说："工业化的中心、工业化的基础，就是发展重工业。"[①]只要发展了重工业就是实现了工业化。至于轻工业、农业等都是次要的、从属的、为发展重工业效力的部门；各经济部门之间的比例协调关系可以不予顾及。

为了加快工业发展，斯大林认为必须采用行政手段保证高积累多投资。他说，苏联的建设资金不能靠掠夺殖民地和向外国借债来筹集，只能从内部，依靠自己的力量积累。政府应把国有企业、矿山、铁路、银行以及贸易部门的利润尽量多地收缴上来，作为工业化资金。其次是征收农业税。此外还有号召人民艰苦朴素，用发行公债等办法把消费资金转为建设资金。可是，用这些方法积累到的资金不足以应付大规模建设的需要。斯大林决定放弃原来的意见，不再要求缩小直至消灭工农产品价格上的剪刀差，转而主张提高工业品的出售价格，压低农产品的收购价格，用多收少付的办法向农民再征收一笔额外税，以加快资金积累。至于提高经济效益这一扩大积累的根本手段，则被忽视、冷落。

斯大林的工业化理论政策提出后，许多人发表不同看法。布哈林认为，在当时条件下，经济建设"只能以乌龟速度爬行"。经济学家康德拉季耶夫、恰亚诺夫主张大力发展农业。财政人民委员索柯里尼柯夫认为，苏联发展工业必须"同世界市场联系"，即在最近年代里，应"走农产品输出的道路"，以换取外汇，进口机器设备，推动工业发展。托洛茨基提出另一种意见，即宣扬"不断革命"论，要求在国内和国际活动中不断开展反对资产阶级的斗争。1926年，托派分子和新反对派分子联合一起，组成托洛茨基-季诺维也夫联盟。他们宣称一国建成社会主

---

① 《斯大林全集》第八卷，人民出版社1954年版，第112页。

义的理论是不能接受的"臭名远扬的理论"。他们指责中央对富农等资本主义势力斗争不力，要求成倍地增加私营工商业者的捐税，并向富裕农民"借用"1.5 亿普特的粮食。他们要求加快工业化速度，说把工业的年增长率定为 4%—9%，是"彻头彻尾悲观主义的计划"。托-季联盟还宣称，资本主义势力的增长已经影响到党和国家，使"工人国家的官僚主义化发展"，提出要"批判斯大林派制度"。1927 年 7 月，托洛茨基进一步指责斯大林和党中央多数派走上"热月化"的蜕化背叛道路，说现今的领导集团无力组织人民抗击帝国主义的反苏战争，在必要时要更换领导人。8 月，党中央开会，谴责托-季联盟的活动。同时，决定在 12 月召开党的第十五次代表大会。9 月，托-季联盟提出自己的政纲——《党的危机和克服危机的途径》。反对派将该政纲送交党中央，要求予以印发，并在代表大会前全党进行公开辩论。在遭到拒绝后，反对派自己秘密印刷政纲，向党内外散发。国家政治保卫总局立即行动起来，查封了秘密印刷所，逮捕了工作人员。10 月，党中央召开全会，严厉批判了托洛茨基和季诺维也夫，并将他们开除出中央委员会。与此同时，中央全会决定公布本次会议通过的提纲，并指令《真理报》出版辩论专页，刊载对这一提纲的各种意见，其中包括托-季联盟的政纲。经过全党辩论，最后投票赞成中央路线的有 72.4 万名党员，而追随托-季联盟的只有 4000 多人。反对派不肯承认自己的失败。他们在 1927 年庆祝十月革命十周年的时候，组织几百人上街游行，高喊"打倒机会主义""公布列宁遗嘱"等口号。联共（布）中央认为托-季联盟的行为已超出党章许可的范围，于 11 月 14 日开会，决定把托洛茨基和季诺维也夫开除出党。

1927 年 12 月召开的联共（布）第十五次代表大会，对国家经济发展作出总结，充分肯定了社会主义工业化所取得的成就。1926—1927 年度的工业产值已经相当于战前的 109%，大会提出在此基础上继续高速度发展工业，努力实现党的社会主义工业化纲领。同时这次大会还批准了把托洛茨基和季诺维也夫开除出党的决议。不久，加米涅夫、皮达科夫等托-季联盟的骨干分子 75 人也被开除出党。托-季联盟在政治上被打倒，在组织上被清除，但其思想并未得到认真对待。

在党内斗争激烈进行的同时，政府着手制定发展国民经济的第一个五年计划。1927 年 10 月，党中央全会讨论了五年计划的问题，规定发展速度为年增 4%。12 月，第十五次党代表大会通过了制定五年计划的指示，将年增长率提高为 9%。根据党代表大会的指示精神，国家计划委员会主席克尔日札诺夫斯基（1872—1959）集中一批专家经过一年多时间的讨论研究，最后提出两个方案，最佳方案比初步方案的指标高出 20%。最高国民经济委员会主席古比雪夫（1888—1935）提出工业发展的指标。此时，正值推行非常措施，反对右倾之时，上述三个方案均被否定，甚至被视为"对高速度发展的可能性和优越性的轻视"。斯大林要求大大加快发展速度。古比雪夫迅速提出第四个方案，规定工业产量每年增加 19%—20%，这个增长速度超过了托洛茨基在 1927 年提出的 15%—18% 的要求。

1929 年 4 月召开的联共（布）第十六次代表会议和 5 月召开的苏维埃第五次代表大会批准了五年计划。在"一五"计划的鼓舞下，苏联人民掀起建设社会主义的高潮。

二、农业全盘集体化运动的开展

对农村问题的争论 20 年代中期，新经济政策全面实施，经济发展，市场繁荣，但也出现了一些问题。一个是社会分化。农村中，富裕农户日益增多，到 1927 年大约有 100 万户，其中一半的富裕户是在实施新经济政策后出现的。如何看待这一现象，联共（布）领导人意见不一。托洛茨基等人把富裕农户基本都视为富农，认为农村资本主义势力猖獗，已经威胁到苏维埃政权的巩固。布哈林等人则认为中农仍是农村的中心人物，应扶植小农经济，鼓励劳动农民发财致富。多数人害怕分化，反对分化，认为应控制分化，缩小贫富差距。另一个问题是价格调整不好。实施新经济政策后，市场贸易开放。农民作为小商品生产者，希望国家少干预市场，价格能按价值法则和供需关系调整。但苏维埃政府担心市场发展会导致资本主义自发倾向的增长。同时，它还要利用工农产品价格上的剪刀差来加速建设资金的积累。这就产生了矛盾。人们对如何调节这个矛盾，想法不一。政府受各方面影响，也拿不出始终如一的政策。时而向农民让步，放松对价格的控制；时而打击私人买卖活动，压低农产品价格。政策的左右摇摆造成城乡供销关系和工农关系多次出现紧张情况。1925 年底，第十四次党代表大会确定工业化方针，认为计划经济的力量可逐步包揽城乡一切经济活动。从 1926 年起，政府加强对价格的控制，用它来排挤私人工商业和限制市场贸易活动。与此同时，国家收购农产品的价格比上一年降低 6%，而粮食的收购价降低 20%—25%。这引起工农产品价格不协调，城乡关系紧张。托洛茨基认为解决这一问题的根本办法是大力发展工业和无产阶级力量。他要求提高工业品价格，为工业化积累更多资金。斯大林、布哈林反对托洛茨基的意见，未经慎重考虑就于 1927 年 2 月决定降低工业品价格，但在优先发展重工业方针指导下，轻工业品本已不足，降低价格后更是供不应求，最后导致商品荒。农民有钱买不到所需商品，不满情绪依然存在。情况表明，国家对工农业产品几次提价降价都未能完全调整好同农民的关系。市场也愈来愈脱离国家控制，影响工业化的迅速开展。人们开始把注意力从调整工农关系转向改造小农方面。

1927 年底召开的第十五次党代表大会讨论农村问题。通过的决议明确规定，党在农村的基本任务是"把个体小农经济联合并改造为大规模集体经济"，并指出这种过渡的基础是进一步开展对富农的进攻。但又说，这个过渡应是"逐步的"，因为个体私有经济"在相当长的时期内仍将是整个农业的基础"。这种互相矛盾的决议内容，反映了当时对解决农民问题的办法尚未作出最终决定。一些人主张继续实行现行政策，而另一些人则要求采取不同于新经济政策的激烈办法。

第十五次党代表大会后，危机立即暴露出来。1928 年初，国家收购上来的粮食只有 513 万吨，比上年同期减少了 189 万吨。斯大林认为，粮食收不上来是富农反抗造成的。布哈林不同意斯大林的观点，认为产生收购危机的主要原因是经济政策上的失误。国家用在工业上的投资过多，对农业的投资过少。此外，粮食价格定得太低，打击了农民出售粮食给国家的积极性。

1 月，党和政府决定采取非常措施，强迫富裕农民把多余的粮食按固定价格卖给国家，否则执行刑法第 107 条，没收他们的粮食和农业机器，并判处徒刑。非常措施采取后，国家收购到的粮食数量迅速上升，仅 1928 年第一季度就征集到 450 万吨，这个数量除去原来少收购的 189 万吨，还超过了托-季联盟在几个月前提出向富裕农民借用的粮食数字——1.5 亿普特（约为 245 万吨）。1928 年党中央四月全会指出，这些粮食大都是采用同新经济政策不相容的手段得到的，如"没收余粮（完全不按照司法手续来运用第 107 条）；禁止农村内部粮食买卖或一概封闭'自由'粮食市场；为'弄清'余粮而进行搜查；建立巡查队；在清付粮款和出售奇缺的商品给农民时强行摊派农民公债；付款由邮局转汇，其中一部分以公债券或其他证券支付；对中农施加行政压力；实行产品直接交换，如此等等"。[①] 这些做法严重侵犯了中农的利益。许多富农和富裕农民激烈反抗非常措施，全国发生 150 多起骚动事件。更多的人缩减耕地，破坏农具，屠杀牲畜，甚至弃地出逃，自我消灭经济。农村形势十分紧张。

1928 年 5—6 月，布哈林两次上书党中央，申诉自己的观点，表示不同意中央的做法。9 月，他又在《真理报》上发表《一个经济学家的札记》，公开阐明自己的看法，主张减慢工业化速度，把更多的资金投到农业上去，以利工农业的均衡发展。

布哈林的意见得到政治局委员、人民委员会主席李可夫（1881—1938）和政治局委员、工会中央理事会主席托姆斯基（1880—1936）的支持。1929 年 2 月 9 日，他们三人在党中央会议上联合发表声明，批评现行政策。4 月，党中央委员会和中央监察委员会举行联席会议。斯大林作《论联共（布）党内的右倾》的报告，全面批判布哈林的观点，指责他宣扬"阶级斗争熄灭论"和"富农长入社会主义"

---

① 《苏联共产党代表大会、代表会议和中央全会决议汇编》第三分册，人民出版社 1956 年版，第 427—428 页。

的理论，推行了一条"机会主义的路线"。四月全会通过决议，谴责布哈林等人为右倾机会主义集团，并决定撤销布哈林在《真理报》和共产国际的领导职务，撤销托姆斯基的工会领导职务。年底，布哈林被开除出政治局。1930 年 12 月，李可夫也被开除出政治局，莫洛托夫（1890—1986）接替他担任人民委员会主席。

这时，苏联农村仍十分落后。1928 年，全国只有 2.7 万辆拖拉机。春播作物的土地翻耕工作，99%靠畜力、人力完成，机耕地面积只占 1%。大约一半的成年居民不识字。这一年的农业集体组织只有 3.3 万个，有 40 万农户参加，占全国 2400 万农户的 1.7%。这些集体经济组织多数是低级形式的共耕社，只进行劳动互助。

农业集体化　批判了布哈林之后，斯大林决心用行政手段加快农业集体化进程。1929 年，集体化运动取得新进展。6 月到 9 月，全国有 90 多万农户加入集体经济组织。这个数字几乎等于革命后 12 年中加入集体经济组织的总户数。但从全局看，集体化比例仍然很低。加入集体经济组织的农户只占总农户的 7.6%，其耕地只占耕地总面积的 3.6%。这很难说清 1500 万户中农是否对集体农庄的态度发生了根本改变。

1929 年 11 月初，斯大林发表《大转变的一年》一文，宣称农村发生了"根本转变"，"中农加入集体农庄了"，农民已经"整村、整乡、整区甚至整个专区地加入"[①] 农庄了。斯大林决定停止新经济政策，改变对中农和富农的政策。几天后，党中央召开全会，要求加快集体化速度，并派遣 2.5 万名工人下乡，推进这一运动。到年底，又有 240 万农户加入集体农庄。

1930 年 1 月 5 日，党中央根据斯大林的要求通过《关于集体化的速度和国家帮助集体农庄建设的办法的决议》，要求在几年内完成全盘集体化。这同几个月前通过的第一个五年计划提出的控制数字大不相同。五年计划规定，到 1933 年公有经济（包括国营和集体经济）的播种面积占播种总面积的 17.5%，而新的决议要求北高加索和伏尔加河流域等主要产粮区在 1931 年春天完成集体化任务，非主要产粮区在 1932 年春天完成。决议还指出，占多数的共耕社形式已经不能满足农民的要求，集体化的基本形式应当是实行土地使用权和主要生产资料公有化的劳动组合，即集体农庄。

在全盘集体化的基础上，开始了消灭富农阶级的斗争。苏联政府机关对划分富农的标准曾有过各种规定，但从未提出明确而科学的统一标准。因此，很难说出富农的准确数字。多数苏联学者认为，1927 年有富农 89.6 万户，占农户总数的 3.9%。1928 年实行非常措施后，20 多万户富农"自我消灭"，他们变卖财产，逃

---

① 《斯大林选集》下卷，人民出版社 1979 年版，第 201、206 页。

往城市和工厂。到 1929 年秋，富农只剩下 60 万—70 万户，占农户总数的 2.5%—3%。1930 年 2 月 1 日，苏联政府通过决议，废除以前颁布的关于土地租佃和雇佣劳动的法律，并决定没收富农的财产，把它转交给集体农庄。对富农本身分为三类处置：对进行反苏活动的富农，采取逮捕镇压政策；对大富农，把他们迁徙到国家北部和东部的荒凉地区，从事伐木、采矿、开荒等劳动；对其他富农则迁出农庄地界，安置在本区的边缘地带，拨给他们一定的土地耕种。根据苏联的档案材料，1929—1933 年，被逮捕关进集中营的第一类富农共有 51.96 万人；被迁徙的第二类富农约 100 万户；而第三类富农，大多也被采取第二类富农的安置办法。据估计，到 1930 年初，分布在各省的第三类富农只有 26 万户，另外还有 20 万—30 万户富农"自我消灭"。总之，在全盘集体化时期，全苏联大约有 140 万—150 万户富农被暴力剥夺和消失。如果按每户 5—6 人计算，共有 700 万—900 万人。这个数字明显超过实际的富农户数和人数，其中相当一部分是被错划的中农。

在党的号召下，农村集体化运动迅速开展起来。1930 年 1 月，加入农庄的有 300 万农户。2 月又增加 700 万户新成员。集体化比例从 1929 年 12 月的 20%，猛增为 1930 年 3 月的 58%。在这一惊人大发展的同时，全国各地都发生过火行为和严重错误。各基层苏维埃和集体化工作队员在上级严令催促和警告下，纷纷采用行政命令和威胁手段强迫农民加入集体农庄。有的地方宣布，"谁不加入集体农庄，谁就是苏维埃政权的敌人"；有的地方则规定，凡拒绝加入农庄者，没收其土地，剥夺其选举权。一些地方被清算、被剥夺选举权者多达公民总数的 15%—20%。有些地区越过劳动组合，直接组织农业公社，把住宅、小牲畜、家禽等都收为公有。这些行为严重侵犯了中农利益。农村形势动荡不安，一些地方出现了反苏维埃的暴乱。据统计，仅 1930 年 2—3 月，全苏就发生群众性骚动 7576 起，暗杀恐怖活动 3263 起，散发传单事件 2009 起。全国有 1400 万头大牲畜被杀。

面对这一严重情况，斯大林于 1930 年 3 月 2 日发表题为《胜利冲昏头脑》的文章，严厉批评"某些同志被胜利冲昏了头脑，暂时丧失了清醒的理智和冷静的眼光"[1]。3 月 14 日，党中央又颁布《关于反对歪曲党在集体农庄运动中的路线的决议》，批评了集体农庄建设过程中违反农民自愿原则，强制跳到组织农业公社，用行政手段封闭教堂，取消市场和集市等错误做法。决议要求立即消灭这些扭曲行为。文章和决议发表后，全盘集体化运动中的一些极端做法得到了纠正。从 1930 年 3 月开始，集体农庄数目大量减少，大约有 1000 万农户退出农庄。但从秋天起，集体化运动又重新开展起来。到 1932 年底第一个五年计划完成时，全国 61.5% 的农户走上集体化道路，建立了 21.1 万个集体农庄。这一年，国营农场和

---

[1] 《斯大林选集》下卷，人民出版社 1979 年版，第 243 页。

集体农庄的播种面积达到总播种面积的 80%。因此，联共（布）中央在 1933 年 1 月宣布："把分散的个体小农经济纳入社会主义大农业的轨道的历史任务已经完成。"[①]

在集体化过程中，国家一方面从多方面支持集体农庄的建设，它减免农庄的赋税，提供贷款和种子，加强农业的技术改造。另一方面，国家也加强对农庄的控制。它把农业机器全部集中在自己手里。1932 年，共组建 2502 个机器拖拉机站，拥有 148 万台拖拉机（按每台 15 马力计算）。机器拖拉机站为农庄提供机械服务，并通过服务，监督农庄执行国家的生产计划，同时要求农庄用农产品交付劳动报酬。1933 年，国家宣布实行农产品义务交售制，规定集体农庄的首要义务是每年向国家交售规定数量的农产品，其中粮食的交售额占到产量的 32%—43%。而国家付给的价格却低于生产成本。国家通过机器拖拉机站和义务交售制这两个渠道，每年都能有保障地得到它所要求的粮食和农产品。

集体农庄的管理和分配体制是经过一段时间的实践摸索才确定下来的。开始时，很多农庄每天早上吹哨集合分配任务，实行每个庄员轮流干大田、菜地、饲养、巡夜等各种劳动。分配的方法五花八门，有的农庄按人口供给一切，有的按劳动力分配，也有的按干活多少分配。为了寻求适当的体制，政府两次召集全苏集体农庄突击队员代表大会，总结农庄的建设经验。1935 年 2 月召开的第二次代表大会通过《农业劳动组合示范章程》。章程规定，农庄的土地为国家所有，农庄和农民只有使用权，不得买卖和出租。农庄组织生产队，负责某一地段的全年生产，或负责饲养一定数量的牲畜等其他专业生产。庄员按劳动日的多少进行分配。此外，允许庄员拥有 0.25—0.5 公顷的宅旁园地，饲养猪、牛、鸡等家畜家禽。示范章程的通过，巩固了集体农庄。

全盘集体化运动使农村发生翻天覆地的变化。富农阶级被消灭，个体农民变成集体农庄庄员，分散的小生产变成集中的大生产，农业成为直接听从党政机关指挥的部门。这一变化为社会主义工业化的实现奠定了基础，提供了条件。它使城市居民的粮食供应和工业原材料的供应得到一定保障。实现集体化后，国家从农民手中征到的粮食不断增多。第一个五年计划期间平均每年为 1820 万吨；第二个五年计划期间增为 2750 万吨。没有再出现粮食收购危机。另外，集体农业还为工业发展提供了相当数量的资金和劳动力。农业集体化是苏联社会主义建设事业的重要组成部分。没有它就没有单一的计划经济，就无法实行高度集中的政治经济体制，也就没有斯大林的社会主义模式。

[①]　《苏联共产党代表大会、代表会议和中央全会决议汇编》第四分册，人民出版社 1957 年版，第 325 页。

全盘集体化运动存在着严重的问题和错误。它违背了列宁提出的改造农民的自愿和逐步原则，使千百万农民和牧民在这场变动中遭受了许多本可以避免的苦难与死亡。据苏联学者估计，集体化时期遭到迫害的有500万—1000万人。仅哈萨克地区，在1930—1933年就有近200万人死亡。而1932—1933年乌克兰、北高加索地区的大饥荒使300万—400万人饿死。集体化运动中，建立起一套严密的行政命令体制，把农民束缚在农庄里，使农民失去生产和分配的自主权，甚至连迁徙自由也受到限制。政府忽视农民的物质利益，限制城乡间的商品货币关系，用超经济手段从农民身上拿走很多。所有这些使工农关系、城乡关系问题重重，农民生产积极性低下，农牧业生产长期停滞落后，严重阻碍了苏联的经济发展和政治进步。

三、社会主义建设的五年计划

五年计划的实施   苏联从1928年10月起，开始实行第一个五年计划。到1932年底，尽管许多重要指标并没有完成，但政府宣布已经提前完成了这一计划。1933—1937年又实行了第二个五年计划。从1938年开始的第三个五年计划，由于德国法西斯的入侵而被迫中断。

五年计划首先是一个向资本主义经济成分展开全面进攻的计划。在开始实行新经济政策时，列宁曾指出，苏维埃国家有五种社会经济结构。第一种是宗法经济，即差不多完全不从事贸易往来的自然经济。第二种是小商品经济，这种经济结构当时包括了大多数居民。第三种是私人资本主义经济，它在新经济政策实施的初期活跃起来。第四种是国家资本主义经济，主要是租让企业，它没有获得重大发展。第五种是社会主义经济。经过两个五年计划，资本主义经济被排挤出工业和商业领域，小商品经济得到改造。到第二个五年计划结束时，已有93%的农户参加了集体农庄。国营农场和集体农庄的播种面积达到总播种面积的99%。社会主义的国家所有制和集体所有制在一切经济部门都确立起来了。

五年计划规定要高速度发展工业。为了保证这一要求的实现，政府实行高积累，把大量资金投入经济建设。"一五"计划规定国民经济的基本投资为646亿卢布，"二五"增为1334亿卢布，其中相当大的部分用于重工业投资。在此期间，斯大林先后提出"技术决定一切"和"干部决定一切"的口号，号召人们掌握先进技术，学会生产管理。在这一口号的推动下，1935年8月30日夜间，顿巴斯的年轻矿工斯达汉诺夫在一班工作时间内，用风镐采掘了102吨煤，超过定额的13倍。此后，全国兴起学习斯达汉诺夫，掌握新技术，提高劳动生产率的运动。在各行各业中都涌现出一批斯达汉诺夫式的先进工作者。工农大众的忘我劳动，极大地推动了苏联经济的发展。

"一五"期间，苏联利用资本主义世界遭受经济危机打击之机，从西方引进一批先进的机器设备和技术力量，还用高薪聘请外国专家和技工。三个主要钢铁厂——马格尼托哥尔斯克钢铁厂、库兹涅茨克钢铁厂和扎波罗热钢铁厂，以及斯大林格勒拖拉机厂、第聂伯水电站等大型项目都引进了美国、德国的设备和技术，并得到外国工程师的帮助。由于苏联本国技术力量不足，这些企业大多没有达到外国设备的设计能力。"二五"期间，政府注意挖掘已建企业的潜力，同时大力发展本国机器制造业，先后在斯维尔德洛夫斯克、克拉马托尔斯克、新切尔卡斯克、车里雅宾斯克等地新建起巨大的机器制造厂，扩建了高尔基和莫斯科两个汽车制造厂。此后，苏联基本停止了外国设备的进口。1937 年苏联机器进口的比例仅占需求量的 0.9%。这显示苏联经济的高度独立自主性，但也使其丧失了利用西方先进技术设备和资金的机会。

建设成就和问题　　两个五年计划期间，苏联建成了 6000 多个大企业，建立起飞机、汽车、拖拉机、化学、重型和轻型机器制造业等部门。工业布局有了很大变化。在东部地区兴建了乌拉尔-库兹涅茨克钢铁煤炭基地，新库兹涅茨克钢铁基地，伏尔加-乌拉尔石油基地等。1937 年的苏联工业总产值超过法、英、德，跃居欧洲第一位，世界第二位。到战争前夕的 1940 年，苏联年产 1800 万吨钢、1.6 亿吨煤、3100 万吨石油、483 亿千瓦时电力。同时，苏联工业每年给农村提供几万台拖拉机，使机耕地在全国耕地中的比例由 1932 年的 20% 增加到 1940 年的 70%，初步实现了耕种的机械化。然而，从人均国内生产总值来看，苏联仍远远落后于美国和西欧资本主义国家，大体处于当时日本的发展水平。1940 年，苏联的人均国内生产总值为 510—542 美元，美国是 1886 美元，英国是 1234 美元（1937 年），日本是 554 美元。[①]

五年计划实施期间，人民的文化水平有了很大提高。在沙皇时代，四个人中就有三个文盲。经过多年努力，到 1939 年，全国居民的识字率达到 87%。城市普及了七年制义务教育，农村实行了四年制义务教育。接受高等教育的人口成倍增长，1938 年全苏有近 700 所高等院校，在校学生达 55 万人。科学技术事业取得重大成就。瓦维洛夫创立了作物种类演化理论。齐奥尔科夫斯基的宇宙火箭理论研究居于世界领先地位。库尔恰托夫领导设计和研制出欧洲第一台回旋加速器。列别杰夫研制出用乙醇合成人造橡胶的办法。在社会科学领域，苏联整理出版了《马克思恩格斯全集》和《列宁全集》。在文学领域，作家发表了众多反映苏联数十年巨大变化的作品。五年计划的实施使劳动人民的生活得到改善。国民收入由 1913 年的 210 亿卢布增加到 1937 年的 963 亿卢布。1935 年，苏联取消了面包和面

---

① 按 1964 年的美元计算。

粉的配售制，后来又陆续取消了其他食品和所有工业品的配售制。

苏联社会主义建设的成就巨大，但也存在重大缺陷和问题。首先是忽视经济发展的客观规律，盲目冒进。五年计划的指标已经定得过高，而在执行中又不断加码，结果破坏了正常的生产秩序，许多重要指标未能按期实现。如，"一五"计划规定国民收入增加102%，实际只增加60%；农业产值应增加50%，实际下降14%。煤炭、钢铁、石油、电力、拖拉机、汽车也没有完成计划。"二五"计划执行得比"一五"计划好，但仍有许多问题。如国民收入规定增加120%，实际增加不到112%；消费品增长率仅达到指标的一半。其次是片面发展重工业，使农业和轻工业长期处于落后状态。粮食产量，在全盘集体化运动前的1925—1927年年均为7527万吨，"一五"期间降为年均7360万吨，"二五"期间再降为7290万吨。畜牧业的状况更差。"一五"期间，马从3210万匹降为1730万匹，牛从6010万头降为3350万头，羊从10700万只降为3730万只，猪从2200万头降为990万头。"二五"期间，大牲畜的存栏头数有所回升，但未达到1928年的水平。农牧业中，只有棉花、制糖用的甜菜等技术作物的产量有明显提高。1940年的轻工业产值虽然比1913年的增加3.6倍，但同期重工业却增长了12.4倍。这种不同的增长比例造成农、轻、重经济部门发展严重失调。第三个问题是，无视商品市场的作用，片面追求产值和产量，造成产品单调，质量低劣。一方面许多产品无人问津，大量积压，另一方面，优质的、产销对路的产品奇缺，供应紧张。第四，经济粗放发展，效益低下，国家资源大量消耗和浪费。

两个五年计划制定和实施的过程，也就是苏联高度集中的指令性计划经济体制的形成和确立过程。计划由中央统一编制，然后从上到下，按部门或按地区逐级下达指标。计划的指标无所不包，对资金来源，物资供应，企业产品的数量、品种、销售和价格，工资总额和等级等，都有详细规定。计划是强制性的，"计划就是法令"。这种高度集中的指令性计划经济，使苏联能够集中全国的人力、物力和财力，在短期内就实现了工业化，为卫国战争奠定了雄厚的经济基础。但是这种排斥市场经济的办法后来却被固定下来，被当作神圣不可侵犯的经典模式，导致苏联经济日益僵化，在第二次世界大战后大大落后于西方发达资本主义国家的经济，成为日后苏联解体的一个重要原因。

第三节　斯大林模式的形成和苏联的对外政策

一、1936年宪法的制定和高度集中体制的确立

苏联1936年宪法的制定　工业化和农业集体化的实施使苏联在经济和社会阶

级结构方面都发生了根本性变化。为了从法律上肯定这一变化，1935 年初召开的苏联苏维埃第七次代表大会决定修改 1924 年宪法。2 月 7 日，苏联中央执行委员会成立了由斯大林任主席的宪法委员会。经过一年多的研讨，于 1936 年 5 月完成了新宪法的起草工作。6 月，《真理报》刊登新宪法草案，供全国讨论。

　　1936 年 11 月 25 日，苏联苏维埃第八次非常代表大会在莫斯科举行。斯大林在第一天的会议上作了《关于苏联宪法草案》的报告，宣布苏联"建立了社会主义制度"。他指出，在苏联"人剥削人的现象已被铲除和消灭"，"所有的剥削阶级都消灭了"。① 国内只存在工人阶级、农民阶级。根据斯大林的报告，大会讨论和通过了新宪法。

　　新宪法规定，苏联是工农社会主义国家。它的经济基础是社会主义经济制度和生产资料的社会主义所有制。政治基础是各级劳动者代表苏维埃。宪法取消了各级苏维埃选举中残存的一切限制，以直接选举代替了多级选举，实行普遍、直接、平等、无记名投票的选举。新宪法保障人民享有劳动、休息和受教育的权利，保证他们在年老、患病和丧失劳动能力的情况下享有物质保障权。同时，宪法还规定了苏联公民应尽的义务：遵守法律，遵守劳动纪律，忠实地履行自己的社会义务，维护和巩固社会主义所有制，在军队中服役，保卫社会主义祖国。

　　宪法还反映了苏联民族国家体制的变化，哈萨克和吉尔吉斯自治共和国由于政治经济的发展，改为加盟共和国。高加索联邦分成为阿塞拜疆、格鲁吉亚和亚美尼亚三个加盟共和国。这样，苏联的加盟共和国便由原来的 7 个增加为 11 个。

　　根据新宪法的规定，1937 年 12 月 12 日全国举行新的苏维埃代表的选举。1938 年 1 月，召开最高苏维埃第一次会议，选出由 24 人组成的最高苏维埃主席团，加里宁任主席团主席。莫洛托夫被任命为人民委员会主席。1941 年 5 月，斯大林接任人民委员会主席职务。

　　高度集中的国家体制　苏联新宪法的制定，宣告了第一个社会主义国家的建成，也标志着斯大林创建的政治经济体制的形成。

　　这一体制在政治方面的特点是，实行一党制，实行立法权、行政权、司法权三权合一。权力高度集中于党中央的最高领导机构和党的各级机关。共产党不仅领导一切，而且直接发布政令，管理国家事务。苏维埃不能真正发挥人民政权的作用，变成徒具虚名的权力机构。联盟制也是有名无实，少数民族的权益并无可靠保障，他们实际生活在中央集权的单一制国家里。民主法制被忽视。干部由上级委派，惟上是从。领导终身任职，基本不受群众监督。权力愈来愈集中在个人手里，最后形成个人高度集权制度。

---

① 《斯大林选集》下卷，人民出版社 1979 年版，第 399、393、394 页。

经济方面的特点是，建成了一个以国家为核心的、高度集中的行政命令和惩罚体制。它实行工商企业的国有化和集体农庄的准国有化，把其他一切不受国家直接控制的经济成分统统消灭掉。它限制商品货币关系，否定价值规律和市场机制的作用，用行政命令甚至暴力手段管理经济，把一切经济活动置于指令性计划之下。它用剥夺农民和限制居民生活改善的办法实行高积累多投资，发展粗放型经济。它片面发展重工业，建立准军事型的经济，并以此提高国力，赶超资本主义国家。

思想文化方面的特点是，在舆论方面要高度统一于斯大林。思想问题和学术问题也被高度政治化，国家要求它们无条件地、直接为无产阶级政治以及当前政策服务，对任何不利于甚至不积极歌颂支持布尔什维克政治的事物，则采用行政手段特别是"学术批判""组织处理"的办法，对其进行干预打击。

斯大林模式（亦称苏联模式）的这种政治、经济和思想文化的高度集中，使其成为一种封闭式的模式，在很大程度上与外部资本主义世界相隔绝。

斯大林领导苏联人民进行了建设社会主义社会的首次试验。斯大林模式是第一个定型的社会主义建设模式。这一建设模式是在苏联外有帝国主义包围，内部文化落后的条件下形成的，是苏联特殊历史条件的产物。它发挥了巨大的历史作用。斯大林正是通过它把苏联建成强大的社会主义国家。但人民也付出了极大的代价。斯大林模式没有解决社会主义民主政治建设和经济运行的一系列根本问题。它违背列宁关于把文化经济建设当作工作重心的指示，仍把政治斗争放在第一位，忽视民主和法制建设，没有处理好权力的制衡关系。它忽视社会主义市场经济的要求，也不适应世界经济发展的集约化和一体化要求。从长远看，它阻碍了政治经济的发展和学术文化的繁荣，最终引发了危机。

二、对斯大林的个人崇拜和大清洗运动

对斯大林个人崇拜的盛行　斯大林战胜托洛茨基、布哈林等反对派后，他的最高领袖地位牢固确立起来，威望也空前提高。1929 年 12 月 21 日，举国上下庆祝斯大林五十寿辰。《真理报》用 8 个版面刊载古比雪夫、卡冈诺维奇、伏罗希洛夫等党和国家领导人的祝寿文章，称颂斯大林是列宁的唯一主要助手，是列宁事业的继承人，是活着的列宁。有些文章不惜歪曲事实说斯大林在党的第一批小组建立时就是"党的最优秀的组织者和建设者"，说他在国内战争时期"是唯一的从一个战场派往另一个战场的中央委员"。各地的党政组织和个人也纷纷向斯大林发出致敬信。许多城市、工厂、农庄和街道，甚至山峰都用斯大林来命名。这以后，过分颂扬之风愈刮愈烈，进而成为一种政治思潮。斯大林被奉为神明，当作偶像顶礼膜拜。不仅一切成绩胜利应归功于斯大林，而且斯大林就是党和国家的化身、

真理的代表。1934 年召开的第十七次党代表大会不再像过去那样就党的工作制定决议，而只是简单地"责成各级党组织以斯大林同志报告中所提出的原理和任务作为自己工作的指南"。斯大林的讲话逐渐成为人们工作、发言的唯一依据，成为判断事物对错的唯一标准。

30 年代，斯大林主持开展了一系列批判运动。哲学界的德波林学派，文学界的俄罗斯无产阶级作家联合会（拉普），史学界的波克罗夫斯基学派，经济学界的康德拉季耶夫、格罗曼学派，甚至生物学界的瓦维洛夫学派都遭到不公正的批判，被扣上"托洛茨基主义""孟什维主义""反党"等各种政治帽子。一些研究机构被解散，许多学者遭逮捕处死。这些批判把斯大林的绝对领导和唯一正确地位从政治领域扩展到文化学术领域。

1938 年，经斯大林亲自审定，《联共（布）党史简明教程》出版，把对斯大林的个人崇拜从历史上和理论上完全确定下来。

大清洗运动　联共（布）党内一些领导人对日益形成的个人崇拜以及经济建设中的严重问题感到不安，在 1934 年初召开第十七次党代表大会期间，酝酿选举党中央政治局委员、列宁格勒省委书记基洛夫（1886—1934）取代斯大林担任党的总书记职务。在选举中央委员会时，斯大林是当选委员中得票最少的一个，缺270 张票，而基洛夫只缺 3 张。斯大林对此感到十分震惊。

1934 年 12 月 1 日，基洛夫在列宁格勒斯莫尔尼宫被暗杀。凶手是内务部的工作人员尼古拉耶夫，被当场抓获。当天，斯大林等领导人赶到出事地点，亲自过问这一案件。最初，政府宣布暗杀是白卫恐怖分子干的，并处决了 104 名白卫分子。半个月后，苏联报纸宣布，暗杀是托洛茨基-季诺维也夫反对派策划的。托洛茨基早在 1929 年已被驱逐出苏联。季诺维也夫、加米涅夫在 1927 年被开除出党后，写信给党中央承认错误，第二年重新被接纳入党，担任一般工作。基洛夫被刺后，他们再次被开除出党。1935 年 1 月，法庭对他们进行审判。虽然没有可靠证据，仍判处他们 10 年和 5 年有期徒刑。1 月 18 日，党中央发出秘密信件，要求各级党组织提高革命警惕性，深挖暗藏的敌人。1936 年，法庭对季诺维也夫、加米涅夫等人重新审讯，用严刑拷打和引诱欺骗的办法，强迫他们承认更大的罪行。1936 年 8 月 19 日，苏联最高法院军事法庭对季诺维也夫、加米涅夫等人进行公开审讯。法庭没有提出任何物证，仅凭被告的"交代"和"承认"就宣布他们组织了"托洛茨基-季诺维也夫联合总部"，组织刺杀基洛夫，并多次企图暗杀斯大林。法庭判处季诺维也夫、加米涅夫等 16 人死刑，并不容上诉就予以处决。

公开审讯后不久，斯大林和日丹诺夫（1896—1948）于 9 月 25 日从休养地索契打电话给卡冈诺维奇、莫洛托夫及其他政治局委员，要求立即任命叶若夫取代亚戈达为内务人民委员，以加紧镇压"托洛茨基-季诺维也夫集团"。26 日，叶若夫上台，把大清洗推向全国各地。原托洛茨基反对派成员，以及被认为与他们有联系的人均遭逮捕。对党的方针、路线、政策持异议的人，对领导干部不满者也被拘禁。1937 年，因"反革命案件"被捕的人数比上一年多 9 倍多。

1937 年 1 月 23 日，最高法院对前托-季联盟分子进行第二次公开审讯。这次的指控比前次升了一级，称皮达可夫、拉狄克等人秘密组织"托洛茨基平行总部"，不仅组织暗杀活动，而且"接受托洛茨基的指示，将乌克兰出卖给德国"，以换取德国支持托洛茨基上台掌权。法庭判处皮达可夫等 13 人死刑。

2 月 18 日，政治局委员、人民委员会副主席、最高国民经济委员会主席奥尔忠尼启则自杀身亡。他反对内务部随意逮捕枪杀他的部下，更对内务部搜查他在克里姆林宫办公室的行为无法容忍。他向斯大林告状，没有结果。他感到已失去信任，绝望而开枪自尽。奥尔忠尼启则的抗议行动并没有唤起领导人对问题严重性的注意，更未能阻止清洗运动的继续扩展。

2 月 23 日—3 月 5 日，联共（布）中央举行全体会议。斯大林在会上作了长篇报告，宣称有"三个无可争辩的事实"："第一，在我们所有的或几乎所有的组织中，无论在经济组织、或在行政组织和党的组织中，都在某种程度上碰到了外国代理人的暗害、破坏和间谍活动……第二，外国代理人，包括托洛茨基分子在内，不仅打入我们的基层组织，而且窃取了某些重要职位。第三，我们的一些领导同志……往往自己就帮助外国代理人窃取了某些重要职位。"[1] 斯大林的这一分析同他三个月前的讲法大不一样。当时他宣布"社会主义制度在苏联已经胜利"，说国内只剩下"互相友爱"的工人阶级、农民阶级。[2] 这时却说处处都有"人民的敌人"，并且窃取了重要职位。斯大林认为这一可怕情景是合乎规律的正常现象，并且提出阶级斗争尖锐化的理论作为根据，他说："我们的进展愈大，胜利愈多，被击溃了的剥削阶级残余也会愈加凶恶……他们愈要抓紧最绝望的斗争手段来作最后的挣扎。"[3] 全会无条件接受了斯大林的这一错误理论和对形势的主观估计，决定加紧清洗，以"连根拔除和粉碎"外国代理人和间谍。同时，党中央正式授权内务部可以对"凶恶的敌人"采用"肉体压迫的方法"。会后，大清洗浪潮推向党政部门、军队领导机关、科学文化单位、厂矿农庄等基层组织。

1937 年 6 月，红军元帅、副国防人民委员图哈切夫斯基，基辅军区司令雅基尔，白俄罗斯军区司令乌鲍列维奇等高级将领被逮捕处死，罪名是组织反苏军事中心，充当德国间谍。

1938 年 3 月 2—13 日，苏联法庭举行第三次公开审讯，指控布哈林、李可夫

① 《斯大林文集》（1934—1952 年），人民出版社 1985 年版，第 136、137 页。
② 《斯大林选集》下卷，人民出版社 1979 年版，第 400 页。
③ 《斯大林文集》（1934—1952 年），人民出版社 1985 年版，第 153 页。

等人组织"右派和托派同盟",不仅充当外国间谍,阴谋推翻苏维埃政权,而且要赤裸裸地复辟资本主义。布哈林、李可夫等19人被判处死刑。

由于存在对斯大林的个人崇拜,法制不健全且遭随意破坏,许多人无辜遭到迫害。联共(布)第十七次代表大会是在打败托-季联盟和布哈林之后的1934年召开的,被称为胜利者代表大会。大会的1966名代表中竟有1108人被捕,占56%;大会选出的139名中央正式和候补委员中有98名被逮捕和枪决,占70%。会后选出的17名政治局成员中有5名被处死,1名自杀。军队的损失也十分惊人。第一批被授予红军元帅军衔的5人中,有3名(图哈切夫斯基、叶戈罗夫、布留赫尔)被处死。15名集团军司令中,13名被杀。共有4万多名营级以上的高中级军官遭迫害。乌克兰、哈萨克等少数民族的党政领导人几乎均被处决。许多著名学者、作家受害。著名生物学家瓦维洛夫,经济学家康德拉季耶夫、恰亚诺夫,喀秋莎火箭炮的发明设计者朗格马克,喷气技术研究所所长克雷伊苗诺夫,坦克设计家扎斯拉夫斯基等人遭杀害。著名的飞机设计师图波列夫、"火箭之父"科罗廖夫等人被捕入狱。一大批留驻苏联的外国共产党和共产国际干部被当作外国间谍受到审查监禁。前匈牙利共产党领导人库恩·贝拉,波兰共产党中央总书记列申斯基,南斯拉夫共产党中央委员菲利波维奇等人被处死。依据俄国现有档案资料整理出来的数字,1937—1938年有案可查的被逮捕的"反革命分子"约为150万人,被处死的近70万人。但这并不是最后定论。另外,除了被处决的之外,1935—1940年,死在监狱和劳改营的囚犯还有341226人。

1938年末,大规模的逮捕处死浪潮逐渐平息。这场历时多年的大清洗给苏联社会主义事业和国际共产主义运动造成了难以估量的损害。斯大林在1939年第十八次党代表大会上不得不承认: "决不能说,在进行清洗时没有犯过严重的错误。"[①]

三、国际地位的提高和外交政策的变化

十月革命胜利后,保卫社会主义的苏俄成为苏俄政府外交的头等大事。因此,苏俄以割地赔款的《布列斯特和约》换取了喘息的时间。此后列宁提出的和平共处思想,成为苏联外交的基本特点。1922年的《拉巴洛条约》和1926年的《柏林条约》(《苏德互不侵犯和中立条约》),不仅使苏德关系得到了比较顺利的发展,而且成为巩固苏联自身国际地位的重要因素。在此期间,苏联对裁军和签订《非战公约》的积极态度,进一步显示了苏联外交的和平取向和所采取的灵活策略。

20年代上半叶,苏维埃政府先后同周边邻国以及德、英、意、法等资本主义

---

① 《斯大林选集》下卷,人民出版社1979年版,第457页。

国家建立外交关系。但西方对苏的敌视和挑衅仍不断发生。1927 年 5 月，英国中断同苏联的外交关系，但未能带动其他国家同它一起联合反苏。相反，苏联受到邀请，于 11 月底第一次派代表参加国联裁军会议筹备委员会，并提出全面裁军的建议。这显示，苏联作为一个不容忽视的力量，正在重返国际舞台。

30 年代，希特勒上台执政，宣称反对布尔什维主义。苏联同德国的关系迅速恶化。面对法西斯扩张威胁的增长，苏联决定在外交战略上作重大调整。1933 年 11 月 16 日，苏联外交人民委员李维诺夫（1876—1951）和美国总统富兰克林·罗斯福（1882—1945）互换照会，决定建立两国间外交关系。同时，苏联与匈牙利、罗马尼亚、捷克斯洛伐克、保加利亚、阿尔巴尼亚以及西班牙、比利时、卢森堡等国建交，形成苏联与资本主义国家建交的第二个高潮。

1933 年底，苏联外交部提出建立欧洲集体安全体系的建议。它改变过去对凡尔赛体系的敌视态度，表示愿意参加国联，同英法等国联合起来共同反对法西斯。这一倡议受到欢迎。1934 年 9 月，苏联被接纳加入国联，并担任常任理事国。从此，苏联走出被孤立被忽视的状态，成为世界政治舞台上的重要角色。为了对抗德国的威胁，1935 年 5 月，苏、法签订互助条约。同月，苏联又和捷克斯洛伐克订立互助条约。在此之前，苏联已同波兰、芬兰、拉脱维亚、爱沙尼亚签订了互不侵犯条约。

这些条约的签订为进一步建立集体安全体系奠定了初步基础。但它没能沿着这个方向发展下去。英法统治集团推行绥靖法西斯国家的政策，不愿真正同苏联合作。1936 年，德意武装干涉西班牙内战，苏联积极支持西班牙政府军，而英法则推行不干涉政策，双方矛盾不断加深。1938 年，希特勒把侵略矛头指向苏联的邻国捷克斯洛伐克，严重威胁苏联安全。英法却背着苏联，单独同德国会谈，签订出卖捷克斯洛伐克主权的《慕尼黑协定》，导致苏联对英法的极度不信任和高度警惕。此后，苏联采取更为慎重的政策，避免卷入国际冲突。与此同时，它修改第三个五年计划，加快国防工业生产，扩大军事实力。1938 年，苏军有 150 万人，1939 年增到 200 多万人，并配备大量大炮、坦克和飞机。1939 年春，德国侵占捷克斯洛伐克。战争威胁迫在眉睫。苏联外交政策再次进行调整。

在亚洲，1931 年日本侵入中国东北，威胁苏联远东地区。苏联多次向日本建议签订互不侵犯条约，均遭拒绝。1932 年，日本炮制的"满洲国"成立。苏联担心卷入冲突，于第二年正式通知日本，准备出售中东铁路。1935 年，苏联与日本、伪满洲国达成协议，将本应归还中国的中东铁路出卖给伪满洲国，并同意伪满洲国在莫斯科设立领事馆。1937 年 7 月，中国全民族抗日战争爆发。8 月，苏联同中国签订互不侵犯条约。随后，向中国国民政府提供财政和军事援助，借助中国抗日战争牵制日本反苏活动。同时，苏联对日本的军事挑衅予以坚决回击。1938 年和 1939 年，苏军在张鼓峰和诺门坎两次击败日军，苏日关系进入一个相对平静时期。

第七章 两次世界大战之间亚洲、非洲和拉丁美洲的民族民主运动

两次世界大战之间的民族民主运动遍及亚洲、非洲、拉丁美洲的各个殖民地和半殖民地国家，它们受到俄国十月革命的深刻影响，又因国情不同而各具特色。领导者既有无产阶级政党，也有民族资产阶级和小资产阶级，以及爱国封建贵族、部落酋长甚至宗教人士。中国、印度、土耳其、埃及、尼加拉瓜、墨西哥等的斗争与改革，沉重打击了帝国主义及其殖民统治，成为第二次世界大战后民族解放运动的先声。

第一节 民族民主运动的不同类型

一、各具特色的政治运动

多样性的统一 亚洲、非洲和拉丁美洲地域辽阔，社会经济结构、阶级结构、人口、民族、宗教的复杂性，决定了民族民主运动的多样性和多类型性。

在中国、印度、埃及和拉美一些国家中，资本主义生产关系有了较大发展，产生了无产阶级和资产阶级，形成了它们各自的政治组织。在另一些国家中，资本主义发展相对薄弱，无产阶级尚未形成独立的政治力量，资产阶级则有了一些政治经验。还有一些国家，经济发展更为落后，封建宗法关系甚至原始部落经济占统治地位，资产阶级和无产阶级都没有产生。

在历史文化传统方面，亚非拉三洲也表现出各自的特点。亚非各地区存在着儒学、伊斯兰教、印度教以及部族文化，并表现为各自的区域文化特点。拉美数百万人的传统信仰同天主教信仰调和在一起的"民众天主教"，与坚持正统规范和习俗的"上层官方宗教"并存。

尽管亚非拉三洲千差万别，但有一个共同点，即这一时期的绝大多数亚非国家都是帝国主义压迫下的殖民地或半殖民地社会，即使是取得独立的拉美大多数国家，也没有实现经济、社会和文化方面的结构性变革。表现各异的区域文化，都面临着西方强势文化的严峻挑战，并且都在艰难地寻觅世俗化、现代化的出路。人民群众同帝国主义和封建主义的矛盾，仍是许多国家存在的基本矛盾，这就决定了反帝反封建的民族民主运动的日渐发展，只不过因国情不同而表现为不同的形态。

领导力量的不同类型 由于亚非拉三洲的社会情况十分复杂，民族民主运动

也随之呈现出各自的特色。大致可以分为五种类型。

第一，第一次世界大战和俄国十月革命以后，亚非拉的许多国家出现了无产阶级政治组织和政党。它们宣传马克思列宁主义，组织工农运动，登上了民族民主运动的政治舞台。

1920年5月23日，印度尼西亚共产主义者把1914年成立的东印度社会民主联盟，改组为东印度共产主义联盟。1924年又改名为印度尼西亚共产党。1926—1927年，印度尼西亚共产党领导了爪哇及西苏门答腊的起义。1921年，中国共产党成立。1924年，中国共产党和孙中山领导的国民党实现了第一次国共合作，随后掀起了以北伐战争为代表的中国革命的高潮，沉重打击了帝国主义的侵华势力。在蒋介石背叛革命后，中国共产党继续领导中国人民的反帝反封建斗争。面对日本侵略中国造成的民族危机，中国共产党倡导、推动建立抗日民族统一战线，并作为抗日战争的中流砥柱，终于取得了抗战的胜利。1925年，朝鲜共产党成立，领导了1926年的群众性"六·十"万岁运动。1932年以后，金日成创建抗日武装力量，在中朝边境开展游击战争。1936年5月，建立了抗日民族统一战线——祖国光复会。胡志明以共产国际代表身份，于1930年2月在香港统一了越南共产党，随即在同年5月到1931年8月领导了义安和河静地区的革命运动。

在亚非拉的无产阶级领导的民族民主运动中，中国共产党领导的新民主主义革命，最具代表性。

第二，民族资产阶级领导的民族民主运动，在亚非拉带有普遍性质。这种现象反映了第一次世界大战后的时代特点和民族矛盾的尖锐性质，表现了建立亚非拉独立民族国家的历史趋势。

在这些运动中，最有代表性的是印度的非暴力运动、土耳其的凯末尔革命和埃及的华夫脱运动，它们分别表现了各自的历史文化传统、民族、宗教及地域上的特征。另外，伊朗民族主义者库切克汗于1920年6月建立的吉朗共和国，是仿效苏俄、以苏维埃为形式的资产阶级民主共和国。1920年3月叙利亚民族主义者费萨尔成立的大叙利亚国（包括叙利亚、黎巴嫩、巴勒斯坦、伊拉克），随着法军的入侵而灭亡。1921年费萨尔又被英国立为伊拉克国王。但叙利亚民族主义者要求建立民族国家的斗争没有停止，1925年7月，德鲁兹山区首举义旗，随即发展为全国大起义。虽然起义于1926年失败，但立宪斗争仍继续到30年代。

1921年、1929年和1936年，在中东的巴勒斯坦，阿拉伯人掀起了三次反英抗犹暴动，死亡3000多人。此外，在北非、南非，在拉美，资产阶级政党都领导了一些民族民主运动。

第三，小资产阶级是亚非拉地区不可忽视的革命力量，尤其是青年学生常常站在爱国反帝运动的前列。这个阶级的左翼，往往成为马克思主义的传播者和工农运动的组织者，不少人成为共产主义者。1924—1927 年，巴西的工兵大尉路易斯·卡洛斯·普列斯特斯，在南里奥格兰德州举行起义，并在两年半时间里，率部转战 13 个州，行程 2.6 万千米。由于普列斯特斯纵队未明确提出反帝反封建纲领，没有建立根据地而遭到失败。1934 年，普列斯特斯加入巴西共产党。尼加拉瓜的桑地诺领导的游击战争，是小资产阶级领导类型的突出代表。

第四，爱国封建贵族领导民族民主运动的类型首推阿富汗的青年阿富汗派及其领袖塔尔齐和阿马努拉。这个爱国政治组织的纲领是：实现国家的完全独立、建立君主立宪制和实行现代化改革。在经济落后，既无资产阶级、又没有无产阶级的条件下，该派举起民族民主旗帜，领导了 1919 年的抗英战争和近十年的改革运动。为解决阿拉伯半岛的游牧社会部落割据问题，伊本·沙特在第一次世界大战期间，就举起瓦哈比教义旗帜，并在 1926 年被拥戴为"汉志、内志及归属地区国王"。30 年代，沙特国家随着石油的开采而进入一个新时期。这一类型的突出代表还有海尔·塞拉西一世领导的埃塞俄比亚的抗意战争。

第五，北非摩洛哥的里夫部落，在酋长阿卜德·凯里姆领导下，经过武装斗争建立了独立的里夫共和国，为两次世界大战之间亚非拉民族民主运动增添了一个独特的类型。

二、地域特征鲜明的改革运动

中亚、西亚的改革运动 在亚非拉的民族民主运动中，改革是其主题之一，且可根据不同的地域分为不同的类型。

中亚和西亚地区是伊斯兰文化圈的中心地区。现代化改革都要触及伊斯兰传统文化。因此，世俗化成为这一地区现代化改革运动的共同特点。

中东的改革运动在两次世界大战之间形成高潮。这次高潮由以下三次改革运动组成：1923—1938 年土耳其的凯末尔改革、1919—1929 年阿富汗的阿马努拉改革和 1925—1937 年伊朗的礼萨汗改革。

土耳其、阿富汗和伊朗三国都是新兴的民族独立国家，尽管政权形式不同，但改革都是为了改变经济落后面貌、巩固政治独立，因而现代化和民族化就成了这些改革运动的基本特点。

土耳其的凯末尔改革是中东改革运动的原型和代表，详见本章第四节的叙述。伊朗和阿富汗的改革，大体上采用了凯末尔的模式。

同凯末尔改革所取得的成果相比，礼萨汗在伊朗的改革稍逊一筹。但他的行政改革促进了国家的统一，经济改革促进了民族工业的发展，法制改革则把欧洲式的法典引入伊斯兰神权占主导的封建伊朗社会中来。他的社会习俗改革表现了世俗化和现代化精神。但是，他的民族化却渗透了复古主义和大伊朗主义精神，并有强烈的反共倾向。

同凯末尔的成功改革相比，阿马努拉在阿富汗的现代化改革则是失败的改革。阿富汗社会发展水平极其落后，而这次开明君主式的改革又没有形成一个领导改革的现代政党，没有一个切合国情的实际总体改革设想和执行方案，以及机械模仿、急躁冒进，军事改革虎头蛇尾，导致阿马努拉政权垮台。但失败的改革仍有其历史鉴戒价值。

北非地区的改革运动　两次世界大战之间，北非出现了三次改革：1924 年 1—11 月埃及柴鲁尔（又译"扎克鲁尔"）的改革、1921 年 9 月—1924 年 10 月阿卜德·凯里姆在里夫共和国的改革和 1930 年 11 月—1935 年 10 月海尔·塞拉西一世在埃塞俄比亚的改革。

在这三次改革中，柴鲁尔在短暂的十个月内，解决英埃关系问题占去大部分时间。他把埃及政府民族化放在重要地位，整顿了政府管理体制和加强对教育的拨款。

凯里姆改革的起点很低，保留了原来的部落酋长制，仅采取了加强中央行政管理的措施，其改革重点在调整军事体制，建立一支统一的军队来代替分散的部落武装。里夫共和国是一个很独特的民族独立国家。对于一个部落酋长式的开明改革来说，总统制、内阁制、议会制，都是部落人民很陌生的。

海尔·塞拉西一世的改革是北非三次改革中最大的一次改革。其根本目的是加强中央集权制和结束封建分裂局面，直接目的是保卫民族独立国家而加强政治、经济和军事实力。1931 年的宪法以日本宪法为蓝本，把过去的习惯法用法律形式加以固定化和制度化。他的废奴运动，取消农民的苛捐杂税，经济、教育和军事改革，有利于社会的进步。但是，这些改革进程被外国的入侵所打断。

拉美地区的墨西哥改革是两次世界大战之间最具民主性的改革，详见本章第七节的论述。

三、形态各异的民族主义思潮

孙中山的革命民主型民族主义　革命民主主义是孙中山民族主义的核心。在中国旧民主主义革命时期，孙中山就把民主主义作为原则界限，将自己的民族主义同"排满""灭满"和"仇满"区别开来。他的民族主义从"驱除鞑虏，恢复中华"开始，以"中华民族自求解放"和"中国境内各民族一律平等"及"联合世界上以平等待我之民族，共同奋斗"结束，经历了新旧两个不同发展阶段。

孙中山的民族主义具有广阔的世界视野和"与时俱进"的追求真理精神。在辛亥革命以后，他顺应历史潮流，进一步发扬革命民主精神，认识到反帝斗争的重要性，在中国共产党帮助下，把民族主义发展为三民主义的重要组成部分。他晚年发表的"大亚洲主义"的讲话，最值得注意。在讲话中，他提出了为被压迫民族"打不平"、"以王道为基础"、反西方霸道的文化，亦即"求一切民众和平、平等、解放的文化"，并把这种文化作为"大亚洲主义"的核心问题。

苏加诺的综合型民族主义　苏加诺的民族主义是一种服务于民族团结、主张各派政治力量合作平衡的"综合型"民族主义理论。

在两次世界大战之间，苏加诺的民族主义思想已经形成初步体系。1926 年他在《青年印度尼西亚》杂志上发表《民族主义，伊斯兰教，马克思主义》一文，第一次相对完整表述了他的非宗教的新民族主义思想。这种思想的主旨是：为了摧毁帝国主义的殖民统治和实现印度尼西亚的独立自由，用民族主义这个涵盖一切的体系，将民族主义和伊斯兰教、马克思主义三种力量团结起来。1930 年苏加诺在法庭上发表了长篇自我辩护词——《印度尼西亚的控诉》，控诉了荷兰殖民统治的罪恶，倾诉了印度尼西亚人民对自由独立的渴望，这标志着他的民族主义思想的形成。在 1933 年写成的《争取印度尼西亚的独立》一文中，他提出了通过民族独立的"金桥"走向正义和繁荣的社会，建立民主集中制的民族主义先锋队组织和人民管理国家的社会民主思想，反映了他思想发展的一个重要阶段。

苏加诺的思想是围绕着建立统一的印度尼西亚民族国家这个主轴发展的。他的"综合型"思想的核心是印度尼西亚团结和亚非团结。1945 年，他在关于建国"五基"的讲话中，提出了民族主义、国际主义（或人道主义）、民主（或协商制）、社会繁荣和信仰神是建立独立印度尼西亚国家的"五项原则"，这标志着他民族主义思想的最后形成。

南亚和中亚、西亚的民族主义　南亚和中东非阿拉伯地区的民族主义思潮，在两次世界大战之间的年代表现得特别突出，其政治文化也丰富多样。

南亚与中亚和西亚三国阿富汗、伊朗、土耳其的密切联系，主要是由于它们之间有地缘沟通。作为南亚文化主要内容的印度教文化与伊斯兰教文化，曾经在长时间内共存并在政治与社会生活上各有消长。

在南亚，两次世界大战之间，这两种政治文化的分野已见端倪。以甘地（1869—1948）的印度教宗教道德型为代表的现代民族主义，成为该区民族主义思潮的主流。列宁在《列·尼·托尔斯泰和他的时代》一文中说过，1905 年是主张"悲观主义"和"不用暴力抵抗邪恶"的"托尔斯泰主义的历史终点"[①]；然而正是在托尔斯泰主义的整个时代的终点上，产生了理论上更完整、实践上更广泛和影响上更深远的、类似托尔斯泰主义的甘地主义。它把宗教和政治融合在一起，用非暴力抵抗的方式，把印度民族民主运动提高到新水平。

① 《列宁全集》第二十卷，人民出版社 2017 年版，第 102、103 页。

与甘地几乎同时出现于南亚的是穆斯林联盟主席穆罕默德·阿里·真纳（1876—1948）。1928 年，他与国大党分裂后，便一直把实现穆斯林聚居区的自治和建立分离的"穆斯林国家"作为政治目标，他发展了阿赫默德汗于 1883 年提出的印度教徒和伊斯兰教徒是"两个民族"的理论。伊克巴尔（1877—1938）在 1930 年安拉阿巴德穆斯林联盟年会上明确提出了在印度建立一个"统一的穆斯林国家"的要求。1940 年，真纳在英国《时代与浪潮》上发表专文，系统阐述"两个民族"理论，要求英国制定一部承认印度有两个民族的宪法，以便共同分享国家管理权。这种民族主义最终导致了后来印度与巴基斯坦的分治。

贾瓦哈拉尔·尼赫鲁（1889—1964）的理论受甘地影响很大，但他比甘地更明确地提出了完全独立的政治目标，并使这一主张在 1929 年国大党拉合尔年会上得到通过。尼赫鲁在理论上更独特的贡献，在于他将政治独立与社会变革融为一体，赋予民族民主运动以社会经济内容。和甘地赋予民族民主运动以宗教道德内容不同，尼赫鲁的目标是社会主义类型的社会。在尼赫鲁的思想中，还有两层内容：一层是团结工人、农民、青年、知识分子等各社会阶层，使民族民主运动具有广泛的社会基础；另一层是联合国际反帝反殖力量，把印度的民族民主运动纳入世界潮流之中。

20 年代前后，哈里发运动曾经把南亚与中亚和西亚三国的政治运动联系在一起。但是，阿富汗、伊朗、土耳其三国随即表现为塔尔齐、礼萨汗和凯末尔的民族主义。

阿拉伯民族主义　阿拉伯政治文化史上最重要的事件，是第一次世界大战以后阿拉伯民族主义作为完整的现代意识形态的正式形成。

阿拉伯民族主义的基本思想是，阿拉伯人组成一个单一的国家，这个民族国家是包括从大西洋一直延伸到印度洋整个地区的共同语言和文化的政治实体；伊斯兰教是阿拉伯民族特性的一部分；赞美阿拉伯历史传统和穆斯林传统的全盘阿拉伯化，是阿拉伯民族主义的必然结果。

拉巴斯、阿明·利哈尼、萨姆·沙乌卡特等人，从历史传统、宗教、人类学等方面论证了这类民族主义。被称为"阿拉伯民族主义精神之父"的萨提·胡斯里系统表达了阿拉伯民族主义的政治文化观：阿拉伯民族的整体性，民族高于自由；埃及是阿拉伯民族的一部分；泛阿拉伯主义与伊斯兰教没有矛盾，强调"阿拉伯团结"和"穆斯林团结"的一致性。为了宣传他的观点，他同埃及民族主义者塔哈·侯赛因和黎巴嫩民族主义者萨阿德等地方民族主义者进行了论战。

除了埃及、黎巴嫩和叙利亚的基于本土文化而建立民族国家的阿拉伯地方民族主义者之外，还有凯哈里利·伊斯凯达尔·库伯鲁西等非穆斯林的阿拉伯民族主义者。大马士革的基督教徒米歇尔·阿弗拉克把这种民族主义现代化和组织化，使其成为后来阿拉伯复兴党的发展基础。作为其对立面，穆斯林兄弟会坚持原教旨主义，抵制建立一个有着民族主义的，但政治制度在职能上分化的阿拉伯国家的思想。

拉丁美洲的民族主义思潮 这一地区的思潮是以"拉美大陆民族主义"类型而列入现代世界史册的。

第一个派别是小资产阶级民族民主主义思潮。这一派属于激进的民族主义者。他们的思想不乏民主内容，而且具有强烈的反帝倾向，主张用武装斗争方式实现民族独立。他们的代表人物有巴西的安东尼奥·坎波斯和路易斯·卡洛斯·普列斯特斯，尼加拉瓜的桑地诺。

第二个派别被称为"民众主义"，其代表人物有秘鲁的阿亚·德拉托雷、墨西哥的卡德纳斯、哥伦比亚的盖坦等人。他们主张政治民主化改革、土地改革和工业国有化，坚持拉美团结和发展民族经济，反对外国资本的控制。

在拉美民族主义思潮中，存在着大陆民族主义和只顾及小祖国的狭隘民族主义之间的对立。但是，那些主张把本大陆统一成一个整体的拉美人的强烈愿望，在政治文化与经济市场、人权、法律等方面经常突出地表现出来，并且在文化一体化中迎接欧美文化的新挑战。

总的来说，不同特色的亚非拉民族主义思潮是反对殖民主义、帝国主义和封建主义，争取建立民族独立国家和发展自主的民族经济的进步思潮。

第二节 中国的新民主主义革命

一、五四运动和第一次国内革命战争

旧民主主义的结束 辛亥革命失败后，中国出现皖系、直系、奉系等军阀割据与混战的局面。1917 年 7 月，孙中山领导的护法运动，是辛亥革命的继续，也是辛亥革命以来资产阶级倡导革命的尾声。

1918 年 5 月，护法军政府改组，孙中山辞去大元帅职务。1919 年 2 月的南北政府议和，只是军阀之间的暂时妥协。半殖民地半封建中国社会的各种矛盾，尤其是封建主义和人民大众的矛盾、帝国主义和中华民族的矛盾继续发展，必然会引起新的、更大的革命高潮。

由于中国民族工业的发展和帝国主义在华企业的增加，中国工人从第一次世界大战前的 100 万人，增至战后的 200 万人。工人罢工次数也逐年递增：1915 年 8 次，1916 年 16 次，1917 年 23 次，1918 年 30 次，1919 年前 4 个月 19 次。中国知识分子、城市工商业者和少数民族，都在奋起抗争。中国正在酝酿着一场社会

变革。

五四运动——新民主主义革命的开始 文化斗争是中国现代社会政治变革的先导。1915 年 9 月《新青年》杂志的出版，标志着彻底反封建文化运动的开始。主编陈独秀明确表示该刊旨在树起民主和科学两面大旗，并在许多文章中反对以"三纲五常"为中心的儒家伦理学说，反对把孔教列入宪法。李大钊、吴虞也著文抨击封建专制思想。1917 年 1 月，胡适（1891—1962）发表《文学改良刍议》，2月，陈独秀发表《文学革命论》，1918 年 5 月，鲁迅发表《狂人日记》。提倡白话文和文学革命的运动不断深入。1917 年 1 月，蔡元培（1868—1940）任北京大学校长，他"循自由思想原则，取兼容并包主义"，聘请不同学派学者任教，使该校成为传播新文化的一个重要阵地。

在俄国十月革命的影响下，中国涌现出一批具有共产主义思想的知识分子，他们是马克思列宁主义的积极传播者。1918 年 11 月结束的第一次世界大战，把俄国十月革命后中国新的爱国民主运动推向了新高潮。

1919 年 4 月 30 日，巴黎和会罔顾中国作为战胜国的权益，将德国在山东强占的领土、铁路、矿山及其他一切非法特权都转让给日本。这项无理决定遭到中国人民的强烈反对。5 月 4 日，北京 13 所学校 3000 多名学生举行抗议示威，并集会于天安门前。他们要求"外争国权，内惩国贼""拒绝和约签字"和"抵制日货"。在北京学生运动的推进下，天津、上海、济南、武汉、长沙等地学生及旅居日本、法国的中国留学生，都开展了爱国的群众运动。

6 月 3 日和 4 日，北京军警逮捕爱国学生近 200 人，激起全国各界人士的愤慨。从 6 月 5 日开始，中国工人在上海、京汉铁路长辛店、京奉路唐山、杭州、九江、天津、济南等地，举行了政治大罢工。这次罢工对扩展运动和争取胜利起了决定性作用。上海商界举行了罢市。在此巨大压力下，北京政府释放了被捕学生，中国外交代表拒绝在《凡尔赛条约》上签字。五四爱国运动的直接目的得以实现。

北伐战争 五四运动前已经展开的新文化运动，到此时进而形成中国历史上的第一次马克思列宁主义思想运动。它同日益兴起的工人运动相结合的条件已经成熟。1921 年 7 月，在共产国际的帮助下，中国共产党在上海召开第一次代表大会。陈独秀被选为中央局书记。

中国共产党成立后，首先把工人运动作为中心工作。自 1922 年 1 月至 1923 年2 月，中国共产党领导了中国工人运动的第一个高潮。1923 年 6 月，中国共产党第三次全国代表大会确定了统一战线的方针。1924 年 1 月，孙中山在中国国民党第一次全国代表大会所通过的宣言中，把旧三民主义改造为新三民主义，因而成为国民党同共产党合作的共同纲领。

由于革命统一战线的建立，革命的高涨出现了。革命的高涨又促进了军阀内部的分化。1924 年 10 月，直系将领冯玉祥（1882—1948）发动北京政变，结束了直系军阀的中央政权。以此为契机，国民议会运动和废除不平等条约运动在全国开展了。1925 年的五卅运动，推动了省港大罢工，促成了广东革命根据地的统一，为北伐战争准备了条件。

1926 年 7 月 1 日，广东革命政府发布《北伐宣言》，7 月 9 日，国民革命军开始北伐。北伐军出师后不过 10 个月，就歼灭了数倍于己的吴佩孚、孙传芳军阀部队，从广州进军武汉、上海、南京，占领了半个中国。与此同时，工农运动猛烈发展。1927 年工人联合学、商各界收回武汉、九江租界。1926 年 10 月、1927 年 2 月和 3 月，上海工人举行三次武装起义。湖南、江西、福建、浙江等省的农民运动轰轰烈烈。

正当革命深入发展之际，1927 年 4 月 12 日，蒋介石（1887—1975）在上海发动了反革命政变。7 月 15 日，汪精卫（1883—1944）在武汉进行了血腥大屠杀。第一次国内革命战争失败了。

二、第二次国内革命战争和抗日战争

建立革命根据地的斗争　第一次国内革命战争使中国共产党人认识到武装斗争的重要性。针对蒋介石集团的屠杀政策，1927 年 8 月 1 日，在以周恩来（1898—1976）为书记的中共中央前敌委员会领导下，党所掌握和影响的军队举行了南昌起义。但起义者尚无创立农村革命根据地的观念，而是打算南下广东，然后北伐，结果失利。9 月 9 日，毛泽东（1893—1976）在湘赣边界领导了秋收起义，于 10 月率部到达井冈山地区，用创造农村革命根据地的实际行动为中国革命开辟了一条新的道路。

1928 年 4 月，朱德（1886—1976）、陈毅（1901—1972）的革命武装到达井冈山，加强了该根据地的武装力量。此后，以井冈山为中心发展成为湘赣区根据地；又从井冈山出发开辟了赣南区和闽西区，为中央革命根据地打下了基础。

在井冈山根据地建立后，湘鄂西、鄂豫皖、湘鄂赣、闽浙赣、左右江等革命根据地随之建立和发展起来。在广东的海丰、陆丰、海南岛，陕西的渭南、华县，四川、江苏、河北等省，都出现了革命武装或建立了小块革命根据地。

面对革命根据地发展的形势，蒋介石集团从 1930 年 10 月至 1931 年 9 月，连续向中央革命根据地发动三次反革命"围剿"。红军反"围剿"胜利以后，中央革命根据地扩大到 300 万人口，红军扩展到 10 万人，全国各革命根据地也有了发展。

1933 年 3 月，中央红军在粉碎敌人第四次"围剿"之后，全国正规红军发展到 30 万人。刘志丹（1903—1936）等建立了陕北革命根据地。各革命根据地进行了土地革命和政权、经济、文化建设。但是，由于中国共产党内"左"倾路线的

发展，1934 年 10 月中央红军第五次反"围剿"失利，随即开始长征，并于 1935 年 10 月到达陕北。1936 年 10 月，三大主力红军会师，长征胜利结束。

西安事变与抗日运动的新高涨   九一八事变以后，中国人民同日本帝国主义的民族矛盾成为主要矛盾，中国开始局部抗战。随着日本侵略者向华北扩张，1935 年 12 月 9 日，处于国防前线的北平学生，发起了抗日救亡运动，史称一二·九爱国运动。杭州、南京、上海、武汉、广州、长沙、西安、重庆、开封等地学生起而响应。各地的工人、文化界、妇女界、工商界都纷纷行动起来。聂耳（1912—1935）的《义勇军进行曲》成为当时救亡运动的号角。

救亡运动一浪高过一浪。停止内战，一致抗日的呼声越来越高。但蒋介石集团仍坚持其"攘外必先安内"的方针，逼迫张学良（1901—2001）的东北军和杨虎城（1893—1949）的西北军进攻陕北红军。1936 年 12 月 12 日，张、杨两将军在陕西临潼华清池扣留了蒋介石，在西安西京招待所囚禁了陈诚等军政要员，实行兵谏抗日。这就是震惊世界的西安事变。在中国共产党、全国人民及张、杨两将军的共同努力下，蒋介石被迫接受停止内战、联共抗日的主张，西安事变以和平方式得到解决。

蒋介石被释放回南京以后，背信弃义，监禁了陪送他回南京的张学良，解除了杨虎城的职务，并以改编为名，瓦解东北军和西北军。但在西安的协议和停止内战、一致抗日的诺言，已公诸国内外，不能逆转。十年的国共两党之间的内战终于结束，全国一致抗日的新阶段随之开始。1937 年 2 月 15 日，国民党五届三中全会召开。宋庆龄（1893—1981）、何香凝（1878—1972）、冯玉祥等人提出恢复孙中山联俄、联共、扶助农工政策及建立抗日民族统一战线的主张。杨虎城等代表西安方面提出联共抗日方案。汪精卫等坚持"剿共"政策。亲美英派的蒋介石集团倾向于联共抗日，所以此次会议确定了停止内战、国共合作和对日抗战的方针。2 月开始直到 7 月全国抗战爆发前，中共代表周恩来等同国民党代表就国共合作等问题多次谈判。尽管局势发展跌宕起伏，但历史潮流已经不可逆转地向着团结抗日、共御外侮的阶段发展了。

文化思想界的救亡运动   1935 年的一二·九爱国运动冲破了日本帝国主义与蒋介石集团造成的恐怖气氛，推动了文化思想界的抗日救亡运动。教育家陶行知（1891—1946）在上海参与组织各界抗日救国联合会，组织国难教育社，明确指出"只有民族解放的实际行动才是救国的教育"。

1935 年 12 月 12 日，文化界救国会在上海成立。接着在北京也成立文化界救国会，在宣言中呼吁"全国文化界火速起来，促进全国的民众救亡运动"。救亡刊物层出不穷，据统计全国不下千余种，仅上海一地就有 100 多种。邹韬奋（1895—1944）主编的《大众生活》每期发行 15 万份以上，创国民党统治区刊物发行数的最高纪录。这些救亡刊物，成为唤起民众抗日救亡的战斗号角。

1936 年初，中国左翼作家联盟自动解散。同年 10 月，鲁迅（1881—1936）、郭沫若（1892—1978）、茅盾（1896—1981）、郑振铎（1898—1958）、巴金（1904—2005）等 21 人发表《为团结御侮与言论自由宣言》，呼吁"抗日的力量即刻统一起来"，为 1938 年中华全国文艺界抗敌协会的成立作了准备。

在抗日救亡运动中涌现出许多富有时代特征的文艺作品。新电影歌曲方面，有聂耳的《大路歌》《毕业歌》《义勇军进行曲》和冼星海（1905—1945）、吕骥（1909—2002）的歌曲。爱国报告文学的代表当推夏衍（1900—1995）的《包身工》、洪深（1894—1955）的《天堂中的地狱》。萧红（1911—1942）的《生死场》反映了救亡小说的新趋向。

第三节　印度的非暴力抵抗运动

一、非暴力不合作运动

社会背景　第一次世界大战给印度社会带来巨大影响。英国为了自身利益，把 150 万印度人征入军队，从印度运走 500 多万吨物资。农业歉收导致了 1918—1919 年的粮荒，加上"西班牙大流感"的肆虐，夺去了 1200 万农民和手工业者的生命。与大战开始的 1914 年的工资相比，到 1919 年，印度工业主要部门的纺织职工工资增加了 129%。这个数字是各行业中最高的。但粮食的批发价在同期却上涨了 200%。战争带来的生活贫困，激化了印度广大民众同英国殖民统治者之间的矛盾。

第一次世界大战期间，印度民族资本主义有所发展。战争期间，大多数民族主义者都幻想同英国合作以换取战后的印度自治。提拉克放弃 1905—1908 年的反英立场，转而支持英印政权。甘地则积极为英国募兵。但战后的《罗拉特法案》授予英印总督宣布戒严令、设立特别法庭和随意逮捕判决人民的特权，这使民族主义者大失所望。

以宪政改革道路和个人恐怖主义手段争取自治都脱离了印度广大群众。1921 年印度已有 270 万工人，但他们还没有自己的政党。在印度处于十字路口的时刻，印度国大党起了关键作用。它既有悠久的历史和丰富的政治经验，又有甘地这样的群众性领袖和甘地主义理论作为行动的指导。在民族矛盾尖锐化和英国传播西方文明对印度传统文化构成威胁的社会危机情况下，印度走上非暴力不合作的反抗道路。

甘地和甘地主义　莫罕达斯·卡拉姆昌德·甘地被誉为"圣雄甘地"。他早年生活在一个虔诚的印度教徒家庭，后就读伦敦大学，获律师资格。1893—1914 年，他在南非的印度侨民中，多次运用非暴力反抗方式，进行颇有成效的反种族歧视活动，并形成了甘地主义理论。

甘地主义属"宗教道德型"民族主义。它包括四个基本内容：（1）宗教泛爱观和资产阶级人道主义真理观相结合的政治哲学；（2）争取印度自治、独立，进而建立以村社为基础的分治联合体的政治思想；（3）以经济正义和经济平等为支柱的农村经济思想，以及奠基于"不占有"和"财产委托制"的经济自主思想；（4）发扬民族文化、重视民族教育、致力于印度教徒和穆斯林团结、反对歧视"不可接触者"，以及和爱国主义结合在一起的小生产劳动者互助互爱的平等社会思想。

甘地主义作为印度的政治文化，是从道德上、从个人解放的角度，争取民族独立和社会进步，其特点是把民族文化传统作为印度现代政治的基础。他针对英国的殖民地文化和印度西化派的影响，利用传统宗教形式宣传民族主义。他注重对占人口绝大多数的农民群众这一丰富政治资源的开发，动员他们普遍参与政治，超越了西化派的有限而消极改革和个人恐怖的无益而有害行动，实现了印度民族民主运动的重大突破。

非暴力抵抗运动的预演　早在南非时期，甘地已揭开非暴力抵抗运动的序幕。1915 年回印度后，他组织了三次非暴力抵抗运动的演习。

第一次和第二次都在 1918 年。先是艾哈迈达巴德的纺织工人罢工。甘地以绝食方式配合，迫使资方增加工人工资。继而，甘地又组织了凯德县农民的非暴力抗税运动，取得了免缴田赋的胜利。

第三次是以"总罢业"（工人罢工、学生罢课、商人罢市、机关人员停止办公）为内容，以反对《罗拉特法案》为目标的非暴力抵抗运动。1919 年 3 月 30 日，首都德里举行总罢业，全市交通瘫痪，示威群众同警察发生流血冲突。4 月 6 日，全印度大多数城市、农村都起而响应。一周之内，反抗运动持续高涨。4 月 13 日，英国将军戴耶尔下令向在阿姆利则城扎里安瓦拉·巴格广场上集会的群众开枪，造成流血惨案。孟买、拉合尔、艾哈迈达巴德等地群众抗议英印当局暴行，示威转为起义，杀死军警事件时有所闻。各地纷纷颁布戒严令。甘地认为群众的行动有违非暴力原则，便到艾哈迈达巴德宣布停止非暴力抵抗运动。当时他劝说打死警察的工人认错，劝说政府宽恕工人，当双方都拒绝劝告后，他便引咎自责，认为应"用放大镜来看自己的错误"，而自己"犯了一个喜马拉雅山般的错误"，过早地发动了非暴力抵抗运动。

非暴力不合作运动的过程　在上一阶段中，印度教徒和穆斯林实现了空前的团结。1918 年，为了反对英国瓜分奥斯曼帝国的计划，印度著名穆斯林活动家、国大党人穆罕默德·阿里和萨乌卡特·阿里兄弟成立了保卫哈里发（奥斯曼帝国素丹）委员会，开展了哈里发运动。1919 年 11 月，甘地应邀在德里同穆斯林代表讨论了联合抵制英国问题。与会者都认为抵制英国不能奏效，需要有新的思想。在讨论中，甘地提出，"进行不合作原是人民的一种不可剥夺的权利"，第一次用"不合作"一词，作为对他的"非暴力抵抗"的补充。

哈里发运动的领袖们接受了甘地主义的原则，他们积极领导广大穆斯林各阶层群众参加了非暴力抵抗运动。甘地在团结印度教徒和穆斯林争取印度民族独立的斗争中起了很大作用，事实上他是把哈里发运动和非暴力不合作运动汇流成统一的反对英国殖民统治的斗争。

1920 年 8 月 1 日，为了抗议英国等战胜国强加给奥斯曼帝国的《色佛尔条约》，甘地第一次发动非暴力不合作运动。"不合作"的纲领包括：受封者退回爵位封号、抵制立法机构选举、抵制在政府机关和法院工作；拒绝在英国学校读书；提倡手工纺织运动以抵制英国商品泛滥。在后期，运动提出拒绝纳税的要求。

同年 12 月，国大党年会通过甘地主持起草的新党章。新党章规定国大党的斗争目标是"用一切合法的手段实现司瓦拉吉"。甘地对"司瓦拉吉"的含义作了新的解释，即：如有可能，在英帝国范围内自治；如有必要，就脱离英帝国独立。新党章第一次提出最终获得独立的目标。这也成为国大党进行不合作运动的决议。国大党决定在工农中发展党员并支持工农运动。印度人民热烈响应国大党关于不合作运动的决议。孟买等地工人举行了抵制性罢工。青年学生穿戴起流行的土布白帽白衣，宣传反帝自治思想。由青年组成的国民义勇军团达 15 万人。抵制英货热潮席卷全国。许多政府机关关门。手工纺织运动遍及城乡。在不合作运动影响下，农民运动形成三个中心：旁遮普的锡克教运动；马德拉斯（今金奈）的"摩普拉"（穆斯林农民）起义；奥德的农民在起义中成立了联合会，会员达 10 万人。

1921 年 11 月 7 日，英王继承人威尔士亲王抵达孟买，全印度再一次举行抗议总罢业。这一年发生了 400 次罢工，英印政府开始大逮捕。广大爱国群众响应甘地号召，纷纷自动入狱，狱中人满为患。1922 年 2 月 4 日，联合邦（今北方邦）乔里乔拉村农民火烧警察局，导致 21 名（一说 22 名）警察丧生。甘地认为这是破坏非暴力原则，在 2 月 12 日的巴多利国大党工作委员会上，主持通过停止非暴力不合作运动的决议。3 月，甘地被捕，被判 6 年徒刑，罪名是煽动暴力行动。不过不到两年，英印当局就释放了甘地。

二、群众性的文明不服从运动

世界经济危机与印度社会矛盾 文明不服从运动是在世界经济危机时期发生的非暴力抵抗运动。在经济危机之前，即 1927—1928 年，印度国大党领导了支持中国大革命的群众运动，通过了贾·尼赫鲁的完全独立决议案。当时，全国兴起了抵制英国派出的研究修改印度行政管理体制的西蒙调查团的运动。经济危机进一步加深了民族矛盾，给正在兴起的反帝运动有力的推动。

在经济危机期间，印度农产品的价格下降了一半以上。黄麻作为主要出口的农产品，因滞销而大量压在仓库，种植面积随之缩减了30%—40%。从1931年9月1日到1934年8月11日，英国从印度运走了价值20.445亿卢比的黄金。危机期间，农民的收入比以前减少了一半，债务增加了2—3倍。1929—1933年城乡失业者和半失业者达4000万人。1933年1月底，印度人经营的工矿企业共有353个，其中就有243家在经济危机中倒闭。

日本、德国和美国的货物在印度市场上给英国造成威胁。为此，英国宣布帝国特惠制适用于印度。这个措施有利于民族资本的积聚和集中。例如，塔塔公司在印度钢铁市场上的比重从1927年的30%，增长到1934年的72%。历经曲折的逐渐强大起来的印度资产阶级，要把经济上的竞争化为政治上的较量。

群众性文明不服从运动的发动与停止 1929年12月，在国大党的拉合尔年会上，甘地推荐贾·尼赫鲁为主席。大会在群情昂扬中通过了采取行动、争取完全独立的决议，授权甘地在适当时候发动非暴力抵抗运动。大会宣布1930年1月26日为"独立节"。这一天印度各地开展了群众性的反帝活动。这次活动促使甘地决定迅速发动一次新的、用"文明的"非暴力形式实现的、不服从政府法律的运动。

1月30日，甘地向英印政府提出11条要求，主要内容为：降低卢比兑换率；减轻田赋与军费；减少英国官吏的薪金；实行保护性关税；限制外国纺织品进口；给印度船队以内河运输权；取消刑事侦缉局或对其实行监督；给印度公民以带武器自卫的权利；废除食盐专营，取消盐税；禁止出售酒类；释放政治犯。这些要求反映了印度资产阶级对英国经济掠夺与殖民统治的不满，也反映了甘地企图通过社会经济问题的途径，把印度广大民众吸引到独立运动中来。

英印当局拒绝了甘地的所有要求。于是甘地选定反对食盐专卖法作为这次抗争的突破口。1930年3月12日，他带领80名非暴力反抗者，从艾哈迈达巴德步行3周，到达丹地海滨，自取海水制盐，以示破除食盐专卖法。这次徒步前往西海岸、行程380多千米的象征性挑战，被称为"食盐长征"。此后几个月期间，除了城市的声势浩大的不服从运动之外，农村的非暴力抗缴田赋运动也深入发展。安拉阿巴德、联合邦、孟加拉、贝拉尔等地农民、农业工人、小地主都参加了反对政府、高利贷者和大地主的斗争。孟加拉吉大港在1930年4月发生了武装暴动，白沙瓦发生了市民、农民和工人的起义。5月，绍拉布尔工人的文明不服从运动转变为武装起义。

英印当局发布了镇压令。1930年4月，尼赫鲁被捕。5月，甘地被捕。1930年的后十个月和1931年的一年中，被判徒刑者达9万人。1930年11月，英国召集印度多派政治力量在伦敦举行第一次圆桌会议，甘地和国大党领导人最初抵制，但未能坚持到底。1931 年 3 月初，印度总督欧文同甘地谈判，签订《甘地—欧文协定》，亦称《德里协定》。协定宣布：英国承认国大党合法，废除一切戒严令，释放政治犯，实行保护关税；国大党则停止文明不服从运动，并派代表参加第二次伦敦圆桌会议。同年 9 月，第二次伦敦圆桌会议召开，甘地出席并提出印度自治的要求，遭到拒绝。

三、个人文明不服从运动

解救"贱民"工作　"贱民"即"不可接触者"，是印度社会中四大种姓以外的人群，几千年来一直处于社会底层。他们不能住在村内，不能用公共水井，不能进庙宇，甚至走路都要击木自异，不能让自己的影子玷污别人。甘地在领导 1932—1934 年个人文明不服从运动中，鉴于国内厌战情绪，不再号召群众斗争，而着力于以个人行动来实现社会建设纲领，把解救"贱民"工作放在首位。

1932 年 9 月，甘地在狱中宣布，他用绝食至死的方式反对英国首相麦克唐纳的"贱民"分区选举决定。这一行动推进了不服从运动在全国范围的迅速展开。印度教的高级种姓代表马拉维亚和"贱民"代表安培德卡尔都接受甘地建议，签订《浦那协议》，为"贱民"保留 148 个议席，英国也承认协议，作为团体决议修正案通过。甘地建立了"贱民协会"和"贱民之仆协会"，创办《哈里真》报，并促使国大党把 1932 年 12 月 18 日定为反对歧视"贱民"日，把 1933 年 1 月 8 日定为"贱民"进庙日。1933 年 11 月 7 日至 1934 年 7 月 29 日，他在全印度旅行、讲演和为解救"贱民"筹募基金。他把自己的社会思想在个人不服从运动中付诸实践，大大减少了印度教徒对"贱民"的抵触情绪，并促使全社会关心"贱民"问题。

印度教徒和穆斯林的关系　在争取解决印度两大教派的争端中，甘地遇到了不可克服的困难。

1932 年 11 月，旁遮普、孟加拉的印度教徒和穆斯林代表在安拉阿巴德举行联席会议，达成了分配两省立法会议席位的协议。然而，印度教大会和穆斯林联盟的领导者拒绝批准这个协议。结果使英国殖民统治者的挑拨两大宗教群众团结的"分而治之"原则在席位分配问题上固定下来。1938 年 4 月，甘地赴孟买与真纳会谈印度教徒与穆斯林团结问题，毫无结果。

1934 年 4 月，甘地决定停止群众性个人文明不服从运动。但他声明，推广手工纺织运动和民族教育、宣传节制生育、戒烟戒酒运动还要坚持下去。10 月，国大党批准了停止文明不服从运动。

第二次伦敦圆桌会议之后，英印当局于 1935 年颁布了新的《印度政府组织法》。该法规定，英国人在维持对印度的统治总体不变的前提下，将中央一些次要部门的领导权逐步让与印度人；在邦一级进行选举，并由选举中得到大多数席位的政党组成邦政府。国大党称该法为"奴隶宪法"，但很快部分接受了法案。1937年2月，国大党在印度11邦的7个邦的选举中获得胜利。同年，根据甘地的建议，国大党通过决议，以印地语为国语，代替英语。

1938年4月，国大党在甘地的支持下，违反主席鲍斯的意愿，派遣了包括柯棣华、巴苏等5人组成的援华医疗队，支持中国的抗日战争。1939年4月，全国举行了反战日活动。

1939年9月3日，英国未经印度同意即宣布对德作战。国大党表示，在英国未给予印度独立之前，印度人民不愿在战争中支持英国，而英国则坚持只有在战后才会考虑给予印度自治领地位。作为对英国顽固态度的反应，1939年11月，国大党领导的7个邦政府集体辞职。鉴于国大党的不合作态度，二战初期，英印总督维克托·霍普支持穆斯林联盟，客观上使穆斯林联盟获得发展。

1942年8月7日，国大党在孟买召开全印委员会。8日，通过要求英国立即退出印度的决议，并决定动员所有力量开展最广泛的不服从运动，以实现印度的独立。9日凌晨，殖民当局逮捕了甘地、尼赫鲁等国大党重要领导人，直到1945年才将他们释放出狱。这一"退出印度运动"，是非暴力抵抗的最后一幕。

第四节　土耳其凯末尔革命和世俗化改革

一、凯末尔革命

凯末尔和凯末尔主义　1919—1922年奥斯曼帝国发生革命，史称"凯末尔革命"。这是以它的领导人凯末尔命名的革命。

穆斯塔法·凯末尔·阿塔图尔克（1880—1938）的祖先，原是迁居到奥斯曼帝国欧洲部分萨洛尼卡的犹太人。他早年参加1908—1909年青年土耳其革命。在第一次世界大战中，指挥保卫海峡战役，曾击败英法联军。

凯末尔是集政治家、军事家和思想家于一身的人物。在1919—1938年的革命和改革过程中，他综合了民族民主运动的实践和理论，系统完成了"世俗改革型"的民族主义——凯末尔主义。在1931年土耳其人民共和党第三次代表大会上通过的新党纲中，凯末尔主义被概括为六项原则。这六项原则后来被写进1937年宪法，成为土耳其民族国家的主要政治意识形态。

这六项原则是：（1）共和主义或民主共和主义，体现反对君主专制主义，坚持资产阶级共和国的国体原则；（2）民族主义，体现保卫土耳其的领土完整、民族独立和国际上应有的地位的原则；（3）平民主义，体现公民主权，即国家权力属于全体公民和在法律面前一律平等的原则；（4）国家主义，体现以国营经济为基础、同时鼓励私人工商业和坚持经济独立自主地发展民族资本主义的原则；（5）世俗主义或反对教权主义，体现反对伊斯兰封建神权势力干预国家政权、法律、教育和社会生活的原则；（6）改革主义，体现反对满足现状、盲目保守和听天由命的思想，体现坚持不懈进行社会经济改革的原则。

六项原则首先表现了凯末尔主义的反对帝国主义、坚持民族独立、建立和巩固一体化的土耳其民族国家的思想。其次，它表现了反对封建专制主义和封建神权主义、坚持共和制的资产阶级民主主义的突出特点。六项原则中，共和主义、平民主义和世俗主义，都属于民主主义的内容。最后，它坚持发展民族经济、世俗化和现代化改革，洋溢着改变国家落后面貌的进取精神。

土耳其民族革命战争 凯末尔革命的深层原因固然可以追溯到 19 世纪末期，但导致它发生的直接原因则是第一次世界大战。

执政的青年土耳其党人在 1914 年 8 月 2 日同德国签订了秘密同盟条约，追随德奥集团参加了第一次世界大战。战争中奥斯曼帝国的 300 万大军几乎全军覆没。奥斯曼帝国的惨败，导致了严重的民族危机。1918 年 10 月 30 日，协约国迫使奥斯曼帝国签订了瓜分奥斯曼帝国的《摩德洛斯协定》。1919 年 5 月，希腊军队继英、法等国军事占领之后，侵占伊兹密尔。1920 年 8 月 10 日，协约国提出灭亡奥斯曼帝国的奴役性条约——《色佛尔条约》。

严重的经济危机接踵而来。农业、工业、交通运输、财政金融和对外贸易，都陷于破产的境地。土耳其民族处于危亡之秋。反对帝国主义瓜分和武装干涉，成为土耳其民族最紧急的任务，也是土耳其社会发展的前提条件。

以民族革命战争为主要形式的土耳其资产阶级革命就是在这种情况下发生的。这次革命共经历了三个时期。

第一时期是政治组织时期（1919 年 5 月至 1920 年 4 月）。这个时期又经过了三个阶段。1919 年 5 月至 9 月，为统一全国政治组织阶段。在此阶段中，以凯末尔为首的代表委员会 7 月成立，安纳托利亚和隆美利亚护权协会 9 月成立，通过了坚持民族独立和领土完整的广泛政治纲领。1919 年 9 月至 1920 年 1 月，为《国民公约》阶段。1920 年 1 月 28 日通过的《国民公约》宣布：土耳其享有同一切主权国家一样的独立和自由；土耳其领土完整；偿还国债不能同独立原则相抵触；阿拉伯人居住区、西色雷斯和安纳托里亚东部三省（卡尔斯、阿尔达汉、阿尔特温），由当地公民投票，实行民族自决；废除治外法权。1920 年 1 月至 4 月，为土耳其大国民议会成立阶段。1920 年 4 月 23 日，凯末尔在安卡拉召开土耳其大国民议会，并组成了以代表委员会为中心的、对议会负责的国民议会政府，这标志着政治组织时期的结束。

第二时期是民族独立战争时期（1920 年 4 月至 1922 年 9 月）。这个时期分为两个阶段。1920 年 4 月至 1921 年 3 月为相持阶段。这个阶段中最主要的事件是 1921 年初建立了土耳其国民军。在 1 月 10 日的伊涅纽战役中，土军以少胜多，打败希腊军，使战局发生变化。1921 年 3 月至 1922 年 9 月为反攻阶段。1921 年 8 月 23 日至 9 月 13 日的萨卡里亚战役中，土耳其国民军战胜希腊军，促使法国承认大国民议会政府和意大利停止对土耳其的干涉。1922 年 8 月 30 日，在多鲁—佩纳尔的决战中，希腊军总司令特里库皮斯被俘。9 月 18 日，土耳其国民军肃清了安纳托利亚的希腊军队。

第三时期是外交谈判和共和国建立时期（1922 年 9 月至 1924 年 4 月）。1922 年 10 月 11 日，协约国与土耳其签订停战协定。1923 年 7 月 24 日，英、法、意、日、希、罗、南七国与土耳其签订《洛桑条约》，全称《协约和参战各国对土耳其和约》。条约确定了土耳其的边界，东色雷斯和伊兹密尔地区归还土耳其，亚美尼亚和库尔德斯坦少数民族地区仍归属土耳其；废除外国在土耳其的领事裁判权和财政监督权。同日，英、法、意、日、希、罗、南、保、土九国签订《海峡公约》，规定黑海海峡无论在和平时期还是在战争时期海上和空中都通航自由的原则；海峡地区非军事化，由签字国组成的"海峡委员会"实行监督。《洛桑条约》为土耳其赢得了国家主权和民族独立，是土耳其人民反帝斗争的重大胜利。但是海峡地区的非军事化和国际监督，仍然损害了土耳其的主权。

1923 年 10 月 29 日，大国民议会宣布土耳其为共和国，凯末尔被选为总统。土耳其共和国的建立，标志着土耳其资产阶级革命的胜利。

凯末尔革命的意义　凯末尔革命的胜利，结束了奥斯曼帝国 600 多年的封建君主专制和神权统治，建立了土耳其历史上从未有过的民主共和国。1908 年至 1909 年青年土耳其革命后，建立了君主立宪制。凯末尔革命把君主立宪制变为共和制，废黜了封建社会的总头目素丹及其代表的封建君主专制制度，这是历史的巨大进步。

凯末尔革命的胜利，使土耳其摆脱了民族危机，为发展民族经济、文化和推动社会进步，创造了前提条件。

建立民族国家，是 20 世纪亚洲非洲民族民主运动发展的趋势。土耳其共和国的建立，开创了这一趋势的范例。

建立民族国家后，进行现代化改革成为当务之急，也是以后独立民族国家走向富强的道路。土耳其共和国成立以后所进行的、以世俗化为特征的现代化改革，具有深远意义。

二、世俗化改革

政治改革　土耳其共和国建立后的头 15 年，首要的任务是建立一个一体化的民族国家或换言之一种现代政治制度，以取代奥斯曼帝国封建君权和伊斯兰教特性的社会秩序。奥斯曼帝国封建专制制度的特点是王权（素丹制）和教权（伊斯兰教的哈里发制）密切结合在一起。为改变这种政教合一的封建专制制度，凯末尔从 1922 年 11 月 1 日开始，中经 1923 年 10 月 29 日，直到 1924 年 3 月 4 日的 17 个月中，采取了三项带有决定性的政治措施：消灭素丹制、宣布共和国、废除哈里发制，从而解决了奥斯曼帝国遗留下来的国家制度问题。封建君权和神权政体变成了资产阶级共和国。

在实行政治改革的过程中，面对奥斯曼帝国留下的复杂的封建制度，新土耳其的改革家们感到一般的"共和主义""平民主义"的资产阶级民主主义思想武器是不够的。他们针对神权政治，增添了"世俗主义"的思想武器，体现了现代土耳其反奥斯曼封建的民主主义和改革的特点。

法制改革 政治与宗教分离必然使法律与宗教分离。1924 年 3 月，土耳其政府撤销了宗教基金事务部，废除了宗教法和宗教法院，设立宗教事务局管理宗教事务，并确定了大国民议会的立法权。4 月 20 日，土耳其颁布了以民主共和制为指导的国家根本大法——《土耳其共和国宪法》。为了取得妥协，改革派容忍了宗教代表坚持把"伊斯兰教为土耳其国教"写入宪法。但在 1928 年就删去了这一条款，使土耳其作为一个世俗共和国立于伊斯兰文化圈的中心地区。

1926 年 2 月 7 日，大国民议会颁布了以瑞士民法为蓝本的《民法》，用法律面前人人平等的原则取代了宗教法中关于公民之间不平等的规定；接着又颁布了以意大利刑法为蓝本的《刑法》、以瑞典诉讼法为蓝本的《刑事诉讼法》和以德国商法、海法为蓝本的《商法》与《海上法》，还有《民事诉讼法》《法院组织法》和《律师法》等；以后又废除了筛海伊斯拉姆（伊斯兰教最高法官）、穆夫提（地区法官）和卡迪（教法官）的称谓。

经过法制改革，土耳其改变了原来宗教法院与欧洲式法院并存的混乱局面，人民在法律领域内摆脱了宗教法的束缚，获得了现代人世俗化的生活环境。尤其是废除了男女间不平等的规定，使占半数人口的妇女在政治和社会上的权利被承认，具有社会进步意义。

教育改革 教育与宗教的分离，是世俗化改革的重要内容，也是教育改革的中心问题。

在奥斯曼帝国，教育掌握在教会手中，虽有一些现代学校，但宗教学校仍占多数。宗教基金事务部管理伊斯兰学校。各少数民族学校，由各自的教会管理。外国人办的学校则归各国领事馆管理。建国之初，文盲占全国总人数的 89%。

为改变这种落后面貌，1924 年，大国民议会颁布教育世俗化、现代化法令，规定学校必须在国家监督之下，学校必须向受教育者提供非宗教的现代化教育，学校必须向受教育者传授西方科学技术、文化知识和思维方式，加强土耳其民族意识的教育。

根据这些法令，遍布各地的宗教小学（"麦克泰卜"）和宗教中学（"麦德来赛"）全部停办；公私立学校中一律停止宗教课程；取消伊斯坦布尔大学神学系；按西方模式来改造原有学校；整顿外国人和基督教会办的学校，由共和国教育部统一管理；外国人办的学校要执行教育部的教学计划，土耳其语文、历史和地理课均需由土耳其教师担任。教育改革的其他措施还有：实行五年制小学义务教育；发展工业、农业、矿业、师范及成人夜校等各类技术专科学校；扩建和建立了高等学校。

文化改革　文化改革的主要特点，在于抛弃宗教精神，树立土耳其的民族精神。

文字改革在文化改革中占有重要地位。土耳其（古称突厥）人原居阿尔泰山时，使用卢尼克文字。10 世纪土耳其人在中亚接受伊斯兰教信仰后，接受阿拉伯文而放弃了卢尼克文字。但用阿拉伯字母来标识土耳其文字，既不完备也不适合，这是造成文盲众多的原因之一。改用拉丁字母的建议，在奥斯曼帝国时代已多次被提出。十月革命后，苏联中亚的几个突厥语系加盟共和国成功地进行了文字改革，鼓舞了土耳其的改革者。

1928 年 11 月，大国民议会公布文字改革方案，用拉丁字母代替阿拉伯字母，并决定在 1929 年元月开始实行。新字母符合国际上通用文字自左而右的书写习惯，与书写数字一致，有利于国际贸易交往，而且简便易学。1932 年土耳其语协会成立。经过 10 年努力，土耳其的文盲率下降 10%。

树立民族精神的另一领域是厘清、学习土耳其历史。1931 年土耳其政府成立了历史学会。学会进行了校勘历史文献、讨论历史问题、编写教本《土耳其历史纲要》等一系列工作。新土耳其把民族主义与历史学相结合，改变了社会和学校轻视土耳其民族史的倾向。

社会生活与习俗改革　世俗化在这个领域中表现为破除迷信和提倡科学的现代化精神。政府关闭了女修道院和坟院，取消了筛海（伊斯兰教正统派宗教人士）、托钵僧（神秘主义苏菲派宗教人士）一类人的活动，并禁止这类人用荒诞咒语治病误人。1933 年政府颁布法令，要求所有清真寺一律用土耳其语代替阿拉伯语进行宣礼。政府还规定所有男子都要戴欧式礼帽，并鼓励妇女不戴面纱。

历法改革对改变社会生活习俗起着重要作用。土耳其的旧历法是希腊历的月份和伊斯兰历的年份二者的结合体。1917 年的历法采用了公历月份，而年份仍按修改了的伊斯兰历。在每日 24 小时的计算上，土耳其人的凌晨 1 时是由早祷算起，因此与中欧时间差 6 小时。1925 年，土耳其政府决定废除旧历，正式采用世界大多数国家通用的公历。

1934 年 6 月，大国民议会通过采用姓氏的决定，改变了土耳其人以往有名无姓的习惯。同时取消了象征封建等级的旧称号和头衔（如帕沙），而代之以贝依（先生）、贝扬（女士）等新称呼。凯末尔带头放弃过去的头衔，接受大国民议会授予他的姓——阿塔图尔克（Ataturk，土耳其之父）。

经济改革　1923 年凯末尔在会见科尼亚的商人和手工艺人时指出："新土耳其的基础将是经济力量而不是刺刀。刺刀也是以经济力量为基础的。新土耳其将是一个经济国家。"国家主义是凯末尔进行经济改革的指导思想。"国家主义"，就是由国家统一管理国民经济计划、经济建设和国家在工业、交通运输业、银行等方面直接投资经营的民族国家资本主义。苏联工业化的经验，是国家主义的借鉴之一。1933—1937 年土耳其完成了第一个五年计划。1938—1942 年的第二个五年计划被第二次世界大战打断。国家主义的经济政策促进了 30 年代的经济发展，尤其是奠立了土耳其轻工业的基础。鼓励民族工业、建立国营企业、保护关税、严格控制外汇及控制外国投资等一系列措施，都收到巩固政治独立的效果。它的缺陷是：国营企业管理不善，缺乏效率；忽视农业，影响到最大资源的开发。

土耳其政府重视吸引外商投资和鼓励私人企业发展。1927 年土耳其在伊斯坦布尔设立了自由贸易区，同年颁布了旨在鼓励私人企业的《奖励工业法》，私人企业从 470 家增加到 1932 年的 1473 家。不过由于世界经济危机和私人企业的力量太小，外资和私企在土耳其经济发展中的作用有限。

总起来说，凯末尔改革是凯末尔主义的全面实践。它是在政治独立之后向帝国主义威胁和封建神权专制影响的主动进攻。凯末尔的现代化、民族化、民主化改革，都同"世俗化"有密切关系，因此凯末尔改革的总特点在于它是一次以"世俗化"为中心的现代化改革。革命胜利之后历时 15 年之久的改革，使一度濒于灭亡的"西亚病夫"走上民族复兴道路。但是改革也存在一些问题，如权力过度集中、忽视库尔德人等少数民族权益等；另外，改革主要局限于城市和制度层面，对广大乡村民众的影响不大。

第五节　埃及的华夫脱运动

一、1919 年 3 月爱国运动

英国在埃及的殖民保护制度　第一次世界大战带来了埃及政治形势的转折。在此以前，英国已排挤掉法国而在埃及处于独霸地位。英国驻埃及的高级专员、驻军总司令和 39 个英国的高级顾问控制埃及的政权、财权和军权。不过，埃及在

名义上仍然是奥斯曼帝国的一个行省，埃及统治者仍拥有奥斯曼帝国给他的封建称号"赫底威"（国王）。

1914 年 12 月，英国政府以土耳其加入同盟国一方参战为借口，声明"埃及今后处于英王陛下的保护之下"，取消了奥斯曼帝国对埃及的宗主权，使埃及成为英国的殖民地。

英国在埃及实行的"保护制度"是在战争状态下的殖民制度。其主要内容有：控制埃及"赫底威"的继承权，把国家政权攫为己有；对埃及实行军事占领和管制，把埃及变为"兵营国家"；控制埃及外交；掌握埃及的立法权和司法权；使埃及在经济上进一步殖民地化。这种制度是在第一次世界大战的条件下实行的，其残酷程度非和平时期所能比拟。战争期间，英国征用埃及人 150 多万人，其中有 117 万人是为战争服务的"劳动军"和"运输队"。2/3 的牲畜和大量运输工具也被征集，直接服务于协约国的战事。1916 年，英国殖民当局向埃及征购棉花的价格比国际市场的价格低 50%，棉农损失约 3200 万埃镑。英国资本控制的埃及国家银行大量印发货币，把储备黄金运回英国，导致埃及货币贬值，通货膨胀加剧，物价暴涨，民众成为直接的受害者。

与此同时，英国为了战争的需要向埃及订货，也促进了埃及纺织、制糖、酒精、制革、榨油、面粉、砖瓦、造纸等轻工业的发展。埃及的资产阶级随之加快了经营商业、参加外国股份公司及土地买卖和集中资本的过程，力量得以壮大。1916 年，埃及资本家成立了工商业委员会，向英国提出要求经济权利的报告。1918 年，英国发布关于垄断全部棉花收购的法令。同年由布兰尼特起草的宪法草案，规定埃及的商人和企业家的法律地位低于外国资本家。1918 年，300 名英国官员占据埃及政府的高级职位。1919 年，在高级职员中，英国人占 3/4。战争给埃及带来的另一重大变动，是工人阶级力量的增长，开罗、亚历山大、苏伊士港和塞得港等，都发展为工业劳动力集中的地区。但埃及工人阶级的独立政党尚处于形成过程之中。

柴鲁尔和华夫脱党　直到第一次世界大战前，埃及民族主义运动的基本要求，或是局限于奥斯曼帝国隶属下的自治，或是在英国保护下的自治。战后埃及民族主义运动与过去的不同之处，在于它提出了完全独立的口号和立宪的要求，并使运动变成有工人、农民参加的民族民主运动。柴鲁尔（又译扎格鲁尔，1854—1927）作为运动的领袖登上政治舞台。

柴鲁尔生于农民家庭，曾在巴黎大学学习，获法学学士学位，担任过报纸编辑，参加过奥拉比领导的反英起义。他同埃及首相穆斯塔·法·霍米的女儿结婚后，遂进入上层而宦途通达，历任教育大臣、司法大臣、立法议会副议长。但他由于同英国和埃及统治者的矛盾而失去官职。第一次世界大战和英国在埃及实行殖民保护制度，使柴鲁尔的民族主义思想飞跃发展。他认为，在政治上埃及必须脱离英国而独立，经济上必须自主，在此前提下，英军可以驻守苏伊士运河区。他的这个立场，得到当时的两个民族主义政党民族党和祖国党的支持。

1918 年 11 月 23 日，柴鲁尔把立法议会的代表和各爱国阶层的代表团结在自己周围，组成"埃及代表团"，准备参加巴黎和会，申诉埃及的独立要求。"代表团"的阿拉伯语为"华夫脱"（al-wafd），因而在埃及现代史上这个新的民族主义政党被称为"华夫脱"。党纲规定："华夫脱党的任务是：用和平合法的手段来实现埃及的完全独立。"柴鲁尔提出《委托书》《向列强的呼吁书》和《向温盖特的要求》三个文件，要求废除殖民保护制度，英军撤出埃及和成立立宪的独立埃及政府。为了使华夫脱党成为埃及的全权代表，他以立法议会副议长身份，号召各选区在《委托书》上签名。签名人数很快超过 200 万人。签名运动发展为群众性的反帝运动，迫使亲英的埃及政府首相辞职。

埃及的 3 月起义 1919 年 2 月，柴鲁尔发表讲话，强烈要求终止殖民保护制度和英国允许华夫脱党参加巴黎和会。华夫脱党组织了群众集会和示威。3 月 8 日，英国殖民当局逮捕了柴鲁尔等 4 位华夫脱党的领袖，并把他们流放到马耳他岛。这更激起人民群众的抗议运动，华夫脱运动由和平签名请愿阶段逐渐转入暴力抗议和武装起义阶段。

1919 年 3 月 9 日，开罗、亚历山大等城市的大中学校举行罢课、游行示威。3 月 11 日，运输、邮电、铁路、面包、电车、清扫等各行业工人举行罢工，同警察发生冲突；政府机关和司法机关职员同一天也举行罢工。农民起而响应，在乡村切断电线、破坏铁路，甚至修壁垒、挖壕沟，同英国军警进行战斗。3 月 13 日，起义者试图火烧埃及王宫。次日，爱资哈尔大学附近发生激烈战斗。最不寻常的是，开罗妇女也走上街头，加入政治斗争行列。

埃及三月起义的口号是："打倒英国占领者""埃及是埃及人的埃及"和"释放柴鲁尔"。起义者的共同要求是："废除殖民保护制度""英国撤出埃及"和"争取完全的民族独立"。华夫脱党在各地建立了民族委员会。在埃尔米亚建立了民族政权，该政权一直存在到 3 月 30 日。在济夫塔和扎加济格，起义者也建立了临时政府。在反帝斗争中，信仰基督教的科普特人和其他埃及人不计往日的隔阂，共同参加了开罗的武装起义。

在埃及人民群众抗议浪潮的压力下，英国殖民占领者不得不允许柴鲁尔从流放地直接去巴黎参加和会。这时柴鲁尔对美国总统威尔逊抱有幻想，但是，4 月 22 日威尔逊却正式承认英国在埃及的殖民保护制度。《凡尔赛条约》第 147 条规定埃及仍为英国的保护国。后来柴鲁尔也没能参加和会。这一切使柴鲁尔的民族自尊心受到侮辱，决心再一次开展反帝群众运动。正值此时，以英国殖民大臣米尔纳为首的调查委员会来埃及调查 3 月事件，并制定 "在英国保护下的埃及自治方案"。于是 1919 年 10 月至 1920 年 3 月，华夫脱党发动了抵制米尔纳调查委员会的广泛群众性抗议运动。1920 年 5 月，柴鲁尔应英国首相劳合-乔治之邀，参加了伦敦会议。会上，他反对华夫脱党保守派，拒绝 8 月间英国提出的《英埃条约》，其中规定名义上取消保护制度，但应让英军继续留在埃及。该条约一经公布，立即引起埃及的抗议浪潮，以至埃及政府也不敢贸然签订这个条约。这是 1919 年三月起义反帝高潮的继续。

二、1924—1937 年的护宪运动

1922 年宪法　1921 年 12 月，英国占领者为了把柴鲁尔和华夫脱党其他领袖同埃及人民隔离开来，先是下了驱逐令，后来又逮捕了他们。最初把柴鲁尔流放到阿拉伯半岛的亚丁，接着转移到印度洋南部的塞舌尔群岛，最后转移到直布罗陀要塞。与占领者的愿望相反，这种政治迫害使全埃及群情激愤，各大城市都举行了声势浩大的群众集会和游行。占领者出动大批军警，枪杀和逮捕抗议群众，没收了华夫脱党领袖们的财产。1922 年 1 月 23 日，华夫脱党开罗委员会号召抵制英国货和英国银行。持续三年多的华夫脱运动，终于迫使占领当局不得不改变其殖民统治方式。

1922 年 2 月 28 日，英国政府发表声明，宣布结束英国对埃及的保护，承认埃及是独立的主权国家，但提出所谓 "四点保留"：英国保留在埃及的驻军权，维护大英帝国交通线的安全；保护埃及免遭外国及其代理人的入侵和干涉；保护外国在埃及的利益，保护埃及的少数民族；保留对苏丹的控制。

1922 年 3 月 16 日，英国宣布埃及为独立的君主立宪国家，埃及在法律上结束了英国的保护统治。在此之前，以鲁世迪·帕夏为首的宪法起草委员会成立。4 月 4 日，《埃及宪法》正式颁布。宪法共 7 章 70 条，其要点是：埃及为君主立宪制的自由独立国家；伊斯兰教为国教；阿拉伯语为国语；确立 "主权在民" "公民享受平等自由" 等原则；议会为两院制，上院议员为 122 人，任期 10 年，下院议员为 235 人，任期 5 年；王位由穆罕默德·阿里家族继承，国王为全国武装部队总司令，经议会协商可宣战或媾和；在议会休会期间，国王有立法权，拥有与上院相同的课税权和加税权，有解散议会权；行政权属国王和内阁，内阁成员对下院负责，但国王有权任免内阁大臣；非埃及人不得担任埃及政府内阁成员，内阁成员不得兼任非官方组织职务；埃及保证英国在埃及的特权，允许英军驻在埃及，聘请英国人为埃及政府财政及司法顾问；外国因条约和习惯而得到的利益仍予保留；宪法只适用于埃及王国，但埃及在苏丹的权利不变。

宪法具有民族独立和民主的进步内容，也有保护王权和英国特权的保守内容。

然而，它毕竟是埃及历史上第一部资产阶级宪法，宣布埃及为独立的君主立宪国家。非洲现代史上第一个民族独立国家从此诞生了。

第一届华夫脱党内阁　1924 年 1 月 28 日，埃及国王福阿德任命大选获胜的华夫脱党领袖柴鲁尔组阁。在新宪法颁布后的第一届华夫脱党民族内阁政府中，柴鲁尔任首相兼内务大臣。

新内阁面临的首要问题，是如何处理埃及和英国的关系。1924 年 9 月，柴鲁尔赴伦敦同英国首相麦克唐纳谈判，提出以下要求：英军撤出埃及，英国撤回在埃及的财政和司法顾问，英国停止对埃及外交方面的监督权，英国放弃在埃及的领事裁判权，英国放弃对苏伊士运河的保护权，埃及不再负担英军驻苏丹的费用。这些要求遭到英国政府的拒绝，谈判破裂。

柴鲁尔通过议会，要求英国政府交出苏伊士运河的控制权；同时又以政府首脑身份照会英国政府，要求英国撤走驻埃及的高级专员，建议两国互派使节。他不顾英国反对，声明埃及将履行独立主权国家权力，坚决排除外国干涉。这些措施触怒了英国工党政府。工党政府迫使埃及国王下诏，免去柴鲁尔内阁职务。由于人民群众的强烈抗议，国王只好收回成命。1924 年 11 月，鲍尔温组成的英国保守党政府以埃及驻军总司令兼苏丹总督斯塔克遇刺事件为借口，出动军队占领埃及议会和政府大厦，迫使柴鲁尔辞去首相职务。

柴鲁尔内阁虽然只存在了十个月，在内政改革方面仍取得不少成绩，如实现埃及政府的民族化、反对贪污腐化和重视教育事业等。在 1925 年、1926 年的大选中，华夫脱党连获大胜，柴鲁尔均被推选为议长。1927 年 8 月 24 日，柴鲁尔逝世，埃及各地纷纷举行悼念活动。中国的《东方杂志》发表的悼念文章认为，他的逝世，使"东方的民族革命运动少了一位指导者，回教的民族运动少了一位伟大的领袖"。他树立的民族独立旗帜引导着埃及人民进行持久的反帝斗争。

埃及国王宣布宪法失效　华夫脱党从 1923 年以来一直在议会中占有优势，并且在宪法范围内活动。1928 年 3 月 1 日，华夫脱党人占多数的议会，否决了英国政府提出的《英埃条约》。3 月 4 日，以穆斯塔法·纳哈斯为首相的华夫脱党内阁组成。这届内阁反对英国借口保护英侨安全而干涉埃及内政。4 月 30 日，英国出动舰队，向埃及政府发出最后通牒，要求撤销集会游行的议案。纳哈斯内阁拒绝接受通牒，被迫辞职。自由党人马哈茂德继任首相。

1928 年 7 月 19 日，埃及国王福阿德下诏解散议会，宣布宪法失效三年。三年内，由国王和内阁掌握立法和行政大权，实际上是由英国操纵一切大权。埃及又恢复了由英国高级专员指挥的国王独裁专制政权。

华夫脱党号召人民反对破坏宪法的倒行逆施行为，开始了从 1928 年下半年到 1936 年 5 月的护宪运动。

1928 年 6 月，英国组成麦克唐纳的第二届内阁，对埃及的政策由高压转为怀柔。1929 年 8 月，英国提出英埃条约 16 条，坚持英国对埃及的外交监督权、驻兵权、交通保护权以及战时毫无限制的军援与领土使用权等。华夫脱党人针对条约内容的帝国主义实质和英埃两国政府的谈判进程，不断揭露英国违反民意和破坏宪法的行动，动员舆论和群众起而抗争。在群众运动的压力下，英国工党政府决定缓和同华夫脱党的紧张关系，同意恢复宪法。1929 年底，根据宪法，举行议会选举，华夫脱党在选举中获胜。1930 年 1 月，穆斯塔法·纳哈斯再次组成华夫脱党内阁。这是护宪运动的胜利。

穆斯塔法·纳哈斯内阁原则上并不拒绝同英国合作，也主张用谈判方式解决问题。它同前任内阁的不同之处，在于它坚持民族独立立场，反对英国在尼罗河驻军，反对英国在苏丹的领有权。谈判从 3 月持续到 5 月，最后失败。谈判破裂后，穆斯塔法·纳哈斯内阁为维护宪法，草拟了保证宪法尊严法案。英国政府立即唆使国王予以否决。6 月 16 日，穆斯塔法·纳哈斯内阁辞职，亲英的伊斯梅尔·西德基组阁。

护宪运动的胜利 西德基上台后，秉承英国意志，宣布修改宪法和停止议会活动。他的反民主措施立即激起护宪运动的新高潮。从 1930 年下半年开始，华夫脱党不顾禁令，通过议会提出对政府不信任案，并组织开罗、亚历山大等地的群众性抗议示威。西德基政府随即宣布戒严、逮捕议员，禁止言论自由。

1930 年 10 月，西德基政府宣布废除旧宪法，实施修改过的 1930 年宪法。新宪法扩大了国王权力（如规定国王有权否决议会法案、所有法令不经国王批准都不能成立）；把下议院议员由 235 人减少至 150 人，并规定不许干预政权，限制下议院对政府不信任案的表决权；提高选民的财产资格；将直接选举改为间接选举。5 月，华夫脱党人号召抵制根据新宪法举行的议会选举。许多城市发生了群众性的政治罢工和示威游行。

1933 年 9 月，西德基政府辞职，开始了国王统治时期，宫廷总管易卜拉辛成为实际上的统治者，他的后台是英国政府。

1934—1935 年，是护宪运动最重要的阶段。1934 年，华夫脱党提出"英国是我们的敌人"的口号，同时反对国王践踏宪法、扼杀民主运动。11 月，英国被迫同意废除 1930 年宪法，但不允许华夫脱党执政。1935 年 1 月，华夫脱党召开全国代表大会，提出在恢复 1923 年宪法、重新选举的条件下，同英国合作。英国拒绝接受这些条件，谈判失败。11 月 9 日，英国外交大臣塞缪尔·霍尔发表声明，反对埃及恢复宪法，引起了新的群众性抗议运动。在华夫脱党号召下，开罗的游行群众捣毁英使馆窗户，与警察发生冲突，200 多名学生死伤。全国学生评议会决定全国罢课一周。抗议活动一直持续到 12 月初。

1935 年 12 月 5 日，华夫脱党联合另外两个在野党成立了抗英联盟。10 日，三党领袖联合上书，要求恢复 1923 年宪法和奈西姆内阁辞职。陷于孤立的英国政府，只得让埃及国王下诏，恢复 1923 年宪法和直接选举。1936 年 1 月底，奈西姆下台，宫廷大臣西利马赫接任。4 月初，埃及国王福阿德去世，其子法鲁克继位。5 月，举行大选。华夫脱党提出改善工人生活、减轻赋税等竞选纲领，获得多数票，组成以穆斯塔法·纳哈斯为首的新内阁。护宪运动取得胜利。1936 年 8 月，埃及同英国签订为期 20 年的《英埃同盟条约》，规定英埃缔结军事同盟，英国终止对埃及的军事占领，埃及领空向英国开放，英国可在苏伊士运河区驻军 1 万人和飞行员 400 人；废除在埃及的治外法权；恢复 1899 年的《英埃共管苏丹协定》，允许埃及军队重新进驻苏丹；保护外国人和埃及少数民族的权利转归埃及政府；英国驻埃及高级专员改称驻埃及大使。该条约固定了英国在埃及的特权，也使埃及在收回国家主权方面有所进步。1937 年埃及加入国际联盟。

1937 年 8 月，纳哈斯组成第四届华夫脱党政府。10 月，宫廷挑动大学生举行反政府示威。12 月 30 日，法鲁克国王拒绝了纳哈斯提出的新宪法草案，迫使内阁下台。在 1938 年的议会选举中，华夫脱党遭到失败，从此一蹶不振。

华夫脱运动是一场持续了近 30 年的爱国民族主义运动。柴鲁尔和他领导的华夫脱党迫使英国废除了殖民保护制度，促成了君主立宪制的建立，加快了埃及资本主义的发展，为埃及民族解放运动的进一步发展奠定了基础。

第六节　桑地诺抗美游击战争

一、战争的序幕

1926 年的立宪战争　在 20 世纪前 20 年中，中美洲各国的局势相当紧张。美国害怕这种混乱会引起革命，因而于 1922 年 12 月至 1923 年 2 月在华盛顿召开中美洲各国会议，会议签订了《中美洲和平和友好总条约》。尼加拉瓜驻美国大使艾米里亚诺在条约上签了字。根据该条约，尼加拉瓜政府成立了国民警卫队。1925 年 8 月，美军撤出尼加拉瓜。不久，在艾米里亚诺、萨卡沙、蒙卡达集团之间发生了激烈的战争。1926 年 5 月，美国海军陆战队进驻尼加拉瓜，一直驻扎了六年之久。

1926 年 8 月，自由党首领萨卡沙和蒙卡达联合领导起义，占领卡贝萨斯港，在这里成立了立宪政府。10 月，美国支持臭名昭著的保守党首领迪亚斯为尼加拉瓜总统，引起许多地方的起义。起义的工人、农民、小资产阶级都支持立宪政府。为了反对立宪政府，美国派到尼加拉瓜的占领军在 1927 年达 5000 多人，还有许多美国顾问、专家、教官被派到迪亚斯的军队中。美国还向迪亚斯供应武器和弹药。

由于迪亚斯政府日益失去人心和立宪战争中人民的激烈反抗,美国决定转而支持萨卡沙立宪政府。1927 年 4 月,美国政府派亨利·史汀生(1867—1950)为总统特使到尼加拉瓜,5 月,同蒙卡达签订了关于交出武器、以换取美国承认的《埃斯皮诺·内格拉协议》。蒙卡达在签字后不久给史汀生的信中写道:"所有的自由党起义将领都接受了美国的条件。"但是,有一位起义将军却拒绝在交出武器的投降书上签字,他就是参加立宪战争的桑地诺(1893—1934)。桑地诺谴责蒙卡达的背叛行为。当蒙卡达质问桑地诺"你是什么人的将军"时,桑地诺回答说:"先生,我做我的战友的将军!我不能用我的将军称号为叛徒和外国占领者效劳!"

奥古斯托·塞萨尔·桑地诺 1926 年的立宪战争在开始阶段具有反帝性质,但以接受屈辱条件结束。战争中形成的桑地诺军队,是一个革命性的结果。

桑地诺到过洪都拉斯、危地马拉、墨西哥,当过仓库保管员、机械师。立宪战争爆发后,他于 1926 年 6 月回到尼加拉瓜。10 月 26 日,他在尼加拉瓜北部一个美国人控制的金矿中举行起义。随后,即在拉斯塞哥维亚斯山区建立了游击战争的根据地,举起象征"不自由毋宁死"的红黑两色战旗,揭开了抗美游击战争的序幕。

桑地诺在 12 月初得知萨卡沙宣布为立宪政府总统以后,便率军队去投奔萨卡沙。萨卡沙让他归国防部长蒙卡达指挥。他在立宪政府首都卡维萨斯逗留 40 多天。在美国舰队占领卡维萨斯,查封了蒙达卡军队的军火库,并限该军火库 48 小时内归美军所有之后,桑地诺立即抢出许多枪支弹药,返回游击队根据地。

桑地诺的游击队是立宪战争中最积极同保守党和占领军进行战斗的军队,在圣胡安、希诺特加战役,都取得胜利。在琼塔莱斯省的贝胡科和梅塞得斯,他指挥 800 多名战士,打了一个漂亮仗。在穆伊穆伊战役中,桑地诺缴获了数千支步枪和成百万发子弹。

1927 年 5 月,蒙卡达同美国占领者签订了关于解除所有立宪武装的投降协定之后,桑地诺便秘密地把自己的军队撤回拉斯塞哥维亚斯山区。5 月 12 日,他发表《致尼加拉瓜各地方政府宣言》:"我们甘愿做一个爱国者在战斗中死去,也不能像奴隶那样活着",并提出用革命武装把美国侵略者驱逐出尼加拉瓜的明确任务。

二、战争的进程

第一阶段 从 1927 年 5 月到 1929 年 5 月,是桑地诺抗美游击战争的第一阶段。它标志着桑地诺依靠工农独立进行抗战的开始。这一阶段同 1926 年至 1927 年 5 月序幕阶段在战略战术上的不同点,在于从正规战、运动战和阵地战转为分散而长期的游击战。

1927 年 7 月 1 日，桑地诺在尼加拉瓜东北部的圣·阿尔比诺公布了起义者的第一个政治宣言。宣言确定了桑地诺运动的目标和任务，是以武装斗争来解决尼加拉瓜人民和美国占领者的矛盾，恢复国家的主权和独立。宣言把桑地诺运动看作立宪战争的继续，虽然这次战争被蒙卡达叛卖，但尼加拉瓜人民仍在为反对美国占领者及其仆从而战。

为了反对桑地诺运动，美国占领者指使尼加拉瓜政府，对占全国 1/4 的北方四省实行戒严。马那瓜的大主教，把桑地诺及其战友革除出教门。1927 年 7 月 12 日，美军向桑地诺发出最后通牒，限 48 小时内缴枪投降，并用威胁的方式恫吓桑地诺。桑地诺断然拒绝了最后通牒。7 月 17 日，他率军攻打奥科塔尔，同装备精良的、配有飞机的美国海军陆战队和尼加拉瓜国民警卫队进行了 17 小时的激战。

1927 年 9 月 2 日，桑地诺制定的《尼加拉瓜主权捍卫军条例》在军队中通过实行。《条例》规定了严格的集中制和纪律，严惩政治上、道德上、军事上的一切违反纪律行为；在军队内部保持平等关系，官兵之间互称兄弟；爱国主义是共同恪守的原则；捍卫民族主权是共同的任务。此外，在军队中设立参谋部，实行军衔制；出版了《祖国和自由》刊物，加强了对军队的历史教育。军队和人民的关系相当密切。农民不但为军队供给粮食、传递情报、掩护战士，而且参加战斗。

在 1927 年最后几个月的激烈战斗中，美国派往尼加拉瓜的飞机达 30 架，美国在计划中要求不惜一切代价消灭游击队根据地。从 1927 年 6 月 30 日到 1928 年 6 月 30 日，美军同游击队进行的 85 次战斗都没有取得胜利。例如，在通往游击队根据地要道的拉斯·克鲁赛斯的战斗激战 16 天，游击队打败了三倍于己的美国占领军。

美国对尼加拉瓜的干涉，引起世界舆论的抗议。1928 年 3 月 17 日，法国著名作家罗曼·罗兰（1866—1944）和巴比塞（1873—1935）在哥斯达黎加的一家杂志上，发表文章谴责美国占领军的行径。7 月，巴比塞还以他和欧洲进步人士的名义，向桑地诺写了祝贺信。1929 年，桑地诺为了获得军需品和国外的支持，在墨西哥从事外交活动。

第二阶段 1930 年 5 月，桑地诺回国。6 月，游击队攻占埃萨拉克，并同配有飞机的美军和国民警卫队进行激战。此后，桑地诺通过多次战斗，发展和壮大了队伍。1931 年，桑地诺已拥有经过训练和精良武装的正规军，分为 8 个纵队，在大西洋沿岸 8 个省的农村作战，控制了全国一半以上的地区。1932 年，桑地诺军队频频出击。桑地诺发出"准备夺取国家政权"的号召，于 10 月初攻占了马那瓜湖岸边的圣福兰西斯科·德·卡尔尼谢洛城。该城距首都仅有 3 小时的行程。美国在首都的军官准备打点行李回国。只是在陆军和空军联合武装配合的大规模战斗之后，美国占领者才阻止了桑地诺军队的进攻。

在美国占领区内，人民采用了各种不同的反抗形式。学生集体抗议，用罢课的形式反对美国占领军强迫他们学习英语。在马那瓜美军阅兵仪式上，学生没有受强迫唱美国国歌，而是高呼桑地诺的"让卖国贼死亡"的名言。农民用各种方式来支援和参加桑地诺军队。1932 年 11 月 7 日，美国军官克拉克·沃德弗埃操纵了尼加拉瓜的选举。在桑地诺号召抵制选举的情况下，1/3 的选民响应桑地诺的号召而拒绝参加这次选举滑稽戏。

1932 年 12 月 19 日，蒙卡达在卸任总统前作了人事安排，以便消灭桑地诺军队。他请求美国驻尼加拉瓜大使将索莫查的外交部长职务改换成国民警卫队司令。美国也希望这支经过自己训练的武装力量由一个忠实奴仆掌握，可以放心离开尼加拉瓜。1933 年元旦，萨卡沙就任总统，1 月 2 日，美军撤出尼加拉瓜。美国在尼加拉瓜进行了 6 年侵略战争，动员了美国海军陆战队 1.2 万人，六七十架飞机，几十艘军舰，以安置亲美政权而结束。

三、战争的性质和意义

谈判和桑地诺遇害　1932 年 11 月 23 日，萨卡沙向桑地诺建议进行停止武装斗争的谈判。桑地诺表示，他进行武装斗争的主旨在于反对美国的军事占领，无意进行国内战争。于是，双方开始接触。

1933 年 1 月，桑地诺在《和平报告》中提出："不允许外国干涉；不得同美国签订任何秘密协定；保持一个爱国者根据地——'光明和真理区'，区内有独立的武装；承认桑地诺游击队的行动是为了祖国的幸福。"

2 月 2 日，桑地诺冒着生命危险到达马那瓜，同萨卡沙总统直接谈判。当天深夜，双方签订《和平协定》，宣布尼加拉瓜开始政治生活的复兴和主权不受侵犯，并保证双方均应遵守宪法。协定规定，在 3 个月内，桑地诺军队交出武器，只保留 100 人的卫队。政府拨出科科河流域的荒地列为特区，让放下武器的游击战士居住和劳动。但协定规定，新的定居点必须与当地居民区距离 3 千米以上。

桑地诺只用了 20 天，便把武器上缴给萨卡沙政府。此后，国民警卫队背信弃义，放手镇压失去武器的游击队员，这使桑地诺感到诧异。不过，他还是把精力倾注于农村的社会改革计划上。他主张在移民区实行合作制度，并准备办烟草农场。一有时间，便埋头读书，对哲学问题最感兴趣。他同时要求政府保证移民区的安全。

1934 年 2 月，萨卡沙派他的农业部长萨尔瓦切拉到新移民区，邀请桑地诺再次谈判。从 2 月 17 日到 21 日，桑地诺同萨卡沙讨论了所有争议问题。但同时索莫查和美国驻尼加拉瓜大使阿尔杜尔·波里斯·列恩策划了杀害桑地诺的阴谋。21

日，当桑地诺从总统府坐车返回时，国民警卫队逮捕了桑地诺并在首都东郊杀害了他，美国大使列恩检查了桑地诺的尸体。

桑地诺被害后，国民警卫队包围了移民区，处死了几百名青年、妇女和儿童。1935 年五一节，国民警卫队镇压了群众的游行。1936 年因抗议汽油涨价而引起的总罢工也以失败告终。1937 年 1 月，索莫查任总统，直到 1956 年被爱国者杀死。

简要评价　桑地诺领导的抗美游击战争是一场持续了 6 年之久的人民反帝革命战争。

桑地诺的可贵之处，在于他用革命的民族解放战争来反对美国的侵略和占领。他举起不自由毋宁死的红黑两色旗帜，建立了有严格纪律的民族军队。在长期的战斗中，形成了游击战的战略与作战艺术。它把主动进攻和积极防御相结合，其形式是打扰、阻击、伏击和歼灭战。进攻时，速战速决，迅速转移。游击队有主营地、临时营地和紧急营地，形成了一个有序的根据地。

反帝的爱国主义是这场战争的主导思想。桑地诺说："我为之斗争的祖国是整个西班牙美洲。""现在我们奋斗的历史契机是民族的和种族的；它必然变为国际的，殖民地半殖民地人民同帝国主义国家人民联合起来的斗争。"桑地诺看到了尼加拉瓜的反帝斗争同拉丁美洲、同世界被压迫民族的联系。

在两次世界大战之间亚洲、非洲和拉丁美洲的进步民族主义者中间，桑地诺作为小资产阶级民族主义者，是最接近马克思主义的。他在 1929—1930 年同他的秘书、萨尔瓦多的共产主义者奥古斯汀·法伦多·马尔蒂多次讨论革命理论。但桑地诺对根本的社会改革问题，没有认识。他没有民族主义的系统理论，对美国帝国主义虽有认识，但只是从政策上而不是从理论实质上进行分析。他缺乏必要的警惕性，因而付出了高昂的代价，但他所领导的民族革命战争的精神却激励着后来的尼加拉瓜革命者，并为他们所继承和发扬光大。

第七节　墨西哥的护宪运动和卡德纳斯改革

一、护宪运动

1917 年墨西哥宪法　墨西哥和大多数拉丁美洲国家不同，1910—1917 年，墨西哥经历了一场资产阶级革命。这场革命在时间上正好填补了亚洲、非洲和拉丁美洲现代民族民主运动史上的"亚洲觉醒"（1905—1913 年），到俄国十月革命及其后的风暴时期（1917—1923 年）之间的空白。

从这次革命结束后，直到第二次世界大战前，墨西哥又经历了长达 20 多年的护宪运动和 6 年改革。这段历史同著名的 1917 年墨西哥宪法有直接联系。

1917 年 2 月 5 日，激进派领袖安德雷斯·莫利纳·恩里盖斯和宪法委员会主席弗朗西斯科·穆希卡提出的宪法第 27 条和第 123 条，经过激烈的争辩获得通过。这两条关于土地问题和工人问题的宪法条文，涉及革命的主要问题，因而使这部宪法成为资产阶级宪法中空前民主和进步的宪法。

宪法第 27 条规定一切土地、河流和矿藏的所有权属于国家，私人只有开发权。国家有权征收和限制私有财产。对外国人的财产作了严格限制。把公社土地划成小块，归农民使用，并将国有土地或没收的大地主土地，分配给农民使用。教会不得领有、经营和承典不动产。每州定出土地最高限额。第 27 条反映了国有制思想和限制私有制思想，体现了主权原则。它实际上剥夺了僧侣地主对土地的占有权，限制了大地主的土地占有权，拆散了大地产，发展小土地占有制，因而有利于农民。所以，土地改革是 1917 年墨西哥宪法的显著特点。

宪法第 123 条规定工作日工作时间为 8 小时，每周工作 6 天。禁止雇佣童工，保证女工权利，同工同酬。规定最低工资额。承认工人有组织工会和罢工权利。企业主不得随意解雇工人，如无充分理由解雇工人，要给被解雇者以 3 个月工资作为补偿费。企业主必须为工人提供住宿和学校。宪法对加班、工伤事故都作了有利于工人的规定。宪法第 123 条是墨西哥工人阶级的重大收获。工人阶级在 1910—1917 年革命中努力争取到的权利，由宪法固定下来。

但是，宪法毕竟是写在纸上的条文，要使之实施，还要克服重重障碍。于是，护宪运动应运而生。

护宪斗争 以卡兰萨为首的政府反对消灭封建残余和实行彻底的土地改革。1917—1920 年，只有 45 万英亩土地归还给农民，总共只有 4.8 万户农民得到土地，而几百万无地农民，生活状况和从前一样贫苦。1919 年 4 月 10 日，政府暗害了农民游击队著名领袖萨巴塔。同时，下令解散工人委员会，宣布镇压工人运动。

然而，卡兰萨政府仍坚持民族资产阶级的反帝立场。根据宪法第 27 条，它于 1917 年和 1918 年颁布了有关石油输出和石油矿藏征税法，对外国资本家在墨西哥的土地、地下资源和矿藏的权利加以限制。1919 年，政府对不服从法令的外国公司采取了坚决措施。1920 年，阿尔瓦罗·奥布雷贡和卡耶斯发动政变，于 5 月 21 日杀害了卡兰萨。7 月，奥布雷贡当选为总统。他虽然镇压工人运动，但在土地改革和对待外国公司的态度方面，基本上还遵照宪法精神。

1924 年夏，卢塔尔科·埃利亚斯·卡列斯当选为总统。他除了继续土地改革和实行 1925 年 12 月公布的石油法令，主要在反教权主义方面维护 1917 年宪法。宪法第 1、第 5、第 27 和第 130 条中，载有反教权主义内容。但宪法公布后，历届政府只采用了个别反教权主义行动，并未全面实施这些条款。1926 年，卡列斯为了维护宪法，下令驱逐大批外籍教士与修女，封闭了部分修道院和教会学校。7 月

14 日，他签署了实施宪法的第 130 条法令，规定实行世俗教育，解散僧团、禁止僧人从事政治活动和外国人担任教会职务、剥夺教会占有的不动产。对破坏法令者要罚款并处以 6 年以下的徒刑。

围绕反教权主义的护宪运动发展为国内战争。墨西哥天主教会于 7 月 25 日发表告教徒书，呼吁反对政府法令。在"基督万岁"口号的煽动下，教徒们抵制交通及社会活动，并组织武装暴乱。部分未获得土地的农民也参加了暴动。但获得土地的农民则站在政府一边，反对暴动者。暴动者劫持杀害和平居民，焚烧公立学校，迫害教师，捣毁铁路，烧死旅客。1927 年，政府镇压了叛乱，墨西哥政局稍趋稳定。

但教权主义者接着制造了更大的暴乱。在 1928 年 7 月，正当总统选举时，天主教集团暗杀了很可能当选总统的奥布雷贡。1929 年 3 月，爆发了"44 个将军的叛乱"，大地主、天主教会和埃斯科巴尔等军阀联合起来，要求取消反教权主义法令。武装叛乱很快扩展到墨西哥的西北各州，叛乱者控制了韦拉克鲁斯、科尔多瓦等 7 个重要行政和经济中心。西部各州教派叛乱者起而呼应。许多政府军投靠叛军。

卡列斯任总司令的政府军，在镇压叛乱中得到墨西哥共产党、农民和工人群众的支持。全国农民同盟组织的游击队，平息了韦拉克鲁斯州的叛乱。许多农民参加了政府军。一些共产党人担任农民和工人游击队的领导者。在各种力量的配合下，墨西哥政府于 1929 年 4 月最后镇压了叛乱。

镇压叛乱前后，卡列斯的政治地位大大提高。1929 年初，卡列斯组织墨西哥国民革命党，这个政党是以他为首的军事独裁者联盟。参加该党的除各军区长官外，还有城市小资产阶级、知识分子和富农代表。卡列斯通过国民革命党控制政府，当他发现总统鲁维奥有不服从自己的迹象时，便把阿贝拉尔多·罗德里格斯推上总统宝座。

二、卡德纳斯改革

卡德纳斯　在世界经济危机的国际背景下，墨西哥鲁维奥政府于 1931 年通过了剥夺工人民主权利的法令。在此以前政府已停止了土地改革。罗德里格斯政府时期，土地改革也未恢复。1933 年 12 月，国民革命党在克雷塔罗城举行代表大会，讨论了宪法规定的总统选举，拉萨罗·卡德纳斯（1895—1970）被推为总统候选人。

拉萨罗·卡德纳斯 11 岁在印刷厂当学徒。他积极参加了 1910—1917 年革命，1928 年被选为米却肯州州长，1930 年任国民革命党主席，1931 年和 1933 年先后任鲁维奥和罗德里格斯政府中的内政部长和国防部长。他属于国民革命党左翼，在任州长期间，以兴办教育和维护劳动法典而闻名全国。

在竞选总统期间，卡德纳斯访问了 28 个州，足迹遍及大中小城市和印第安农村、矿区和小镇。他接受了工人、农民关于民主、土改和反帝的委托书。他向印第安人说："总统府的大门将永远向工农打开。"1934 年 7 月 1 日，他当选为总统。1934 年 12 月 1 日，卡德纳斯在总统就职演说中保证要做好墨西哥人民的总统。这是对独裁者卡列斯的挑战，也意味着他不再做卡列斯的傀儡，而要按 1917 年宪法原则实行进一步改革。

卡德纳斯在其总统任内（1934—1940），改组了内阁、军队和州政府，并改变了卡列斯集团为议会多数派的局面。1936 年，卡德纳斯把卡列斯及其核心骨干驱逐出境，用飞机把他们送到美国得克萨斯。他宣布工厂主必须遵守宪法和法律，反对成立为企业主服务的"白色工会"，不愿在"反共产主义"口号下镇压工人运动。1938 年春，前农业部长赛迪里奥将军发动叛乱，卡德纳斯镇压了叛乱者。正因为有了上述措施，改革才得以实现。

土地改革 卡德纳斯的土地改革措施和以前历届政府所进行的土地改革的不同之处，在于他敢于触动或征收封建大庄园一部分土地，废除了债役制，并实施了废除封建大地产的法令。同时他也敢于触动外国资本家的土地，将这些土地分配给农民。他鼓励合作社组织，建立了 1468 万个新的集体村社。1937 年，他修改宪法第 27 条第 6 款，规定一旦被确定为公地而征用的土地，一律禁止获得自由权利的"保护"令状，使个体村社的小农经济成为村社经济的主要形式。

卡德纳斯土地改革的突出特点是，分配给农民的土地数量大。在他 6 年的任期中，将近 100 万农民无偿地得到了 4500 万英亩土地；而从 1910 年以来的历届政府，仅分给农民 2100 万英亩土地。1935 年 5 月一次分配土地的面积，就接近罗德里格斯 6 年总统任期中分配土地的面积。在维护 1917 年宪法运动中，卡德纳斯是最认真执行第 27 条民主条款的政府领导人。尽管还有 190 万左右的农民仍然没有土地，尽管农村公社的土地质量不好、生产率低，但土改能达到这个水平，在墨西哥是难能可贵的。

在卡德纳斯土地改革措施中，有许多方面是关于农村的社会福利工作的。1937 年，政府设立社会卫生和农村医疗部。1938 年，享受免费医疗的农民达 100 多万人。

国有化运动 国有化运动包括三个方面内容。第一，服务行业和若干企业的国有化。在工人运动的推动下，一些公共汽车公司、电车公司、面包房、印刷厂、锯木厂、纺丝厂、制糖厂、种植园等被收归国有而变成工人生产合作社或工农业合作社。第二，外国公司所属的铁路国有化。在铁路工会的要求下，1937 年 6 月 23 日，政府公布了关于把外国公司的铁路收归国有的法令。1938 年 5 月 1 日，政府将没收的美英公司的铁路移交铁路工会管理。第三，外国石油公司国有化。石油是墨西哥最重要的矿产资源，但一向为美英垄断资本所操纵。在石油系统工人运动的推动下，1938 年 3 月 18 日，政府把 17 家美国、英国和荷兰石油公司收归国有。

在国有化过程中，卡德纳斯政府支持工人组织的要求，使它们签订了有利于工会的各种集体合同。在许多工业部门中，工人因此争得了 40 小时工作周的胜利。政府成立劳工银行，供给工人生产合作社资金。卡德纳斯本人多次支持工人的反帝反封建和反剥削的罢工。特别是在石油国有化运动中，他依靠工人的支持，利用帝国主义国家之间的矛盾，排除了石油工业国有化道路上的障碍。石油工业国有化保卫了民族主权，促进了经济发展。

教育改革 教育改革的起点是扫盲教育。为了在印第安人中普及小学教育，政府专门设立印第安人事务司。政府还设立士兵学校网，在军队中进行扫盲教育。到 1938 年，文盲比 1930 年降低了 14%。

政府还兴办中小学和各种职业学校，为提高文化水平和适应各种事业发展培养人才。公立小学从 1934 年的 8477 所增加至 1940 年的 13016 所。中学 1935 年仅有 49 所，到 1940 年增至 116 所。工业、技术和商业学校，1934 年只有 19 所，增至 1940 年的 40 所。农业学校由 1934 年的 22 所，增加到 1940 年的 55 所。

改组国民革命党 1938 年 3 月，卡德纳斯政府将国民革命党改组为墨西哥革命党，将广大工农群众以职团形式吸纳进官方政党，扩大了革命党的基础，为民众参政提供了机会，有利于墨西哥政局的稳定，也有利于推动政治秩序的制度化。

卡德纳斯改革的历史地位 卡德纳斯在 20 世纪 30 年代进行的改革，是墨西哥民族资产阶级领导的反帝反封建的改革。由于它全面而深入地实行 1917 年宪法，因而可以被认为是墨西哥护宪运动最辉煌的阶段。就其改革的深度和民主性而言，为同时代亚洲、非洲和拉丁美洲民族民主运动史上所仅有。

改革促进了经济发展。1935 年墨西哥有加工工业企业 4200 家，1940 年即达 13510 家；产值和投资都翻了一番。特别是纺织、建筑、食品、家具等轻工业，有了迅速发展。

为了发展民族经济，在 30 年代，卡德纳斯实行诸如《垄断组织法》《没收法》等保护民族资产阶级利益的法令。1937 年成立联邦电力委员会，对私人的（主要是外国人的）电力公司实行监督。1938 年修改的《关税保护法》，禁止进口与本国产品相类似的商品，如纺织品、服装、食品等。

卡德纳斯实行的土地改革，使墨西哥的土地关系发生了重大变化。在北部，废止了大庄园的债役制残余，组成了资本主义性质的集体农村公社。在中部，大庄园主及其地产减少了一半，小农增加了一倍半，庄园经济虽仍存有浓厚残余，但已失去优势。土地改革以后，出现了以资本主义经济形态为主的，小农经济与封建经济残余并存的农村经济结构。卡德纳斯作为反帝反封建比较坚决、经济实力相对强大的民族资产阶级激进派代表人物，通过把封建庄园改造为资本主义农场和把封建大地产转变为村社土地的方式，在农村实现了由半封建社会向资本主义社会的变革。

卡德纳斯的改革是 1910—1917 年墨西哥革命后的一系列护宪运动的最高峰。从整个革命的进程来看，历时 30 年的发展经历了夺取政权和护宪运动两个阶段。护宪运动包括民主化、恢复经济和解决所有制三大内容。卡德纳斯的贡献就是依靠政权力量，自上而下地解决了这些问题，完成了护宪运动的任务。

卡德纳斯的民族民主思想及其实践，使他成为 20 世纪 30 年代拉丁美洲社会思潮的代表者之一。30 年代，以阿亚·德拉托雷①为代表的"民众主义"思潮风靡拉丁美洲大陆。卡德纳斯的思想也属于民众主义范畴，但他把民主化思想深入到工人、农民的权利问题上。他改组的墨西哥革命党拥有广大工农党员群众，而且和共产党合作。他的经济思想，尤其是土地改革和工业国有化思想，在同时代民众主义者中，也是突出的。在对外政策中，他维护民族独立，反对德国和意大利法西斯，支持埃塞俄比亚和西班牙人民的反法西斯斗争。可以说，在庇隆②以前，卡德纳斯是民众主义理论与实践相统一的最杰出的代表人物。1940 年总统任期届满后，他又于 1943—1945 年任国防部长。1955 年他当选为世界和平理事会副主席，1959 年 1 月访问中国，1970 年 10 月 19 日病逝。

---

① 阿亚·德拉托雷（1895—1979），秘鲁人民党创始人，其思想被称为"民众主义"，经济上主张土地改革，坚持发展民族经济，同时主张拉丁美洲团结和反对外来干涉。

② 庇隆（1895—1974），曾三次出任阿根廷总统，提出"庇隆主义"，主张政治主权、经济独立、社会正义等。

第八章　世界经济危机及其影响下的主要资本主义国家

1929—1933 年，首先爆发于美国的经济大危机很快席卷了整个资本主义世界。在经济大危机的打击下，社会危机接踵而来。在应对危机的过程中，美国实行罗斯福新政，英国放弃英镑金本位，法国组成人民阵线政府。它们渡过了危机，巩固了资产阶级议会民主制度。德国和日本处理危机的方式却与美、英、法完全不同。它们建立了不同形式的法西斯独裁统治，对外侵略扩张，分别成为欧洲和亚洲的战争策源地。

第一节　1929—1933 年世界资本主义经济危机

一、危机的爆发及其主要表现

1929 年 10 月下旬，一场资本主义经济危机的风暴首先猛烈袭击美国。24 日，纽约华尔街股市突然崩盘，一天抛出 1280 万股，而平时每天的股票交割为 200—300 万股。人们称这一天为"黑色星期四"。此后，股价在一个月内下跌 40%。危机不久就扩大到加拿大、德国、日本、英国、法国等国，迅速席卷整个资本主义世界，并波及许多殖民地、半殖民地和不发达国家。这次危机持续到 1933 年，资本主义世界工业生产下降了 40% 以上。危机遍及工、农、商、金融等各行各业。资本主义各国的失业率高达 30%—50%，失业工人达 3000 多万人，几百万小农破产，无业人口颠沛流离。这次危机使生产下降幅度之大，波及范围之广，导致失业率之高，持续时间之长，使它成为资本主义发展史上最严重的一次世界性经济危机，这也是这次危机的基本特点。

这次大危机的又一个特点是危机期间农业危机、货币信贷危机与工业危机同时并发，相互交织，成为这次危机比历次危机更加深刻的一个原因及表现。

美国的农业在第一次世界大战后一直处于慢性危机状态，1929 年经济危机爆发时，情况更加恶化。农产品大量"过剩"，粮食价格大幅下降，其农产品批发价格指数从 1929 年的 104.9（1926 年为 100）下降到 1932 年的 48.2，下降 54%。在世界市场上，小麦批发价格下跌 70%，大豆、棉花、黄麻、咖啡等跌价 50% 以上。为了维持农产品价格，农业资本家和大农场主大量销毁"过剩"农产品。美国资本家用小麦和玉米代替煤炭作燃料，把牛奶倒进密西西比河，使这条河变成了"银河"。巴西一年就有 2200 万袋咖啡被倒入大海。当资本家大量销毁农产品的时候，贫苦农民却挣扎在饥饿死亡线上。在美国的宾夕法尼亚和肯塔基的乡村，民众靠挖野菜根、嚼野葱头充饥。

危机年代，世界贸易额猛烈缩减。以危机前的最高点和危机中的最低点相比，英国出口额下降 50%，美国下降 70%，德国下降 69.1%。1933 年整个资本主义世界贸易总额比 1929 年缩小了 2/3，即回到 1919 年的水平。

在危机期间，资本主义各国还先后爆发了货币信贷危机。大批银行倒闭，整个信贷制度濒于崩溃。1929—1933 年美国破产银行超过 1 万家。德国国库的黄金储备在危机期间减少了 4/5。危机之前，伦敦是欧洲的黄金自由市场，英镑可以自由兑换黄金。危机期间，法国等许多国家的银行纷纷向英格兰银行提取和兑换黄金，使英国黄金大量外流。这使依赖国外市场最深、基本上还在执行自由贸易政策的英国经受不住对外贸易额急剧下降和货币信贷危机的双重打击。1931 年，英国历史上第一次出现 1.04 亿英镑的国际收支赤字。

大危机的另一特点是危机结束后，不见经济复苏。1929 年的大危机到 1933 年才开始进入"特种萧条"，到 1936 年各国生产和就业才回升到 1929 年的水平。从 1937 年下半年起，美、英、法等国又爆发了新的危机，却没有任何一个国家出现繁荣局面。

二、危机的根源

大危机的爆发有着深刻的社会经济根源。资本主义国家在第一次世界大战后经历了 1921—1922 年短暂的经济危机，从 1924 年起进入相对稳定时期。1925 年欧洲工业产量恢复到 1913 年水平并继续快速增长。但是，这一时期已潜伏着许多矛盾。国际金融状况比 1914 年以前更加脆弱。

第一，由于生产社会化与生产资料私人所有制之间的矛盾，繁荣并未带来共同富裕，相反，加剧了贫富差距。例如美国，到 1929 年，占人口 5% 的富人的收入几乎占了全部收入的 1/3，而全年收入在 2000 美元以下的贫困户占家庭总数的 60%。这就大大限制了社会购买力。

第二，即使在繁荣时期，工业部门的开工也严重不足。大批工人失业。1921—1929 年，美国失业者每年都在 220 万人以上。英国失业率在最低的 1927 年也达 9.7%，而瑞典则从未低于 10%。失业的存在必然降低社会购买力，为危机准备了条件。

第三，国际市场上滞销的农产品、初级工业产品越积越多。如小麦、糖、咖啡、橡胶、铜等产品均出现此类情况。富裕国家增加的收入并未用来购买大批量基本食粮；另一些国家又确实需要更多的食物，而收入却不足以购买这些东西。垄断资本企图维持垄断价格，使得问题更为严重。这又导致许多国家的农业处于慢性危机之中。

第四，伴随着 20 年代的繁荣出现的地产和股票的投机狂热，特别是后一种投机活动，股票市场价格狂涨，增加了金融市场的不稳定性。而证券市场长期缺乏有效监管，又使股票市场的投机活动更为严重。1928 年 8 月底美国股票市场的平均价格已经相当于 5 年前的 4 倍。这种空前猖獗的金融投机活动严重威胁了货币和信贷系统的稳定。

第五，自 1924 年道威斯计划执行开始，德国从美国得到大笔贷款，德国以此向其他国家支付战争赔款。这种对美国资本的依赖，成为德国经济不稳固的主要原因。一旦美国“伤风”，德国经济就会“感冒”。同时，这也使得国际金融关系中潜伏的危机为表面上似乎牢固的信贷关系的假象所掩盖。

此外，社会主义苏联的存在和亚非拉民族解放运动的高涨，使资本主义国家向国外转嫁危机更为困难。例如，美国以“门户开放、机会均等”为旗号，力图增加对华贸易，在拉丁美洲企图主宰该地区的经济，但中国人民和拉美人民的反帝斗争，却使美国的投资受到很大限制。

正是在上述种种矛盾的综合作用下，世界经济大危机不可避免地到来了。

三、危机的后果

第一，严重的危机大大激化了资本主义社会的各种矛盾。资本家千方百计地把危机后果转嫁到工人阶级和劳动人民身上，如削减工资、提高捐税等，大大激化了阶级矛盾。在美国，整个 30 年代初，全国都能看到饥民和失业者的示威游行，他们高呼“我们不愿饿死——必须战斗”“提高工资”等口号。1930 年 3 月 6 日，125 万失业工人在美国共产党和左派组织的领导下，在全国各大城市举行声势浩大的抗议示威。1931 年，美国的失业者举行了向华盛顿的“饥饿进军”。英国工人阶级不断掀起示威游行和罢工，水兵甚至发生了暴动。法国在 1930 年一年之中就爆发了 1700 多次罢工，德国在 1930—1932 年，每年都有几十万工人分别举行几百次罢工，严重动摇了资产阶级的统治地位。另外，在经济危机期间，法西斯势力活跃。英国、法国、美国都出现了一些法西斯组织和极右组织，对资产阶级民主制度造成冲击。

第二，经济危机使帝国主义与殖民地、半殖民地之间的矛盾也尖锐起来。危机年代，资本主义国家竭力压低殖民地半殖民地的原料和农产品价格，并向这些地区倾销工业品，殖民当局还增加捐税，使殖民地半殖民地经济遭到严重破坏，人民生活日益恶化，这就激起了民族解放运动的进一步高涨。印度国大党于 1929 年 12 月首次提出争取印度完全独立的口号，开展第二次非暴力不合作运动。中国、朝鲜人民的抗日斗争以及越南、埃及等国人民的反帝反殖斗争也出现高潮。

第三，帝国主义国家之间的矛盾进一步激化。各国垄断资产阶级为了转嫁和摆脱危机，加紧争夺市场和原料产地，在国际关系中展开了一场空前激烈的经济战。1930年5月，美国国会通过对890种商品提高征税的法案。由美国挑起的关税战，激起了其他资本主义国家的恐惧和愤慨，纷纷提出了抗议。到1931年底，有25个国家采取报复措施，到1932年4月更增加到76国以上。1932年英国在渥太华举行英帝国特别会议，决定在英帝国内部建立关税优惠制。法国采取限额输入的办法，保护本国的商品市场。这就形成激烈的关税战、市场战、货币战。

在这场经济危机前，大多数国家采取金本位制，这被认为是对国际贸易比较有利的相对稳定的货币制度。但1931年9月，曾于1816年世界上第一个实行金本位的英国，却被迫首先放弃金本位，使英镑贬值近1/3。随着英镑的贬值，20多个国家放弃金本位。然而，英国垄断资产阶级决不愿意坐视英镑的世界货币作用的削弱和丧失，不愿让伦敦失去国际金融中心的地位。从1931年11月起，英国和英联邦国家陆续联合起来，组成英镑集团。同英国财政经济上有密切联系的瑞典、丹麦、葡萄牙、伊拉克、暹罗（泰国）、阿根廷、巴西等也都参加英镑集团。英镑集团成员国之间的贸易用英镑结算，其货币同英镑保持固定汇率，并把大部分外汇储存在伦敦。这时，法国、荷兰、意大利、比利时、瑞士、波兰等国也组成维持金本位的集团，防止货币贬值。在这股货币战浪潮中，经济实力雄厚的美国于1933年4月正式放弃金本位，宣布禁止黄金出口。1934年美国政府宣布美元贬值40%，并联合一些国家，组成美元集团（1939年改称美元区）。美元集团的基本政策与英镑集团大致相同，参加者有：美国及其属地、菲律宾、加拿大和大多数拉美国家。到1935年，世界大部分地区分裂成5个货币集团，主要是英镑区、美元区、黄金本位区，还有日元区和德国统制下的外汇控制区。

此外，美、英等国还想方设法控制资源，它们和生产国缔结协定，对橡胶、锡等重要原料限制生产。而德、意、日等资源不足的国家则企图用武力夺取资源，争夺生存空间。

第四，危机打破了战后建立起来的赔款制度和债务关系。德国为防止金融体系崩溃，要求取消赔款。希特勒上台后，拒绝继续支付赔款，赔款不了了之。各国借机拒绝偿还债务。法国宣布停止向美国偿还战债，英国等美国的其他债务国也效仿法国，加剧了帝国主义国家之间的矛盾及国际金融的不稳定性。

第五，危机导致国际格局发生急剧变化。在一片经济战中，资本主义世界也曾企图通过协商来建立稳定的世界经济秩序，1933年6月在伦敦召开的有66个国家参加的世界经济会议便是突出的一例。其中许多国家由政府首脑率领代表团出席。这次会议希望达成关于降低关税、稳定货币的协定，由于矛盾重重，会议未取得实质性成果。此后，国际经济关系继续恶化，不仅延长了危机，而且延长了危机过后的萧条阶段，出现了 30 年代的"大萧条""特种萧条"。

面对经济大危机造成的严峻的经济、政治、社会和国际形势，资本主义各国采取了不同的政策以应对危机。美、英、法采取国家干预措施，对经济社会政策进行调整，以阻止经济危机和社会形势的进一步恶化。德国和日本继意大利之后，也于 30 年代建立起资产阶级统治的极端形式——法西斯专政，走上对外扩张的道路。

第二节　罗斯福"新政"

一、"新政"的提出

美国遭受危机的打击最为严重，工业生产持续下降达三年之久。1932 年全国工业生产比危机前的 1929 年下降 46.3%。经济倒退到 1913 年的水平。危机遍及各工业部门。重工业部门生产下降的幅度尤为惊人。钢铁工业下降近 80%，汽车工业下降 95%。危机期间，13 万家以上企业倒闭，失业人数在 1933 年将近 1300 万人，大约为劳动人口的 1/4。持续几年的危机使失业工人受尽饥寒之苦，在业工人的生活也十分艰难，一小时的工资只有 10 美分。据当时记载，在许多城市的周围，无家可归者用木板、旧铁皮、油布甚至牛皮纸搭起了栖身之所。他们回想起 1928 年胡佛在竞选总统时曾夸口说，如果他当选总统，"将使美国人家家锅里有两只鸡，家家有两辆汽车"，再看看自己现在的状况，愤怒地把这些凄惨敝陋的"建筑"取名为"胡佛袋""胡佛车""胡佛毡"，这些小屋聚集的区域则被称为"胡佛村"。

面对严重的经济危机和群众的反抗斗争，当时的美国总统胡佛一筹莫展。迫于形势，他也采取过一些小规模的国家干预行动，例如，收购部分农产品，成立复兴金融合作署向企业、银行、保险公司贷款，以防止它们倒闭，增加公共建筑费用和在道路及国家公园上的投资，以扩大就业提高消费，等等。但是，胡佛坚持"自由放任"的经济学说，在加强国家对经济的干预这个重大问题上趑趄不前。他还反对联邦政府出资救济失业者，认为救济是民间团体和慈善机构的事情。他甚至说，用政府拨款救济失业者"不仅危害了美国人民生活中极其宝贵的品质，而且打击了自治的基础。"在他任职的第四个年头，危机更趋严重，社会混乱，人心惶惶，很大一部分人对胡佛失去信任，对现有制度丧失了信心。

正在这种形势下，纽约州长富兰克林·罗斯福（1882—1945）在 1932 年大选中，以 2280 万张选民票对胡佛的 1575 万票和在选举团里以 472 票对 59 票的巨大优势，当选为美国第 32 届总统。

罗斯福祖籍荷兰，出身显贵家庭，先后就读于哈佛大学和哥伦比亚大学，曾任海军助理部长和纽约州长，政治经验丰富。他在 1928—1932 年担任两届纽约州长期间，已经提出国家干预政治经济生活，帮助"破产的""经济金字塔底层被遗忘的人"等主张。1932 年他在接受民主党总统候选人的提名演说中曾说："我向你们保证，我对自己立下誓言，要为美国人民实行新政。"从此，"新政"就成为罗斯福施政纲领的标志。罗斯福一上台，便在就职演说中向国会要求准许他使用对付危机的大权，这就是"对紧急状态作战的广泛的行政权力，像我们真正遭受外敌侵略时所赋予我的权力一样大"。

二、"新政"的两个阶段及其主要内容

"新政"开始时，罗斯福的心中并没有一幅清晰的蓝图。他只是认识到必须改变胡佛的"自然调节"的放任政策，运用政府的权力对经济进行干预。至于干预的范围有多大，干预到什么程度，他并非成竹在胸，而是在实行中逐步摸索。

根据在不同时期实施的重点，"新政"大体可划分为两个阶段：第一阶段从 1933 年 3 月罗斯福就职起到 1935 年初止，主要目标是医治由于严重经济危机出现的紧急问题与造成的创伤，提出一些复兴经济的法案和计划；第二阶段是从 1935 年到 1939 年，主要致力于一些具有长远意义的政治、经济和社会改革，救济措施则贯穿始终。因此，"新政"的主要内容可用"三 R"来概括，即"救济"（RELIEF）、"复兴"（RECOVERY）、"改革"（REFORM）。

"新政"第一阶段   1933 年 3 月 9 日这一天被认为是进入一个特别时期的开端。从这一天起到 6 月 16 日，国会应罗斯福的要求制定了一系列应急立法，被称为"百日新政"。

"新政"从改革银行制度开始，因为大危机是以美国金融危机为发端的。早在罗斯福就职的头一天夜里，他就指示财政部长起草紧急银行法案，限 5 日内完成。3 月 6 日，政府宣布全国银行休假一天，接着国会于 3 月 9 日通过《紧急银行法案》。该法案授权总统对银行进行个别审理，让有偿付能力的银行尽快开业，对缺乏偿付能力的银行进行改组。3 月 12 日，罗斯福发表第一次炉边谈话，他向国民保证，现在把积蓄存进银行是安全的。接着，美国成立联邦储蓄保证公司，保证 5000 美元以下存款的安全。到 4 月份，存回银行的通货已达 10 多亿美元。

为了加强美国的对外经济地位，罗斯福政府于 1933 年 3 月 10 日宣布停止黄金出口，4 月 19 日正式宣布放弃金本位。到同年 10 月，美元贬值约 30%。这一举措，增强了美国在世界市场上的竞争力。

除《紧急银行法案》等有关金融立法外，"百日新政"期间的重要立法还有两根有力支柱，即《农业调整法》和《全国工业复兴法》。

《农业调整法》颁布于 1933 年 5 月 12 日。这是罗斯福企图对全国农产品的生产和销售进行调节的尝试，目的是限制小麦、棉花、玉米、大米、烟草等农作物

及牛奶、生猪等的生产，以克服生产"过剩"并提高农产品的价格，最后使农民的购买力和经济地位恢复到 1909—1914 年农业繁荣年代的水平。财政部对削减产量的农场主给予补贴，并给农场主提供新的信贷。根据《农业调整法》成立的农业调整署，购买并屠宰 20 多万头快要产仔的母猪和 600 多万头小猪，以防止生产"过剩"。政府通过这些限制生产和破坏产品的极端措施，解决了农产品产量不可控制的局面，对农业的复苏起了一定作用。1935 年末，农产品价格已接近稳定，农业抵押借款大幅度减少。其中得利最多的是大农场主和大种植园主。但是，这种削减和破坏生产力的做法引起了广泛的批评。当千百万人忍饥挨饿时，资本却采取毁灭粮食和牲畜的办法来保证利润，这是资本主义腐朽性的明证。

为恢复工业而采取的主要措施是 1933 年 6 月 16 日国会通过的《全国工业复兴法》。罗斯福称，这是"美国国会制定的最重要、最具有深远意义的立法"。根据该法成立了全国复兴署，由它召集工商界、劳工组织和消费者共同拟定公平竞争法规，凡是接受这些法规的企业，一律发给"蓝鹰"标志，上面写有"我们尽我们的职责"的字样。到 1935 年初，这种"公平竞争"法规已达 750 个之多。根据《全国工业复兴法》的规定，美国暂时取消了反托拉斯法对垄断的限制，在工业中成立各种同业工会，制定规约，以协调各工业部门的企业活动和消灭"不公平"竞争。同时，该法第七条规定由国家调节雇主和工人的关系，雇员有权组织起来集体谈判雇佣合同，禁止以参加公司工会作为雇佣条件，雇主必须遵守最高工时和最低工资的限制，禁止雇佣童工。另外，根据该法，内政部成立公共工程署，兴办各种公共工程，减少失业人数。

总之，《全国工业复兴法》的中心是企图依靠国家和垄断组织联合的力量，把资本主义生产的无政府状态纳入有序轨道，通过资本家作出的某些让步，缓和阶级矛盾，实现罗斯福领导全国"合作"的意图。

《全国工业复兴法》并没有完全达到复兴工业的目标，而且由于大企业在制定规约中起决定性作用，引起许多小企业主、工人和公众的不满。但它使美国工人运动的某些斗争成果得到反映。如它对最高工时和最低工资所作的规定，对工资低、劳动条件恶劣的血汗工厂采取某些整顿措施和制裁，有利于改善工人的经济条件。

"新政"的主要内容之一是救济工作。1933 年 5 月 12 日，国会通过《联邦紧急救济法》，成立联邦紧急救济署。联邦紧急救济署到 1935 年结束时，共花了 30 亿美元。但罗斯福更强调"以工代赈"。

1933 年 3 月，罗斯福制定了以保全人力和自然资源为目标的"民间自然资源保护队"计划。它吸收 18 至 25 岁的失业青年，从事诸如造林、防火、防洪、筑路等工作。每月工资 30 美元。保护队在美国参战前的 8 年多，先后吸收了 150 万青年，开辟了数百万英亩的国有林区和公园等。对田纳西河流域的治理，是以工代赈的一个典型。1933年5月，以修建新的水坝和发电厂为主要任务的田纳西河流域管理局成立，工程建设获得很大成功，包括7个州的广大地区受益，平均收入在工程发挥效益后增长了4倍。美国制造第一颗原子弹所耗的电力也是靠田纳西工程提供的。

"新政"第一阶段取得了一定成就。到1935年初，失业人数比1933年初的最高点减少了400万人。农民的现金收入从1932年的40亿美元增加到1935年的近70亿美元。资本收入从1933年以来增加了6倍，工业产量几乎翻了一番。

但是，第一阶段"新政"把重点放在消除生产相对过剩上，采取的多为应对危机、复兴经济的权宜之计，因此它对美国经济复兴的刺激作用是有限的。

"新政"的实施并非一帆风顺。阻挠首先来自保守的最高法院。罗斯福任总统时，最高法院的9名法官多半年逾古稀，被称作"九老院"。他们历来信奉自由放任政策，敌视"新政"立法。1935年5月27日，被称为"黑色星期一"的这天，最高法院在审理一起案件中宣布《全国工业复兴法》违宪，说什么国家工业复兴法广泛授予立法权力就是"授权胡闹"。1936年1月，最高法院又判定《农业调整法》侵犯了各州政府的权利，因而违宪。

"新政"还遭到来自国内右翼分子的挑战。1934年8月，一批对"新政"不满的大亨及保守的民主党人，成立"美国自由同盟"，其目标是阻止"新政"向左转。操纵者是北部工业家，特别是杜邦公司和通用汽车公司的董事和经理们。与企业界反"新政"浪潮相呼应的是一些右翼分子。

除了上述来自右翼的攻击之外，"新政"还面临广大工人要求深入改革的压力。"新政"的第一阶段，劳工的真正困难远未得到解决。1935年全国失业者仍达900万人之多。从1933年起，工人依靠罢工手段，进一步捍卫自己的切身利益。1934年，全美各地罢工持续不断，并以要求承认工会为主要目的。罢工打破了行业界限，深入到过去很少发生罢工的诸如汽车工业、纺织工业等大批量生产的工业部门。

"新政"第一阶段遇到的日益增多的挑战和不满，推动罗斯福政府深化"新政"改革。1935年起，罗斯福政府除继续推行"以工代赈"等救济措施外，又推动制定了一些有着深远影响的侧重改革的新的立法，把"新政"推进到第二阶段。

"新政"第二阶段   这一阶段"新政"的重大举措之一是1935年8月通过的《社会保险法》。它改变了过去由民间团体自助自救或由慈善团体提供救助的传统，开始了美国的"福利主义"试验。该法包括三个部分：养老金制度，失业保险制度，对残疾、无谋生能力者提供救济。凡年满65岁的退休工资劳动者，根据不同的工资水平每月可获10—85美元的养老金。关于失业保险，其保险金的一半是由在职工人和雇主各交付相当于工人工资1%的保险费，另一半则由联邦政府拨付。此外，各州在随后两年都建立了失业保险制度，给大约2800万工人提供了保险。

　　另一个重要举措是 1935 年 6 月 27 日通过的《全国劳工关系法》，即《华格纳法》。最高法院宣布《全国工业复兴法》违宪，连带把该法中有关劳工权利的第七条第一款也加以废止。这激起工会组织的激烈抗议，对罗斯福的劳工政策也是一个严重打击。在罗斯福看来，如果得不到有组织的劳工的支持，社会动荡局面就无法稳定，更谈不上刺激私人投资。而且，在支持他的选民中，有组织的劳工是一支重要力量。在罗斯福的坚决要求下，国会很快采取行动，通过《全国劳工关系法》，规定：工人有组织工会的权利，雇主不得干预或图谋控制劳工组织，雇主不得拒绝与工人集体谈判合同，不得歧视工会会员。根据该法成立的劳工关系委员会负责处理劳工与雇主的申诉。《华格纳法》被认为是"新政"第二阶段中最剧烈的立法革新之一。它用政府的力量支持劳工的集体谈判权。它代替了被废除的《全国工业复兴法》第七条第一款，保障了工人的基本权利。

　　在美国劳资关系史上，《华格纳法》是美国工会运动赢得的一个空前的胜利，也是以罗斯福为代表的美国资产阶级中较有远见的那些人迫于大危机的压力，为挽救经济、稳定社会而作出的一项断然改革。

　　另一项重要立法是关于最低工资和最高工时的立法，即 1938 年 6 月 14 日国会通过的《公平劳动标准法》（即《工资工时法》）。其主要内容是每周工时为 40 小时，该法生效之日起 2 年后，每小时工资不得少于 40 美分。这一法律是政府对雇员集体议价的进一步支持。

　　在资本主义制度下，工资劳动者争取到的上述改良立法，是有积极意义的。

　　在"新政"第二阶段，以工代赈、公共工程的规模进一步扩大。从 1935 年到 1942 年，为协调整个工程计划而设立的工程进展署花费 130 多亿美元，雇佣约 850 万工人，修建了 12.2 万幢公共建筑，106 万千米新道路，7.7 万座新桥梁，285 个新机场和 3.9 万千米地下水道。此外，还修建了公园、游戏场、水库等。但以工代赈并未从根本上解决失业这一严重问题。

　　罗斯福还试图对国家体制进行一定调整。他改组行政机构，建立白宫办公厅、预算局、国家资源计划处、人事管理联络处、政府报告署等办事机构，加强总统权力。1937 年 2 月 5 日，罗斯福向国会提出"最高法院改组计划"的咨文，要求在出现已任职 10 年、70 岁还未退休的法官时，应增加一名法官，而且联邦最高法院的法官最多可增加到 15 名。该计划引起全国激烈辩论，最终参议院以 70 票反对、20 票赞成、5 票弃权的表决结果，否决了这个计划。

三、"新政"的影响

　　罗斯福"新政"的实施，避免了美国经济社会形势的进一步恶化。从 1935 年开始，美国的所有经济指标几乎都开始呈上升趋势。国内生产总值从 1933 年的

1415 亿美元增加到 1939 年的 2049 亿美元，失业人数降至 1939 年的 800 万人。对稳定金融秩序、整顿工农业生产、为失业者提供就业机会、一定程度上改善经济发展不平衡和社会分配不公的状况，都有积极意义。

罗斯福"新政"是在经济大危机威胁美国的形势下，作为挽救大危机的救急"药方"，试图在资本主义范围内对其中某些弊病加以改革，以保证资本主义的稳定和发展。1938 年罗斯福在谈到"新政"时说："作为一个国家，我们拒绝了任何彻底的革命计划。为了永远地纠正我们经济制度中的严重缺点，我们依靠的是旧民主秩序的新应用。"

"新政"留下了深远的影响。首先，"新政"以资产阶级民主范围内的国家干预，在一定程度上恢复了人们对美国国家制度的信心，摆脱了由于经济危机造成的法西斯势力对美国的威胁，避免了社会激烈动荡。其次，政府通过国会新的立法对美国经济社会生活实行前所未有的干预，进行宏观调控，从而大大扩大了联邦政府和总统的权力。第二次世界大战以后的历届总统均继承了这笔"遗产"。最后，"新政"大大加强了美国的国家垄断资本主义并成为现代美国国家垄断资本主义经济制度的开端。由于它局部改变了美国的生产关系，改善了中小资产阶级和劳动人民的状况，并在一定程度上缓解了经济危机、缓和了阶级矛盾，因此，"新政"的做法和特点，不仅为二战后美国多届政府所继承，而且对其他一些西方国家也产生了不同程度的影响，在很大程度上决定了二战以后资本主义的发展方向。总的来说，"新政"开创了从一般私人垄断资本主义向国家垄断资本主义的转变，在世界资本主义发展史上，具有非常重要的地位。它标志着垄断资产阶级找到了在特定历史环境中克服威胁资产阶级统治的严重危机的道路，从而保证了垄断资本主义在相当长时间内的继续发展。但是，"新政"在挽救美国资本主义的同时，并没有解决资本主义社会中生产资料私有制与生产社会化之间的基本矛盾，它只是为了革新与完善处于垄断阶段的资本主义私有制。

从国际上来看，"新政"的实行，使得当时的美国和推行法西斯主义、企图依靠侵略战争奴役剥削他国人民来摆脱沉重的经济、政治、社会和文化危机的德国、日本、意大利三国划清了界限，维护和发展了民主制度，也就使美国有可能和社会主义国家苏联结成反法西斯同盟，与全世界的进步力量一道，共同赢得反法西斯的第二次世界大战的胜利。

第三节 大危机年代的英国和法国

一、英国政府应对危机的措施

经济危机对英国的打击   1929 年爆发的世界性经济危机，于 1930 年第一季度蔓延到英国，1932年第三季度危机达到最严重地步，1933年后进入萧条时期。由于英国在20年代没有达到繁荣阶段，工业方面没有进行大规模固定资产的更新和扩大，因此危机对英国工业生产的影响较美国、德国、法国等主要资本主义国家要小。危机对英国农业的影响较为严重，1930—1932年，英国农产品的价格下跌34%，致使农业生产缩减，英国成了"世界各国倾销剩余粮食的市场"。工农业和商业的下降，引起20年代本已严重的失业状况进一步恶化，失业人数成倍增长。1930年英国失业人数占工人总数的16.8%，1932年上升到25.5%，每四个工人中就有一人失业。经济危机还使英国对外贸易进一步萎缩，贸易入超逐年增加，国际收支恶化。1931年英国的国际收支逆差已超过1亿英镑，英镑地位的稳定性受到猛烈冲击。从1931年初开始，黄金外流严重，1—3月，从英国净外流的黄金价值达700万英镑，7—9月更达到3400万英镑，英国银行的黄金储备急剧下降，到1931年9月实际已近枯竭。

英国自第一次世界大战后一直追求保持英镑的金本位，以寻求摆脱财政危机的出路。但到1931年，英国政府除了废除英镑金本位之外，别无出路。9月20日，英国正式宣布废除英镑金本位，停止实施1925年《金本位法》中规定的英格兰银行须按规定价格出售黄金一款，以此作为克服经济危机的主要措施之一。随着英镑放弃金本位，英镑对美元的汇率从1∶4.86下降到1∶3.40。英国政府利用英镑贬值来改善其商品在世界市场的竞争力。放弃英镑金本位虽是迫不得已，但确实使英国有可能降低出口商品的价格，从而改善对外贸易。为了加强贬值后英镑的国际地位，英国还积极推动成立国际货币集团。1931年，英国、英联邦各成员国和其他一些资本主义国家组成英镑集团。由于建立了英镑集团，尽管英镑金本位崩溃了，但世界商品流通中仍有40%—50%用英镑计算。

为了保护国内生产和市场，大危机时期，英国不得不放弃它在经济全盛时期实行的自由贸易政策，转而实行保护关税政策，以此作为克服危机的另一个主要措施。从1931年底开始，英国先后颁布《禁止不正当进口法》和《1931年农产品法》等临时法律，进而又在1932年2月将这些临时性的保护关税措施升级为正式的《进口税法》。《进口税法》规定，除少量商品（主要是原材料）外，对一切进口商品一律征收10%的关税，对那些对英帝国商品采取歧视性措施的国家的商品按价增收100%的关税。通过实行《进口税法》，英国保护了国内市场，对外贸易严重入超的状况有所改善。1932年，英国还把保护关税政策推广到整个英帝国，以特惠制保护整个英帝国的市场。1932年7—8月，在加拿大首都渥太华召开专门讨论经济问题的英帝国特别会议。经过互相让步和妥协，英国与各自治领签订了一系列双边贸易协定。在这些协定中，英国答应进入英国市场的自治领商品除20%照章课税外，其余一律豁免征税；自治领则以豁免一系列英国商品的关税，使英国商品在自治领市场享有较第三国商品优越的地位作为回报。渥太华会议不仅扩大了英国同帝国各成员的贸易，也加强了英国商品在国际市场上的竞争力。

英国政府虽然采取了一系列措施遏制危机，但直到欧洲战争再次爆发，英国在经济上仍落后于其他主要资本主义国家。在工业方面，只是到 1935 年以后实行重整军备计划才给英国工业带来较大的刺激，但它在资本主义工业生产中所占的比重，仍远远落后于美国，德国的工业增长速度也比英国快。在对外贸易方面，美、德、日在世界贸易中的比重进一步增加，英国的比重则不断下降。

国民政府的成立　在经济危机的打击下，30 年代英国政治明显右转。1931 年 6 月，第二届工党政府在是否以削减 10% 的失业补助金等办法来解决财政危机的问题上发生分裂。首相拉姆齐·麦克唐纳（1966—1937）与保守党、自由党联盟，于 8 月份重组内阁，建立了有保守党、自由党参加的所谓"国民政府"。在同年 10 月的议会大选中，该联盟获胜，保守党在联盟中占据领导地位。麦克唐纳作为工党领袖，甘当保守党的马前卒，遭到工党大多数人的谴责。他与另外两名工党头目被开除出工党，麦克唐纳另组新党，称国家工党。

国民政府以麦克唐纳为首相、保守党实际居领导地位，上台伊始即把失业工人的补助金削减了 10%，为政府节约了 3300 多万英镑的资金。1931 年 11 月又实行《贫困调查法》，通过这个法律把失业补助金的总额每年又削减 3000 万英镑。国民政府不仅向工人阶级转嫁危机，加剧危机中工人生活的恶化，而且为防止工人阶级的反抗和斗争，还加强了对言论自由和集会自由的钳制，并于 1934 年通过了一项关于"取缔煽动不满情绪"的法律，即《煽动叛乱法案》。英国工人阶级对国民政府的不满情绪日益增长，失业工人运动蓬勃开展。1934 年 1 月失业工人组织了全英到伦敦的"饥饿进军"，得到各阶层，特别是工会的支持。政府害怕 1926 年总罢工重演，不得不于 1935 年对失业补助金作出新的规定，并宣布废止失业补助金的新定额。

1935 年 6 月，保守党改组政府，斯坦利·鲍尔温（1867—1947）接替麦克唐纳的首相职务，并趁机把 1929—1935 年给英国人民带来一切损失的责任都推到麦克唐纳身上。在 1935 年 11 月进行的大选中，国民联合政府以 431 席重新执政，保守党仍占议会的多数。直到 1945 年，尽管内阁多次变动和改组，但它始终是一个国民联合政府，首相一职从鲍尔温到尼维尔·张伯伦（1869—1940）再到温斯顿·丘吉尔，一直由保守党人担任。

二、重整军备与绥靖外交

英国重整军备　1933 年 1 月纳粹党在德国夺取政权，10 月便宣布退出裁军会议和国际联盟，毫不掩饰地扩充军备。鉴于国际形势的恶化，英帝国国防委员会下属的国防需要委员会于 1934 年 2 月提出一份报告，指出：日本虽然是英国最直接的敌人，但它对英国的威胁已不如德国那样严重，德国才是"我们的'长远'防御政策必须针对的最大的潜在敌人"。报告还提出增加军费的要求。1933 年英国军费实际开支为 107684767 英镑，占政府总支出的 14%。1934 年、1935 年两年军费略有增加。1936 年的实际开支为 185987216 英镑，占政府总开支的 21%，自 1930 年以来第一次超过 20%。此后，英国军事预算不断修改，实际支出逐年增加。1933 年到 1938 年，英国军费累计约 12 亿英镑，合 174 亿多德国帝国马克。同期德国军费则高达 500 亿—600 亿帝国马克①，相形之下英国未免见绌。

英国重整军备不力有若干原因，其中一个主要原因是经济。第一次世界大战后，英国丧失了长期保持的海上霸权，也失去了世界唯一金融中心的地位。20 年代英国经济长期停滞不前，1929 年爆发的世界经济危机又使它遭受沉重打击。1933 年以后，英国经济开始复苏。1934 年英国开始重整军备的时候，也正是英国经济摆脱危机走向好转的时候。面对德国的威胁，英国政府虽然不得不扩充军备，但它主要考虑的是如何从复苏走向繁荣，如何加强英国在世界市场上的竞争力。英国不敢抱有战胜德国的奢望，甚至对英德战争的可能后果忧心忡忡，因此只想取得英德和解，以便大做生意，并保住既得利益。

绥靖外交　英国政府自觉软弱，又不肯大规模扩军，便企图通过绥靖外交弥补国防力量的不足。1936 年 11 月 14 日，张伯伦在一封家信中表示："我不认为（战争）已迫在眉睫。我相信，通过运用小心谨慎的外交活动，我们可以防止战争，也许可以无限期地防止。"

1935 年 4 月，德国政府宣布：12 艘潜艇将于近期下水。这是对《凡尔赛条约》不准德国拥有潜艇的公然违反，但英国却采取容忍态度，于 1935 年 6 月 18 日同德国签订了《英德海军协定》。协定规定，德国舰队的总吨位永不超过英国海军总吨位的 35%，德国潜水艇吨位有权与英国潜水艇吨位相等，但将不超过英国吨位总额的 45%。在此以前，德国曾单方违反过《凡尔赛条约》，但这次则是英国同德国一起破坏了《凡尔赛条约》。毫无疑问，这是纳粹德国在政治上、军事上和外交上取得的一次重大胜利。

1936 年 3 月 7 日，德国以《法苏互助公约》与《洛迦诺公约》不相容为借口，悍然出兵进驻莱茵非军事区，单方面废除了《凡尔赛条约》第 42、43 条和《洛迦诺公约》第 1 条。德军进驻莱茵非军事区，直接对法国构成威胁，但法国不敢行动。英国更是反对采取制裁措施，首相鲍尔温对法国外长说：法国的政策"哪怕只有百分之一的可能引起战争，我也无权使英国为之承担义务"。

---

① 西方史学家的估计不一，少则 418 亿帝国马克，多至 745 亿帝国马克，本书取其折中数。

以后，德意联合干涉西班牙内战，德国吞并奥地利，英国都予以容忍。对于企图称霸地中海的意大利和企图称霸亚太地区的日本，英国也都采取了绥靖政策。慕尼黑会议是英国对德绥靖的顶点，这个会议开过以后，德国便确信可以发动征服欧洲的战争而不受阻止了。

英国政府不肯全力重整军备，而把绥靖外交当作避免世界大战的有力手段。万一战争爆发，英国就准备采取守势，首先保住本土，然后再在长期的消耗战中与敌人较量。总之，它在军事上作了最坏的、最悲观的估计，以致未战而先已气馁；它在外交上却作了最好的、最乐观的估计，以致蒙住了自己的眼睛。就这样，英国在军备十分不足的情况下被拖入了战争，并在战争初期遭到一连串的惨败。

三、法国的经济危机与政局动荡

经济危机对法国的打击　由于 20 年代法国的经济发展较好，又得到德国较多赔款，所以法国卷入危机的时间较晚，但退得也迟。当 1929 年、1930 年大部分资本主义国家都卷入世界规模的经济大危机时，法国这两年却是最为繁荣的时期。国家预算基本平衡，法兰西银行黄金储备雄厚，除农业外的绝大部分经济部门仍在持续发展，失业问题也不严重。但这一切并没有使法国幸免于难。正当法国朝野为独家繁荣感到乐观之时，1930 年 11 月，法国乌斯特里克银行宣告破产，标志着法国经济危机的开始。接着，大批银行倒闭，仅 1931 年就有 118 家银行破产。工业生产大幅下降，1931 年下降 17.5%。长期处于慢性危机的农业遭受的打击更为严重，1928—1934 年农业人口的收入从 430 亿法郎降至 180 亿法郎。对外贸易萎缩，1929—1935 年出口量减少了 60%。新增失业人数不断增加，1931 年秋达 18 万人，1932 年达 26 万人。法国国内一片萧条。

最迟卷入危机并没有给法国带来什么好处，也没有缩短危机在法国的时间，法国反而是从萧条中脱身最慢而且最不成功的一个。不少资本主义国家从 1933 年起开始从危机中复苏，但是在法国，1932 年夏天起经济刚有好转，1933 年起又开始恶化，并一直延续到 1935 年。1935 年法国的钢减产一半，铁减产 2/3，棉纱和汽车减产 35%。危机使在法国占有重要地位的中小企业大量破产，仅 1935 年一年破产的中小企业就多达 13370 家。由于出口锐减，资本输出下降，法国的国际收支逆差进一步扩大。危机还使 1928 年法郎贬值后一度稳定的法国财政再次陷于混乱，财政收支失去平衡，预算赤字连年增加，一度雄厚的国库再次空虚。1935 年初，在 1250 万工资收入者中失业人数约为 200 万人，广大民众和中小资产阶级经济状况严重恶化，生活水平普遍下降。与此同时，一些垄断企业则通过低价收买、兼并破产中小企业，加强了生产和资本的集中。

左翼联盟　经济危机导致 30 年代法国政局动荡不定，阶级矛盾十分激烈。从

1927 年 7 月塔迪欧第一次组阁到 1932 年春议会选举,法国共更换了 8 届内阁,平均每届任期不到 4 个月,都因无力对付经济危机而下台。1932 年 5 月的议会选举中,激进党、社会党和一些小资产阶级民主派组成"左翼联盟",取得大选胜利,从此开始为期不到两年的"左翼联盟"执政时期,赫里欧、达拉第、肖当(1885—1963)、杜迈格(1863—1937)先后组阁。

"左翼联盟"执政时期,正是法国经济危机最为深刻的时期,左翼政府同样拿不出行之有效的方法对付危机,仍然承袭先前的紧缩开支、削减工资、继续保持金本位等紧缩通货政策。其他国家都已经放弃金本位,并逐渐从萧条中解脱出来,法国则使自己越来越深地陷入经济停滞之中。在国际事务方面,胡佛的延缓偿付欠款法案(即"延债宣言")以及对德国赔款的处理,都在法国引起了重大争论和不满。左翼政权既没有满足人民的愿望,它向人民转嫁危机的做法也没有得到大资产阶级的满意。大资产阶级要求建立更强有力的政府行政体制以维护自己的利益。

法西斯组织的出现和夺权活动 在这种社会条件下,法国的法西斯组织和半法西斯组织纷纷出现。其中影响较大的有"法兰西团结""法兰西行动"和"火十字团"等。它们大都主张摧毁议会制度,建立独裁统治。由德拉罗克上校领导的"火十字团"发展最为迅速,1934 年春它大约只有成员 3.5 万人,到同年夏天即超过 10 万人,次年发展到 20 万人,到 1936 年初更多达 45 万人。其成员构成最初只是获得战争十字勋章的军人,随后遍及各界人士,包括公务人员在内,成为一种真正的政治力量。法西斯组织利用人民群众对危机后果的不满,伺机夺取政权。1934 年初,法国报界披露了白俄侨民斯塔维斯基搞金融投机的丑闻,涉及大批政界要人与警察、司法部门的头目共 1200 多人。丑闻揭露后,舆论大哗,肖当总理被迫辞职,达拉第受命组阁。2 月 6 日,右派势力和"火十字团"等法西斯组织利用这一丑闻事件纠集 4 万多人,在协和广场集会,准备冲击正在召开议会的波旁宫。当一些暴徒开始冲击国民议会时,警察被迫开枪,双方发生激烈的武装冲突,造成 17 人死亡,2329 人受伤。在这紧要关头,巴黎工人举行示威,和警察一起与暴徒斗争。法西斯分子妄图解散议会、夺取政权的阴谋未能得逞。

达拉第在"二六事件"后辞职,由杜迈格继任,但其内阁也是个短命内阁。此后,内阁轮换像走马灯一样,但直到 1936 年议会选举为止,它们都未能解决法国社会面临的严重内政问题。

四、人民阵线运动

人民阵线的组成 为了抵抗法西斯势力,1934 年 2 月 12 日,即"二六事件"后不久,法国社会党和共产党就共同发起了反法西斯的总罢工,全国有近 500 万工人参加。同年 7 月,两党签订反法西斯《统一行动公约》。1935 年 5 月,由共产党发起在巴黎举行各左翼党派和团体参加的反法西斯会议，通过人民阵线决议。同年7月14日，左翼三大政党社会党、激进党和共产党，以及统一总工会、人权同盟等几十个党派组成人民阵线，全国约有200万人参加了拥护人民阵线的示威游行。人民阵线的纲领是：要求通过保障劳工的立法；打破200家金融家族的控制，实行法兰西银行和军事工业国有化；固定农产品价格，政府收购农产品；取缔各种法西斯组织及其武装；等等。这个纲领反映了工人、农民和城市中小资产阶级的要求，是团结全国人民反对法西斯、反对侵略战争的纲领，得到广大人民的拥护。在1936年5月的法国议会大选中，人民阵线获得重大胜利，在610个议席中获得381席，社会党成为议会中最大党团。

三大左翼政党之所以能在30年代中期达成空前未有的联合，主要是因为国内法西斯势力日益猖獗以及右翼集团势力日益增长，这使法国左派不得不寻求联合。另外法国共产党在共产国际的帮助下改变策略，对与社会党的联合采取积极主动态度，并在纲领中排除了所有可能刺激中产阶级的经济条款，因而使无产阶级与中产阶级的联盟合作成为可能。

人民阵线政府　6月4日，以社会党人勃鲁姆（1872—1950）为总理的第一届人民阵线政府组成。在人民阵线获得议会选举胜利到勃鲁姆组阁之间的5月，法国爆发了史无前例的全国范围的罢工高潮，罢工人数达200万人。勃鲁姆上台后，立即着手解决罢工问题，并进行一系列社会改革。首先，勃鲁姆政府促使法国雇主协会和法国总工会达成《马提翁协议》，该协议同意增加工人工资7%—15%，承认工会的权利，履行工会代表全体工人与资方签订的协议，在不削减工人工资的情况下，将每周的工时改为40小时。这是工会斗争的一个胜利。勃鲁姆政府还使议会通过集体合同法案，借助立法手段加强对劳资关系的调节，在法律上正式承认了无产阶级可以有组织地同资本家进行集体谈判的权利，提高了工会的地位。其次，勃鲁姆政府还采取措施加强国家对经济生活的干预，如提出旨在减少失业的市政工程计划、对严重缺少资金的中小企业提供贷款、加强对法兰西银行的控制、军火工厂国有化等。最后，改善劳动者的工作条件和福利待遇，如提出关于带薪休假的法案、每周40小时工作制法案等。

勃鲁姆的社会经济政策受到民众欢迎。实际上，人民阵线政府的各项措施都是在资本主义制度内进行的。正如勃鲁姆所说："我们是一个人民阵线政府而不是一个社会主义政府。我们的目标不是社会制度。"即便如此，人民阵线政府还是招致大资产阶级和右翼势力的猛烈抨击。他们让"资本外逃"，加剧了政府的财政困难，并使法郎大幅贬值。勃鲁姆要求议会授予政府有颁布"一切必要措施"的暂时权力，以应付财政危机，但遭到保守势力强大的参议院的否决，勃鲁姆政府被迫于1937年6月辞职。

勃鲁姆下台后，人民阵线内部发生严重分裂。激进党人肖当两度组阁，都因内政外交受挫，三个政党之间相互指责而难以维持。1938 年 3 月，勃鲁姆第二次受命组阁，但仅在任 26 天即被迫辞职，人民阵线至此已名存实亡。最后上台的达拉第政府虽声称仍然忠于人民阵线纲领，但实际上推行与其大相径庭的政策，危害劳动人民的利益。同年 11 月，达拉第的激进党正式宣布退出人民阵线，并用暴力镇压工人罢工，迫害共产党，至此，人民阵线彻底瓦解。达拉第一直执政到1940 年 3 月，然后由雷诺继任总理。

30 年代法国政治上的激烈斗争，反映了经济危机条件下法国阶级矛盾的尖锐激化。人民阵线运动虽然在资产阶级右翼势力的进攻下以失败告终，但是它毕竟在法国历史的关键时刻，执掌政权两年多。它对法国的法西斯主义进行了有效抵制，使法国没有步德、意、日的后尘走上法西斯独裁道路。它还为人民群众争得了一些基本权利，在法国社会福利政策方面开创了新的局面。因此，人民阵线运动在法国现代史上的历史进步意义是应给予充分肯定的。

第四节　德国与欧洲战争策源地的形成

一、经济危机与纳粹运动的迅速发展

经济危机对德国的打击　20 世纪 20 年代下半期德国的经济恢复与发展，很大程度上是依靠道威斯计划实施后大量美英资本的输入，尤其是美国资本的输入而实现的。到 1929 年，德国已超过英、法成为欧洲第一经济强国。但其经济发展过分依赖外资，潜伏着严重的危机。

1929—1933 年的世界经济危机，对德国的打击十分严重。美国投入德国的短期贷款被迅速抽回，德国很快失去约 60% 的对外借款，一度繁荣的德国经济迅速陷入危机。危机期间，德国工业生产下降 40.6%，下降幅度仅次于美国的 46.2%，居资本主义世界的第二位。农业生产下降 30%，大批小农破产，佃农人数迅速增加。对外贸易锐减，德国出口从 1928 年的 123 亿帝国马克降到 1932 年的 57 亿帝国马克。由于国外贷款的削减，德国最重要的银行之一达姆施达特国民银行于1931 年 7 月倒闭。经济危机带来的最严重的社会问题，是失业人数大量增加，从1929 年 9 月的 132 万人增至 1930 年 9 月的 300 万人，1932 年头两个月竟超过 600万人。这些只是登记的失业人数，实际的失业情况还要严重得多。统治阶级一方面采用削减工资、失业救济金、养老金，以及提高纳税额等办法，力图把经济危机的沉重负担转嫁到劳动人民身上。另一方面，政府却给垄断资产阶级和容克地主提供了巨额贷款和补助金。

经济危机引起政治动荡。1928—1933 年，德国更换了四届政府，均无法克服财政困难。1930 年 3 月 27 日，以社会民主党人米勒为首的内阁举行会议，讨论因经济危机而引起的财政困难问题。由于参加政府的各党派意见分歧，无法制定一项大家都能接受的财政政策，协商破裂，米勒遂于 3 月 28 日辞职。米勒政府是魏玛共和国的最后一届民选的议会政府，随后上台的布吕宁政府依靠总统颁布的具有法律效力的"紧急法令"（参见第五章第二节），才能维持统治。"总统内阁"体制在德国的建立，严重削弱了议会民主，为纳粹党攫取政权扫清了道路。

纳粹运动的迅猛发展   20 年代，当德国的政治、经济局势比较稳定的时候，纳粹运动的发展相当缓慢。1928 年，纳粹党员不足 10 万人，在国会的 491 个议席中仅占 12 席，尚处于无足轻重的地位。经济危机的爆发，为纳粹运动的迅猛发展提供了难得的机会。在经济危机的打击下，广大中下层人民饱受失业和破产之苦，对现政权极端不满，强烈要求改变现状。纳粹党乘机发动了强大的宣传运动，攻击魏玛共和国历届政府腐败无能，许诺自己执政后定能振兴德国，改善人民的生活状况。纳粹党竭力争取城乡小资产阶级群众，因为他们占德国全部人口的 40% 以上，是社会的重要组成部分。1930 年 3 月 6 日，纳粹党宣布《农民纲领》，颂扬农民是"全体人民中最纯洁的分子，民族的新的生命的源泉"。《纲领》规定取缔土地投机，禁止地产抵押和拍卖，并许诺给农业人口以经济援助，如减免捐税、提高关税、提供廉价人造肥料和电力、提供国家信贷等。同年 5 月 10 日，纳粹党又提出《迅速提供就业——战胜危机纲领》，要求"修筑公路，以减少失业"；"由国家资助，使中、小企业继续生存"；"以大地产为代价，增加中、小农数量"。对失业青年，纳粹党则引诱他们参加冲锋队，说"这里有你们所需要的一切"。总之，根据不同听众和各个选民阶层的心理状态，纳粹党进行了有针对性的巧妙宣传。在争取城乡小资产阶级和青年的工作方面，纳粹党比其他政党都要成功，相当一部分失业工人也被争取过来。

经过强大的宣传攻势和周密的组织工作，在 1930 年 9 月 14 日的大选中，纳粹党共得选票 6409600 张，获 107 个议席，从国会中原来位居第九的最小党，一跃而成为仅次于社会民主党的第二大党。纳粹党的党员人数也迅速增加。1928 年 9 月只有 8 万人，1929 年 9 月增至 15 万人，1930 年 11 月再增至 35 万人，1932 年 7 月更高达 140 万人。

纳粹党的头子们深知，蛊惑性的宣传是为了争取选民，但要确实取得政权，如无国防军和大资本家们的支持，是办不到的。1930 年春，乌尔姆卫戍部队有三名年轻军官被捕，因为他们在军队中宣传纳粹理论，并劝诱其他军官允诺：一旦发生纳粹党武装起事，他们不向起事者开枪。1930 年 9 月选举后一星期，这三名军官以叛国罪在最高法院受审。审讯时，希特勒出庭作证，乘机宣传纳粹党绝对没有取代陆军的意思，不仅如此，纳粹党执政以后，国防军还要大大扩充，强加在德意志民族身上的《凡尔赛条约》必被摆脱。这些话都是军官们所乐闻的，同情纳粹运动的青年军官开始增多，高级军官们也比较放心了。

对于大资本家，纳粹党领导人也竭尽争取之能事。1931年下半年，希特勒走遍全国，同重要的企业界人士私下会谈。1932年1月27日，希特勒应邀出席在杜塞尔多夫秘密举行的有300名垄断资本家参加的会议。他发表长篇演说，攻击民主"实际上将摧毁一个民族的真正价值"；认为既然在经济生活中树立了个人权威，那么在政治领域中同样应树立个人权威；他鼓吹种族优秀论，诬蔑布尔什维主义的世界观如不被阻止，势将把整个世界"化为废墟"；他大声疾呼扩军的必要性，说德国军队由"10万人或20万人还是30万人"组成，并不重要，重要的是"德国是否拥有800万后备军"；等等。当希特勒结束讲演时，资本家们起立向他狂热欢呼。曾参加这次会议、后来出任纳粹新闻部长的狄特利希说："1932年1月27日在民社党史上将是一个永远值得纪念的日子。"

二、共和国的危机与希特勒的上台

共和国的危机 布吕宁执政期间，经济危机日益严重。1930年9月后，外国资本开始撤离德国。1931年7月14日，全部德国银行关闭。1932年，失业人数达到600万人。但是，布吕宁没有采取有针对性的强有力的措施来解决失业问题，而主要想等待今后经济复苏的到来。他丧失人心，被讥讽为"饥饿总理"。导致布吕宁政府垮台的直接原因是失去了总统兴登堡对他的信任。布吕宁内阁曾通过一项垦殖法令，规定对庄园的补助条件是向迁移的农民提供土地，而且对庄园的补助应当根据对其经济状况的审查结果而定。对不再具有偿还能力的庄园，应强制拍卖，以取得垦殖土地，安置移民。这引起东部大庄园主的愤怒，他们纷纷向本人也是大庄园主的兴登堡控告布吕宁实行"农业布尔什维主义"。被激怒的总统要求布吕宁下台，后者不得不于1932年5月30日递上辞呈。[①] 布吕宁的倒台意味着从议会容忍的总统制政府向纯总统制政府的过渡。

继任的巴本，贵族出身，属中央党的右翼。他成立了一个由贵族组成的"老爷内阁"，在国会得不到多数的支持，更加依靠"紧急法令"来进行统治。巴本和国防部长施莱歇尔企图让纳粹党分享部分权力，来捆住其手脚，"必须使偷猎者成为森林管理人"。1932年6月15日，巴本政府取消了布吕宁执政时期对冲锋队的禁令，以讨好纳粹党人。在7月31日举行的新的国会选举中，纳粹党共获议席230个，成为国会中第一大党。社会民主党比上届丧失10个席位，共获133个议

---

① 1932年，兴登堡的7年任期已满。经过3—4月的两次选举，兴登堡再次当选总统。

席。共产党增加了 12 个席位，共获 89 个议席，成为第三大党。

1932 年 8 月 13 日，兴登堡召见希特勒，企图说服他参加联合政府，遭到希特勒拒绝，因为他要求"掌握全部国家权力"。9 月 12 日，共产党议员在议会中提出不信任政府、要求取消一切"紧急法令"的提案。纳粹党为了推翻巴本政府，破例投票赞成共产党的提案，结果以 513 票对 32 票通过。巴本事先已从总统那里得到解散国会的命令，因此议案虽然通过，国会还是承认了解散令。在 11 月 6 日举行的大选中，纳粹党丧失 200 万张选票，失去 34 个议席，只得 196 个。共产党增加 75 万张选票，议席从 89 个增到 100 个。这是纳粹党在走向顶峰之后遭到的第一次大挫折。群众对频繁举行的竞选活动感到厌烦，纳粹党的蛊惑宣传开始被一些人识破。1932 年 11 月 3 日至 7 日，柏林运输工人举行罢工，部分纳粹党员参加了罢工，由于纳粹党头目害怕失去工人的支持，对这些党员未予制止，引起资本家不满。同时，纳粹党负债太多，竞选能力下降；而共产党的影响则逐步扩大。

纳粹党在大选中的失败，引起垄断资产阶级的恐慌。1932 年 11 月 11 日，20 名金融家、工业家和地主上书兴登堡，要求任命希特勒为总理。成立一个"独立于国会党派组织的政府"，因为"经常一再解散国会而导致日益充满党派尖锐斗争的重新选举，不仅必然妨碍政治上的稳定和巩固，而且必然妨碍任何经济上的稳定和巩固"。他们要求"民族运动中的最大团体"，即纳粹党，参加政府并"属于领导地位"。

选举后，巴本于 11 月 13 日致函希特勒，建议消除他们之间的分歧，再次企图拉拢希特勒入阁，仍遭拒绝。这时，支持巴本上台的、政治野心极强的施莱歇尔将军认为自己组阁的时机已到，便把巴本排挤下了台。

12 月 2 日，施莱歇尔出任总理。他企图用分裂纳粹党的办法，把大约 60 个纳粹党的议员拉到自己一边，再加上中产阶级政党的支持，从而在国会中形成多数。他一上台，就邀请纳粹党中的"左"翼领袖施特拉塞出任副总理。施特拉塞本人也同意与施莱歇尔合作，为此与希特勒发生了激烈争吵。希特勒击败了施特拉塞，终于控制了党内局势，避免了纳粹党的分裂。这时，被施莱歇尔赶下台的巴本不甘失败，经过银行家施罗德的安排，于 1933 年 1 月 4 日在施罗德的科隆寓所与希特勒秘密会晤。两人达成了组织希特勒—巴本内阁的协议，由希特勒担任总理，巴本及其支持者可以参加政府，担任部长。巴本还同意了希特勒的要求：在他上台后，把社会民主党人、共产党人和犹太人驱逐出领导岗位。

希特勒上台 施莱歇尔无法在国会中取得多数的支持。1 月 23 日，他觐见兴登堡，要求解散国会，根据宪法第 48 条，授予他紧急权力，但遭到拒绝。1 月 28 日，施莱歇尔辞职。1 月 30 日，兴登堡任命希特勒为总理。兴登堡这个陆军元帅虽然看不起希特勒这个奥地利下士，但这时也不得不授权他组阁了。从此，魏玛共和国告终，德国进入了法西斯专政的时期。

纳粹党终于上台的原因，十分复杂，概括说来，有以下几点。

第一，魏玛共和国是由于德国战败而产生的，它从一开始就受到来自左右两方面的攻击，基础是不牢固的。右派势力认为它是在革命中诞生的，是同屈辱的《凡尔赛条约》联系在一起的；左派势力则认为它是镇压革命的结果。作为一个资产阶级议会制共和国，它缺乏稳定的、有力量的资产阶级政党的支持。在 20 世纪 20 年代资本主义相对稳定的时期，魏玛共和国还能维持，但到经济危机袭来后，阶级斗争日趋尖锐之时，它就难以继续存在了。

第二，纳粹党经过十几年的经营，到上台前已经是一个有广泛群众基础的大党。它得到广大中下层群众，特别是城乡小资产阶级的支持，到 1932 年已成为议会第一大党，在全部 608 个议席中占有 230 个。1933 年 1 月，它拥有党员约 85 万人。在 20 年代，纳粹党还不太被统治阶级重视，但进入 30 年代后，它终于被大资产阶级、容克地主和国防军认可，而且由于这时的纳粹党是唯一能够消灭共产党、维护资本主义秩序的有组织的力量，他们也不得不把政权交给它了。

第三，各个资产阶级旧政党已丧失了对群众的影响。例如，1919 年民主党在国会有 74 个议席，到 1932 年只剩下 2 个；人民党的议席在 1920 年是 62 个，到 1932 年只剩下 11 个。只有中央党还有一定影响，1919 年有 71 个议席，1932 年仍有 70 个。1929 年斯特莱斯曼去世后，资产阶级政党中再也没有像他那样有能力、有远见的政治家了。

第四，工人运动的分裂大大削弱了阻止纳粹党上台的力量。共产党与社会民主党互相敌视，由来已久。共产党把社会民主党看作出卖十一月革命的无产阶级叛徒，是"社会法西斯分子"、最危险的敌人；反过来，社会民主党也把共产党看作自己的死敌，拒绝与之合作。德国的工会也是分裂的。1932 年社会民主党工会拥有 460 万名会员，基督教工会拥有 130 万名会员，保守工会拥有 60 万名会员，共产党工会拥有 3.6 万名会员。由于德国无产阶级没有能够建立起反法西斯的统一战线，纳粹分子便攫取了政权。此外，德国共产党和社会民主党都低估了纳粹党上台的可能性。德国共产党的一些领导人认为法西斯主义可以在意大利取得胜利，但绝对不可能在德国取得胜利，因为德国有悠久的工人运动传统。社会民主党也看不到褐色的危险。普鲁士州内政部长、社会民主党领袖之一泽韦林在内阁所作的关于政治激进主义的报告中，从未提到纳粹党。

在纳粹党上台前，德国共产党进行了英勇的斗争，日益获得群众的拥护。1930 年 8 月 24 日，德国共产党中央委员会发表《德国人民的民族和社会解放的纲领》，1931 年 5 月 15 日又发表《援助农民纲领》。这两个纲领对动员德国民众反对法西斯危险起了重要作用，但还是晚了一些，比如在争取农民的工作中就被纳粹党抢先了一步；又比如在重视群众痛恨《凡尔赛条约》的民族情绪方面，更被纳粹党占了先。

社会民主党自魏玛共和国建立以来一直是一个拥有广泛群众基础的大党。但它的许多领导人已经变成了政府官僚、工会官僚，目光短浅，胆小怕事，只求保住既得的眼前利益，不敢同纳粹分子和其他反动势力进行针锋相对的斗争，并且被所谓的"合法性"所迷惑，例如，十分重要的是，当1932年7月20日兴登堡颁布命令，任命巴本为普鲁士州的中央特派专员，罢免社会民主党人、州总理布劳恩和内政部长泽韦林的职务时，社会民主党领导竟作出不作任何抵抗的决定。对于纳粹党的上台，社会民主党领袖也负有很大的责任。

总之，德意志共和国是一个资产阶级议会民主制度不健全、不巩固的共和国。它继承的是战败的苦果，从一开始就蒙上了耻辱的阴影，在左右两派的心目中都是一个畸形儿。这个先天不足的畸形儿经受不住经济危机的打击。饱受失业和破产之苦的中下层群众对现实极端不满，渴望出现"救星"。大资产阶级看到无产阶级力量日益增长，资本主义统治秩序摇摇欲坠，也渴望"救星"出现。"救星"终于来了，但它既非一般的资产阶级政党，因为它们软弱无力，也非无产阶级政党，因为它们在互相攻击中消耗了力量，而是开始谁也不重视的纳粹党。这个党善于利用痛恨《凡尔赛条约》的民族主义情绪，善于把自己打扮成社会各阶层利益的代表者，宣传和组织工作又都做得相当成功，既扩大了自己的群众队伍，又在最后关头取得了统治阶级的信任，终于在1933年攫取了政权。

三、法西斯专政的建立与扩军备战

法西斯专政的建立　希特勒上台组阁后，最初只有3名纳粹党阁员，保守势力还以为可以束缚住纳粹党的手脚，使之听命于自己。但他们的打算错了。1933年2月1日，希特勒宣布解散国会，决定在3月5日举行大选。

在竞选中，这时的纳粹党可以肆意进行宣传，冲锋队和党卫队的恐怖活动不再受国家权力的任何约束，可以对选民进行种种威胁。2月27日晚发生了国会纵火事件。纳粹政府未做任何调查，就立即宣布罪犯是共产党人。在国会大厦抓住的唯一的一个人，是荷兰人万德·卢贝。次日，德国共产党国会党团领袖托格勒被捕。3月9日，当时正在德国的保加利亚共产党员季米特洛夫和另外两名保共党员也被逮捕。[①] 2月28日，兴登堡签署了内阁匆忙通过的《保护人民和国家紧急法令》。这项法令取消了公民的基本权利，并把叛国罪、纵火罪由判处无期徒刑改

---

① 1933年12月23日，德国法庭只宣布卢贝有罪，判他死刑。1980年12月30日西柏林法院为卢贝平反。

为死刑。掌握普鲁士警察的戈林（1893—1946）说："我的措施不会因为任何法律上的考虑而受影响。……我这里不需要什么公正，所需要的只是毁灭和斩草除根，别无其他。"白色恐怖首先是针对德国共产党的。党的机构被摧毁，数千名干部被逮捕。社会民主党和一些著名的左派知识分子也被逮捕。1933 年 3、4 两个月，就有大约 2.5 万人被捕。

1933 年 3 月 5 日，选举在白色恐怖的气氛下举行。纳粹党获 288 个议席，民族人民党获 52 个议席，加在一起共 340 个议席，在新国会 647 个议席中只有 16 席的微弱多数。社会民主党获 120 个议席，较上届只少 1 个议席。共产党虽遭严重迫害，仍获得 81 个议席，比上届只少 19 个议席。希特勒对这样的选举结果很不满意，要求更大的权力。1933 年 3 月 23 日，新选出的国会以 444 票赞成、94 票（全部是社会民主党议员的投票）反对，通过《消除人民和国家痛苦法》，即通称的《授权法》。在投票前，全部共产党议员（被纳粹政府违反宪法地取消了议员资格）和部分社会民主党议员被禁止出席。《授权法》授予希特勒政府为期四年的独裁权力，在此期间政府无须国会和参议院的同意就有权颁布法律。此后，国会名存实亡，资产阶级议会民主制在德国不复存在。

《授权法》通过后，希特勒于 1933 年 7 月声称，他要将"民主制的最后残余消灭干净"。在国会选举后，共产党已转入地下。6 月 22 日，社会民主党被禁止活动。以后，中央党、民主党、人民党等传统的资产阶级政党均被迫解散。就连一度是纳粹党的盟友的民族人民党也未能逃脱解散的下场。自由工会也被取消，5 月 10 日纳粹党建立"德国劳工阵线"，强迫工人参加。7 月 14 日，希特勒宣布："民族社会主义德意志工人党是德国唯一的政党"。作为资产阶级议会民主的支柱之一的多党制也最终被取消了。

冲锋队是纳粹党的准军事组织，在夺取政权的过程中起了重要作用。冲锋队的参谋长罗姆野心勃勃，他企图把国防军和冲锋队融为一体，置于他的领导之下。但这是国防军绝对不能容忍的。希特勒必须在二者中选择其一。为了扩军，为了在兴登堡死后把总统和总理的职位集于一身，希特勒决定保留国防军，遂于 1934 年 6 月 30 日发动了对冲锋队的清洗。在三天的清洗中，不仅罗姆和一批冲锋队领导人被处决，而且希特勒最仇视的一些党内外政敌，如施莱歇尔、施特拉塞等也被杀害。1934 年 8 月 2 日，兴登堡去世。前一日通过的《元首法》规定：把总统与总理的职务合而为一。8 月 19 日，经过所谓的公民投票，希特勒成为"元首兼国家总理"，从此集党、政、军大权于一身。德国建立了法西斯专政，这种专政又集中体现于希特勒的个人独裁，他所拥有的权力比墨索里尼还要大，因为在意大利，国王和教会至少还有一定的势力。

德国的扩军备战　废除《凡尔赛条约》对德国的束缚，夺取"生存空间"，是纳粹党的一贯主张，因此希特勒上台后不久便开始扩军备战。

为了做好发动战争的准备，希特勒政府除依靠私人垄断资本外，也充分利用了政权的力量。纳粹党是在经济危机已逐渐平息的时候上台的，这对它十分有利。纳粹党首先致力于解决失业问题。通过修筑高速公路、兴建飞机场、建造兵营、改良土壤和开垦荒地、整治水道和架设桥梁等大规模公共工程，解决了几百万人的就业问题，这些公共工程中相当大的部分也是备战所必需的。1936年以后，用于大工程的开支大大减少，用于军事订货的开支则大大增加。

1936年在纳粹德国的经济生活中占有重要地位。1936年8月26日，希特勒在致戈林的一份备忘录中再次从布尔什维主义的威胁出发，强调布尔什维主义如在德国取得胜利，不仅德意志民族将被消灭，而且整个西欧文明也将灭亡。有鉴于此，德国经济政策的唯一目的就是维护民族的生存。解决德国经济问题的决定性办法是扩张生存空间，为此德国经济必须立足于战争的基础之上。他最后写道："1. 德国军队四年内必须具有作战能力；2. 德国经济四年内必须为战争做好准备。"10月18日，他任命戈林为"四年计划总办"。戈林就任后，在12月17日的演说中声称："起决定性作用的只是胜利或灭亡。如果我们取得胜利，经济将会得到充分的补偿。这里，我们不能根据成本计算利润，只能根据政策的需要……我们现在下的是最大的赌注。除扩军订货之外，还有什么比这更值得的呢？"尽管以四年计划为标志，国家对经济的干预日益增长，但纳粹党统治下的德国经济仍然是私人资本主义性质的，是由垄断资本控制的。经济集中化的趋势进一步加强，企业的绝对数字从1932年的361866家下降到1937年的330286家，减少8.7%。资本家的利润不断增加，根据官方核实的数字，由1933年的66亿帝国马克上升到1938年的150亿帝国马克。一些大资本家进入领导经济的机构。

德国缺乏战争所必需的原料，石油、橡胶、铁矿石、铝、锰、铬、锑、铜、锡等都需要进口，只有煤炭储量足够。为了应对在战争中遭到封锁、不再能进口所需的战略物资的局面，德国提出"自足自给"政策，采取了一系列措施。一是大力发展军备工业基础的重工业，化学工业尤其受到重视。到1938年，德国重工业生产已比1928年增加43%。二是扩大战略原料代用品生产。经过极大的努力，1936—1939年合成油产量翻了一番，合成橡胶月产量几乎从零增至2万吨，相当于战时需要的20%。三是突击进口战略原料，增加战前的储备。但是，完全的自给自足是根本不可能的。

纳粹德国的军费开支逐年增加，1933—1938年总计500亿—600亿帝国马克。1935年3月16日，德国公开撕毁《凡尔赛条约》限制德国军备的条款，宣布实行普遍兵役制，建立一支和平时期由36个师组成的陆军。到1939年9月德国发动战争时，德国陆军实际上已拥有105个师，约270万人（包括野战部队和各种其他部队）。空军第一线飞机 4320 架。海军有战列巡洋舰和袖珍战列舰共 5 艘、潜水艇 57 艘、巡洋舰 8 艘、驱逐舰 22 艘以及其他一些舰只。

总之，德国的备战工作要比它的对手英、法下手更早，处于领先地位。单以军费一项比较，1938 年英国军费占国内生产总值的 7%，德国则占 17%；1939 年英国军费猛增至国内生产总值的 18%，但仍低于德国的 23%。尽管如此，并不能说纳粹德国已经为发动一场世界大战做好了充分准备。战争前夕，德国经济已暴露出许多严重问题。国债高达 600 亿帝国马克。外汇枯竭，储存几近于零。许多战略原料并未做到自给自足。1939 年，2/3 的石油、80% 的橡胶、2/3 的铁矿石、25% 的锌、50% 的铅、70% 的铜、90% 的锡都依赖进口。弹药的供应也不足，1939 年 10 月军方估计，当时的弹药储存只能满足 1/3 作战师 4 个月的作战需要。以上经济方面的种种弱点，是决定德国战略方针采取闪击战的一个重要原因。

第五节 日本与亚洲战争策源地的形成

一、世界经济危机下日本的内外矛盾

世界经济危机对日本的打击 1929 年世界经济危机使持续萧条的日本经济遭到新的打击。首先表现在生丝出口锐减，丝价猛烈下跌。1929 年，丝价平均每捆 1350 日元，1930 年 3 月跌至 1058 日元，9 月跌至 500 日元。其次各种商品价格也纷纷下降。1930 年 9 月与 1929 年 3 月相比，8 种主要商品价格平均下降 37%。为了摆脱危机，日本统治者在 50 个主要产业部门强制建立卡特尔，限制生产，淘汰中小企业，裁减员工，降低工资。据官方统计，1931 年日本失业工人达 41.3 万人，1932 年达 48.9 万人，加上半失业者，总数达 300 万人。

危机对农村的打击尤为严重。尽管 1930 年大部地区农业丰收，但因价格猛降，反成为"丰收饥馑"。蚕农、粮农、菜农均遭打击，民谣说："五十棵白菜一包敷岛，一百把芜菁一包蝙蝠。"①全国农家负债总额高达 47 亿日元，平均每户 837 日元（全国农户 500 多万户）。东北地区和北海道又逢灾歉，农民以草根活命。青森县农村青年妇女卖身价只值 9 日元。1934 年 8 月日本东北六县官方调查统计，卖身当妓女、陪酒女郎和女招待的有 2 万多人。有的村公所公然招贴告示："欲卖女儿，请到本所洽谈。"

军需通货膨胀与"军财抱合" 经济危机冲垮了"井上财政"的如意算盘。所谓"井上财政"是指滨口雄幸内阁（1929 年 7 月 2 日—1931 年 4 月 14 日）时

---

① 敷岛、蝙蝠，均为最劣质的纸烟。

期起用原日本银行总裁井上准之助（1869—1932）为大藏大臣所推行的财政政策，其主要措施，一是紧缩通货，用降低工资、加强劳动强度等办法推行"产业合理化"，以降低成本，扩大出口；二是追随主要资本主义国家，解除禁止黄金出口的禁令，恢复金本位制。不料，世界经济危机迅猛袭来，1931 年 9 月起，英、美等国相继放弃金本位制。1930 年 11 月，滨口被刺，不久身死。继任的若槻礼次郎内阁只存在了 8 个月。1931 年 12 月，政友会的犬养毅组阁后立即下令禁止黄金出口，停止日元兑现，恢复通货膨胀政策。

当时，日本国内生产萎缩，国外竞争激烈。为了摆脱危机，日本统治者加强推行国民经济军事化，扩大军事支出和军事订货，以保证垄断资产阶级的利润。于是，通货膨胀与军需相结合，形成"军需通货膨胀"，财阀与军阀进一步结合，称作"军财抱合"，亦即军部与资本家的阶级联盟。

第一次世界大战后，随着重工业与化学工业的突出发展，日本出现了一批与军事关系密切的新财阀，主要有：久原财阀（鲇川财阀）①、野口财阀②、森财阀③、"日曹"康采恩④、"理研"康采恩⑤、中岛飞行机康采恩⑥。这些新财阀的资金不如老财阀雄厚，更加依靠国家政权、专业银行、军事部门的支持，采用新技术，发展与军事和殖民扩张有关的新兴工业，因而与军部的勾结更为密切。当然，老财阀在造船、煤炭、钢铁、制铝等与军事有关的部门中也有很大的投资，与军部势力也有很深的勾结。军需通货膨胀和国民经济军事化的政策，使新财阀迅速发展，老财阀的军事扩张倾向也大大加强。从 1931 年到 1936 年，日本政府岁出总额扩大约 50%，军事支出则扩大 1.4 倍。1936 年，全国国民收入约 146 亿日元，军费约占 7.4%，平均每人每年负担军费超过 10 日元。1934 年，陆海军省指定的 89 家主要公司赢利总额超过 1 亿日元。日本工业结构相应发生重大变化。1918 年，纺织、食品两大工业约占全部工业产值的 61.8%，重工业（金属、机械、电力、煤气）和化学工业仅占 28.9%；至 1937 年，这两个数字分别变为 33.1% 和 57.2%。

军需通货膨胀政策是日本法西斯构筑"总体战"体制的组成部分，日本民间企业被加速纳入军事轨道。军财联盟成为日本国家法西斯化和扩大侵略战争的决定性支柱。

---

① 创办人久原房之助，后由其亲戚鲇川义介接管，形成"日产"康采恩。
② 创办人野口遵，其企业称"日窒"康采恩。窒，窒素，即氮。
③ 创办人森矗昶，经营电力、化学工业。
④ 创办人中野友礼。曹，曹达，即苏打。
⑤ "理研"，即理化学研究所。
⑥ 创办人中岛久知平，于 1931 年开始制造"中岛式"战斗机。

倾销政策 军需通货膨胀，禁止黄金出口，其结果是日本国内物价迅速上涨，日元对美元的比值大幅度下降。1931 年 12 月，每 100 日元可兑换 49.375 美元，至 1933 年 5 月仅可兑换 23.662 美元。日本商品在国际市场上的价格随之降低。对内保持垄断性高物价以加重对本国人民的剥削，对外不惜接受严重的国际贸易剪刀差廉价输出，30 年代前期的日本正是推行这种倾销出口政策的典型。从 1931 年至 1934 年，日本出口额从 11.5 亿日元增至 21.75 亿日元。日本商品到处冲击，震动欧美各国，以致它们惊呼"经济黄祸"。1932 年 8 月，日本纺织品出口额跃居世界第一。1933 年 2 月，以英国下议院动议抵制日本商品为开端，各国陆续废除对日商约，限制日货进口，1935 年起日本出口呈现呆滞局面。

"协调外交"的破产 所谓"协调外交"，是 20 年代资本主义世界相对稳定条件下的产物。当时的日本虽为"五强"之一，但经济上还很脆弱，摆脱不了对美英的依赖，军事上也还不能与美英较量。但"协调外交"并不是和平外交，一旦日本侵略权益受到威胁时，就要诉诸武力。虽然如此，军部势力仍嫌"协调外交"软弱。1930 年 1 月 21 日，英、美、法、意、日五国海军裁军会议在伦敦召开。经过激烈的讨价还价，于 3 月 13 日达成协议，日本大型巡洋舰对美国的比率为 60.22%，轻巡洋舰为 70.24%，驱逐舰为 70.33%，潜水艇与美国相等。日本海军军令部强烈反对，认为滨口内阁未经军令部同意就决定海军编制是"侵犯统帅权"，以致《伦敦海军条约》虽在当年 4 月签字，但拖到 10 月日本枢密院才予以通过，再经天皇批准。接着，九一八事变、一·二八事变相继发生。30 年代，随着资本主义世界相对稳定局面的消失，日本的内外矛盾日益激化，"协调外交"破产了。

二、日本帝国主义的法西斯化

北一辉的《日本改造法案大纲》 1919 年 8 月，北一辉（1883—1937）写了一本小册子，初名《国家改造案原理大纲》，后改名《日本改造法案大纲》，它后来被日本法西斯分子奉为经典。

北一辉狂热鼓吹天皇制，反对一切民主主义，包括资产阶级民主，说民主是"极其幼稚的主张"，选举制是以"投票神权"来反对"帝王神权"，是适应低能之辈的"低能哲学"。他叫嚣侵略有理，认为中国、印度等均应在日本的"保护"之下。他也伪装"反垄断""限制资本"，但限额极宽，对私人企业资本的限额是 1000 万日元，而当时资本最雄厚的日本银行所拥有的资本额也大约只有 6000 万日元。他对地主和资产阶级实际上并无限制，却要求"根除阶级斗争"，禁止罢工，一切纠纷均由国家裁决，对劳动人民实行军事统治。为了实现这些纲领，他要求动用"天皇大权"来改造日本国家，三年间停止实行宪法，解散议院，发布戒严令，建立"国家改造内阁"，由天皇直接依靠军队和退伍军人进行统治。

北一辉还把国家改造与对外侵略战争相结合。其改造法案大纲认为，国家改造的目的就是保证"以正义的名义"进行的战争，声称"日本是国际无产者"，而"英国是横跨全世界的大富豪，俄国是地球北半部的大地主"，日本必须打倒这些"无视人类共存之天道"的大富豪、大地主；通过国家改造和对外开战，将使帝国"高举亚细亚联盟之义旗，执未来世界联邦之牛耳"，即称霸亚洲和世界。

显然，北一辉的理论是敌视人民群众、敌视马克思主义、敌视无产阶级革命的反动理论。它与德、意法西斯的不同之处，仅在于它不是依靠建立法西斯政党来进行法西斯化，而是依靠日本现有的天皇制和军部势力来进行法西斯化。

法西斯势力的形成 北一辉的理论是明治维新以来日本右翼军国主义思想在新形势下的发展。它立即与民间右翼势力相结合，并迅速获得军部支持。各种公开的和秘密的法西斯团体相继成立，形成强大的法西斯势力。最早建立的法西斯团体是犹存社，主要人物有北一辉、大川周明等，不久分裂，演变为"行地社"，并派生出一些组织。自 1920 年至 1929 年，各种法西斯团体数达百余个。至 1932 年，各种"国家主义"团体共计 1900 多个，分合无常。除犹存社的系统外，还有玄洋社、黑龙会等浪人团体；以国家社会主义标榜的经纶学盟系统；以官僚、军阀、财阀代表人物为核心组成的国本社；从工会及"无产政党"中分裂出来的极右翼组织，如日本国家社会党等。

在形形色色的法西斯组织中，力量最强、影响最大的是军部法西斯势力。20年代，比民间法西斯运动的产生略晚一些时候，日本军队中也兴起了法西斯运动。一批中下级军官订立盟约，制订纲领，结成横向的联系，最重要的组织有一夕会、樱会等。一夕会萌芽于 1921 年，以巴登巴登密约为标志，正式成立于 1929 年，骨干分子有永田铁山、冈村宁次、东条英机等。樱会建立于 1930 年，以桥本欣五郎为核心。

政党内阁时期的结束 进入 30 年代，在国内外矛盾激化的形势下，日本法西斯势力猖獗发展。当时的日本，农村农民破产，城市工人失业，中小企业生产萎缩。法西斯分子适应群众心理，针对政党腐化、财阀聚敛、官僚堕落等现象，纠集不满分子和野心家，在军部支持下，阴谋策动政变，制造恐怖暴乱。他们公开反共，并在"防止赤化"的口号下摧残一切进步力量，甚至不惜用杀死统治集团个别首脑人物的手段来达到建立法西斯专政的目的。

1930 年 11 月 14 日，爱国社社员佐乡屋留雄在东京车站狙击滨口首相。滨口重伤，次年身死。凶手曾被判死刑，旋即被"恩赦"，改为无期徒刑，1940 年保释出狱。

1931 年，樱会分子在陆军省次官杉山元等支持下，策谋于 3 月发动政变，拥戴陆军大臣宇垣一成。九一八事变后，又策谋于 10 月发动政变，拥戴教育总监荒木贞夫。这两起军事政变均因时机不成熟而中止。

1932 年 2 月 9 日，血盟团分子枪杀民政党的核心人物、前藏相井上准之助。3 月 5 日，又枪杀三井财阀最高领导人、三井合名公司的理事长团琢磨。

1932 年 5 月 15 日发生震惊日本的五一五事件。以士官学校学生为主体的陆海军法西斯分子袭击首相官邸、内大臣官邸、警视厅、政友会本部、三菱银行总店、日本银行等，首相犬养毅被杀。

五一五事件后第三天，陆相就向元老西园寺公望施加压力说："陆军是反对政党内阁出现的。"结果，组成了以海军大将斋藤实为首相的"举国一致"内阁。这届内阁是处理血盟团和五一五事件造成的混乱局面，避免发生极端变化，保持统治阶级一致的内阁。总的来说，军部的政治发言权比以前大大加强，此后单独的政党内阁再未出现。日本的政党内阁时期（1924—1932）持续了不到十年，便结束了。

法西斯统治的确立　1932 年 11 月，法西斯分子指责京都大学教授泷川幸辰的《刑法讲义》有危险的"赤化"思想。其实，泷川的刑法学说只是主张刑罚不要作为对犯人的报复，而要重视犯罪的社会原因；还提出只有妻子犯通奸罪而丈夫不犯通奸罪是不公平的而已。次年 4 月，文部省令泷川辞职，其所著《刑法讲义》被内务省禁止发行。1935 年 2 月，菊池武夫中将在贵族院全体会议上指责东京帝国大学名誉教授美浓部达吉的"天皇机关说"[①] 是"慢性谋反、明显的叛逆"，右翼团体纷纷起而呼应。3 月 23 日，众议院通过决议，要求政府"明征国体"，即明确日本的国体是天皇制。4 月，内务省下令禁止发售美浓部达吉的宪法著作。8 月，日本政府发出"明征国体"的声明。9 月，美浓部达吉被迫辞去贵族院议员的职务。

上述两起事件标志着思想领域的法西斯化。法西斯的迫害已不限于共产主义者、社会主义者及劳动人民，而且扩及一切具有民主主义、自由主义思想的进步人士。

在法西斯化的过程中，陆军中的法西斯分子分成两派。一派主张继续搞政变，由天皇依靠军队直接进行统治，称"皇道派"，拥戴前陆军大臣荒木贞夫大将和教育总监真崎甚三郎大将，其成员多为下层军官，与民间激进法西斯组织联成一气。这些下层军官多来自中间阶层，尤以出身自耕农、半自耕农和中小地主家庭的居多。家庭状况的不断恶化、经济危机和当局的无能腐败，使他们急切希望改变现状。他们受到严格的职业军人教育，以"忠君爱国"为天职，怀有强烈的帝国军

---

① 天皇机关说认为国家是法人，统治权属于国家，天皇是作为国家最高机关而行使统治权的。此说与"君权神授"的"天皇主权说"明显对立。

官的使命与优越感。他们既激进、狂热，又保守、反动。

另一派主张运用军部现有地位，联络官僚、财阀，掌握内阁实权，建立"高度国防国家"，以加速对外侵略，为此就必须"统制"（约束）军队的行动，称"统制派"，拥戴时任陆军大臣林铣十郎。其成员有永田铁山（时任陆军省军务局长）、东条英机（时任关东军宪兵司令官）等，多为中坚干部。1934 年 11 月，陆军士官学校中的皇道派分子策谋军事政变被揭发，有关人员受到处分。事后，林铣十郎进行整军，真崎被免去教育总监职务，两派矛盾激化。1935 年 8 月 12 日，皇道派军官相泽三郎中佐刀斩永田铁山于军务局长室。事后，相泽被审讯，皇道派极力辩护。统制派决定把皇道派势力集中的第一师团调离东京，两派矛盾更加尖锐。

1936 年 2 月 26 日清晨，皇道派的青年军官率领 1400 多名驻东京部队发动叛乱，袭击首相官邸和警视厅等地，杀害了内大臣斋藤实、藏相高桥是清、教育总监渡边锭太郎，侍从长铃木贯太郎重伤，首相冈田启介幸免一死。乱军要求解散议会，任命真崎为首相，建立"维新内阁"，罢免林铣十郎等。事件发生后，陆军首脑曾经动摇，甚至一度打算答应叛乱部队的要求，建立军事政权。后来考虑到如果容许擅自使用部队，破坏天皇制军队的基本秩序，便会威胁到天皇制秩序本身，于是决定镇压叛乱，29 日叛军投降。二二六事件后，以统制派为核心的军部法西斯势力确立了统治地位。

三、亚洲战争策源地的形成

九一八事变与一·二八事变　日本帝国主义长期觊觎中国东北地区，不断侵略扩张。至 1930 年，中国东北地区的外国人有 113 万人，其中日本人 23 万人，朝鲜人 80 万人；在进出口总值 4.62 亿海关两之中，日本占 49%，合 2.27 亿海关两；在外国投资 20.63 亿日元之中，日本占 73%，合 15.11 亿日元，约占日本对外投资总额的一半。1927 年"东方会议"以后，日本连续制造事端，压迫东北地方当局脱离中国。在民族大义的感召下，中国东北地方长官张学良毅然于 1928 年 12 月 29 日宣布"改旗易帜"，次年初又杀掉亲日派头目杨宇霆。日本为了保持并扩大其侵略权益，决心挑起战争。

长期以来，日本统治者把九一八事变说成是偶发事件或军部某些人物的独断行为。但是战后公布的史料证明，这次事变不仅是日本长期侵略政策的必然结果，而且事前有周密的策划。1929 年以来，关东军参谋长板垣征四郎及作战主任石原莞尔等多次制定武力吞并"满蒙"的计划。1931 年 1 月，"满铁"副总裁松冈洋右公开叫嚣所谓"满蒙"是日本的"生命线"。1931 年 6 月，日军参谋本部制定《解决满洲问题方策大纲》，决定采取军事行动。七八月间，日本借口"万宝山事件"和"中村事件",蓄意制造紧张局势。

1931年9月18日夜,日军在柳条湖炸毁南满铁路一小节单面路轨,反诬中国军队所为,随即发动大举进攻,至19日,攻占了辽宁、吉林两省20座主要城市。事变发生后,若槻内阁口称"不扩大事态",但日军却扩大进攻,至24日辽宁全省除辽西一隅外全部被日军占领。在吉林地区,日军继19日占领长春之后,于21日攻占省会吉林市。日本军部和日本政府的这些行动表明,所谓关东军"擅自行动"云云,纯属谎言。

为了观察国际反应,日军在攻占辽吉两省大部地区后曾暂停北进和西进。蒋介石政府的软弱妥协和国际帝国主义的妥协退让政策,使日本肆无忌惮。11月,日军大举进攻黑龙江。次年1月,进攻辽西。1月3日攻占锦州。2月5日占领哈尔滨。总计,自九一八事变后4个月18天时间内,日军占领了我国东北三省约80万平方千米的土地,相当日本本土面积的2倍多。

1932年3月1日,日本一手炮制的伪满洲国登场。12月6日,日军占领满洲里,1933年1月3日,占领山海关。2月23日起进攻热河,十天之内,热河省被占。日本帝国主义不宣而战地对中国发动侵略战争,成为亚洲的战争策源地,而九一八事变和中国军民局部抗战,则成为第二次世界大战的序幕。

日军在东北扩大进攻并阴谋炮制伪满洲国之时,又在上海挑起一·二八事变,以压迫蒋介石政府并转移国际视线。1932年1月18日,日军驻上海武官奉命指使人将两名日本僧侣打成重伤并传言其中一人死于医院后,诬指是三友实业社职工所为,煽动日侨青年同志会袭击三友实业社。日军乘机扩大事态,于1月28日挑起战争。日军的进攻遭到中国人民和十九路军爱国官兵的坚决抵抗,日军至2月底被迫三易主将,逐次增加兵力,由6000人增至10万人。日军进退维谷,十分不利。藏相高桥是清说:"这样下去,军费连三个月也维持不了。"内大臣牧野伸显也很担心,表示不仅上海打不赢,甚至"满蒙"的新权益也会丢掉。但蒋介石一意妥协,于5月5日与日本签订《上海停战协定》。

华北事变 日本侵占中国东北后进而向华北扩张。1932年6月和8月,石原莞尔在两个有关"满蒙"侵略方针的文件中就一再声称:占领"满洲"之目的不仅在于开发"满洲",而且要开发"支那本部",并进而率领"东亚诸民族",与盎格鲁-撒克逊人进行"世界争霸战"。为此,首先应夺取山西的煤,河北的铁,河南、山东以南的棉花。1935年9月24日,日本在华驻屯军司令官多田骏也露骨地宣称,要"改变和树立华北政治机构"。同年11月13日,驻"满"大使兼关东军司令官南次郎致函外相广田弘毅(1878—1948),正式提出"华北分离工作",即将华北脱离中国。1936年5月,广田弘毅内阁把日本"支那驻屯军"的兵力从1700人一举增至5700人。"塘沽协定""何梅协定""秦土协定",炮制冀东及内蒙古伪政权等（我国总称"华北事变"），正是上述侵略方针的实施。

与对华进行政治、军事侵略的同时，日本在华北大搞武装走私。据中国海关估计，自 1935 年 3 月至 1936 年 5 月，15 个月走私额达 3 亿元。走私商品中鸦片占大宗，其次为人造丝等。中国硬通货大量外流，自 1934 年 10 月至 1935 年 8 月，走私外流银币值 3000 万两，严重破坏了中国的财政经济。

广田内阁与 1936 年"国策基准"　二二六事变后上台的广田弘毅内阁（1936 年 3 月 9 日—1937 年 2 月 2 日），唯军部法西斯之意旨是从，可称"准军事独裁内阁"。广田组阁之初，陆军在指派陆军大臣时就提出必须"彻底明征国体""充实加强国防""刷新外交"等条件，并要求排除原定班子中被认为有自由主义倾向的阁员。组阁不久，1936 年 5 月广田又应陆军的要求，恢复了军部大臣现役武官制①。这一制度的恢复，为军部控制政权提供了合法手段，从此军部可以操纵内阁，使之沦为自己的傀儡。

在内政方面，广田内阁于 1936 年 8 月公布"庶政一新"纲领，中心是军备第一。按军部意愿出任藏相的马场瑛一开始实行财政首先服从国防需要的方针，马场瑛一所推行的这种准战时财政是战时财政的前奏。

在外交方面，广田内阁确立了扩大对外侵略的方针。1936 年 8 月 7 日，召开首相、外相、陆相、海相、藏相出席的"五相会议"，制定《国策基准》，把"外交和国防互相配合，在确保帝国在东亚大陆地位之同时，向南方海洋发展"定为日本的根本国策；要求"陆军军备以对抗苏联在远东所能使用的兵力为目标"，"海军军备应以对抗美国海军，确保西太平洋的制海权为目标"，这就既反映了陆军的北进论，也反映了海军的南进论。

1936 年 11 月 25 日，日本与德国签订《反共产国际协定》。之所以采用这个名称，是为了利用英法统治集团惧怕共产主义的心理，但其真正目的则是反对苏联和各国革命运动，并同英、法、美争夺势力范围，展开重新瓜分世界的斗争。

一般认为，广田弘毅内阁的建立是日本法西斯体制形成的标志。广田内阁持续不到一年，1937 年 2 月，林铣十郎继而组阁，只存在了四个月。同年 6 月，近卫文麿（1891—1945）上台，不久即发动了全面侵华战争。

---

① 1900 年规定陆海军大臣必须由现役大、中将担任。经过长期民主运动的斗争，1913 年废除这一制度，陆海军大臣扩大至预备役。

第九章　走向全球战争

20世纪30年代，日本法西斯首先挑起侵略中国的九一八事变，中国人民局部抗战，打响了武装反抗日本法西斯侵略的第一枪，成为世界反法西斯战争的开端，也揭开了第二次世界大战的序幕。1935年，意大利法西斯发动侵略埃塞俄比亚的战争。1936年，纳粹德国伙同意大利颠覆了西班牙共和国。1938—1939年，纳粹德国相继吞并奥地利、肢解捷克斯洛伐克，并最终将后者吞并。面对法西斯国家的疯狂侵略，苏联、共产国际和国际进步力量积极支持被侵略国家抵抗法西斯的侵略，主张建立国际反法西斯统一战线。英、法、美等西方大国持续实施绥靖政策，加速了第二次世界大战的全面爆发。

第一节　意大利侵略埃塞俄比亚的战争

一、意大利的战前准备和英法对意大利的纵容

蓄谋已久的侵略战争　埃塞俄比亚（当时名"阿比西尼亚"）地处非洲之角，控制着从地中海经红海到印度洋的通道，战略地位十分重要，并且拥有丰富的自然资源，如煤、铁、铜、硫黄、黄金等。20世纪30年代的埃塞俄比亚是一个落后的封建国家，居民以农民为主，只有手工业，没有现代化工业。1930年11月，青年埃塞俄比亚派的领袖塔法里·马康南加冕为众王之王，称海尔·塞拉西一世（1892—1975）。他即位后，颁布宪法，建立君主立宪制度，并推行若干改革措施，如开办学校、修筑道路、整顿财政、废除奴隶买卖等。改革取得一定成效。

意大利吞并埃塞俄比亚的企图由来已久。1895年，意大利曾调动大军入侵埃塞俄比亚，但在1896年3月的阿杜瓦战役中，意军大败，不得不于同年10月在亚的斯亚贝巴签订和约，承认埃塞俄比亚的独立和主权。1922年墨索里尼上台后，企图独霸地中海，在东非建立殖民帝国。1929—1932年的世界经济危机，对意大利的打击十分严重。工业生产急剧下降，1932年的工业产值比1929减少33.2%。成千上万的农民因无力偿还债务和缴纳捐税而破产，失去土地。为了夺取原料和销售市场，并转移人民对法西斯政权的不满，墨索里尼企图从战争中寻找出路。1932年7月他委托殖民大臣德·博诺起草《在埃塞俄比亚采取行动的计划》。1934年2月，墨索里尼召集法西斯军政要人，密商侵埃问题，决定于1935年发动战争。1934年12月5日，意大利军向驻扎在欧加登省瓦尔-瓦尔绿洲的

埃塞俄比亚部队发动突然袭击。事后，意大利反诬埃塞俄比亚人挑起争端，并故意提出一些让对方难堪而无法接受的要求，如正式道歉、赔偿损失、通过在当地向意大利国旗致敬的方式承认意大利占领瓦尔-瓦尔的合法性等。20日，墨索里尼亲自拟定了"彻底征服阿比西尼亚"的秘密指令，做好了全面侵略埃塞俄比亚的前期准备。

英法的纵容 瓦尔-瓦尔事件爆发后不久，埃塞俄比亚即向国际联盟报告，1935年3月17日又正式呼吁国联行政院根据盟约第15条处理意埃纠纷。意大利极力反对国联过问，主张由双方自行解决。英法袒护意大利，在它们的操纵下，直到9月4日国联行政院才召开会议讨论意埃争端问题。在这9个月的时间里，英法明明知道意大利正在加紧准备战争，但不仅坐视不问，而且通过各种渠道让意大利知道，它的行为不会受到惩罚。

法国企图拉拢意大利，共同对付法国的夙敌德国，所以对墨索里尼政府的包庇最为露骨。1935年1月初，法国外交部长赖伐尔（1883—1945）赴罗马访问，1月7日双方签订一系列协定，其中四件公开，四件秘密。这些协定的主要内容有：在奥地利的独立和完整受到威胁时，法、意两国将互相协商；意大利逐步放弃在法属突尼斯的特权地位；法国将法属突尼斯和法属索马里的一些地区划给意大利；法国将吉布提—亚的斯亚贝巴铁路公司的20%股份让给意大利；等等。更重要的是，赖伐尔在和墨索里尼秘密会谈时，允诺意大利在埃塞俄比亚"自由行动"。法意协定签订后，墨索里尼于1月16日任命德·博诺为东非高级专员兼驻东非意军总司令，命令他立即前往意属厄立特里亚，加速准备入侵埃塞俄比亚。

英国的态度不像法国那样明显，它奉行的是一种所谓"双重政策"，即"同意大利协商和忠于国联"。"同意大利协商"，是"双重政策"的真正目标，而"忠于国联"则是迫不得已采取的策略。英国认为，英国在埃塞俄比亚的最重要的利益是塔纳湖和青尼罗河的河水，但没有生死攸关的利益使英国必须抵抗意大利对埃塞俄比亚的征服，意大利吞并埃塞俄比亚对英国利益的威胁是遥远的将来的事情。为了"保持欧洲和平"，英国不可惹怒墨索里尼，以免把意大利赶到德国的怀抱中。6月19日，新任外交大臣塞缪尔·霍尔（1880—1959）在内阁会议上主张向意大利提出如下建议，即埃塞俄比亚把南部欧加登省的部分割让给意大利，而从英国手中得到英属索马里的泽拉港及连接内地的一条走廊。内阁批准了霍尔的方案，决定派国联事务大臣安东尼·艾登（1897—1977）出使罗马。6月24、25日艾登两次会晤墨索里尼，提出英国的建议，但都被后者完全拒绝了。7月25日，英国政府宣布对意大利和埃塞俄比亚双方将不再颁发出口武器的许可证。这个决定表面看来不偏不倚，实际上是对意大利一方有利的。

9月4日，国联行政院召开会议，6日通过决议：由英、法、波兰、西班牙、土耳其组成五国委员会，研究意埃关系并寻求解决办法。9日，国联第16次大会开幕。11日，霍尔在大会上发表了一篇冠冕堂皇的演说，侈谈英国与国联站在一起，支持集体维护盟约的完整，特别支持对一切侵略行为进行坚决的集体抵抗。霍尔的演说一时迷惑了许多代表，但在会下霍尔与赖伐尔于10—11日一连举行了三次会谈，双方一致同意："排除军事制裁，不采取任何海军封锁的措施，决不考虑封闭苏伊士运河，一句话，排除一切可能导致战争的事情"。霍尔还透露了英国支持国联的真正原因，在于英国舆论迫切需要置于国联保护之下的集体安全，并说大多数中间派都是如此看法。9月18日，五国委员会提出如下建议：由国联行政院任命外国顾问帮助埃塞俄比亚进行改造；英、法愿让出索马里海岸的领土，给予埃塞俄比亚一个出海口，以便利意大利与埃塞俄比亚的领土交换；英、法在其现存的权利得到保证的情况下，准备承认意大利在埃塞俄比亚的经济发展方面享有特殊利益。该方案的实质是在承认意大利享有特殊利益的前提下对埃塞俄比亚实行国际共管。9月22日，意大利拒绝了五国委员会的建议。墨索里尼从这个建议中再次看出英法旨在妥协，便悍然发动了侵略埃塞俄比亚的战争。

从1934年12月5日瓦尔-瓦尔事件爆发到1935年10月3日意大利军队侵入埃塞俄比亚，这一阶段长达10个月，至关重要。英法如果真想制止战争，在此期间是完全可以办到的。但它们却想方设法满足意大利的领土野心，只求对方以"和平"手段实现吞并，便心满意足，结果使墨索里尼看清了英法的软弱，更加无所顾忌地发动战争。

二、意大利吞并埃塞俄比亚

战争的爆发 1935年10月3日凌晨，意大利军队未经宣战就从厄立特里亚和索马里出动，分北、东、南三路侵入埃塞俄比亚。三路军队，以北路为主，兵力约占意军的2/3。意大利的军队配备有飞机、坦克等新式武器，埃塞俄比亚的军队则装备陈旧而且不足，全国仅有200门野战炮、500挺机枪和不能用于作战的13架老式飞机，即使正规部队的士兵也不能人手一支老式步枪，许多人只得手持长矛或大刀去作战。

10月6日，意军占领北部重镇阿杜瓦，15日占领阿克苏姆。但当意军向提格雷地区发动进攻时，埃塞俄比亚军队坚持抵抗，击毙、击伤意军数千人，粉碎了墨索里尼的速决战计划。11月3日，意军向马卡累-多洛发起进攻，经过五天激战，于11月8日占领这个城市，但因伤亡惨重，失去继续推进的能力。意军久攻不下，墨索里尼迁怒于意军总司令德·博诺，撤了他的职务，改任巴多里奥为总司令。到 1936 年 1 月，侵埃意军已达到 40 万人。

国联对意大利的制裁　1935 年 10 月 5 日，国联行政院决定成立一个六国委员会，负责研究形势的发展。10 月 7 日，行政院会议一致（意大利除外）通过六国委员会的报告："意大利政府无视它根据《国联盟约》第 12 条所定的契约，诉诸战争。"10 月 9—11 日，国联大会举行。在出席会议的 54 个会员国中，有 50 个赞成行政院的决议。它们组成一个协调委员会，在其下又设立了一个 18 国委员会（通称制裁委员会），实际负责组织制裁的工作。对意大利的制裁包括武器禁运、财政制裁、禁止进口意大利货物和禁止向意大利输出某些货物。由于英法的主张，禁止向意大利输出的物资，不包括石油、钢和铁的制成品、铜、铅、锌、煤等重要战略物资。这种软弱无力的制裁只能起激怒意大利的作用，却不能真正制止侵略战争，而且由于英法的阻挠，制裁到 11 月 18 日才开始实行。特别重要的是：石油制裁问题一拖再拖，直到埃塞俄比亚灭亡，也未实施。后来在慕尼黑会议前夕，墨索里尼对希特勒说："如果国联……把经济制裁扩大到包括石油在内，我就不得不在一个星期内撤出阿比西尼亚。这对我将是个无可估量的灾难。"

美国的《中立法》　1935 年 8 月 31 日，在孤立主义的强大压力下，美国国会通过了《中立法》。《中立法》规定对交战国实行武器禁运，但授权总统确定禁运武器的项目和实行武器禁运的时间；禁止美国船只向交战国运送武器。10 月 3 日意大利侵入埃塞俄比亚后，美国于 10 月 5 日宣布对交战双方都实施《中立法》，但 1935 年《中立法》并不禁止向交战国输出石油等重要的战略物资。虽然美国国务卿科德尔·赫尔（1871—1955）在 11 月 15 日发表了所谓"道义禁运"的声明，说运送石油、铜、卡车、废钢铁等都是违反美国政府的政策的，并且是违反最近通过的《中立法》总的精神的，但美国商人对此置若罔闻，反而增加向意大利出售它所急需的原料。10 月间，美国对意大利的石油出口比平时增加了一倍，11 月增加了两倍。美国的商界对禁运发动攻击，说只要美国与意大利保持外交关系，他们就可以在法律范围内出售意大利人所能购买的货物，不论是什么货物，也不论数量多少。在意埃战争中，美国《中立法》所起的作用并不是中立，而是援助了侵略者，打击了被侵略者。

《霍尔—赖伐尔协定》　1935 年 12 月 7—8 日，霍尔与赖伐尔在巴黎会谈，拟定了"意大利—埃塞俄比亚冲突的共同解决提纲"，通称《霍尔—赖伐尔协定》。按照这个协定，埃塞俄比亚把欧加登省和提格雷省的一部分土地割让给意大利；埃塞俄比亚还应将南部划为意大利经济发展和居留的地区。作为补偿，埃塞俄比亚接受意属厄立特里亚的一条狭小的沿海地带及一个出海口阿萨布港。就连坚决主张对意大利让步的英国外交部常务次官范西塔特（1887—1951）也不得不说，这样的条件是"侵略者得到的东西比他已经得到的还要多一些，虽然比他希望得到的要少一些"。但是，消息走漏，9 日的英法报纸就披露了协定的内容，舆论哗然。英国内阁决定牺牲霍尔，18 日霍尔辞职。不久，赖伐尔也下了台。

埃塞俄比亚的陷落　埃塞俄比亚军面对远比自己强大的意军，本应利用本国特有的地理条件，充分运用游击战术，打击敌人。但是，他们却采取集团作战的方式，坚持阵地战，以致损失惨重。1936 年 3 月 31 日，埃皇海尔·塞拉西一世在阿西安季湖的梅丘地区，集结主力部队向意军发起猛烈进攻。经过四天血战，侵略者虽然遭到沉重打击，埃军也战死 9000 多人，损失之大为开战以来所未有。4 月 15 日，意军占领了埃军大本营所在地——德赛城。5 月 1 日，海尔·塞拉西一世离开埃塞俄比亚，流亡英国。5 月 5 日，意军攻占首都亚的斯亚贝巴。5 月 9 日，意大利国王自封为埃塞俄比亚皇帝。以后，意大利把埃塞俄比亚和索马里、厄立特里亚合并为意属东非帝国。

1936 年 7 月 1 日，接替霍尔出任英国外交大臣的艾登在国联建议取消对意制裁。7 月 4 日，国联大会以 44 票赞成、1 票反对、4 票弃权通过终止制裁。7 月 6 日，协调委员会决定制裁应于 1936 年 7 月 15 日终止。至此，英法演完了牺牲埃塞俄比亚的最后一幕。

英法绥靖意大利的后果　英法推行绥靖政策，纵容意大利吞并埃塞俄比亚的后果是十分严重的。

第一，它使意大利向德国靠拢。英法参加经济制裁是迫不得已的，但仍然激怒了意大利。德意之间在奥地利问题上本来有很大矛盾。意大利陷入侵埃战争后，力量严重削弱，不得不把奥地利放弃给德国。德国则在 1936 年 7 月很快承认了意大利对埃塞俄比亚的吞并。德意都有利用对方的需要，又见到英法软弱可欺，遂结成罗马—柏林轴心，墨索里尼于 1936 年 11 月 1 日在米兰予以宣布。

第二，助长了德国的侵略野心。希特勒始终注视着意埃战争的进程。正如艾登所说："我们对墨索里尼无可奈何，一定使他（指希特勒）增强了信心。"1936 年 3 月德军开进莱茵非军事区，西方国家不过发出有气无力的抗议而已。

第三，摧毁了集体安全体系。英法对意大利的妥协，使欧洲的一些小国不能不到国联以外去寻找自保。这些小国本来是大力支持国联的，因为如果国联能够保护埃塞俄比亚抵抗意大利，那么将来国联也一定能够保护它们抵抗其他的侵略者。但是英法的绥靖政策使它们大失所望。1936 年 5 月，希腊首相表示：希腊不会承认巴尔干半岛以外的任何义务。同年 7 月，斯堪的纳维亚的四个国家以及荷兰、西班牙和瑞士等国的外交部长签署了一项联合声明，表示将来运用任何制裁手段，他们都不拟接受。10 月 14 日，比利时废除了与法国的军事同盟。1937 年 3

月 25 日，南斯拉夫与意大利签订了互不侵犯和仲裁条约，从此与罗马—柏林轴心紧密联系在一起。

第二节 日本侵华战争的全面爆发

一、卢沟桥事变和中国全民族抗日战争的开始

1937 年 7 月 7 日，日本帝国主义挑起卢沟桥事变。在此以前，意大利于 1936 年 5 月吞并了埃塞俄比亚；1936 年 7 月，西班牙内战爆发，德意出兵进行干涉，支持佛朗哥叛军。法西斯的侵略战火蔓延到欧、亚、非三大陆。但中国是一个地大物博、人多兵多而又存在着比历史上任何时期更为进步的因素的大国，中国不是埃塞俄比亚，也非西班牙。日本帝国主义不可能迅速征服中国，抗日战争也不可能局部化，它必然要牵动世界全局。卢沟桥事变和中国全民族抗战，成为第二次世界大战在亚洲爆发的标志。

日本发动全面侵华战争时，日本统治阶级普遍认为只消"对支一击"，便可"凯旋班师"。陆相杉山元上奏天皇说，事变能在一个月左右解决。但是，他们没有料到，由于中国共产党的努力推动，在中国已经出现抗日救亡的高潮，已经初步形成了并正在加强抗日民族统一战线。日本帝国主义面临的对手不是有如一盘散沙的中国，而是由 4 亿多人民组成的坚不可摧的铜墙铁壁。在历时三个月的淞沪战役（1937 年 8 月 13 日—11 月 12 日）中，中国军民英勇抗敌，日本不得不一再增兵，参战兵力达到 30 万人，伤亡 4 万多人。八路军出师大捷，在 9 月的平型关大捷中，歼灭日军板垣师团 1000 余人，这是中国抗战开始以来的第一个大胜仗，打破了"日军不可战胜"的神话，鼓舞了中国军民的斗志。到 1937 年底，日本一共向中国战场派遣了 16 个师团，60 余万人，相当于陆军总兵力 24 个师团、95 万人的 2/3。

1937 年 12 月 13 日南京失守后，日军进行了灭绝人性的血腥大屠杀，中国军民遇害者 30 多万人。1938 年 1 月 16 日，日本首相近卫文麿狂妄地声明："帝国政府今后将不以国民政府为对手"。但在 3 月 23 日至 4 月 6 日的台儿庄战役中，日军遭到重创，死伤达 1 万余人。矶谷师团和板垣师团的一部分被歼灭。台儿庄大捷不仅在国内外产生了巨大影响，也使日本侵略者为之丧胆。秋季，日本妄图迅速结束战争，又发动武汉战役和广州战役。在 6 月至 10 月的武汉会战中，日军投入兵力近 38 万人，这是在整个抗日战争中日方动用兵力规模最大的一次战役。到 10 月下旬武汉、广州两个战役结束时，日本投入中国的兵力已达 24 个师团，100 万人以上，日本国内本土只剩下 1 个师团（近卫师团），可谓倾巢而出了。此后，日军

被迫停止对正面战场的战略进攻，转为以保守占领区为主，因而中国抗日战争开始由战略防御阶段转入战略相持阶段。

中国战场是由正面战场和敌后战场两个战场组成的。全国性抗日战争爆发后，日军长驱直入，造成后方空虚。国民党军迅速撤退，大片国土沦陷，中国共产党领导的抗日武装抓住有利时机，深入敌后，广泛开展游击战争。到广州、武汉失守，八路军、新四军已在华北、华中开辟了广阔的敌后战场，创建了十几个抗日根据地，消耗和牵制了日军大量兵力，与正面战场友军在战略上构成对日军的夹击态势。在华北战场上，战斗异常艰苦而频繁。仅全面抗战的第二年和第三年，日本对华北进行的千人以上的"扫荡"就有 109 次之多，使用兵力在 50 万人左右。其中 1 万人到 2 万人的大"扫荡"7 次，3 万人以上的大"扫荡"2 次，还有一次 6 万人以上的特大"扫荡"。日本侵略军对于中国共产党领导的抗日游击战争感到极难对付，1939 年 12 月日本华北方面军参谋长笠原幸雄中将在情报主任会议上惊呼："华北治安之癌是中国共产党和它的军队"。

侵华战争给日本经济带来严重困难。1937 年军费支出 32.7 亿日元，1938 年增至 59.6 亿日元，1939 年再增至 61.5 亿日元，军费支出在岁出总额中所占比重分别为 68.9%、73.7% 和 68.5%。1939 年 1 月近卫内阁制定的扩充国防工业及基础产业生产能力的计划（至 1941 年度）不能如数完成。国力匮乏使日本军部的头子们十分头痛，1939 年 10 月就任参谋次长的泽田茂中将对当时的形势感到一筹莫展。他说："我作为参谋次长，首先从各方面了解因'中国事变'的拖延，日本的力量究竟还剩下多少。我认为，从外表看日本是强大的，但恰好像水果从内部腐烂那样，所以是不能长久的。"

二、英美对日绥靖政策与苏联援华

英美对日绥靖 日本发动侵华战争后，中国政府于 1937 年 9 月 12 日正式向国际联盟提出申诉的照会。10 月 6 日，国联大会通过远东顾问委员会的两个报告书和一个决议。第一报告书虽然指出日本对中国的军事行动违反了《九国公约》和《非战公约》，但未明确宣布日本是侵略者。第二报告书建议《九国公约》签字国举行会议，并与其他在远东有特殊利益的国家合作，共同讨论解决办法。决议要求国联各成员国应各自考虑它所能对中国提供的援助，但没有实际的措施，不过口惠而已。

召开《九国公约》会议的建议是英国代表提出来的，其目的在于将责任推卸给美国。作为当年华盛顿会议的发起国，美国不能拒绝参加会议，但决不带头。英、美、法几个大国都不愿在自己国家召开会议，好不容易才说服比利时充当东道主。在比利时首都布鲁塞尔召开的会议从 1937 年 11 月 3 日开始，到 24 日无限期休会。与会者 19 国，日本拒绝参加。会议最后通过的宣言只是重申《九国公约》的原则，并要求停止战争行动。日本是发动战争的侵略一方，中国是被迫抵抗的受害一方，会议甚至对这种最基本的区别也未敢指出。中国没有得到任何援助，日本也没有得到任何制裁，会议便草草收场了。

布鲁塞尔会议的无所作为，一个原因是英美都认为坐观成败是最聪明的办法。鹬蚌相争，可以坐收渔人之利。英国外交大臣艾登写道："我在布鲁塞尔会议上发现，许多人认为日本将重演'1812 年'故事。也许不会如此，但我们应着意使其成为可能。"另一个原因是英美都认为自己的在华利益虽在一定程度上受到损害，但日本在经济上终归要依赖它们，暂时不利的局面不难挽回。因此，不应刺激日本，以免它进行报复。美国对日贸易，有相当的利益可图。1937 年，美国对日出口总值 2.89 亿美元，其中石油、精炼油、废钢铁、原棉四项战略物资就值 1.42 亿美元，约占 1/2。会议期间，美国务院顾问霍恩贝克（一译"亨培克"）对中国代表顾维钧说：美国不能对日实行经济制裁，"在对日贸易上感兴趣的人们认为，如果与日本交战，生意就做不成了。南方棉花种植者害怕禁止棉花输日会使他们倾家荡产"。会议前夕，英国商会联合会主席克拉克坚决反对制裁，认为这对贸易是无益而有害的。

布鲁塞尔会议是一次彻底失败的会议，是开比不开还要坏的会议。如果不开，至少日本还不能完全肯定欧美列强的态度到底如何。开了以后，它们的相互推诿，软弱无力，甚至讨好日本，就都暴露得清清楚楚了。

布鲁塞尔会议后，英美继续沿着绥靖日本的道路走下去，但英国走得更远一些。1938 年 5 月 2 日，英、日非法签订了关于中国海关的协定，规定日本占领区各海关所征一切关税、附加税及其他捐税，均存入日本正金银行；还规定自 1937 年 9 月起停付的日本部分庚子赔款，应即付给日本政府。这一协定严重损害了中国的主权，并使中国关税收入遭到很大损失。

《慕尼黑协定》签字后，日本看清了英国的虚弱，野心更加膨胀。1938 年 11 月 3 日，日本宣布：帝国要"建设确保东亚永久和平的新秩序"，还要各国"适应东亚的新形势"。12 月 22 日，近卫政府又声明："日满华三国应以建设东亚新秩序为共同目标而联合起来。"日本现在所要侵占的不仅是全中国，而且是整个东亚了。1939 年 4 月 9 日，汉奸官员程锡庚在天津英租界被刺。日本抓住这个机会，以英国拒绝引渡四名中国人为借口，封锁了天津英租界。7 月 15 日，日本外相有田八郎和英国驻日大使克莱琪在东京开始谈判，24 日双方宣布了如下协议：英国完全承认"在华日军为了保障其自身的安全和维护其控制地区的公共秩序，有其特殊的需要"，"他们必须镇压或消灭任何将妨害他们或有利于他们敌人的行动或起因"；英国政府保证，"无意鼓励任何有损于日本军队达到上述目的的行动或措施"，并将要求英国在华当局和英国侨民不得采取此类行动和措施。《有田—克莱琪协定》实际上承认了日本侵略中国的合法性并承诺不援助中国抗日。但中国不是捷克斯洛伐克，《有田—克莱琪协定》也无法起到《慕尼黑协定》的作用。中国人民坚决抗战，粉碎了远东慕尼黑阴谋，使中国得以保存下来，成为同盟国最重要的抗日基地。

苏联援华　七七事变后，只有苏联一国给中国以巨大援助。1937 年 8 月 21 日，《中苏互不侵犯条约》签订，这是苏联对中国抗战在政治上的重大支持。从 1938 年 3 月到 1939 年 6 月，苏联先后给予中国政府三笔贷款，共 2.5 亿美元，以供向苏联购买军火和其他物资之用。强大的苏联红军的存在，还使日本不得不在中国东北配备重兵，从而便利了中国的抗战。1939 年 9 月 22 日，蒋介石在致斯大林的电报中说："自中国抗战以来，日本之未敢以全部兵力加诸中国者，实由贵国在我东北边境牵制之力为多。"

中国人民的坚强抗战，反过来也大大减轻了日本对苏联的压力。1938 年 7 月 29 日，日军挑起张鼓峰事件，遭到苏军痛击。日本的失败固然由于红军的强大，但也和日军主力正在准备武汉战役有关。张鼓峰事件爆发时，日本在中国东北的兵力只不过 6 个师团，面对多达二十几个师的远东苏军，显然居于劣势。1938 年 8 月，正在张鼓峰作战的日军向东京告急，要求供给反坦克弹药，但陆军省予以驳回，因为甚至当年 11 月的弹药生产额都已预先分配给武汉战役了。1939 年 5 月 11 日，日本关东军又侵入诺门坎。在 3 个多月的战斗中，日军伤亡惨重。8 月 30 日，大本营参谋总长载仁亲王向关东军司令官植田谦吉下达大陆命令第 343 号："大本营的意图是在处理中国事变期间，以帝国军队的一部分在满洲防备苏联，维持北方的平静。为此在诺门坎尽力不扩大作战，筹划迅速结束之。"这又一次证明中苏两国在军事上是互相支援的。

三、中国 30 年代抗日战争的国际贡献

1937—1939 年是中国孤军奋战的时期，中国全民族抗日战争的国际条件以这一阶段最为不利。只有苏联一国援华，苏联也因而深受其利。英美目光短浅，看不到大祸行将临头，反而助纣为虐，一个大搞远东慕尼黑，另一个大做其军火生意。中国抗战的国际条件尽管如此不利，但仍以极大勇气和毅力坚持下来，挡住了日本百万大军的进攻，从而为日后同盟国反法西斯的共同事业奠定了坚实的基础。不难设想：如果中国大陆完全被日本征服，那么到第二次世界大战全面爆发时，日军或可直驱西伯利亚，与德国会师欧陆，或可南下印度洋，占领印度，与德国会师中东。同盟国虽终将取得胜利，但要付出更多的代价与牺牲。

因此，在中国共产党的中流砥柱作用下，中华民族结成抗日民族统一战线，

坚决抗战，开辟了对日本法西斯持久作战的东方主战场。

第三节 西班牙内战

一、从西班牙共和国的建立到内战的开始

共和国的建立 20 世纪初，西班牙是一个经济上贫穷、政治上落后的半封建农业国家。经济上，农村盛行半封建的大庄园制，1444 户大地主占有土地约 300 万公顷，等于 800 万户贫农所占的土地。工业很不发达，全国 70% 以上的人口从事农业。政治上，实行君主立宪制度，贵族、上层僧侣、大资产阶级和军官们统治着国家。天主教是国教，教会拥有很大的势力和影响，不仅控制着人们的精神生活，而且本身拥有巨大的财产。1923 年 9 月，普列莫·德·里维拉将军在取得国王阿方索十三世的同意后，发动政变，从此在西班牙建立了军事独裁制度。他和国王的关系，类似墨索里尼与意大利国王埃马努埃莱三世的关系。里维拉的军事独裁越来越不得人心。严格的出版检查制度，激起知识分子的反抗。废除炮兵部队中按资历晋升的传统办法而改为按功绩晋升，引起一部分军官的恶感。拥护共和政体的资产阶级也反对里维拉。加泰罗尼亚的民族自治运动在继续加强。在这种情况下，国王决定换马，迫使里维拉于 1930 年 1 月辞职。

贝伦格尔将军奉命组织新政府。但他也无法继续统治下去。民众对君主政体和整个现状的抨击日益激烈，从 1930 年夏季起，罢工运动明显加强，而且几乎所有的大罢工都是在共和口号下进行的。1931 年 2 月 8 日，国王不得不宣布恢复宪法并规定在 3 月举行议会选举，不料却遭到群众的抵制。几乎所有反政府的团体都宣布，除非举行立宪会议选举，它们决不参加恢复 1876 年宪法的选举。① 贝伦格尔政府只得于 2 月 14 日辞职。2 月 18 日，以阿斯纳尔为首的新政府组成，并颁布将于 4 月 12 日举行市政选举的法令，然后再举行全国选举。选举结果，共和派获得压倒性胜利，4 月 13 日阿斯纳尔辞职。国王看到形势对己不利，于 4 月 14 日逃离西班牙，但未宣布退位。同日，以自由共和党领袖阿尔卡拉·萨莫拉（1877—1949）为首的临时政府组成，共和国宣布成立，萨莫拉自任临时总统。

共和国成立后，于 1931 年 6 月 28 日举行立宪会议的选举。共和党派和社会党的联合阵线获得绝大多数议席。1931 年 12 月 9 日，通过新宪法，规定实行普选制，设立一院制的议会，每四年选举一次。政府对议会负责。宪法还规定宗教信仰自由和政教分离；教育世俗化；保证言论、出版、集会自由；加泰罗尼亚享有

---

① 参加恢复 1876 年宪法的选举，等于继续维护君主制度，故共和派反对。

地方自治权。在制宪过程中，宪法第 44 条曾引起激烈的争论。这一条规定："为了社会公益，各种财产所有权在合理补偿的前提下均可成为强制剥夺的对象。"总起来看，这是一部比较进步的资产阶级宪法。12 月 10 日，萨莫拉当选为共和国总统。12 月 12 日，临时政府解职，左翼共和派、共和行动党领袖曼努埃尔·阿萨尼亚（1880—1940）经总统批准，成立了西班牙共和国第一届立宪政府，这是由左翼共和派和社会党人组成的执政联盟。立宪会议决定自己作为第一届议会而继续存在下去。

共和国的初步成就　从 1931 年 4 月宣布共和国成立到 1933 年 11 月议会选举，是西班牙共和国历史上的第一个时期，即执行左翼共和派政策的时期。在此期间，共和国取得一些初步成就。1932 年 9 月 9 日，议会通过《土地改革法》，规定大地产集中的地区可以局部地重新分配地产；这些地区超过一定限度土地的地产应予剥夺，但须给以补偿。尽管该法规定是用赎买的办法剥夺部分大地产，而且实际上推行十分缓慢（在第一年基本上只进行了清点地主土地的工作），大地主对此仍然十分仇视。另一项成就是 1932 年 9 月 25 日颁布的《加泰罗尼亚自治宪章》。根据该宪章，加泰罗尼亚设有自己的总统、议会和政府，享有广泛的征税权和其他权力；加泰罗尼亚语定为官方语言。这是加泰罗尼亚和西班牙民主力量的巨大胜利。1933 年 5 月 17 日通过的《宗教团体法》，规定将全部教会财产收归国有，但教会可根据实际用途使用；禁止宗教团体经营工商业；废除教会学校并禁止宗教团体从事任何世俗教育。《宗教团体法》沉重打击了天主教会的势力，西班牙主教团和罗马教皇都提出了强烈抗议。

共和国从成立之日起，就遭到各种保皇势力和反动势力的反对。1932 年 8 月 9 日晚，何塞·桑胡尔霍将军在马德里和塞维利亚两地发动叛乱，但很快被忠于共和政府的军队平定下去。各种反动保守势力不甘心失败，1933 年 2 月 28 日—3 月 5 日，右翼各党派在马德里召开代表大会，成立了以天主教行动党为核心的西班牙自治权利同盟（缩写为 CEDA），简称西达党，领导人有希尔·罗夫莱斯等。西达党的政治势力日益发展，迅速成为右翼阵营中最大的政党。不久，在 1933 年 10 月 29 日，前独裁者德·里维拉的儿子何塞·安东尼奥·普里莫·德·里维拉建立了法西斯政党——西班牙长枪党。它的纲领是极端民族主义和极权主义的，但也同纳粹党的党纲一样，有不少蛊惑性的条款，诸如"摈弃资本主义制度""反对大金融资本、投机者和放债人的胡作非为"，等等。

与此同时，工农劳动群众对执行过于缓慢的社会改革表示不满。1933 年举行了 1127 次罢工，参加人数达 84.3 万人之多。《土地改革法》颁布后，两年期间共和政府只分配了 37.4 万公顷土地，农民没有得到多少实惠。在新生的共和国中，充满了各个党派、各种社会力量之间的激烈斗争。

黑暗的两年　1933 年 11 月 9 日，西班牙举行第一次正规的议会选举。在竞选过程中，由于左翼共和党派和社会党未再组成联盟，分散了力量；右翼党派对选民，特别是对农村选民，进行了收买和恫吓。结果右派联盟共获 216 席，其中西达党 115 席；中派共和派 152 席，包括激进党的 100 席；左翼共和派 40 席；社会党 58 席。随后，12 月以亚·莱鲁斯为首的新政府成立，其核心是 8 名激进党的部长。西达党由于自己暂时还不能掌权，采取支持莱鲁斯政府的政策。从 1933 年 11 月起到 1936 年初，历届政府采取反改革的政策，后人称这一时期为"黑暗的两年"。

第一项重大的反改革措施是 1934 年 4 月 4 日议会通过的《宗教界财产法》，它废除了 1933 年的《宗教团体法》的主要规定。随后，4 月 20 日议会又通过大赦法令，对桑胡尔霍案件的全部罪犯实行大赦。社会党人和左翼共和党派人士在国家机关中的领导职务被撤销，而代之以右派政党的代表和激进党人。土地改革实际上被停止，企业主企图修改在前一时期签订的劳动合同。

1934 年 10 月 4 日，3 名西达党人参加政府，分别担任农业部长、司法部长和劳工部长。在左派看来，西达党参加内阁预示着法西斯统治的即将到来。10 月 5 日，全国举行总罢工，一些地区的罢工转变为起义。阿斯图里亚斯的起义发展得最快。10 月 6 日，加泰罗尼亚总统宣布加泰罗尼亚独立，但到 10 月 7 日就被政府军镇压下去了。加泰罗尼亚失败后，全国的运动很快停息下来，只有阿斯图里亚斯的斗争在继续进行。领导阿斯图里亚斯起义的是 5 名社会党人、2 名无政府主义者和 2 名共产党人组成的革命委员会。矿工们进行了英勇的斗争，起义一直坚持到 10 月 18 日。

人民阵线的组成及其胜利　十月起义虽然失败了，但它推动了反法西斯人民阵线的建立。政府方面在镇压起义后采取的高压手段，把左翼共和派和左翼社会党人之间的分歧降到了次要地位。西班牙共产党与社会党之间的联系也在加强。1934 年 12 月，在两党之间成立了全国联络委员会。社会党左派领袖弗·拉尔哥·卡瓦列罗主张与西班牙共产党结成全面同盟。1935 年 7—8 月召开的共产国际第七次代表大会关于建立工人阶级统一战线和人民阵线的决议，不仅在工人阶级中，而且在西方整个左翼运动中产生了良好的反应。左翼共和派改变了对西共不可调和的态度。1936 年 1 月 15 日，共和党左翼、共和联盟、社会党、共产党、工团主义党、马克思主义统一工党、劳工总会、社会主义青年联盟等党派团体的代表们签订了《人民阵线公约》。人民阵线把工农群众、绝大多数小资产阶级、知识分子和一切自由民主力量联合起来。

人民阵线的纲领规定：大赦 1933 年 11 月后被捕的政治犯；恢复民主自由；降低赋税和消灭高利贷，减少地租，提高农产品的收购价格；改善佃农状况，分配土地给农民和佃农；提高劳动者的工资；为了保护民族工业，实施保护关税，并采取必要的措施扶助小工商业；等等。人民阵线的纲领是温和的，目的在于捍卫共和国和维护民主制度，防止法西斯夺取政权。

1936 年 2 月 16 日大选举行。人民阵线的代表获 268 个议席，右派和中派政党获 205 个议席，人民阵线取得巨大胜利。2 月 19 日，以曼努埃尔·阿萨尼亚为首的左翼共和党—共和同盟联合政府组成，社会党人、共产党人和工团主义者都暂未入阁。4 月 10 日，议会罢免了萨莫拉的总统职务。5 月 10 日，阿萨尼亚当选总统。

阿萨尼亚政府采取了一系列社会改革和促进民主的措施。恢复了 1934 年 1 月 1 日以后所有因政治理由而被解雇者的工作；停止给大地主偿付所没收土地的补偿费，并禁止强迫农民迁离他们所承租的土地；开始实行 1932 年通过的《土地改革法》，从 1936 年 2 月至 7 月的五个月内就分配给农民 71.2 万公顷土地。劳动人民开始更广泛地享有言论、集会和示威游行的自由。还恢复了加泰罗尼亚的自治，并宣布西班牙一切民族都享有自治权利。

武装叛乱的开始　人民阵线政府的一系列进步措施，受到广大人民的拥护。反动派意识到通过合法手段已无法扭转西班牙的民主发展，便决定使用暴力手段推翻共和国。大地主、上层教士、金融资本家、军队上层反动将领都支持武装叛乱，法西斯组织长枪党、西班牙在摩洛哥的殖民雇佣军，以及西班牙国民警卫军则是叛乱依靠的力量。

武装叛乱的阴谋发动者积极寻求意大利和德国法西斯的援助。早在 1934 年 3 月，西班牙君主主义者的代表就曾去罗马，向墨索里尼求援。叛乱前夕，1936 年 2 月桑胡尔霍将军访问柏林，商洽购买军事装备。

1936 年 7 月 17 日，武装叛乱从西属摩洛哥开始，次日蔓延到西班牙本土各驻军城市。叛军的首领是弗朗西斯科·佛朗哥（1892—1975）将军。

二、保卫共和国的斗争

意大利和德国的武装干涉　叛乱分子原来打算在几天内就可以取得胜利。首先占领西属摩洛哥，然后夺取各省会，最后推翻马德里政府。但是忠于共和国政府的部队和广大工农群众以及小资产阶级奋起抵抗，粉碎了叛军速胜的企图。

佛朗哥急于把叛乱部队从摩洛哥运往西班牙，但海峡为共和国政府掌握的海军所封锁，于是赶快向德国和意大利请求援助。7 月 28 日，30 架容克运输机到达摩洛哥，把大批叛军和军需品运到西班牙本土。为了支持佛朗哥，德国组织了秃鹰军团，于 1936 年 11 月到达西班牙。德国共派去大约 1.6 万人的支援部队，600 多架飞机，200 辆轻型坦克，援助总额约合 5 亿帝国马克。与意大利相比，德国援助的规模较小，但部队的作战能力和装备的先进程度却要远远超过意大利。德国之所以站在叛乱分子一方，首先是因为不能容忍有共产党参加的人民阵线在西班牙取得胜利。此外，还有一些重要原因：（1）德国企图把英法的注意力吸引到西班牙，从而可以放手重整军备；（2）加剧法国内部的冲突，削弱法国；（3）使意大利更加靠拢自己，埃塞俄比亚危机后，英法企图与意大利修好，意大利如陷在西班牙，则势必依靠德国，而再无同英法联合的可能，并在将来德国吞并奥地利时不再干涉；（4）获取经济利益，如西班牙北部的铁、南部的铜；（5）把西班牙作为德国新式武器的试验场所。德军将领赖歇瑙说："西班牙对德国来说是战争的高等学校"，"比在和平条件下训练十年"更有益处。为了达到以上目的，德国并不希望佛朗哥迅速取得胜利。希特勒说："从德国方面看，佛朗哥的百分之百的胜利并非令人称心如意。我们对继续战争和保持地中海的紧张局势更感兴趣。"

为了控制地中海通往大西洋的咽喉直布罗陀海峡，切断英国通往中东和印度的海上通道；为了使法国处于三面受敌（德国、意大利和佛朗哥统治下的西班牙）的不利战略地位，墨索里尼政府在叛乱分子一方下了很大赌注。到 1937 年 2 月，已有 4.9 万名意大利军人在西班牙作战。当速胜的希望破灭后，墨索里尼不能不继续增援叛军，因为如果人民阵线政府获胜，则法西斯政权在意大利的统治地位势必动摇。在整个战争中，意大利共派出兵力 7.3 万人左右，还提供给叛军 700 多架飞机、700 多辆坦克以及火炮、机关枪等。军援的总值约 120 亿—140 亿里尔，等于意大利一年军事预算的两倍。①没有意大利和德国的支援，叛乱分子是绝对不可能获胜的。

英法的"不干涉"政策　正当意大利和德国直接参加叛乱分子一边作战时，法国和英国却采取了一种危害西班牙共和国的"不干涉"政策。1936 年 7 月 20 日，法国总理勃鲁姆接到西班牙共和国总理吉拉尔的一封信，说西班牙发生了军事政变，请求立即给以武器和飞机援助。勃鲁姆开始曾打算接受吉拉尔的请求，但很快就屈服于国内外反对援助的势力，改变了初衷。7 月 24 日，英国外交大臣艾登对在伦敦开会的勃鲁姆说："这是你们的事情（指援助共和政府），但是我要求你一件事，要谨慎。"25 日，法国总统勒布伦和国民议会议长赫里欧都坚决要求勃鲁姆内阁不要向共和国政府输送武器。26 日，英国首相鲍尔温明确指示艾登，决不可以为了法国人或者什么其他的人，使英国站在俄国人方面作战。这时，西班牙共产党的影响还很小，而援助共和国政府更谈不上是为苏联而战，鲍尔温这样提出问题，足以证明英国统治者从一开始就是怀着对共产党、对社会主义国家的敌视和阶级偏见来看待西班牙问题的。

---

① 关于意大利和德国对佛朗哥的军事援助，各种统计数字相差很大。意大利出兵的数量多至 15 万人，少至 5 万人。对德国投入兵力的估计，多至 5 万人，少至 5000—6000 人。

8月8日，法国内阁经过激烈争论后，最后决定停止对西班牙一切武器输出。次日，法国武器禁运开始生效。这时，虽然德意仍在继续援助佛朗哥叛军，但勃鲁姆政府已经迫不及待地单方开始执行"不干涉"政策。8月15日，法国政府向英国驻法大使发出照会，声明"法国政府禁止将一切武器、弹药、军用物资以及一切装配的或拆散的航空器和一切作战船只直接或间接输出、再输出和运至西班牙、西班牙属地或摩洛哥西属地区的某一目的地"；"此项禁令适用于正在履行中的契约"。同日，英国驻法大使将本国照会递交法国外长德尔博斯，内容与法国照会基本相同。19日，艾登宣布，英国将不等待其他国家就实行对西班牙的武器禁运。以后陆续参加"不干涉"协定的国家有意大利（8月21日）、苏联（8月23日）、德国（8月24日）等，总计27个国家。9月9日，实施关于不干涉西班牙协定的国际委员会在伦敦召开第一次会议。有了这个委员会，英法两国政府既可借以掩饰自己剥夺西班牙政府购买武器的合法权利的行为，又可借以掩饰德意武装援助叛军的行为。法国航空部长科特说，"不干涉"政策实际上是对西班牙事件的干涉，因为它"拒不允许合法政府行使它购买武器的权利"。而意大利和德国虽然名义上参加了"不干涉"协定，但根本不予执行。1939年4月20日，不干涉委员会解散。

英法统治阶级之所以推行"不干涉"政策，首先是因为他们对西班牙人民阵线政府的出现十分反感，而且由于他们对共产党和社会主义国家素怀疑惧，于是便把前者的兴起归咎于后者的操纵，更加决心扼杀西班牙人民阵线政府。正由于此，佛朗哥反倒成了英法统治阶级的宠儿。英国第一海务大臣查特菲尔德盼望佛朗哥获得胜利，说"他比赤色分子有高贵得多的目标"。法国大多数反动派，甚至许多温和的保守派都把佛朗哥看作"捍卫秩序的战士"。英法统治阶级还怕西班牙人民阵线政府取得胜利后，影响法国的政局，法国可能随之"布尔什维克化"。其次，英法都想绥靖德国和意大利，缔结新的洛迦诺公约，因而力求避免在西班牙问题上与德意发生冲突。1936年7月20日，英国内阁秘书兼国防委员会秘书汉基主张："在欧洲目前的情况下，由于法国和西班牙都受到布尔什维主义的威胁，不久以后与德国和意大利共命运可能对我们是有利的。"同年12月23日，法国外长德尔博斯向德国驻法大使提出建议："在隔绝和消灭西班牙战火方面合作"；"讨论和满足德国的愿望，并在同时解决洛迦诺问题"。对英国来说，还有一个原因是它希望在一旦发生战争的情况下，西班牙能够保持中立，并保证直布罗陀海峡的安全。

美国没有参加不干涉委员会，但实际上也实行了"不干涉"政策。1937年1月8日，美国参众两院通过联合决议，禁止从美国或美国属地向"西班牙敌对双方中之任何一方"输送武器。但美国的中立是虚伪的，叛军所需的石油75%以上是美国石油公司供给的。

苏联和国际纵队对共和国的支援　西班牙共和国所进行的反对叛乱分子和德意法西斯武装干涉的正义斗争，得到苏联和世界上一切进步人士的同情与支援。1936 年 10 月，苏联的第一批援助到达。从 1936 年 10 月到 1938 年 8 月，苏联向共和国提供了 648 架飞机、347 辆坦克、1183 门火炮以及其他一些武器。苏联的志愿人员大约有 3000 名，主要是军事顾问、飞行员和坦克手。1938 年以后，苏联的援助基本停止。

还有来自世界各个国家的志愿人员组成"国际纵队"，支援共和国的正义事业。国际纵队的誓词包括："我自愿来到这里，为了拯救西班牙和全世界的自由，如果需要，我将献出最后一滴鲜血。"1936 年 10 月 22 日，共和国政府批准成立国际纵队，同年 11 月 8 日，第一批队员走上前线。国际纵队包括 54 个国家的共产党人、社会党人、自由主义者、无政府主义者以及其他无党派人士和天主教徒，他们当中有工人（占 50% 以上）、农民、职员、军人和知识分子，总计 4 万人左右。[1]在保卫马德里以及其他一些战役中，国际纵队发挥了重要作用。1938 年 10 月，根据国际不干涉委员会的规定，共和国政府通过了一项从西班牙撤出志愿军的决议。10 月 28 日，国际纵队在巴塞罗那举行了告别检阅。当检阅的队伍通过街道时，满面流泪的群众拥抱他们，激动地说永远不会忘记他们。大约有 7000 名国际纵队的战士，牺牲在西班牙的土地上。

马德里保卫战　从战争的最初几个月起，叛军的进攻目标就是共和国首都马德里。1936 年 9 月 4 日，叛军占领了塔拉韦拉，距马德里只有 70 千米，共和国面临着巨大危险。在这种情况下，以左翼社会党人拉哥尔·卡瓦列罗为首组成第一届人民阵线政府，包括共产党在内的各个党派都参加进来。新政府在 10 月 7 日颁布法令，没收共和国公敌的地产，把 542 万公顷的土地分配给 38 万户雇农和农民。10 月 8 日，批准巴斯克族各省实行自治，解决了西班牙最尖锐的内政问题中的一个。新政府还实行了其他一些民主改革，如颁布关于劳动保护、提高工资、限制童工、规定 8 小时工作制的法律。1937 年 2 月 5 日颁布的男女平等的法令具有重大的意义，妇女从此更加积极地参加保卫共和国的斗争。由于采取了这些措施，共和国的力量大大增强。从 1936 年 9 月到 1937 年 3 月，共和国军民击退了叛军的四次大规模进攻，保卫了马德里。1936 年 11 月，共和国政府迁往巴伦西亚。11 月 18 日，德国和意大利承认佛朗哥政府。

瓜达拉哈拉之战是共和国取得的一次辉煌胜利。1937 年 3 月 8 日，在德国飞机、坦克和大炮的支援下，4 个师的意大利正规军在距马德里 50 千米的瓜达拉哈

---

[1]　佛朗哥方面的夸张说法，是 12.5 万人。

拉地区发动了进攻。3 月 18 日，共和国军转入反攻，大败意军，意军伤亡数千人、被俘 1000 人。在打败意大利法西斯侵略者的共和国军队中，恰恰有国际纵队的意大利反法西斯战士，这使墨索里尼尤为沮丧。

三、共和国的灭亡

涅格林政府　1937 年 3 月以后，有一段时间两军对峙，互有胜负。5 月初，无政府工团主义分子和托派分子在巴塞罗那掀起反共和国政府的叛乱。平定叛乱后，卡瓦列罗拒绝共产党人关于解散托派组织的要求，于是两名共产党部长辞职，卡瓦列罗企图组织没有共产党人参加的新内阁，未果，被迫辞职。5 月 17 日，社会党领袖胡安·涅格林组成第二届人民阵线政府。10 月 21 日，叛军占领希洪，完成了对西北地区的占领。10 月 28 日，共和国政府从巴伦西亚迁至巴塞罗那。

1938 年 4 月 30 日，涅格林政府发表了关于战争目的的宣言，又称"十三条纲领"。纲领指出这场战争的目的是：保证西班牙的绝对独立和完整；把领土从外国侵略军手中解放出来；尊重各地区的自由，而不损害西班牙的统一；保证公民享有私人生活、社会生活和信仰自由的充分权利；彻底实行土地改革，以消灭旧的半封建贵族财产；实施进步的社会立法，来保证工人的权利；等等。十三条纲领受到一切反法西斯力量的热烈拥护。

加泰罗尼亚的陷落　1938 年 6 月，叛军开始猛攻巴伦西亚。共和国军队在 7 月 25 日发动了西班牙战争中最大的一次战役——埃布罗河战役。这场战役持续 4 个月之久，叛军伤亡达 8 万多人，共和国方面也受到重大损失，它的精锐部队从此一蹶不振。12 月底，叛军向加泰罗尼亚大举进攻。叛军加上意德侵略军，约有 34 万人，装备着飞机、坦克、大炮等重型武器，而共和国的军队只有 12 万人。在多次战斗中已经元气大伤而且装备很差的共和国军再也坚持不住了。1939 年 1 月 26 日，共和国军放弃巴塞罗那，加泰罗尼亚全境随即陷落。总统阿萨尼亚移居法国，他严重动摇，主张不惜一切代价结束战争。共和国只剩下中部和东南部地区。2 月 27 日，英法终于摘下"不干涉"的假面具，无条件承认了佛朗哥政府。

卡萨多的军事政变　1939 年 3 月 6 日，共和国中央战线司令卡萨多上校和右翼社会党人贝斯泰罗在马德里发动军事政变，成立"国防委员会"，随后便向佛朗哥请求谈判。佛朗哥要求他们无条件投降。卡萨多等见谈判无望，忙乘英国军舰逃往英国。3 月 28 日，叛军进入马德里。4 月 1 日，佛朗哥宣布"战争结束"。

西班牙民族革命战争的历史意义　在英勇战斗了两年零八个月以后，西班牙共和国灭亡了。共和国失败的原因，首先是由于意大利和德国的武装干涉和英国、法国名为"不干涉"的干涉。德意直接以武装部队和大量军火支援叛军，英法美则以"不干涉""中立"的办法剥夺了共和国政府从国外购买武器的合法权利。否则，叛乱是可以平定的。其次是人民阵线内部不够团结，缺乏坚强有力的领导。

西班牙人民所进行的战争是一场民族革命战争。它是反对德意法西斯国家武装干涉、维护国家主权独立的，所以具有反法西斯战争和民族解放战争的性质；它是反对君主制、封建大庄园制和教权制的，所以具有资产阶级民主革命的性质。西班牙共和国虽然灭亡了，但这场民族革命战争不仅在西班牙历史上，而且在世界反法西斯战争历史上写下了光辉的一页。它生动地证明了：人民的力量是多么伟大。西班牙这样一个落后的农业国，竟然能在德、意、英、法、美列强的共同扼杀下，坚持战斗长达近三年之久！西班牙民族革命战争还牵制了德意法西斯对其他国家的侵略活动，在某种程度上推迟了第二次世界大战在欧洲的全面爆发。

第四节　德国吞并奥地利和《慕尼黑协定》

一、德国吞并奥地利

1934 年德国第一次夺取奥地利的失败　德国和奥地利都是以德意志民族为主体的国家，德奥合并的问题由来已久。第一次世界大战结束前后，德、奥两国出于不同的目的，都有实现合并的意图。1918 年 10 月，德军军需总监鲁登道夫写信给外交部，请其考虑以实现德奥合并来补偿德国因"战争所带来的其他地区的损失"。奥地利临时国民议会考虑到战败及奥匈帝国的解体给奥地利带来的影响，于 11 月 12 日通过与德国合并的决议。但协约国在建立凡尔赛体系的过程中，把削弱德国作为一项极其重要的内容，故严禁德奥合并。《凡尔赛条约》第 80 条和《圣日耳曼条约》第 88 条都规定：奥地利之独立如非经国际联盟行政院之许可，不得变更。1921 年奥地利经济严重恶化。为了维护欧洲资本主义秩序的稳定，英、法、意、捷四国于 1922 年 10 月 4 日同奥地利签订《关于恢复奥地利的议定书》，向奥地利提供经济援助，但要求奥地利保证"不放弃其独立"，"避免进行旨在直接或间接危害这种独立的任何谈判或承担任何经济上或财政上义务"。此后，奥地利的独立实际上是由英、法、意三国来维持的。

20 世纪 20 年代，德国处于战后恢复时期，主客观条件都不允许实现德奥合并。1933 年纳粹党夺取政权后，德奥合并再次成为严重的国际问题。希特勒最初企图采用扶植奥地利纳粹党人的办法，利用他们在奥地利内部进行颠覆活动，以实现德奥合并。1934 年 7 月 25 日，一群奥地利纳粹分子突然闯入维也纳总理府，枪杀总理陶尔斐斯，另外一些纳粹分子占领了广播电台，并宣布奥地利驻意公使布林特伦为总理。叛乱分子遭到迅速镇压，墨索里尼派出四个师陈兵布伦纳山口，并向奥地利政府发出急电，允诺意大利支持奥地利的独立。在这种情况下，希特勒不得不否认与叛乱阴谋有任何关系，暂时收敛起来，等待时机再次实行吞并奥地利的计划。

1936 年德奥协定　1936 年下半年的国际形势对德国十分有利。1935 年 10 月意大利发动侵略埃塞俄比亚的战争，受到法英的纵容，而且意大利本身由于陷入侵埃战争，无力再与德国争夺奥地利。1936 年 3 月，德国重新占领莱茵非军事区，公然违反《凡尔赛条约》和《洛迦诺公约》，也未受到英法的干涉。鉴于上述种种情况，奥地利新任总理许士尼格（1897—1977）只得尽力避免德国的干涉，使希特勒容忍现状。1936 年 7 月 11 日，许士尼格和德国驻奥大使冯·巴本签订了一项秘密协定和一份供公开发表的公报。在公报中，德国政府表示："承认奥地利联邦的全部主权"；双方互不干涉内政，包括奥地利民族社会主义问题在内；奥地利承认自己是一个德意志国家。但秘密协定则要求奥地利按照德国政府的外交政策来进行自己的外交活动；实行政治性大赦，实即大赦奥地利纳粹党政治犯；任命"奥地利的民族反对派"分担政务。通过德奥协定，德国基本上控制了奥地利的内政和外交。

希特勒吞并奥地利的最后决策　继意大利侵吞埃塞俄比亚和德军重新进入莱茵非军事区之后，德意又于 1936 年 7 月底参加到佛朗哥叛军一方，公开进攻西班牙共和国。这一公然违反国际法的武装干涉行为仍然受到了英法两国的纵容。1937年，希特勒认为彻底解决奥地利问题的时机已经成熟。11 月 5 日，他召集军事部长、外交部长和三军总司令，举行了一次重要的秘密会议。这次会议由希特勒的军事副官霍斯巴赫上校担任记录，会后整理出一份备忘录，通称为《霍斯巴赫备忘录》。根据备忘录的记载，希特勒认为德国的前途完全决定于如何解决生存空间的需要；解决生存空间，首先要向欧洲发展，而不是到海外去寻找殖民地；德国的第一个目标应是夺取捷克斯洛伐克和奥地利，这就不能不动用武力。那么，列强是否会进行干涉呢？希特勒估计，英国面临重重困难，不会参与对德战争，而没有英国的支持，法国也不可能对德国采取军事行动。总之，希特勒已下定决心要吞并奥地利和捷克斯洛伐克。

意大利放弃奥地利　意大利在侵埃战争中已经消耗了很大力量，在干涉西班牙内战中又投入了大量兵力，而且由于共和国的坚强抵抗，不得不一再增兵，这样就再也无力与德国争夺奥地利，甚至要求助于纳粹德国了。墨索里尼继宣布"罗马—柏林轴心"之后，于 1937 年 11 月 6 日参加了德、日《反共产国际协定》，三国正式结成法西斯侵略集团。在签订《反共产国际协定》之际，墨索里尼对德国外长里宾特洛甫说，"他为奥地利的独立'站岗'已经感到厌倦"，今天意大利对这个问题已经不像前几年那样关心，因为意大利的发展已经转移到地中海和殖民地上去了。意大利放弃奥地利，解除了德国吞并奥地利的一大障碍。

英法的绥靖政策　德国如果实现吞并奥地利的计划，实力势必大大增加，这对法国的安全将构成很大威胁。但是，30 年代法国左右两派的斗争异常激烈，政局不稳，内阁更迭频繁，只维持一个月的内阁竟有好几届，因此再也无力对德国采取强硬政策，无可奈何地走上绥靖的道路。1937 年 11 月 8 日，法国财政部长博内（后改任外交部长）对路经巴黎的德国驻奥大使巴本说：法国对 1936 年 7 月德奥协定签订后两国在经济和文化方面建立更密切的联系没有任何异议，并同意捷克斯洛伐克境内的德意志少数民族应享有广泛的自治。随后，法国总理肖当又会见了巴本，说他自己"并不反对德国通过演化手段明显地扩大它在奥地利的势力"。

英国一直谋求全面解决与德国的矛盾，在英国的"总解决"方案中，奥地利、捷克斯洛伐克、波兰都是讨价还价的筹码。1937 年 11 月 19 日，英国枢密院院长哈里法克斯（1881—1959）在贝希特斯加登拜会希特勒，明确表示"凡尔赛强制条约的错误必须加以纠正"，欧洲秩序的变更问题，亦即但泽、奥地利和捷克斯洛伐克的问题，迟早定会发生，英国所关心的只是"这些变更必须通过和平演变来实现"。希特勒摸到英法的底，知道它们对德国吞并奥地利不会进行干涉，便放手大胆地行动了。

奥地利最终被吞并　在德国的强迫下，许士尼格于 1938 年 2 月 12 日在贝希特斯加登同希特勒举行了会谈。上午，希特勒和许士尼格单独会谈了两个小时，希特勒以极其粗暴的态度对许士尼格进行谴责和威胁，甚至辱骂许士尼格是"奥地利政治的卖国贼"。午餐后，里宾特洛甫把一份用打字机打好的德奥议定书草案交给许士尼格，说草案提出的要求是最后要求，不许讨论。随后，希特勒再次召见许士尼格，说："你必须在三天内履行我对你们提出的这些要求，不然我就要下令向奥地利进军。"在威逼之下，许士尼格只好签了字。德奥议定书规定：奥地利政府应随时就两国共同关心的外交政策问题同德国交换意见，并对德国的愿望和行动从道义上、外交上和出版物上予以支持；任命赛斯-英夸特（1892—1946）为奥地利保安部长；取消禁止奥地利的纳粹组织民族社会主义党活动的禁令；对受到法院和警察惩罚的一切奥地利民社党人实行大赦；系统地交换军官 100 人；两国总参谋部定期举行会议；等等。如实行议定书的要求，奥地利实际上将丧失独立。

许士尼格 13 日回国后，立即谒见总统米克拉斯。为了强迫奥地利在三天内作出明确而有约束力的答复，希特勒命令德军在德奥边界采取模拟式军事行动。在武装入侵的威胁下，米克拉斯于 2 月 16 日宣布大赦纳粹罪犯，并任命赛斯-英夸特为保安部长。但是，希特勒并不因此而满足。2 月 20 日，希特勒在德国国会发表演说，宣称在奥地利和捷克斯洛伐克居住着 1000 万德意志人，德国有责任使他们获得政治上和精神上的自由。奥地利的纳粹党徒也不断举行示威，要求德奥合并。

在国家生死存亡的关头，在意、法、英的外援都已无可指望的情况下，许士尼格打算用公民投票的方式，决定国家的前途。3 月 9 日，他宣布将于 3 月 13 日举行公民投票，由奥地利人民决定是否赞成一个自由的、独立的、社会的、基督教的和统一的奥地利。

希特勒闻讯大怒。3 月 11 日，他下达了代号为"奥托"的军事行动方案的第一号指令，命令德国陆军和空军必须准备好在 1938 年 3 月 12 日入侵奥地利，至迟不得晚于 12 时。11 日，戈林整天不断通过电话，指示赛斯-英夸特和德国驻奥使馆官员，要求许士尼格立即辞职，奥地利总统必须立即委任赛斯-英夸特组织新内阁。否则，驻扎在德奥边境上的德军将于 11 日晚全线开入。3 月 11 日夜，米克拉斯终于屈服，委任赛斯-英夸特组阁。3 月 12 日凌晨，德军开进奥地利，3 月 13 日，希特勒和赛斯-英夸特签署《关于奥地利和德国重新统一法》，14 日，希特勒宣布奥地利为德国的一个州，任命赛斯-英夸特为该州行政长官。独立的奥地利灭亡了。

德国吞并奥地利后，不仅增加了 700 多万人口，而且从三面包围了捷克斯洛伐克，大大改进了它的战略地位。英法坐视奥地利灭亡而不问，使希特勒进一步看清了它们的绥靖外交，于是便有恃无恐地对捷克斯洛伐克下手了。

二、绥靖政策与《慕尼黑协定》

苏台德问题和五月危机 捷克斯洛伐克位处欧洲中心，战略地位十分重要。德国如能占领捷克斯洛伐克，则向东进攻苏联时，可用它作为桥头堡；向西进攻法国时，可无后顾之忧。而且，德国侵吞捷克斯洛伐克后，还可占有它发达的工业和丰富的人力物力资源。希特勒对捷克斯洛伐克垂涎已久，他企图利用苏台德问题作为入侵的突破口。

捷克斯洛伐克是一个多民族国家，约有 350 万德意志人居住在西北边境的苏台德区。苏台德区战前属于奥匈帝国，从来不是德国的领土。德意志人作为捷克斯洛伐克境内的少数民族，没有受到歧视。但早在 1933 年 10 月，希特勒就唆使康拉德·汉来因（1898—1945）成立了苏台德德意志党，专门从事分裂活动，阴谋把苏台德区并入德国。还在吞并奥地利以前，德国军事部长兼国防军总司令勃洛姆堡就根据希特勒的指示，于 1937 年 6 月 24 日制订了代号为"绿色方案"的突袭捷克斯洛伐克的计划。占领奥地利后不久，希特勒就在 1938 年 3 月 28 日召见汉来因，面授机宜，命令他继续不断提出"捷克斯洛伐克政府不能接受的种种要求"。根据希特勒的指示，汉来因于 4 月 24 日在卡尔斯巴德召开苏台德德意志党代表大会，提出了 8 条纲领，要求在苏台德区建立一个德意志区，实行完全自治，苏台德区全部官职由德意志人担任，等等。尽管捷克斯洛伐克政府深知，无论对汉来因作出多大让步，也不能让他的主人希特勒满意，但在英法的压力下还是在相当大的程度上满足了苏台德德意志党的要求，可是汉来因分子仍以政府拒绝苏台德区完全自治为借口中断了谈判。

5月18日，捷情报机构报告说德军正在边境集结。5月19日，莱比锡的一家报纸登出德军调动的消息。鉴于奥地利被突然占领、汉来因分子无理中断谈判，现在又传来德军集结的消息，捷克斯洛伐克政府便于5月20日宣布局部动员，征召后备役人员和某些技术人员入伍，以备不测。战争大有一触即发之势，形成了所谓"五月危机"。

事变突然发生，出乎英法意料。它们不能允许未经交易就由德国自行占领捷克斯洛伐克。5月21日，法国外交部长宣称，如果德军越过德捷边界，法国将履行1924年《法捷同盟友好条约》的义务。同日，英国也声明，如果法国履行法捷条约的义务，英国不能保证在事件的压力下自己不会介入。五月危机期间，苏联政府多次声明，要同法国和捷克斯洛伐克一起采取一切措施保证捷克斯洛伐克的安全。

纳粹德国当时尚未做好战争的准备，在捷克斯洛伐克决心抵抗入侵和国际社会的压力下，不得不暂时收敛一下。5月23日，希特勒指示德国外交部通知捷驻柏林公使，说德国没有侵略捷克斯洛伐克的企图，德军在边境集结的传闻是毫无根据的。"五月危机"得以渡过的事实说明：只要捷克斯洛伐克自己坚决抵抗，又有国际社会的援助，纳粹德国的侵略行为是完全可以制止的。

贝希特斯加登和哥德斯堡会谈　希特勒在"五月危机"后，继续全力推行他侵占捷克斯洛伐克的计划。1938年5月30日，他下达了关于"绿色方案"致三军总司令的命令。命令说："在最近的将来用军事行动去粉碎捷克斯洛伐克，是我的不能变更的决定。"命令指出，就军事行动来说，应充分利用突然袭击，"办法是在和平时期就采取适当的准备措施，并以意料不到的速度发动进攻"。

英法在"五月危机"中的表现，表面上看来是很坚决的，实则不然。5月22日晚，英国驻巴黎大使菲利普斯往见法国外交部长博内，向他宣读了英国外交大臣哈里法克斯的来电，内称："一旦捷克斯洛伐克问题未能获得和平解决，法国政府不应对英王政府的态度抱有任何错误的幻想。"电报强调说，法国政府不应根据英国政府5月21日的声明，就以为英国会立即与法国采取联合一致的军事行动来保护捷克斯洛伐克免遭德国的侵略。特别值得注意的是：电报认为当时的军事形势是："法国和英国，即使再加上可望来自俄国的援助，也不足以阻止捷克斯洛伐克免遭德国蹂躏。"英国的这种态度正是法国绥靖派所欢迎的，以后他们多次以英国不肯援捷为理由，为自己拒绝履行法捷条约义务的行为辩解。

为了使捷克斯洛伐克尽早屈服，7月26日，英国首相尼维尔·张伯伦在英国下院宣布：英国议员伦西曼将"应捷克政府之请"去布拉格，"仅仅以他个人的身份"充当捷政府与苏台德德意志党人之间的"调解人"。其实，伦西曼的布拉格之行并非出自捷方的主动邀请，而是英国为了便于自己直接插手，硬逼捷方作出的。伦西曼在他的"调解活动"中，完全站在德国和汉来因分子一方，公然主张把苏台德区割让给德国。

在德国和英法的压力下，捷克斯洛伐克总统爱德华·贝奈斯（1884—1948）于9月4日召见苏台德德意志党的头目，几乎全部接受了"卡尔斯巴德纲领"，同意给他们广泛的自治权利。但是，希特勒的根本目的是吞并捷克斯洛伐克，苏台德问题不过是一个借口而已，因而捷方的让步并不能使他就此罢手。9月7日，希特勒指示汉来因中断同政府的谈判。9月12日晚，他在纳粹党代表大会上，大骂捷克斯洛伐克和贝奈斯总统，叫嚣不能容忍捷克的现状继续下去。与此同时，英法的报刊极力渲染世界大战迫在眉睫，绝对不能为捷克斯洛伐克的边界而冒大战的风险。

战争的恐怖气氛已经造成。张伯伦认为牺牲捷克斯洛伐克、实现英德谅解的时机已经成熟，于是在9月13日晚急电希特勒，建议立即与他商讨"寻求和平解决的办法"。得到希特勒的同意后，9月15日，69岁高龄的张伯伦生平首次乘飞机到达德国慕尼黑，随即前往贝希特斯加登会晤希特勒。在会谈中，希特勒表示将不惜一切代价使居住在捷克斯洛伐克的300万德意志人回归德国。为此，他将面对任何战争，甚至冒世界大战的危险。不论世界上其他国家如何行事，他将寸步不让。张伯伦表示，他不能代表整个英国政府发表明确的声明，但就个人的看法而言，他承认苏台德区分离的原则，并希望回国后取得政府的批准。

张伯伦回国后，同法国政府共同起草了对捷克斯洛伐克政府的声明，于9月19日交给捷方。声明认为应将苏台德德意志居民超过50%的地区立即直接让渡给德国，否则"和平的维护和捷克斯洛伐克切身利益的安全，便不可能获得切实的保障"。声明还表示，英国首相必须于9月21日以前同希特勒重开谈判，因此希望尽快予以答复。英、法政府的声明引起了捷克斯洛伐克举国一致的愤慨，捷政府理所当然地拒绝了这份实质上等于最后通牒的外交照会。但是英、法政府训令它们的驻捷公使，以极其强硬的措词表示："捷克斯洛伐克共和国如果作否定的答复，就得负挑起战争的责任。"如此，英国将"置身事外"，"法国将不参加在这种情况下发生的战争，即不履行条约"。英、法公使还要求"必须尽速回答和无条件地接受"。英法竟然要一个遭到侵略威胁的小国把自己的领土拱手让给侵略者，否则就要负挑起战争的责任，这实在是蛮横达于极点的强盗逻辑。9月21日，捷克斯洛伐克政府被迫接受了英法两国的建议。

9月22日，张伯伦再次飞往德国，在哥德斯堡和希特勒举行第二次会谈。张伯伦以为英法的建议这次可以使希特勒满足了，不料希特勒说形势已变，又提出新的要求，即德意志族占居民 50% 以上的地区由德国进行军事占领；德意志族不占居民多数的地区，由公民投票决定其归属。同时还要满足匈牙利和波兰对捷克斯洛伐克提出的领土要求。9 月 23 日，希特勒把一份备忘录和标有捷克斯洛伐克新国界的地图交给张伯伦，限期捷方在 9 月 28 日交出苏台德区，后来又假惺惺地作了一点让步，容许把交接日期宽延到 10 月 1 日。

《慕尼黑协定》的签署　对于纳粹德国的暴力威胁，捷克斯洛伐克人民义愤填膺，全国掀起抗议浪潮，要求抵抗侵略。9 月 25 日，捷驻伦敦公使把拒绝哥德斯堡条款的照会交给英国。9 月下旬，苏联政府多次声明，将根据《苏捷互助条约》立即给予捷克斯洛伐克有效援助。苏联还把 30 个步兵师调往西部边境地区，空军和坦克部队也已处于充分戒备状态。但是，贝奈斯政府一味依赖英法，而不积极谋求自救之策，更不敢接受一个社会主义国家的援助。9 月 27 日，张伯伦发表广播演说，公然表示："我们对一个在强大邻邦压境下的小国不论抱有多大同情，但总不能仅仅为了它而不顾一切地使整个不列颠帝国卷入一场战争。"这篇演说进一步给希特勒壮了胆。28 日，张伯伦分别写信给希特勒和墨索里尼，建议由英、法、德、意、捷五国举行会议，讨论领土割让事宜。同日，希特勒同意召开国际会议，向英、法、意三国发出邀请，但不让捷克斯洛伐克派代表参加。

9 月 29 日，张伯伦第三次飞往德国，在慕尼黑同达拉第、墨索里尼、希特勒举行会议。30 日凌晨，四国签署《关于捷克斯洛伐克割让苏台德领土给德国的协定》，即《慕尼黑协定》。协定规定苏台德区以及捷南部与奥地利接壤的地区割让给德国，捷方应于 10 月 1 日至 10 日从上述领土撤退完毕；上述地区的任何设备都不得损害，无偿交给德国。协定的附件规定，英、法将保证捷克斯洛伐克新国界不受无端侵略；德、意则在捷克斯洛伐克境内的波兰和匈牙利少数民族问题已告解决时，才给予保证。

捷克斯洛伐克虽然是当事国，但它的两名代表未被允许参加会议，仅在会议结束后，才被带到举行会议的大厅。张伯伦把协定文本交给捷方代表马斯特尼去宣读，同时毫不掩饰他的困倦，不停地打呵欠，没有一点窘迫的神色。法国外交部秘书长莱热蛮横地说，英法不再等待捷方的答复，认为这个计划已被接受。

慕尼黑会议把英法的绥靖政策推到了顶峰，也对绥靖政策作了最准确的诠释，那就是：绥靖政策是衰落的英法帝国主义，在面临德意日法西斯国家的挑战时，为了保存自己的既得利益，采取的一种以牺牲其他国家利益为手段，换取与对手妥协的政策。但是，《慕尼黑协定》并不是像张伯伦所吹嘘的那样，带来"我们时代的和平"，而是加速了世界大战在欧洲的爆发。该协定不仅大大增强了德国的经济和军事实力，而且提高了希特勒在国内的威望，巩固了他的统治地位。英法只图苟安一时，以为借牺牲捷克斯洛伐克，便可缓和它们自己与德国的矛盾，英国甚至妄想在德奥合并、苏台德区割让和但泽问题解决后，即可实现英德之间的"总谅解"，保住大英帝国的既得利益。但是，英法越是退让，希特勒越是看不起它们，轻蔑地把他的对手叫做"一批可怜虫"，越是敢于放手发动侵略战争。

德国吞并捷克斯洛伐克　《慕尼黑协定》签字后，希特勒立即着手吞并整个捷克斯洛伐克。在德国的策动下，1938年10月6日，斯洛伐克成立"自治政府"。1939年3月14日，斯洛伐克总理约瑟夫·提索（1887—1947）发表了由德国起草的"独立宣言"。3月16日，提索致电希特勒，"要求保护"，德国军队随即开入斯洛伐克。

至此，原来的捷克斯洛伐克只剩下波希米亚和摩拉维亚了。3月14日，希特勒召见捷克斯洛伐克总统哈查，强迫他在德国已经拟好的《德捷协定》上签字。3月15日，德军进驻波希米亚和摩拉维亚。16日，希特勒宣布成立"波希米亚—摩拉维亚保护国"，任命德国前外交部长牛赖特为第一任"保护长官"。至此，德国肢解并吞并了捷克斯洛伐克。

德国吞并捷克斯洛伐克，大大增强了自己的力量。德国不再担心捷克斯洛伐克的装备精良、训练有素的40个师与自己为敌，闻名欧洲的斯科达兵工厂也落入德国手中，该工厂在1938年8月到1939年9月的产量，几乎等于同期英国各兵工厂产量的总和。不仅如此，德国还因此而加强了自己在中欧的战略地位，不仅增加了与英法抗衡的筹码，而且摧毁了法国在东南欧长期经营的安全体系，迫使欧洲小国倒向德国，也对苏联的外交转向起到重要作用。

第五节　大战在欧洲的迫近

一、波兰危机与英国对波兰的保证

德国挑起波兰危机　德国吞并奥地利和捷克斯洛伐克之后，下一个侵略目标是波兰。侵占波兰，对于德国发动欧洲战争具有重大作用。德国征服波兰后，一旦同西方发生冲突，就可消除东西两线作战的威胁；如要向东进攻苏联，也必须以波兰作为前哨阵地。在经济上，波兰的粮食和劳动力，对德国进行战争也是非常需要的。

德国首先从但泽和波兰走廊问题下手。《慕尼黑协定》签字后不到一个月，德国就于1938年10月24日向波兰提出要求：归还但泽自由市，并在波兰走廊修筑一条铁路和一条高速公路，二者都享有治外法权。波兰拒绝了德国的这些要求。1939年3月德国吞并捷克斯洛伐克后，以越来越强硬的态度重新提出对但泽的领土要求。

英国对危机的反应　英国签订《慕尼黑协定》时，原指望从此可以达成英德之间的谅解与合作，但慕尼黑会议后不到半年，德国就吞并了捷克斯洛伐克。1939年3月15日下午，当德国军队正在长驱直入波希米亚和摩拉维亚时，张伯伦在下院竟然发表了一篇仍然充满"慕尼黑精神"的演说。他以斯洛伐克宣告"独立"为借口，说什么"由于这一宣告，结果使我们曾建议担保其边界的那个国家，因内部分裂而消灭了"，因而"英王陛下政府也就不再受该项义务的约束"。但是张伯伦没有料到，这篇讲话在工党、自由党，甚至保守党内部都引起了强烈不满，英国的社会舆论也纷纷谴责德国的暴行和政府的绥靖政策。在这种形势下，张伯伦不得不在3月17日于伯明翰发表演说，表示要纠正3月15日讲话引起的"误解"。他以大量的篇幅为他的慕尼黑政策进行辩护，同时也作出强硬姿态，说："如果以为我国认为战争是一件愚蠢而残酷的事情因而已失尽血性，以致在受到挑战的时候也不会尽其全力予以抵抗，那就大错特错了。"这篇演说被西方誉为宣布了英国的"外交革命"，其实并无实际的重要内容，因为张伯伦就在这段听来激昂慷慨的话的前面，还强调说："不准备在无法预见的形势下使我国承担新的不明确的义务"。

1939年3月22日，德国占领默麦尔（今立陶宛克莱佩达）。3月23日，罗马尼亚与德国签订经济协定，沦为德国的农业附庸。从3月27日起，英国报刊不断披露有关德国调动军队和即将入侵波兰的惊人消息。3月28日，德国报纸对波兰猛烈攻击，大骂波兰虐待境内的德意志少数民族，这被许多人看作德国即将入侵波兰的先兆。形势日益恶化，而张伯伦政府依然无所作为，艾登集团和丘吉尔等36名议员（除3人外均为保守党党员）遂在下院提出议案，要求成立由保守党、自由党和工党联合组成的国民政府。这个提案反映了保守党内反对派不满情绪的加剧，甚至意味着准备更换首相。

与此同时，匈牙利于1939年3月16日宣布合并喀尔巴阡乌克兰。喀尔巴阡乌克兰位于捷克斯洛伐克的东端，德国如占有此地，就能据以进一步侵入苏联乌克兰。但现在它把如此重要的一块地方让给匈牙利，这显然表明德国不打算立刻与苏联发生冲突。有鉴于此，张伯伦政府便企图联合波兰，组成"东线"，造成东西夹击的态势，以"威慑"德国，使之不敢首先西进。这样做，也可应付上述的国内压力，渡过政治难关。于是，张伯伦于1939年3月31日在下院宣布："如果一旦发生任何明显地威胁到波兰独立的行动，而波兰政府因此也认为亟须动员全国力量进行抵抗时，英王陛下政府将认为自己有义务立即给波兰政府以全力支持。"

1939年4月6日，在波兰外长贝克访问英国后，英波两国发表了会谈公报：

"双方同意准备着手制订一项永久性互惠协定，以代替目前英王陛下政府对波兰政府的临时性单方面保证。"但在此后，英国在经济上和军事上都未给波兰以实际的援助。因此，英国对波兰的保证绝不表示绥靖政策的终结，而只说明它在对德外交方面发生了某种策略上的变化。这种新策略就是一方面公开作出强硬姿态，给德国以警告，另一方面则在暗地里（有时也公开地）继续推行绥靖政策，让德国知道：英国不能再毫无代价地送掉波兰，但是如果英德合作的大目标能够实现，波兰也不是不可以牺牲的。

"轴心国"的形成　德国对于英国的"威慑"并不害怕。1939 年 4 月 3 日，希特勒批准了侵略波兰的"白色方案"，命令必须做好准备，"能在 1939 年 9 月 1 日以后的任何时间内发动军事行动"。4 月 28 日，德国宣布废除《德波互不侵犯条约》。5 月 22 日，《德意友好同盟条约》即所谓"钢铁条约"签订。这个德意法西斯的军事同盟条约赤裸裸地宣布，两国"决心为保障它们的生存空间……而共同奋斗"；如缔约一方同一国或数国发生战争时，另一方应立即以自己的陆海空军力量予以援助。该条约与 1936 年 10 月的"柏林—罗马轴心"以及 1937 年 11 月的德日意《反共产国际协定》一起，初步形成了以柏林—罗马—东京为轴心的军事集团，史称"轴心国"。

对德国来说，入侵波兰已经箭在弦上，唯一需要顾虑的是苏联的态度；对苏联来说，它更加担忧自己的安全；而对英法来说，则不得不考虑是否与苏联合作遏制德国。

二、苏联对外政策的调整

从集体安全到中立自保　20 世纪 30 年代在亚洲和欧洲先后出现的日本和纳粹德国两个战争策源地，使苏联所处的国际环境和地缘政治形势都发生了重大变化。在世界上法西斯侵略势力日益猖獗的同时，苏联本身也面临着在东西方出现两个敌人的可能。在这种情况下，苏联政府便把维护世界和平反对侵略战争，以及避免卷入冲突以保证本国安全作为其外交的头等任务。为此，在亚洲，苏联对日本侵略中国采取了不干涉政策，并通过向伪满洲国出售中东铁路而表明了对后者事实上的承认；后来才为了避免两线作战而实行了联蒋抗日的方针；而在欧洲，苏联则逐渐确定了集体安全政策。

1933 年 12 月，联共（布）中央研究了欧洲集体安全问题，并通过了包括苏联有可能参加国际联盟，也有可能同广大的欧洲国家缔结区域性的共同防御侵略的协定等内容的专门决议。这标志着苏联正式制定了反对侵略的集体安全政策。在 1934 年 1 月联共（布）第十七次代表大会上，斯大林严厉批判德国的法西斯主义，指出"作为摆脱现状的出路的新的帝国主义战争日益逼近了"，但声明苏联的对外政策是"维护和平并加强和世界各国的贸易关系的政策……谁愿意和平并力求和我们建立事务关系，谁就一定会得到我们的支持"①。但是纳粹德国的外交所显示的强烈的反苏立场，进一步促使苏联政府决心建立一个尽可能广泛的国际统一战线来遏制德国。于是，以 1934 年秋加入国联为契机，苏联终于走出了被孤立的处境，并成为世界政治舞台上的重要角色，而这一重要性便首先表现在它呼吁依靠集体安全来防止和制裁侵略行为。1935 年 5 月，苏联先后与法国和捷克斯洛伐克签订了互助条约，这些条约与以前苏联同其邻国签订的互不侵犯条约一起，为进一步建立集体安全体系奠定了初步基础，而随后召开的共产国际第七次代表大会则决定了各国共产党要争取同所有爱好和平的民族和政府组成联合阵线以反抗法西斯侵略势力的行动方针。

但是，苏联的努力并没有获得西方大国的真正响应。双方在社会制度和意识形态方面的根深蒂固的敌意和不信任，以及 30 年代苏联的国内政治情况，加深了西方对苏联军事能力的怀疑；而英法从意埃战争对意大利的绥靖到慕尼黑会议的所作所为，同样加深了苏联对西方资本主义世界反苏阴谋的疑虑，使苏联相信英法是"在'拯救'欧洲和平的谎言掩盖下，为把希特勒的侵略祸水'引向'东流作好了一切准备"。再加上日本在东亚对苏联的武装挑衅，这就使苏联认为，西方国家是在实行纵容侵略的政策，它们力图把已经爆发的战争变成德日两国同苏联的冲突。

在这种情况下，苏联的政策开始从集体安全向中立自保转变，而 1939 年 3 月联共（布）召开的第十八次代表大会，则可视为这种转变的标志。这次代表大会再次重申，苏联政府忠于集体安全政策，但同时为苏联对外政策和苏联外交规定的任务是：今后继续奉行和平和加强同各国贸易往来的政策，同时保持谨慎态度，不允许战争挑动者把苏联拖入冲突之中。在这一政策的指导下，苏联并没有最后放弃与英法建立反法西斯的欧洲集体安全体系的努力。

英、法、苏三国谈判　在战云密布的紧急关头，稍有头脑的人都清楚，英法只有同苏联联合起来，才能制止纳粹的侵略，防止世界大战。一些著名的政界人士如英国的劳合-乔治、丘吉尔，法国的赫里欧等，都主张同苏联结盟。以张伯伦、达拉第为首的英、法政府，因其推行的绥靖政策屡遭失败，在舆论的压力下，也不得不稍稍改变拒绝与苏联实行任何联合的顽固态度。

1939 年 3 月中旬，德国向罗马尼亚发出最后通牒，要求垄断罗马尼亚的贸易出口，并享有监督罗马尼亚经济的权利，目的是将后者变为德国的附庸。罗马尼亚随即向英国求援。在这种情况下，3 月 18 日，英国外交大臣哈利法克斯询问苏

---

① 《斯大林全集》第十三卷，人民出版社 1956 年版，第 261、270 页。

联，如果罗马尼亚遭到德国侵略，苏联是否会对罗马尼亚提供积极援助。苏联根据集体安全原则，提议通过缔结互助条约共同遏制法西斯国家的侵略，并建议由英、法、苏、波、罗、土六国举行会议，共商抵抗德国大计，遭英国拒绝。但是日益严重的欧洲局势，也使英、法、苏三国都认为有必要商讨联合抗德问题。由此，从 1939 年 4 月到 8 月，英、法、苏三国进行了关于缔结互助条约的谈判。

4 月 14 日，英国外交大臣哈里法克斯训令英国驻苏大使向苏联提出建议，说明英法两国已经向波兰和罗马尼亚提供了安全保证①，因此希望苏联政府能主动发表一项公开声明："一旦苏联的任何欧洲邻国遭到侵略并进行抵抗时，如果希望得到苏联的援助，苏联将随时援助它们。"同日，法国外交部长博内把法国的建议交给苏联驻法大使，即两国以互换信件形式补充 1935 年的《法苏互助条约》，规定苏法双方中的任何一方因援助波兰或罗马尼亚而同德国发生战争时，对方"将立即予以援助和支持"。英国的建议要求苏联对它的任何欧洲邻国都提供安全保证，而英法却只对波兰和罗马尼亚负有援助义务，这是很不平等的，法国的建议则至少在原则上是对等的。

4 月 17 日，苏联提出自己的反建议，共 8 点，其中主要的两点是：（1）英、法、苏缔结为期 5 至 10 年的盟约，彼此承担义务，在欧洲一旦发生针对任何一个缔约国的侵略时，立即互相给予一切可能的援助，包括军事援助在内；（2）英、法、苏约定，在发生针对分布于波罗的海与黑海之间同苏联接壤的东欧国家的侵略时，三国应在最短时间内，讨论并确定给予这些国家以一切可能的援助，包括军事援助在内。法国由于直接受到德国的威胁，对苏联的建议持比较肯定的态度，认为"在很大程度上是有益的"。英国却拖到 5 月 8 日才给以答复，仍然要求苏联政府声明：如果英国和法国因履行它们对波兰、罗马尼亚、希腊等国的义务而卷入军事行动，苏联政府一定立即给予所需要的帮助。这仍然是对苏联的单方面要求，自然为苏联所拒。以后双方又提出一些建议，仍然未能达成协议。

苏联为了打破谈判僵局，于 7 月 23 日建议不等政治谈判取得结果，立即开始进行军事谈判。英法虽然接受了苏联的建议，但并无紧迫感，它们的代表团乘船而不是乘飞机前往苏联。苏联代表团团长是国防人民委员伏罗希洛夫元帅，地位很高，并拥有签订军事协定的全权证书。法国代表团团长杜芒克将军有本国政府的授权，但在法国军界的地位不高。英国代表团团长德拉克斯是一名退役的海军上将，他甚至连签约的授权都没有。②

谈判从 8 月 12 日开始，到 8 月 21 日结束。关键是当德国对波兰、罗马尼亚、

---

① 1939 年 4 月 13 日，英国政府发表了保障希腊和罗马尼亚的声明。同日，法国政府发表了保障希腊、罗马尼亚和波兰的声明。

② 德拉克斯的全权证书于 8 月 21 日寄到，但这一天会议实际上已经结束。

法国发动侵略战争时，苏军是否有权通过波兰和罗马尼亚的领土给德国以打击。苏方认为，由于苏德没有共同边界，如不解决"过境权"的问题，苏联就无法给波、罗、法、英以援助，军事谈判也就必然遭到失败。但是，波兰和罗马尼亚坚决不同意苏军过境，英法也未对它们施加足够的压力。8 月 21 日，伏罗希洛夫声明，由于苏军通过波兰和罗马尼亚的问题未获解决，建议长期休会。

1939 年 4 月—8 月英法苏谈判是第二次世界大战在欧洲全面爆发前夕英法资产阶级民主国家同社会主义国家苏联结成反法西斯同盟的最后一次机会。这时，苏联虽然断断续续地同德国进行了若干次外交接触和谈判，但仍然没有最后放弃联合英法共同抗德的计划，因为直接威胁苏联的毕竟是纳粹德国。英法方面，特别是张伯伦政府，在德国吞并捷克斯洛伐克以后仍然没有清醒地认识到希特勒已决心发动世界大战。它们虽然参加了军事谈判，但只想利用军事谈判来"威慑"德国，以达到避免战争的目的，而不是真想用英法苏军事同盟来打击德国。它们还企图用军事谈判来牵制苏联，哈里法克斯对英国内阁外交政策委员会说："只要军事谈判正在进行，我们就能阻止苏俄加入德国阵营"。苏联看到英法方面缺乏诚意，又对慕尼黑会议排斥苏联参加记忆犹新，深恐出现一次新的慕尼黑勾结，遂决意中断与英法的谈判，转而与德国签订互不侵犯条约。

《苏德互不侵犯条约》的签订   希特勒始终怀有消灭苏联的打算。但由于英法不断推行绥靖政策，希特勒认为它们软弱可欺，便决定首先攻占波兰，解除后顾之忧，然后挥师西下，打败法国后再与苏联决战。为了在进攻波兰时使苏联保持中立，德国加紧了与苏联的谈判。与此同时，苏联也尽可能缓和与德国的关系，并通过 5 月 3 日斯大林以莫洛托夫取代李维诺夫任外交人民委员这一举动，使苏德关系正常化正式排上了苏联的议事日程。

1939 年 6 月至 7 月，德国通过各种渠道多次向苏联表示，"希望两国关系正常化"，苏联方面则提出要有安全保证。在获悉英、法、苏正在酝酿军事谈判后，德国外长里宾特洛甫于 8 月 3 日向苏联驻德临时代办声明，苏德之间在黑海到波罗的海的整个地区没有不可解决的问题，建议两国就所有这些问题达成协议。8 月 12 日，苏联驻德临时代办通知德国外交部，苏联政府同意对报刊问题、波兰问题以及旧的德苏政治条约等问题逐步进行讨论，并建议以莫斯科为谈判地点。英、法、苏军事谈判开始后，德国更加急迫地希望与苏联达成协议。8 月 19 日苏德经济协定在柏林签字。8 月 20 日，希特勒致电斯大林，要求最迟到 8 月 23 日允许里宾特洛甫访苏，21 日斯大林复电表示同意。

1939 年 8 月 23 日，里宾特洛甫抵达莫斯科，随即与斯大林、莫洛托夫举行会谈。当晚，莫洛托夫和里宾特洛甫代表两国政府签订了为期十年的《苏德互不侵犯条约》。条约规定：缔约双方保证决不单独或联合其他国家彼此间进行任何武力行动、任何侵略行为或者任何攻击；如果缔约一方成为第三国敌对行为的对象时，另一方不向该第三国提供任何支持；缔约任何一方不加入直接或间接旨在反对另一方的任何国家集团。条约签订后立即生效。

《苏德互不侵犯条约》还附有《秘密附属议定书》，它划定了两国在东欧的势力范围：在属于波罗的海国家（芬兰、爱沙尼亚、拉脱维亚、立陶宛）的地区发生领土和政治变动时，立陶宛的北部疆界将成为德国和苏联势力范围的界限；属于波兰国家的地区如发生领土和政治变动时，德国和苏联的势力范围将大体上以纳雷夫河、维斯瓦河和桑河一线为界。此外，在东南欧方面，苏联关心它在比萨拉比亚的利益，德国则宣布它对该地区在政治上完全没有利害关系。

《苏德互不侵犯条约》是特定历史条件下的产物。《慕尼黑协定》后，苏联时刻警惕出现新的慕尼黑勾结。当英、法、苏谈判看来无成功希望而德国又竭力拉拢时，苏联政府为了维护自身的安全，便与德国签订了互不侵犯条约。这一条约杜绝了英、法、德结成反苏阵线的任何可能，使苏联不致首先与德单独作战，并赢得了一段喘息时间，以加强战备。但是，条约的签订也使德国得以按既定计划发动对波兰的进攻，并避免了东西两线作战。该条约的签订，还对世界反法西斯战争产生了迷失斗争方向、模糊敌我界限的消极影响。另外，根据秘密议定书，苏联同纳粹德国划分了势力范围，宰割弱小国家，玷污了社会主义国家的对外政策，是尤其错误和可耻的。

第十章　第二次世界大战

　　第二次世界大战是由德意日三个法西斯国家发动的。1931 年 9 月 18 日，日本发动侵略中国东北的战争，中国人民开始局部抗战，拉开了第二次世界大战的序幕。1937 年 7 月 7 日，日本发动全面侵华战争，中国开始全民族抗战，这成为第二次世界大战在亚洲爆发的标志。中华民族在中国共产党的领导下结成抗日民族统一战线，团结抗日，开辟了对日本法西斯持久作战的东方主战场。1939 年 9 月 1 日，德军以"闪击战"突袭波兰，英法随后对德宣战，第二次世界大战全面开始。1941 年 6 月 22 日，德国入侵苏联，苏联战场成为抵抗纳粹德国的主战场。同年 12 月 7 日，日本挑起太平洋战争，美国对日宣战，第二次世界大战发展到全球阶段。第二次世界大战是人类有史以来规模空前的一次战争，卷入的国家有 60 多个，其人口占世界总人口的 4/5；战火遍及欧洲、亚洲、非洲，以及大西洋、太平洋和地中海，是一场真正的世界性战争。1942 年 1 月，以美、英、苏、中为首的 26 个国家签署《联合国家宣言》，建立了世界反法西斯同盟。从此，同盟国家协同作战，在以后三年半多的时间内，相继打败意大利、德国和日本。1945 年 5 月 8 日，德国投降。9 月 2 日，日本签署无条件投降书，第二次世界大战终于以反法西斯国家的胜利而结束。中华民族的抗日斗争为赢得世界反法西斯战争的胜利作出了重大贡献，取得了完全的胜利。

第一节　第二次世界大战的全面开始

一、大战全面展开

　　德国入侵波兰　1939 年 8 月 31 日晚，一群穿着波兰军装的德国党卫队员"袭击"了德国边境城市格莱维茨（今波兰格利维采）的电台，并用波兰语作"反德"广播。他们在离开现场时，还丢下身穿波兰军装但实际上是德国囚犯的尸体，充作被"侵犯"的证据。德国以此作为发动战争的借口，希特勒宣称德国遭到"侵略"，随即下令以"武力对付武力"，进行"反攻"。9 月 1 日凌晨，德军按照准备已久的侵略计划（"白色方案"），向波兰发动突然袭击。事先停泊在但泽进行"友好访问"的德国军舰，首先向当地的波军基地开炮轰击。约半小时后，德军以160 万兵力，2000 多架飞机和 2800 辆坦克，陆空配合，从西南、西北和北部三路侵入波兰。英法两国政府向德国提出停止军事行动的照会，遭到拒绝。英法根据同波兰签订的条约，于 9 月 3 日先后对德宣战，第二次世界大战全面开始。

波兰约有 100 万军队，但装备落后：只有 313 架作战飞机，其中许多还没有来得及起飞就被炸毁在机场上；机动作战兵力中只有 1 个装甲旅，其他 12 个都是旧式的骑兵旅。英法虽对德宣战，却是宣而不战，波兰孤军作战。在德军快速突进的闪击战打击下，波兰爱国军民进行了英勇顽强的战斗。9 月 15 日，德军深入波兰。9 月 17 日，苏联根据与德国达成的瓜分波兰的秘密议定书，以保护波兰境内的乌克兰人和白俄罗斯人为借口，出动军队，占领了波兰东部的西乌克兰和西白俄罗斯地区。波兰腹背受敌。9 月 17 日晚，波兰政府流亡国外。9 月 28 日，首都华沙沦陷。10 月 5 日，波兰军队停止了有组织的抵抗。但波兰军民反侵略的斗争并未停止。

苏联建立"东方战线" 战争爆发后，苏联为了自保和防止战火东延，着手在西部边境采取一系列行动。从 1939 年 9 月到 1940 年 8 月，苏联建立了一条从波罗的海到黑海之间的所谓"东方战线"，作为阻遏德军进攻苏联的屏障。

1939 年 11 月，苏联将其占领的西乌克兰和西白俄罗斯这两个约占波兰面积一半、近 20 万平方千米、人口约 1300 万人的地区，分别并入苏联的乌克兰和白俄罗斯两个加盟共和国。

建立"东方战线"的重要行动之一，是苏联发动对芬兰的战争。苏联以距离苏芬边界只有 32 千米的列宁格勒（今圣彼得堡）的安全为理由，多次向芬兰政府提出割让、租借或交换领土等要求，均遭拒绝。11 月 28 日，苏联单方面废除《苏芬互不侵犯条约》，并召回外交人员。30 日，苏军侵入芬兰，发动了苏芬战争。苏联以为芬兰不堪一击，原计划 12 天就结束对芬作战，但由于芬兰顽强抵抗，经过近三个半月的激战，苏联才取得胜利。在这场战争中，苏联动用了 96 万军队，付出了近 29 万人的损失。1940 年 3 月 12 日，苏、芬签订和约，苏联获得了整个卡雷利阿地峡连同维堡湾、拉多加湖西北岸和芬兰湾中的一些岛屿。这些土地约 4.2 万平方千米，约占芬兰国土的 11%，使苏芬边界向北推进了 150 千米；苏联还以 30 年的期限租借了芬兰的汉科半岛及其附近岛屿作为军事基地。3 月 31 日，苏联建立了卡雷利阿-芬兰苏维埃社会主义加盟共和国。这场战争导致苏联的国际声誉受到很大损害，被国际联盟开除，也让希特勒看到苏联在战争中暴露的弱点，得出苏军绝非德国对手的错误结论。

对波罗的海三国的兼并，是苏联建立"东方战线"的重要一环。根据苏德之间秘密议定书的规定，1939 年 9—10 月，苏联又分别与波罗的海沿岸的爱沙尼亚、拉脱维亚和立陶宛三国签订互助条约，规定苏联在三国境内有驻军、建筑军港和空军基地的权利。1940 年 6 月，苏联政府进而分别照会三国政府，指责它们对苏联和苏军不友好，提出三国应改组政府并让苏军自由通行等要求。三国政府被迫立即接受苏联的全部要求。8 月初，这三个面积总计 17.4 万平方千米，人口共 586

万人的小国也被分别"接纳"为苏联的加盟共和国。

建立"东方战线"的最后一个行动，是苏联于 1940 年 6 月 26 日照会罗马尼亚，要求归还比萨拉比亚，同时将乌克兰人占多数的北布科维纳"移交"给苏联，作为罗"占领"比萨拉比亚 22 年的"赔偿"。这两地面积共达 5.1 万平方千米，人口约 400 万人。6 月 27 日，苏联又照会罗马尼亚，限期罗军在四天内撤出上述地区。罗政府被迫同意。6 月 30 日，苏军占领了两地。8 月 2 日，苏联宣布在比萨拉比亚地区成立摩尔达维亚苏维埃社会主义加盟共和国（今摩尔多瓦共和国）；北布科维纳被并入乌克兰加盟共和国。

苏联建立的这条"东方战线"，使其领土自北到南向西推进了 200—300 千米。但是后来的事实证明，这道防线并没有起到预期的作用。相反，在纳粹德国发动侵略战争之初，苏联为了本国的安全，无视他国的独立与主权，甚至吞并别国的领土，充分暴露了苏联大国沙文主义和霸权主义的面目，严重违反了社会主义国家的外交原则，也为后来苏联的解体埋下了祸根。

西线战争与法国败降　从 1939 年 9 月 3 日到 1940 年 5 月 9 日，在德国西部边境的英法联军与德军隔壕相峙，没有采取过重大军事行动，坐视波兰灭亡，形成"西线无战事"的奇特现象。这种现象，被称为"静坐战""假战争"或"奇怪的战争"。其实，"奇怪的战争"并不奇怪。由于英法并没有完全放弃绥靖政策，它们还指望希特勒会继续东进。这样，就使德国法西斯又一次坐大。希特勒占领波兰，解除了后顾之忧，随即挥师反戈西进。

鉴于德国在第一次世界大战中深受英国海军封锁之苦，希特勒决定西进之前，先拿下挪威和丹麦，这两国对控制北海和波罗的海具有重要战略地位，既是英、德双方的侧翼，又是瑞典铁矿砂运往德国的交通要道。抢先占领两国，既能保护德国侧翼的安全，又能保证占德国钢铁生产所需一半以上的铁矿砂的供应，还可以把挪威作为对英国进行反封锁和海空进攻的基地。于是，在经过周密的准备之后，1940 年 4 月 9 日凌晨，德国陆海空三军入侵丹麦和挪威，在进攻中第一次使用了伞兵。丹麦半天就被占领。挪威军民面对德军的袭击，进行了英勇抵抗。英法为了争夺这块战略要地，也派出军队在挪威登陆作战。英、德海军还在挪威沿海几次交锋，英军击沉德舰多艘，但对整个战局无补。两个月后，德军占领了挪威全境。德国人在挪威建立了前国防部长吉斯林领导的傀儡政府，以后，吉斯林的名字就成为卖国贼的同义语。

德军侵占波兰后，希特勒就密令制订进攻荷兰、比利时、卢森堡和法国的军事计划，代号为"黄色方案"。最初的方案与第一次世界大战时德国进攻法国的"施里芬计划"相似，主攻方向也在右翼。后来德军担心这种老调重弹的计划易被对方料及，达不到进攻的突袭性，难以取胜，于是提出一个修正的"黄色方案"，即"曼斯坦因计划"。该计划以其提出者、德军高级军官曼斯坦因命名。曼斯坦因提出以装甲部队经阿登山区入侵法国的作战计划，即主张把主攻方向放在中段的阿登山区。尽管这里与马斯河相接，地形复杂，林密路窄，缺乏铁路和公路网，一直被认为是机械化大部队难以通过的天险，但是这里也是法军设防的薄弱环节。如果德军能够集中兵力，掌握制空权，就可出其不意，强渡马斯河，突入法国平原地区，拦腰切断英法联军南北两个重兵集团之间的联系，直趋英吉利海峡，从而取得决定性胜利。该方案被希特勒所采纳。按照这个计划，德军把 136 个师（其中 10 个坦克师、7 个机械化师）编为 3 个集团军群。右翼以 29 个师（其中 3 个坦克师、2 个机械化师）进攻荷兰、比利时、卢森堡，吸引联军主力。左翼 19 个师（其中 1 个机械化师）部署在马其诺防线的正面，牵制法军使其不能北上增援。中路为德军主力，以 45 个师（其中 7 个坦克师、3 个机械化师）从中间突破，翻山过河、直指英吉利海峡。还有 43 个师（其中 1 个机械化师）作为战略总预备队，在莱茵地区待命。

反观法国，却一直持消极防御战略，坚持"绵亘防线"，企图依赖马其诺防线，固守阵地，等待敌人进攻时予以消灭。至于法比边界南端，法军统帅部认为这里有天险阿登山区和马斯河可恃，德军大部队难以逾越，故只配置少数兵力监视德军。而在法比边界北端，法军仍墨守成规，按照一战的经验，部署主力应敌。

1940 年 5 月 10 日凌晨，希特勒打破"西线无战事"的局面，开始全面进攻，德国空军猛轰荷兰、比利时和法国北部的机场，夺取制空权，同时在荷、比后方空降部队，夺取桥梁、机场和一些战略据点。与此同时，德军装甲部队出其不意地穿过阿登山口，进入法国。英法联军迅即崩溃。12 日，德军前锋抵达马斯河。15 日，荷兰投降，同时大批德军坦克攻入法国北部的大平原，直逼英吉利海峡。英法联军近 40 万人被围困在敦刻尔克海岸地区。28 日，比利时投降。

希特勒和德国统帅部对中路装甲部队竟能如此迅速挺进，反而感到不安。他们深恐德军孤军深入，侧翼受到威胁，同时戈林又力劝希特勒用空军歼灭被围的英法联军。德军指挥迟疑不决，几次下令暂停前进，就给了联军喘息之机。英国政府抓住这一良机，实施"发电机计划"，调动 860 艘各种船只，动员全民力量，参加营救。从 5 月 26 日晚到 6 月 4 日中午，终于将包括约 22 万英军在内的 33.6 万英法联军及少数比利时军队撤到英国，史称敦刻尔克大撤退。尽管在撤退中损失了大量装备和辎重，4 万担任后卫的法军也被德军俘虏，但是这些撤到英国的部队成为日后反攻的骨干力量。

6 月 5 日，德军继续向南进攻，突破法军的索姆河防线，兵临巴黎城下。6 月 10 日，墨索里尼认为德军胜局已定，趁火打劫，向英法宣战，并从阿尔卑斯地区向法国进攻，在背后捅了法国一刀。法国受到德意两面夹击，无意抵抗，其政府作出了放弃巴黎、逃亡南方波尔多的决定。6月13日，法国政府宣布巴黎为"不设防城市"。14日，德军占领巴黎。15日，马其诺防线被突破，50万法军被包围。16日，法国总理雷诺把职位交给贝当。17日，刚成立的贝当政府向德军请求停战。另一批总数15万多的英军（内含2万波兰军队）又一次开始大规模撤退。18日下午，最后一批英军撤离法国本土。6月22日，法德停战条约签订。根据希特勒的指令，受降仪式在贡比涅森林第一次世界大战结束时德国签署投降书的福熙元帅专列里举行。根据协定，德国占领法国北部和西部的主要工业区、巴黎以及海峡和大西洋沿岸，约为全部法国领土的3/5；法国负担占领军的全部费用；其余2/5的非占领区则由贝当政府统治，政府所在地设在维希。维希政权是德国的附庸。整个法国实际处于德国的控制之下。

拥有300万大军、号称欧洲头等陆军强国的法国，在6个星期内就被打败，出乎许多人的预料。但抵抗的力量仍然存在。在法国投降前夕，6月17日，法国国防部副部长夏尔·戴高乐（1890—1970）将军出亡伦敦，在英国支持下，成立了"法兰西临时民族委员会"，举起"自由法国"的旗帜，开展抗德斗争。18日，他在伦敦广播电台发表告法国人民书，同时向全世界宣告："无论发生什么情况，法兰西抵抗的火焰决不应该熄灭，也决不会熄灭"，表达了法国人民抵抗纳粹德国的决心和信心。1943年5月，包括法共在内的"全国抵抗运动委员会"成立了，并组建成"内地军"进行抗战。

不列颠之战 1940年5月10日，推行绥靖政策的张伯伦辞职，丘吉尔出任英国首相。6月4日，正值敦刻尔克大撤退完成之时，丘吉尔发表了一篇演说，鼓励全国军民坚决抵抗法西斯侵略。他说："我们将不惜任何代价保卫我们的岛屿。我们将在海滩上战斗，我们将在敌人登陆的地点战斗，我们将在田野和街头战斗，我们将在山丘上战斗。我们决不投降。"

希特勒在打败法国后，曾提出愿与英国在瓜分世界的基础上和谈，被丘吉尔内阁断然拒绝，遂准备用武力入侵英国。1940年7月16日，希特勒正式签署"关于对英国实施登陆作战的准备"的第16号指令，即代号为"海狮"的作战计划。该计划准备出动3000多艘舰船，25万余军队，横渡英吉利海峡进攻英伦三岛。

德国要进行渡海作战，必须先掌握制空权。德国海军不如英国，空军却强于英国。因此，争夺制空权的空战就成为当时英德双方作战的主要特点。德国集结约2400架作战飞机，于7月10日开始连续不断地大规模空袭英伦本土。英国战斗机起初不到700架，与德国空军数量对比相距悬殊。但英国的喷火式战斗机和飓风式战斗机却在性能上优于德国的"梅塞施密特"战斗机或"斯图卡"轰炸机。另外，英国还使用了新发明的雷达，能在敌机距离其目标80—160千米时发出预警，先发制人，致使德国的"空中闪击战"一开始就未奏效。8月15日，德国出动

1786 架飞机对英国轮番轰炸，英国出动 974 架次飞机迎战，德机损失超过英国一倍多。9 月 15 日，双方又各出动飞机上千架次，德国轰炸机被击落约 1/4。经过 3 个月的激烈空战，德军投下 6 万吨炸药，给英国造成 8.6 万人遇难，100 余万幢房屋被毁的重大人员伤亡和财产损失，但并未动摇英国军民的斗志。到 10 月底，德国空军损失 1733 架飞机，英国空军损失 915 架飞机，双方飞行员损失比约为 6∶1。德国不得不放弃"海狮"计划。英国军民同仇敌忾，在生死存亡的搏斗中赢得了史称"不列颠之战"的胜利。

二、英美联防与德意日建立军事同盟

"战舰换基地"　　欧战爆发后，德国潜艇在大西洋上袭击英国的各种舰只，导致英国很快就面临反潜艇的主要武器驱逐舰的短缺。丘吉尔就任英国首相后，多次向美国提出希望美国借给英国若干艘驱逐舰的要求。但是此时的美国尚在战争之外，又怀疑英国在这场战争中取胜的可能性，政府官员普遍要求把精力集中于美国本土的防御，孤立主义占优势的国会更是反对向盟国提供军事物资的援助，特别是通过立法权阻止政府把驱逐舰租借给英国。

法国败降后，英国消灭了停泊在阿尔及利亚奥兰港的不愿归顺英国和美国的法国舰只。这个行动证明了丘吉尔 6 月 4 日的"决不投降"的保证。罗斯福立即决定把美国军火库中的 50 万支步枪、8 万挺机枪、13 亿发子弹、900 门 75 毫米的大炮、100 万发炮弹，以及一些炸弹、TNT 炸药和无烟火药运往英国，而不去理睬当时美国国内的许多人大喊大叫地指责这是"自杀"行为。特别是美国还把法国的全部订货都转交给了英国。

但是直到 6 月底，关于驱逐舰的问题美国仍然没有丝毫的松动。而英国的海上形势却变得日益危险。由于缺乏驱逐舰，英国一直未能在大西洋建立有效的巡逻以保护自己的船只；特别是法国投降之后，英国在失去法国海军帮助的情况下，海上损失更为严重。然而，欧洲战事的紧张，也加速了美国军方制订防御西半球的具体作战计划。在这些计划中，获得英国在大西洋的某些军事基地对美国而言非常重要。

经过双方多次交涉和美国政府内部的反复讨论，9 月 2 日，美国总统罗斯福终于以行政协定的方式，与英国达成两国驱逐舰换基地的协定：美国将 50 艘逾龄驱逐舰出让给英国，换取英国在纽芬兰、百慕大群岛、巴哈马群岛、牙买加、圣卢西亚、特立尼达、安提瓜以及英属圭亚那的 8 个海空军基地的租借权，租期 99 年；其中纽芬兰、百慕大群岛的基地权利是英国赠予的。

至此，在拖延了 4 个月之后，美英之间终于达成了自欧洲战争爆发以来，美国尚处于战争之外时的第一个重大的双边军事协定。两国以其独特的"战舰换基地"

的方式，结成了联合防御并抵抗法西斯的阵线，成为英美联防的第一步。在这场交易中，尽管看似英国的代价昂贵，但交易对双方都有实实在在的现实意义。它增强了英国海军的反潜护航力量，也扩大了美国海军在空中和水面进行中立巡逻的范围。与此同时，它所包含的战略意义更不能忽视。正如丘吉尔所说："这件事本身就肯定会使美国更接近英国，同时更接近战争，这是在大西洋愈来愈多的一系列非中立行为中的第一个非中立行为……它标志着美国已从中立国转为非交战国。"

德意日军事同盟的建立 1940年7月德国发动对英国的大规模空袭后，遭到英国的顽强抵抗。9月，英美联防。为了防止美国进一步援助英国和美国参战，德国希望从军事上加强德意日轴心国，通过日本在亚洲、太平洋地区发动攻势，牵制英美力量。对日本来说，欧战爆发后，日本深陷中国泥潭，不能自拔。德国在欧洲的暂时胜利和英国对日本要求关闭滇缅公路的妥协，使日本感到英国的崩溃指日可待，夺取英、法、荷等国在亚太地区的殖民地，正是大好时机。这大大刺激了日本的南进欲望，用日军大本营的话来说，就是"机不可失、失不再来"，必须抓紧时间南进，"不要误了公共汽车"。但日本担心南进会造成与美国的正面冲突，也想通过与德国结成军事同盟，以达到牵制美国的目的。意大利则企图依靠德、日的力量和影响，称霸地中海和非洲。一度销声匿迹的缔结三国同盟的主张重新抬头。

1940年9月27日，三国在柏林签署《德意日三国同盟条约》，正式结成军事同盟。条约规定：日本承认并尊重德国和意大利在欧洲建立新秩序中的领导地位，德国和意大利承认并尊重日本在"大东亚"建立新秩序中的领导地位。三国约定，对上述方针所做的努力，互相协助，并进一步约定，三缔约国中任何一国遭到现在尚未参加欧洲战争及日华"纠纷"的一国攻击时，三国须用所有政治、经济和军事手段相互援助。可以看到，这个条约主要针对美国，德日对此直言不讳。该条约对日本继续南进也提供了保证。

德意日三国虽然缔结了同盟条约，但并没有真正的军事上的配合。意大利进攻希腊，德国事先并不知道；德国进攻苏联的计划，意日事先也不知情；而日本偷袭珍珠港之前，德意也一无所知。

三、德意对巴尔干和北非的侵略

德意入侵巴尔干 纳粹德国称霸欧洲乃至世界，必须征服苏联。因此，进攻苏联是希特勒的既定国策。为此，早在1940年1月，德国就开始秘密进行侵略苏联的准备。德国在"不列颠之战"中的失败，使其被迫放弃进攻英国的计划。为了完善进攻苏联的战略部署，德国力图控制巴尔干半岛。

巴尔干半岛位于欧洲东南部，是欧亚非三大洲的交通要冲，具有重要的战略地位，一向为兵家必争之地。希特勒夺取巴尔干的第一个目标是与苏联接壤又盛产石油的罗马尼亚。他一边利用罗马尼亚与匈牙利、保加利亚的领土纠纷，支持匈、保向罗提出领土要求，一边向罗马尼亚许诺，待对苏战争胜利后帮助罗马尼亚夺回比萨拉比亚，并以此迫使罗马尼亚将特兰西瓦尼亚北部割让给匈牙利，将多布罗加南部割让给保加利亚。然后希特勒支持罗马尼亚法西斯分子安东尼斯库发动政变，夺取了政权。10 月下旬，德军进驻罗马尼亚的产油区和战略要地。

匈牙利的霍尔蒂政权依仗德国从捷、罗获得了新的领土。保加利亚除了从罗马尼亚获得领土外，还想依靠德国从希腊得到领土和进入爱琴海的通道，因此两国进一步投靠希特勒，同意德军过境，使兵临边境的德军跨过多瑙河，到达南、希边境。此后，匈、罗、保三国分别于 1940 年 11 月 20 日、23 日和 1941 年 3 月 1日加入德意日三国军事同盟，成为法西斯集团的附庸。

在德国的压力下，南斯拉夫也于 1941 年 3 月 25 日被迫加入三国军事同盟。对此，南斯拉夫人民强烈反对。3 月 27 日，发生了由空军司令西莫维齐领导的政变，推翻了亲德政府。希特勒大怒，立即宣布与南斯拉夫断交，并在 4 月 6 日出兵南斯拉夫。意、匈、保也参与了这次入侵。4 月 17 日，南斯拉夫投降，但人民在共产党领导下开展了英勇的游击战。

墨索里尼一向把巴尔干视为自己的势力范围，早在 1939 年 4 月 17 日，意大利就出兵占领了阿尔巴尼亚。德国在事先没有通知意大利的情况下出兵罗马尼亚，令墨索里尼十分恼火，遂于 1940 年 10 月 28 日下令意军入侵希腊，但遭到希腊军民的痛击，希腊军民仅用一周就把入侵意军赶回了阿尔巴尼亚境内。此后，墨索里尼一再增兵易将，也未能挽回败局，不得不向德国求援。希特勒对墨索里尼的擅自行动十分恼火，但是为了巩固法西斯集团在巴尔干的阵地，还是同意出兵。在 1941 年 4 月 6 日德军侵入南斯拉夫的同时，希特勒派另一支部队从保加利亚进攻希腊。5 月 27 日，雅典陷落。希腊政府和援助希腊的英军撤往东地中海的克里特岛。从 5 月 20 日开始的 12 天海空激战中，德军用空投部队占领克里特岛，英军守岛部队在损失过半后撤往埃及。6 月 1 日，随着克里特岛战役结束，希腊沦亡，政府流亡英国，巴尔干战事告一段落。至此，德国控制了巴尔干，完成了自北向南进攻苏联的战略部署。

克里特战役以空中进攻为主，跨海作战，对第二次世界大战中的空降作战产生重要影响。对希特勒来说，攻占克里特岛使德国伞兵部队伤亡惨重，损失了一个空降师，他便认为伞兵作战的时代已经结束，决定以后不再进行大规模空降作战。而英美军方却由此得出重要启示，加强组建空降部队，并在以后近距离协同的地面进攻和登陆战中不断实施大规模空降作战。

南斯拉夫和希腊两国军民的英勇抵抗，打乱了希特勒的部署，迫使其将原定于 5 月 15 日进攻苏联的时间推迟了 5 个多星期，这对以后的苏德战争产生了不可忽视的影响。

地中海与北非的较量　法国败降后，东北非的战略态势发生了有利于轴心国的变化。墨索里尼决心利用这一时机，实现其称霸地中海的野心，并抢夺英国在非洲的殖民地。1940 年 7 月，意军兵分两路，一路从利比亚向英军控制的埃及进攻，另一路从埃塞俄比亚向英国的殖民地英属索马里、肯尼亚、苏丹等地进攻。墨索里尼的兵力有 50 多万人，而英军的驻军只有 10 万人。意军最初进展顺利，9 月就控制了利比亚和索马里。12 月初，英军反击，意军节节败退。到 1941 年 2 月，意军近 10 万人投降。4 月 6 日，英军进入亚的斯亚贝巴，埃塞俄比亚复国。5 月中旬，东非意军向英军投降，损失 20 余万人。意大利在东非的势力被肃清，非洲战局便集中于北非地区。但意军仍然是屡战屡败，使德国陷入被动局面。为了维持轴心国影响并保持北非这块战略要地，1941 年 2 月，希特勒派隆美尔（1891—1944）率领配有两个装甲师的"非洲军团"去利比亚，统一指挥北非的德意军队。3 月 31 日，隆美尔发起攻势，逼近埃及边境。4 月，德军夺回利比亚，控制了北非。由于希特勒忙于准备进攻苏联，不能对非洲军团及时增援补充，北非战线就在利比亚和埃及的边境附近形成了拉锯战的局面。

第二节　大战的新阶段：苏德战争和太平洋战争

一、德国入侵苏联与苏联进行卫国战争

德国发动侵苏战争　巴尔干战争结束后，希特勒将入侵苏联提上日程，认为只有打败苏联，英国才会投降。1940 年 7 月 21 日，希特勒下令准备对苏作战，德军制定了进攻苏联的"巴巴罗萨计划"。该计划要求德国武装部队必须准备在对英作战结束之前，以速战速决的方式击溃苏联。12 月 18 日，希特勒批准了该计划。

到 1941 年 6 月中旬，德国完成了入侵苏联的兵力配置。包括：152 个师又 3 个旅，再加上 12 个罗马尼亚师，2.5 个斯洛伐克师，18 个芬兰师，以及后来加入的 3 个意大利师和 1 个西班牙师。总兵力约 550 万人（德军 460 万人，仆从国 90 万人），坦克 3712 辆，飞机 4950 架，火炮 47260 门。为了使进攻苏联具有突袭性，德军作出要进攻英国的各种假象。

苏联在德国进攻前也作过不少备战工作。一是建立"东方战线"；二是与日本于 1941 年 4 月 13 日缔结《苏日中立条约》，以避免两线作战；三是建立支撑战争的大后方，有计划地将西部一些国防工业东迁，在东部乌拉尔地区建立了国防工

业和重工业基地；四是加紧生产飞机、坦克和各类大炮等战争物资。

1941 年 6 月 22 日（星期日）拂晓，德国撕毁《苏德互不侵犯条约》，对苏联发动闪击战，德军从波罗的海到黑海一线的约 1500 千米的战线上，以机械化部队为先导，在空军掩护下全面突进苏联境内，一个半小时后德国才向苏联宣战。

德军兵分三路，北路攻打波罗的海和列宁格勒，中路指向莫斯科，南路夺取乌克兰。一天之内，苏联西部的各重要城市、交通枢纽、军事据点和正在调动中的苏军均遭德军轰炸，损失飞机约 1200 架，其中有 800 多架还未来得及起飞就被摧毁在机场上。苏军损失惨重，边战边退。德军进展顺利。7 月 1 日北方集团军群占领里加，7 月 10 日夺取普斯科夫，9 月 8 日进抵到拉多加湖南岸，与从北边进攻的芬兰军队合围了列宁格勒。中央集团军群于 6 月 28 日占领了白俄罗斯的首府明斯克，7 月 16 日攻入斯摩棱斯克，距莫斯科只有 300 多千米。南方集团军群在 7 月下旬和 8 月上旬，与苏军在乌克兰首府基辅地区展开激烈战斗，9 月基辅战役结束，苏军 66.5 万人被俘。到 1941 年 12 月 1 日，苏军伤亡、失踪和被俘人员约 700 万人，损失坦克近 2.2 万辆，战斗机 2.5 万架。德军伤亡超过 55 万人，但兵力和装备仍占有优势。苏联面临的形势极为严峻。

战争初期苏军严重失利的原因主要有两点。一是对德军入侵的时间判断失误。斯大林认为德国要在战胜英国之后才会发动侵苏战争，苏联在 1942 年以前不会卷入战争。因此，他对 1941 年初以来就从各个渠道传来的有关德国即将入侵的情报不予重视，反而认为这是帝国主义的挑拨阴谋而置之不理。因此，苏联的很多防御工作没有完成。另外，直到 1941 年 6 月 22 日零点 30 分，距德国发动进攻只有 3 个小时，苏军总参谋部才命令边境军区所有部队进入一级战斗准备，许多集团军下属的师还没有接到命令，战争已经爆发。二是肃反扩大化严重削弱了战备。在肃反中，大批红军高级指挥员惨遭迫害，在 1935 年第一批授衔的从上校到元帅的 837 人中就有 720 人被镇压。后来迅速提拔到各级指挥岗位的干部，其军事理论素养和实战经验都很缺乏。这就严重削弱了军队的战斗力。另外，苏联对德国闪击战认识不足，仓促应战，也造成战争之初的被动挨打地位。

莫斯科保卫战的胜利 基辅战役之后，德军集中兵力夺取莫斯科。9 月 30 日，中路德军集中 75 个师约 180 万人的兵力，1700 辆坦克、近 1390 架飞机，实施进攻莫斯科的"台风"行动。苏联军民开始了莫斯科保卫战。苏军用 3 个方面军保卫莫斯科，总兵力约 125 万人。初战苏军失利。10 月 2 日，德军推了 200 千米，逼近莫斯科。10 月中旬，德军又推进到离莫斯科仅 65 千米的地方。从 10 月 15 日开始，苏联政府的部分机构和外交使团撤往 800 千米外的古比雪夫。莫斯科处于万分危急之中。

在国家生死存亡的紧急关头，斯大林留在了莫斯科。苏联军民在斯大林和新任西方面军司令朱可夫（1896—1974）的指挥下迅速动员起来，约有45万人（其中 3/4 是妇女）修筑防御工事，12 万人组成民兵师和巷战小组。在苏军顽强抗击下，德军攻势受阻。11 月 7 日，斯大林在红场照常举行传统的阅兵式，并发表演说，号召苏联军民以钢铁般的意志阻止德国侵略。数万红军接受了检阅，并在检阅后直接开赴前线。这大大鼓舞了苏联军民的斗志，德军在冬季到来之前攻占莫斯科的企图彻底失败。10 月底至 11 月初，德军全线进攻逐渐停顿下来。冬天的到来，也使德军的士气低落。

经过半个月的整顿，11 月底，德军推进到莫斯科近郊。12 月 2 日，德军的一个侦察营突入市郊，用望远镜已经可以看到克里姆林宫的尖顶。但是德军已经不能再前进一步。20 多万苏军从西伯利亚迅速调往西线保卫莫斯科，这与情报人员佐尔格（1895—1944）从东京发来日本已经决定南进、不会攻击苏联的电报有关。此外，严寒的来临，也使缺少冬装的德军冻伤人数超过了战斗伤亡，飞机、坦克和汽车也难以发动。12 月 5 日，负责指挥莫斯科战役的德陆军元帅打电话给陆军参谋长，表示德军的攻势"已到了山穷水尽的地步了"。

12 月 6 日，苏军展开反击，夺得了战场主动权。希特勒临时撤换前线指挥官，并亲自担任陆军总司令，也无济于事。到 1942 年 1 月 7 日，苏军向西推进 150—300 千米，彻底粉碎了德军南北夹击莫斯科的企图。在莫斯科会战中，德军损失 50 多万人，坦克 1300 辆、火炮 2500 门，以及无数辎重装备。

莫斯科保卫战是德国陆军在第二次世界大战中遭到的第一次沉重打击，粉碎了德军不可战胜的神话，标志着德国闪击战的破产。希特勒不得不面对他所最不愿面对的两线作战。莫斯科保卫战的胜利极大地增强了苏联军民打败德国的决心，也鼓舞了世界人民夺取反法西斯战争胜利的信心，促进了国际反法西斯同盟的建立。

二、欧战爆发后的中国战场

中国战场的抗战　德国侵略波兰后，世人的注意力大都集中于欧洲战场，其实中国战场的地位仍然十分重要。在抗日民族统一战线的旗帜下，在毛泽东关于抗日战争是一场持久战的思想的指导下，中国各民族、各政党、各政治派别求同存异，共同抗敌。海外华侨积极捐款捐物，支援抗战，数万华侨青年回国参战。中国军民奋勇抗击日军。在正面战场，陆续进行了第一次长沙会战、桂南战役、枣宜战役、豫南战役、第二次长沙会战等，抵抗了日军的疯狂进攻。在敌后战场，1940 年 8 月 20 日，八路军以破袭日军华北交通线为主要目标，发动了一次大规模的进攻作战。参战部队达 105 个团，20 余万人，被称为"百团大战"。百团大战持续 5 个多月，仅前三个半月就进行大小战斗 1800 多次，毙伤日军 2 万余人，破坏铁路 474 千米，公路 1500 多千米，切断了河北与山西的交通动脉，消灭了将近 3000 个敌伪据点，打破了日军的"囚笼"。中国共产党领导的游击战争也日益深入和发展。据日方统计，仅 1940 年一年，华北方面军就进行了 20123 次战斗。1940 年 12 月 1 日，日本天皇忧心忡忡地对参谋总长杉山元说："侵入莫斯科的拿破仑就是败在消耗战与游击战上，日本军在中国是否感觉到无法对付了？"敌后战场逐渐成为全国抗战的主战场。日本侵略者陷入人民战争的汪洋大海中。

中国孤军抗战的意义 从 1939 年 9 月欧战爆发到 1941 年 12 月太平洋战争爆发，尽管英、法、苏已先后参战，但在亚太地区，仍是中国孤军作战的局面。中国坚持抗战，拖住了日本陆军的主力。到太平洋战争爆发，日本陆军仍有 70% 左右的兵力用于侵华战争。中国战场作为反法西斯战争的东方主战场，发挥了重要作用。具体而言，第一，中国抗战有力地支援了苏联的卫国战争，使苏联能够避免两线作战，集中兵力抗击德国。苏德战争爆发后，从 1941 年 6 月 25 日到 7 月 1 日，日本连续召开 6 次政府和大本营联络恳谈会，讨论北进还是南进问题。之所以最后决定南进，一个重要的原因就是日本陆军的大部分兵力正用于中国，北进实际上办不到。苏联正是得到了日本放弃北进的情报后，才可能从远东调兵到西部，在莫斯科保卫战的关键时刻发挥作用。第二，中国抗战推迟了太平洋战争的爆发，并使日本在最终发动战争时兵力不足，不能全力以赴。欧战爆发后，日本最初采取观望风向的态度，阿部内阁发表声明："帝国不介入，专注于中国事变。"到 1940 年 7 月日本虽然已迈出南进的第一步，但到 1941 年 4 月 17 日，大本营陆海军部又作出推迟进一步南进的决定。之所以如此，一是海军方面认为对南方行使武力就是对美国行使武力，现在尚未作好准备。二是"中国事变"没有解决。由此可见，正是中国的坚决抗战，日本才不得不放慢南进的速度。另外，太平洋战争爆发时，日本投入南方战场的陆军兵力只占陆军总兵力的两成。如果不是由于日军主力深陷中国，太平洋战争初期英、美、荷的失败还要惨重得多。

三、日本南进与太平洋战争的爆发

日本进驻印度支那 1940 年 6 月，法国败降，日本估计欧战将很快结束，必须利用德国的胜利，抓紧时间南进。7 月，日本决定南进。9 月 23 日，日军强行进驻法属印度支那北部。美国于 9 月 26 日宣布，从 10 月 16 日起，管制各种等级的废钢铁出口，实际对日本实行钢铁禁运，以示制裁。1941 年苏德战争爆发后，日本于 7 月 23 日进军印度支那南部，将此地作为南进的桥头堡。对此，美国立即作出反应：7 月 26 日，美国宣布冻结日本在美国的资产；8 月 1 日，美国又禁止向日本出口一切可以作为飞机燃料的石油产品。英国、荷兰与美国采取了一致行动。石油禁运是对日本的沉重打击。这一系列制裁日本的行动，更使日本鹰派认为日本陷入了"ABCD 包围圈"（A、B、C、D 分别为美国、英国、中国、荷兰的第一个英文字母），日本采取对等反制裁措施，也冻结了美英在中国沦陷区的资产。10月18日，日本主战派代表东条英机出任首相，11月初，御前会议决定在12月初对美、英、荷开战。为了麻痹美国，日本还加派"和平特使"，赴美协助从3月就开始进行的日美谈判，目的是麻痹美国，掩饰自己的战争准备。

日本偷袭珍珠港 1941年12月7日（夏威夷时间星期日）清晨7时55分，日本海军联合舰队按照预定计划，偷袭了美国在太平洋上最大的海军基地、夏威夷群岛中瓦胡岛的珍珠港，经过2个小时的轰炸，炸沉炸伤太平洋舰队的军舰21艘，其中包括8艘战列舰、3艘巡洋舰、3艘驱逐舰，击毁飞机311架，炸死炸伤美军3680余人，在港内的美国太平洋舰队几乎覆没。而日本只损失飞机29架，大小潜艇5艘，死亡约100人。袭击开始后，日本才向美国宣战，并终止了日美谈判。

日本偷袭珍珠港，是太平洋战争爆发的标志。这次偷袭激发了美国人民的爱国热情，一夜之间，孤立主义在美国销声匿迹。12月8日，美国对日宣战，同日，英国对日宣战。9日，中国政府正式对日、德、意宣战。荷兰、英联邦及拉丁美洲的一些国家也相继对日宣战。12月11日，德、意也对美宣战。至此，全世界约4/5的人口卷入第二次世界大战，战争发展到真正的全球阶段。

在袭击珍珠港前后，日本40万陆军在海军配合下，向中国香港和东南亚地区的马来亚、菲律宾等地以及关岛等太平洋岛屿发动袭击，重点目标是英国在亚太地区的海军基地新加坡和美国的殖民地菲律宾。到1942年4月底，日军占领了关岛、威克岛、吉尔伯特群岛、泰国（以所谓"同盟条约"形式）、中国香港、马来亚、菲律宾、荷属东印度群岛（今印度尼西亚）等，夺取了386万平方千米的土地和大片海域，控制了1.5亿人口和丰富的战略资源。加上它已经侵占的中国领土和朝鲜、印度支那，共控制了约700万平方千米的土地和约4亿人口。日本在西迄印度洋，东到太平洋中部，南至澳大利亚，北达阿留申群岛的广大地区，与美英展开激烈争夺。从军事上看，日本虽然在战争初期冒险得逞，进展顺利，但是在战略上却进一步陷入中国战场和太平洋战场的两线作战的境地。

四、世界反法西斯同盟的建立

美国对法西斯国家"不宣而战" 世界反法西斯同盟的建立经历了曲折、复杂的过程。欧战爆发前，中国人民孤军奋战，抗击着日本百万大军，而英法美却在亚洲和欧洲推行绥靖政策。苏联则为了避免引火烧身，反而与德国签订了互不侵犯条约，成为希特勒提前发动欧洲战争的重要因素。

二战全面爆发后，面对德国这个最危险的敌人，美国必须援助英法。1939年

11 月，美国修改《中立法》，允许交战国购买美国武器和军用物资，但要现款自运，为英、法购买军火开了绿灯。法国迅速败降，英国岌岌可危，美国鉴于唇亡齿寒，又进一步支援英国。1940 年 9 月，美国迈出援助英国的关键一步，即美、英达成以美国的驱逐舰换取英国军事基地的协定，从此美英联防。

《租借法案》与"先欧后亚"大战略　1940 年 12 月 29 日，罗斯福宣布美国"必须成为民主制度的伟大兵工厂"。1941 年 3 月 11 日，美国国会通过《租借法案》，授权总统向他认为其防务"对美国防务至关重要"的任何国家出售、转让、交换、租借、或其他方式处理任何国防物资。罗斯福立即请求国会拨款 70 亿美元，也得到同意。①

1941 年 1 月 29 日至 3 月 27 日，英美参谋长在华盛顿进行秘密会谈，协调两国的全球战略，确定了一旦美国进入战争，两国将实施"先欧后亚"的大战略方针："双方同意德国是轴心国的主要成员，因而大西洋和欧洲战区是决定性战场"；"如果日本参战，远东的军事战略将是防御性的"。罗斯福总统默许了这一战略。以后，美国海军又对大西洋西部航线实行全面护航，为援英物资的输送提供保证。

《租借法案》与"先欧后亚"大战略，以及大西洋护航，使美国已经同英国站在一起，对法西斯国家"不宣而战"。

美英援助苏联　苏德战争爆发当晚，丘吉尔发表演说，表示：希特勒进攻俄国不过是企图进攻不列颠群岛的前奏，因此"俄国的危难就是我们的危难，也是美国的危难"，并宣布将给苏联"力所能及的、对苏联有益的一切经济和技术援助"，支持苏联的抗德战争。24 日，罗斯福在记者招待会上宣布，美国愿意援助包括苏联在内的所有抵抗法西斯的国家。为了具体了解苏联的抵抗情况并商讨援助事宜，罗斯福于 28 日派其顾问和挚友哈里·霍普金斯（1890—1946）为特使出访莫斯科。7 月 3 日，斯大林发表广播演说，表示愿意与欧美反对法西斯的国家和人民结成统一战线。12 日，苏英在莫斯科签订《苏英关于对德作战中联合行动的协定》，双方保证在战争中相互援助和支持，决不单独对德国停战或媾和。8 月 16 日，苏英又达成贸易、贷款和支付协定，英国向苏联提供 1000 万英镑的贷款。霍普金斯的访苏之行，也坚定了美国援助苏联的决心。

《大西洋宪章》　1941 年 8 月 9 日至 12 日，罗斯福和丘吉尔在北大西洋纽芬兰阿根夏湾的军舰上秘密会晤。14 日美英发表联合宣言，即有名的《大西洋宪

---

①　从 1941 年 3 月到战争结束，美国向其盟国提供了总值近 500 亿美元的租借援助物资，其中英国和英联邦占 63%，近 300 亿美元；苏联占 22%，约 111 亿美元（包括卡车约 45 万辆，苏联还得到英国近 20 亿美元的物资援助）；中国约 16 亿美元。另外，包括中国在内的其他盟国也向美国提供了军需、设施、劳务、资源等所谓"逆租借"约合 78 亿美元，其中约 67 亿美元来自英国和英联邦。

章》。其主要内容包括：英美两国决不谋求领土扩张；不承认法西斯国家通过侵略所造成的领土变更；各国人民都应有主权和自治权；促进国际经济合作；消灭纳粹暴政、重建世界和平；解除侵略国家的武装，建立一个更普遍和更持久的全面安全体系；等等。尽管双方在讨论中分歧不断，如美国批评英国的殖民政策，英国反对美国的"贸易自由""机会均等""航海自由"等，但是最终这些美国坚持的原则还是写入了宪章。《大西洋宪章》反映了这场战争的反法西斯性质，成为世界反法西斯统一战线形成的基础。9月24日，苏联宣布同意《大西洋宪章》的基本原则。

《大西洋宪章》奠定了美、英、苏三大国合作抗击法西斯侵略的基础。9月29日至10月1日，苏、美、英在莫斯科举行会议，签订了关于美英以武器装备援助苏联议定书。议定书的主要内容是：从1941年10月1日到1942年9月30日，美英每月向苏联提供400架飞机，500辆坦克和其他武器与军用物资，苏联则向美英提供军用生产所需的原料。11月7日，罗斯福发表声明，认为保卫苏联对美国十分重要，并宣布《租借法案》适用于苏联。

中国对建立世界反法西斯同盟的推动　中国是反法西斯同盟的积极推动者。早在1940年11月9日，中国就向英、美提出《中英美三国合作方案》，其中在"原则部分"，提出坚持《九国公约》门户开放与维护中国主权领土行政完整，反对日本建设"大东亚新秩序"，认定中国的独立自由为远东及太平洋和平与秩序之基础等；在"步骤部分"，提出三国订立同盟，英、美分别借款给中国，英美派军事、经济、交通代表团来华，三国组织远东合作机关，一旦英美任何一国与日本交战，中国陆军立即参加，等等。但是英、美两国既不想过于刺激日本，又希望中国继续抗战，因此不同意与中国结成军事同盟，只在对华贷款和军事合作方面留有余地。1940年12月1日，美国宣布对华提供1亿美元贷款，12月10日，英国宣布对华提供1000万英镑贷款。太平洋战争爆发当天，中国政府紧急与美、英、苏协商，建议中国与三国正式结成反法西斯联盟。第二天，中国正式对日本宣战。12月31日，罗斯福致电蒋介石，提议组建中国战区，"以完成我等共同抗敌力量之联系与合作"，由蒋介石"指挥现在或将来在中国、安南及泰国境内的联合国家军队"，并在蒋介石的指挥下，由中美英三国政府代表组织一个联合参谋机构。1942年3月，应蒋介石的请求，美国派约瑟夫·史迪威（1883—1946）来华，出任中国战区参谋长。

《联合国家宣言》　太平洋战争爆发后，丘吉尔心情矛盾，他既认为有了美国的参战，英国不再担心会被德国打败，因此在珍珠港遭到袭击的那一夜，他"安然入睡"；然而他又极其担忧美国可能会被日本激怒，改变"先欧后亚"的战略。于是，从1941年12月22日至1942年1月14日，丘吉尔与罗斯福在华盛顿再次会晤，举行了代号为"阿卡迪亚"（意为"世外桃源"）的会议。两国再次确认了"先欧后亚"的战略总原则。这次会议的另一个重要成果，是在罗斯福的建议下，1942 年 1 月 1 日至 2 日，美、英、苏、中等 26 个国家的代表，在华盛顿签署《联合国家宣言》，签字国家保证使用自己的全部军事和经济资源，对德日意及其仆从国作战，相互合作，不单独与敌人缔结停战协定或和约。该宣言的签字程序值得注意：第一天由美、英、苏、中四国签署，第二天由其他 22 个国家签署，这就使美英苏中四大国凸显出来。以后又有 21 个国家陆续加入。

《联合国家宣言》的发表，标志着以美、英、苏、中为首的世界反法西斯同盟正式形成。此后，不同社会制度的国家将社会制度和意识形态的分歧暂时搁置，在反法西斯的大目标下协同作战。该宣言的发表，也表明中国人民坚持抗战为世界反法西斯战争作出的重大贡献得到了国际社会的承认。同时该宣言也为战后建立的联合国奠定了初步基础。

第三节 战争的根本转折

一、斯大林格勒战役和库尔斯克战役

斯大林格勒战役 1942 年下半年到 1943 年，反法西斯盟国在欧亚非战场实现了战略转折。在苏德战场，1942 年春天，苏军取得了莫斯科保卫战的胜利，但亟须休整，无力继续发动进攻；德军虽严重受挫，但仍然拥有相当大的实力，其总兵力与苏军相比仍占优势。双方都在加紧准备，以夺取下一阶段的战略主动权。1942 年，德军发动夏季攻势。由于力量不足，希特勒决定先集中兵力于南线，兵分两路，一路进攻斯大林格勒（今伏尔加格勒），另一路进攻高加索。

斯大林格勒位于伏尔加河下游河曲西岸，是连接苏联欧洲部分南北水陆交通的枢纽，也是苏联南方的重要工业中心，其以西、以南的顿河下游、库班河流域和高加索，是苏联的粮食、石油和煤炭的主要产区，战略地位十分重要。

7 月中旬，德军进抵距斯大林格勒仅 60 千米的顿河河曲，斯大林格勒战役由此开始。战役可分为两个阶段：1942 年 7 月 17 日至 11 月 18 日是苏军防御阶段；1942 年 11 月 19 日至 1943 年 2 月 2 日是苏军反攻阶段。

战役之初，德军以 27 万兵力，在 1200 架飞机配合下发动进攻，遭到苏军的坚决阻击。8 月 23 日，德军将苏联斯大林格勒方面军分割为两个部分，并出动 2000 架次飞机对斯大林格勒进行大规模的空中攻击，全市成为一片火海。苏联军民伤亡惨重。在斯大林的"不让敌人前进一步"的号召下，苏联军民拼死抵抗。9 月 13 日，17 万德军在近 500 辆坦克和 1700 门火炮的掩护下攻入市区。双方短兵相

接，展开激烈巷战，逐街逐屋争夺。在苏军的顽强抗击下，10月，德军占领了城市的大部分，在有的地区甚至推进到伏尔加河边。但苏军背水奋战，寸土必争。德军最终也没有完全攻下斯大林格勒。11月下旬，高加索方面德军的攻势也因兵力不足而被阻止。德军兵力分散，捉襟见肘，不得不把斯大林格勒战线侧翼交给意、罗、匈等国的军队去掩护，暴露了自己的薄弱点。

9月13日，苏联最高统帅部在双方激战之时，就开始考虑抓住战机，反攻歼敌。经过周密而隐蔽的准备，苏军于11月19日开始发起反攻。苏军以约110万兵力，近1500辆坦克、15000多门火炮和1350架飞机，从南北两侧进行强大的钳形攻势，包围了德军约30万人。在击退德方援军后，苏军再次发动进攻。1943年2月2日，德国第六集团军全军覆没。包括总司令保卢斯元帅及其以下的24名将军、2500名军官在内的9万多残部投降，另有约14万人被击毙。入侵高加索的德军为了避免重蹈覆辙，丢弃已经占领的部分油田，仓皇撤退，希特勒的南线作战计划彻底破产。

斯大林格勒大会战历时200天，是苏德战争中历时最长、最为激烈的一次战役。德军及其仆从国军队共损失约150万人，占当时苏德战场上德军方面总兵力的1/4。苏军共损失113万人。斯大林格勒战役是纳粹德国发动战争以来最大的失败。它扭转了苏德战场的整个战略形势，苏军夺取了战略主动权，开始反攻，德军则被迫转入战略防御和退却。因此，这场战役是第二次世界大战中的关键性战役，不仅对苏联的卫国战争，而且对世界反法西斯战争的进程，都产生了决定性影响。不仅如此，这场战役还大大坚定了苏联军民的胜利信心，提高了苏联的国际威望，推动了国际反法西斯同盟的合作。

库尔斯克战役　斯大林格勒战役后，不甘心失败的希特勒为了夺回东线的战略主动权，于1943年7月在苏德战场上发动夏季攻势。德军在从莫斯科到基辅的库尔斯克地区，以90万兵力，配备了包括新式的"虎式""豹式"坦克和"裴迪南"自行火炮在内的近2700辆坦克和自行火炮，上万门火炮和2000多架飞机，实行重点进攻，从南北夹击在库尔斯克突出部的苏联两个方面军，史称库尔斯克会战。苏军洞悉德军意图，迅速调集约133万兵力，3400多辆坦克、近2万门火炮和2100多架飞机，严阵以待，还在后方集中了大量预备队待命，以逸待劳、后发制人。

库尔斯克战役从7月5日开始到8月23日结束，历时50天。7月12日，在普罗霍罗夫卡发生了二战中最大的坦克遭遇战，双方投入约1200辆坦克，损失大体相当，但苏军守住了阵地，战役由此转折。7月13日，苏军开始反攻。8月5日，苏军解放了奥廖尔和别尔哥罗德，8月23日，收复了哈尔科夫，库尔斯克战役结束。此一役，德军损失50万人，1500辆坦克、3000门火炮和3700多架飞机。苏军也付出了重大牺牲，但总体上获得了胜利。库尔斯克战役标志着苏德战场转折的完成。从此，苏军完全掌握了战略主动权，并展开全线反攻。该战役结束后，苏军乘胜在 2000 千米的战线上进行反攻作战，9 月 8 日，收复了顿巴斯，11 月 6 日，解放了基辅，将战线向西推进了 400 多千米，为大反攻创造了条件。

二、盟军在北非的胜利与意大利的投降

阿拉曼战役 在北非地中海战场，英国和德意的军队为了获得经过地中海的给养补充，双方都不能远离港口和交通干线，而是在北非沿海宽不过 100 千米，却长达 2000 千米的狭长地带反复进行拉锯战。

1942 年 5 月 26 日，得到补给的德国隆美尔非洲军团向驻守在埃及的英军发动新一轮进攻，6 月 21 日，隆美尔率部攻克号称"不屈的要塞"图卜鲁格（又译托卜鲁克），数万英军投降。7 月初，德军进逼离亚历山大港仅 100 千米的阿拉曼，开罗告急，伦敦震动。但是由于战线太长，德意军队的给养补充不上，攻势停顿下来。

8 月 4 日，丘吉尔亲临开罗，任命蒙哥马利（1887—1976）为第八集团军司令，迅速补充坦克等重型武器，到 10 月，英军拥有的优势已经十分明显。10 月 23 日晚，在蒙哥马利指挥下，英军对阿拉曼以西的德意军队发起反攻。英军约有 23 万人，坦克 1400 多辆、火炮 2000 多门、飞机 1200 架。而非洲军团约为 10 万人（其中德军不到半数），仅有坦克 558 辆、火炮 1200 多门、飞机 350 架。英军实施地空协同的装甲机械化部队正面进攻和沿海向南推进、侧翼纵深迂回的战术，隆美尔的非洲军团因供给不足，兵力无法坚持机动作战而溃败。到 11 月 4 日，这场第二次世界大战中规模最大的沙漠消耗战结束。隆美尔的副手和 9 名意军将领被俘，部队损失过半。非洲军团残部西撤 1200 千米，才幸免全军覆没。从 11 月 5 日起，英军一路追击撤退之敌，收复了埃及、利比亚的失地，隆美尔逃到突尼斯。1943 年 1 月 23 日，英军占领的黎波里，阿拉曼战役结束。

阿拉曼战役对北非乃至整个地中海战区的形势都产生了重大影响，成为二战中非洲战场的转折点。对英国来说，北非地中海是英帝国的生命线，因此，阿拉曼战役的胜利，不仅对同盟国具有战略意义，而且极大地鼓舞了英国的军民。丘吉尔曾对该战役给予高度评价："在阿拉曼战役以前我们是战无不败；在阿拉曼战役以后，我们是战无不胜。"

在阿拉曼战役进行过程中，1942 年 7 月，美英制定了在法属北非登陆的"火炬计划"，组建了由艾森豪威尔（1890—1969）为总司令的美英北非远征军。11 月 8 日，艾森豪威尔指挥下的 11 万美英联军在西北非的卡萨布兰卡（今贝尔贝达）、奥兰和阿尔及尔登陆。法国维希政府在当地的 20 万驻军投降。25 日，美英联军开

始进攻突尼斯。对此，希特勒一面派德军进入法国南部，一面派出五个师的德意部队从海空两路火速增援突尼斯，在突尼斯与美英联军展开拉锯战。1943 年初，蒙哥马利指挥下的英军也逼近突尼斯，与美英联军东西夹击德意军队。3 月下旬，总数约 60 万的两路盟军会师。5 月 13 日，25 万德意军队（德军占半数以上）全部投降。自 1940 年 7 月初开始，历时近 3 年的北非战事结束。德意军队在非洲战场总计损失约 95 万人，英美军伤亡约 26 万人。盟军控制了北非，为其以后从南面进入欧洲准备了基地。

意大利投降 1943 年 1 月 14—23 日，阿拉曼战役即将结束，罗斯福与丘吉尔在卡萨布兰卡会晤，决定在地中海开辟新的战场。北非战役结束后，1943 年 6 月，艾森豪威尔被任命为美英盟军总司令。7 月 10 日凌晨，盟军在西西里岛登陆，意军一触即溃。西西里岛位于地中海航线中端，与意大利本土隔海相距仅 3 千米，是意大利的南大门。希特勒不能坐视不管，遂急调 7 万兵力增援，双方激战。8 月 17 日，盟军攻占西西里岛。意大利墨索里尼的法西斯政权已处于内外交困境地。

自参战以来，意大利军事上屡屡失败，经济上陷于崩溃，人民反战情绪日益高涨。据统计，1943 年 3 月，全国举行罢工 200 多次，参加者达 13 万人。罢工的要求从增加工资发展到反对战争和反对法西斯主义。罢工还得到农民和士兵的支持与同情。当战火燃及西西里时，统治集团内部就密谋推翻墨索里尼，连他的女婿、外交部长齐亚诺也参加到这个政变策划当中。7 月 24—25 日，法西斯大委员会举行会议，以 19 票赞成、7 票反对、1 票弃权、1 人拒绝投票的结果，通过了要求墨索里尼下台、归政国王的决议。25 日，墨索里尼谒见国王埃马努埃莱三世，国王告诉他已经任命总参谋长巴多里奥元帅为总理，要求墨索里尼交出一切权力。墨索里尼在出宫时遭到逮捕。这次由国王主导的政变，结束了长达 21 年的法西斯统治。

意大利新政府于 28 日宣布解散法西斯党。8 月 6 日，意新政府要求解除与德国的同盟条约，遭到希特勒拒绝。9 月 3 日，经过秘密谈判，意新政府在西西里与美英签署了投降书。同日，盟军在意大利登陆，占领意大利南部。但希特勒已从西欧调来大批精锐部队，10 日迅速占领罗马和意大利北部。12 日，德国伞兵小分队劫走被拘禁在意大利中部一个山顶旅馆中的墨索里尼，随后希特勒让他在德国占领的意大利北部组织所谓"意大利社会共和国"这一傀偏政府。意大利国王和巴多里奥政府出逃到盟军占领区，并于 10 月 13 日对德宣战。美、英、苏三国同时宣布承认意大利为共同对德作战的"参战友国"。此后，意大利南北对峙，直到 1945 年 5 月全国才获得解放。意大利投降的政治意义大于军事价值，标志着轴心国开始瓦解，沉重打击了法西斯国家，为盟军进攻德国建立了前哨阵地。

三、太平洋与大西洋的战略转折

美英坚持"先欧后亚"战略 太平洋战争爆发后，美英在"阿卡迪亚"会议上再次确立了"先欧后亚"大战略，最初在远东太平洋地区只对日本进行牵制作战。而日本在太平洋战争初期取得重大胜利后，对自己的力量更加自信，对战争形势作了错误判断。1942年3月7日大本营政府联席会议通过的《世界形势判断》预测，美英"得以展开大规模攻势之时机，当在1943年以后"。但是在决定下一阶段的战略方针时，陆海军发生分歧。陆军主张采取战略守势，以保持长期不败的战略态势，认为"南进"已经使日本获得了石油等战略资源，但日本陆军的2/3以上（包括关东军13个师团）陷在中国战场，已调不出机动兵力再扩大作战区域，应以中国、英国及亚洲大陆、印度洋的作战为主；海军则主张保持战略主动权，继续连续进攻，以对美国及太平洋的正面作战为主，消灭美国的海上有生力量。

美国在太平洋战争初战失利后，国内出现了修改"先欧后亚"大战略的声音，陆海军在战略方针上也发生了争论。最后参谋长联席会议决定，在坚持"先欧后亚"大战略的前提下，以保证太平洋方面能够承担"目前的任务"为限度，派遣有限的兵力，保卫阿留申—夏威夷—澳大利亚一线至美国西海岸的广大地区的安全，重点是守住夏威夷和澳大利亚以及连接这两地的海上交通线，构成稳固的对日防御的战略前沿。为了贯彻上述战略计划，美国逐步加强了太平洋战场的兵力。1942年3月底，美国将太平洋战场划分为两个战区，西南太平洋战区和太平洋战区，罗斯福任命陆军上将麦克阿瑟任西南太平洋战区总司令，任命海军上将尼米兹任太平洋战区总司令。

4月18日，从美国航空母舰上起飞的16架B-25型飞机轰炸了东京、横滨、名古屋、神户等城市。这是第二次世界大战爆发以来日本本土首次遭到空袭，虽然日本的损失并不太大，但鼓舞了美国的士气，震惊了日本军部和政府。为了杜绝今后的空袭，军方统一了意见，决定向西南太平洋和中太平洋两个方向同时并进，摧毁美国舰队，扩大日本本土"防御圈"，使轰炸日本本土之事不再发生。这就导致了珊瑚海、中途岛和瓜达尔卡纳尔岛之战。

珊瑚海之战 1942年5月7日至8日，日本海军在西南太平洋上澳大利亚的珊瑚海对美军特混舰队发起攻击，这是海战史上第一次完全由舰载机攻击对方舰只的海战，双方水面舰队始终处于目视距离和舰炮射程之外，显示了航空母舰在海战中的重大作用。此战双方力量大体相当，损失也相差无几，都损失了一艘航空母舰。但美国挫败了日军占领位于新几内亚的莫尔兹比港的战略企图，取得了太平洋战争爆发以来首次击败日军大规模进攻的胜利，阻止了日军对澳大利亚的进攻。

中途岛之战 珊瑚海之战的失利并未阻止日本继续实行其远距离作战计划。中途岛位于太平洋中部，日军若占领此岛，将把太平洋中部的"防御圈"大大向东推进，并可进一步将此岛作为攻占夏威夷的跳板。日本海军精心策划了中途岛之战，准备再来一次珍珠港式的突然袭击。为了这次作战，日本联合舰队总司令山本五十六（1884—1943）动用了 8 艘航空母舰、350 艘各类舰艇、1000 架飞机，分成 6 个编队执行不同任务，还准备了包括 1.68 万人的登陆部队和大量基地设置部队。其动员的兵力规模之大，是日本海军史上所仅见的。但军事行动开始之前，美军太平洋舰队破译了日军密码，提前获悉了日方的全部计划，在主要作战海域集中力量，秘密将 3 艘航空母舰埋伏在中途岛附近海域，严阵以待，对日本的突然袭击进行了反伏击。6 月 4 日清晨，日本海军发动中途岛战役，日军损失航空母舰 4 艘，重巡洋舰 2 艘，飞机 330 架；美军只有 1 艘航母被击沉，损失飞机 147 架。5 日，日军水面舰只在美军航母舰队的追击下撤退。中途岛海战使日本赖以取胜的航空母舰以及训练有素的舰载机飞行员损失惨重，开始扭转太平洋战场上日军进攻美军防守的战略态势，日本从此丧失了中太平洋的战略主动权。

瓜岛之战　1942 年 8 月，美军开始主动出击，在西南太平洋所罗门群岛的战略要地、日军控制的瓜达尔卡纳尔岛登陆。瓜岛争夺战几乎与斯大林格勒保卫战同步进行，从 1942 年 8 月 7 日到 1943 年 2 月 7 日，打了整整半年。除了在岛上争夺以外，双方还在附近海域进行了六次较大规模的海战。瓜岛之战是一场陆海空军协同进行的岛屿争夺战。在海战中，日军虽然击沉了美军 2 艘航空母舰，但始终没有掌握制海权，联合舰队损失过半，飞机损失约 900 架，飞行员损失是中途岛海战的约 10 倍，同时失去了海战的制空权。另外，在这次战役中，日军还损失了包括最精锐的陆军第二师团在内的 2 个师团。由于瓜岛海域被美军封锁，补给中断，瓜岛成为"饥饿之岛""死亡之岛"。1943 年 2 月 1 日，日军只得把弹尽粮绝、濒临饿死的残余部队撤离瓜岛。在瓜岛战役中，日军损失 24600 人（其中饿死或病死的超过一半），美军损失 1592 人。罗斯福认为，瓜岛一役打断了联合舰队的脊梁骨。这场战役完成了太平洋战场的战略转折。

1943 年 4 月 18 日，山本五十六在出巡途中，座机遭到美军伏击身亡。

大西洋反潜艇战的胜利　纳粹德国自发动战争起，就将切断盟国的海上交通线作为德国海军的主要作战目标。最初，德国主要以大型水面袭击舰攻击盟国的商船队，但在英国海军优势兵力的围剿下，这个战术并不成功。法国战败后，德国获得大西洋沿岸的良港和海军基地，使其进入大西洋的航行时间大大缩短，同时德国拥有的潜艇数量也有所上升。因此，德国改用"狼群战术"的潜艇战，破坏盟国的海上交通线。为了保障商船的安全，盟国实行护航运输制度。1941 年 12 月美国参战后，希特勒下令在大西洋实行"无限制潜艇战"。1942 年潜艇战进入高峰，德国共击沉盟国船舶 1160 艘，总吨位达 626.6 万吨。但是随着美国的经济向战时体制转轨，盟国的造船能力大大提升。美国的造船采用流水线操作后，平均每一艘的造船时间仅为 42 天。盟国的船只数量远远超过了被德国潜艇击沉的数量。另外，盟国的反潜技术也不断提高，声呐、无线电测向仪、深水炸弹、护航航空母舰、反潜飞机等大量投入使用，给德国潜艇造成重大损失。1943 年 5 月 24 日，德国海军司令邓尼茨被迫下令潜艇撤离大西洋，德国的潜艇战以失败告终。德国潜艇战的失败，从一个侧面反映了盟国在资源、人力、物力、技术等多个方面的潜力，为盟国取得反法西斯战争的最后胜利奠定了坚实的基础。

四、中国战场的持久抗战

正面战场和敌后战场的抗战　国际反法西斯同盟成立后，中国战场与其他战场配合作战。在正面战场，1942 年 6 月底，日军大本营制定"四川作战"方案，但日军在瓜岛战役的失败，使"四川作战"没有实施。1943 年，日军只是在武汉附近进行小规模作战。1944 年，美军在太平洋战场展开大规模反攻，日军节节败退。为了挽回败局，日本发动了打通大陆交通线的"一号作战"，即"豫湘桂战役"，企图通过该战役，通过中国贯通日本与东南亚的联系。该战役从 4 月打到 12 月，日本虽然打通了中国大陆的平汉、粤汉、湘桂铁路线，但延长了日军的战线，兵力更加不足，无法有力支援其在太平洋的战争。

在中国共产党领导的敌后战场，日军遭到百团大战的沉重打击，进一步加强了对敌后战场的进攻。1941—1942 年，日军持续发动了大规模的"治安战"，敌后战场进入抗战以来最艰苦的时期。日军凭借优势兵力与装备，向抗日根据地发动了一次又一次残酷的"扫荡""清乡""蚕食"等作战，在军事上实施重点进攻，采用"灭绝作战""急袭包围""对角清剿"等战术，企图将抗日武装"一网打尽"。针对日军的战术，中国共产党提出"十大政策"，抗日军民采用"地道战""地雷战""交通破击战""政治战"等战术，使日军的"扫荡"未获成功，保卫了抗日根据地。

修订新约与中国战场局部反攻　1943 年 1 月 11 日，中国国民政府和美国、英国通过谈判，分别签订《中美新约》和《中英新约》，废止美、英两国历史上强迫中国签订的不平等条约，取消两国在华的治外法权及有关特权；接着中国又与十余个西方国家废除旧约，签订新约。

1943 年下半年，日军不得不从敌后战场抽调兵力，以应对"一号作战"和太平洋上美军的凌厉攻势，使敌后战场面临的压力，与 1941—1942 年相比，有所减轻，各个抗日根据地渡过了最困难时期，陆续转入局部反攻。到 1944 年底，日本的占领区被压缩到城市（"点"）和重要交通线两侧（"线"），而敌后根据地不断扩大，总人口上升到 9000 万人，正规军发展到 65 万人，为 1945 年的大反攻创造了条件。

总之，从太平洋战争爆发到 1944 年底，中国正面战场与敌后战场配合作战，在极其艰苦的条件下持久作战，始终抗击着日本陆军的主力，有力支援了欧洲战场和太平洋战场的作战。

五、盟国对战后的初步安排

卡萨布兰卡会谈　1943 年是第二次世界大战的转折之年，同盟国在欧洲、北非和太平洋战场都转入了战略反攻和进攻。为协调反攻战略、讨论尽快结束战争和安排战后的世界秩序，同盟国的首脑决定举行战时会晤。

1943 年 1 月 14—24 日，罗斯福和丘吉尔在摩洛哥的卡萨布兰卡举行会谈商讨两国在大战中的共同政策和战略，会谈结束时，罗斯福宣布了要德、意、日 "无条件投降" 的原则。同年 10 月 19—30 日，美英苏三国外长在莫斯科举行会议，在美国的坚持下，中国作为四强之一签署了《美英中苏四国关于普遍安全的宣言》。该宣言的基本精神是四大国合作将反法西斯战争进行到底；尽快建立普遍性的国际组织，维持国际和平与安全等。另外会议还发表了《关于意大利的宣言》，宣布应彻底消灭意大利的法西斯主义并在意大利建立民主制度；《关于奥地利的宣言》，宣布奥地利应从德国统治下获得解放，成为一个自由独立的国家；《关于希特勒分子对于其所犯暴行的责任的宣言》，宣布将罪犯在其犯罪地点由各国人民加以审判。①

开罗会议与《开罗宣言》　鉴于中国抗击日本的重要作用，罗斯福最初打算邀请中国政府首脑蒋介石出席战时首次同盟国首脑会晤，但遭到斯大林的坚决反对，理由是苏联尚未参加对日作战。于是，罗斯福决定在美英苏三国首脑会议之前，先召开美英中三国首脑会议。1943 年 11 月 22—26 日，美英中三国首脑会议在开罗举行，史称 "开罗会议"。会议主要讨论了军事问题和政治问题。在军事上，主要讨论了联合对日作战问题，重点讨论了发动缅甸战役问题。政治问题包括中国的国际地位、收回中国的失地、对日本的军事占领，以及战后建立一个强有力的国际机构等问题。三国决心团结一致，将战争进行到日本无条件投降。会议签署《中美英三国开罗宣言》，于 12 月 1 日正式发表。《宣言》庄严声明："三国之宗旨在剥夺日本自 1914 年第一次世界大战开始以后在太平洋所夺得的或占领之一切岛屿，在使日本所窃取于中国之领土，例如满洲、台湾、澎湖群岛

---

① 《关于希特勒分子对于其所犯暴行的责任的宣言》，宣布将罪犯在其犯罪地点由各国人民加以审判。由于此事关系重大，故是由三国首脑斯大林、罗斯福和丘吉尔在 11 月 2 日联合签署后才发表的。

等，归还中华民国。日本亦将被逐出于其以暴力或贪欲所攫取之所有土地。"中国台湾附属的钓鱼岛及其附属岛屿也包括在其中，钓鱼岛及其附属岛屿是由钓鱼岛、黄尾屿、赤尾屿、南小岛、北小岛、南屿、北屿和飞屿等岛屿组成的。中国收复领土的神圣权利得到国际社会的公认和国际法的庄严保证，这是中国人民坚持抗战的结果，也成为战后处理日本问题的重要法律依据。另外，《宣言》还规定了战后"使朝鲜自由独立"。该宣言后来得到苏联的同意。

德黑兰会议 开罗会议结束后，11 月 28 日至 12 月 1 日，罗斯福、丘吉尔和斯大林在德黑兰举行三国首脑战时的第一次会晤。史称"德黑兰会议"。会议的中心议题是协调三国的反攻战略，重点集中于美英在西欧开辟第二战场问题。斯大林坚决要求美英实施它们已经承诺的于 1944 年 5 月 1 日在法国登陆进攻德国心脏的"霸王作战计划"，并表示苏军将在同一时间发动攻势，以配合第二战场的开辟。而丘吉尔仍想坚持他的"地中海战略"，主张从地中海东部实行其巴尔干计划，这样既可由英国控制巴尔干，又可阻止苏军进入巴尔干。丘吉尔的主张遭到斯大林的反对，后者认为巴尔干离德国的心脏地带太远，对实现尽快打败德国的目标意义不大。罗斯福与斯大林的主张基本一致，不仅是为了加速对德战争的胜利，也为了美军尽快到达柏林，阻止苏联在欧洲的进一步扩张。经过反复磋商和争论，丘吉尔只得放弃英国的方案。会议最后决定，美英军队将于 1944 年 5 月实施"霸王计划"，从法国北部登陆开辟第二战场。

在德黑兰会议上，三国首脑还就战后处置德国、波兰疆界、苏联参加对日作战、成立国际组织等问题交换了意见。在德国问题上，三国都认为不能使德国再次成为欧洲和世界和平的威胁，但在如何处置德国的问题上，尚未达成一致意见。关于波兰问题，争论主要集中于讨论波兰的领土边界问题。斯大林坚决要求承认1939 年 9 月苏联占领的波兰领土，并强调 1941 年 6 月德国入侵苏联前苏联所拥有的领土完整不可更改。尽管美英首脑都不同意斯大林的看法，但由于苏军转入大反攻的现实情况，丘吉尔被迫作出让步，承认了苏联占领的波兰领土，但要求将德国东部的部分领土划归波兰作为补偿，以换取苏联支持英国在巴尔干的利益。丘吉尔的意见得到斯大林和罗斯福的认可。在对日作战问题上，斯大林表示，在打败德国之后，苏联将参加对日作战。罗斯福提出的建立联合国的建议，也得到斯大林的同意。会议最后发表《德黑兰宣言》，表示三国将在对德作战中一致行动并在战后继续合作。

开罗会议和德黑兰会议是战时美英中和美英苏首脑分别举行的会晤，会议消除了同盟国内部的一些矛盾与分歧，协调了战略配合，宣示了四大国将反法西斯战争进行到底的决心，对于维护、巩固反法西斯联盟的团结和加速反法西斯战争的胜利，起了重大作用。但是，德黑兰会议也表现出大国主宰国际事务的特点。

德黑兰会议后，盟国的大反攻开始了。

第四节　世界反法西斯战争的胜利

一、美英开辟第二战场和苏军连续反击

第二战场的开辟　经过 1942 年、1943 年的讨论，在欧洲开辟第二战场的问题终于得到解决。根据德黑兰会议的决定，美英盟军开始着手实施"霸王作战计划"。为此，1944 年初盟军在英国设立了远征军最高司令部，由艾森豪威尔担任总司令。1944 年 1 月艾森豪威尔到伦敦就职。按照该计划，盟军将横渡英吉利海峡，在法国北部进行登陆作战。登陆地点最终选在诺曼底，而不在加来。其主要原因在于：诺曼底地区有开阔的海滩，能为大批登陆人员和装备提供足够的空间；这里距离英国的西南海岸港口较近；德军只能从南方进攻；德军在这里的防御较弱；等等。而这些条件，离英国海岸最近的德国重点设防的加来都不具备。

为了准备这次战争史上规模最大的两栖登陆作战行动，盟军在英国本土集中近 288 万兵力，11500 架飞机和 6000 多艘各种舰艇，准备了由 37 万立方米混凝土和 300 吨钢材制造的几百个空心钢筋混凝土沉箱构成的两座人造码头和一条海底输油管。此外，盟军还计划从地中海向法国南部进行有 10 个师兵力登陆的配合作战；在美国还有约 41 个师整装待发。为了迷惑敌人，盟军在加来对面布置了一个伪装的其实并不存在的集团军群，制造主攻的假象。为了在登陆前尽量削弱德国的力量，从 1943 年中期起，盟国空军就对法国沿海地区的军事工业基地、军事设施和交通线等进行了大规模的轰炸，取得了至关重要的制空权。

1944 年 6 月 6 日（即"D 日"）1 时 30 分，盟军 3 个空降师空降到诺曼底德军防线的后方，迅速占领了一些军事要地。随后，盟国飞机和军舰对诺曼底沿岸的德军基地猛烈轰击，为登陆部队扫清障碍。清晨 6 点，盟军分乘数千艘舰船，从英国横渡英吉利海峡向诺曼底进发。6 点 30 分，盟军 5 个师的先头部队开始分五处登陆。他们迅速突破德军防线，并与空降兵汇合，建立起滩头阵地。参加这次突击的作战飞机达 1 万多架，运输机约 2000 架，各类舰艇 4000 多艘。德军统帅部对盟军的主攻方向判断失误，一直重视加来的防守，负责防守英吉利海峡的德军 B 集团军群司令隆美尔在 6 月 5 日回家给妻子过生日，不在岗位，而登陆开始时，希特勒还在睡觉。到 6 月 6 日黄昏，盟军已经在西海岸夺取了立足点，15.5 万登陆部队站稳了阵地。到 6 月 12 日各滩头阵地连成一片，登陆的盟军已达 32 万多人，超过德军投入战斗的 14 个师。当德国搞清盟军的登陆地点后，希特勒即调集部队增援诺曼底，给盟军造成很大困难。但盟军凭借巨大的空中优势和装甲部队的密

切配合，挫败了德军的反扑。到 7 月初，盟军登陆部队已超过 100 万人，到 7 月 24 日，盟军建立了正面宽约 100 千米，纵深 30—50 千米的大型登陆场。诺曼底登陆战役结束。这次战役进行了近 7 周，盟军歼灭德军 11 万余人，盟军伤亡 12 万余人。诺曼底登陆成功，为盟军从西线进攻德国开辟了通道。此后，盟军在西线大举进攻，与苏军形成了东西夹击德国之势。

盟军登陆成功后，于 7 月 25 日在法国西北部发动了大规模进攻。8 月 15 日，盟军开始了原定与诺曼底战役同时进行的法国南部登陆作战，即"龙骑兵作战计划"，这支由 50 万兵力（其中半数以上是法军），1000 辆坦克、1500 架飞机和 1300 多艘舰艇组成的部队在土伦和戛纳之间登陆后，与诺曼底成功登陆的盟军便形成了南北夹击德军之势，德国战局已定。德军为了避免覆没，仓皇后撤。

8 月 25 日，法国首都巴黎解放。持续近两个半月的诺曼底战役，终于以法国首都巴黎的光复而胜利结束。从 1944 年 6 月 6 日到 8 月底，盟军损失约 22.5 万人，德军伤亡 20 多万人，另有 20 万人被俘。诺曼底战役为盟军在西欧开展大规模进攻，加速纳粹德国的崩溃起到重大作用。

1944 年 9 月，盟军解放了比利时和卢森堡，逼近德国领土。9 月 12 日，实施"霸王作战计划"和"龙骑兵作战计划"的盟军部队在法国蒙巴尔会师，建立了一条纵贯法国南北的战线。

面对盟军的攻势，希特勒增强了西线的防御力量。12 月 16 日，德军以精锐的党卫军第六装甲集团军作为主力，集结了一支约 28 个师的突击力量，在阿登地区发动反攻，一举突入盟军防线纵深约 90 千米，给盟军造成了相当大的混乱。但由于兵力和装备不足，12 月 25 日即圣诞节前后，德军的进攻被迫停止。为了免遭来自南北两路盟军的反攻夹击，1945 年 1 月 10 日，希特勒将党卫军第六装甲集团军撤出战场。

苏军全线连续出击　1943 年底，苏军已收复沦陷国土约 2/3。日本处于困境，苏联已无后顾之忧，从 1944 年 1 月起，苏军在巴伦支海到黑海的战线上，集中兵力连续不断逐次实施几个相互联系的大规模进攻战役，使德军疲于奔命，几乎没有喘息的机会。这就是 1944 年著名的十次突击。

在北方，艰苦奋战 900 天的列宁格勒苏军于 1 月 27 日成功突破德军封锁，胜利解围。在西南战线，2—3 月，苏军解放了第聂伯河右岸的乌克兰领土，并于 3 月 26 日攻入罗马尼亚。在南线，苏军 4 月攻占敖德萨，5 月收复塞瓦斯托波尔，将德军赶出了克里米亚半岛。6 月，为了配合诺曼底登陆作战，苏军发动白俄罗斯战役，以牵制德军无法西调。白俄罗斯战役中，苏军投入约 140 万兵力，还有 14 万游击队员配合作战。由于德军统帅部错误判断苏军的打击方向，把预备队中 4/5 的坦克和机械化师集中在苏联南部，因此中路德军在苏军打击下溃不成军，被歼约 35 万人。8 月底，苏军解放了白俄罗斯。

5 月 1 日，斯大林发出命令，要求苏军不能只限于把敌人驱逐出苏联国境，而"必须跟踪这只受了伤的德国野兽，并把它打死在自己的洞穴里"。7 月，苏军进入波兰，9 月，越过罗马尼亚和保加利亚边境，并挺进保加利亚。10 月，进入捷克斯洛伐克和匈牙利。1944 年苏军大反攻，收复了几乎全部国土，并解放了罗马尼亚、保加利亚和波兰、捷克斯洛伐克、南斯拉夫、匈牙利、芬兰、挪威的部分国土。芬、罗、保、匈退出了战争。1945 年 1 月 12 日，苏军发动了规模空前的维斯瓦河—奥得河战役，支援盟军，1 月 17 日，反攻的苏、波军队会师，注定了纳粹德国失败的命运。

二、欧亚人民的抵抗

欧洲的抵抗运动 德国法西斯在其占领区建立了所谓的"新秩序"，实际上是对被占领的欧洲各国实行最残暴、最黑暗的统治。他们大量掠夺被占领地区的资源、物资和财富。戈林曾指示其部下，要像警犬一样追逐德国所需要的东西，一定要弄到手。根据美国战略轰炸调查处的统计，德国向各被占领国家榨取的贡金约 1040 亿马克，约合 260 亿美元；从西欧运到德国的文物共 2 万多件，其中绘画约 10890 幅，其价值无法估计。德国还在占领区实行奴隶制度，希特勒曾指示其驻波兰的总督，必须把波兰当作殖民地看待，波兰人应该是大德意志帝国的奴隶。到 1944 年底，被强迫运到德国的各国劳工已达 250 万人，还有 700 万劳工在自己的国家为德国生产战时物资。大批劳工受到各种折磨和侮辱而死亡。另外，约有 2000 万人（半数是苏联平民和战俘）被大规模屠杀，其中 1100 万人是在奥斯威辛、布痕瓦尔德、达豪和索比堡等上万个集中营内被纳粹杀害或折磨致死。希特勒对犹太人实行种族灭绝政策。当时在德国控制和占领地区的犹太人约有 1000 万，惨遭杀害的就有约 600 万人（其中儿童占 1/6）。不仅如此，希特勒还认为斯拉夫人也是"劣等民族"，要求斯拉夫人也为德国劳动，一旦用不着他们，就让他们死去。

欧洲各国人民为了民族生存、国家复兴，在非常困难的条件下，积极组织武装斗争，开展抵抗运动。

苏联卫国战争开始后，面对大片沦陷领土，联共（布）中央作出《关于在德军后方组织斗争的决定》，斯大林签署《关于游击运动的任务》的命令，要求沦陷区的党组织开展广泛的游击战争。到 1942 年底，苏联的游击队发展到 1000 多支部队，到 1943 年底，游击队员达 25 万人，共歼敌 30 余万人。

在波兰，波兰工人党开展了武装抵抗斗争。波兰的游击队人数超过 50 万人，仅次于苏联和南斯拉夫。1943 年 4 月，华沙爆发了犹太人起义，1944 年 8 月又爆发了华沙起义。在战争的最后阶段，在波兰共产党领导下与苏军并肩作战的波军有 40 多万人，是除苏军外唯一参与攻克柏林的军队。还有约 20 万波兰军队在西方盟军中参加作战，与盟军一起转战了几乎所有的西欧和地中海战场。同时，还有几万波兰人参加了欧洲其他国家的抵抗运动。在战争期间，波兰牺牲了 600 万人（半数以上是犹太人），超过全国总人口的 1/6，按人口比例计算，波兰是二战中遭受损失最大的国家。

在南斯拉夫，以共产党领导的人民武装力量为主体的抵抗运动发展迅速。1941 年 6 月 27 日，南斯拉夫人民解放游击队总司令部成立，南斯拉夫共产党总书记铁托（1892—1980）被推举为总司令。1943 年 11 月，以铁托为主席的全国民族解放委员会成立，到 1943 年底，南斯拉夫人民武装已发展到 30 万人，解放了 2/3 国土。南斯拉夫共产党把武装斗争和政权建设结合起来。在苏军配合下，1944 年 10 月 20 日，南斯拉夫人民武装力量收复了自己的首都贝尔格莱德，继而解放全国。到战争结束时，南斯拉夫解放军已发展到约 80 万人，其中 1/5 是妇女。

在希腊，以共产党为核心的民族解放阵线组建了希腊人民解放军，到 1944 年 11 月，已经控制了全国大部分领土。阿尔巴尼亚共产党于 1941 年 11 月 8 日成立后，领导人民展开山地游击战，抗击德意法西斯。到 1944 年 10 月，阿尔巴尼亚民族解放军已发展到 7 万人，并于 11 月 29 日解放了全部国土。罗马尼亚共产党与各爱国力量一起组成了全国军事委员会，策动军队倒戈，于 1944 年 8 月 23 日推翻了安东尼斯库政府。保加利亚共产党领导 2 万多游击队和工农群众，在各地建立了新政权。罗、保两国的武装力量（罗 52 万人、保约 20 万人）还与苏军一起作战，一部分军队越出国境，追击德军。丹麦、芬兰、匈牙利、比利时、荷兰和捷克斯洛伐克等国的共产党和其他爱国政党都积极开展了抵抗运动。挪威的抵抗战士曾在 1943 年 2 月和 1944 年 2 月两次深入虎穴，破坏了德国制造重水的设备，粉碎了希特勒抢先制造原子武器的企图。

在法国，共产党领导的抵抗运动发展迅速，武装力量"马基"① 的游击活动非常频繁。1944 年 3 月法国国内各派抵抗力量建立了由戴高乐委派总司令的内地军，在第二战场开辟后，盟军在诺曼底战役中就得到了相当于 15 个师的法国内地军的配合支援。到 1944 年内地军已经发展到 50 万人。其中由共产党领导的约占半数，他们与戴高乐领导的"战斗法国"联合打击敌人，在配合盟国解放法国的斗争中作出了重要贡献。8 月 19 日，巴黎人民起义，25 日，在戴高乐指挥的装甲部队的

---

① "马基"是法国国内游击队的通称。Maquis 在法文中意为"丛林""密林"。普法战争期间法国游击队即以此自称，第二次世界大战期间，法国国内抵抗运动沿用此名。

协同之下，法国首都巴黎获得了解放。

意大利投降后，德军占据意大利北部，负隅顽抗。1943 年 9 月 9 日，共产党、社会党、天主教民主党、天主教自由党等党派在罗马成立了"中央民族解放委员会"，意大利共产党在北部山区还建立了"加里波第"游击队，人数超过 15 万人。1944 年 6 月 9 日，以加里波第游击队为核心，各抵抗组织共同建立了"自由义勇军"，总兵力近 26 万人。驻意德军不得不从前线调回 1/3 的兵力来对付意大利的武装抵抗力量。1945 年 4 月 23 日，民族解放委员会发出总罢工、总起义的号召，解放了米兰、都灵、热那亚和威尼斯等城市。4 月 27 日，企图化妆逃跑去瑞士的墨索里尼在途中被游击队抓获，4 月 28 日被处决。意大利的北部国土也基本获得解放。

德国人民也与法西斯进行了长期的殊死斗争，约 100 万人先后被投入集中营。1944 年 7 月 20 日，以德国国防军部分军官为主的不同政见者，为推翻纳粹，发动了谋刺希特勒的未遂军事政变。

亚洲人民的抗日战争　在第二次世界大战中，日本在其占领区建立"大东亚新秩序"，掠夺战略物资，压迫当地人民，实行法西斯统治，同样激起当地人民的激烈反抗。

中国军民自 1931 年起就进行抗战，至 1945 年已经 14 年。中国战场始终是反法西斯的东方主战场。1945 年日本战败时，向中国战区（包括中国台湾和越南北纬 16°线以北地区）投降的日军共 128.3 万人，相当于全部海外日军 274.6 万人（不包括关东军）的 46.7%。据统计，日本用于侵华的战费约 121 亿美元，相当于其全部战费 340 亿美元的 35.6%。中国人民为战胜日本帝国主义付出了极大牺牲。军民伤亡 3500 万人以上，经济损失约 6000 亿美元。中国作为全世界参加反法西斯战争的五个最大的国家之一，是亚洲大陆上反对日本侵略者的主要国家，为这场反法西斯战争的胜利作出了重大贡献。

朝鲜人民在共产党领导下，坚持开展抗日武装斗争。1945 年 8 月，朝鲜人民革命军在苏军帮助下解放了朝鲜北部。9 月 8 日，美军在仁川登陆，以"三八线"为界，进驻朝鲜南部。日本对朝鲜长达 35 年的殖民统治结束。

1940 年日本入侵印度支那后，胡志明领导印度支那共产党，动员广大人民开展抗日、抗法斗争。1941 年 6 月，胡志明领导的"越南独立同盟"建立人民武装力量，进行抗日斗争。到 1945 年 6 月，"越盟"已经在越南北部和中部建立了抗日根据地，将人民武装力量更名为解放军，将根据地更名为解放区，为打败日本侵略军、光复祖国奠定了基础。8 月，越南爆发"八月革命"，河内、顺化、西贡（今胡志明市）等城市解放。1945 年 9 月 2 日，胡志明宣告越南民主共和国正式成立。菲律宾共产党、马来亚共产党、缅甸共产党、印度尼西亚共产党等，都与其国内的其他爱国力量一起展开了各种形式的抵抗斗争，加速了日本法西斯的失败。

三、雅尔塔会议与德国投降

雅尔塔会议　在各个战场胜局已定的形势下，罗斯福、丘吉尔和斯大林于1945 年 2 月 4 日至 11 日，在苏联克里米亚半岛的雅尔塔再次会晤。在这次极其重要的会议上，不仅制定了盟军在战争的最后阶段如何进一步协同一致最终打败纳粹德国的军事行动计划，而且主要讨论了以下几个重大问题。

第一，关于如何处置德国的问题。会议决定在德国投降后，由苏、美、英、法分区占领德国和柏林，并在柏林设立管制委员会；必须使德国非军国主义化、民主化和肃清纳粹主义；德国必须赔偿盟国的损失；等等。在赔款问题上美英与苏联意见分歧，美英认为苏联提出的总额 200 亿美元（苏联将得到其中一半）的要求过高。经过激烈争论，斯大林同意赔款问题留待以后成立的赔款委员会解决。

第二，关于波兰问题。该问题是雅尔塔会议上争论最多的问题，雅尔塔会议期间共举行了八次会议，七次讨论波兰问题，主要涉及波兰的疆界和政府的组成。在波兰与苏联的疆界问题上，斯大林坚持以"寇松线"或"里宾特洛甫—莫洛托夫线"[①] 为苏联和波兰的边界，曾遭到丘吉尔的坚决反对。但最终达成妥协，基本以"寇松线"解决了苏、波边界的划分问题；而波兰的西部和北部应得到来自德国的领土补偿，这个问题留待和会解决。关于波兰政府的组成问题，双方斗争也十分激烈。由于苏联红军已经占领了波兰，而且受到苏联支持的卢布林政府作为波兰的临时政府已经在行使职权，英美企图让在英国的流亡政府回国执政的要求就根本办不到了。最后达成的原则协议是：卢布林政府应该在更广泛的基础上改组，以容纳国内外的民主人士。

第三，关于成立联合国问题。为了确保战后世界的和平与安全，决定成立联合国。联合国有 6 个主要机构，最重要的是安全理事会。安理会由中、法、苏、英、美五个常任理事国和六个非常任理事国组成。经过争论，会议解决了两个难题。一个是乌克兰和白俄罗斯应成为创始会员国，满足了苏联的要求。另一个是安理会的职权问题，规定提交安理会的问题分为两类，一类是实质性问题，均须经五个常任理事国一致同意，即五大国拥有否决权；另一类是程序问题，如果常任理事国为争端当事国，则该国不得参加投票。会议还决定于 1945 年 4 月 25 日在旧金山召开联合国成立大会。

第四，关于苏联参加对日作战问题。早在 1943 年 10 月和 1944 年 12 月美苏会

---

① "寇松线"是 1920 年苏波战争期间，英国外交大臣寇松向两国建议的停火线。"里宾特洛甫—莫洛托夫线"是 1939 年《苏德互不侵犯条约》的秘密议定书中两国划定的苏波边界线。

谈中，就涉及德国战败后苏联参加对日作战的问题及具体条件。美国希望苏联早日参战，以减少美国对日作战的重大损失（美国估计约 20 万人的伤亡）。但斯大林坚持要求以恢复俄国在日俄战争中失去的在中国和远东的领地与特权为交换条件。罗斯福满足了苏联的要求，并很快与斯大林背着中国人民和政府达成了秘密的书面协定，即《雅尔塔秘密协定》，亦称《雅尔塔密约》。根据这个协定，苏联在德国投降及欧洲战争结束后两个月或三个月内将参加同盟国方面对日作战，其条件为：（1）外蒙古（蒙古人民共和国）的现状须予维持。（2）由日本 1904 年进攻所破坏的俄国以前权益须予恢复，即：（甲）库页岛南部及邻近一切岛屿须交还苏联；（乙）大连商港须国际化，苏联在该港的优越权益须予保证，苏联之租用旅顺港为海军基地须予恢复；（丙）对担任通往大连之出路的中东铁路和南满铁路应设立一苏中合办的公司以共同经营之；经谅解，苏联的优越权益须予保证，而中国须保持在满洲的全部主权。（3）千岛群岛须交予苏联。该协定于 6 月 14 日才由美国政府通知中国政府，强迫中国同意。这一有损中国主权、领土完整和利益的协定，完全是大国强权政治的表现，为后来外蒙古从中国分裂出去埋下隐患。

雅尔塔会议是二战期间一次极其重要的会议，三大国协调了战略配合，维护了它们的战时团结与合作，有利于尽快打败德国；奠定了战后国际关系、即雅尔塔体系的基本框架，对战后国际关系的发展产生了深远影响。

攻克柏林和德国投降 1945 年 2 月，德军已被压缩在东面的奥得河和西面的莱茵河之间。最终消灭纳粹德国的战斗开始了。3 月 7 日，中路盟军首先在雷马根夺取了德军来不及破坏的鲁登道夫大桥，到达莱茵河东岸，其他各路也分别于 3 月下旬强渡莱茵河。4 月 18 日，被围在鲁尔地区半个多月的近 32 万德军投降。至此，西线德军的防御基本瓦解。此后，由艾森豪威尔指挥的盟军分两路挺进，一路在易北河和捷克斯洛伐克境内与苏军会师，另一路向南挺进，渡过多瑙河进入奥地利，与英国亚历山大指挥下从地中海战区意大利北上的盟军会师。到此时，两路盟军的总兵力已增加到 600 万人以上，拥有 16000 多辆坦克和 16000 多架飞机。

1945 年初，苏军集结了 700 多万人，12000 多辆坦克和 15000 多架飞机，自 1 月至 4 月，突破德军纵深 600 千米的七道防线，解放了波兰、匈牙利的全部国土和捷克斯洛伐克、奥地利的部分国土，推进到离柏林仅 60 千米的奥得河畔。

1945 年 4 月 16 日，苏军打响了柏林战役。柏林战役是苏军对德国法西斯的最后一击，规模也最大。苏军投入了包括波兰军队在内的兵力 250 万人、坦克 6250 辆、飞机 7500 架和各种火炮 42600 门。希特勒也集中了近 100 万兵力，1500 辆坦克、3500 架飞机和上万门火炮，构筑了三道防线，负隅顽抗。经过激战，三路苏军先后强渡奥得河，逼近市郊。25 日，苏军在波茨坦以西包围了柏林，并且于当天中午在柏林西南易北河畔的托尔高地区与美军胜利会师，德军防线和整个德国被切成南北两半。26 日，苏军猛攻柏林，向柏林投下 2.5 万吨炮弹，摧毁了德军的防御工事。27 日，苏军突入柏林市区，展开激烈巷战。29 日，苏军逼近德国国会大厦和总理府。希特勒见大势已去，口授遗嘱，指定海军元帅邓尼茨为德国总统和武装部队最高统帅，戈培尔为总理，组织新政府。30 日，希特勒自杀身亡；傍晚，苏军攻入德国国会大厦，经过逐屋争夺，胜利的红旗终于在 5 月 1 日清晨飘扬在国会大厦主楼圆顶上。5 月 2 日，柏林守军投降，柏林战役结束。其他各地的德军也纷纷投降。

在柏林战役接近尾声时，苏军分兵向布拉格挺进，5 月 9 日同起义人民一起肃清了市内的德军。11 日，苏、美、英军队在卡罗维发利和克拉托维会合，解放了捷克斯洛伐克全境。

5 月 7 日，德国政府代表在西方盟军司令部所在地巴黎附近的兰斯，在艾森豪威尔主持下签署了无条件投降书。对此，苏联持有异议。苏联认为，苏军是战胜德国法西斯的主力，而柏林也是苏军攻克的，因此正式的签降仪式必须由苏联政府的代表主持。在斯大林的坚持下，5 月 8 日午夜（莫斯科时间 5 月 9 日），德国代表又在柏林苏军司令部由朱可夫主持再次签署投降书，5 月 9 日零时开始生效。至此，欧洲战场的反法西斯战争胜利结束。5 月 9 日也被确定为欧洲反法西斯战争胜利日。

四、中国战场反攻与波茨坦会议

中国战场的反攻　进入 1945 年后，已陷入困境之中的日本不得不收缩战线，采取防御战略，企图在中国与盟军决战。在正面战场，中国军队收复了广西、湖南、江西等省；中国远征军在美英盟军的配合下，在缅甸北部发动对日反攻作战，至 1945 年 3 月，收复了缅北地区和云南省的边境地区。

在抗日战争胜利前夜，为了系统总结中国革命的基本经验，为彻底打败日本侵略者、建设新中国作准备，1945 年 4 月至 6 月，中国共产党第七次全国代表大会在延安召开，毛泽东在会上作了《论联合政府》的政治报告。七大的历史性贡献，是确立了毛泽东思想为党的指导思想并写入党章。刘少奇在修改党章的报告中指出：毛泽东思想，就是马克思列宁主义的理论与中国革命的实践之统一的思想，就是中国的共产主义，中国的马克思主义。七大提出的党的政治路线是：放手发动群众，壮大人民力量，在中国共产党的领导下，打败日本侵略者，解放全国人民，建立一个新民主主义的中国。中共七大选举毛泽东为中共中央主席。

在敌后战场，毛泽东发出"扩大解放区，缩小沦陷区"的号召，解放区军民展开了以攻占战略要地为主要目标的春季和夏季两大攻势，在河北、山东、山西、河南、江苏、广东等省攻克城市 53 座，歼灭日伪军 12 万余人。中国战场的反攻，逼迫日军不得不后退到城市和交通线两侧地区。日本企图在中国进行决战的计划破产。

波茨坦会议与《波茨坦公告》 1945 年 4 月 12 日，罗斯福去世，副总统哈里·杜鲁门（1884—1972）继任美国总统。1945 年 7 月 17 日至 8 月 2 日，苏、美、英三国首脑斯大林、杜鲁门、丘吉尔在柏林附近的波茨坦举行了战争期间最后一次会议。英国大选工党获胜后，新任首相克莱门特·艾德礼（1883—1967）于 7 月 28 日接替丘吉尔出席会议。

随着战争临近尾声，苏联与美英之间的分歧和争执也日益激化。但为了取得最后的胜利，会议还是就一些重大问题达成了协议。

会议讨论了对德国的占领问题。在雅尔塔会议的基础上，确定苏、美、英、法四国共同管制德国的政治和经济原则，并为具体处理德国问题而成立了四国管制委员会；确认战后使德国非军国主义化、民主化、非工业化和肃清纳粹主义的方针；在德国赔款问题上，规定德国必须最大限度地对盟国造成的损失和灾难进行赔偿，最后达成的协议是：苏联除了在苏占区获得赔偿外，还可在西方占领区拆迁工业设备的 25% 作为赔偿。

关于波兰本土的疆界，决定最后应由和会解决。会议初步确定，在和会召开以前，波兰西部国界以奥得河—西尼斯河为界，前自由港但泽和东普鲁士南部划归波兰；东普鲁士的哥尼斯堡（今加里宁格勒）及其邻近地区划归苏联。

会议对黑海海峡及对意、罗、保、匈、芬等国的政策，也作了规定。决定设立美、苏、英、中、法五国外长会议，负责与战败国签订和约的准备工作。《苏美英三国柏林（波茨坦）会议议定书》体现了上述结果。

关于对日作战，会议还讨论了结束对日战争的条件和战后处置日本的方针等问题，苏联重申在欧战结束三个月后参加对日作战。7 月 26 日发表《中美英三国促令日本投降之波茨坦公告》，即《波茨坦公告》。中国虽未参加会议，但这份由美国起草的公告，在发表前已征得中国的同意。《公告》重申将战争进行到底，敦促日本立即无条件投降，《开罗宣言》的条件必将实施，同时宣布盟国占领日本后，将实施非军事化和民主化，规定战后日本的主权限于本州、北海道、九州、四国及盟国所决定的其他小岛之内。苏联对日宣战后，也签署承认了《波茨坦公告》。

波茨坦会议是在德国法西斯已被摧毁，日本军国主义负隅顽抗，盟国内部的纠纷不断出现之际召开的。会议在一些重大问题特别是对日作战问题上达成的协议，使美英苏三国的战时同盟得以继续维持，这对于加速反法西斯战争的彻底胜利具有积极意义。但是随着战争接近尾声，英美与苏联的分歧和争执也更加激化。

五、战争的最后阶段

盟军在太平洋和东南亚的反攻 1943 年，盟军在太平洋上已经有两个作战区，即中部战区和西南部战区，后者由美、澳、新、英、荷等五国部队组成。另外，盟军还在印缅边界地区成立了独立的东南亚司令部。

1943 年 5 月，美国确定了同时从西南太平洋和中部太平洋进攻的"双叉冲击"战略。6 月，在西南太平洋战区，麦克阿瑟指挥美军开始进攻所罗门群岛。美军仍然遇到日军的顽强抵抗。美军采用新战术即"跳岛战术"，亦称"蛙跳战术"，即越岛推进，严密封锁了所罗门群岛的日本海空军基地腊包尔，围而不攻，主力则越过该地，继续北上，使 12 万日军准备据险死守的重点设防，完全失效。9 月，日本制定了确保"绝对国防圈"战略，即实行战略收缩，将日本的绝对不后退的作战范围，划定为西起缅甸、马来亚，经印度尼西亚、新几内亚西部，再延伸到马里亚纳群岛、小笠原群岛、千岛群岛一线。这意味着日本放弃西南太平洋的所罗门群岛、新几内亚东部，中部太平洋的吉尔伯特群岛、马绍尔群岛等地。到 1944 年 7 月，美军已经攻占新几内亚，打开了通向菲律宾的道路。

1943 年 11 月，尼米兹指挥的美军舰队攻占吉尔伯特群岛，1944 年 2 月攻占马绍尔群岛，6 月 15 日，美军在马里亚纳群岛的塞班岛登陆。塞班岛是日本计划进行决战的"绝对国防圈"的中心，6 月 19、20 两日，美、日海军在马里亚纳群岛西部展开航空母舰之间的海空大战，日本参战的 9 艘航空母舰，被击沉 3 艘、击伤 4 艘，450 架舰载机只剩下 35 架，还损失了在瓜岛战役后训练出来的绝大部分舰载机飞行员，遭到惨败。驻守塞班岛的南云忠一司令自杀。而美国参战的 15 艘航空母舰，仅 2 艘被击伤；890 架飞机，损失不到 130 架。从此，美国完全掌握了太平洋战争的制空制海权。这一仗对日本震动很大，东条内阁因此垮台。8 月，美军攻占塞班岛、提尼安岛、关岛，完全破坏了日本的"绝对国防圈"，占领了马里亚纳群岛，从这里对日本本土进行战略轰炸。

1944 年 10 月，美军发动菲律宾战役。20 日，美军在菲律宾中部的莱特岛登陆。23—25 日，美日双方进行了第二次世界大战中的最大一次海战。日本被击沉舰船 35 艘，包括 3 艘战列舰、4 艘航空母舰、9 艘巡洋舰、13 艘驱逐舰、6 艘潜水艇，联合舰队瓦解。盟军只损失航空母舰 3 艘，驱逐舰 2 艘。菲律宾战役的胜利，切断了日本本土与东南亚的联系及日本的石油供应线，意义重大。在菲律宾抗日人民军的支持下，盟军于 1945 年 2 月 25 日解放了马尼拉。7 月 5 日，菲律宾基本解放，但残余的 13 万日军直到日本宣布投降后才全部出降。

1945 年 2 月 19 日，美军开始在距离东京和塞班岛均 1200 千米的小笠原群岛的硫黄岛登陆。硫黄岛是日本预警和拦截美机空袭本土的前哨据点，美军一旦占领该岛，便可增加对日本轰炸的强度。双方都势在必争。2.3 万日军在这个面积仅约 20 平方千米的小岛上，对十倍于己的美军拼死顽抗。3 月 26 日，硫黄岛战役结束。该战役是有史以来美国海军陆战队进行得最激烈、伤亡最高的一次战斗。日军伤亡 2.1 万多人，美军伤亡则多达 2.3 万余人。此后，日本本土就处于美军战斗机作战半径之内。

硫黄岛战役结束后，美军于 3 月底开始冲绳岛之战。冲绳距离九州仅 600 千米，素有日本"国门"之称，是日本守卫本土的最后一个易守难攻的海上据点，对日本生死攸关。日军大本营为此制订了保卫冲绳岛的"天"号作战计划，在岛上，以约 7.7 万人的驻军拼死防守；还强迫当地的 17 岁至 45 岁的男子组成约 2.5 万人的防卫队直接参加战斗，其中约 1.3 万人战死；还将 200 名男女学生组成随军作战队。在海上，日军组织所谓海空特攻战。这种战术，一是将残存的 10 艘大型舰只，以当时世界上最大的 64000 吨的超级战列舰"大和"号为旗舰，组成"海上特攻队"，在没有任何空中掩护的情况下，只装载供单程航行的燃料，向盟国海军作自杀性攻击；二是组织空中的"神风特攻队"，飞机只装载进攻的单程燃料和炸药，以自杀式袭击，展开特攻，摧毁位于冲绳海外的美军舰队。

4 月 1 日，美军以 18.3 万人的部队在冲绳岛登陆作战。日军拼死防守。6 月 17 日，美军发动总进攻。18 日，登陆美军司令巴克纳中将阵亡。23 日，日本驻岛部队司令官牛岛满剖腹自杀。7 月 2 日，美军占领冲绳全岛，日军除 7800 人被俘外，全部战死。岛上平民在军国主义分子裹胁威迫下死亡超过 10 万人。在海上，盟军以包括东调的英太平洋舰队在内的各类航空母舰 59 艘、战列舰 22 艘、巡洋舰 36 艘、其他舰艇上千艘、飞机 2500 多架，对日本舰队展开攻击。日军包括"大和"号在内的 8 艘军舰或被击沉，或受伤严重自行凿沉，4 艘受伤的驱逐舰折返港口。盟军基本全歼日本海军。在日本"神风特攻队"1500 多架次的攻击下，盟军军舰也被击沉 34 艘，被击伤 368 艘，但不包括航空母舰。整个冲绳岛之战，美军官兵伤亡近 5 万人。该战役是美日双方在太平洋岛屿争夺战中规模最大、损失最重、伤亡最多的一次战役。攻占冲绳岛后，美军就从南面切断了日本本土与外界的联系，能够对日本本土进行更有效的空袭。

1944 年 6 月中旬，盟军飞机开始对日本本土大规模轰炸。1945 年 3 月，对城市投掷大量燃烧弹，使以木质结构住房为主的日本城市变成一片火海。盟国还实施向日本内海投放水雷，切断日本本土与外界海上联系的"饥饿战役"。日本因被轰炸和封锁，经济瘫痪，士气受到严重影响。

中国远征军入缅作战 早在太平洋战争爆发后，日本为了切断中国与西方联系的陆上交通线，并建立西攻印度的前进基地而入侵缅甸。1942 年 3 月，应英国政府的要求，中国抽调 3 个军 10 万人组成远征军，入缅作战，开辟了连接中国战区（包括泰国和越南）和太平洋战区（包括东南亚其他地区）的滇缅战场。远征军浴血奋战，解救出包括英军司令亚历山大在内的官兵 7000 余人，以及记者和美国传教士等 500 多人。但入缅作战失败，中国远征军减员过半后，一部分退到印度，大部分退回云南，中国西南交通运输线被日军切断。

1943 年 10 月，中美英联军在缅甸战场发动反攻。1944 年 6 月 25 日，中国驻印军在英军配合下攻占孟拱。8 月 5 日，中美联军攻克密支那。12 月 15 日，中国驻印军攻占八莫。为了配合中国驻印军在缅北的反攻作战，中国远征军 16 万余人在滇西地区摧毁了日军的顽抗，从 9 月至 11 月，先后攻克腾冲、龙陵、芒市等地。到年底，中英美印军队和缅甸游击队收复了缅北大部分地区，并肃清了印度境内的日军。1945 年 1 月 27 日，中国远征军与中国驻印军会师于中缅边境的芒友，打通了中印公路。3 月 8 日，攻占了联系中、印、泰、越四国的交通枢纽腊戍。30日，中、英军队会师于乔梅。5 月，日军向缅泰、缅马、缅越边境退却，缅甸全境基本解放。第二次世界大战中的滇缅战场，包括中国在内的盟军上百万官兵在极其艰苦的条件下并肩作战，为世界反法西斯战争的胜利作出了贡献。

美国投掷原子弹和苏联对日作战　1945 年 4 月，铃木内阁上台，日本的国力已到了难以维持的最后关头，败局已定。但日本统治阶级仍寄希望于"本土决战"。6 月 20 日，日本政府公布《义勇兵役法》，规定 15—60 岁的男子和 17—40岁的女子必须服义勇兵役，组成国民义勇战斗队，其口号是"一亿特攻"。7 月 26日《波茨坦公告》发表后，日本仍拒绝无条件投降。

1945 年 7 月 29 日，盟国军队打响了对日最后一战。在中国，正面战场和敌后战场对日展开大反攻，日军在大城市和交通线负隅顽抗。8 月 6 日和 9 日，美军分别在广岛和长崎各投下一颗原子弹，炸死 295956 人。① 8 月 8 日，苏联对日宣战。9 日，苏联出动 170 余万军队越过中苏边境，向日本关东军发起攻势。8 月 18 日，关东军司令部下令停止抵抗。20 日，苏军占领了中国东北的主要城镇。在朝鲜，苏军迅速解放了朝鲜北部。在东南亚，日本的统治也土崩瓦解。

日本投降　美国投掷原子弹和苏联出兵对日作战，加速了日本的崩溃。天皇裕仁和一些重臣认为继续抵抗已经无益，即使"一亿玉碎"也不可能挽回败局，不如接受《波茨坦公告》，尚有保存"国体"的希望。8 月 10 日，日本外务省向同盟国发出电报，声明"在不包括任何要求有损天皇统治大权"的前提下，接受

① 这是 1990 年 5 月 16 日日本发表的数字，包括因患辐射病症而死亡的人。实际上，确切的数字难以查清，另一统计数字为 40 万人以上。

《波茨坦公告》。11 日，美国在征得英国、苏联和中国的同意后，复电日本，其中回避了直接涉及天皇制的问题，只说"自投降之时刻起，日本天皇及日本政府统治国家之权力，即须听从盟国最高司令官……日本政府之最后形式将依日本人民自由表示之意愿确定之"。8 月 14 日，日本召集紧急御前会议，天皇决定接受《波茨坦公告》。8 月 15 日，天皇发表投降诏书，宣布"朕已命帝国政府通告美、英、中、苏四国，接受其联合公告"。9 月 2 日，在停泊于东京湾的美国"密苏里"号战舰上，举行日本投降签字仪式。日本在投降书中承诺接受盟国的《波茨坦公告》，切实履行波茨坦宣言之条款。9 月 9 日，中国战区日军投降签字仪式在南京举行。包括中国人民抗日战争在内的反法西斯的第二次世界大战胜利结束。9 月 3 日被确定为中国抗日战争胜利纪念日。

六、第二次世界大战对世界历史的划时代影响

法西斯国家发动的第二次世界大战，使人类在物质上和精神上蒙受了前所未有的巨大双重劫难。据不完全统计，这场战争造成全世界军民伤亡 8000 多万人，军费消耗 1.3 万亿美元，物质损失超过 4 万亿美元。战争带来的伤亡、损失和惨痛的经历给参战各国、各民族和家庭与个人造成了巨大的精神创伤，无法用数字计算。但是人类终于依靠自身的理智、智慧和力量，把社会制度和意识形态的分歧暂时置于次要地位，以伟大的反法西斯同盟的全面合作和战略协同，赢得了战争，赢得了和平，也赢得了进步。

第二次世界大战彻底改变了国际格局，打破了旧的国际秩序。第二次世界大战最直接最深刻的结果，是它大大加速了欧洲作为传统力量中心的衰落和美国与苏联这两个欧洲侧翼大国的真正崛起，从而最终改变了世界范围内的力量对比，完成了自 20 世纪初便开始的在国际格局方面的巨大变革：以欧洲大国均势为中心的传统的国际格局完全被战火所摧毁，取而代之的是美苏对峙的两极格局。

随着新的国际格局的建立，新的国际秩序也建立起来。这个新的国际秩序在政治上的代表，是 1945 年 10 月成立的联合国。联合国作为由主权国家组成的常设国际组织，其宗旨是维护国际和平与安全，加强国际合作，促进全球经济社会发展。联合国吸取国际联盟的教训，将制裁侵略的权力集中于安理会，实行"大国一致"原则，使和平解决国际争端和制裁侵略具有更强的可操作性，成为维护国际和平与安全的新机制。战后建立的以国际货币基金组织、世界银行和关税与贸易总协定为三大支柱的布雷顿森林体系，是战后经济秩序的代表。它们加强金融、投资和贸易等领域的国际协调，通过大国相对平等的协商，采取市场干预行动，协调利益，维护世界经济秩序。

战后国际秩序的建立，是美苏英等大国以牺牲部分中小国家利益为代价的相

互妥协的产物，带有大国强权政治并划分势力范围的深刻烙印与明显特征。它建立在美、苏战时军事实力均势的基础之上，是美英苏三大国出于对各自利益的现实考虑和对战后世界安排的长远打算，在进行了多次讨价还价之后所达成的。与此同时，世界各国人民在国际政治经济生活中，仍然面临着反对强权政治和霸权主义的长期任务。

第二次世界大战为一系列欧亚国家走向社会主义道路创造了条件。战争期间，欧亚各国的共产党、工人党积极组织、领导民众进行反法西斯战争，苏联在战争中作出的巨大贡献，以及战后苏联的国际威望空前提高，军事政治势力已达到中东欧和亚太地区的情况下，为社会主义超出一国范围而形成一个世界体系打下了基础。二战后，1/3 以上的世界人口走上社会主义道路，进行建设社会主义的实践与探索，这是人类历史上最有意义的重要篇章。社会主义是一种崭新的社会制度，一旦从世界历史中产生出来，虽然会经历艰难曲折甚至局部失败，但其不断发展的历史总趋势是不会改变的。

第二次世界大战从根本上动摇了殖民主义统治的根基，加速了殖民体系的瓦解。伴随着欧洲世界霸权的消失，昔日欧洲列强所构建的存在了几个世纪之久的世界殖民体系，在殖民地半殖民地人民争取民族解放与国家独立的持续不断的斗争打击下，在短短 20 多年间便土崩瓦解。一百多个民族独立国家在昔日殖民帝国的废墟上拔地而起，出现在国际舞台上，成为反对霸权主义和强权政治、推动建立公正合理的国际政治经济新秩序的重要力量。这是人类历史的极大的进步，也是 20 世纪最伟大的划时代的大变化之一，加快了世界历史的发展进程。

中国的抗日战争作为世界反法西斯战争的东方主战场，为反法西斯战争的胜利作出了重大贡献。中国战场是世界反法西斯战争中开辟最早、持续时间最长的战场，打破了日本法西斯企图在短时间内灭亡中国的狂妄计划，迫使日本陆军主力和海军部分兵力深陷于中国的持久抗战中而不能自拔；中国战场牵制和制约着日本北进与南进的世界战略的展开，有力地支援了苏联卫国战争和美英盟国在太平洋战场与欧洲战场的作战；中国的持久抗战赢得了世界声誉，成为世界反法西斯同盟的四大国之一，为世界反法西斯同盟的形成、为战后国际新秩序的建立贡献了力量。

在抗战中，中国共产党实行正确的抗日民族统一战线政策，坚持全面抗战路线，提出和实施持久战的战略总方针和一整套人民战争的战略战术，开辟广大敌后战场和抗日根据地，领导八路军、新四军、东北抗日联军和其他人民抗日武装英勇作战，成为全民族抗战的中流砥柱，直到取得中国人民抗日战争最后胜利。这是近代以来中国人民反抗外敌入侵第一次取得完全胜利的民族解放斗争，为新中国的诞生奠定了基石。

第二次世界大战大大推动了科学技术的发展。二战期间，出于迫切的军事需要，交战各国纷纷研制相应的致胜武器，使雷达技术、现代火箭技术、核技术、计算机技术等取得了飞跃发展。这些新的科学技术，不仅改变了战争的进程，而且为战后科学技术的发展奠定了基础，对战后人类生活面貌的改变起到重要作用。例如，火箭技术的发展打开了人类进入太空的大门，原子弹的制造引发了一场能源革命，电子计算机的发明开启了信息时代，等等。

总之，第二次世界大战是人类历史上划时代的大事件，是20世纪世界历史从战争与革命阶段走向和平与发展阶段的转折点。

第十一章 20 世纪前半期的
科学技术与文化

19 世纪末 20 世纪初开始的物理学革命，带动了化学、天文学、生物学、医学、地学等学科的发展，形成了以相对论和量子力学为代表的现代科学革命。科学理论的重大突破又带来一系列技术进步。这些科技成就极大地促进了生产力的发展，引起社会生产关系和生活方式的巨大变化。科学技术的进步与社会财富的增长，大大拓宽了人们认识世界的视野，改变了人们的思维方式；与此同时，社会的激烈动荡和两次世界大战，也深刻地影响了哲学、社会科学和文学艺术的发展，与 19 世纪相比，大胆创新、背离传统是其主要特征。

第一节 科学技术的巨大成就

一、19、20 世纪之交的物理学革命

相对论　20 世纪的科学技术的所有重大进展都不是以经验为基础，而是科学理论上的重大突破引起的。19、20 世纪之交的物理学革命是 19 世纪末物理学危机的产物，它为 20 世纪科学技术的伟大成就奠定了理论基础。

1895 年，德国物理学家伦琴（1845—1923）发现了 X 射线，1898 年法国物理学家皮埃尔·居里（1859—1906）与其夫人、波兰出生的物理学家居里夫人（1867—1934）发现了钋、镭及其他一些元素的放射性，1897 年英国物理学家汤姆生（1856—1940）发现了电子。以上三大发现打破了原子不可分、原子是物质始原的观念，牛顿静止的、绝对存在的时空观念以及时间、空间和运动完全无关的形而上学观点受到怀疑和挑战，古典物理学陷入混乱与危机。三大发现把人们的研究引入原子内部的微观世界，从而开创了原子物理学。

这次物理学革命的先锋是德国物理学家爱因斯坦（1879—1955）。1905 年，年仅 26 岁的爱因斯坦在题为《论运动物体的电动力学》的论文中，提出"狭义相对论"，论证了空间和时间的统一性，从而确立了崭新的、相对概念的时空观。牛顿力学只能解释在低速运动状态下的物质，而爱因斯坦的相对论既能解释低速运动状态下的物质，也能解释在光速或接近光速运动状态下的物质。相对论精确地揭示了空间和时间本质上的统一性，以及空间、时间与物质运动之间的联系。1916 年，他又提出"广义相对论"，揭示了四维空时同物质的统一关系，指出空间、时间不可能离开物质而独立存在，空间结构和性质取决于物质的分布。广义相对论

实质上是一种引力理论，它在更深一层的意义上否定了牛顿的时空观。

量子力学　物理学革命的另一重要内容是量子力学的建立和发展。1900 年，德国物理学家普朗克（1858—1947）首先提出"能量子"的概念。他认为，物体在发射辐射和吸收辐射时，能量并不是无限可分的，其最小的、不可分的能量单位即"能量子"或称"量子"。在普朗克之后，又经过很多科学家的共同努力，量子力学这门学科到 1925 年左右才最终建立。量子力学是研究微观世界粒子运动规律的科学。在量子力学建立的过程中，特别应该指出丹麦物理学家玻尔（1885—1962）在提出原子结构理论方面的突出贡献。玻尔是英国物理学家卢瑟福（1871—1937）的学生，而卢瑟福早在 1911 年就曾提出有核原子的模型，玻尔在此基础上创立了原子结构的理论，大大加速了量子力学的建立。量子力学的建立，极大地加速了原子物理学的发展，为核物理学和粒子物理学准备了理论基础。

相对论和量子力学的确立是物理学革命的高潮，以物理学革命为先导，带动了化学、生物学、天文学、地学等学科理论的革命性突破。20 世纪的一系列重大技术成就，如原子能技术、无线电技术、电子技术、航天技术、生物工程等，都是首先在科学理论上取得突破，继而转化为技术成果的。

二、原子能的开发和利用

核物理学的发展　20 世纪 30 年代，原子物理学发展迅速。1932 年中子的发现开辟了核物理学的新纪元。1934 年，皮埃尔·居里夫妇的女婿和女儿约里奥·居里夫妇（1900—1958 和 1897—1956）用钋的 α 粒子轰击铝，人工制造出放射性同位素。人工放射性的发现赋予原子核构造理论新的意义。1934 年 10 月，意大利物理学家昂利克·费米（1901—1954）发现，用中子轰击重元素铀，可造成铀的核裂变，产生新的"超铀元素"；同时，发现慢中子效应所产生的人工放射性更强。1938 年，奥地利女科学家莱斯·梅特纳（1878—1968）和德国科学家奥托·哈恩（1879—1968）、弗里茨·施特拉斯曼（1902—1980）继续费米的试验，进一步论证了核裂变的链式反应。同时，科学家发现铀 235 原子的核裂变比天然铀核裂变所获得的能量还要大。至此，欧洲科学家已经找到了人工获得原子能的途径。

原子能作为新能源　获得原子能的理论准备虽然是在欧洲完成的，但在技术上获得和利用原子能却是在美国首先实现的。30 年代，法西斯主义猖獗，战争阴云密布。法西斯实施的种族主义和文化专制政策迫使许多欧洲科学家特别是欧洲犹太人科学家流亡国外。1933 年，爱因斯坦举家赴美；1938 年，费米也因妻子有犹太血统而携全家赴美。莱斯·梅特纳则流亡瑞典。据不完全统计，仅德、奥两国就约有 2000 名科学家流亡国外，其中大部分来到美国。当时，英国的科技力量虽属世界一流，但由于财政困难，致使许多科研工作难以进行。美国便与英方进行军事技术合作，利用英国的尖端技术成果和人才。根据 1943 年美、英、加在北美建立原子工业的协议，美国吸收了 75 名英国优秀的科学家为其原子能计划工作。总之，战前欧洲大批优秀科学家移居美国，是世界科技中心从欧洲转移到美国的一个重要原因。

来到美国的科学家出于反法西斯的正义感和科学家的责任心而积极工作。当他们得知纳粹德国正在加紧进行链式反应的研究后，为了赶在德国前面造出原子弹，爱因斯坦在许多科学家的倡议和支持下，于 1939 年 8 月 2 日致函罗斯福总统："我预料到在不久的将来，铀元素会成为一种重要的新能源。这一情况的某一些方面似乎需要加以密切注意，如有必要，政府方面还应迅速行动。"美国政府接受了他的建议，于 1941 年 12 月 6 日，即日本偷袭珍珠港的前一天，通过了一项大量拨款制造原子武器的决议。1942 年 9 月，成立了由 3 名军政官员和 2 名科学家组成的军事政策委员会，领导制造原子武器的工程计划，代号为"曼哈顿工程"。1942 年 12 月 2 日，在费米领导下，芝加哥大学建立了世界上第一座核反应堆，并成功进行了人工控制的核链式反应。1943 年，在加利福尼亚大学理论物理学教授奥本海默（1904—1967）领导下，在新墨西哥州的洛斯·阿拉莫斯建立了一个大规模的实验室。1945 年 7 月 16 日，在该州的一片荒漠上成功地爆炸了世界上第一颗原子弹。这是一颗铀弹，其威力相当于 2 万吨 TNT 炸药，在半径 1600 米范围内的一切动植物全部死亡。原子能的释放是 20 世纪最伟大的科学成就之一，从此，人类获得了又一个重要的新能源。但是，它很快就成为战后超级大国争霸与相互威慑而制造的新武器的新能源。

三、电子技术的发展和第一台电子计算机的诞生

无线电子技术的发展　电子技术是在 19 世纪末电磁理论研究取得丰硕成果的基础上发展起来的。19 世纪末，对电磁波发射和接收技术的深入研究，使无线电电子技术兴起。进入 20 世纪后，无线电子技术发展更为迅速。

1907 年，美国的德福雷斯特（1873—1961）发明了三极电子管，这是电子学发展史上的一个重要里程碑。从此，无线电通信可以达到更远的距离。随着无线电技术的迅速发展，电子工业开始形成。1920 年，美国在匹茨堡建立起世界上第一个广播电台，到 30 年代，广播电台已在全世界普遍建立。1921 年，美国无线电有限公司成立，标志着美国电子工业的形成。欧美电台实现了联网，形成了世界性的广播体系。继电磁波传送声音成功之后，科学家们进而根据光电效应原理研究活动图像的传送。1923 年光电摄像管的成功研制，是电子技术史上的又一个关键发明。1928 年，俄国出生的美国发明家兹沃里金（1889—1982）成功研制电视显像管。30 年代，两种电视装置出现了，一种是机械扫描装置，另一种是全电子

电视。英国发明家贝尔德（1888—1946）成功地进行了传送活动图像的实验。
1929 年，英国广播公司开始试播电视；从 1936 年 11 月 2 日开始，英国广播公司
（BBC）电台每天播出两小时的电视节目。但由于机械扫描的速度有限，得不到清
晰的图像，科学家们遂又加紧进行电子扫描技术的研究。1933 年，兹沃里金发明
了电子摄像装置，研制出更为先进的摄像管，进一步促进了现代电视技术的发展。
30 年代末，英、美还同时进行彩色电视的研究。美国于 1941 年开始正式进行电视
播放。第二次世界大战期间，电子设备厂转为生产军需品，直至 1946 年才恢复固
定的电视节目，此后电视进入实用和普及阶段。

　　雷达　二战期间，电子技术方面的另一重要成果是雷达的发明和应用。科学
家早已知道固体能反射无线电波，而无线电波有跟踪和测距能力。20 年代，英美
科学家据此研制"无线电探测和定位"，英文是 radio detecting and ranging，缩写为
radar，即雷达。30 年代，二战日益逼近，美、英、德等国为了军事目的加紧研究
雷达。1936 年 4 月，第一台脉冲式雷达研制成功，1938 年防空袭雷达已投入实际
应用。1939 年英国成功研制出微波信号的磁控管；二战初期，英国将这种雷达应
用于投弹指挥。战争中，美英合作，使改进后的雷达的瞄准更为精确。

　　电子计算机的诞生　在雷达研制过程中出现的新电子元件和电子线路，为电
子计算机的诞生创造了条件。1907 年三极电子管发明后，科学家们就尝试着制造
电子计算机，至 30 年代末，已具备了制造电子计算机的技术条件。二战开始后，
军事上遇到大量计算和数据处理问题，呼唤着电子计算机的诞生。然而，制造电
子计算机需要大量资金和人力。1942 年 8 月，美国宾夕法尼亚大学莫尔学院电工
系的莫希利（1907—1980）提出一份题为《高速电子管计算装置的使用》的报告，
这实际上就是第一台电子计算机的初始方案。1943 年 4 月，美国陆军导弹研究所
决定投资 40 万美元支持莫希利的研制计划。莫希利于 1946 年 2 月研制成功，定名
为"电子数值积分和计算机"（Electronic Numerical Integrator and Computer），简称
ENIAC。该机使用了 18000 个电子管，重 30 多吨，占地 170 平方米，耗电高达 150
千瓦，每秒可作 5000 次加法，或 500 次乘法，比继电器计算机的运算速度快 1000
倍。它的缺点，一是存储容量太小，至多只能存 20 个字长为 10 位的十进位数；二
是其程序为"外插型"的，每改变一次程序需花费大量时间，故美籍匈牙利人数
学家冯·诺伊曼（1903—1957）加紧研制效能更高的"程序内存"计算机。他于
1945 年年中提出一个电子计算机的制作方案，定名为"离散变量自动电子计算机"
（Electronic Discrete Variable Automatic Computer），简称 EDVAC。该机于 1949 年 5
月在英国剑桥大学数学实验室制成，又称冯·诺伊曼机。到 1950 年，全世界已制
成 15 台这样的电子计算机。由于这种计算机不需外部指令即可按顺序计算，更接
近人脑的工作方式，因此它的诞生标志着计算机时代的开始。

上述所有电子产品都使用电子管，其体积、质量、功耗都太大，远不能满足军事上轻便、高效的要求。成立于 1925 年的美国贝尔实验室的研究人员肖克利（1910—1989）、巴丁（1908—1991）和布拉顿（1902—1987）遂合作研究晶体管的理论和制作。1947 年底，他们用锗半导体晶体制成具有电流、电压、放大功能的点接触型晶体管。这是电子科学技术发展史上又一个划时代的重大发明。从此拉开了电子技术革命的帷幕。电子计算机的诞生是第三次科技革命的重要内容和主要标志之一，它的发明、更新和普及对社会生活产生了极为深远的影响。

四、汽车、飞机与 V-2 火箭

汽车的出现 20 世纪汽车、飞机的出现和普及是继 19 世纪火车和轮船投入商业使用之后又一次重要的交通运输革命。汽油机汽车是德国的戴姆勒（1834—1900）和本茨（1844—1929）于 1886 年首先制成的，以后质量不断改进。至 19 世纪末，由于变速器、离合器、方向联轴节和充气轮胎的相继发明和采用，遂使汽车轻便耐用。1897 年，德国工程师狄塞尔（1858—1913）制成柴油机，使内燃机开始广泛应用于大功率的运输工具。19 世纪末，客车、货车开始分化，特别是客车发展极为迅速。据估计，1900 年前各国共生产汽车 1.1 万辆，仅 1900 年就生产了 9000 辆。1916 年世界汽车年产量比 1900 年增加 166 倍，达 150 万辆。1948 年资本主义国家的汽车总数达 5590 万辆，其中客车（小轿车）占 77%。在资本主义国家，又以美国的汽车工业发展最快。

1903 年，福特（1863—1947）成立福特汽车公司，进行标准化和专业化生产。该公司生产的"T"型汽车物美价廉，经久耐用，迅速打开市场。至 1916 年，年产量达 73.5 万辆，接近世界产量的 1/2。到 20 年代，汽车工业与钢铁和建筑工业一起，成为美国工业经济的三大支柱，发展极为迅速。据统计，1900 年美国全国有 8000 辆汽车登记在册，1910 年，全国注册的小汽车达 458300 辆，1920 年猛增至 8131522 辆，1930 年进而达到 23034753 辆，相当于 1920 年的 2.83 倍，1910 年的 50 倍，1900 年的 2879 倍。

1935 年美国通用汽车公司研制"567"型标准化的组合式柴油机成功，为柴油机货车的发展提供了良好的动力装置，推动了中小型柴油机货车的发展。1950 年前后美国公司在重型柴油机货车上采用涡轮增压技术，为 10—30 吨的重型柴油机货车的制造创造了条件。

汽车工业的发展，使公路建设发展迅速。沥青和混凝土制成的公路，是英国人马卡达姆于 19 世纪末首先铺设的。20 世纪 30 年代末，德国为了侵略战争的需要而研制高速汽车，同时开始修建高速公路。美国也继而在 1939 年修建了高速公路，但世界性的高速公路运输则是在 1950 年以后大规模出现的。

飞机的出现　汽车工业大发展的同时，航空运输业也勃然兴起。1903年12月17日，美国威尔伯·莱特（1867—1912）和奥维尔·莱特（1871—1948）兄弟驾驶使用活塞汽油发动机的飞机"飞行者1号"在北卡罗来纳州试飞成功，尽管飞行时间仅有12秒，飞行距离36米，但开创了现代航空事业的新纪元。从那时起，飞机的飞行性能、稳定和操作性能、安全性能等不断提高。1910年，飞机时速为100千米，1921年提高到330.3千米，飞机升限的世界记录由1914年的3500米提高到1929年的接近12000米，航程纪录由1919年的440千米提高到1929年的7000千米。第一次世界大战期间，各国共生产各种飞机183877架。

英国于1911年和1919年先后开辟了国内和国际航线。1911年9月，英国开辟了从伦敦附近的亨登至欣德索尔的邮件空运业务。1919年8月又开辟了从伦敦到巴黎的国际航线。1919年以后，欧洲各主要国家都成立了航空公司，开辟了多条航线，至1930年，航线已遍及欧洲大陆及其海外领地。美国于1919年开始国内空运邮件业务，1926年开辟国内定期航线，1928年首次飞越大西洋。

第二次世界大战前后，世界航空事业又取得了重大进展。1937—1945年，世界飞机生产总值从15亿美元增加到300亿美元；工人总数从40万人增加到600万人；年产量从2万架增至17万架。与欧洲各国相比，美国的航空事业虽起步较晚，但发展迅速，至1945年，美国国内空运量已占世界空运量的60%。在第二次世界大战中，全世界共生产各种军用飞机70多万架，其中美国生产飞机40万架，成为名副其实的航空大国。

第一次世界大战前后，科学家就开始研制喷气式发动机。英国和德国分别于30年代初期和末期独立地发明了涡轮喷气发动机。德国于1939年、英国于1941年先后制成涡轮喷气飞机。1949年，英国研制出第一架喷气式大型客机"彗星1号"。此后，美苏等国都相继成功研制性能更为先进的喷气式飞机，标志着航空事业已进入喷气机时代。

火箭　喷气式飞机的进步大大促进了火箭技术的发展。早在19世纪，俄国的"宇航之父"齐奥尔科夫斯基（1857—1935）就对人类实现宇宙航行充满信心，并潜心研究火箭。他提出过关于液体火箭的设想，并解决了一些宇宙航行中的理论和技术问题。但第一个把发射液体火箭的理论付诸实践的是美国人戈达德（1882—1945）。1926年3月16日，他成功地发射了世界上第一枚液体火箭。

从30年代起，特别是希特勒上台后，德国为了军事目的而加紧研制火箭。1937年3月，在波罗的海乌泽多姆岛上的庇纳门德建立了一个火箭研究中心。在火箭专家冯·布劳恩（1912—1977）主持下，德国于1942年10月3日成功地发射了第一枚液体军用V-2火箭。用这种火箭作为发动机的导弹飞行距离190千米，横向偏差4千米，最大飞行高度85千米。以后，火箭技术不断改进，各项技术指标都有所提高。从 1944 年 9 月至 1945 年 3 月，纳粹德国共向英国发射了 4300 多枚 V-2 导弹，但依然不能挽救其失败的命运。

二战后，美国俘获了包括冯·布劳恩在内的 100 多名德国一流火箭专家及全部 V-2 资料，加紧研制火箭。1946 年 4 月，美国首次发射 V-2 火箭；1947 年首次实现了用降落伞使火箭安全降落；1949 年发射了以 V-2 为基础、加上第二级的经过改进的火箭，飞到了 393 千米的高空。苏联也于 1947 年发射了其第一枚 V-2 火箭。1947—1949 年，苏联还研制出几种探空火箭。随着冷战的开始，美、苏的火箭研究主要服务于军事目的。火箭是宇航事业的基础，二战中火箭的研制成功，成为战后宇航事业大发展的前提。

五、高分子化学的建立和三大合成材料的问世

高分子化学的诞生 19 世纪末 20 世纪初，在物理学革命的带动下，传统的化学理论发生了革命性的变化，使人们对自然界各种物质形态的认识特别是对元素嬗变和原子结构的认识更加深入。随着量子力学的建立，量子化学也应运而生。1927 年，德国理论物理学家海特勒（1904—1981）和美籍德国人伦敦（1900—1954）提出了化学键新概念。1932 年，美、德科学家又提出了分子轨道法，进一步探讨了电子的运动规律。化学理论上这些突破性的进展，为开辟化学新天地、特别是为高分子合成新材料的研制作好了理论准备。

1932 年，德国高分子化学家施陶丁格（1881—1965）发表了第一部高分子化学论著《高分子有机化合物》，标志着高分子化学这一新学科的诞生。早在 1922—1925 年，施陶丁格就从研究天然橡胶的分子结构中，提出了"大分子"的概念，并证明橡胶大分子是简单的单体以正常的化学键相连而成的线性长链聚合物。1930 年，他还证明了高分子化合物稀溶液的黏度与分子量之间的定量关系，从而使高分子分子量的测定进入定量阶段。30 年代，德、美、英等国的化学家已经阐明了"连锁反应"和"缩聚反应"的机理，简化了聚合方法，从而使各种高分子化合物，特别是合成纤维、合成橡胶和塑料这三大合成材料得以问世。

合成材料的问世 合成纤维是利用石油、煤、天然气等低分子有机物经过化学处理和机械加工制成的化学纤维。20 世纪初，化学纤维的主要品种是黏胶纤维，以木浆、棉绒等天然纤维为原料，经化学改性制成。

1937 年，美国杜邦公司研究室主任卡罗瑟斯（1896—1937）耗资 2000 万美元，历时 10 年，成功研制聚酰胺类纤维，即聚酰胺 66（俗称尼龙 66），1938 年进行工业化生产。其纤维强度比棉花大 2—3 倍，耐磨程度为棉花的 10 倍。1940 年生产的第一批尼龙丝袜，因其耐磨、弹性好而在纺织市场引起震动。二战中，尼龙还被用于制作降落伞，效果很好。

1939 年，德国研制出同属聚酰胺纤维的锦纶，其性能更接近天然纤维。1940 年，英国的温弗尔德和狄克逊合成出聚酯纤维，称"涤纶"，是制造"的确良"的主要原料。当时，正值战争期间，故聚酯纤维直到 1946 年才投入工业化生产。1948 年，日本又成功研制一种新的合成纤维聚乙烯醇缩甲醛纤维（即"维尼纶"），并投入工业生产。其原料来自电石、醋酸等，成本低，纤维强度大。

上述各种合成纤维大大丰富和改善了人们的衣着，同时在农业和国防上也有广泛用途。至 1945 年，化纤在世界纺织品产量中的比重已接近 10%。

在合成橡胶方面，早在 1912 年德国就成功地采用二甲基丁二烯为单体合成甲基橡胶，并用于制造轮胎。但这种橡胶成本高且耐压性能较差。1930 年，苏联研制出使用酒精蒸气，通过催化剂再变成丁二烯体聚合而成的丁钠橡胶。然而，酒精成本太高，且其性能远不如天然橡胶，化学家为此而进行了大量的丁钠橡胶改性试验。1931 年，美国杜邦公司研制出氯丁橡胶，并于 1937 年投入市场，这种橡胶具有耐腐蚀、耐老化、不易燃、耐酸、耐油等优点，在军事上很有价值。1933 年德国法本康采恩的化学家成功研制丁苯橡胶，1937 年开始投入生产。

总之，二战前合成橡胶的研制和生产已经取得相当突出的成绩，其性能越来越接近天然橡胶，在某些方面甚至优于天然橡胶。

在合成材料中，塑料的发展速度最快。早在 19 世纪中叶，就已出现硝酸纤维制品。1872 年美国的海厄特（1837—1920）将使用硝酸纤维和樟脑制出的改良塑料产品命名为"赛璐珞"，用来制作照相底片、梳子等。20 世纪初，比利时裔美国化学家贝克兰（1863—1944）用苯酚和甲醛缩合，再添加木粉等填料制成酚醛塑料，又称电木。1935 年美国、德国先后将氯乙烯塑料投入工业生产。1932 年发明增塑剂后，英国帝国化学工业公司于 1937 年使用磷酸酯增塑剂生产出聚氯乙烯，它在工业中和日用生活中用途十分广泛。

1927 年，德国和美国先后掌握了聚甲苯丙烯酸甲酯即有机玻璃的制作方法，但由于成本高而不能完全取代玻璃。德国于 1930 年，美国于 1934 年分别发现聚苯乙烯。聚苯乙烯具有良好的绝缘性能，故多用于制作电视、雷达等所需的高频绝缘部件。1938 年化学家又发现四氟乙烯能够聚合，制成有机氟塑料。由于它具有极强的耐腐蚀、耐高温、不易和其他化学药品发生作用等特性，故被称为"塑料王"，被认为是一种具有广泛用途的高级材料。1935 年，英国帝国化学工业公司还成功研制高压聚乙烯，于 1939 年正式投产，其应用范围也日益扩大。

六、生物学与医学的新成就

遗传学的建立和发展 19 世纪末 20 世纪初的物理学革命，也引起了生物学的革命性变化。物理、化学的先进研究成果向生物学渗透，形成了生物化学、分子生物学等新学科，特别是遗传学的发展，敲开了生命科学的大门，给人类社会带来了极其深刻的影响。

19世纪后半期胚胎学和细胞学的进步为20世纪遗传学的建立和发展奠定了基础。现代遗传学的奠基人是奥地利人孟德尔（1822—1884）。为了研究遗传规律，他从1857年起，连续9年进行豌豆杂交试验，得出两条重要的遗传定律，即分离定律和独立分配（自由组合）定律。这两条定律后来被称为孟德尔定律。孟德尔定律表明，生物的每一性状是由一个遗传因子负责传递的，遗传下来的不是具体性状，而是遗传因子。遗憾的是，孟德尔的上述研究成果于1866年发表后，并没有引起学术界的重视，直到1900年才由德、荷、奥三国的三位科学家再次用自己的试验证实了孟德尔定律的正确性。1909年，荷兰遗传学家约翰逊（1857—1927）创造了"基因"这个术语来表达孟德尔所说的"遗传因子"。此后，"基因"这一概念逐渐被生物学界普遍接受和采用。

1910年，美国遗传学家摩尔根（1866—1945）通过研究果蝇提出了遗传染色体学说。他发现一条染色体（即遗传因子的载体）上可以有好多个基因，这些基因有连锁遗传现象，从而揭示了遗传学上的又一基本定律——连锁遗传定律。摩尔根和他的学生还出版了《孟德尔遗传的原理》（1915）、《遗传的物质基础》（1919）、《基因论》（1926）等著作，提出了系统的基因理论，从而大大丰富、发展和完善了孟德尔的遗传学说。为此，1933年摩尔根获得诺贝尔生理学或医学奖。

孟德尔、摩尔根的基因学说揭示了遗传物质基因和生物性状的具体联系，但对基因的本质和化学结构并不清楚。1944年，美国细菌学家艾弗里（1877—1955）等终于证明了细胞中的脱氧核糖核酸（DNA）是染色体的重要成分，是重要的遗传物质。同一年，著名的量子力学奠基人之一、奥地利物理学家薛定谔（1887—1961）出版了《生命是什么》、副标题为"活细胞的物理面貌"的小册子，启发人们用物理学的思想和方法探讨生命物质的运动。

总之，到40年代，人们在探索和认识遗传规律方面已取得了相当的成就，并不断与别的学科相结合，为50年代分子生物学和遗传工程的兴起与发展奠定了坚实的基础。

实验医学的发展 进入20世纪后，医学与现代物理学、化学、生物学相结合，并广泛应用了上述学科的成果，使医学由经验医学进入实验医学的新阶段。

20世纪免疫学的发展是20世纪医学史上的一大成就。免疫学是在19世纪细胞学和微生物学成就的基础上发展起来的。人们已经认识到许多传染病都是由微生物引起的。用人工方法使人体产生免疫能力来预防传染病虽然古已有之，但用科学的方法制造疫苗，则是始于18世纪末的欧洲。19世纪80年代，法国科学家巴斯德（1822—1895）提出了自动免疫原理并研制了狂犬病疫苗。20世纪初，英国医生赖特（1861—1947）研制出伤寒疫苗，几乎与此同时，霍乱疫苗也开始投入使用。20年代末，预防白喉和破伤风的疫苗研制成功。30年代，由于欧美一些国家青年、婴幼儿普遍注射白喉疫苗，使严重危害人民生命的白喉病得到根除。二战中，破伤风疫苗的使用挽救了众多伤员的生命。法国医生兼细菌学家卡尔麦特（1863—1933）和介兰（1872—1961）从1906年开始，经过15年的潜心研究，终于在1921年获得防治结核病的免疫疫苗——卡介苗，又称B. C. G。"B"是"杆菌"的第一个字母，C和G分别是卡尔麦特和介兰姓氏的第一个字母。40年代，科学家们又开始研究预防脊髓灰质炎（小儿麻痹症）的疫苗以及预防流行性感冒的疫苗。

在免疫学取得重大成就的同时，化学治疗和抗生素治疗方法也取得很大的成功。1909年德国药物学家艾利希（1854—1915）成功研制一种有机砷制剂"606"药物，能够有效地杀死梅毒螺旋体，使梅毒病得到有效的控制。20年代末，德国又合成出治疗疟疾的特效药物"扑疟喹啉"和"阿的平"。以后，德国科学家又合成了能杀死链球菌、肺炎双球菌的各种磺胺类药物，有效地控制了疾病的蔓延。

抗生素的发现是医学方面的重大成就。1928年，英国细菌学家弗莱明（1881—1955）成功研制能够有效杀灭葡萄球菌、链球菌的青霉素，但直到40年代，青霉素才在临床上应用，有效控制了猩红热、白喉、脑膜炎、淋病、梅毒等传染病的蔓延。1944年，美国微生物学家瓦克斯曼（1888—1974）又成功提取链霉素，使结核病得到了有效治疗。1947年以后，科学家又相继发现氯霉素、金霉素、土霉素和四环素。激素的发现也是重要的新成果。1922年，加拿大生理学家、外科医师班廷（1891—1941）和贝斯特（1899—1978）从胰脏中分离出胰岛素，从而拯救了成千上万糖尿病人的生命。1936年，美国生理化学家肯德尔（1886—1972）从肾上腺中分离出"可的松"，用于风湿性关节炎等疾病的治疗。

20世纪前半期医学上的另一伟大成就是器官移植的成功。1933年，苏联医生费拉托夫（1875—1956）移植异体角膜成功，这是器官移植的第一个成功案例。

上述医学成就，使人类控制和战胜疾病的能力大大增强。由于死亡率不断降低，世界人口的平均寿命大为延长。第二次世界大战中英美军队对疟疾药物的使用，保证了军队的战斗力。1918年一次世界性的流行性感冒即"西班牙大流感"夺去了5000万—1亿人的生命，这个数字大大超过了第一次世界大战的死亡人数。由此可见，20世纪免疫学的发展和各种抗生素的成功研制和应用，意义重大。

七、科学技术对人类历史进程的影响

科学技术促进了历史发展　科学技术是认识自然和改造自然的强大武器，在历史上始终是一种起推动作用的进步的革命力量。20世纪以来，科学、技术、经济、社会的关系日益密切，并且相互制约、相互影响。科学技术的迅猛发展已使社会生活的各个方面发生了深刻的变化，主要表现在以下几方面。

第一，科学技术直接转化为生产力，从根本上决定了一个国家的经济实力，推动经济迅速发展。

20 世纪初，资本主义进入帝国主义阶段。以电力的使用为主要内容的第二次科技革命向纵深发展，推动了世界经济的迅速增长。20 世纪前半期，虽然经历了1929—1933 年的经济大危机和两次世界大战，但总的来看，经济仍有较大增长。以钢、煤、石油、汽车为例，它们在 1900 年、1938 年和 1950 年的世界总产量分别见表 11-1。

表 11-1　1900 年、1938 年和 1950 年世界钢、煤、石油、汽车总产量及其增长倍数

产品	产量			50 年内产量增长倍数
	1900 年	1938 年	1950 年	
钢/亿吨	0.28	1.10	1.89	6.75
煤/亿吨	6.3	14.3	18.2	2.89
石油/亿吨	0.2	2.8（1937）	5.2	26
汽车/万辆	0.9	401	1045	1161

1930—1950 年发达国家工业平均增长速度见表 11-2。

表 11-2　1930—1950 年发达国家工业平均增长速度

国别	1930—1940 年	1940—1950 年	国别	1930—1940 年	1940—1950 年
加拿大	5%	4.1%	德国	4.3%	-9.1%
美国	3.9%	4%	意大利	0.06%	-0.07%
日本	7.8%	-4%	荷兰	1.7%	2.9%
比利时	-6.9%	/	挪威	1.7%	4.1%
丹麦	0.08%	6.1%	英国	1.1%	/
法国	-6.3%	10%	澳大利亚	/	/

上述发达国家主要物资产量占世界总产量的比重见表 11-3。

表 11-3　发达国家主要物资产量占世界总产量的比重

物资名称	年份		
	1928 年	1940 年	1950 年
生铁	88%	88%	87%
原钢	89.8%	91.9%	88.3%

续表

物资名称	年份		
	1928年	1940年	1950年
水泥	78%	81.6%	68%
硫酸	66.6%	84.8%	92%
货运汽车	93.9%（1929）	80.8%（1938）	86.1%
客运汽车	99.8%（1929）	98.6%（1938）	98.4%

通过以上数据，可以看出技术先进的主要资本主义国家经济发展的一般情况。应该指出的是，这些国家的经济发展并不平衡。原来以传统工业称雄的英、法被后起的美、德迅速赶上，甚至超过。美国一直到19世纪中叶还主要是一个农业国。1820—1860年，农产品的出口占其总出口量的75%以上，随着工业的发展，到1921年，这一数字降至48%。美国虽起步较晚，但它善于利用已有的、主要是英国的科学技术和管理经验，工业发展较快。至20世纪初，美国已具有了自己的重工业基础，并迅速跻身于世界强国之列。就以科学技术促进美国20年代的经济繁荣为例，造成美国20年代经济繁荣的主要原因是采用了先进技术和科学的管理方法（如泰勒制）而使劳动生产率大为提高。在20年代，美国人口增加12%，而工业产值几乎增加了1倍，每个工人的生产率也几乎增加了1倍。国民收入增加了200亿美元。这十年中，发展最快的是汽车制造、电气设备和建筑业。正如美国经济学家米契尔（亦译为"米切尔"，1874—1948）在研究"经济变化研究委员会"提出的报告中所写的那样："自从1921年以来，美国人民比以前更能有效地把智慧应用于逐日的工作上面……。把科学使用于工业的整个过程比以前更为深入了。人们还作了不断的试验，把科学应用到管理、工会政策和政府的行政事务方面去，使效率更为增加。"

1914—1929年是美国汽车工业大发展的15年。福特汽车公司由于采用新的科学装配线、实行产品的标准化，以及使用新的高度碳化钢材制成的工作母机，使劳动生产率得到很大提高。该公司1903年成立时，年产汽车195辆，1908—1909年产量达10666辆。由于采用新的科学装配线，装配一辆汽车的时间由1913年的20分钟缩短到1914年的5分钟，汽车基价由1910年的950美元降到1924年的290美元。工人每天劳动时间由9小时减为8小时，日最低工资还增加3美元。1924年福特汽车公司的"T"型小汽车的销售量达125万辆，使汽车由少数富人的奢侈品变成普通平民百姓的生活必需品，迅速得到普及。汽车工业的发展又带动了钢铁、石油、橡胶、玻璃、油漆、制革以及公路建设的大发展，从而形成了20年代美国经济的繁荣。

与英、法相比，德国是一个后起的帝国主义国家。它的技术主要是从英国引进的。18 世纪末，德国从英国引进第一台珍妮纺织机和蒸汽机；至 1840 年，在普鲁士铁路上运行的机车中，90% 是从英国进口的，至 1844 年底，89% 的铁轨是英国或比利时制造的。然而，德国有重视国民教育的历史传统，善于在借鉴别国先进技术经验的同时，大胆创新，故工业发展很快。到 1853 年，70% 的机车是本国制造的，铁轨不仅全部自给，且有出口。德国只用了 10—15 年的时间就摆脱了对先进国家的依赖。20 世纪初，它的科研水平已在全世界居于领先地位。1901—1920 年，德国共有 16 人获诺贝尔物理学或化学奖，而同期，英国 7 人、法国 7 人、美国 4 人获奖。在应用技术方面，内燃机、柴油机、汽车、发电机和电动机都是首先由德国人发明制造的，并形成了电气化的高潮。电力不仅被广泛应用于工业动力，且用于照明、通信、广播等各个方面。1913 年德国生产的电气产品占全世界的 34%，美国占 29%；1890—1913 年德国电气工业总产量增长了 28 倍。德国的化学工业发展也十分迅速。从煤焦油中提取苯、氨，以及人造染料的发明、大量生产硫酸和苏打方法的掌握，这些都使德国的酸、碱等基本化工品产量跃居世界首位。1913 年，全世界至少 3/4 的染料来自德国。治疗梅毒的特效药 "606" 为法本公司所垄断；从空气中提取制造炸药的主要原料硝酸盐的重大发明，使第一次世界大战中英国对德国从智利进口硝石的封锁失去意义。化肥、机械工业的发展使德国农业增产，1878—1913 年，小麦产量提高 90%，马铃薯产量增加了 1 倍。由于采用了托马斯-吉尔克里斯特的碱性炼钢技术和电炉炼钢法，德国的钢铁工业突飞猛进。1875—1913 年，德国生铁和钢产量增长了 7 倍。1900 年，德国的钢铁产量超过了英法的总和。1914 年德国铁的产量已占世界总产量的 1/4，仅次于美国居第二位。随着钢铁工业的发展，汽车、造船业也蓬勃兴起。1914 年德国已拥有战舰 242 艘，海军力量雄踞世界第二位。

第二，科学技术的发展使资本主义国家的产业结构发生重大变化。

随着新兴技术领域的开拓，一系列新兴工业部门出现，如汽车、航空、化工、电气制造、石油工业等新兴工业部门迅速崛起，而传统工业部门如采掘业、纺织业等则相对衰落。以美国为例，1880—1914 年增长 6 倍以上的有 20 个行业，其中 13 个行业是新兴部门。在此期间，这些新兴部门的产值增长 17.6 倍，约相当于整个制造业增长速度的 4 倍，其中与汽车有关的三个部门（机车车辆、橡胶制品和石油炼制部门）的产值甚至增长 27.7 倍。此后，1914—1948 年，美国工业继续以高速度持续增长，上述各部门的产值又增长 9.6 倍，与汽车有关的三个部门又增长了 21.3 倍。

农业技术的进步，使农业生产逐渐实现了机械化、化肥化、选育良种等，从而使产量大幅度提高，所需劳动力却大为减少。农业上节约的劳动力相当大一部分转移到第三产业，促使第三产业兴起。美国农业劳动力的人数由19世纪60年代占全部劳动力的一半下降到20世纪20年代末的20%左右，1945年又进一步下降到12%左右。而从事第三产业的人员，1929年已超过就业人数的一半。

社会主义的苏联为科学技术的迅速发展提供了条件，而科学技术的迅速发展又加快了苏联社会主义建设的步伐。苏联主要通过自己培养大批科技人才，优先发展重工业，建立了三大钢铁厂和斯大林格勒拖拉机厂、第聂伯河水电站和乌拉尔重型机器厂等大型项目，不断完善社会主义工业体系，到30年代末40年代初，苏联已经实现了工业化，从农业国变成工业国。1937年，苏联的工业总产值已占世界工业总产值的13.7%，成为欧洲第一、世界第二的工业强国。为二战中打败纳粹德国奠定了基础。

第三，科学技术的发展对人民的生活方式、生活水平、文化教育等方面的影响极为深刻。

科学技术的发展引起世界人口增长，城市化进程加快。20世纪前半期，世界人口增加10亿人以上，其中欧洲的人口增长率大于亚洲和非洲。人口大量增长的同时，为了适应工业化的趋势，人们不断从农村移居到城市。此外，汽车的发明和普及以及四通八达的公路网给城市生活带来的一个显著变化，就是围绕城市的周边地区所形成的"郊区"的发展。大城市不断发展，反映了人类社会从农业社会向工业社会的转变。

科学技术的发展在一定程度上减弱了人们的劳动强度，各种生活产品被不断生产出来，从日常的衣食住行中，人们处处可以感受到科学技术给生活带来的变化。各种合成纤维大大丰富了人们的衣着面料，农业的增产提供了丰富的食品，改善了人们的食品结构。这在发达国家尤为明显（见表11-4）。

表11-4　美国居民食品结构　　　　　单位:%

食品种类	年份	
	1909—1913年	1947—1949年
鱼肉类	15.8	17.3
油类	23.1	30.3
水果蔬菜	4.4	6.0
淀粉食品	42.5	27.0
糖类	11.7	15.7

各种科技新产品如汽车、电灯、电话、家用电器的普及大大方便了人们的生活，医学的进步提高了人的健康水平，延长了人的平均寿命。

科学技术的发展也使人们的精神生活发生变化。科技的广泛应用使国民的收入普遍增加，人均收入逐步提高。人们用于文化、娱乐和服务等方面的开支日益增加。有声电影的问世，使观赏电影成为最受欢迎的文化消费之一。第一次世界大战结束后，随着美国电影"好莱坞"时代的到来，美国的电影院激增到 2 万多个。随着私人汽车迅速发展，美国出现露天汽车影院。此外，各种大众化报刊越来越多，体育、博彩等大众化的娱乐活动也为人们的交往提供了更多机会。

科学技术的发展进一步促进了教育的普及。科技进步对人们的文化素质提出了更高的要求，大力发展教育已经成为世界性趋势。在英国，1918 年，英国政府通过新教育法，进一步推动义务教育和公费教育。妇女教育也有所发展。1920 年，牛津大学开始招收妇女入学，妇女开始拥有获得学位的权利。在美国，1920 年小学免费教育完全实现。1920—1940 年，公立中学的学生增加了 200%，大学生从59.8 万人增加到 149.4 万人，研究生从 1.6 万人发展到 10.6 万人，其中获得博士学位的从 615 人增加到 3290 人。

苏联教育取得的成就更为突出。十月革命前，俄国人口的 79% 是文盲。十月革命后，苏俄政权开展扫盲运动。1920—1940 年，苏俄/苏联共扫除文盲 5000 万人。1939 年，全国扫盲运动基本完成，识字劳动者的比例已达 87%，其中农村居民占到 84%。与此同时，苏俄开展普及教育运动，初等教育的普及不到 20 年就已完成。在高等教育方面，1933—1934 年，苏联已有高等学校 714 所，为十月革命前的 7 倍。1940—1941 学年度，在校大学生已达 81.17 万人。

总之，正如 100 多年前恩格斯所说的："科学是一种在历史上起推动作用的、革命的力量。"①

科技进步也促进了资本主义生产资料所有方式发生变化。一方面，生产资料越来越为少数人掌握，垄断公司不断出现；另一方面，以所有权和控制权相分离为特征的公司数量和种类也大大增加。大企业的建立、大工业文明的出现，使自由资本主义发展到垄断阶段，而正是各垄断资本主义的无序竞争，成为两次世界大战发生的重要原因。1945 年美国在广岛、长崎投下的两颗原子弹，不仅造成约30 万人的死亡，也强烈震撼了世界人民的心灵。第二次世界大战的硝烟尚未散尽，全世界又面临着核战争的威胁。这进一步促进了世界和平运动的发展。

科学技术的负面效应　不可否认，科学技术也有其负面效应。20 年代以来，随着工业的发展，特别是石油、天然气、化学工业的增长，汽车的普及，造成了前所未有的环境污染问题。20 世纪 60 年代以前著名的"八大公害"中，至少一半发生在 1950 年以前。例如：（1）"马斯河谷事件"。1930 年 12 月，比利时马斯河谷工业区由于空气中二氧化硫浓度过高，致使 60 多人死亡。（2）"多诺拉烟雾事

---

① 《马克思恩格斯选集》第三卷，人民出版社 2012 年版，第 1003 页。

件"。1948 年发生于美国宾夕法尼亚州多诺拉镇。因二氧化硫及其氧化作用与大气中的尘粒结合，形成致害毒素，致使 5500 人染病，17 人死亡。（3）"洛杉矶光化学烟雾事件"。40 年代初发生于美国洛杉矶市。汽车排放的废气在日光作用下形成毒雾，刺激人的感官而造成危害。（4）"水俣病事件"。1935—1956 年发生于日本熊本县水俣市。含甲基汞废水污染水体，使鱼类中毒，人食了毒鱼引起中枢神经疾患而致残、致死，等等。造成上述环境问题的并非科学技术本身的罪过。这是资产阶级为追求利润而不惜牺牲环境，或是政府对环境污染缺乏立法和疏于管理所致。环境的恶化引起了公众的愤怒和抗议，唤醒了人们的环境保护意识，成为战后发达国家环境保护运动兴起的直接原因。

总之，科学技术的飞速发展为创造人类的幸福提供了空前未有的能力，也使人类掌握了可以毁灭地球上一切生命的能力。如果人类能把科学技术进步的成果全部应用于和平与发展的事业，那么，未来世界的前景将是十分美好的。

第二节　哲学社会科学与文学艺术

一、哲学、史学和心理学

马克思主义哲学的发展　实践观是马克思主义哲学的基础，也是其核心组成部分，贯穿于全部辩证唯物主义和历史唯物主义之中。20 世纪上半期，马克思主义哲学发展的一个重要方面，就是马克思主义实践观的继续发展。

在俄国，1908 年，列宁撰写《唯物主义和经验批判主义》，次年出版。该书批判第二国际机会主义者妄图用奥地利物理学家、哲学家恩斯特·马赫（1838—1916）提出的"经验批判主义"又称"马赫主义"，来"修正"和"发展"马克思主义。列宁在书中提出了科学的物质概念，在批判马赫的主观唯心主义"不可知论""主观真理论""中立论"等错误观点时，深入论述了实践的观点是辩证唯物主义认识论的首要的基本观点。1914 年 8 月，第一次世界大战全面爆发。列宁认为这标志着帝国主义和无产阶级革命新时代的到来，要用辩证思维研究新时代出现的新情况与新问题。随后，列宁撰写了一系列名著，如《谈谈辩证法问题》《无产阶级革命的军事纲领》《第二国际的破产》《帝国主义是资本主义的最高阶段》等，运用辩证法来解决现实问题，阐述了帝国主义与无产阶级革命的深层次关系。

在中国，为了取得抗日战争的完全胜利，毛泽东于 1937 年 7、8 月间，在延安抗日军政大学讲授《辩证法唯物论（讲授提纲）》，《实践论》和《矛盾论》是其中的重要组成部分。在《实践论》中，毛泽东继承、发展了马克思主义关于实践的基本观点，并从中国革命的实际需要出发作了进一步发挥与阐释，指出阶级斗争、政治生活、科学和艺术活动等，也是人的社会实践；社会实践是人的认识的基本来源；正确的认识，需要从实践到认识、再由认识到实践的多次反复才可获得。在《矛盾论》中，毛泽东从中国的实际出发，论证了马克思主义普遍真理与中国革命实践相结合的重要性，明确指出"用不同的方法去解决不同的矛盾，这是马克思列宁主义者必须严格地遵守的一个原则"①。这些思想，对克服党内的教条主义、经验主义、主观主义等具有重要意义，进一步丰富了马克思主义认识论和辩证法思想，成为指导中国革命的理论与实践武器。

逻辑实证主义　20世纪以来，西方哲学发生了许多引人注目的变化，出现了两个影响最大的思潮——科学哲学和人本主义思潮。

科学哲学思潮是自然科学发展的抽象反映。随着现代科学技术的迅速发展，相对论和量子力学带来的科学理论上的新突破，促使哲学家们加深了对科学方法论和科学发展规律的研究，因而出现了各种以研究现代自然科学规律和方法为己任的科学哲学流派，如马赫主义、逻辑实证主义、批判理性主义、结构主义等，其中逻辑实证主义是科学哲学中影响最大的一个流派。

逻辑实证主义是孔德（1798—1857）创立的实证主义和19世纪末20世纪初的马赫主义的继续和发展。它形成于20世纪20年代，以法国哲学家施利克（一译"石里克"，1882—1936）和卡尔纳普（1891—1970）筹建的"维也纳小组"（亦称"石里克小组"）的成立为其产生的标志。逻辑实证主义认为，哲学不应过问经验以外的问题、追求绝对真理、探寻看不见的"本质"，这些都是远离事实和生活而毫无意义的。它认为，只有能被经验证实或证伪的命题，才是有意义的科学命题；否则就是毫无意义的假命题。经验证实，是逻辑实证主义的一个根本原则。在逻辑实证主义者看来，经验科学都是用逻辑加工整理，从观察和实验中所获得的经验事实而形成的命题体系。因而哲学顺理成章的任务就是对科学中的陈述进行逻辑分析和语言分析，检验它们在整理经验时是否符合逻辑句法规则。真理实际上就是语言和经验事实相符合，因而真理是双重的，即经验真理和逻辑真理。逻辑实证主义在逻辑学上或者说科学方法论上是归纳主义，认为知识来源于经验的归纳，演绎推理不能给人以新知识。逻辑实证主义者承认归纳推理不是必然推理，而是或然推理，它所获得的知识不是必然性知识，而只是或然性知识，但他们强调，世界上本来就没有永恒、必然的事实知识，一切事实知识都是或然的，企图寻找永恒的、必然的事实真理，这本身就是一种绝对主义或教条主义。逻辑实证主义强调经验分析，否定形而上学，在认识论上表现出明显的主观经验主义

---

① 《毛泽东选集》第一卷，人民出版社1991年版，第311页。

倾向。同时它否认客观实在和客观真理，是极端的相对主义。但是逻辑实证主义对现代科学摆脱传统观念起到了一定的积极作用，其相对主义思考方式影响了许多科学家，使他们不自觉地接近了辩证的自然观和科学方法论。而这正是逻辑实证主义在自然科学领域一直具有某种魅力，并始终是西方最流行的科学哲学思潮的原因。

存在主义 如果说现代西方的科学哲学中流行的是实证主义思潮的各个流派，那么在现代西方的社会哲学中流行的则是人本主义思潮的各流派，如生命哲学、实用主义、现象学、存在主义等。其中存在主义影响最大，也最有代表性。存在主义最早出现于第一次世界大战后的德国，创始人为海德格尔（1889—1976）和雅斯贝尔斯（1883—1969）。第二次世界大战前后，法国成了存在主义的另一中心，主要代表是萨特（1905—1980）、梅洛-庞蒂（1908—1961）、马塞尔（1889—1978）等人。

存在主义同其他现代西方哲学流派一样，反对西方的传统哲学，认为真正的哲学是研究"存在"的哲学。而"存在"并非人们平常所说的"存在"，而是具有特定含义的"存在"即人的存在。除了人之外的一切事物或现象的存在，只是"自在"或"持存"，唯独人有自我意识，不但知道自己存在，还知道个人之外的各种东西的存在，所以只有人才是真正的存在。人是存在主义的出发点，存在主义就是一种"具体的人学"。

存在主义最突出地论述了现代西方社会中人的生活和遭遇、价值和地位、自由和命运等最易触动人们心弦的问题，它以人为中心、尊重人的个性和自由，认为人是在无意义的宇宙中生活，人的存在本身也没有意义，但人可以在原有存在的基础上自我塑造、自我成就，活得精彩，从而拥有意义。以雅斯贝尔斯为例，他主张哲学是对存在的主观解释，认为哲学应当为人的自由而呼吁，应当注重人的生存，并以此作为一切现实的核心。他在《时代的精神状况》（1931）一书中指出，解决现代人精神危机的唯一办法，在于提高现代人内心深处的自觉性，使每个人获得充分的自我意识、重建主体价值。萨特将人的特点概括为一句话，即"存在先于本质"。人成为什么人，是完全由个人自己造成的，人的存在就是人自己的表现，由于人总是存在于世界中，人的世界和自然的世界同个人是对立的。人的世界竭力要把个人同化为群众，自然的世界则竭力迫使人服从自然界的威力，因此人要自觉地对抗社会和自然界对人的同化作用，以保持人的个性、独立性、自我选择性。

存在主义自问世以来，很快就流传于西方社会的各个阶层中间，并渗透到社会生活的各个领域，不仅成为时髦的哲学和文学运动，而且变成了一种新的资产阶级社会风尚和生活方式，产生了极为广泛而深刻的社会和思想影响。它的兴起和传播同帝国主义战争，资本主义制度的固有弊病和社会、精神危机密切相关。因此，有人称它为"资本主义危机时代的危机哲学"，是"不安的哲学"。存在主义在一定程度上揭示了现代资本主义发展对人性的压抑，深化了哲学对人的认识，但是它抽去人的社会本质，撇开了资本主义社会的现实来研究人的问题，因而不可能回答"现代人的生活现实问题"，不可能为西方文明的未来发展指明方向。

历史学　进入 20 世纪以后，西方传统史学受到了前所未有的挑战。一方面科学的发展，使历史学的政治借鉴作用逐渐降低，人们由过去的重视经验、重视过去转向重视科学、重视现实和未来。大量新兴学科排挤了古老的历史学，促使一些历史学家开始探索史学变革的道路。但另一方面，两次世界大战给人类文明带来的灾难，又使流行于史学界的进步观念，即相信科学和理性将给人类带来幸福美好未来的观念发生了根本动摇。历史学家需要对人类的前途和文明的未来作出新的说明和解释，需要重新估价史学在 20 世纪的地位。正是在这种情况下，历史学出现了许多新的流派。

20 世纪初由德国人斯宾格勒（1880—1936）创立的"文化形态史学"，曾经风靡一时。斯宾格勒的代表作是《西方的没落》，这是一部以比较文化形态学为理论体系的历史哲学著作。斯宾格勒认为全人类的历史是不存在的，只有各个文化的历史。他把文化看作一个有机体，具有生命的周期，历经青春、生长、成熟、衰败等阶段。在这个意义上，各个文化是可以比较的，就是说不论它们各自具有如何不同的特点，但都要历经生长盛衰，最终走向死亡。他自称是反对"西欧中心论"的，说他的理论体系不承认一种文化比另一种文化优越，但他又说，世界上共存在过或存在着八种高级文化类型，包括埃及文化、印度文化、巴比伦文化、中国文化、古典文化（希腊罗马文化）、伊斯兰文化、墨西哥文化、西方文化。其中七种已经死亡，只有西方文化是世界上唯一还有生命力的文化。

第一次世界大战震撼了资本主义世界，同盟国固然因战败而沮丧，协约国也被战后风起云涌的革命运动和国内经济的残破弄得焦头烂额。在这种情况下，西方资产阶级及其知识界弥漫着悲观的空气。斯宾格勒的著作虽然也讲西方的没落，但又断言西方文化尚未走到尽头，仍有生命，这就使那些感到前途莫测的西方资产阶级至少仍怀有希望。这就是这部晦涩难读的书为什么名噪一时的根本原因。

《西方的没落》一书也有一定的积极意义。斯宾格勒至少认为，在世界文化的发展中，西方的文化最多在八种中只占了两种，即希腊罗马文化和西方文化，在一定程度上有助于打破欧洲中心论；他承认西方文化已经没落，最终也要走向死亡；他也承认其他文化有过自己的鼎盛时期，它们的鼎盛时期与西方文化的鼎盛时期是不分轩轾的。因此，《西方的没落》扩大了历史学家的视野，使他们更宏观地观察历史。

继斯宾格勒之后，英国著名历史学家汤因比（1889—1975）先后出版了12卷本的巨著《历史研究》，进一步发挥了斯宾格勒的文化形态史观。他认为历史研究的最小单位是文明，6000年的世界历史中共存在过26个不同的文明，各个文明在哲学意义上是平行的、同时代的，这些观点与斯宾格勒的观点基本一致。但汤因比认为，历史是通过挑战和应战来发展的，文明的生长和衰落正是由这一挑战和应战的过程决定的。西方未来的命运，取决于西方人面对威胁西方文明生存的各种新的挑战能否进行成功的应战。

以意大利哲学家克罗齐（1866—1952）和英国历史学家科林伍德（1889—1943）为代表的批判的分析的历史哲学，一改传统史学研究历史发展过程的做法，主要研究史学的性质、功用和意义。他们不像思辨的历史哲学那样重点研究人怎样创造历史，而是讨论人怎样研究历史。他们有关历史哲学的主要著作分别是克罗齐的《历史学的理论与实际》与科林伍德的《历史的观念》。克罗齐认为，历史即哲学，历史事实离不开历史学家的思考；并提出"一切真历史都是当代史"这一著名的命题，因为历史学家对历史的认识和思考要受到历史学家所处时代的影响和限制。科林伍德认为，任何历史现象背后都隐藏着思想，因此，"一切历史都是思想史"，历史学家应在现实的基础上对过去的思想进行重新思考、复活和再现。

尽管批判的分析的历史哲学在思想体系上属于唯心主义，但其提出的历史学家的创造性和主体意识问题，是被传统史学长期忽视的，其中不乏合理的成分。

在西方史学界颇有影响的流派还有法国的年鉴学派。这一学派的史学家1929年创办《经济与社会史年鉴》（1946年改名为《经济、社会和文化年鉴》，简称《年鉴》）杂志，最为著名的是第一代的吕西安·费弗尔（1878—1956）、马克·布洛赫（1886—1944）；第二代的费尔南·布罗代尔（1902—1985）等人。

年鉴学派的史学思想主要包括：总体史、跨学科和问题史。年鉴学派反对局限于政治史的传统史学，提出著名的"唯一真正的历史就是整体的历史"的论断，主张扩大史学研究范围，包括人类活动的全部现象，特别是经济、政治、社会、文化、心理（心态）与人口等各种现象。总体史强调长时段和地理环境的决定性影响，并形成多维时空结构的有机结合。年鉴学派提倡跨学科研究历史，即跨越传统史学自我封闭的学科界限，批评各种历史专家"筑起高墙，精心培育各自的葡萄园"，而不顾其他史学家与社会科学家的成果与见解，主张展开与其他人文学科和社会科学的广泛交流合作，在跨学科基础上开展历史研究。跨学科思想是年鉴学派史学思想的重要组成部分，在这一思想指导下的跨学科方法也成为年鉴学派历史学方法论的重要特征。年鉴学派还提倡"问题史学"，主张历史研究要与时代相结合，历史学家应善于从现实出发研究历史、把握历史。

与传统史学相比，年鉴学派扩大了历史研究的范围，开拓了新的史学研究领域，采用了更为多样的研究方法，因此自 1947 年以来，年鉴学派在国际上引起了越来越多的重视。但是一方面，许多年鉴派史学家过于强调社会结构的重要性，而忽略了考察人类在创造历史中的作用，以致见物而不见人。另一方面，它过于强调长时段，强调地理环境、生态、物质、文明、心态结构等成为历史发展无可避免的决定性力量，将会走向历史宿命论，这一点也需要引起足够的重视。

苏联历来重视史学研究。十月革命胜利后，著名马克思主义史学家波克罗夫斯基（1868—1932）担任苏联历史学家协会主席。在他的领导下，苏联史学界确立了马克思主义的指导思想和方法论，开拓了如革命运动史、阶级斗争史等新的研究领域，并对一系列历史问题作出新的评价。波克罗夫斯基最有影响的著作，是受到列宁称赞的《俄国历史概要》一书。作为苏联早期流行的历史教科书，该书力图从社会经济基础出发去解释历史，强调人民群众创造历史，特别突出阶级斗争的作用，注意揭露沙皇政府的对外侵略扩张，挞伐沙皇专制制度，但也存在对历史叙述的抽象化、公式化等倾向。

心理学　心理学摆脱哲学附庸地位，作为一门独立学科出现，开始于 19 世纪 70 年代德国心理学家冯特（1832—1920）创建的实验心理学。20 世纪心理学的发展引人注目。这一时期出现了一些新流派，如美国心理学家华生（1878—1958）创立的以行为作为心理学研究对象的行为主义、德国的格式塔心理学①和奥地利精神病学家弗洛伊德（1856—1939）创立的精神分析学。其中弗洛伊德的影响最大，不仅在心理学领域独辟蹊径，而且深刻地影响了西方的哲学、文学、教育等各个领域。

弗洛伊德的精神分析学包括三个系统学说：无意识学说、性学理论和人格理论。《梦的解析》与《文明及其不满》是其众多著述中最有影响的两部。

无意识学说，是弗洛伊德精神分析学的核心内容。他认为人的精神活动或心理活动有三个层次，即意识、潜意识和无意识。无意识是最原始、最活泼、最不安分、也是最大量的精神活动，它与意识的自觉性、目的性、社会性等特点不同，是一种不自觉的、本能的、不必借助语言符号来表达的精神活动。无意识虽然总受到压制，但它是人的精神活动和心理过程的基础和实质。

弗洛伊德的性学理论是他的理论体系中最受非议的部分。这一理论又叫"力比多（Libido）理论"。弗洛伊德认为，性的本能冲动（即力比多）是人的一切动机、愿望和行动的根源，是无意识活动的基础。人类的一切成就——文学、艺术、

---

① 格式塔心理学（gestalt psychology）又叫完形心理学，主张研究直接经验（即意识）和行为，强调经验和行为的整体性，主张以整体的动力结构观来研究心理现象。

法律、宗教等都是"力比多"升华作用的产物。性欲的障碍和冲突是变态心理和精神疾病的主要原因。

弗洛伊德的无意识学说和性学理论是他精神分析学中最具特色的内容，也是区别于其他心理学理论的重要标志。第一次世界大战后，弗洛伊德面对大规模战争的残酷冲击，力图用精神分析理论来解释人类历史和文化发展的基础和进程，逐渐形成了新的心理结构理论，即人格理论。他提出人格由本我、自我、超我组成。"本我"实际上就是无意识的别名；"自我"处于"本我"与"超我"之间，它根据现实原则调节着"本我"与外部世界的冲突。"超我"表现为人的良心和理想等人的心理中代表社会力量的精神因素。每个正常的人，本我、自我、超我都处在一种平衡共存的状态，一旦这种平衡被打破，就会产生精神疾病。弗洛伊德的人格理论，强调了社会因素对人的精神生活的影响，突出了理性对人生活的主导作用，改变了他早期学说仅从人的生物特性来考察人的精神活动所带来的弊病。但是，弗洛伊德对社会文化或文明的作用，归根结底抱着一种悲观的态度。他认为，人的自然本能总是同社会文明对立，既然人的本能欲望永远存在，人与社会文明的冲突也就永远存在。

弗洛伊德去世前，精神分析学派内部已发生了分裂。他的两个学生阿德勒和容格分别创立了个体心理学派和心理分析学派，之后还出现了以霍尼、沙利文、弗洛姆为代表的新弗洛伊德主义。这些新兴学派虽各有自己的新观点，但在基本原则上都没有背离弗洛伊德的理论。

总之，现代人本主义思潮的突出特征是强调个体本位、主体性和非理性，有助于对人的进一步尊重与重视。但是它也存在不可忽视的负面影响。例如，对非理性的过分张扬，会导致对一切价值、意义的消解，造成思想的迷失与混乱；个体"自我"的极度膨胀，会导致人的欲望没有节制，盲目追求功利，甚至为恶披上合法的外衣。因此，必须合理地对待现代人本主义思潮。

二、社会科学

进入20世纪以后，随着社会迅速变迁，社会生活节奏加快，社会科学领域也呈现出多流派、多分支、多角度、多特点的局面。社会科学各学科之间、社会科学与自然科学之间的相互渗透日趋加强，同时，从不同角度对人类社会、人类文明发展的整体研究也越来越受到重视。

经济学 直到20世纪30年代，在资产阶级经济学界影响最大的经济学家是阿尔弗里德·马歇尔（1842—1924）。马歇尔的学说是微观经济学的基础。他提出的价格均衡论，是通过对流通领域中供求关系的分析来说明价格的形成，以及怎样实现供求处于均衡时的价格，即所谓均衡价格。在此基础上马歇尔又建立了他的分配理论，他认为，分配是国民收入如何分割为各生产要素的份额的问题，实际上就是各个生产要素的价格如何决定的问题，而各个生产要素在国民收入中所占份额的大小，取决于它们各自的均衡价格。马歇尔的均衡价格论仍然属于传统的资产阶级自由主义经济思想。

1929 年爆发的资本主义世界经济大危机，使英国经济学家约翰·梅纳德·凯恩斯（1883—1946）脱颖而出，享誉世界。1936 年他的《就业、利息和货币通论》一书的出版，标志着凯恩斯主义经济学理论体系的形成。凯恩斯在书中提出了与传统经济学完全不同的思想，要用政府这只"看得见的手"来补充甚至取代市场这只"看不见的手"，以消除经济危机和扩大就业。在研究范式上，凯恩斯抛开微观经济学的个量分析，研究整个资本主义社会的总需求或总收入与消费和投资总和的平衡关系，从而开创了现代宏观经济学。凯恩斯认为，社会总需求，即所谓的有效需求，是由总消费需求和总投资需求所组成。他把心理因素引入经济研究之中，指出由于社会心理因素的影响，社会有效需求往往低于社会总供给水平（即生产水平），从而造成"非自愿失业"。为了弥补"有效需求"的不足，就需要增加社会投资以引起消费需求的增加，并借此扩大总就业量。为此，凯恩斯力主由国家干预经济，反对传统的自由放任政策。他的经济政策主要包括三个方面：国家实行赤字财政，增加公共投资；通过适度的通货膨胀政策，刺激私人投资和消费；通过税收政策，促进国民收入再分配向低收入群体倾斜。凯恩斯提出的这一理论宣告了资产阶级经济思想史上自由放任主义的统治地位的结束。

凯恩斯的经济理论首先在美国"新政"中得到了印证，或者说它对罗斯福在大萧条时期迫不得已采取的非正统措施提供了理论上的认可。自此以后，凯恩斯主义被各主要资本主义国家奉为国策，推动了国家垄断资本主义的发展。凯恩斯主义一直在资本主义经济生活中占据统治地位，直到 20 世纪 70 年代以后，资本主义国家普遍爆发了滞胀危机，凯恩斯主义对此束手无策，各种新兴的经济理论如货币学派、供应学派等才应运而生。

社会学 19 世纪末 20 世纪初到 20 世纪 40 年代，社会学在西方各国相继得到正式承认，许多大学开设了社会学讲座并设立了社会学专业。法国哲学家、实证主义创始人孔德提出"社会学"一词，并开创了这一学科。德国的斐迪南·滕尼斯（1855—1936）最早提出了"社会学体系"，认为社会学是研究人及其生理、心理和社会本质的科学；"公社"与"社会"是社会学分析的两个基本概念，人类共同生活的特征在这两个方面会有不同的内容。另一位代表性的德国社会学家是格奥尔格·齐美尔（1858—1918），他把社会学划分为一般社会学、形式社会学和哲学社会学三类，并提出"理解"概念，认为研究者的知识具有主观和相对的性质，但人不可能仅凭思考就获得对生活的认识。

在社会学成为一门独立学问的建设过程中，法国的埃米尔·涂尔干（又译迪尔克姆，1858—1917）和德国的马克斯·韦伯（1864—1920）作出了突出的贡献。

涂尔干认为，社会学的研究对象是社会事实。所谓社会事实，就是发生在社会集体层面上的现象，即"个人每时每刻都遵守的、存在于个人之外的集体行为和思维方式之现实"。涂尔干坚决反对把社会现象还原为个人行为的主张。他认为，社会虽然是由无数个人集合而成的，但好比一本书不同于一张张写上字的纸一样，社会本身是一种实体，它具有不能用个人的行为来说明的独特性质。涂尔干坚持孔德提出的实证主义原则，把社会事实看作同物理、化学、生物、心理等事实一样的存在，因此主张对社会事实应当用研究其他自然现象的方法来研究，而不应当像研究哲学那样从某些抽象的假定进行推演。总之，涂尔干的社会学就是用实证的方法来研究社会事实。《自杀论》是他的代表作。

马克斯·韦伯是近代社会学的另一位奠基人，他的"理解社会学"开创了社会学中的反实证主义传统。与涂尔干的看法相反，韦伯认为，客观存在的只是每个具体的个人及其社会行动，社会作为实体并不存在。因此，对社会的研究只能从作为客体存在的个人及其社会行为出发，而不能从社会结构或社会本身出发。由于个人的行动与主观的意图、动机和目的紧密相关，也包含着情感、意志、兴趣等心理因素，所以要解释个人的行动，就首先必须"理解"（verstehen）它。韦伯说："主观理解是社会学知识的独特特征。"他认为在社会学的研究领域中，不能采用自然科学的方法。韦伯所强调的这种主观理解的方法，反映了他的方法论中德国唯心主义的理论传统。《新教伦理与资本主义精神》是韦伯的一部名著。

以涂尔干为代表的实证主义社会学和以韦伯为代表的"理解社会学"，是现代社会学的两大流派，涂尔干和韦伯作为现代社会学理论的奠基人，对后来的西方社会学家具有很大影响，以至西方学术界经常把这二人与卡尔·马克思并列。

20 世纪初，社会学传到美国并得到迅速发展。芝加哥大学和哥伦比亚大学都较早成立了社会学系。芝加哥大学创办了《美国社会学杂志》，斯莫尔（1854—1926）是芝加哥学派的代表人物，主张社会学研究要消除门户之见，和其他相关学科进行综合研究。他与文森特合著的《社会研究导论》是世界上第一部社会学教科书。哥伦比亚大学的吉丁斯（1855—1931）是美国心理学派社会学的代表人物之一。他提出社会学研究中的"同类意识"，或称"类意识"，认为各个个体会因为共同的刺激、联想、暗示、模仿等发生相同的情感；主张社会学在方法上是一门统计科学，要用归纳法研究社会现象，著有《社会学原理》等。

社会学在苏联的发展颇为曲折。十月革命前，社会学在俄国已有发展。十月革命后，一些社会学家与无产阶级政权相对抗，否定唯物史观，坚持唯心主义社会学，受到苏联理论界的批判。但是苏联在建设马克思主义社会学时，却片面地将历史唯物主义等同于马克思主义社会学。20 世纪 30 年代后期，苏联全面批判资产阶级意识形态，宣布社会学是"伪科学""反科学"，并将其取消。直到 20 世纪 50 年代，社会学在苏联才得以恢复。

三、文学艺术

考察现代文学艺术，展现在我们面前的是一些风格迥异的思想流派的名字：现实主义、自然主义、象征主义、意象主义、达达主义、超现实主义、表现主义、意识流小说、存在主义、立体派、野兽派、抽象派……多元共存的流派繁多是现代文学艺术的一个突出特征。另一个突出特征就是，文学艺术以外的各种社会文化思潮蜂拥进入文学艺术创作领域，对固有的文学艺术观念、创作方法及作家、艺术家的创作思想和艺术形式技巧形成了强有力的冲击。这些文学艺术以外的思潮不仅冲击了传统的文学艺术观念，而且渗透并影响到文学艺术的本体，有的甚至成为其不可分割的有机部分。

现代文学 就文学创作来说，20 世纪的头十年是现实主义衰落、现代主义崛起的一个新旧交替的转折时期。但这种交替并非根本的取代，而是在主流位置上更替了一个角色。这一时期仍然有一大批著名的现实主义作家，取得了丰硕的成果。在主要采取传统的现实主义手法，较少结合现代各种新技巧的作家中，最为著名的有爱尔兰的剧作家萧伯纳（1856—1950）、法国的罗曼·罗兰和美国的德莱塞（1871—1945）。《苹果车》《约翰·克利斯朵夫》《美国的悲剧》分别是他们三人最富盛誉的代表作。结合现代主义手法较多的现实主义作家，主要有英国的劳伦斯（1885—1930）、康拉德（1857—1924）和高尔斯华绥（1867—1933），法国的纪德（1869—1951），德国的托马斯·曼（1875—1955），奥地利的茨威格（1881—1942），美国的福克纳（1897—1962）和海明威（1899—1961）。这些作家已不再满足对现实作传统式的描摹，而力求结合更多的现代主义表现手法。海明威的《太阳照常升起》《永别了，武器》《老人与海》等作品，创造了一种独树一帜的海明威风格，使他成为一代文体风格的宗师。

现代主义作为一场文学运动，20 世纪初已悄然兴起，到 30 年代达到全盛时期。现代主义向传统的理性观念和现实主义文学挑战，在文学作品中以张扬个性和自我为己任，在艺术上致力于探索新奇别致的形式技巧和表现手法。它不屑于表面的客观真实的表现，而志在表现意识以下的深沉情感，以冷峻严肃的笔调达到心理深处的客观真实。它是一个由诸多流派组合而成的结合体，各个流派在思想倾向、美学主张上都有相当大的差异，其中最主要的有后期象征主义、表现主义、意识流文学、存在主义文学等。

后期象征主义主张以象征、暗示、自由联想等手法表达人的微妙的思想感情和哲理，反对直抒胸臆。这一流派主要表现在诗的创作上，主要代表人物是英国的诗人艾略特（1888—1965），他被公认为"现代诗派"的领袖，其代表作《荒原》是现代诗歌的奠基之作。表现主义最早产生于绘画艺术中，而后渗透到文学领域。它奉行"艺术是表现而不是再现"的宗旨，主张文学应表现人的主观感受和复杂的精神世界。这一派在小说领域的杰出代表是奥地利作家卡夫卡（1883—1924），他的短篇小说《变形记》，通过荒诞、形象变形的艺术手法，深刻地表现了资本主义世界人性异化的主题，饮誉世界。意识流文学深受弗洛伊德主义和柏格森（1859—1941）直觉主义的影响，强调文学主要表现人的意识流动，特别是潜意识的活动，在艺术表现手法上以内心独白为主线，采用象征手法并借用电影蒙太奇的技巧，使意识流小说表现出时空颠倒，意识跳跃，表面一片混乱，只有仔细研究才能看出其间精巧的联系。法国作家普鲁斯特（1871—1922）被公认为意识流小说鼻祖，其代表作为《追忆似水年华》。但在意识流文学中成就最大者是爱尔兰的乔伊斯（1882—1941）。他的长篇小说《尤利西斯》，被称为意识流小说的典范。存在主义文学主要是在存在主义哲学的基础上产生的，一些存在主义哲学家同时就是存在主义文学家。萨特是其中最重要的代表，他的《恶心》就是一部存在主义哲理小说。法国作家加缪（1913—1960）的《局外人》也是这一派文学的著名代表作。

西方现代文学突出反映了人们对现代资本主义社会的危机感，表现了人与人、人与社会、人与自然关系的全面异化。

现代苏联文学生机勃勃，反映了苏联无产阶级革命和社会主义建设的现实。20 世纪初著名作家高尔基（1868—1936）的《海燕》《母亲》《阿尔达莫诺夫家的事业》《克里姆·萨姆金的一生》等作品，奠定了苏联社会主义文学的基础。此后一大批优秀作家深入生活，敏锐地观察社会，创作了许多反映苏联社会巨大变革的优秀作品，如绥拉菲莫维奇的《铁流》、法捷耶夫的《毁灭》《青年近卫军》、阿·托尔斯泰的《苦难的历程》三部曲、革拉特柯夫的《水泥》（旧译《士敏土》）、奥斯特洛夫斯基的《钢铁是怎样炼成的》、肖洛霍夫的《静静的顿河》《被开垦的处女地》，以及诗人马雅可夫斯基的《革命颂》《列宁》，等等，都是世界名作。它们向世界各国人民展示了全新的社会主义文学风采。

另外，苏联在美术、音乐、电影等其他艺术领域也涌现出了大量社会主义现实主义的作品。如国内革命战争时期动员民众打击敌人的宣传画《你报名参加志愿军了吗?》，表现革命斗争历史和社会生活的油画《列宁在斯莫尔尼宫》《在旧日的乌拉尔工厂里》，以《鳄鱼》杂志为代表的对帝国主义斗争的漫画，等等。《布琼尼骑兵》《喀秋莎》等歌曲激励着人们的爱国热忱。《列宁在十月》《列宁在1918》以及根据高尔基的自传体三部曲改编拍摄的《童年》《在人间》《我的大学》等影片，生动刻画了革命导师的形象和普通民众的生活。苏联现实主义文学艺术的成就，丰富了世界文化的宝库，但也存在教条化、公式化和美化现实、回避矛盾的弊端，不利于社会主义文艺的发展。

第一次世界大战后，亚非拉人民的民族民主运动空前高涨，亚非拉文学也随之崛起，出现了许多颇具影响的作家和作品。如中国现代文学的奠基人鲁迅，以其著名的作品《狂人日记》《阿 Q 正传》等，成为举世闻名的现实主义文学大师之一。郭沫若的诗集《女神》是中国第一部浪漫主义新诗集。茅盾的《子夜》是30 年代中国左翼文学的标志性作品。印度跨世纪的著名作家泰戈尔（1861—1941），以其在诗歌、小说、戏剧、哲学等领域的丰富创作，成为印度近现代文学的光辉代表。现代阿拉伯地区的文学、朝鲜文学、撒哈拉以南非洲书面文学、拉丁美洲文学等也都有长足的发展，表现爱国主义精神和反殖民统治压迫的思想，是这些地区和国家文学的主流。日本文学也于 20 世纪初逐渐摆脱了自然主义影响，形成日本的现实主义文学，如夏目漱石（1867—1916）的《我是猫》、芥川龙之介（1892—1927）的《罗生门》等，深刻揭露、批判了社会的丑恶现象。

现代美术 现代美术和文学一样，也受到西方现代主义思潮的深刻影响，形成了许多令人耳目一新的画派。

野兽派是 20 世纪初出现最早的一个现代主义画派。1905 年，法国巴黎秋季沙龙展出了马蒂斯（1869—1954）等一批青年艺术家的作品。因其技法一反常规，被评论家称为"野兽般的艺术"，野兽派由此而得名，马蒂斯成为野兽派的著名代表，其作品如《豪华、宁静、欢乐》《生活的欢乐》《开着的窗户》等。野兽派画家们的风格不尽相同，但他们都强调在创作中用大色块和豪放不拘的线条，来表现个人的主观感受和自由意志，画面一般都缺乏透视感，具有装饰性很强的图案效果。

与野兽派几乎同时出现的表现主义画派，第一次世界大战前出现在德国。表现主义画派深受挪威著名画家蒙克（1863—1944）的影响，他的作品往往以死亡、疾病、精神孤独和相互隔绝的人物为题材，表现出强烈的孤独感和惶恐心情，其代表作有《呐喊》《生命之舞》等。第一次世界大战的残酷现实使表现主义画家在艺术创作上接近蒙克，他们以扭曲、粗糙的线条和具有强烈刺激的色彩，发泄内心的愤慨和苦闷。

1907 年在法国艺术界出现的立体派，是 20 世纪影响最大的一个画派。它主张把一切形象解体成最简单的几何形块，按画家的意愿组合起来。这一派的杰出代表就是出生在西班牙马拉加后定居巴黎的毕加索（1881—1973）。他从 7 岁开始学习绘画，1907 年创作了独具风格的作品《亚威农的少女》，这幅画被称为第一幅立体派的作品。此后，他又创作了数以万计的作品，其中以《格尔尼卡》《和平鸽》

等最为有名，毕加索也因此而成为 20 世纪影响最大的画家之一。

在第一次世界大战期间诞生于瑞士苏黎世的"达达派"，是由不同国籍的一群年轻的艺术家和反战人士组成的绘画群体。达达主义试图废除传统的文化和美学形式，发现真正的现实，并通过反美学的作品和抗议活动，表达了他们对资产阶级价值观和第一次世界大战的绝望。

"达达"原是法语中幼儿语言的"马"的发音，也指儿童在摇木马，是这派画家从字典上随意找到的，同艺术上的主张没有什么联系。他们用怪诞、抽象、符号式的东西取代传统艺术，用纸片、抹布、电车票、火柴盒等在画面上组成他们的作品，甚至把瓷质的小便器作为"喷泉"展品搬上展览会。20 年代以后，达达派发生分化，从中分化出了颇具影响的超现实主义画派。这一派深受弗洛伊德学说的影响，把表现人类潜意识的梦境、幻觉、性爱本能和生死矛盾，作为创作的主题。西班牙画家萨尔瓦多·达利（1904—1989）是这一派的著名艺术家，其代表作《记忆的永恒》，勾画了一个产生错觉的痛苦而无奈的世界。

现代美术流派众多，多姿多彩，但它们也表现出许多共同的特征。在技法上，它们大都反对传统的写实主义，追求新奇，空间结构错乱，色彩配置随意，点线紊乱，缺乏透视感；在创作主旨上，它们都主张强调自我，表现个人情感和内心世界。可以说，现代美术艺术地再现了 20 世纪上半期西方世界的精神状况。

后　记

　　本书原版编写分工如下：总序，吴于廑编写；前言，齐世荣编写；第一章第一节，齐世荣编写；第一章第二节，张宏毅、齐世荣编写；第一章第三节，徐天新编写；第一章第四节，彭树智编写；第二章，丁朝弼编写；第三章，徐天新编写；第四章，徐蓝编写；第五章第一节，朱立群编写；第五章第二节，齐世荣编写；第五章第三节，朱立群编写；第五章第四节，张宏毅编写；第五章第五节，吕万和编写；第五章第六节，徐蓝编写；第六章，徐天新编写；第七章，彭树智编写；第八章第一节，张宏毅编写；第八章第二节，齐世荣编写；第八章第三节，吕万和编写；第八章第四节，朱立群编写；第八章第五节，张宏毅编写；第九章，齐世荣编写；第十章，张大卫编写；第十一章第一节，黄若迟编写；第十一章第二节，朱立群编写。

　　本书修订版各章均由徐蓝进行修订。

修订版作者

2024 年 9 月

读者意见反馈

为收集对教材的意见建议,进一步完善教材编写并做好服务工作,读者可将对本教材的意见建议通过如下渠道反馈至我社。

咨询电话　400-810-0598

反馈邮箱　gjdzfwb@pub.hep.cn

通信地址　北京市朝阳区惠新东街4号富盛大厦1座

　　　　　高等教育出版社总编辑办公室

邮政编码　100029